리더십 핸드북

리더십 핸드북

초판 1쇄 인쇄 2010년 10월 6일 **초판 1쇄 발행** 2010년 10월 18일
지은이 케네스 보아, 시드 버젤, 빌 퍼킨스 **옮긴이** 김재영, 권영주
펴낸이 김명호 **펴낸곳** 도서출판 국제제자훈련원
기획책임 박주성 **편집책임** 김순덕 **마케팅책임** 김석주
편집담당 조지혜 **디자인담당** 정선형
등록번호 제22-1240호(1997년 12월 5일)
주소 (137-865) 서울시 서초구 서초1동 1443-26
e-mail dmipress@sarang.org 홈페이지 www.discipleN.com
내용 문의 편집부(02)3489-4321 팩스(02)3489-4319
구입 문의 영업부(02)3489-4300 팩스(02)3489-4309

ISBN 978-89-5731-453-1 03230   책값은 뒤표지에 있습니다.

국제제자훈련원은 건강한 교회를 꿈꾸는 목회의 동반자로서 제자 삼는 사역을 중심으로
성경적 목회 모델을 제시함으로 세계 교회를 섬기는 전문 사역 기관입니다.

리더십 핸드북
LEADERSHIP
Handbook

케네스 보아, 시드 버젤, 빌 퍼킨스

국제제자훈련원

Originally published in the U.S.A. under the title: *Handbook to Leadership: Leadership in the Image of God*
Copyright © 2007 by Kenneth Boa, Sid Buzzell, and Bill Perkins
Translation copyright © 2010 by Kenneth Boa, Sid Buzzell, and Bill Perkins
Translated by DMI Press, Seoul, Republic of Korea
Published by permission of Trinity House Publishers, Atlanta, GA

Korean Edition Copyright © 2010 by DMI Press, Seoul, Republic of Korea.

본 저작물의 한국어판 저작권은 Trinity House Publishers와 독점 계약한 도서출판 국제제자훈련원에 있습니다.
신 저작권법에 의해 한국 내에서 보호받는 저작물이므로 무단 전재와 무단 복제를 금합니다.

켄, 시드, 빌은
사랑하는 아내 카렌, 자넷, 신디에게
이 책을 바칩니다.

서문

성경은 "…온전하게 하며 모든 선한 일을 행할 능력을 갖추게 하려 함이라."(딤후 3:17)는 말씀을 따르는 사람들을 위해 기록되었다. 이 책은 성경의 교훈을 리더의 선한 사역에 적용할 수 있도록 기획되었다. 성경 말씀 속에는 리더들을 보다 효과적으로 도와줄 풍부한 정보가 담겨 있다. 특히 다음 요소들이 있다.

- 리더십에 대한 직접적인 가르침
- 훌륭한 리더와 실패한 리더들의 사례를 통해 살펴본 리더십의 원칙과 경고
- 리더십을 발휘하기 위해 계발해야 할 기량들
- 리더가 다른 사람들과 효과적인 관계를 맺는 방법
- 리더십의 중압감 속에서, 리더가 집중하고 명심해야 할 핵심적인 가치
- 탁월한 리더십을 발휘할 수 있도록 인도하는 지혜
- 리더가 성과를 올리기 위한 본질적인 요소인 영적, 도덕적 인격을 함양하는 방법

우리는 독자들이 성경의 인도를 따라 나가도록 각 장들을 구성했

다. 그러면서 우리는 다음 두 가지 위험을 피하고자 노력했다. 첫째, 우리는 성경에 너무 많이 의존하지 않았다. 성경은 리더들의 교과서로 쓰인 책이 아니며, 따라서 리더에게 필요한 실질적인 가르침만 들어 있는 책은 아니기 때문이다. 우리가 회계나 인사관리(Human Resource)와 관련된 법률적인 문제들을 성경에서 배우지 않는 것과 마찬가지다. 또한 우리는 성경에 너무 적게 의존하지도 않았다. 다른 책들과 달리, 성경은 리더십의 본질적인 요소를 몇 가지 제시하고 있기 때문이다. 중요한 진리는, 오직 성경만이 리더가 성과를 달성하는 데 매우 본질적인 요소, 즉 리더의 인격과 기량과 관계를 다루고 있다는 것이다.

복음서에는 리더십이라는 주제에 관한 예수님의 말씀을 몇 차례 언급한다. 그중 두 가지 사건에서는 리더십에 관한 타협할 수 없는 가르침을 포함하고 있으며, 그것은 이 주제를 강조하는 성경의 나머지 부분에서 계속 나타난다.

예수님께서 열두 제자를 부르신 이후, 그분은 리더십에 큰 뜻을 품은 사람들이 필요하다고 말씀하셨다. 그분은 말씀하시기를, 리더십의 가장 중요한 자격 요건은, 리더의 영적, 도덕적인 깊이(눅 6:39~49)라고 하셨다. 그중 가장 핵심이 되는 구절은 "선한 사람은 마음에 쌓은 선에서 선을 내고 악한 자는 그 쌓은 악에서 악을 내나니 이는 마음에 가득한 것을 입으로 말함이니라"(6:45)이다. 제자들에게 가르친 예수님의 첫 번째 리더십 교훈은 인격이 거의 모든 것을 좌우한다는 사실이다.

예수님께서 두 번째로 리더십을 언급하신 때는 이 땅에서 그분의 사역이 끝나 갈 때쯤이었다. 열두 제자는 그들 중 누가 가장 높은 자리를 차지하게 될지 논쟁하고 있었다. 예수님께서는 이러한 제자들의 논쟁을 중단시키시면서 그들에게 섬김의 리더십을 가르치셨다. 그분은 이방인들이나 종들 위에 군림하여 권위를 행사한다고 지적하셨다. 그런 후 이렇게 말씀하셨다. "너희 중에는 그렇지 않아야 하나니 너희 중에 누구든지 크고자 하는 자는 너희를 섬기는 자가 되고 너희 중에 누구든지 으뜸이 되고자 하는 자는 너희의 종이 되어야 하리라"(마 20:26~27).

예수님께서 증명하셨듯이, 리더의 역할은 자신을 따르는 자들이 중요한 존재가 되도록 도와주는 것이다. 자신을 따르는 이들이 최고로 성장하도록 돕는 것이 바로 예수님께서 의도하셨던 방법이다. 그 가르침을 리더의 영혼에 깊이 새기기 위해, 예수님은 이 말씀을 일깨우시면서 말씀을 맺으셨다. "인자가 온 것은 섬김을 받으려 함이 아니라 도리어 섬기려 하고 자기 목숨을 많은 사람의 대속물로 주려 함이니라." 그분은 이 말씀을 통해, 그분의 목숨과 죽음이 우리에게 일으킨 변화를 일깨우심으로써 섬기는 리더의 역할을 정의하셨다. 예수님의 가르침을 따르고 그분과 인격적인 관계를 맺으며 살아가는 사람들은 더 나은 사람들로, 그분의 가르침 없이는 결코 그렇게 될 수 없었던 사람들로 변화한다. 그것이 예수님이 말씀하신 섬김의 리더십의 모든 것이며, 그것이 그분이 지지하셨던 유일한 모델이다.

이 책에 수록된 각 장은 독자들이 성경 구절들의 의미를 탐구하고 다음 두 가지 개념을 중심으로 성경의 교훈에 집중하도록 도와줄 것이다.

- 인격은 리더십의 다른 요소들보다 훨씬 중요하며, 그것은 그리스도의 가르침을 본받아 최고로 다듬어진다.
- 예수님께서 그의 제자들에게 확증하신 가장 훌륭한 리더십은, 섬김의 리더십이다.

이 책은 리더의 삶, 관계, 기량과 관련된 성경 말씀에 집중하도록 기획되었다. 따라서 리더십의 지혜는 이 글이 아니라, 이 글이 적용하는 성경 구절에서 발견할 수 있다. 우리는 각 장들이 질문과 쟁점을 키워서, 여러분이 리더에게 가장 중요한 것이 무엇인지 말씀하시는 하나님의 음성에 집중하게 되길 기도한다.

차례

1부 52주 리더십 스터디

1주 인격(1) ··· 16
2주 인격(2) ··· 30
3주 헌신 ··· 40
4주 용기와 모험 ··· 50
5주 하나님을 의지함(1) ··· 60
6주 하나님을 의지함(2) ··· 70
7주 겸손 ··· 84
8주 온전함(1) ··· 94
9주 온전함(2) ··· 106
10주 리더의 자격 ··· 118
11주 하나님께 순종함 ··· 128
12주 우선순위 ··· 138
13주 목적과 열정 ··· 148
14주 절제 ··· 160
15주 가치(1) ··· 172
16주 가치(2) ··· 184
17주 비전 ··· 196
18주 지혜 ··· 208
19주 책임 ··· 218
20주 변화와 혁신 ··· 228
21주 비전 전달(1) ··· 238
22주 비전 전달(2) ··· 252
23주 의사소통 기술(1) ··· 264
24주 의사소통 기술(2) ··· 274
25주 갈등 관리 ··· 288
26주 의사 결정 ··· 298
27주 심층 성찰 학습 ··· 310

28주 권한 부여 ··· 322
29주 정의 ··· 332
30주 리더십 계발 ··· 342
31주 배우는 조직 ··· 352
32주 장기 계획 ··· 364
33주 인적 자원 관리와 계발 ··· 374
34주 문제 해결 ··· 384
35주 우수함과 탁월함 ··· 394
36주 보상 ··· 404
37주 상황대응 ··· 414
38주 청지기직 ··· 424
39주 스트레스 관리 ··· 434
40주 구조와 조직 ··· 446
41주 체계적인 사고 ··· 456
42주 팀 세우기 ··· 466
43주 시간 관리 ··· 476
44주 격려 ··· 486
45주 권고와 훈계 ··· 496
46주 건강한 유대관계 ··· 506
47주 대인관계(1) ··· 518
48주 대인관계(2) ··· 530
49주 권력과 영향력(1) ··· 540
50주 권력과 영향력(2) ··· 552
51주 섬김의 리더십(1) ··· 566
52주 섬김의 리더십(2) ··· 576

주 ··· 587

2부 리더십 주제별 성구 스터디

자기 계발

인격 …594
헌신 …600
용기와 모험 …605
하나님을 의지함 …610
겸손 …622
온전함 …628
리더의 자격 …633
하나님께 순종함 …637
우선순위 …645
목적과 열정 …648
절제 …655
가치 …660
비전 …665
지혜 …669

능력 계발

책임 …673
변화와 혁신 …677
비전 전달 …681
의사소통 기술 …686
갈등 관리 …691
의사 결정 …697
심층 성찰 학습 …701
권한 부여 …705
정의 …711
리더십 계발 …717
배우는 조직 …722
장기 계획 …727
인적 자원 관리와 계발 …732
문제 해결 …734
우수함과 탁월함 …736
보상 …738
상황대응 …742
청지기직 …745
스트레스 관리 …748
구조와 조직 …752
체계적인 사고 …756
팀 세우기 …759
시간 관리 …762

관계 계발

격려 …763
권고와 훈계 …769
건강한 유대관계 …773
대인관계 …778
권력과 영향력 …784
섬김의 리더십 …792

3부 성경 인물별 리더십 스터디

구약성경

아담과 하와 …800
노아 …801
롯 …803
멜기세덱 …804
사라 …805
이삭 …807
에서 …809
야곱 …811
요셉 …814
모세 …817
이드로 …820
발람 …821
여호수아 …823
갈렙 …825
드보라 …828
기드온 …829
삼손 …831
나오미 …833
룻 …836
엘리 …837
사무엘 …839
사울 …842
요나단 …844
다윗 …845
나단 …847
솔로몬 …849
한 늙은 선지자 …851
아합 …853
엘리야 …854
이세벨 …856
예후 …859
아사랴[웃시야] …860
히스기야 …862
요시야 …863
에스라 …865
느헤미야 …866
아하수에로 …869
모르드개 …870
에스더 …871
욥 …874
이사야 …876
예레미야 …878
에스겔 …881
느부갓네살 …883
다니엘 …884
스가랴 …886

신약성경

백부장 …888
부자 청년 …890
예수님 …892
본디오 빌라도 …894
세례 요한 …895
헤롯 안티파스 …898
마가 …900
예수님의 모친 마리아 …902
사탄 …905
마르다와 마리아 …907
도마 …909
유다 …911
막달라 마리아 …913
바나바 …915
스데반 …917
고넬료 …919
브리스길라와 아굴라 …922
바울 …924
디모데 …926
디도 …928
야고보 …929
베드로 …932
요한 …934

4부 성경 권별 리더십 스터디

창세기 … 938
출애굽기 … 940
레위기 … 942
민수기 … 944
신명기 … 946
여호수아 … 948
사사기 … 950
룻기 … 952
사무엘상 … 954
사무엘하 … 956
열왕기상 … 958
열왕기하 … 960
역대상 … 962
역대하 … 964
에스라 … 966
느헤미야 … 968
에스더 … 970
욥기 … 972
시편 … 974
잠언 … 976
전도서 … 978
아가 … 980
이사야 … 982
예레미야 … 984
예레미야애가 … 986
에스겔 … 988

다니엘 … 990
호세아 … 992
요엘 … 994
아모스 … 996
오바댜 … 998
요나 … 1000
미가 … 1002
나훔 … 1004
하박국 … 1006
스바냐 … 1008
학개 … 1010
스가랴 … 1012
말라기 … 1014
마태복음 … 1016
마가복음 … 1018
누가복음 … 1020
요한복음 … 1022
사도행전 … 1024
로마서 … 1026
고린도전서 … 1028
고린도후서 … 1030
갈라디아서 … 1032
에베소서 … 1034
빌립보서 … 1036
골로새서 … 1038
데살로니가전서 … 1040

데살로니가후서 … 1042
디모데전서 … 1044
디모데후서 … 1046
디도서 … 1048
빌레몬서 … 1050
히브리서 … 1052
야고보서 … 1054
베드로전서 … 1056
베드로후서 … 1058
요한일서 … 1060
요한이서 … 1062
요한삼서 … 1064
유다서 … 1066
요한계시록 … 1068

1부

52주
리더십 스터디

1주 · 1일

인격(1)

잠언 2장 1~11절을 읽으십시오

본문을 통해 솔로몬은 훌륭한 리더십의 필수 요소인 인격을 계발하기 위한 탁월한 출발점을 제공합니다. 즉, 리더들은 지혜와 분별력을 습득함으로써 인격을 계발할 수 있다는 사실입니다. 아무런 값도 치르지 않고 훌륭한 인격을 얻을 수는 없습니다. 금과 은을 캐내듯, 헌신적이고 끈기 있는 노력이 필요합니다. 마치 흙과 바위 속에 겹겹이 싸인 보석을 찾듯이, 리더들은 하나님의 말씀 속에 묻혀 있는 지혜를 부지런히 '찾아야' 합니다. 이는 우리가 올바른 도구를 사용하고, 인내심을 발휘하며, 삶을 변화시키는 말씀 속에서 충분한 시간을 보내야 한다는 뜻입니다.

솔로몬은 활기차고 열정적인 행동을 이끌어 내는 단어를 사용하고 있습니다. 1~4절을 다시 읽고 솔로몬이 언급하고 있는 노력의 특성에 주목해 봅시다.

지혜를 캐내기 위해 우리는 하나님께 통찰력과 분별력을 구해야 합니다. 결국 하나님만이 우리 눈을 열어 영적 진리를 볼 수 있도록, 그리고 그 진리를 우리 삶에 적용할 수 있도록 도와주시기 때문입니다(엡 1:18). 하나님이 우리 생각을 지혜로 충만하게 채워 주실 때, 우리는 올바른 선택을 할 수 있는 인격을 계발하게 될 것입니다. 올바른 선택이란 올바르고, 공정하며, 도덕적인 선택을 의미합니다.

하나님의 지혜를 소유하려고 노력할 때, 우리는 한 사람의 리더로서 비전과 가치를 표현하는 것을 넘어서, 아름다운 비전과 가치가 흘러넘치는 인격을 소유하게 될 것입니다. 그리고 우리의 인격이 진실로 경건해져서, 다른 사람들이 기꺼이 우리를 따르게 될 것입니다.

2일 · 주님께 배우는 리더십

인격(1)

여러분이 동경하는 사람은 어떤 사람입니까? 일반적으로 여러분이 존경하는 사람들은 내향적인 성격일 수도 있습니다. 우리가 인격이 훌륭한 사람을 흠모한다면, 모든 진리와 선함, 아름다움의 근원이신 하나님의 온전하심은 얼마나 가치 있게 여겨야 하겠습니까? 오늘 본문에서는 하나님의 아름다운 성품을 살펴봅시다.

출애굽기 34장 6~7절을 읽으십시오

모세가 하나님의 영광을 보여 달라고 간구했을 때, 여호와 하나님께서는 다음과 같이 말씀하셨습니다. "내가 내 모든 선한 것을 네 앞으로 지나가게 하고 여호와의 이름을 네 앞에 선포하리라"(출 33:19). 하나님은 반석 틈에서 모세를 손으로 덮으심으로써 하나님의 충만한 영광으로부터 보호해 주셨습니다. 그리고 하나님이 모세 앞으로 지나가실 때 이 장엄한 광경을 동반하시며 자신의 완전하신 성품을 선포하셨습니다.

하나님은, 노하기를 더디하시며 사랑과 신실하심이 풍성하시며 천대까지 사랑을 베푸시고 악과 과실과 죄를 용서하시는, 자비롭고 은혜로우신 존재로 자신을 계시하셨습니다. 그분은 자신의 인격적 성품이 이 모든 성품들을 규정하는 기준임을 명백히 밝히셨습니다. 하나님은 어느 누구에게도 책망받지 않으십니다. 그리고 그분이 따라야 할 더 높은 기준은 결코 존재하지 않습니다. 영원하고 변함없는 그분의 인격이야말로 사랑과 은혜로움과 신실함과 인내에 궁극적인 의미를 주는 불변의 기준입니다.

출애굽기 34장 6~7절을 다시 읽고, 시간을 내어 이 말씀에 드러난 하나님의 인격적 속성들을 하나씩 묵상하십시오. 그런 다음에 이러한 속성들이 여러분의 삶 속에서 나타나도록 하나님께 능력을 구하십시오.

3일 · 리더십 자기 점검

인격(1)

사람들은 겉모습이나 꾸며진 모습보다는, 진솔하고 진정으로 남을 위하는 사람에게 깊은 감동을 받습니다. 인격은 겉으로 나타나는 테크닉이 아니라 내면의 자질입니다. 주위에 아무도 없을 때, 여러분의 모습은 어떻습니까? 오늘 본문에서, 하나님의 자녀들이라면 갖추어야 할 삶의 속성과 거룩함을 묵상해 봅시다.

베드로후서 1장 5~8절을 읽으십시오

이 말씀에서 열거하는 인격적 자질들은 충분히 감탄할 만한 것이지만 지나치게 부담스럽기도 합니다. 우리가 이러한 특성들을 열망할 수는 있지만 실제로 그 자질들을 우리 모습 속에 구현할 수 있을까요? 단순히 인간의 변덕스러운 노력을 기울인다면, 그것은 헛된 시도가 될 뿐입니다. 그러나 베드로후서 1장 3~4절은 그리스도 안에서 우리가 하나님의 권능에 다가갈 수 있도록, 그리고 신성(신의 성품)에 참여할 수 있도록 허락받았다고 말씀하십니다. 우리는 그리스도 안에서 새로운 인격을 받았을 뿐만 아니라(롬 6:6~13), 우리 안에는 성령님이 내주하고 계십니다. 우리 가운데 역사하시는 성령님의 권능으로 우리는 그리스도를 닮은 인격을 드러내게 됩니다.

영적인 변화는 밖에서 안으로 일어나는 것이 아니라 안에서 밖으로 일어납니다. 믿음과 선함(덕)과 지식과 절제와 인내와 거룩함과 형제 우애와 사랑은 우리 안에 있는 그리스도의 생명으로부터 흘러나옵니다.

이 말씀에 열거되어 있는 여덟 가지 성품을 묵상하면서, 여러분의 삶 가운데 이러한 성품들이 나타나게 해 달라고 주님께 간구하십시오. 여러분의 삶에서 사람을 기쁘게 하려고 노력할 때와 하나님을 기쁘시게 하려고 노력할 때 어떤 차이가 나타납니까?

4일 · 리더십 업그레이드

인격(1)

베드로후서 1장의 영감 있는 말씀을 읽으면서 '이런 글을 기록한 사람은 누구일까? 이러한 이상과 통찰은 어디에서 나왔을까?'라는 생각을 해본 적이 있습니까? 아래 베드로의 인물 연구를 읽고 이 고무적인 말씀을 기록한 사람, 그러한 인격을 가진 인물이 실은 원래부터 대단한 사람은 아니었다는 사실에 주목해 봅시다.

베드로후서 1장 1~21절을 읽으십시오

복음서는 베드로에 대해 두 가지 인상을 남기고 있습니다. 첫째는 그가 때때로 우스꽝스러울 정도로 충동적인 인물이었다는 사실입니다. 그는 두 번이나 옷을 입은 채 배 위에서 바다로 뛰어내렸습니다. 그는 예수님께 따지기도 했으며, 차례를 무시하고 나서기도 했으며, 필요 이상의 에너지와 창의력을 발휘했습니다. 그러나 이러한 에너지와 창의력이 베드로의 두 번째 인상을 이루는 기반이 되었습니다.

베드로는 제자들의 비공식적 리더였습니다. 그는 종종 제자들의 대변자로 나섰으며, 예수님의 '측근'에 속하는 세 사람 중 하나였습니다. 예수님이 떠나가신 후 제자들은 베드로를 바라보며 그의 지시를 기다렸습니다. 초대 교회 시절을 기록한 누가에 따르면, 베드로의 지위는 의심할 여지가 없습니다.

젊은 리더에게는 흔히 상충되는 자질들이 혼재하는 것을 발견할 수 있습니다. 아마 이것을 '높은 정신적 에너지'라고 말할 수도 있을 것입니다. 베드로는 언제나 행동을 염두에 두고 생각했습니다. '질문'을 들었을 때는 즉시 '대답'을 떠올렸고, '문제'를 보면 '해답'을 강구했으며, '선택의 기로'에 섰을 때는 '결단'을 생각했습니다. 그러나 그의 성품이 부정적으로 작용할 때도 있었습니다. '침묵'하라는 말을 들었을 때는 '말'할 것을 생각했고, '의견 불일치'에 부딪혔을 때는 '싸움'을 생각했으며, '잘못'을 발견했을 때는 (적어도, 자신이 잘못이라고 생각했을 때는) '시정'을 생각했습니다. 그러나 그 상황이 어떠했든, 그는 바로 그 순간에 생각했으며 그의 생각을 반드시 행동으로 옮겼습니다.

베드로는 젊었을 때 무절제하게 행동했습니다. 그래서 베드로의 대답과 해결책, 결단과 말들을 보며 때때로 실소를 금치 못하기도 합니다. 종종 그의 행동은 상황에 민감하지 못하고 미성숙해 보일 때도 있었습니다. 그러나 다른 위대한 리더들과 마찬가지로, 베드로는 자신을 뛰어넘었습니다. 예수님의 가르침을 통해, 베드로의 활동적인 성격은 성숙해 나갔으며, 그는 좀더 경건한 성품을 계발하게 되었습니다. 이러한 성숙함은 그의 사고 체계를 형성하기 시작했습니다. 그는 결단하는 것을 두려워하지 않았기 때문에 리더가 되었고, 그의 경건한 인격은 그가 내린 결정에 중대한 영향을 미쳤습니다.

너무나 신중해서 좀처럼 행동하지 않는 리더를 섬기고 있는 사람이라면, 베드로의 신속한 대응을 부러워할 것입니다. '우유부단함'을 미덕으로 여기는 조직에서 일하는 사람이라면 사람들이 베드로를 따르는 이유를 이해할 것입니다. 복음서를 따라 베드로의 삶을 추적하고 그의 서신서에서 흘러나오는 성숙한 음성을 듣다 보면, 낙관적이고, 열정적이며, 대단히 지적이지만, 실천을 중시하는 그의 자질을 인정하게 될 것입니다. 실제로 마가복음은 예수님을 행동의 사람으로, 즉각적인 사람으로 그리고 있습니다(많은 학자는 마가복음이 베드로가 불러 주는 것을 마가가 받아 적은 글이라 추측합니다). 마가복음에는 '즉시로'라고 번역된 헬라어가 42회나 사용되었습니다.

교회가 움직이고 있을 때, 로마와 유대의 지도자들이 교회를 반대하고 있을 때, 그리스도인들이 믿음으로 말미암아 순교를 당하고 있을 때, 누군가는 성령님의 인도를 받아 신속하게 결정을 내려야만 했습니다. 교회가 헬라어권 유대인들을 받아들이고, 그다음으로 사마리아인들을, 그 지역의 이방인들을, 소아시아 사람들과 헬라인들과 로마인들을 받아들이기 위해 문화적인 장벽을 뛰어넘어야 할 때, 이 연약한 조직이 와해될 만한 온갖 문제가 발생했으리라는 것을 쉽게 추측할 수 있습니다. 베드로는 의견 충돌과 다툼, 심지어 잘못된 결정이 불러오는 위협도 견딜 수 있는 자질을 지녔기 때문에, 행동하기를 두려워하지 않았습니다. 부주의하지도 않았고, 전진하기를 주저하지도 않았습니다. 그의 리더십 아래에서 교회는 사명을 감당할 수 있었습니다. 베드로는 중대한 결단을 내리는 리더였습니다.

5일 · 실행 포인트

인격(1)

하나님은 인격적으로 성장하고 성품을 계발하고자 하는 사람과 함께 놀라운 일을 이루십니다. 하나님은 우리가 최대한 성장하기를 원하십니다. 그것이 바로 하나님이 우리를 구속하신 목적입니다. 오늘 본문에서는 우리가 인격을 계발하는 데 하나님께서 도움을 주신다는 놀라운 사실을 살펴봅시다.

마태복음 26장 31~35절과 26장 69~75절을 읽으십시오

우리의 인격을 단련하기 위해 하나님이 행하시는 일을 보기 원한다면, 베드로를 제련한 용광로를 살펴보는 것이 좋을 것입니다. 베드로는 결정적인 순간, 예수님을 부인했던 사람입니다(마 26:69~75). 그러나 후에 그는 예수님을 위해 매 맞고 감옥에 들어갔으며, 마침내 죽음을 당했습니다. 우리는 모두 그러한 인격이 하루아침에 함양되는 것이 아님을 잘 알고 있습니다.

예수님의 부활은 베드로의 인격에 커다란 영향을 미쳤습니다. 생애 가장 치명적인 실수로부터 베드로를 회복시키셨던 예수님의 모습은 또한 우리에게도 큰 격려가 됩니다. 베드로를 회복시킨 바로 그 예수님께, 우리의 인격을 계발하기 위한 도움을 간구할 수 있기 때문입니다.

마태복음 26장 69~75절을 읽으며 이번 연구를 시작해 봅시다. 31~35절을 읽으며 베드로에게 이 사건이 어떤 의미를 지니고 있는지 살펴보십시오. 이 사건에서 여러분은 베드로의 강인한 성격을 어떻게 규정하겠습니까?

방금 여러분이 읽은 본문 이후에는 예수님께서 희생당하시고 무덤에 묻히시는 사건이 이어집니다. 사흘 후 그분은 죽은 자 가운데서 살아나셔서 베드로와 다른 제자들에게 잠시 나타나셨습니다(요 20장). 요한복음 21장에 기록된 예수님과 베드로 사이의 첫 대화는 예수님이 베드로의 실패를 어떻게 다루셨는지 보여 줍니다. 요한복음으로 가서 다음 질문들을 생각해 보고 대답해 봅시다.

- 1~14절을 읽고 그 장면을 마음속에 그려 보십시오. 그런 다음 15~17절의 대화를 읽으십시오.
- 베드로가 자신의 사랑을 단언할 때마다 예수님께서는 뭐라고 말씀하셨습니까?
- 그 말들은 베드로에게 어떤 의미가 있습니까?
- 예수님은 이 '실패자'에게 무엇을 요청하십니까?

17절에 나오는 베드로의 신학적 천명을 주목해 봅시다. "주님 모든 것을 아시오매 내가 주님을 사랑하는 줄을 주님께서 아시나이다." 베드로의 말은 옳았습니다. 예수님은 그 답을 몰라서 질문하시는 것이 아니라 베드로가 그 답을 알아야 했기 때문에 질문하신 것입니다. 그 질문의 대답을 놓고 씨름하는 것이 베드로에게 왜 그렇게 중요했을까요? 우리의 성품을 성장시킬 정도로 예수님을 향한 사랑이 충분한지는 우리에게도 역시 중요한 문제입니다. 그분의 말씀은 우리를 격려하고 또한 우리에게 도전합니다. 베드로는 그 말씀이 우리에게 요구하는 목록을 베드로후서 1장 5~8절에 나열해 놓았습니다.

사도행전 1~12장에서 우리는 초대 교회 가운데서 독보적인 리더로 사역하는 베드로를 발견합니다. 그의 인격과 확신은 많은 사람에게 영감과 도전과 격려의 원천이 되었습니다. 우리 주님은 여전히 "주님, 내가 주님을 사랑하는 줄을 주님께서 아시나이다"라고 대답할 사람들, 그리고 경건한 리더가 되는 데 필요한 인격을 계발해 나갈 사람들을 찾고 계십니다.

그러므로 너희가 더욱 힘써 너희 믿음에 덕을, 덕에 지식을, 지식에 절제를,
절제에 인내를, 인내에 경건을, 경건에 형제 우애를, 형제 우애에 사랑을 더하라.
이런 것이 너희에게 있어 흡족한즉 너희로 우리 주 예수 그리스도를 알기에
게으르지 않고 열매 없는 자가 되지 않게 하려니와.

● 베드로후서 1장 5~8절

2주 · 1일

인격(2)

베드로후서 1장 2~11절을 읽으십시오

아직은 베드로의 인물 연구를 끝낼 때가 아닙니다. 지난주에 읽었던 본문을 다시 읽어 봅시다. 우리가 이미 베드로의 인격을 공부했기 때문에, 이 본문은 더 의미가 있을 것입니다. 본문에서 베드로는 편지의 독자들에게 꾸준히 자신의 삶에 인격의 벽돌을 쌓아 나가라고 권면합니다. 베드로는 이 과정이 '세상의 부패'(썩어질 것, 4절)에 대한 해독제를 제공해 주리라 믿고 있습니다.

척 스윈돌(Chuck Swindoll)은 다음과 같은 글을 남겼습니다.

"하나님께는 한 가지 목표가 있습니다. …그것은 로마서 8장 29절에 기록되어 있습니다. 그 말씀에서 하나님은 우리가 자신의 아들의 형상을 본받게 될 것이라고 약속하십니다. 또 빌립보서 1장 6절에서는 하나님이 우리 안에서 자신의 역사를 시작하셨으며, 지금도 그 일을 멈추지 않으신다는 말씀을 발견합니다. 하나님은 우리를 망치질하시고, 갈아 내시고, 조각하시며, 다듬으십니다! 베드로후서는 우리가 추구해야 할 목록들을 나열하고 있습니다(벧후 1:5~7). 한마디로 말하자면, 성품입니다.

  하나님이 끊임없이 추구하시는 것은 자녀들 안에 있는 인격적 성품들입니다. 하나님의 빛은 계속해서 우리의 어둠을 밝힐 것입니다. 하나님은 그분의 목록에 올라와 있는 요소들을 완성하기 전까지는 이 일을 멈추지 않으실 것입니다. 그렇다면 언제 그 일이 다 이루어질까요? 우리가 평안히 안식을 누리게 될 때입니다. 그리고 그날은 머지않았습니다. 그때서야 비로소 하나님의 뜻이 우리 안에서 성취될 것입니다. 감사하게도 우리에게는 우리의 인격을 온전히 계발하기까지 우리를 포기하지 않으시는 하나님이 계십니다. 주님, 감사합니다."*

  인격을 쌓는다는 것은, 우리가 하나님의 인격에 참여하며 세상의 부패를 피하는 과정이라고 바울은 말합니다(4절). 그리고 그 과정을 통해 비효율적이고 비생산적인 일을 피할 수 있습니다(8절). 그리고 스윈돌은 말씀에 근거하여, 하나님은 그의 자녀들이 인격을 함양하는 동안 그들을 끊임없이 도우신다고 확증하고 있습니다.

2일 · 주님께 배우는 리더십

인격(2)

리더십에 있어 인격이 얼마나 중요합니까? 탁월한 기량이 있지만 인격이 제대로 갖추어지지 않은 사람이 있다면, 여러분은 그 사람을 승진시키거나 따르겠습니까? 오늘 본문에서는 성품과 역량의 문제를 바라보는 하나님의 시각을 살펴봅시다.

사사기 9장 1~15절을 읽으십시오

요담은 반역을 저지른 자신의 형제를 지적하면서 매력적인 비유를 사용하고 있습니다. 이 흥미로운 비유에서, 나무들은 자신들의 리더를 찾고 있었습니다. 그들이 먼저 선택했던 나무들은 적합한 자질을 지니고 있었지만 리더로 나서기를 꺼렸습니다. 마침내 그들은 아무 가치도 없고 기생적으로 살아가던 가시나무에게 리더가 되어 달라고 요청했습니다. 가시나무가 리더가 된다면, 그는 베풀 것은 하나도 없고, 얻을 것만 가득했습니다.

가시나무는 모든 나무에게 자신의 '그늘'에 들어와 피하라고 요구합니다(15절). 그리고 그 요구는 터무니없고 불가능했습니다. 가시나무는 만약, 나무들이 순종하지 않는다면(혹은 순종할 수 없다면), 그들을 다 불살라 버리겠다고 위협했지만, 이것이 공허한 위협에 지나지 않는다는 사실은 누구나 알고 있었습니다. 그 작은 가시나무는 그렇게 할 수 없었기 때문입니다.

가시나무에게 있어서 리더란, 반드시 그 구역에서 가장 크고 가장 비열해야 했습니다. 이것이 리더십일까요? 결코 아닙니다.

요담은 세겜의 백성들에게 이 비유를 들려주었습니다. 그들은 아비멜렉을 그들의 왕으로 삼으려고 하던 참이었습니다. 아비멜렉은 몇 가지 매력적인 리더십 기량을 지녔지만, 그의 인격은 건강하지 못했습니다. 가시나무 비유에서처럼 유능한 사람들이 리더의 자리를 꺼리는 상황에서는, 리더의 자질을 지니지 못하더라도 기꺼이 나서는 사람이 리더가 되는 경우가 있습니다. 그러나 어떠한 기량을 지녔다 할지라도, 인격을 제대로 갖추지 못했다면, 그 사람은 결코 좋은 리더가 될 수 없습니다.

3일 · 리더십 자기 점검

인격(2)

리더는 어떻게 인격을 계발할까요? 한 가지는 분명합니다. 인격은 하룻밤 사이에 함양되지 않는다는 사실입니다. 인격을 계발하는 데는 오랜 시간이 걸립니다. 가르침을 잘 받아들이는 마음가짐이 필요하며 지혜도 습득해야 합니다. 오늘은 신명기 5장 32~33절을 통해 경건한 성품을 얻기 위한 방법과 그에 따른 보상을 살펴봅시다.

신명기 5장 32~33절을 읽으십시오

많은 사람들은 자신의 성격 혹은 인격의 문제를 다룰 때, 일시적인 처방을 원합니다. 즉, 자신의 문제점을 순식간에 사라지게 해 주는 요술지팡이 같은 것을 바랍니다. 단기적인 해결책으로 신속하고 편리한 기량을 습득할 수 있을지는 몰라도, 그런 식으로는 인격을 지속적으로 함양할 수 없습니다. 결국 지속적인 인격은 경험과 자기 훈련과 헌신의 기초 위에서 다져지는 것입니다. 만약 진실성과 인격이 결여되어 있는 사람이 일시적인 성공을 거두더라도, 삶 속에서 난관에 부딪히면 그 성공의 기반은 무너져 내릴 것입니다.

그렇다면 리더는 어떻게 인격을 계발하는 지혜를 얻을 수 있을까요? 지혜는 어둠 속에서 무작정 더듬어 얻는 것이 아닙니다. 지혜를 구하는 리더는 반드시 인도를 받아야 하며, 그 출발점은 성경에 기록된 하나님의 계시입니다. 그리고 그 계시에는 특정한 경고들과 실천적인 계명들이 들어 있습니다.

그런데 인격은 진리를 지적(知的)으로 파악한다고 해서 형성되는 것이 아니라, 사람의 마음 깊은 곳을 꿰뚫고 지나가는 성경의 진리를 통해 형성됩니다. 그러므로 인격을 형성하기 위해서는 하나님의 말씀을 부여잡고 그 의미를 묵상하고 적용해야 합니다. 이렇게 하나님의 계시를 공부하는 궁극적인 목표는, "여호와를 경외"(잠 2:5)하기 위해서입니다. 지혜로운 리더는 하나님을 경외하고 높이고 존중합니다. 그리고 그러한 관점은 그의 인격을 형성하고, 그 인격은 다시 그의 생각과 행동을 주관합니다.

인격을 함양하는 데 시간이 많이 걸리는 이유는 무엇일까요? 경건한 인격은 리더의 삶 속에서 어떻게 드러날까요? 불경건한 인격은 어떤 식으로 표출될까요? 자신이 인격 계발과 발전의 과정 중 어디에 위치해 있는지 정직하게 평가해 보십시오. 10점을 만점으로 할 때 여러분은 1점도, 10점도 아닐 것입니다. 삶 속에서 어느 정도 인격을 갖추게 된 것을 하나님께 감사드리고, 계속 인격을 성장시킬 수 있도록 도움을 구하십시오.

4일 · 리더십 업그레이드

인격(2)

인격이라는 리더십 주제를 마치기에 앞서, 인격이 결여되어 있을 때 일어나는 일들을 한번 살펴보도록 합시다. 오늘 살펴볼 야곱의 이야기는 한 사람의 인격적 결함이 어떻게 자신을 곤경에 빠뜨리는지 보여 줍니다. 야곱은 가족을 데리고 라반의 억압으로부터 도망쳐 나왔습니다. 라반은 야곱을 쫓아가 그의 부정직함과 음모를 비난했으며 자신이 도난당한 물품을 야곱의 장막에서 찾으려 했습니다. 이 이야기를 창세기 31장에서 살펴봅시다.

창세기 31장 36~55절을 읽으십시오

야곱과 라반의 이야기는 영화 스토리처럼 흥미진진합니다. 다채로운 구약 성경의 이야기를 잘 모르는 사람이라면 경악할 수도 있는 비열한 속임과 복수가 반복적으로 창세기(29:15~31:55)를 채우고 있기 때문입니다. 라반이 먼저 야곱을 속입니다. 그러나 꾀가 많은 야곱은 기지를 발휘하여 교활한 라반을 속이고 상당한 이익을 챙겨서 도망치게 됩니다.

이러한 이야기는 몇몇 기업에서 흔히 일어나는 이야기처럼 들릴 수도 있습니다. 비열한 인간들만 경주에 참여하기 때문에 비열한 인간들만 승자가 되는 것처럼 보이니, 이 얼마나 슬픈 일입니까. 저열한 인격을 갖춘 사람들이 함께 일할 때는, 주주들을 위해 가격을 올리는 거래를 성사시키기보다는 자신을 지키는 데 더 많은 시간을 보냅니다.

야곱과 라반은 그런 식으로 일을 진행했습니다. 야곱과 헤어지면서 야곱에게 해 준 라반의 '축복'은 불신이 담긴 슬픈 내용입니다. "내가 너를 항상 지켜볼 수는 없지만 하나님은 그러실 수 있다. 그러니 속이는 일은 하지 않는 것이 좋을 거야."

그 말은 사실입니다. 하나님은 우리의 행위를 다 바라보고 계십니다. 그리고 우리의 인격도 알고 계십니다. 우리가 그 진리를 인정하고 그것을 따라 살아간다면 얼마나 좋을까요! 어떤 이들은 파렴치하고 불공평한 리더십으로부터 자신을 보호하는 유일한 길은 하나님이 보호해 주시리라는 소망임을 깨닫습니다. 그러한 리더십을 갖추기 위해서는 철저한 인격 점검이 절실히 필요합니다.

5일 · 실행 포인트

인격(2)

인격과 리더십을 다루는 마지막 연구입니다. 오늘은 강한 영적 성품을 계발하라고 격려하는 말씀에 초점을 맞추도록 하겠습니다. 오늘 본문은 사도 바울의 메시지로, 인격적인 삶을 가르치고 보여 주는 것이 중요함을 세세히 밝히고 있습니다.

빌립보서 4장 8~9절을 읽으십시오

바울은 편지를 읽는 이들에게 자신의 인격을 드러내는 성품을 계발하라고 격려하고 있습니다. 인격적인 성품 없이는 누구도 우수한 조직을 세우거나 오랫동안 이끌 수 없습니다.

로버트 로젠과 폴 브라운 역시 *Leading People*에서 인격의 중요성을 인정했습니다. "순자산이 거의 2억 5천 달러에 육박하는 말콤 포브스는 자산을 투자하는 곳을 어떻게 결정하느냐는 질문을 빈번하게 받았습니다. 그의 대답은 한결같았습니다. '나는 말이 아니라 기수에다 돈을 걸지. 나는 그 회사가 어떤 사업을 하는지, 혹은 재정이 어떤지 알 필요가 없어. 내가 알아야 하는 것은 최고경영자가 어떤 부류의 사람인가 하는 점이네.'"*

로젠과 브라운은 이렇게 말합니다. "조직의 특성은 그곳에서 일하는 사람들의 특성에 의해 확립됩니다. 그리고 그 특성은 리더의 진실성에 의해 결정됩니다."* 또한 그들은 다음과 같이 의미심장한 견해를 밝히고 있습니다. "윤리는 다양한 변화를 겪지만, 진실성의 개념은 결코 변하지 않습니다." 사람들이 대부분 따르고 싶어 하는 리더는 "그 성품에 깊이 새겨진, 근본적이며 부정할 수 없는 원리에 따라 움직이는" 사람입니다. 이 저자들은 그러한 리더들이 "일관성이 위선보다 나으며, 윤리적으로 행동하는 것이 속이는 것보다 나음을 알고 있음"을 언급합니다. "그 사람들의 입장에서는, 물건을 생산하는 방식이, 그 물건 자체만큼이나 중요합니다. 수단은 목적을 이루는 데 있어 매우 중요합니다."*

바울과 이 저자들은 같은 말을 전하고 있습니다. 우리는 리더십을 계발할 때 반드시 인격에 초점을 맞추어야 합니다. 만약 여러분이 "너희는 내게 배우고 듣고 본 바를 행하라"고 말한다면, 여러분을 따르는 사람들은 어떻게 반응할까요? 좋은 쪽으로든, 나쁜 쪽으로든 이미 여러분의 성품이 그들의 귀에 대고 외치고 있을 것입니다. 한 사람의 리더로서, 이 간단한 말씀에 나타난 인격을 계발할 수 있도록 하나님께 도움을 간구하십시오.

3주 · 1일

헌신

로마서 12장 1~2절을 읽으십시오

효과적인 리더십은 옳은 일에 헌신하는 것으로부터 시작합니다. 그리스도를 따르는 사람으로서, 우리 삶에서 가장 중요한 것은 하나님을 향한 헌신이며, 우리가 경험하는 참된 (그리고 영원한) 성공은 모두 이런 헌신에서 비롯됩니다.

사도 바울은 하나님을 위해 헌신하라고 권면합니다. "그러므로"(1절)라는 말은 사도 바울이 앞서 써 놓은 열한 개의 장 전체를 가리키는 말입니다. 우리를 의롭다 하며, 거룩하게 만들며, 언젠가는 우리를 영화롭게 하실 하나님의 자비에 비추어, 우리 자신을 산 제물로 하나님께 바쳐야 합니다. 다시 말해, 하나님의 자비를 통해 우리 삶 속에서 이러한 역사가 이루어져야 한다는 것입니다. 우리는 하나님의 은혜에 이끌려 절대적으로 헌신해야 합니다.

"드린다"라는 말은 결혼 서약과 마찬가지로, 이 행위가 과거에 일어났음을 의미합니다. 드리는 행위는 갱신할 수 있습니다. 그러나 그러기 위해서는 어떤 한 시점에서 자신을 하나님께 드리기로 결심해야 합니다. 일단 자신을 하나님께 드린 후에 그 일이 지속적으로 새롭게 이루어지는 것입니다. 우리는 이 단계를 실행함으로써 우리 삶에서 그리스도의 리더십을 인정하게 됩니다. 우리는 자신을 하나님의 뜻에 맞추려고 애쓰면서, 자신의 이기적인 욕망들과 잘못된 야망들을 희생 제물로 불태워 버립니다. 일단 이 헌신의 행위가 일어나면, 우리의 재능과 꿈은 하나님의 목적에 순복하게 될 것입니다. 그리고 우리가 자신을 하나님께 드릴수록 하나님은 우리에게 복을 주시고 우리를 사용하실 것입니다.

여러분은 그리스도께 전적으로 헌신했습니까? 그렇지 않다면, 지금 그렇게 하십시오. 만약, 여러분이 그리스도께 헌신한 제자라면, 이 헌신을 새롭게 갱신하십시오.

2일 · 주님께 배우는 리더십

헌신

인생에서 안정과 의미의 기초가 되는 것은 무엇일까요? 안전은 책임과 관련이 깊고, 의미는 오래 지속되는 것과 관련이 깊습니다. 하나님은 그리스도 안에 있는 모든 사람을 책임지실 것이며 우리와 하나님과의 관계가 영원히 지속될 것이라 말씀하십니다. 오늘 본문에서는 여호와 하나님께서 자신의 백성과 맺으신 언약을 살펴봅시다.

예레미야 31장 31~36절을 읽으십시오

유다 백성의 반역에도 불구하고, 여호와 하나님은 선지자 예레미야를 통해 그들의 궁극적인 유익을 책임지시겠다고 다짐하셨습니다. 명백히 하나님의 계명을 위반했던 유다 백성을 심판하는 것은 불가피한 일이었습니다. 그러나 선지자 예레미야는 닥쳐올 심판 이후에 임하게 될 위로의 때를 내다보았습니다. 그때는 신실한 자들이 남아 있을 것이며, 하나님의 백성들은 마침내 용서와 완전한 회복을 누리게 될 것입니다.

이 언약에서 하나님은 이스라엘과 유다의 평안을 책임지시며, 그들이 모두 하나님을 알게 될 때, 그리고 하나님의 율법이 그들의 마음판에 새겨지게 될 때를 예언하십니다. "여호와의 말씀이니라 너희를 향한 나의 생각을 내가 아나니 평안이요 재앙이 아니니라 너희에게 미래와 희망을 주는 것이니라"(렘 29:11).

하나님의 은혜는 언제나 우리의 응답보다 앞서며 우리를 향한 하나님의 변함없는 약속을 드러냅니다. "하나님의 사랑이 우리에게 이렇게 나타난 바 되었으니 하나님이 자기의 독생자를 세상에 보내심은 그로 말미암아 우리를 살리려 하심이라 사랑은 여기 있으니 우리가 하나님을 사랑한 것이 아니요 하나님이 우리를 사랑하사 우리 죄를 속하기 위하여 화목 제물로 그 아들을 보내셨음이라"(요일 4:9~10). 우리가 하나님을 사랑하는 것은, 그분이 먼저 우리를 사랑하셨기 때문입니다(요일 4:19).

하나님이 우리 개인의 행복을 이렇게 책임지고 계신다면, 우리가 안전과 의미를 충분히 누리지 못할 이유가 무엇이겠습니까?

3일 · 리더십 자기 점검

헌신

진정한 인간관계는 감정이나 느낌과 같은 움직이는 모래 위가 아니라 헌신이라는 견고한 반석 위에 세워집니다. 하나님은 우리에게 '먼저 하나님께, 그다음으로 다른 사람들에게' 헌신하라고 촉구하십니다. 오늘 본문에서는 삶이 곧 헌신이었던 한 사람의 고별사를 살펴봅시다.

여호수아 24장 14~27절을 읽으십시오

여호수아는 백성들이 여호와 하나님을 섬기지 않기로 선택한다 할지라도, 결국 다른 무엇인가는 섬기게 될 것이라고 말했습니다. 창조주 하나님을 섬기지 않는다면, 피조물 가운데서 어떤 것을 섬길 수밖에 없습니다. 그러나 성공과 지위와 재산의 신들은 잔학하여, 그들이 약속했던 심원한 만족을 결코 건네주지 않을 것입니다. 하나님만이 우리가 전적으로 헌신할 대상이십니다. 우리가 하나님이 아닌 다른 것들에게 깊이 헌신한다면 우리는 우상숭배를 저지르게 되는 것입니다. 우리는 하나님을 섬기고, 하나님께로부터 우리의 가장 깊은 만족을 발견하도록 지음 받았습니다. 그러나 우리가 두 법을 가지고 두 주인을 섬기려 한다면, 하나님께 온전히 헌신할 수 없습니다.

예수님을 따랐던 많은 사람들은 좀 묘한 구석이 있었습니다. 많은 사람들이 그분이 가르치시는 진리를 확신했지만 일부만이 그분께 전적으로, 그리고 개인적으로 헌신했기 때문입니다. 전적인 헌신 없이 예수님을 따라다녔던 사람들이 예수님의 난해한 말씀 때문에 그분을 떠나기 시작하자, 예수님은 열두 제자에게 다른 사람들처럼 떠나고 싶은지 물었습니다. 그들이 과연 주님을 떠난 사람들보다 주님을 잘 이해했는지는 알 수 없지만, 그들은 일단 주님께 헌신했다면 결코 되돌아설 수 없다는 사실을 깨달았습니다(요 6:60~69). 우리 역시 주님을 이해할 수 없을 때라 할지라도, 그리스도를 따르는 사람으로서 주님을 향한 헌신을 지키라는 소명을 받았습니다.

경건한 리더로서, 여러분은 "여호와를 택하고 그를 섬기리라 하였으니 스스로 증인이" 되었습니다(수 24:22). 여러분은 그 헌신이 여러분의 삶에 어떤 영향을 끼쳤는지 평가해 보았습니까? 헌신을 요청한다는 것은 그 헌신의 수준을 계속해서 유지하고 이해하도록 깨어 지키라는 의미입니다. 경건한 리더라면 어떠한 장애를 만나더라도 자신의 초점을 하나님을 섬기는 데 맞출 것입니다.

4일 · 리더십 업그레이드

헌신

리더들이 헌신적으로 따르는 자들을 세우고, 그들을 유지할 방법은 무엇일까요? 성공이라는 값비싼 희생을 치를 수 있을 정도로 우리는 헌신되어 있습니까? 하박국 선지자는 하나님께 초점을 맞춘 헌신의 본질적인 모델을 보여 줍니다.

하박국 3장 17~18절을 읽으십시오

얼마나 신선한 말씀입니까! 많은 리더가 이처럼 헌신적으로 따르는 자를 두고 싶어 합니다. 사실 리더라면 따르는 자들이 자신의 명분에 이렇게까지 헌신하기를 원할 것입니다. 하박국의 말의 핵심 요소는 '헌신은 한 방향'이라는 것입니다. 하박국은 자신이 받게 될 보상이 어떠하든지 간에 그것에 매이지 않고 일관된 태도를 지키겠다고 약속했습니다.

이것이 진정한 헌신입니다. "…라면 헌신할 것이다"라는 말은 헌신이 아니라 거래입니다. 하박국 2장에서 하나님은 선지자에게 그분의 정의와 위엄을 설명해 주십니다. 하박국 3장 17~18절은 하나님의 계시에 대한 선지자의 응답입니다.

삶을 불태울 이상을 제시하지 않고 따르는 자들에게 하박국이 고백한 수준의 헌신을 요구하는 것은 비합리적입니다. 리더는 조직 안에서 진정으로 헌신할 가치가 있는 대상을 알려 줘야 합니다. 리더가 이것을 확실히 규정해 주지 못한다면, 그의 말은 울림 없는 소리에 그칠 뿐입니다. 정상적인 사람이라면 진짜 중요하지 않은 것에는 헌신하지 않을 것입니다. 그러나 한 조직의 목표와 결과가 살아 계신 하나님과 그분의 사역에 제대로 연결되어 있을 때, 조직을 향한 헌신은 의미를 갖게 됩니다.

탁월한 리더라면 "어떻게 헌신하도록 만들 것인가?" 대신, "무엇에(혹은 누구에게) 헌신할 것인가?"라는 물음을 출발점으로 삼을 것입니다.

5일 · 실행 포인트

헌신

리더의 헌신은 어떤 모습일까요? 그리고 우리는 어떻게 헌신을 실천으로 옮길 수 있을까요? 오늘 본문에서는 더 깊은 헌신에 관한 예수님의 기준을 검토해 봅시다.

마태복음 16장 24~26절을 읽으십시오

이 말씀은 예수님이 당시 제자들을 대상으로 전하신 말씀이지만, 오늘날 우리에게도 해당되는 말씀입니다. 이 살아 있는 말씀들은 예수님이 자신을 따르는 자들에게 철저한 헌신을 요구하신다는 사실을 확실히 보여 줍니다. 예수님은 전적으로 헌신하지 않으면 모든 것을 잃게 되리라고 말씀하셨습니다. 그리스도인 리더에게, 그 헌신은 이 땅에서 살아가는 마지막 날까지 계속되어야 합니다.

감동과 동기를 불러일으키는 연설로 유명한 오그 만디노(Og Mandino)는 강하면서도 장기적인 헌신의 필요성을 자세히 설명합니다. 만디노는, 실패의 열 가지 원인 가운데 하나가 "너무 쉽게 그

만두는 것"이라고 말했습니다. 그는 한 예로 마른 강바닥에서 다이아몬드를 찾으려 했던 라파엘 솔라노(Raphael Solano)와 그 동료들의 이야기를 언급합니다. 999,999개의 돌을 살펴보던 솔라노는 절망에 빠져, 이제 이 일을 중단하겠다고 선언했습니다. 그러자 동료들이 말했습니다. "한 개만 더 살펴보고 백만 개를 채우게!" 그래서 솔라노가 집어든 백만 번째 돌이 바로 그때까지 발견되었던 다이아몬드 가운데 가장 크고 순도가 높은 리버레이터(The Liberator)였습니다. 만디노는 이렇게 쓰고 있습니다. "틀림없이 솔라노는 경제적인 이득을 넘어선 행복이 무엇인지 알게 되었을 것입니다. 자신이 갈 길을 결정했을 때, 그는 온갖 역경에 부딪혔습니다. 그러나 그는 역경을 견뎌 냈으며, 마침내 성공했습니다. 그는 자신이 정해 놓은 일을 했을 뿐 아니라 - 그 자체가 바로 보상입니다 - 실패와 불분명한 상황 가운데서도 그 일을 해냈습니다."*

　예수님은 자신을 따르는 자들에게 "자기 십자가를 지고 나를 따르라"고 요구하셨습니다. 예수님은 위대한 보상을 얻기가 얼마나 힘든지 누구보다도 잘 알고 있었습니다. 그리고 그 상을 얻는 길은 전적인 헌신밖에 없다는 사실도 잘 알고 있었습니다. 리더가 조직을 이끌어 나갈 때는 물론, 그리스도인으로 살아갈 때, 대의명분에 전적으로 헌신해야 성공할 수 있습니다.

4주 · 1일

용기와 모험

여호수아 1장 1~9절을 읽으십시오

매일 까다로운 결정을 내려야 하는 리더들에게는 용기가 필요합니다. 여호수아도 그러한 위기에 직면했습니다. 그는 약속의 땅 가나안에 뿌리를 내리고 있었던 군대와 싸워야 했을 뿐 아니라, 군사 훈련을 전혀 받지 않은 목자들을 이끌어야 했습니다.

하나님은 여호수아에게 용기가 필요함을 아시고, 그의 믿음을 강하게 할 지침을 주셨습니다. 첫째, 하나님은 모든 약속을 지키시는 그분의 신실하심을 여호수아에게 되새겨 주셨습니다(3~6절). 하나님은 가나안 땅을 하나님의 백성들에게 주시겠다고 약속하셨으며, 그 약속을 성취하실 것입니다. 여호수아는 군사적 전략이나 잘 훈련된 군대가 아니라, 하나님의 신실하심을 의지해야 했습니다.

둘째, 하나님은 여호수아에게 모세가 오경에 기록해 놓은 하나님의 말씀을 묵상하라고 명령하셨습니다(7~8절). 이 '율법책'은 여호수아가 용맹스럽게 그 민족을 인도하는 데 필요한 지혜와 용기를 줄 것입니다.

셋째, 하나님은 여호수아와 친히 함께하실 것이라 약속하셨습니다(9절). 그 적이 아무리 위협적이고 그 백성이 아무리 반역할지라도, 여호수아는 혼자가 아니었습니다. 하나님이 함께하시기 때문입니다.

여호수아의 용기의 원천이 되었던 것은 모든 리더들에게도 유용합니다. 모험적인 일을 결단해야 할 때, 경건한 리더라면 기도로 하나님께 나아가고, 올바른 결정을 내리는 데 필요한 안목과 용기를 얻기 위해 하나님의 말씀을 살펴볼 것입니다.

여러분은 현재 어떤 상황 가운데 있습니까? 용기를 발휘하고 모험을 택해야 할 형편에 있습니까? 여호수아에게 주신 하나님의 말씀이 여러분에게 필요한 용기를 공급해 줄 것입니다.

2일 · 주님께 배우는 리더십

용기와 모험

'확실한 것'이 존재할까요? 이 세상에서는 아무것도 확실해 보이지 않습니다. 우리는 자신의 삶을 통제할 수 있다는 생각이 한낱 망상임을 깨닫곤 합니다. 우리는 단 하루의 결과도 통제할 수 없습니다. 주권적으로 통제력을 행사하시는 분은 단 한분뿐입니다. 오늘 본문에서는 우리 영혼의 유일하고 진정한 닻이 무엇인지 살펴봅시다.

히브리서 6장 13~20절을 읽으십시오

이 구절에서는 하나님의 약속들이 확실한 이유를 두 가지로 말하고 있습니다. 그것은 하나님의 뜻이 한결같은 속성을 지녔다는 사실과 하나님이 스스로 자신의 언약을 깨뜨리실 수 없다는 사실입니다. 그러므로 우리의 소망이 기댈, 변함없고 제약 없는 유일한 토대는 하나님의 변치 않으시는 성품과 그 성품에서 비롯한 약속들입니다.

많은 사람이 잘못된 혹은 비성경적인 소망을 가지고 있습니다.

그들은 안전과 확신을 주시는 주님을 바라보지 않고 세상을 바라봅니다. 그러한 사람들은 조만간 자신의 발이 흩날리는 모래 위에 서 있음을 알게 될 것입니다(마 7:24~27).

우리는 비록 이 세상에 살지만 하나님의 약속에 모든 것을 거는 참된 용기가 필요합니다. 이 세상의 약속에 소망을 건 사람들에게는, 눈에 보이고 손에 잡히는 대상이 그들의 소망을 강화합니다. 그러나 하나님의 약속에 소망을 두는 사람들은 보이지 않는 것에 자신의 삶을 걸고 있습니다. "우리가 [이] 소망으로 구원을 얻었으매 보이는 소망이 소망이 아니니 보는 것[이미 가진 것]을 누가 바라리요 만일 우리가 보지 못하는 것[아직 가지지 못하는 것]을 바라면 참음으로 기다릴지니라"(롬 8:24~25). 바로 이런 까닭에 말씀은 믿음과 소망을 직접 연결합니다. "믿음은 바라는 것들의 실상이요 보이지 않는 것들의 증거니"(히 11:1).

모든 사람이 결국 죽는다는 사실을 믿기 위해서 믿음이 필요하지는 않습니다. 인생의 여정이 확실히 짧다는 사실에 비추어 볼 때 그리고 부활에 대한 예수님의 강렬한 증거에 비추어 볼 때, 예수님을 향한 소망과 신뢰는 흑암 속의 맹목적인 도약이 아니라 빛을 향한 발걸음입니다. 이러한 모험을 하는 사람들은 이것이 유일하고 확고하며 안전한 영혼의 닻임을 발견합니다.

3일 · 리더십 자기 점검

용기와 모험

리더십은 그 성격상, 사람들을 격려하여 그들이 기꺼이 택하지 않았을 방향으로 움직여 가도록 인도합니다. 건강한 리더십은 때때로 새로운 영토를 개척하는 모험이 필요하며, 그 일에는 리더의 용기가 필요합니다. 오늘 본문을 읽고 이스라엘 백성들이 스스로 감당할 수 없다고 생각했던 장애물을 만났을 때 어떤 일이 일어났는지 살펴봅시다. 그들은 용기가 부족했기 때문에 커다란 대가를 치러야 했습니다.

민수기 14장 1~10절을 읽으십시오

이스라엘 백성들은 광야에서 처음 두 해 동안 양식 문제와 자신들을 이끌어 가는 리더십에 대해 불평하고 불만을 표출했습니다. 더 심각했던 문제는 그들이 더 이상 하나님을 신뢰할 수 없다는 결정을 내린 것입니다. 가데스에서 일어난 비극은 단지 불평 때문이 아니라 하나님의 목적에 대한 노골적인 반항에서 비롯되었습니다. 이스라엘 백성들은 자신들이 약속의 땅을 취하려고 시도한다면 모두 죽고 말 것이라고 확신했습니다. 그래서 하나님의 명령에 불순종하여 뒤로 물러났습니다. 아이러니하게도, 그들의 자손은 훗날 여호수아의 리더십 아래 그 땅을 점령하게 됩니다.

하나님을 신뢰하기보다 당장의 고통을 피하고자 세운 전략은 이스라엘 백성들을 훨씬 더 심한 고통으로 몰아갔습니다. 출애굽 세대는 용기가 없었기 때문에, 그들이 죽고 새로운 세대가 그 땅을 점령할 준비를 갖추기까지 38년이라는 세월을 광야에서 더 보내야 했던 것입니다.

성경의 계명과 원리를 따르려면 사실 상당한 모험을 감수해야 합니다. 하나님을 신뢰한다는 것은 보이는 것보다 보이지 않는 것을 추구하는 것이기 때문입니다. 그러나 성령님의 인도하심을 거부하고 세상의 약속들을 추구하기 위해 모험을 피한다면, 성장은 멈추고 말 것입니다(히 4:2).

하나님은 그분의 백성들에게 자신의 임재를 믿고 신뢰할 것을 요구하십니다(수 1:9). 하나님은 모든 권세의 궁극적인 원천이십니다. 그분은 경건한 리더에게 용기의 영원한 원천이 되십니다.

4일 · 리더십 업그레이드

용기와 모험

좋은 리더들은 "부서진 것을 고치지만" 위대한 리더들은 "(다른 사람들의 눈에는) 부서지지 않은 것을 고칩니다." 에스겔은 대단한 업적을 성취한 왕을 찾아가, 왕의 업적은 성공적이지만 그의 부도덕한 삶은 개선해야 한다고 말했습니다. 에스겔의 목숨이 위태로운 상황이었지만, 그에게는 모든 위험을 감수할 수 있는 용기가 있었습니다. 오늘 본문을 통해 이 선지자가 좋은 리더를 넘어 위대한 리더인 이유를 살펴봅시다.

에스겔 28장 6~10절을 읽으십시오

에스겔은 승승장구하던 두로 왕에 맞서 그의 부도덕성을 지적하는 보기 드문 용기를 보여 주었습니다. 우리는 압력에 강하게 저항하는 사람을 보면 감탄하게 됩니다. 문제가 많은 부서의 잘못을 지적하여 그 부서를 개선시키는 리더에게 박수갈채를 보냅니다. 그러나 누가 감히 번창하는 부서에 들어가 행실을 깨끗이 하라고 말할 수 있겠습니까? 에스겔 27장 1절~28장 5절은 매우 강력한 왕의 치하에서 두로 왕국이 성공한 이야기를 기록합니다. 그런데 오늘 본문을 보면 이 성공한 왕이 부도덕했다는 사실이 기록되어 있습니다.

공격을 받았을 때 확고하게 서서 견디기 위해서는 용기가 필요합니다. 상대방의 보복을 감수하면서까지 잘못을 고치라고 충고할 때도 용기가 필요합니다. 그러나 에스겔처럼, 강력한 왕의 호화로운 방에 들어가 그의 죄악을 지적하는 데는 또 다른 종류의 용기가 필요합니다. 그 용기는 경건한 확신과 성령의 인도하심으로 생겨납니다.

위대한 리더들은 문제가 어디에 있든지, 어떤 문제든지, 누가 그 문제를 갖고 있든지 상관없이 그 문제를 지적하는 용기를 발휘합니다. 에스겔처럼, 이 용기는 확고한 신념에서 옵니다. 리더가 자신의 일에 대한 명확한 믿음을 갖고 있지 않다면, 이러한 용기를 드러내지 못할 것입니다. 10절 끝에 있는 말씀을 보십시오. 거의 중요하지 않은 말처럼 보이지만, 그것을 놓치면 에스겔이 지닌 용기의 비밀을 놓치게 될 것입니다. 그 구절은 간단합니다. "내가 말하였음이니라 주 여호와의 말이니라." 위대한 진리를 향한 위대한 확신은 위대한 용기를 낳습니다.

5일 · 실행 포인트

용기와 모험

예수님이 성전을 청결하게 하신 일은 깊은 확신에서 비롯된 용기와 위험 감수의 강력한 본보기가 됩니다. 오늘 본문을 읽고, 헨리 리 앨런(Henry Lee Allen)이 예측된 위험 감수(calculated risk-taking)를 실제적인 용어로 설명하는 방식에 주목하십시오.

요한복음 2장 12~22절을 읽으십시오

실패는 성공의 어머니라는 말이 있습니다. 모험 역시 그렇습니다. 헨리 리 앨런은 다음과 같은 사실을 발견했습니다. "매우 성공적인 사람들이나 조직 가운데 많은 수가 성공하기에 앞서 여러 번 실패했거나 또는 수차례의 모험을 했거나 두 가지를 모두 경험했다."*

앨런은 모험을 "일이 어렵거나 실패로 끝날지라도 새로운 일이나 다른 일을 시도하면서 믿음을 갖게 되는 것"이라고 정의합니다. 그는 또한 "모험은 무모함이 아닙니다. 무모함에는 사전 고려가 거의 혹은 전혀 없습니다. …이와는 대조적으로, 모험을 하는 사람들은 자신 앞에 성공을 막는 거대한 장애물이 있음을 알지만, 자신의 노력의 결과로 커다란 가치가 이루어지리라는 걸 의식합니다."

강력한 리더들은 예측되는 모험을 담대하게 감수합니다. 그들은 자신의 대의를 위해 그렇게 해야만 합니다. 예수님이 성전을 청결케 하신 것도 그 때문이었습니다. 예수님은 환전상들을 내쫓고 그들의 상을 뒤엎으셨습니다. 종교계 지도자들의 반감과 대중들의 몰이해도 감수하셨습니다. 그분은 그런 위험을 감수해야만 하셨습니다. 이 부패한 장사치들이 아버지의 집을 조롱하는 것을 가만히 앉아서 구경만 할 수 없었기 때문입니다. 메시아로서 예수님은 하나님의 집을 향한 자신의 '열정'을 가슴 깊이 느끼셨습니다(17절). 그래서 위험이 도사리고 있음에도 불구하고 그 열정을 '표출하셔야' 했습니다.

리더십 기술을 계발하면서 예측되는 위험을 두려워하지 마십시오. 또 실패를 두려워하지 마십시오. 그 둘은 모두 성공으로 인도하는 문들입니다.

5주 · 1일

하나님을 의지함(1)

마태복음 6장 25~34절을 읽으십시오

다른 사람을 인도하는 위치에 있거나 조직을 책임지는 사람이라면 수많은 근심거리가 있을 것입니다. 마감 날짜, 재정적인 압박, 시장의 유동성 등 여러 가지 일 때문에 위장이 뒤틀리며, 수많은 밤을 잠 못 이루고 지새우기도 합니다. 그러나 예수님은 아무것도 염려하지 말라고 주의를 주십니다. 오늘 본문에서 예수님은 염려하기보다 하나님을 신뢰해야 할 여섯 가지 이유를 제자들에게 알려 주고 계십니다.

첫째로, 우리에게 생명이라는 큰 선물을 주신 하나님은 음식과 의복이라는 작은 선물까지 분명히 공급해 주실 것이기 때문입니다(25절). 둘째로, 새들을 돌보시는 하나님은 자기 백성도 돌보실 것이기 때문입니다. 사람은 어떤 새보다도 소중합니다(26절). 셋째, 염려는 끝이 없고 아무런 의미 없이 에너지를 소모하게 만들기 때문입니다. 염려한다 해도 현실은 눈곱만큼도 바뀌지 않습니다(27

절). 넷째로, 염려하는 것은 우리 삶 가운데 보여 주시는 하나님의 진실하심을 무시하는 것이기 때문입니다(28~30절). 들에 핀 꽃들에게 아름다운 옷을 입혀 주시는 하나님은 또한 그 꽃들을 돌보아 주십니다. 피어나는 모든 꽃은 우리에게 하나님의 신실하심을 일깨워 줍니다. 다섯째, 우리가 하나님의 자녀들이기 때문입니다(31~33절). 하나님은 결코 우리를 고아처럼 내버려 두지 않으십니다. 여섯째로, 내일 일을 염려하다 보면, 오늘을 잃어버리기 때문입니다(34절). 우리는 어떤 문제를 만나더라도 하나님의 도우심으로 그것을 하루하루 조금씩 처리해 나갈 수 있습니다.

그리스도를 위해 우리 세대에 영향을 주고자 하는 리더로서, 우리는 하나님을 향한 우리의 마음을 다른 사람이 발견할 수 있도록 해야 합니다. 우리가 유일하게 할 수 있는 일은 매일 스트레스에 직면할 때마다 하나님을 의지하는 것입니다. 힘들고 압박을 받을 때, 하나님을 의지하여 필요한 은혜를 구하십시오. 하나님은 여러분이 영원히 완전하게 신뢰할 수 있는 분입니다. 여러분이 이끄는 사람들은 여러분이 그러한 스트레스에 대처하는 방법을 보고 여러분의 행동을 따를 것이라는 사실을 기억하십시오.

2일 · 주님께 배우는 리더십

하나님을 의지함(1)

우리가 살아가는 시대에는 모든 형태의 외적인 권위가 내적이고 주관적인 권위에 도전받고 있습니다. 책임성(accountability)보다는 자율성(autonomy)을 추구하는 경향이 만연해 있습니다. 그렇지만 성경은 자율적인 마음가짐이야말로 어리석음의 표시라고 말합니다. 그러한 자세는 하나님을 의지할 근본적인 필요성을 무시하기 때문입니다. 본문 말씀을 읽고 지속적으로 하나님을 의지하는 자세가 중요함을 상고해 봅시다.

예레미야애가 3장 22~26절을 읽으십시오

예레미야가 이 다섯 개의 애도문을 이어서 쓸 당시, 그의 마음속에는 예루살렘이 바벨론 사람들의 손에 완전히 멸망할 것이라는 공포가 있었습니다. 그럼에도 불구하고, 이 작은 책의 한가운데 있는 오늘의 본문은 절망이 아니라 희망의 말로 가득 차 있습니다. 이 단락은 우리의 유일한 희망이 하나님의 성품과 하나님의 약속들이라는 사실을 일깨워 줍니다.

여호와 하나님은 인애와 자비가 충만하시고 완전하게 신실하십니다. 따라서 우리가 참으로 의지할 수 있는 최고의 대상이 되십니다. 하나님은 그분을 찾고, 추구하고, 그분께 소망을 두는 사람들에게 언제나 선하십니다. 하나님이 우리에게 행하라고 요구하시는 모든 것은 결국 우리의 유익을 위한 것이며, 피하라고 요구하는 모든 것은 달리 보여도 우리에게 해로운 것들입니다.

우리는 종종 "내 길은 여호와께 숨겨졌으며 내 송사는 내 하나님에게서 벗어난다"(사 40:27)라고 불평하고 싶은 유혹을 받습니다. 그러나 그것은 실제가 아닌 현상만을 보고 판단하는 말입니다. 우리의 상황을 바라볼 때는 두 가지 시각 중 하나를 선택해야 합니다. 자신의 상황에 비추어 하나님의 성품을 바라보든지, 하나님의 성품에 비추어 자신의 상황을 바라보는 것입니다. 우리가 전자의 태도를 취한다면, 하나님을 떠나 자신의 생각에 빠질 것입니다. 그런 태도야말로 반석을 의지하는 대신 상한 갈대를 의지하는 일이 될 것입니다(왕하 18:21, 사 36:6).

3일 · 리더십 자기 점검

하나님을 의지함(1)

믿음은 보편적인 경험입니다. 심지어 무신론자들도 믿음을 가지고 살아갑니다. 문제는 어떠한 신념 체계, 사람, 사물을 의지하느냐가 아니라, 의지하는 대상이 신뢰할 만하냐, 그렇지 않으냐입니다. 믿음이란 그 대상에 따라 좋고 나쁨이 결정됩니다. 오늘 본문에서는 사람이 의지하는 두 가지 상반되는 대상을 소개합니다.

예레미야 17장 5~8절을 읽으십시오

하나님을 떠난 리더는 위험에 처하지만(5~6절) 그분을 신뢰하는 리더는 번영합니다(7~9절). 현명한 리더는 그의 마음이 하나님의 뜻과 다를 때라도 하나님을 신뢰합니다. 하나님의 말씀을 알고 따르는 것은 하나님의 복을 받는 가장 중요한 요소입니다.

예레미야는 사람의 힘을 의지하는 사람들과 살아 계신 하나님을 의지하는 사람들의 차이를 날카롭게 대조합니다. 그리고 우리가 그 둘을 동시에 믿음의 대상으로 삼을 수 없다고 선을 긋습니다. 우리는 우리의 소망을 사람들의 약속과 권력에 두든지 혹은 인간의 능력을 넘어선 하나님의 약속에 두든지 둘 중 하나를 결정해야 합니다. 사람들을 신뢰의 기반으로 삼는다면 우리는 거듭 거절과 실망을 경험하게 될 것입니다. 그러나 하나님이 우리 확신의 궁극적인 원천이 되신다면, 우리는 결코 실망하지 않을 것입니다.

하박국 선지자는 "의인은 그의 믿음으로 말미암아 살리라"는 사실을 배웠습니다(합 2:4). 그리고 인간을 믿는 것이 헛됨을 강조합니다. "사람을 두려워하면 올무에 걸리게 되거니와 여호와를 의지하는 자는 안전하리라"(잠 29:25). 하나님보다 자신이나 다른 사람을 더 믿는 사람은 결국 쓰라림과 실망을 맛보게 될 것입니다. 그들은 한동안 성공하는 것처럼 보이겠지만, 바라는 목표에 이르지 못할 것입니다. 그러나 자신이나 다른 사람의 약속이 아닌 여호와 하나님을 의지하는 사람은 아주 비옥한 땅에 깊이 심긴 나무와 같습니다. "나를 존중히 여기는 자를 내가 존중히 여기고 나를 멸시하는 자를 내가 경멸하리라"(삼상 2:30).

여러분은 삶의 어떤 분야에서(사업, 재정, 가정) 하나님보다 자신이나 다른 사람을 더 많이 의지합니까?

4일 · 리더십 업그레이드

하나님을 의지함(1)

압도당하는 느낌을 경험한 적이 있습니까? 스룹바벨의 임무는 너무나도 막대해서 그에게는 통찰력을 제공해 줄 수 있는 하나님의 선지자가 필요했습니다. 그는 선지자로부터, 많은 일에 시달리고 있는 리더에게 도움이 되는 진리를 받았습니다! 감사하게도 스룹바벨이 받은 이 격려는 과거 어느 때보다도 오늘날 필요한 것입니다.

스가랴 4장 6절을 읽으십시오

스룹바벨이 맡은 임무는 기가 질릴 정도로 엄청난 일이었습니다. 스룹바벨은 바벨론 사람들이 칠십 년 전에 파괴한 예루살렘과 그 성전을 재건하기 위해 되돌아온 사람들을 책임지게 되었습니다. 솔로몬이 처음 성전을 건축할 당시의 상황은 더할 나위 없이 좋았습니다. 무한정한 자원과 사기충천한 노동력이 있었습니다. 그러나 스룹바벨은 강력한 저항 속에서 사기가 떨어진 노동력과 제한된 자원만을 갖고 있을 뿐이었습니다.

하나님이 스룹바벨에게 주신 "열심히 그리고 슬기롭게 일하라"는 말씀은 영구적이고 보편적인 진리입니다. 그러나 하나님께서 그 일을 기뻐하시지 않으신다면, 아무런 의미가 없는 결과를 낳을 뿐입니다. 스룹바벨은 다른 모든 리더가 그러한 것처럼, 사람들의 불만과 고충에 귀를 기울여야 했습니다. 그러나 선지자 스가랴가 스룹바벨에게 준 메시지는, 그 일은 궁극적으로 어떤 사람의 힘이나 권능이 아니라 하나님의 영에 달려 있다는 사실이었습니다.

자신의 자원을 잘 관리하고 자신의 사람을 효과적으로 이끌어 가야 할 책임은 리더에게 있습니다. 그리고 하나님께 기도하고 그 결과를 하나님께 맡기는 것이 지혜로운 리더의 지속적인 성공 전략입니다.

5일 · 실행 포인트

하나님을 의지함(1)

리더라면, 하나님을 의지하기 힘든 때도 있음을 알게 됩니다. 그런 우리에게 도움을 주기 위해 스프라울(R.C. Sproul)은 아브라함을 향한 하나님의 약속에 나타난, 하나님을 향한 절대적인 순종을 상기시켜 줍니다. 오늘 본문에서 이 놀라운 이야기를 만나 봅시다.

창세기 15장 9~21절을 읽으십시오

법률 고문들은 비즈니스 세계에서 가장 고액을 받는 간부들입니다. 그들이 우리들을 각각 상대방으로부터 보호해 주기 때문입니다. 어느 누구의 말도 액면 그대로 믿고 받아들이기 어렵다는 사실을 알고 있기 때문에 우리는 어떠한 거래를 하든지 모든 허점을 다 확인해야 합니다. 사업에서 그러한 과정은 필수입니다.

그러나 스프라울은 우리가 항상 의지할 수 있는 존재가 있다고 말합니다. 그는 창세기 15장을 언급하면서 이렇게 기록합니다. "이 드라마의 의미는 명확합니다. 하나님이 쪼갠 동물의 틈 사이를 지나면서 전하시는 메시지는 이것이었습니다. '아브라함아, 내가 너에게 한 약속을 지키지 못한다면, 그 동물들이 반쪽 난 것처럼 내가 반쪽으로 잘릴 것이다.' 하나님은 자신의 영원한 존재를 내거셨습니다. 그것은 마치 '내가 약속을 어긴다면 나의 불변하는 신성이 바뀔 것이며, 나의 무한한 성품이 유한하게 될 것이며, 나의 불변의 본질이 죽음을 면치 못하게 될 것이다. 내가 거짓말한다면, 불가능한 일들이 가능하게 될 것이다' 라는 의미였습니다."

히브리서의 저자는 이 사건을 묵상하면서 이렇게 썼습니다. "하나님이 아브라함에게 약속하실 때에 가리켜 맹세할 자가 자기보다 더 큰 이가 없으므로 자기를 가리켜 맹세하여"(히 6:13).

"하나님의 약속에 대한 확실한 보증은 하나님 자신입니다. 하나님의 약속의 배후에는 하나님이 서 계십니다. 하나님은 성전이나 부모를 가리켜 맹세하지도 않으십니다. 하나님께는 부모가 없기 때문입니다. 성전은 하나님의 서약을 확증해 줄 만큼 거룩하지 않습니다. 하나님은 자신의 신적 본성을 영원한 보증으로 내세우시기 때문에 자신의 신실함(integrity)을 가지고 맹세하실 수밖에 없습니다."*

6주 · 1일

하나님을 의지함(2)

요한복음 11장 1~44절을 읽으십시오

하나님을 지속적으로 의지하는 방법을 계발하지 않는다면, 리더는 하나님을 신뢰하는 본을 보일 수 없습니다. 그러나 일단 그 믿음이 자리를 잡게 되면, 다른 사람들이 그 믿음을 볼 기회가 생깁니다. 예를 들어, 예수님은 나사로를 죽은 자들 가운데서 불러일으키기 전에 이렇게 기도하셨습니다. "아버지여 내 말을 들으신 것을 감사하나이다 항상 내 말을 들으시는 줄을 내가 알았나이다 그러나 이 말씀하옵는 것은 둘러선 무리를 위함이니 곧 아버지께서 나를 보내신 것을 그들로 믿게 하려 함이니이다"(요 11:41~42).

아버지를 향한 예수님의 믿음은 절망적인 상황 가운데서도 하나님의 권능이 드러나도록 발휘되었습니다. 이것은 질병과 죽음과 깊은 절망 가운데서 드러났습니다. 리더들은 실제 삶의 상황 속에서 다른 사람들이 볼 수 있도록 하나님을 향한 깊은 믿음을 가져야 합니다. 그러한 믿음은 위기 중이 아니라 위기가 오기 전에 함양됩니다. 그 믿음은 일상 가운데 성장합니다. 그리고 그러한 믿음을 함양하는 리더는 누구도 잊지 못할 만큼 견고하게 하나님을 의지하는 본을 보여 줄 것입니다.

여러분의 믿음을 통해 사람들은 일상적인 날이나 특별한 날이나 항상 하나님의 역사를 목격할 수 있습니까? 다른 사람들이 따를 만한 모범으로, 여러분이 하나님을 의지하며 매일 할 수 있는 일 한 가지는 무엇입니까? 예수님은 하나님을 향한 믿음이 절망과 낙심의 와중에 우리를 지탱할 힘과 소망의 기반이라는 사실을 아셨습니다. 어떠한 형편에 직면하든지, 여러분은 오늘도 성령을 통해 그와 동일한 소망을 얻을 수 있습니다.

2일 · 주님께 배우는 리더십

하나님을 의지함(2)

예레미야는 하나님을 의지했기 때문에 이스라엘 지도자들과 관계가 좋지 못했습니다. 그럼에도 불구하고 예레미야는 자신이 맡은 사역에 충실했으며, 하나님의 약속이 성취되리라 믿었습니다. 당시 이스라엘의 영적 지도자들은 자신들을 지원하는 사람들이 듣고 싶어 하는 말을 전달하며 그들에게 보상을 받고 있었습니다. 그러나 예레미야는 유일하고 참되신 리더를 무시하면서까지 지상의 리더들을 기쁘게 할 정도로 어리석지는 않았습니다.

예레미야 23장 16~22절을 읽으십시오

예레미야는 하나님을 순종하고 그분을 의지했기 때문에, 이스라엘의 지도자들에 의해 고통을 당했습니다. 거짓 선지자들이 그들 자신을 의지하고 있었을 때, 이스라엘의 지도자들은 그들을 지원해 주었습니다. 거짓 선지자들은 지도자들이 듣고 싶은 말만 함으로써, 지도자의 녹을 먹고 있었습니다. 즉, 이스라엘 지도자들은 결과적으로 자신들을 의지하는 조언자들을 의지하고 있었던 셈입니다. 얼마나 무서운 일입니까? 한편으로, 이러한 상황은 오늘날에도 굉장히 흔하게 일어나고 있습니다.

예레미야는 홀로 반대의 목소리를 내고 있었습니다. 그러나 그가 옳았습니다. 그는 지속적으로 하나님을 의지했기 때문에, 이스라엘이 믿고 의지할 수 있는 유일한 도덕적인 지도자였습니다. 18절은 경건한 리더라면 누구나 헌신해야 할 원칙입니다.

"누가 여호와의 회의에 참여하여 그 말을 알아들었으며 누가 귀를 기울여 그 말을 들었느냐." 예레미야는 하나님의 말씀을 대언했기 때문에 자신의 상황과 상관없이 하나님을 의지할 수 있었습니다. 그는 하나님을 알고, 그분의 말씀을 따랐습니다.

리더가 하나님과 개인적이고 인격적인 유대관계를 맺지 않는다면, 하나님을 의지한다는 것은 그저 위선적인 상투어에 불과합니다. 맹목적으로 낯선 사람을 신뢰하는 것은 그리 좋은 일이 아닙니다. 그러한 사람들은 잘못된 가르침에 쉽게 빠져듭니다. 거짓 선지자들은 자신의 생각을 의지했습니다(16절). 하나님의 말씀을 탐구하거나 검토해 본 적이 없기 때문입니다. 그들은 이스라엘을 파멸로 이끌고 있었습니다. 반면에 예레미야는 이스라엘을 영광으로 이끌고자 노력했습니다.

리더들은 자신이 신뢰하는 대상, 즉 그들이 잘 알고, 함께 시간을 보내는 사람들을 의지합니다. 리더들은 낯선 존재를 신뢰하기가 힘듭니다. 그 존재가 하나님이라 할지라도 말입니다. 따라서 하나님과 교제를 시작해 나가며 여러분이 맺고 있는 인간관계를 신중히 계발해 나가십시오. 그런 다음 주변의 조언자들과 친구들과의 관계를 평가하면서 이 말씀을 기억하십시오. "의인은 그 이웃의 인도자가 되나 악인의 소행은 자신을 미혹하느니라"(잠 12:26, NIV를 직역하면 "의인은 주의해서 친구를 사귀나…"이다 - 옮긴이).

3일 · 리더십 자기 점검

하나님을 의지함(2)

현실을 명확하게 직시하는 사람이라면 어떻게 자신이 하나님보다 더 좋은 결정을 내릴 수 있다고 생각하겠습니까? 그러나 성경을 보면 그렇게 생각했던 사람들이 셀 수 없이 많습니다. 오늘 본문을 펴서, 현실을 분명하게 이해했지만 여전히 하나님의 뜻보다 개인의 선택을 의지했던 사람을 만나 보십시오. 아담과 하와에 대한 인물 연구를 읽어 가면서, 여러분이 그와 같은 일을 했던 경우를 떠올려 보십시오. 그 결과가 긍정적이었습니까, 부정적이었습니까?

창세기 2장 4절~3장 24절을 읽으십시오

이 두 장은 완벽한 리더십 실험장을 엿볼 수 있는 기회를 제공합니다. 인류의 첫 사람인 아담은 하나님의 형상으로 지음 받았으며, 땅을 다스릴 권세를 받았습니다. 하나님은 이 사람을 완벽한 환경 가운데 두시고 그곳의 모든 피조물을 다스릴 수 있도록 권한을 위임하셨습니다. 자신의 과업을 감당하면서, 그는 동물과 식물을 다스리는 데 뛰어난 지성과 창의력을 발휘했습니다. 또한 주님이 아담에게 하와를 주심으로 인간 공동체와 상호 교제가 시작되었습니다. 그 남자와 여자는 서로를 완전하게 만들어 주었으며, 시너지를 형성하여 각 개인의 역량을 더한 것보다 더 큰 역량을 발휘했습니다. 그들은 완벽한 팀으로 완벽한 환경 가운데 완전한 주인을 위해 일했습니다.

그러나 아담과 하와는 하나님의 지시사항들을 왜곡하면서 그분의 말씀의 진실성과 선하신 성품을 의심했습니다. 그들은 자유롭게 되고자 하는 유혹에 빠졌으며 스스로 최선의 것이 무엇인지 찾을 수 있다는 거짓말을 믿었습니다. 하나님의 권위에 반역했고 창조주와의 사귐을 상실했습니다. 그 결과, 아담과 하와는 원래 가지고 있던 충만한 인간성을 잃어버렸습니다. 죄는 그들의 생각과 의지와 감정을 오염시켰고, 그들은 평안하고 부끄러움이 없던 상태 대신 추방과 고통, 땀과 죽음의 저주를 받았습니다. (지상의) 첫 아담과 (하늘의) 마지막 아담이신 그리스도를 대조한 구절들(롬 6:12~19, 고전 15:21~22, 45~49)은 하나님이 깨어진 관계를 회복하기 위해 얼마나 철저한 대책을 세우셨는지 강조합니다.

이 이야기는 하나님이 일하시는 방법과 우리가 일하는 방법 사이의 엄청난 차이를 보여 줍니다. 하나님은 성경에 그분의 도덕적 기준을 드러내셨습니다. 성경은 우리가 지혜로운 결정을 내릴 수 있도록 풍부한 원칙과 지침을 제공합니다. 아담과 하와에 대한 기사만 보더라도 하나님의 말씀을 무시하고 성급한 결정을 내리는 것이 얼마나 위험한지 잘 알 수 있습니다.

이런 완벽한 리더십 실험장은 더 이상 존재하지 않습니다. 그곳은 오래전 사라졌습니다. 그러나 아담과 하와의 예는 분명하게 규정된 핵심 가치에 우리의 행위를 맞추는 것이 얼마나 중요한지 잘 보여 줍니다. 한순간의 선택이 리더와 그의 조직에 재앙을 몰고 올 수 있습니다.

4일 · 리더십 업그레이드

하나님을 의지함(2)

인간의 본능이 하나님의 지시사항을 위반할 때, 자신의 본능을 어떻게 신뢰할 수 있겠습니까? 우리가 하와보다 도덕적으로 우월하다고 자부하기 전에, 속이는 자와 그의 전략들을 좀더 면밀하게 살펴봅시다. 아담과 하와가 유혹에 속아 넘어갔듯이, 우리도 하나님을 의지하지 말라는 유혹을 받게 될 것입니다. 그러나 그들과 달리, 우리는 그들의 실수를 통해 배울 수 있습니다.

창세기 3장 1~6절을 읽으십시오

실수를 배우는 방법에는 세 가지가 있습니다. 첫째, 가장 쉬운 방법인, 다른 사람들의 실수로부터 교훈을 얻는 것입니다. 그리고 좀더 어려운 방법이 있습니다. 자신의 실수로부터 배우는 것입니다. 세 번째는 가장 비극적인 방법으로 그 어느 것으로부터 배우지 않는 것입니다.

오늘 본문은 하나님을 의지하던 아담과 하와가 하나님을 떠나도록 만든 사탄의 전략이 잘 나와 있습니다. 우리는 그 과정을 주의 깊게 살펴봄으로써 교훈을 얻을 수 있습니다.

아담과 하와가 쉽지 않은 대적을 만났다는 점에 주목하십시오(1절). 하나님이 아닌 다른 어떤 것에 의지하게 만들려는 자의 힘을 절대 과소평가하지 마십시오. 사탄은 하나님의 명령의 의미에 의심의 씨앗을 심어 놓았습니다(1절). 하나님의 말씀의 명확한 의도를 신학화, 철학화하고자 시도했습니다. 그다음으로 하나님의 말씀을 왜곡했습니다(1절). 하나님은 그런 말씀을 하신 적이 없습니다. 사탄의 말은 하나님의 말씀과 매우 흡사해 보였지만(창 2:16~17) 그 말씀을 살짝 바꾸어 정반대의 의미로 만들었습니다.

그런 다음 굳히기 작전으로 하나님의 말씀을 정면으로 반박했습니다(창 2:17과 3:4를 비교해 보십시오). 그렇게 하면서 그는 하나님이 아주 좋고 본질적인 것을 감추어 놓고 계신다는 뜻을 내비쳤습니다. 만일 하나님이 그런 분이라면 누가 의지할 수 있겠습니까?

이제 사탄은 뒤로 물러날 수 있습니다. 인간의 본능이 발동했기 때문입니다. 창세기 3장 6절은 그 열매의 세 가지 '좋은 점'을 나열합니다. 그 열매는 먹음직스럽고, 보암직했으며, 지혜롭게 할 만큼 탐스럽기도 했습니다. 열매가 잘못된 것은 아닙니다. 요한일서 2장 16절을 뒤집어 보십시오. 요점은 이렇습니다. 열매 자체로는 잘못된 것이 없습니다. 그러나 그 열매는 올바른 목적지로 가는 길이 아니었습니다. 아담과 하와의 예를 통해 요한은 다음을 말하고 있습니다. 하나님을 의지하는 것은 성공에 이르는 한낱 하나의 길에 불과한 것이 아닙니다. 하나님이 제공하시는 것을 얻는 다른 길들도 존재합니다. 그러나 어리석은 자는 잘못된 방법을 통해 옳은 결과를 얻는 것을 성공으로 정의합니다. 사탄은 매일 우리의 귀에 대고 하나님은 의지할 이가 못된다고 제시하고, 선언합니다. 그 말을 듣겠습니까? 선택은 여러분의 몫입니다.

5일 · 실행 포인트

하나님을 의지함(2)

상황을 명료하게 정리하는 데는 간결한 말 한마디만한 것이 없습니다. 하나님은 하나님을 의지하는 것과 관련하여 그런 말씀을 주고 계십니다. 오늘 본문은 리더가 철저히 점검해야 할 사항입니다. 여러분과 여러분의 리더십을 의존하는 사람들은 누구를 의지할지 결정해야 할 의무가 있습니다.

잠언 3장 5~6절을 읽으십시오

오늘 읽은 말씀은 아주 놀라운 선언입니다. 그러나 우리가 과연 그러한 약속에 근거해서 하나님을 신뢰하며 나아갈 수 있을까요? 빌 하이벨스(Bill Hybels)는 그렇게 할 수 있다고 말하며 고용주에게 11년 동안 충실하게 봉사했음에도 불구하고 자신의 일자리를 잃을 위험에 처한 한 사람의 이야기를 들려줍니다.

"그 종업원은 그 메시지를 그냥 지나칠 수 없었습니다. 그의 가치는 그의 실적에 달려 있다는 것입니다. 그 실적은 항상 향상되어야 하고 실수는 용납되지 않을 것입니다. 그러나 예수 그리스도는 이렇게 말씀하십니다. '나는 그런 것은 전혀 원치 않는다. 나는 나의 사람들이 겁에 질린 노예가 되는 것을 원치 않는다. 그들이 나를 위해 하는 일 때문에 내가 그들을 사랑한다고 생각하기를 원치 않는다. 그들이 하나님께 입양된 아들과 딸이기 때문에, 나의 형제자매들이기 때문에 내가 그들을 사랑한다고 생각하기를 원한다. 그리고 어떤 이유에서든지, 그들이 거리로 내쫓길까 봐 두려워하지 않았으면 좋겠다. 나는 그들이 영원한 나의 가족이라는 점을 알기를 원한다.'"*

하나님은 우리에게 전심을 다해 하나님을 의지하고 신뢰하라고 말씀하십니다. 예수님은 아버지를 신뢰하라는 말의 의미를 보여 주기 위해 오셨습니다. 예수님은 자신의 생명을 주어 우리를 하나님의 가족으로 만드셨으며, 그 신뢰 관계를 견고하게 만드셨습니다. 하나님의 말씀과 행동 모두 똑같은 결론에 이르게 하십니다. 즉, 우리는 하나님을 전적으로 의지할 수 있다는 사실입니다.

너는 마음을 다하여 여호와를 신뢰하고 네 명철을 의지하지 말라
너는 범사에 그를 인정하라 그리하면 네 길을 지도하시리라

● 잠언 3장 5~6절

7주 · 1일

겸손

빌립보서 2장 1~11절을 읽으십시오

경건한 리더들 — 그리고 대부분의 그리스도인들 — 의 주요 목표는 자신의 삶 가운데 그리스도의 생명을 드러내는 것입니다. 그리고 그것을 가능하게 하는 성품은 바로 겸손입니다. 바울은 빌립보 교인들에게 개인의 이익을 제쳐 놓고 다른 사람들의 곤핍과 필요에 초점을 맞추라고 권면한 후, 그리스도의 본을 따르는 방법을 알려 줍니다(5~11절). 이 아름다운 단락에서, 우리는 참된 겸손의 본을 보여 주시는 주님에 관해 세 가지를 배울 수 있습니다.

첫째로, 예수님은 자신의 신성을 외적으로 표현하는 데 집착하기보다 종의 모양을 취하셨습니다. 겸손한 리더는 자신의 지위나 권력을 과시하는 대신 팀의 가장 연약한 구성원과 같은 자리에 섭니다. 둘째로, 예수님은 성부 하나님께 순종하심으로써 겸손을 보여 주셨습니다. 겸손한 리더는 자신의 뜻을 고집하지 않고, 그분의 명령에 순복합니다. 셋째로, 예수님은 아버지께서 자신을 들어 높이시기까지 기다렸습니다. 겸손한 리더는 손을 내밀어 권력이나 지위를 장악하려 하지 않고, 인내하면서 하나님이 자신의 영향력을 증대해 주시기를 기다립니다.

예수님은 왕의 모습이 아니라 연약한 어린아이의 모습으로 이 땅에 오셨습니다(눅 2). 완전한 하나님인 동시에 완전한 사람이셨지만(요 1:14), 겸손한 일꾼으로 생활하셨습니다. 공생애를 시작하신 후에는 치유하고 가르치는 일을 통해 다른 사람들을 겸손히 섬기셨습니다. 죽음을 맞이해야 할 때가 이르러서도 성부 하나님의 뜻에 순복하셨습니다(막 14:36). 그리고 지금은 하나님 우편이라는 권좌에 앉아 우리를 위해 중보하십니다(행 5:29~32).

예수님은 경건한 리더십의 완전한 모델로서, 겸손의 완전한 본을 세워 놓으셨습니다. 다른 사람들이 여러분 안에서 예수님을 발견할 수 있도록 겸손하게 예수님을 따르도록 하나님께 도움을 구하십시오.

2일 · 주님께 배우는 리더십

겸손

겸손이 수난을 당하는 시대가 되었습니다. 대중적인 견해와는 달리, 겸손은 연약함이나 수동성과 다릅니다. 성경적인 관점에서 볼 때, 겸손은 훈련된 힘이자 이타적인 능력입니다. 그리스도께서는 이 땅을 살아가실 때 참된 겸손의 완벽한 모범이 되셨습니다. 오늘 본문에서는 겸손의 진정한 의미를 살펴봅시다.

마태복음 11장 28~30절을 읽으십시오

바리새인들과 달리, 그리스도는 '마음이 온유하고 겸손한' 분입니다. 그리고 자신에게 와서 배우고자 하는 사람들의 지친 영혼에 안식을 제공해 주십니다. 그리스도의 겸손은 성부의 권세와 뜻에 완벽히 순종하심으로 확실하게 드러났습니다. 그분은 "받으신 고난으로 순종을 배우[셨습니다]"(히 5:8). 그리고 언제나 자신이 아니라 아버지를 영화롭게 하고자 하셨습니다.

예수님은 다음과 같은 말씀으로 자신의 사명을 압축적으로 선언하셨습니다. "인자가 온 것은 잃어버린 자를 찾아 구원하려 함이니라"(눅 19:10). "인자가 온 것은 섬김을 받으려 함이 아니라 도리어 섬기려 하고 자기 목숨을 많은 사람의 대속물로 주려 함이니라"(막 10:45). 종이라고 말하는 것과 종으로 취급받는 것은 전혀 별개의 일입니다. 지구상에서 살다간 사람들 가운데 가장 큰 권능을 소유하셨던 예수 그리스도께서는 또한 지구상에서 살다간 사람들 가운데 가장 겸손한 사람이셨습니다. 예수님의 방침은 자신을 내세우는 것이 아니라 다른 사람들을 사랑하고 섬김으로써 성부 하나님을 기쁘시게 해 드리는 것이었습니다.

예수님의 성육신은, 십자가에서 죽으심 다음으로 가장 겸손한 행동이셨습니다. 빌립보서 2장 5~11절에서 그분의 낮아지심이 높아지심보다 어떻게 앞서는지 살펴보십시오.

예수님은 자신이 누구인지를 아셨기 때문에, 다른 사람들을 철저히 섬기실 수 있었습니다(요 13:3~5). 자신의 정체성에 대한 여러분의 이해는 여러분의 삶 속에서 겸손의 문제와 어떻게 연결되어 있습니까?

3일 · 리더십 자기 점검

겸손

"내 겸손은 인정받을 필요가 있어." "나는 겸손합니다. 그리고 그 점이 자랑스럽습니다." 겸손이 지닌 딜레마는 그 덕목을 획득했다고 생각하는 순간, 즉시 그것을 상실하고 만다는 것입니다. 그렇다면 우리는 어떻게 이 딜레마를 피할 수 있을까요? 오늘 본문에서 이 중요한 성경적 덕목에 관한 통찰력을 살펴봅시다.

민수기 12장 3절을 읽으십시오

"내가 높고 거룩한 곳에 있으며 또한 통회하고 마음이 겸손한 자와 함께 있나니 이는 겸손한 자의 영을 소생시키며 통회하는 자의 마음을 소생시키려 함이라"(사 57:15). "무릇 마음이 가난하고 심령에 통회하며 내 말을 듣고 떠는 자 그 사람은 내가 돌보려니와"(사 66:2). 성경은 거듭해서 하나님이 교만한 자를 대적하고 겸손한 자에게 은혜를 베푸신다고 강조합니다. 교만한 자들은 자신에 대해 부적절하고 부풀려진 견해를 가진 사람들입니다. 그들은 자신의 성취와 업적을 자신의 공으로 돌리고 자신의 현재 위치와 자신이 소유한 모든 것들이 하나님의 손에서 직접 온 것들임을 인정하지 않습니다.

성경의 메시지를 요약하면, "나는 하나님이고 너희는 그렇지 않다"라는 말씀입니다. 겸손은 자신을 하나님 앞에서 제대로 평가하는 데서 시작됩니다. 모세는 권력과 능력을 가진 사람이었습니다. 그러나 그는 또한 자신을 하나님께 비추어 보고, 자신의 영예가 아니라 하나님의 영예와 명성을 추구했기 때문에 겸손했습니다. 자신에게 하나님의 자비와 은혜를 절실히 필요하다는 사실을 깨닫는다면 사람들은 가르침을 기꺼이 받아들일 자세를 취하며 지혜로운 충고에 귀 기울이고, 기꺼이 권위 아래 순복하게 됩니다.

"그러므로 하나님의 능하신 손 아래에서 겸손하라 때가 되면 너희를 높이시리라 너희 염려를 다 주께 맡기라 이는 그가 너희를 돌보심이라"(벧전 5:6~7). 이 말씀이 여러분의 삶에 생생하게 실현되도록 하나님께 은혜를 구하십시오. 이타적인 자세가 곧 그리스도를 닮아 가는 것임을 생각하며 잠시 다음 말씀을 묵상하십시오. "마음을 같이하여 같은 사랑을 가지고 뜻을 합하며 한마음을 품어 아무 일에든지 다툼이나 허영으로 하지 말고 오직 겸손한 마음으로 각각 자기보다 남을 낫게 여기고 각각 자기 일을 돌볼 뿐더러 또한 각각 다른 사람들의 일을 돌보아 나의 기쁨을 충만하게 하라"(빌 2:2~4).

4일 · 리더십 업그레이드

겸손

믿을 수 없을 만큼 대단한 성공을 거둔 사람이 어떻게 겸손한 자세를 유지할 수 있을까요? 세상에서 가장 성공한 사람 가운데 하나인 솔로몬은 그 방법을 말해 줍니다. 오늘 본문을 읽고 겸손에 대한 솔로몬의 지혜를 묵상하십시오.

잠언 25장 27절을 읽으십시오

보통 성공적인 리더십에는 자신감과 특권이 따르기 마련입니다. 많은 리더가 중책을 맡고 조직에 영향을 끼치는 결정들을 내리며, 그런 결정들을 다른 사람들에게 위임하며, 커다란 집무실을 차지하고, 조직을 운영하며, 다른 사람들이 자신의 의견을 따르는 것을 좋아합니다. 출세한 사람이 으스대지 않기는 쉽지 않습니다.

솔로몬 왕은 리더로서 이 모든 특권과 그 이상의 것을 누렸습니다. 그의 전에도 후에도, 솔로몬만큼 부요와 권력과 지혜와 넘쳐나는 종복들을 소유한 사람은 없었습니다. 다른 나라의 통치자들이 그의 지혜를 경청하려고 먼 거리를 마다하지 않고 달려왔습니다. 그리고 상인들은 그의 부요함에 경탄을 금치 못했습니다. 그렇지만 이 높은 자리에서 솔로몬은 "사람이 자신의 영예를 추구하는 것은 좋지 않다"고 경고합니다. 그렇게 하는 것은 꿀을 너무 많이 먹는 것과 같습니다. 꿀은 입에 달고 건강에도 이롭지만, 지나치게 많이 먹으면 쉽게 질리고 병을 얻기도 합니다.

일을 잘하면 영예가 따릅니다. 훌륭한 리더에게는 합당한 영예가 따를 것입니다. 그러나 영예를 찾아 나서는 사람은 자신의 손을 벌집 속에 집어넣는 사람입니다. 솔로몬은 일에 집중하는 것이 영예를 얻는 길이라는 사실을 배웠습니다. 그러나 영예를 얻는 데 집중하면, 일을 진행하는 데 필요한 시간과 에너지를 갉아먹게 됩니다.

위로 향하는 길과 아래로 곤두박질치는 길 가운데 어느 길을 선택하겠습니까? "자신의 영예를 추구하는 것은 영예롭지 못한 일입니다." 이 말을 새겨듣지 않는다면, 여러분은 '병든' 리더가 될 것입니다.

5일 · 실행 포인트

겸손

모세는 교만과 싸우는 것이 얼마나 어려운지 오늘 본문을 통해 보여 줍니다. 옛날 이스라엘 백성은 그들의 교만과 계속해서 씨름해야 했습니다. 그들의 예와 토머스 머튼(Thomas Merton)의 통찰력 있는 이야기를 통해 우리는 겸손을 계발하고 함양하는 일이 얼마나 중요한지 깨달을 수 있습니다.

신명기 8장 1~20절을 읽으십시오

얼마나 놀라운 이야기입니까! 이스라엘 백성이 자만심 때문에 하나님의 명령에 불순종하자, 하나님은 그들에게 겸손과 복종을 가르치기 위해 사십 년을 투자하셨습니다. 하나님은 그들이(그리고 우리가) 얼마나 약한지 보여 주기 위해 그들을 광야로 이끌었습니다. 번영과 겸손의 관계, 고난과 교만의 관계에 주목해 보십시오.

하나님과 더 친밀한 관계를 맺기 위해 모든 것을 버리고 사막에 들어간 초대 교회의 수도자인 사막 교부들조차도 교만과 겸손의 문제와 씨름해야 했습니다. 토머스 머튼은 이 놀라운 사람들의 이야기를 전해 줍니다. "모든 사람에게 칭찬을 듣던 한 형제가 수도원장 안토니 앞에 섰습니다. 장로가 그를 테스트하자, 그는 참을 수 없는 모욕을 느꼈습니다. 그러자 수도원장 안토니가 말했습니다. '형제여, 그대는 대문만 크고 튼튼한 집과 같아서 모든 창문을 통해 강도들이 자유롭게 드나드는구나.'"*

비단 이스라엘 백성이나 사막 교부들만이 교만의 파괴적인 힘과 씨름해야 했던 것은 아닙니다. 우리가 성공이 어디에서 비롯되었는지 깨닫지 못한다면, 우리의 능력을 보여 주는 성공은 돌변하여 우리를 파괴하게 될 것입니다. 수도원장 안토니는 대문이 튼튼할수록 다른 곳에 허점이 많을 수 있다는 사실을 우리에게 경고합니다.

8주 · 1일

온전함(1)

사무엘상 12장 1~4절을 읽으십시오

제임스 쿠제스(James Kouzes)와 배리 포스너(Barry Posner)는 전 세계 수천 명을 대상으로 실시한 조사와 4백 건 이상의 문서화된 사례 연구를 통해 다음과 같은 결론을 내렸습니다. 리더에게 다른 어떤 것보다 중요한 덕목은 정직과 진실함이라는 사실입니다.

사람들은 전투나 사업이나 사역의 현장에서 자신이 따르는 리더가 신뢰할 만하다는 사실을 확인하고 싶어 합니다. 그들은 리더가 약속을 지키고 맡은 일을 제대로 준행할 사람인지 알기 원합니다.

이 조사에 비추어 보면, 이스라엘 백성들이 사무엘을 지극히 존경했던 것은 전혀 놀라운 사실이 아닙니다. 사무엘은 고별 연설에서 자신이 이스라엘을 수십 년 동안 이끌어 오면서 누구에게서든지 부당하게 취한 것이 있으면 무엇이든 갚아 주겠다고 약속했습니다. 얼마나 대단한 약속입니까! 더욱 인상적인 것은 청중들의 반응이었습니다. 아무도 그러한 주장을 펴지 않았습니다.

사무엘의 정직하고 청렴한 성품은 삶의 모든 부분에 스며들어 있었습니다. 그의 이러한 성품은 그가 재산을 관리하는 방식이나 사업을 운영하는 방법, 약한 사람들을 대하는 태도에서 드러났습니다. 사무엘은 자신이 이끌어 가는 백성들에 대한 책임감을 지니고 있었으며 함께 일했던 어느 누구에게나 철저하게 자신을 열어 놓았습니다.

사무엘의 모범은 우리 역시 그와 똑같은 온전함의 기준을 유지해야 한다고 촉구합니다. 수백만 달러 규모의 사업을 운영하든지 두 살배기 어린아이를 돌보든지, 정직함으로 일하십시오. 매일 여러분의 일 속에서 진실한 성품이 드러나도록 헌신하십시오. 그렇게 한다면 다른 사람들이 여러분을 열렬히 따르게 될 것입니다.

2일 · 주님께 배우는 리더십

온전함(1)

이 세상에 우리가 신뢰할 만한 사람이 있을까요? 사람들은 계속해서 우리를 낙담시킵니다. 그 사람들의 말과 실제 모습이 종종 일치하지 않기 때문입니다. 그러나 하나님은 결코 우리를 실망시키지 않으십니다. 결코 변치 않으시기 때문입니다. 하나님의 약속들은 그분의 변함없는 성품처럼 선합니다. 오늘 본문에서 하나님의 온전한 신실하심을 발견하십시오.

히브리서 13장 8절을 읽으십시오

하나님의 성품은 결코 변치 않습니다. 하나님의 사랑과 진리와 선하심은 외부의 환경이나 조건에 따라 달라지거나 흔들리지 않습니다. 그러므로 하나님의 성품과 약속은 우리가 신뢰하고 헌신할 만한 최고의 가치가 있습니다. 하나님은 말씀하신 대로 행하시며, 그분의 사랑의 언약은 언제나 신실합니다.

하나님이 거짓말을 하시는 것은 불가능하기 때문에, 그분은 소망의 궁극적인 원천이십니다. 하나님의 변치 않는 성품은 그분이 맺으신 모든 약속의 토대가 됩니다. 그분이 행하겠다고 말씀하시는 것은 무엇이든지 이미 이루어진 것이나 다름없습니다. 그러므로 우리가 하나님의 약속에 소망을 둘 때, 이 소망은 영혼의 닻이 되어 견고하고 안전합니다(히 6:19). 하나님의 긍정의 대답은 언제나 긍정이며, 부정의 대답은 언제나 부정입니다(약 5:12). 하나님의 행하심은 하나님의 성품에서 비롯됩니다. "이스라엘의 지존자는 거짓이나 변개함이 없으시니 그는 사람이 아니시므로 결코 변개하지 않으심이니이다"(삼상 15:29). 하나님을 조종하고 매수하거나 그분과 협상할 수는 없습니다. 그분은 자신의 온전함을 타협하지 않으시기 때문입니다.

하나님은 친히 "나 여호와는 변하지 아니하나니"(말 3:6)라고 증언하셨습니다. 하나님의 요동치 않으시는 성품을 묵상하고 사람들의 변하는 성품과 대조해 보십시오. 하나님의 완전하시며 지속적인 성품은 하나님과 여러분의 관계에 어떤 의미를 지닙니까? 여러분이 하나님을 더 신뢰하지 못하도록 방해하는 것은 무엇입니까?

3일 · 리더십 자기 점검

온전함(1)

사람들은 때때로 말과 행동이 다릅니다. 온전함이라는 성경적 덕목은 내면과 외면, 신념과 행위, 말과 행동 방식, 태도와 행동, 가치와 실천의 일치를 의미합니다. 오늘 본문에서는 온전함의 의미에 대해 더 배워 보겠습니다.

이사야 6장 1~7절을 읽으십시오

선지자 이사야가 우주를 지으신 영광스럽고 위대한 창조주의 환상을 보았을 때, 그는 하나님의 거룩하심에 압도되었습니다. 스프라울은 이사야가 하나님의 거룩하심을 목도한 그 사건을 놓고 다음과 같이 말하고 있습니다.

"무력해진다는 것은 꿰맨 솔기들이 다 터져 버렸다는, 허물어졌다는 뜻입니다. 이사야가 표현하는 것은 오늘날 심리학자들이 인격 와해의 경험이라고 기술하는 현상입니다. 와해된다는 것은 정확히 그 단어가 제시하는 것처럼, '묶어 놓은 것을 풀어 놓는다'는 의미입니다. 무엇인가를 통합한다는 것은 부분을 한데 묶어서 하나의 통일된 전체로 만든다는 것입니다. …온전함이란 단어는… 어떤 사람의 삶이 온전하다는 것 혹은 건강하다는 것을 의미합니다. 말하자면 '그 사람은 갖출 것을 다 갖추었다'는 뜻입니다."*

이사야는 하나님의 완벽한 온전하심에 직면하여 자신의 성품이 재구성될 필요가 있음을 깊이 느꼈습니다. 하나님의 완벽한 거룩하심을 보는 동안 자신의 죄악의 깊이를 깨달았으며, 제사장이자 선지자로서 헌신이 부족한 부분들을 인정했습니다. 그러나 8절에 나타난 그의 헌신과 신실한 선지자로서의 삶은 모든 리더가 하나님의 도우심을 받는다면 온전한 삶을 살 수 있다는 가능성을 보여 주고 있습니다.

4일 · 리더십 업그레이드

온전함(1)

온전함, 성품, 윤리, 도덕. 우리는 이 단어들을 혼동해서 사용하는 바람에 그 단어들의 본질적인 성격을 흐리는 경향이 있습니다. 온전함이란 무엇입니까? 윤리 혹은 도덕과 어떻게 다를까요? 예수님은 오늘 본문에서 이 중요한 개념을 명쾌하게 규정하십니다.

마태복음 23장 1~39절을 읽으십시오

예수님은 이 설교에서 바리새인들을 일곱 번씩이나 '외식하는 자들'이라고 부르셨습니다(13, 14, 15, 23, 25, 27, 29). 그 말은 예수님의 분노를 나타냅니다. '외식하는 자'라는 단어가 들어 있는 절마다 '화 있을진저'라는 말로 시작되는 것을 보십시오. 이 구절에서 예수님은 바리새인들의 말과 행동이 다르다고 질책하셨습니다.

오늘날 온전함에 대해 말할 때, 우리는 일반적으로 윤리나 도덕과 같은 서로 밀접한 용어들을 사용합니다. 그러나 성경이 말하는 온전함을 이해하려면, 세 가지 단어를 명확하게 알 필요가 있습니다. 이 단어들은 각각 나름대로 독특한 의미를 지닙니다. 이 단어들을 적절하게 사용한다면 중요하지만 흔히 오해하기 쉬운 리더십의 핵심 한 가지를 명료하게 이해할 수 있을 것입니다.

- 윤리(Ethics)는 옳고 그름, 선과 악을 규정하는 기준을 가리킵니다. 윤리는 바리새인들이 옳다고 믿었던 것입니다.
- 도덕(Morality)은 옳고 그름, 선과 악의 기준이 삶으로 표출된 형태입니다. 도덕은 바리새인들의 '실제 행위'를 가리킵니다.
- 온전함(Integrity)은 '건전함', '반듯함', '통합되어 있음'을 의미합니다.

한 사람의 윤리와 도덕이 서로 통합되어 있는 정도가 바로 그 사람이 가지고 있는 온전함의 정도입니다. 만약 존이라는 사람이 여러분에게 거짓말을 하고 속이고 여러분으로부터 돈을 훔칠 것이라고 말한다면 그는 저급한 윤리를 지닌 사람입니다. 만약 존이 자기가 말한 그대로 사업을 한다면, 그 사람은 또한 저급한 도덕성을 지닌 사람입니다. 존은 비윤리적이고 비도덕적입니다. 그러나 그의 도덕성과 윤리가 서로 일치하기 때문에 왜곡된 형태이긴 하지만 존에게는 온전함이 있습니다. 만약 존이 속이고 훔치겠다고 말하지만 실제로 속이지도 훔치지도 않는다면, 그는 실천적으로는 도덕적이지만 온전함은 결여된 사람입니다. 도덕성이 그의 윤리에 부합하지 않기 때문입니다. 이 점을 한번 생각해 보십시오.

여러분은 고급한 윤리를 가질 수도, 저급한 윤리를 가질 수도 있습니다. 도덕적일 수도, 비도덕적일 수도 있습니다. 그것은 여러분이 선택할 문제입니다. 그러나 여러분이 온전하고자 한다면, 자신이 선택한 윤리에 맞게 살아야 합니다. 적어도 리더로서 남을 이끌기 원하는 사람은 자신을 따르는 사람들에게 그들이 지금 어디에 발을 들여놓고 있는지 알려 줄 의무가 있습니다.

자신이 그리스도인이라고 주장하는 사람은 윤리적으로 말을 하며 도덕적으로 행동해야 합니다. 그 사람이 온전하기 원한다면, 성경적인 윤리에 따라 살아야 합니다. 가장 좋지 않은 선택은 위선적인 삶을 택하는 것이라고 예수님은 분명하게 말씀하고 계십니다.

5일 · 실행 포인트

온전함(1)

어떻게 리더가 실제로 온전함을 보여 줄 수 있습니까? 바울은 디모데에게 리더십에 관한 지침을 제공해 줍니다. 이 지침은 우리에게도 모두 유익합니다. 그리고 하워드 헨드릭스(Howard Hendricks)와 빌 헨드릭스(Bill Hendricks)는 행동으로 나타난 온전함의 한 가지 예를 알려 줍니다.

디모데전서 4장 15~16절을 읽으십시오

위선자가 다른 사람들을 더 좋은 성품으로 인도할 자격이 없음은 자명한 사실입니다. 말은 훌륭하게 하지만 실제로는 법대로 혹은 규칙대로 행동하지 못하는 사람을 존경할 사람은 아무도 없습니다. 리더의 행위는 그의 말보다 더 큰 영향을 끼칩니다. 리더를 따르는 사람들은 리더가 하는 말의 90퍼센트는 잊어버린다 할지라도, 그 리더가 살아가는 모습은 결코 잊지 못할 것입니다.

빌 헨드릭스는 1980년대 부동산 경기가 호황을 누리던 시절, 이 원리와 관련된 실례를 경험했습니다. 그는 '성경적인 사업 원리들'을 적용한다고 주장하는 한 개발업자를 만났습니다. 그러나 시장이 곤두박질치자, 그는 투자자들에게 많은 빚을 남기고 그 마을을 떠나 버렸습니다.

빌의 친구들 가운데 또 다른 한 사람은 앞의 사람과 극명한 대조를 보여 줍니다. 그 역시 토지 개발업자였습니다. 또한 성경적인 원리를 자신의 사업에 적용한다고 말하는 사람이었습니다. 시장 상황이 악화되자, 그의 사업 역시 무너져 내렸습니다. 그러나 그는 양심에 따라 자신에게 투자했던 투자자들의 빚을 갚아 줄 계획을 세웠습니다.

말과 삶이 일치하는 것이 곧 온전함이라고 볼 때, 이 두 사람 중 어느 사람이 온전함을 보여 줄까요? 온전한 그리스도의 성품을 지닌 사람만큼 귀한 사람은 없습니다.

누구나 완벽해야 한다는 뜻은 아닙니다. 실제로, 신약 성경은 완벽한 리더를 요구하지 않습니다. 단지, 리더들이 모범이 되어 믿음의 진보를 보이기를 요청합니다. 바울은 디모데에게 경건한 교훈을 부지런히 따르라고 가르쳤습니다. "이 모든 일에 전심전력하여 너의 성숙함을 모든 사람에게 나타나게 하라"(딤전 4:15). 이 말은 오늘날 우리에게도 적절한 권고입니다.

8주 · 5일

예수 그리스도는 어제나 오늘이나 영원토록 동일하시니라
● 히브리서 13장 8절

9주 · 1일

온전함(2)

사무엘상 12장 1~7절, 20~24절을 읽으십시오

본보기가 있으면, 대부분의 개념은 쉽게 이해됩니다. 사무엘은 성경 인물 가운데 온전함을 보여 주는 위대한 모범입니다. 온전함 시리즈의 첫째 날 읽었던 구절로 다시 돌아가 다음 여섯 가지 사실에 주목하면서 사무엘이 보여 주었던 온전함의 모범을 생각해 봅시다.

1. 사무엘은 얼마나 오랫동안 이스라엘의 리더로 사역했습니까?(1~2절).

2. 리더들은 저마다 어떤 업적이나 가치로 기억되기를 바랍니다. 어떤 리더에게는 그것이 정확한 판단력일 수 있으며, 다른 리더에게는 모아 놓은 재산일 수 있으며, 또 다른 리더에게는 그를 따랐던 사람들에게 받은 사랑과 존경일 수도 있습니다. 3절

에서 사무엘은 백성들에게 자신에 대한 평가서를 읽어 줍니다. 사무엘에게는 무엇이 가장 중요했습니까?

3. 백성들의 반응을 읽으십시오(4~5절). 이 사실을 통해 이스라엘의 리더라는 임직 기간 동안 사무엘의 모습이 어떠했음을 알 수 있습니까?

4. 이러한 온전함의 핵심은 무엇입니까? 5~7절을 읽으십시오. 그리고 20~24절을 읽으십시오. 이 말씀들을 읽은 다음 잠깐 묵상하는 시간을 가지십시오. 그리고 다음 물음에 대답해 보십시오. 사무엘이 수십 년 동안 온전하게 살 수 있도록 한 가치는 무엇이었습니까?

5. 오랜 세월 동안 사무엘이 어긋나지 않도록 지켜 주었던 가치관을 계발하기 위해, 여러분은 어떤 구체적인 계획을 세우겠습니까? 하나님을 향한 여러분의 관점과 여러분이 온전한 삶을 살아가는 데 그분이 어떤 역할을 하시는지 생각해 보십시오.

2일 · 주님께 배우는 리더십

온전함(2)

여러분은 자신의 온전함을 놓고 얼마나 고민해 보았습니까? 그리고 그 부분이 얼마나 개선이 되었습니까? 예수님은 우리가 위선의 문제를 놓고 괴로워한다는 사실을 아시고, 오늘 본문에서 이 문제의 핵심을 언급하셨습니다. 우리가 더욱 온전해지고자 한다면, 철저히 그 문제와 씨름해야 한다는 것입니다.

마태복음 6장 1~34절을 읽으십시오

온전함은 그 자체에 대한 헌신 이상을 요구합니다. 많은 사람이 새해를 맞이하거나 어떤 일을 당할 때마다 올바르게 살아가겠다는 결의를 다집니다. 우리 역시 얼마나 자주 새로운 각오를 다지고 자신의 원칙대로 좀더 일관성 있게 살아야 한다고 다짐해 왔습니까?

오늘 본문에서는 온전함에 관한 예수님의 가르침을 살펴봅시다. 깊이 이해하고 적용하는 것이야말로 온전함을 향한 큰 첫걸음입니다.

- 예수님은 1절에서 무엇을 하지 말라고 말씀하셨습니까?
- 왜 하지 말라고 하십니까?

예수님은 그릇된 동기로 올바른 일을 행하는 것을 경고하셨습니다. 예수님은 이러한 사람들을 '외식하는 자들'이라고 부르셨습니다. 이 단어를 이 단락에서 세 번이나 사용하신 점에 주목하기 바랍니다(2, 5, 16절). 그런 사람들은 겉모습으로만 행동함으로써 자신의 온전함을 무너뜨렸습니다. 그들은 좋은 일을 행했습니다. 그러나 그들이 그렇게 행동한 의도는 사람들이 자신을 우러러 봐 주기를 원하는 욕구 때문이었습니다.

- 외식하는 자들은 왜 구제하고(2절), 기도하고(5절), 금식(16절)했습니까?
- 아무도 보는 사람이 없을 때 위선자들이 어떤 행동을 했을지 한번 추측해 보십시오.
- 그런 사람과 함께 사업을 한다면 흡족하겠습니까?

이렇듯 위선(온전함의 결핍)의 본질은 공공의 시선을 의식하는 행위입니다. 사람들이 볼 때는 온전하게 행하지만, 아무도 보지 않고 혼자 있을 때는 다르게 행하는 것입니다. 대부분의 부모는 자기 자녀를 이런 사람과 결혼시키고 싶어 하지 않습니다. 이런 리더들은 따르는 이들의 헌신을 이끌어 내지 못합니다.

예수님은 우리에게 무엇을 하라고 제안하셨습니까? 4, 6, 17~18절을 읽으십시오. 세 구절에서 반복되는 형식을 살펴보십시오. 예수님이 말씀하시는 온전함의 핵심은, 변함없이 언제나 임재하시는 하늘 아버지의 기준에 따라 살아가는 것입니다. 이익에 따라 움직이려는 유혹을 거절하십시오. 그 대신 전능하신 하나님이 정해 놓으신 박자에 맞추어 행진하십시오. '상'이라는 말을 마음에 두면서 19~21절을 읽으십시오. 예수님은 거기에 메시지의 핵심을 담아 놓으셨습니다.

온전함이란 한 가지 기준에 따라 그리고 한 분 재판장의 인정을 받기 위해 살아가는 삶을 말합니다. 사람들과, 그들의 변덕스러운 기준은 언제나 쉽게 흔들립니다. 모든 사람을 만족시키려다간 기껏해야 미쳐 버리든지, 최악의 경우에는 위선자가 될 뿐입니다. 하나님은 변치 않으시며, 언제나 은밀한 중에 보십니다. 하나님을 위한 삶은 온전함의 토대입니다. 그리고 그러한 삶은 영원한 보답을 받을 것입니다.

3일 · 리더십 자기 점검

온전함(2)

아무리 영적으로 철저하게 헌신한 사람이라 할지라도 한두 번은 실수하기 마련입니다. 헌신과 성숙의 정도와 상관없이 누구나 하나님과 맺은 서약이나 자신의 온전함을 훼손했을 경우에는 어떻게 할지 몰라 당황하게 됩니다. 다윗은 경건한 사람이 자신의 실수 앞에서 어떻게 행동해야 할지 보여 줍니다. 오늘 본문에 나타난 다윗의 참회 기도를 통해 여러분이 취해야 할 방법을 묵상해 봅시다.

시편 32편 1~11절을 읽으십시오

하나님은 친히 다윗을 "마음을 온전히 하고 바르게 하여" 행했으며(왕상 9:4), 그 마음이 "하나님 여호와 앞에 온전"했던 사람이며(왕상 11:4), "여호와를 온전히 따랐던" 사람(왕상 11:6)이라 일컬으셨습니다. 다윗의 시는 하나님께 순종하라고 가르칩니다. 그러나 범죄했던 다윗이 어떻게 온전함의 모범이 될 수 있었겠습니까? 다윗은 같은 기준을 일관되게 유지했기 때문에 온전할 수 있었습니다. 기준을 세웠을 때, 그는 그 기준을 지켰습니다. 자신이 그 기준을 위반했을 때, 그는 그것을 죄라고 칭했습니다. 결코 발뺌하거나 변명하거나 그것을 가볍게 여기지 않았습니다. 시편 32편, 40편, 51편은 다윗의 죄악이 그의 마음을 찢어 놓았음을 보여 줍니다. 그는 용서를 구했습니다. 그 벌을 당연하게 받아들였습니다. 그는 배우고 성장했습니다.

그렇다고 해서 다윗의 죄악에 변명의 여지가 있겠습니까? 전혀 그렇지 않습니다. 다윗의 이야기가 오늘날 리더들이 죄를 지어도 된다는 선례가 될 수 있겠습니까? 결코 그렇지 않습니다. 그러나 온전함은 완벽함을 요구하지 않습니다. 아무리 도덕적으로 흠 없이 살아가려고 애쓰는 사람도 실수를 합니다. 온전함이 곧 완벽함을 보증하지는 않습니다. 그러나 온전하려면 반드시 일관된 삶이 필요합니다. 온전한 사람들은 그들의 행위를 일치시켜 주는 도덕의 중심이 있습니다. 그 중심을 벗어나면, 그것을 죄라고 인식하며 탈선으로 받아들입니다. 그래서 그 죄를 고백하고, 변상하고, 용서를 구하고, 기준을 재확인합니다.

사람들이 자신의 죄악을 정당화하기 위해 다윗의 실수를 언급한다는 사실을 다윗이 안다면, 그는 깜짝 놀랄 것입니다. 다윗의 회개를 통해, 리더들은 자신이 하나님의 기준을 위반했을 때 온전함을 재확립하기 위해 무엇을 해야 하는지 알 수 있습니다.

4일 · 업그레이드

온전함(2)

사무엘의 온전함은 모든 리더에게 큰 도전이 됩니다. 따라서 사무엘의 성품을 간단하게 살펴보는 것도 우리에게 많은 유익이 될 것입니다. 사무엘 인물 연구를 읽고, 이 위대한 리더를 이끌었던 가치 체계를 주목해 봅시다.

사무엘

사무엘은 이스라엘 민족의 위대한 리더들 가운데 한 사람이었습니다. 그의 삶을 살펴보면 그는 하나님과 항상 친밀한 관계 속에 있습니다. 사무엘의 모친 한나는 사무엘이 어린 소년이었을 때 그를 성막으로 데려 갔고, 사무엘은 그곳에서 대제사장 엘리와 함께 살았습니다. 하나님께 예배드리러 오는 사람들을 수년 동안 관찰하면서, 사무엘은 이스라엘 민족이 하나님의 백성이라는 말의 의미를 철저하게 깨달았습니다.

사무엘의 삶에서 결정적인 순간은 그가 아직 어린 소년일 때 찾아왔습니다. 하나님은 어린 사무엘에게 엘리를 향한 책망을 전달하는 일을 맡기셨습니다. 사무엘은 "그 이상을 엘리에게 알게 하기를 두려워[하였습니다]"(삼상 3:15). 그렇지만 사무엘은 하나님께 전달받은 내용을 세세하게 모두 밝혔습니다. 비록 소년이었지만, 하나님은 장래 사사이자 선지자로서 그가 맡게 될 리더의 역할을 철저하게 준비시키셨습니다. 사무엘은 하나님을 사랑했으며, 그가 훗날 어려운 시기에 이스라엘을 섬길 때 필요한 용기와 확신을 키워 나가기 시작했습니다. 사무엘상 3장 19절~4장 1절은 사무엘이 이스라엘의 도덕적 지도자로서 발휘한 초기의 영향력을 묘사합니다.

사무엘은 또한 이스라엘의 사사로 섬겼습니다(삼상 7:15~17). 그는 백성들 사이의 분쟁을 조정하고 해결하면서 이스라엘 전역을 순회했습니다. 그가 이 권력의 지위를 온전하게 수행했다는 사실은, 그의 인생 말년에 그토록 오랜 세월을 섬겼던 백성들에게 도전한 내용에 잘 나타나 있습니다(삼상 12:1~5). 사무엘은 자신에게 속았거나 잘못을 당한 사람을 찾으며 잘못된 점이 있으면 자신이 그 점을 바로잡겠노라고 말했습니다. 백성들은 "당신이 우리를 속이지 아니하였고 압제하지 아니하였고 누구의 손에서든지 아무것도 빼앗은 것이 없나이다"(삼상 12:4)라고 한결같이 답변했습니다. 이 말은 백성들이 스스로 고백한 대단한 증언이었습니다.

사무엘은 이스라엘의 왕을 세우고 폐한 자로 가장 잘 기억될 것입니다. 사무엘은 하나님께 순종해 사울을 이스라엘의 초대 왕으로 임명했습니다. 그러나 후에 사울에게 이같이 말하기도 합니다. "지금은 왕의 나라가 길지 못할 것이라 여호와께서 왕에게 명령하신 바를 왕이 지키지 아니하였으므로"(삼상 13:14). 사울이 왕이었을 때도 사무엘은 여전히 이스라엘의 영적, 도덕적 지도자로서 훌륭하게 봉사했습니다.

리더십에 관한 사무엘의 견해는, 왕을 간구하는 이스라엘 백성들에게 반대한 그의 말에 잘 나타나 있습니다(삼상 8:11~17). 이 묘사와 이스라엘의 리더로서 헌신적으로 섬겼던 사무엘의 품행을 대조해 보십시오. 사무엘은 섬김의 리더십의 중요성을 깨달았고, 백성들의 수고를 통해 특권과 권력을 행사하는 리더십의 위험을 경고했습니다.

사무엘은 리더십이란, 백성들을 섬기고 그들의 삶을 높이는 기회라고 이해한 위대한 리더였습니다. 그는 개인적인 이익과 지위를 얻으려고 아랫사람들을 수탈하는 리더십을 혐오했습니다.

사무엘이 생각하는 리더십은 청지기 의식, 책임감, 명예였습니다. 그는 온전함을 보였습니다. 그는 정직한 사람이었고, 명성을 얻기 위해 살지 않았습니다. 그는 하나님과 그의 백성을 섬기는 것만을 생각했습니다. 그것이 그에게 중요한 소명과 초점이었기 때문입니다.

더 깊은 연구를 위해서는 마태복음 6장 1~19절에 나타난 예수님의 말씀을 보십시오. 예수님은 사무엘을 온전한 삶으로 이끌어 주었던 핵심 원리를 제자들에게 가르쳐 주십니다.

5일 · 실행 포인트

온전함(2)

온전함은 리더십에서 매우 중요합니다. 역사상 가장 경건했던 리더들 가운데 한 사람이었던 다윗은 역대상 29장 10~19절에서 온전함에 대한 자신의 견해를 피력합니다. 삶에 대한 이 풍성한 설명을 읽으며 여러분이 행할 길을 묵상하십시오. 그리고 아래 인용된 리처드 백스터(Richard Baxter)의 통찰력 있는 글을 읽어 봅시다.

역대상 29장 10~19절을 읽으십시오

다윗은 하나님이 온전함을 기뻐하신다는 사실을 알았습니다. 이 단락을 묵상하면 풍성한 은혜가 넘칠 것입니다. 리처드 백스터는 목회 리더십에서 온전함의 중요성을 강조하면서 리더라면 누구나 신중하게 고려해야 할 내용을 다음과 같이 말했습니다.

"여러분의 모범이 여러분의 교리에 모순 되지 않도록, 그리하여 눈먼 사람들이 걸려 넘어질 수 있는 거치는 돌이 되지 않도록 하십시오. 그리고 여러분의 삶이 아니라 혀로 말하지 않도록, 그리하여 여러분의 수고와 노력이 허사가 되지 않도록 주의하십시오. 우리가 하나님의 말씀에 근거해서 다른 이들에게 공개적으로 전했던 내용을, 그들이 일주일 내내 개인적인 삶 속에서 불쌍한 사람들에게 모순 되게 행하는 것도 우리의 일에 큰 장애가 됩니다. 하지만 여러분이 모순 된 말을 하고 여러분의 행위가 여러분의 말을 거짓으로 만들어 버린다면, 그리고 여러분이 한두 시간 동안 여러분의 입으로 쌓아 놓은 것을 다음 한 주일 내내 여러분의 손으로 허물어뜨린다면, 그것이 여러분의 일에 더 큰 방해가 될 것입니다. 여러분이 하는 말이 진심이라면, 그 말대로 행하십시오."*

이 내용은 자신을 따르는 사람들에게 "똑바로 행하라"고 요구하는 모든 리더에게 지혜가 되는 말입니다. 그의 말을 다시 한 번 읽어 보고, 온전한 리더로 살아가기 원하는 여러분에게 어떤 의미가 있는지 생각해 보십시오.

10주 · 1일

리더의 자격

디모데전서 3장 1~12절을 읽으십시오

바울은 디모데에게 리더 후보자들을 면밀하게 점검하고, 후보자들의 성품을 테스트하라고 요청합니다. 우리 역시 스스로 리더가 되거나 다른 사람들을 리더의 자리에 올려놓을 때는 하나님이 리더에게 요구하시는 자격 요건에 얼마나 부합하는지 확인하는 테스트가 필요합니다. 바울이 지적한 특성들은 특별히 교회 리더들에게 해당되는 것이지만, 그러한 특성을 지닌 리더라면 어떠한 그룹을 이끌더라도 하나님이 인정하시는 리더십 성품을 지닌 사람일 것입니다.

그 특성이란, 간단히 말해서 "책망할 것이 없[어야]"(2절) 합니다. 교회 리더들은 다른 사람들에게 책을 잡힐 만한 품행상의 구실이 전혀 없어야 합니다. 리더의 자격 조건들을 면밀하게 검토해 보면, 리더는 개인적인 생활(가정생활)에서나 공적인 생활에서 균형을 유지하는 사람이어야 한다는 사실을 알 수 있습니다. 이런 사람은 교회 밖에서도 좋은 평판을 유지하면서 온유와 겸손을 실천합니다.

한 가지가 더 있습니다. 바울은 교회에서 리더십 직분(집사직)을 처음 맡게 된 사람들을 먼저 시험해 보아야 한다고 말했습니다(10절). 리더십을 확인해 봐야 할 시점은 역할을 맡은 뒤가 아니라 맡기 전입니다. 이것은 오늘날에도 최선의 방책입니다.

본문에 열거된 리더의 자격 요건을 완벽하게 충족시킬 수 있는 사람은 아무도 없을 것입니다. 하지만 우리는 모두 그 조건들을 갖추기 위해 노력해야 합니다. 여러분은 어느 정도까지 그 기준에 도달했습니까? 하나님을 기쁘시게 하는 리더가 되기 위해 각 분야에서 골고루 성장하게 해 달라고 하나님께 간구하십시오.

2일 · 주님께 배우는 리더십

리더의 자격

성경에서 참된 리더십을 가장 잘 드러내는 사람은 누구입니까? 우리는 모세나 다윗, 느헤미야, 바울과 같은 사람들을 떠올리나 모든 리더 가운데 가장 위대한 리더인 하나님을 간과하기 쉽습니다. 성경적인 관점에서 볼 때, 참된 리더십과 권위는 하나님의 손에서 비롯된 것입니다.

이사야 40장 10~26절을 읽으십시오

본문은 자연 세계와 열국을 다스리는 여호와 하나님의 권위를 묘사하며, 하나님은 그 무엇과도 비교될 수 없으며 부족함이 없으시다는 점을 강조합니다. 하나님은 자신의 창조 질서를 속속들이 아시며, 우리가 상상조차 할 수 없는 방식으로 그 질서를 유지하십니다. 하나님께는 조언자가 필요하지 않습니다. 그리고 하나님은 세상의 어떤 권위도 완벽하게 다스리십니다.

다니엘이 지적했듯이, 지혜와 권능은 하나님께 속해 있습니다(단

2:20~21). 바벨론의 통치자였던 느부갓네살 역시 자신의 경험을 통해 똑같은 사실을 발견했습니다. "그 권세는 영원한 권세요 그 나라는 대대에 이르리로다 땅의 모든 사람들을 없는 것같이 여기시며 하늘의 군대에게든지 땅의 사람에게든지 그는 자기 뜻대로 행하시나니 그의 손을 금하든지 혹시 이르기를 네가 무엇을 하느냐고 할 자가 아무도 없도다"(단 4:33~35).

이사야 40장 10~11절이 하나님의 주권적인 권능을 자기 백성들을 향한 긍휼과 얼마나 아름답게 결합시키는지 눈여겨보십시오. 하나님은 독재하는 신이 아니라, 선한 목자가 자신의 양떼를 돌봄과 같이 자기 백성들을 먹이시고 인도하시고 보호해 주시는, 은혜와 자비가 넘치는 아버지이십니다. 하나님의 위대하심과 선하심 때문에 우리는 그분을 신뢰하며, 우리 삶의 통제권을 기꺼이 하나님께 드리는 것입니다.

이사야 40장 10~11절에서 묘사하는 하나님의 모습과 요한복음 10장 1~18절에서 예수님께서 언급한 선한 목자의 모습을 비교해 보십시오. 여러분이 아는, 혹은 읽어 보았던 최고의 리더들의 이야기에 적용해 보십시오. 그들은 어떤 면에서 그리스도의 리더십을 반영하고 있습니까?

3일 · 리더십 자기 점검

리더의 자격

하나님이 리더의 자리에 올려 주시는 사람은 어떤 사람일까요? 성경은 세상의 모든 리더가 하나님이 원하시는 자질을 갖춘 것은 아님을 보여 줍니다. 그렇다면 주님은 리더에게 어떤 자질들을 바라실까요?

사무엘상 16장 1~7절을 읽으십시오

심지어 선지자 사무엘까지도 속아 넘어갔습니다. 그는 이새의 장자 엘리압을 보고 이 아름답고 건강한 젊은이야말로 여호와께서 기름 부으신 리더가 틀림없다고 단정했습니다. 그러나 주님은 일꾼을 선택할 때 외적인 인상이 아니라 내면의 성품에 기반을 두신다는 점을 이 본문을 통해 명확히 말씀하십니다.

8~11절은 다윗의 아버지인 이새가 아들들을 불러낼 때 다윗은 포함시키지도 않았다고 전합니다. 다윗은 이새에게 중요하지 않은 인물이었던 것입니다. 그러나 리더의 자격은 키나 몸무게, 학위나

배경으로 결정되는 것이 아닙니다. 하나님은 무엇을 찾으십니까? 이새와 사무엘이 엘리압을 바라볼 때 하나님은 왜 다윗을 바라보셨습니까?

리더의 자격 요건은 7절에 명확하게 나와 있습니다. 다시 한 번 읽어 보십시오. 리더의 중심(heart)이 어떠해야 하는지 살펴보려면, 열왕기상 3장 6절과 11장 4절, 6절을 찾아보십시오. 하나님의 기준에 의하면, 다른 모든 자격을 갖추었다 할지라도 중심이 갖추어지지 않는다면 위대한 리더라고 말할 수 없습니다.

리더의 기도와 노력의 초점은 여기에 집중되어야 합니다. 기술, 지적인 측면, 고된 노력은 모두 자격 조건의 일부일 뿐입니다. 하나님은 결국 단 한 가지가 차이를 만들어 낸다는 점을 말씀하십니다. 하나님은 리더의 중심을 보십니다.

4일 · 리더십 업그레이드

리더의 자격

얼마나 많은 선행을 해야 우리가 (혹은 다른 사람들이) 리더의 자격을 갖추었다고 말할 수 있을까요? 베드로라면 이것은 잘못된 질문이라고 말했을 것입니다. 그렇다면 무엇이 올바른 질문입니까? 오늘 본문에서 살펴봅시다.

베드로전서 2장 1~2절을 읽으십시오

여기에서 베드로는 리더의 자격을 판단하는 한 가지 기준을 제공합니다. 1절에서 베드로는 우리 삶에서 제거해야 할 것들을 언급합니다. 아주 중요한 목록입니다. 리더를 평가할 때, 우리는 우리를 불안하게 하는 것들, 우리가 원치 않는 것들을 알 필요가 있습니다. 그러나 우리는 우리가 무엇을 원하는지도 확인할 필요가 있습니다. 우리가 리더를 채용하거나 교육하거나 평가할 때, 검토해야 할 자격 요건들은 무엇입니까?

베드로는 그런 목록 대신 한 가지 기준과 한 가지 과정을 제공합니다. 베드로는 모든 부정적인 것을 제거하라고 말합니다. "모든 악독과 모든 기만과 외식과 시기와 모든 비방하는 말을 버리고 갓난 아기들 같이 순전하고 신령한 젖을 사모"해야 합니다. 리더는 단순히 선행이나 우수한 자질 목록을 따르기보다는 자신의 영적 건강을 돌보는 데 열심을 내야 합니다.

영적인 품성을 갖추고자 열정을 보이는 사람만이 리더의 자격을 갖출 수 있습니다. 선행이나 선량함의 목록으로만 리더의 자격이 완성되는 것은 아닙니다. 베드로는 인격 성장의 중요성을 강조합니다. 즉, 리더의 자격을 갖추려면 열정과 영적 자질을 갖추어야 하며, 인격이 꾸준히 성장하는 모습을 보여 주어야 합니다.

5일 · 실행 포인트

리더의 자격

리더는 능숙한 기술과 우수한 자질을 모두 함양할 필요가 있습니다. 오늘 본문을 통해 둘의 차이를 이해하고 우리가 성품을 계발하는 일을 소홀히 해서는 안 되는 이유를 알아봅시다.

갈라디아서 5장 22~23절을 읽으십시오

하나님의 성령이 맺는 아홉 가지 '열매' 목록을 읽어 가면서 백지 한 가운데에 위에서 아래로 선을 하나 그으십시오. 그리고 한쪽에는 '기술'이라고 적고 다른 한쪽에는 '자질'이라고 적으십시오. 그 다음에 디모데전서 3장 1~12절을 펴십시오. 거기에서 바울은 리더의 자격 요건들을 나열하는데, 그 요건들을 해당 빈 칸에 기록해 봅시다. 여러분이 적어 놓은 목록에서 '기술' 부분은 매우 짧지만 그에 비해 '자질' 목록은 아주 길다는 사실을 발견할 것입니다.

리더는 하나님의 선하신 손길 아래서 리더의 자질들을 계발하는 일을 결코 멈추어서는 안 됩니다. 사실상 한 사람이 어떤 기술이나 기량을 잘 익히는 여부와 상관없이, 기술이나 기량을 적절하게 사용하는 것은 그 사람의 성품에 달려 있습니다. 예를 들어, 어떤 사람은 듣는 것이 리더십을 효과적으로 수행하는 데 중요하다고 생각하여 경청하는 기술을 계발합니다. 그러나 그 사람이 자신의 성급함과 오만함을 해결하지 않는다면, 제대로 경청할 수 없을 것입니다. 이 경우, 자격이 되는 기술은 갖췄지만, 더 중요한 성품을 갖추지 못했기 때문에 그 기술을 사용할 수 없는 것입니다.

바울은 리더들에게서 찾아야 할 자질을 열거하면서 기술보다 성품이 더 중요한 자격이라고 말했습니다. 리더들은 개인적으로나 리더십 교육을 통해서나 기술을 계발할 필요가 있습니다. 그러나 어떠한 상황에서도 삶의 기본 자질들(딤전 3)이나 그러한 자질들의 근원이신 성령과의 본질적인 관계(갈 5)를 소홀히 해서는 안 됩니다.*

11주 · 1일

하나님께 순종함

사무엘상 15장 1~23절을 읽으십시오

리더십에는 치러야 할 희생과 더불어 많은 기회—긍정적인 혹은 부정적인 기회—가 찾아옵니다. 많은 리더들은 정보나 재정에 가까이 접근할 수 있습니다. 그리고 그것을 사적인 유익을 위해 사용할 수도 있습니다. 어떤 리더들은 낯선 곳을 여행할 때 자신의 순결을 위협할 수 있는 유혹을 만날 수 있습니다. 또 다른 리더들은 자신의 지위를 비윤리적으로 사용해 안팎의 경쟁 상대를 거꾸러뜨릴 수 있습니다. 돈, 성, 권력과 같은 유혹에 많은 리더가 넘어집니다.

모든 리더는 정기적으로 다음과 같이 물어야 합니다. "나는 타협의 대가를 취하고 있는가?" 경건한 리더는 어떠한 유혹이 와도 항상 하나님께 순종하여 헌신해야 합니다. 불행하게도, 절대 권력을 소유한 사울에게는 그러한 헌신이 결여되어 있었습니다. 그래서 유혹의 손길이 다가오자 아말렉 사람들을 멸절하라는 하나님의 명령에도 불구하고 그 왕과 가축들 가운데 가장 좋은 것들을 남겨 두었습니다(9절). 패전한 왕의 소유를 탐내고 그 당시 부의 상징이었던 가축들을 취해 자신의 부를 확장하는 것이 바로 사울이 타협한 대가였습니다. 그러나 그 후 사무엘이 그 일을 질책하자, 사울은 자신이 여호와를 위해 가장 좋은 것들을 남겨 놓았다고 변명했습니다. 죄를 인정하는 대신 죄를 합리화했던 것입니다.

이에 하나님은 어떻게 대응하셨습니까? 하나님은 "순종이 제사보다 낫[다]"(22절)고 말씀하셨습니다. 하나님은 우리의 소유물이 아니라 우리를 원하십니다. 그 이유가 무엇입니까? 하나님이 우리를 소유하신다는 것은 곧 우리가 가진 모든 것을 소유하신다는 의미이기 때문입니다.

여러분은 어떻습니까? "내가 취한 타협의 대가는 무엇인가?" "내가 하나님께 불순종하게 만드는 것은 무엇인가?"를 생각해 보십시오. 다행스럽게도, 우리의 헌신은 타협의 대상이 될 수 없습니다. 그러한 헌신은 리더의 자질을 이루는 매우 중요한 요소입니다. 사울이 하나님께 불순종함으로써 초래한 실패와 비극적인 결과를 기억하십시오.

2일 · 주님께 배우는 리더십

하나님께 순종함

이스라엘의 역사 속에 드러난 언약 백성들의 근본적인 문제점은 하나님의 명령을 순종하는 데 거듭 실패했다는 것입니다. 하나님은 그들이 순종하면 언제나 복을 내리셨습니다. 그러나 습관적인 불순종으로 인해 이스라엘 백성은 비참한 형편과 멸망을 당하게 되었습니다. 분명 이것은 우리 삶에도 적용되는 기본 원리입니다. 오늘 본문에서는 백성들을 향한 하나님의 애정 어린 요구사항을 살펴봅시다.

신명기 10장 12~13절을 읽으십시오

오늘 본문에 나타난 하나님의 요구사항은 믿음과 순종인데, 순종은 믿음으로부터 비롯됩니다. 우리는 눈에 보이지 않는 것보다 보이는 것들을 자연스럽게 신뢰하는 경향이 있습니다. 이 때문에 이 땅에서 살아가는 동안에는 영적인 갈등이 일어날 수밖에 없습니다.

순종하라는 명령과 불순종의 유혹 사이에서 일어나는 이 갈등은 유다 왕들의 생애에 잘 나타나 있습니다. 하나님이 보시기에 올바른 일을 행했던 몇몇 왕들조차도 순종의 문제로 갈등했습니다. 그리고 이들 중 대부분이 말년에는 불순종에 빠지고 말았습니다. 그들이 여호와가 아닌 다른 것이나 사람을 의지하기로 결정했기에 일어난 일이었습니다.

어떤 의미에서 하나님의 요구사항은 매우 간단합니다. 그것은 여호와 하나님을 경외하고, 그분의 길로 행하며, 그분을 사랑하고 섬기며, 그분의 명령에 순종하는 것입니다. 이 모든 것은 하나님과 인격적인 관계를 쌓아 가는 방법입니다. 하나님은 우리를 위해 단호하고도 헌신적인 태도를 이미 보여 주셨습니다. 그 명령들은 우리의 유익을 위해 주어진 것들입니다.

우리 삶에서 하나님이 언제나 우리의 유익을 구하신다는 사실을 경험하고 깨달을수록, 우리는 하나님이 명령하시는 것과 금하시는 것에 관련해 기꺼이 하나님을 의지하고 순종하게 될 것입니다. 하나님이 여러분에게 행하라고 명하시는 모든 것이 '여러분의 유익을 위한 것'이라고 믿습니까? 만약 그렇다면 여러분이 불순종을 선택하는 이유가 무엇입니까? 하나님을 아는 것과 순종하는 것 사이에는 어떤 연관성이 있습니까?

3일 · 리더십 자기 점검

하나님께 순종함

성경에 따르면, 이 세상과 다음 세상에서의 삶의 질은 하나님의 주도권과 권세에 반응하는 우리의 태도에 근본적으로 달려 있습니다. 우리는 하나님의 주도권이나 요구사항들을 무시하거나 그것에 저항할 수도 있고, 적극적으로 순종할 수도 있습니다. 어느 쪽이든 우리는 선택해야만 합니다. 오늘 본문에서는 하나님의 명령에 대한 성경적 통찰을 살펴봅시다.

요한일서 5장 3절을 읽으십시오

하나님의 계명은 무겁게 보이지만 사실 그렇지 않습니다. 오히려 우리를 힘들게 하기보다는 유익한 면이 더 많습니다. 결국 하나님의 뜻에 순종하는 삶은 하늘의 복을 누리는 삶이 되기 때문입니다. 단언컨대, 하나님을 향한 불순종은 결국 언제나 하나님을 향한 순종보다 더 많은 고통을 낳습니다. 아이러니입니다. 우리가 보통 하나님께 불순종하는 이유는 자신의 욕망을 따르는 것보다 순종이 더 고통스러울 것이라고 생각하기 때문입니다.

하나님이 진정으로 사랑이시라면, 그분이 우리에게 요구하시는 것은 우리에게 최선의 것입니다. 만약 하나님이 주권적이시라면, 하나님만이 우리에게 최선의 상황을 만드실 수 있습니다. 따라서 우리가 하나님의 선하심과 주권을 신뢰한다면, 순종은 전혀 힘든 것이 아닙니다.

예수님은 제자들에게 순종이야말로 예수님을 향한 사랑을 가장 명확하게 입증한다고 말씀하셨습니다. "너희가 나를 사랑하면 나의 계명을 지키리라"(요 14:15). "사람이 나를 사랑하면 내 말을 지키리니 내 아버지께서 그를 사랑하실 것이요 우리가 그에게 가서 거처를 그와 함께 하리라 나를 사랑하지 아니하는 자는 내 말을 지키지 아니하나니 너희가 듣는 말은 내 말이 아니요 나를 보내신 아버지의 말씀이니라"(요 14:23~24). 순종은 하나님을 향한 사랑에서 시작되며 하나님과 더 친밀한 사귐으로 이끌어 줍니다.

하나님께 순종한 것을 후회해 본 적이 있습니까? 하나님께 불순종하고도 번영한 적이 있습니까? 여러분은 성경적 세계관, 혹은 세상적 세계관, 혹은 감정에 어느 정도 근거하여 선택을 내립니까?

4일 · 리더십 업그레이드

하나님께 순종함

하나님께 순종하는 일 때문에 대가를 지불해야 한다면, 순종하겠습니까? 어렵고 힘든 결정을 내려야 할 상황에 이르기 전에 이 물음에 대한 답을 생각해 두어야 합니다. 여기, 하나님께 순종하는 대가로 자신들의 목숨을 위험에 내던진 세 젊은이가 있습니다. 오늘 본문을 통해 그 이유를 살펴봅시다.

다니엘 3장 16~18절을 읽으십시오

하나님이 요구하시는 것은 대부분 우리가 생각해 보지도 않고 행할 정도로 쉽고 유익한 것이 대부분입니다. 그러나 어떤 명령들은 고된 훈련과 헌신, 상호책임을 요구하기도 합니다. 이러한 명령을 지키기 위해서는 의도적인 결단을 내리고 그것을 유지하는 태도가 필요합니다.

리더는 주기적으로 위기에 처합니다. 그때가 바로 결단해야 할 때입니다. "하나님께 순종하고 거래의 기회를 포기하라", "하나님께 순종하고 승진의 기회를 포기하라"는 명령 앞에서 결정해야 합니다. 본문의 세 젊은이가 결단한 것은 "하나님께 순종하고 목숨을 버리라"였습니다.

사드락, 메삭, 아벳느고와 마찬가지로 우리 역시 그러한 순종을 선택하기 위해서는 명확한 확신이 있어야 합니다. 이러한 순종의 근거는 결코 그 상황의 위태로움이나 순종의 대가로 얻게 될 것이나 잃게 될 것에 있지 않았습니다. 이러한 순종은 실재에 근거하고 있습니다. 이 세 젊은이에게는 용광로도, 목숨에 대한 위협도 실제 상황이었으며, 그들이 선택의 기로에 직면해 있다는 것도 실제 상황이었습니다. 그러나 더 중요한 것은 주권적인 하나님께서 실재하신다는 사실입니다.

이 세 젊은이에게 가장 중요한 것은 실재하시는 하나님이었습니다. 비록 두 개의 상반되는 명령이 주어졌지만, 쟁점은 "그 명령이 무엇이냐"가 아니라 "누가 그 명령을 내렸느냐"였습니다. 세 젊은이에게는, 목숨을 앗아갈 수도 있는 왕의 명령이 결코 전능하신 하나님의 명령보다 앞설 수 없었습니다.

그들의 용기는 수백 년에 걸쳐서 비유적으로, 혹은 직접적으로 불을 직면했던 수많은 신자들에게 커다란 영향을 끼쳤습니다. 그들의 용기가 여러분의 삶에도 나타날 수 있도록 기도하십시오.

5일 · 실행 포인트

하나님께 순종함

하나님께 순종하는 것이 곧 개인의 욕망을 거부하는 것을 의미할 때가 있습니다. 예수님은 겟세마네 동산에서 그러한 순종의 모범을 보여 주었습니다. 작가 버논 그라운즈(Vernon Grounds)는 아버지께 순종하는 것이 곧 십자가로 가는 길을 의미했던 순간에도 그 명령에 순종할 수 있었던 예수님의 마음가짐에 대해 언급하고 있습니다.

마태복음 26장 39절을 읽으십시오

이것은 순종에 대한 최종적인 선언입니다. 이 순간, 예수님이 원하셨던 것은 하나님의 뜻과 일치하지 않았습니다. 아버지의 뜻을 따르면, 예수님은 비통한 죽음과 상상할 수 없는 아버지와의 단절을 경험하게 됩니다. 예수님은 그 점을 충분히 아셨지만, 여전히 하나님의 뜻이 최선이라고 확신하며 고백했습니다. 어떠한 사람도 겟세마네 동산에서 예수님이 직면하셨던 고통의 깊이를 가늠할 수 없지만, 결단의 순간에 나온 예수님의 고백은 전능하신 하나님 앞에 선 모든 리더의 답변이 되어야 할 것입니다.

버논 그라운즈는 이 순종의 태도를 '겟세마네 마음가짐'이라고 불렀습니다.*

겟세마네 마음가짐은 예수님이 "나의 원대로 마옵시고 아버지의 원대로 하옵소서"라고 기도하실 때 보여 주신 완전한 신뢰의 태도를 말합니다. 그것은 하나님의 목적이 성취될 수 있도록 인간적인 감정과 꿈과 야망을 다 포기하는 태도입니다. 우리는 예수님의 모범을 따라서 이러한 마음가짐을 함양해야 합니다. 우리는 우리 마음을 하나님께 맞추고 순종해야 합니다. 하나님께 순종한다는 것은 곧, 그분의 목적을 성취하는 데 방해가 되는 것이라면 자기 자신과 그 어떤 것이라도 부인하는 것을 의미합니다. 그것은 우리가 주님의 모범을 따라갈 때 겪는 손실과 외로움과 고통을 넘어 상상할 수 없는 기쁨과 복과 영광을 경험할 것이라는 확신 때문입니다.

예수 그리스도는 궁극적으로 아버지께 순종함으로써 그분의 영광스러운 목적을 성취하셨습니다. 모든 리더가 받는 최종 테스트는 예수님이 자신을 내어 맡기셨던 그 아버지 하나님께 얼마나 기꺼이 순종하느냐 하는 것입니다.

12주 · 1일

우선순위

누가복음 12장 16~21절을 읽으십시오

모든 리더가 '자원 한정의 법칙'에 영향을 받으며 삽니다. 특히 시간은 귀중한 소모품 가운데 하나입니다. 어떤 프로젝트를 수행하기 위해서는 삶의 다른 부분에서 사용할 시간을 가져와 투자해야 합니다. 하나의 일에 투자한 에너지는 다른 일에 다시 투자할 수 없습니다. 그렇기 때문에 모든 리더는 이 중요한 질문에 대답할 수 있어야 합니다. "나의 시간과 에너지를 어디에 투자할 것인가?" 다르게 말하면 "나의 우선순위는 무엇인가?"의 문제입니다.

예수님은 자신과 자기 재산에 가장 우선순위를 두었던 한 사람에 대해 이야기하시면서, 탐욕의 위험을 경고하실 뿐만 아니라 하나님의 뜻과 일치하지 않는 우선순위의 허망함을 지적하셨습니다.

본문의 비유에 등장하는 사람은 명확한 우선순위가 있었습니다. 첫째, 그는 부를 쌓기를 원했습니다. 둘째, 그는 자신의 부로 장래를 보장받고자 했습니다. 어떤 재정 상담가라도 장래를 위해 저축해 놓는 것은 바람직하며 심지어 필수적이라고 말할 것입니다. 그러나 그 별명에서도 알 수 있듯이, 이 어리석은 부자는 그릇된 동기를 갖고 있었으며, 불행하게도 어떠한 우선순위도 성취하지 못했습니다. 그는 자신의 사업을 확장하거나 은퇴 후를 즐기기도 전에 죽고 말았습니다. 예수님은 이 비유를 하나님보다 자기 자신에게 우선순위를 둔 모든 사람에게 적용하셨습니다.

결국, 우리 인생의 목적은 자신을 만족시키기보다는 하나님께 영광을 돌리는 것이어야 합니다(고전 10:31). 그 목적을 명심한다면, 하나님을 최고로 높여 드리는 것이 무엇인지 발견하여 우리의 우선순위를 정할 수 있을 것입니다. 그렇게 한다면, 이 비유에 나오는 어리석은 부자와 달리, 하나님이 보시기에 부요한 자가 될 것입니다.

여러분의 다섯 가지 우선순위는 무엇입니까? 여러분은 자신의 이기적인 야망이나 탐욕과 싸우고 있습니까? 이러한 싸움은 여러분의 우선순위에 어떠한 영향을 줍니까? 이 두 가지 해로운 태도를 극복하기 위해 여러분의 우선순위를 어떻게 재정비할 필요가 있는지 생각해 보십시오.

2일 · 주님께 배우는 리더십

우선순위

성공과 안전, 의미가 중요하기는 하지만, 이것들보다 훨씬 더 의미 있는 것이 있습니다. 철학자들과 신학자들은 그것을 '숨뭄 보눔' (summum bonum), 즉 '지고선'(至高善)이라 불렀습니다. 그리고 이것을 놓친다면, 다른 모든 것을 놓치는 것이라고 말합니다. 오늘 본문에서는 지고선에 대한 성경의 견해를 살펴봅시다.

요한계시록 1장 8절을 읽으십시오

여호와 하나님이 자신을 알파와 오메가요, 지금도 있으며 전에도 있었고 앞으로 오실 전능자라고 일컬으시듯이, 요한계시록의 끝 부분에서 예수님은 자신을 가리켜 "나는 알파와 오메가요 처음과 마지막이요 시작과 마침이라"(계 22:13)고 말씀하십니다. 그 무엇도 그 누구도 주님보다 앞서지 않으며, 주님을 능가할 수 없을 것입니다. 하나님은 물질과 에너지, 시간과 공간을 만드신 최고의 창조주이십니다. 무한하시며 인격자이신 '스스로 있는 자'는 궁극적인 실재이시며 다른 모든 것이 다 그분에게서 비롯되었습니다.

그 궁극적인 실재가 영원하며 변하지 않는 위격이시라면, 인류의 숨품 보눔 곧 지고선은 이 위격을 아는 것이며, 이 위격에게 알려지는 것이 될 것입니다. 성경은 하나님의 아들을 통해서만 우리가 아버지와 순전한 관계를 맺을 수 있다고 말합니다. "내 아버지께서 모든 것을 내게 주셨으니 아버지 외에는 아들을 아는 자가 없고 아들과 또 아들의 소원대로 계시를 받는 자 외에는 아버지를 아는 자가 없느니라"(마 11:27).

바로 이런 이유 때문에 인간성에 대한 아주 대단한 환상을 가지고 있다면, 종국에 가서는 모든 것을 잃게 될 것입니다. "사람이 만일 온 천하를 얻고도 제 목숨을 잃으면 무엇이 유익하리요 사람이 무엇을 주고 제 목숨과 바꾸겠느냐"(마 16:26). 우리의 궁극적인 최우선순위는 우리의 영혼을 창조하신 분을 위해 그 영혼을 내어드리는 것입니다.

3일 · 리더십 자기 점검

우선순위

"좋은 것(the good)은 최고(the best)의 적이 될 수 있습니다." 탁월한 리더는 선과 악 사이의 차이점뿐 아니라 선과 최선 사이의 차이를 식별할 수 있어야 합니다. 우리는 모든 것을 다 잘할 수 없기 때문에, 집중해야 할 몇 가지를 주의 깊게 선택해야 합니다. 오늘 본문에서는 세상과 하나님의 대립된 주장을 생각해 봅시다.

요한일서 2장 15~17절을 읽으십시오

관점은 우선순위를, 우리의 우선순위는 행동을 결정합니다. 성경은 하나님 아버지를 향한 사랑을 막는 것은 그것이 아무리 좋아(good) 보여도 우상숭배라고 말합니다. 어떤 의미에서 본다면, 그리스도인의 우선순위가 하나님, 그다음은 가족, 그리고 그다음이 직업과 사역이라고 말하는 것이 꼭 정확한 것은 아닙니다. 그리스도가 우리의 생명이라고 한다면(골 3:3~4), 그리스도가 우리의 모든 것입니다. 그러므로 그분은 경쟁자나 심지어 비교 대상조차 용납하지 않습니다.

그리스도 중심적인 생활이라는 것은 모든 것이 그리스도와 연결되어 있어야 한다는 뜻입니다(골 3:1~3). 마르다처럼(눅 10:38~42), 우리도 세상의 근심과 염려 때문에 한눈을 팔고 가장 중요한 것을 놓치기가 쉽습니다. 이 세상의 염려들, 부가 최고라는 속임, 다른 것들에 대한 욕심은 말씀을 막아서 열매를 맺지 못하게 합니다(막 4:19). 부지런하고 깨어 살피지 않는다면, '선'(good)을 추구하느라 '최선'(best)을 놓치게 될 것입니다.

그리스도가 주님이라는 시각으로 우리 삶의 각 분야를 살펴봅시다. 이런 관점은 어떤 의미가 있습니까?

4일 · 리더십 업그레이드

우선순위

인생에는 혼란과 갈등이 존재합니다. 따라서 우리는 무엇이 가장 중요한지 결정해야 합니다. 그렇지 않으면 가장 크고 다급한 일에 희생되고 맙니다. 바울은 우선순위에 초점을 맞추고 살았기 때문에 말 그대로 세계를 변화시키는 사람이 되었습니다. 삶 속에서 우선순위를 매기는 핵심을 발견한 바울은 오늘 본문에서 그 열쇠를 우리에게 전해 줍니다.

빌립보서 3장 12~14절을 읽으십시오

바울은 20여 년 동안 리더로 일하면서 많은 업적을 이루었습니다. 그가 개척해 놓은 교회들과 그가 쓴 편지들은 서구 문화 형성에 크게 기여했습니다. 이와 같은 성과를 올릴 수 있었던 바울의 능력은 빌립보서 3장 13절에 규정되어 있습니다.

사도행전과 바울의 서신서들은 바울이 실제 상황들 가운데 수많은 선택사항에 직면했다는 사실을 알려 줍니다. 그는 다른 사람과 마찬가지로 무엇을 해야 할지 혹은 무엇을 하지 말아야 할지 선택했습니다. 분명한 것은 그가 지혜로운 선택을 했다는 사실입니다. 그는 진짜 중요한 것을 추구했습니다. 여러 선택사항이 서로 충돌할 때, 그는 옳은 선택을 할 수 있는 능력이 있었습니다. 그러나 그 우선순위들은 '오직 하나'에서 시작되어야 합니다. 결정적이고 중심적인 우선사항이 없으면, 리더십을 발휘하는 일이나 삶 속에서 합리적인 우선순위를 세울 수가 없습니다.

우선순위 목록대로 살아가기에는 우리 인생이 너무 복잡합니다. 바울은 자신의 인생을 규정하는 핵심 한 가지를 알았으며 그의 모든 우선순위는 그 핵심에서 나온 것들이었습니다. 우선순위는 중요한 것과 중요하지 않은 것들을 구별할 수 있도록 도와줍니다. 더 나아가 강력한 우선순위를 갖게 되면, 어떻게 중요한 것들에 대해 '예'라고 대답하는지, 그리고 그 대답을 현실화시키기 위해 어떻게 살아갈 것인지 재정립하게 될 것입니다.

5일 · 실행 포인트

우선순위

여러분은 시간을 할애해야 할 임무나 과제를 어떻게 선택합니까? 피터 드러커(Peter F. Drucker)는 우리가 우선순위를 정할 때 도움이 되는 몇 가지 실질적인 지침을 제시합니다. 그의 충고를 염두에 두고, 우리는 예레미야서 말씀에 따라 우리의 우선순위를 정리할 필요가 있습니다.

예레미야 9장 23~24절을 읽으십시오

리더십 전문가인 피터 드러커는 이렇게 언급했습니다. "내일을 위해 해야 할 생산적인 일들이 너무나 많기 때문에 시간은 항상 모자랍니다. 그리고 다가오는 기회들도 아주 많아서 아무리 유능한 사람이라 할지라도 그 기회들을 다 포착해 감당할 수가 없으며, 언제나 문제점과 위기들이 산재해 있음은 말할 것도 없습니다."* 드러커는 리더들에게 압박에 이기지 못해 결정을 내리기보다는, 우선순위에 따라 처리해야 할 과제들을 결정하라고 권면합니다.

어떻게 하면 그러한 선택을 할 수 있을까요? 드러커는 다음과 같은 기준을 제시합니다.

- 과거보다는 미래를 선택하라.
- 문제점보다는 기회에 중점을 두라.
- 다른 사람들을 좇아서 시류에 편승하기보다는 자신만의 방향을 선택하라.
- 안전하고 쉽게 이룰 수 있는 것보다는 변화를 이끌어 낼 수 있는 높은 목표를 잡으라.

우선순위를 정하는 것은 시장 경제뿐 아니라 영적 영역에서도 중요한 문제입니다. 하나님은 지혜와 힘과 부를 자랑했던 이스라엘의 종교, 군사, 경제 분야의 리더들을 심하게 질책하셨습니다. 그들의 오만한 말은 그들의 우선순위가 잘못되어 있음을 드러냈습니다. 아마도 그들이 살던 세상의 압력이 그들의 초점을 지배했을 것입니다.

하나님은 그들에게 삶을 검토해 보고 우선순위를 재정립하라고 촉구하셨습니다. 그들이 가장 먼저 초점을 맞추어야 했던 일은 하나님을 알고 이해하며, 하나님을 기쁘시게 하는 일이었습니다. 드러커의 지침을 적용하는 리더는 삶의 압박에 쫓기는 것이 아니라 우선순위에 따라 중요한 사항을 선택해야 한다는 사실을 발견하게 될 것입니다.

13주 · 1일

목적과 열정

빌립보서 3장 7~9절을 읽으십시오

사도 바울은 사역하는 20년 동안 엄청난 일을 이루었습니다. 그가 이룬 역사의 추진력은 무엇이었을까요? 오늘 본문에는 자신이 맡은 사역을 향한 바울의 열정이 나타나 있습니다. 바울과 같이 영향력 있는 리더들은 자신이 무엇을 추구하는지 잘 알고 있습니다. 그들은 자신의 목적을 발견하고, 열정을 가지고 그 목적을 추구합니다.

바울은 극적으로 회심하기 전에(행 9) 다른 목적을 따라 살았습니다. 그는 바리새파의 일원으로, 가장 높은 수준의 진보를 이룬 사람이었습니다. 그의 경우에는, 자신의 종교적 훈련과 유산과 실천을 자랑할 수 있었습니다. 모든 면에서 '히브리인 중의 히브리인'이었으며, 그의 경력은 가장 헌신적인 유대인에게도 깊은 인상을 줄 정도였습니다. 그렇지만 바울은 '그리스도를 아는 지식'의 가치와 비교할 때 자신이 종교적인 노력을 통해 얻었던 모든 것을 쓰레기와 같은 것으로 여겼습니다. 그는 그리스도를 알기 위해 자신이 과거에 획득한 모든 것을 기꺼이 다 내버렸습니다.

  바울은 모든 신자가 그리스도 안에서 하나님의 의를 소유한다고 가르쳤습니다. 그리고 그리스도를 아는 지식의 무한한 가치 때문에 그는 전 생애를 다 바쳐 그리스도를 아는 일에 헌신했습니다. 그것이 그의 목적이요 열정이었습니다. 그리고 그 목적은 그가 행하던 모든 일의 근본이었으며, 그가 이끌던 모든 사람에게 감화를 끼쳤습니다.

  여러분의 목적, 열정, 그리고 여러분이 추구하는 단 한 가지는 무엇입니까? 사도 바울의 말을 다시 한 번 살펴보고 여러분의 삶의 목적과 비교해 보십시오.

2일 · 주님께 배우는 리더십

목적과 열정

하나님이 우주를 창조하신 목적은 무엇이었습니까? 성경은 하나님이 자기의 형상으로 사람들을 창조하신 의도를 계시하고 있습니까? 만약 그렇다면, 우리가 하나님의 깊은 열정을 발견하고 거기에 참여할 수 있는 방법은 무엇일까요? 오늘 본문을 통해 창조주의 열정과 목적에 대한 통찰력을 얻어 봅시다.

에베소서 3장 2~11절을 읽으십시오

우주를 창조하신 하나님의 목적은 무엇이었을까요? 그에 대해 간략히 대답하자면, 우리는 잘 모른다는 것입니다(사 55:8~9, 고전 13:12)

앞에서 언급한 구절들은 하나님이 의도하신 것과 우리가 하나님의 의도라고 생각하는 것 사이에 얼마나 커다란 인식의 차이가 있는지 강조합니다. 기본적으로 하나님과 인간의 차이는 천사와 곤충의 차이보다도 큽니다. 우리는 기본적으로 하나님께서 우주를 창조하신 궁극적인 목적을 완전히 이해할 능력이 없습니다. 그러나 성경은 우리의 삶과 관련된 하나님의 목적의 일부를 알려 주고 있습니다.

하나님의 영원한 목적은 그분의 완벽하고도 영원한 지혜를 반영합니다. 그리고 그분은 우리가 하나님을 찬양할 때 가장 행복하도록 이 세상을 설계하셨습니다. 하나님은 우리가 도무지 이해할 수 없는 이유로 우리와 친밀한 관계 맺기를 열망하시며, 그의 백성인 우리는 온전한 마음으로 하나님을 추구할 때, 그의 영원한 목적에 참여합니다.

여러분은 여러분의 삶을 향한 하나님의 목적이, 여러분이 자신을 위해 세울 수 있는 다른 어떤 목적들보다 낫다는 사실을 믿습니까? 만약 그렇다면, 이러한 사실이 여러분에게 의미하는 바가 무엇입니까?

3일 · 리더십 자기 점검

목적과 열정

여러분이 아침에 일어나는 이유는 무엇입니까? 여러분의 삶의 목적은 무엇입니까? 자신의 삶의 명확한 목적을 표현할 수 있는 사람은 거의 없습니다. 사람들이 자신의 인생 여정을 생각하기보다는 두 주짜리 휴가를 계획하는 일에 더 많은 노력을 기울이려는 경향이 있다는 사실은 참으로 아이러니한 일입니다. 오늘 본문에서는 일시적인 인생 여정을 바라보는 영원한 관점을 살펴봅시다.

고린도후서 4장 16~18절을 읽으십시오

성경은 하나님이 우주를 창조하신 궁극적인 목적은 희미하게 전하고 있지만, 신자들이 가져야 할 하나님의 보편적인 목적은 명확하게 계시하고 있습니다. 요약하자면, 그 목적은 그리스도를 알고 그를 알리는 것입니다. 하나님은 어느 누구도 멸망하는 것을 원치 않으시고, 모든 사람이 회개에 이르러 그리스도 안에서 거듭나 하나님과 관계 맺기를 원하십니다(벧후 3:9). 일단 한 사람이 하나님의 자녀로 중생하게 되면, 하나님은 그 사람이 그리스도 안에서 성장해 "그 아들의 형상을 본받게"(롬 8:29) 되기를 원하십니다. 따라서 우리 각 사람에 대한 하나님의 목적은 성화(영적인 성장)와 전도(영적인 재생산)입니다.

하나님은 또한 우리 각 사람을 향한 특별한 목적을 가지고 계십니다. 그리고 이것은 우리의 독특한 기질과 능력, 경험과 영적 은사, 교육, 영향력과 관련되어 있습니다. 고린도후서 4장 16~18절은 우리의 삶을 향한 하나님의 독특한 목적들을 알려 주며, 하나님이 우리에게 말씀하신 영원한 것을 위해 우리 삶을 바칠 수 있도록 영원한 시각을 계발하라고 일깨워 줍니다.

리더들에게는 목적과 열정 이상이 필요합니다. 그들에게는 올바른 것을 향한 열정이 필요합니다. 이 지구상에 여러분이 존재하는 목적이 무엇입니까? 여러분이 자신의 삶의 목적을 발견하여 기록해 두지 않았다면, 여러분의 열정과 은사에 부합하는 사명선언문을 만들기 위해 하나님의 도움을 간구하십시오.

4일 · 리더십 업그레이드

목적과 열정

열정은 어디에서부터 옵니까? 힘든 인생길을 걸어온 한 사람이 그 비밀을 발견하고, 나이 여든다섯에도 목적지향적인 인생을 추구했습니다. 그의 이야기는 여러분이 반드시 읽어야 할 이야기입니다. 오늘 본문은 열정에 관한 간단한 사례 연구를 제공합니다.

여호수아 14장 6~14절을 읽으십시오

어떤 리더들에게는 뭔가 특별한 것이 있는 것처럼 보입니다. 그의 팀원들은 대단히 생산적이며, 그의 팀에는 불평불만도 적고 능률도 높습니다. 다른 팀 사람들은 그 리더의 부서로 옮기고 싶어 합니다. 그 비밀은 무엇일까요? 그것은 바로 열정입니다! 이 리더들은 단지 일을 밀어붙이는 것을 넘어서, 명확하게 규정된 목적을 가지고 있습니다.

갈렙이 바로 그러한 리더였습니다. 그의 '비밀'은 전혀 비밀이 아니었습니다. 갈렙의 간략한 전기는 그가 "여호와를 온전히 좇았다"고 세 번씩이나 말하고 있습니다(8~9, 14절). 갈렙은 여호와 하나님이 여호와를 전적으로 신뢰하는 자를 통해 일하시는 것을 증명해 보이려는 데 열심이었으며, 배짱이 있었으며, 열정적이었습니다.

열정과 명확한 목적은 오랜 세월 동안 갈렙을 지탱해 주었습니다. 그리고 이 두 자질은 여전히 위대한 리더십의 핵심입니다. 갈렙에게 있어서, 목적과 그 목적을 이루려는 열심은 모든 것을 초월하는 요소였습니다. 그것은 지위나 이윤보다 큰 것이었습니다. 그는 자신의 삶을 불태울 열정을 발견했습니다. "나는 나의 하나님 여호와를 전심으로 따랐노라." 그보다 더 고상한 목적이나 더 위대한 열정이 어디 있겠습니까? 이러한 목적은 리더가 추진하는 모든 일에 최고의 의미를 부여해 줍니다.

5일 · 실행 포인트

목적과 열정

경건한 리더로서 우리의 인생 목적은 하나님과 하나님의 나라를 향하는 것임을 배웠습니다. 그것이 게으르게 앉아서 그리스도의 재림을 기다리는 것을 의미할까요? 아닙니다. 바울은 오늘 본문에서 우리는 현재의 삶과 하늘나라에서 모두 하나님을 기쁘시게 해야 한다고 말합니다. 릭 워렌(Rick Warren)은 이를 실현하기 위해 몇 가지 훌륭한 지침을 제공해 줍니다.

고린도후서 5장 9절을 읽으십시오

사도 바울은 어느 날엔가 주님이 자신의 육신을 부활의 몸으로 바꾸어 주실 것을 알았습니다. 바울은 현재의 육신과 분리되기를 원치 않았지만, 새로운 몸으로 덧입기를 소원했습니다. 그러나 그러한 바람 때문에 현재의 삶에서 도망가거나 인생을 의미 없는 것으로 치부하지는 않았습니다. 오히려 이러한 소망이 그리스도를 기쁘시게 하는 일을 추진하는 원동력이 되었습니다.

그리스도를 따르는 자로서, 우리는 주님을 향한 열정이 우리의 인생 목적을 규정하고 이끌어 가도록 해야 합니다. 릭 워렌은 『목적이 이끄는 교회』에서 우리의 목적을 실질적인 전략으로 전환시키는 일의 중요성을 강조하고 있습니다.

- 목적을 중심으로 프로그램을 짜라.
  프로그램이 목적을 성취할 수 있도록 기획하라.
- 목적에 근거하여 사람들을 교육하라.
  변화는 우연히 오지 않는다. 변화는 리더가 섬기는 사람들이 교육을 받을 수 있는 환경과 절차를 개발함으로써 일어난다.
- 목적에 근거하여 소그룹을 시작하라.
  모든 사람들에게 적용되는 사고방식을 강요하기보다 사람들이 자신의 욕구에 맞는 소그룹을 선택하도록 독려하라.
- 목적에 근거하여 동역자를 구하라.
  자질이나 능력이 훌륭한 사람보다는 교회의 목적에 열정을 가진 동역자를 찾으라. 열정이 있는 분야에서는 스스로 분발하는 법이다.
- 목적에 근거하여 구조를 만들라.
  체계적으로 교회의 목적을 실현하기 위한 조직이나 팀을 발전시키라.
- 목적에 근거하여 평가하라.

지속적으로 변화하는 세계에서 일관된 성과를 이루기 위해서는 끊임없는 평가가 필요하다. 목적이 이끄는 교회에서, 목적은 성과를 측정하는 기준이 된다.

릭 워렌의 지침은 목회의 영역에 해당되지만, 그의 충고는 기업의 리더들에게도 아주 소중한 것입니다. 리더로서 교회나 조직에 이 목적들을 적용하면, 사람과 조직이 더 강하게 성장하는 결과를 보게 될 것입니다.

그러나 무엇이든지 내게 유익하던 것을 내가 그리스도를 위하여 다 해로 여길뿐더러
또한 모든 것을 해로 여김은 내 주 그리스도 예수를 아는 지식이 가장 고상하기 때문이라
내가 그를 위하여 모든 것을 잃어버리고 배설물로 여김은 그리스도를 얻고
그 안에서 발견되려 함이니 내가 가진 의는 율법에서 난 것이 아니요
오직 그리스도를 믿음으로 말미암은 것이니 곧 믿음으로 하나님께로부터 난 의라

● 빌립보서 3장 7~9절

14주 · 1일

절제

고린도전서 9장 24~27절을 읽으십시오

사도 바울은 훈련(discipline)의 중요성을 알았습니다. 오늘 본문에서 바울은 그리스도의 제자로서 우리의 영적인 삶이 우리 성품의 핵심을 형성한다는 점을 강조합니다. 우리는 육상 선수나 권투 선수들처럼 영성을 훈련하는 데 우리의 시간을 들여야 합니다. 달리기 경주를 하는 동안, 육상 선수들은 다른 선수의 레인으로 넘어가서는 안 됩니다. 그리고 결승선에 초점을 맞추고 시선을 고정하고 몸과 정신을 잘 다스리며 결승선을 향해 경주해야 합니다. 권투 선수들도 목적을 가지고, 쓰러지지 않고 강타를 견뎌 낼 수 있도록 훈련하며 두 다리로 마지막 라운드까지 버틸 수 있도록 체력을 기릅니다.

바울은 세계 정상급 운동선수처럼 매일 영적인 행로를 훈련했습니다. 그렇게 훈련하는 것은 실격당하지 않고 경주를 마칠 수 있도록 자제력을 갖추기 위함이었습니다. 경건한 리더들에게는 이런 영적 훈련이 필요합니다. 그렇게 한다면 리더십의 다른 영역, 즉 다른 사람들을 대하는 태도와 방식, 중요한 결정들을 내리기 위해 가는 곳과 매일의 과제들을 달성하기 위해 사용하는 기술 등에도 영향을 줄 것입니다.

탁월한 리더가 되고자 한다면, 여러분이 삶을 세워 나가는 데 필요한 습관들이 무엇인지 확인하십시오. 그 습관들은 육체적인 건강, 일과 가정 사이의 균형, 재정 및 성품에 대한 책임감, 일터에서의 적극적인 활동 등입니다. 신발 끈을 단단히 매고 가십시오. 훈련된 습관들은 우리가 전진하는 데 필요할 뿐만 아니라 이 땅 위에서 우리의 목적을 향해 있는 힘껏 경주하는 데 필요한 추진력을 줄 것입니다. 오늘 본문을 다시 한 번 읽으면서, 바울이 자신의 삶을 얼마나 놀랍게 절제하여, 하나님의 챔피언이 되었는지 살펴보십시오.

2일 · 주님께 배우는 리더십

절제

역사는 권력과 도덕적인 무절제가 결합하면 언제나 재앙을 몰고 온다는 사실을 증명해 왔습니다. 우리는 모든 것의 이면에 존재하는 궁극적인 힘이신 하나님께서 인류에게 인내와 자비를 드러내는 선의 최고 원천이라는 사실에 얼마나 안심할 수 있습니까? 오늘 본문을 통해 사랑으로 인내하고 행동을 절제하시는 하나님의 모습을 발견하십시오.

예레미야 18장 1~12절을 읽으십시오

예레미야서는 하나님이 자신의 백성을 다루시는 방식을 예리하게 통찰하고 있습니다. 백성들의 영적이고 도덕적인 반역에도 불구하고, 여호와 하나님은 그 백성들이 회개하고 하나님께로 돌아오기만 하면 임박한 재난을 돌이키시겠다고 말씀하셨습니다. 이 마지막 호소에서, 하나님은 선지자 예레미야를 통해 유다 사람들에게 그들의 운명을 다시 진흙덩어리와 같이 만들 수 있다고 말씀하셨습니다.

하나님은 그들을 뒤집어엎고 파멸시키는 대신 그들을 세우기 원하셨지만 그들이 자신의 죄악과 불순종을 회개하지 않는다면 그것은 불가능한 일이었습니다. "내가 너희에게 재앙을 내리며 계책을 세워 너희를 치려 하노니 너희는 각기 악한 길에서 돌이키며 너희의 길과 행위를 아름답게 하라 하셨다 하라"(렘 18:11). 슬프게도, 선지자는 유다 사람들이 고집을 부리며 하나님의 제의를 거절할 것임을 확실히 예견할 수 있었습니다.

여호와는 자비로우시며, 은혜로우시며, 노하기를 더디 하십니다(민 14:18, 시 103:8). 여호와 하나님의 완전한 인내는 성경 전체에 걸쳐 확실하게 나타납니다. 그리고 그것은 완벽한 절제의 본질을 모범적으로 보여 줍니다. 우리의 빈번한 불순종을 하나님이 기꺼이 참으시고 용서하신다는 사실은 참으로 놀랍습니다.

"주의 약속은 어떤 이들이 더디다고 생각하는 것같이 더딘 것이 아니라 오직 주께서는 너희를 대하여 오래 참으사 아무도 멸망하지 아니하고 다 회개하기에 이르기를 원하시느니라"(벧후 3:9). 하나님의 인내에 대해 이 구절은 무엇을 말하고 있습니까? 다른 사람들을 대할 때 하나님께 배운 절제를 어떻게 적용할 수 있겠습니까?

3일 · 리더십 자기 점검

절제

평상심, 침착함, 인내, 차분함, 자제. 이러한 자질을 지닌 사람은 극소수입니다. 그리고 그런 사람들이 대개 영향력 있는 리더가 됩니다. 절제의 열매를 보여 주는 사람들은 생산적이며, 믿을 수 있고, 영향력이 있습니다. 오늘 본문에서는 바울이 그의 동역자 디모데에게 권면하는 내용을 주목해 봅시다.

디모데후서 1장 7절을 읽으십시오

디모데는 천성적으로 소심했기 때문에, 바울은 동역자인 그가 영적 리더로서 거룩한 담대함과 확신을 갖도록 격려했습니다. 그는 디모데에게 아시아 지방에 있는 많은 교회를 감독하는 임무를 맡겼습니다. 그리고 이 임무를 수행하기 위해서는 "능력과 사랑과 절제하는 마음"이 필요했습니다. 절제는 안락한 안전지대와 개인적인 타성의 영역을 넘어서기 위해 필요합니다. 어떤 사람은 감정의 영역에서 훈련이 필요할 것이며, 어떤 사람들은 정신과 의지의 영역에 절제력을 집중해야 할 것입니다.

바울은 갈라디아교회의 성도들에게 편지를 쓰면서, "성령의 열매는 사랑과 희락과 화평과 오래 참음과 자비와 양선과 충성과 온유와 절제"(갈 5:22~23)라고 했습니다. 그리스도를 모르는 사람들도 절제할 수 있지만, 성품의 변화가 충분하게 이루어지면서 표현되는 이 자질은 우리 속에서 성령만이 맺으실 수 있는 영적인 열매의 한 부분입니다.

절제하는 일은 쉬운 일이 아닙니다. 바울의 말을 통해 우리는 디모데가 사역하는 동안 절제의 문제와 관련하여 어려움을 겪고 있었음을 알 수 있습니다. 절제의 필요성을 많이 느끼는 대부분의 리더도 마찬가지로 갈등을 겪습니다. 그러나 이 구절에서 사도 바울이 디모데에게 주는 지침을 다시 한 번 읽어 보십시오. 그리고 그 말씀을 가슴 깊이 새겨서 가장 도움이 필요한 분야에 적용하여 힘을 얻도록 하십시오. 하나님의 성령은 절제를 도울 수 있는 힘입니다. 디모데는 분명 그 점을 발견했을 것입니다. 그리고 여러분도 그렇게 할 수 있습니다.

4일 · 리더십 업그레이드

절제

절제는 '어떤 일을 하고 싶지 않음에도 불구하고 그 일을 해야 할 때, 그 일을 감당하는 자질'이라고 간단히 정의할 수 있습니다. 절제를 이렇게 정의하면서, 자신의 삶을 통해 엄청난 절제를 보여 주고 그 보상을 거두었던 한 여인의 삶을 살펴봅시다.

잠언 31장 10~31절을 읽으십시오

대부분의 리더십은 아무도 하고 싶지 않은 일을 함으로써 성공을 거둡니다. 즉, 어려움을 참고 견디거나, 의견을 내거나, 모든 사람들이 반신반의하여 무기력해 있을 때 결정하는 일 등입니다. 많은 경우, 다른 사람들도 무엇을 해야 하는지 알지만, 그 일을 하기에는 너무 지쳐 있거나, 두렵거나, 열정이 없습니다. 그때가 바로 똑같이 지치고 똑같이 겁을 먹은 사람들 중에서 한 사람이 과감히 나서서 필요한 일을 해야 할 때입니다. 그 사람은 절제라는 흔치 않은 자질을 소유한 사람입니다. 그 사람은 조직의 공식적인 자리에서나 비공식적인 자리에서나 리더십을 행사합니다.

절제는 자신이 그 일을 하고 싶지 않음에도 그 일을 할 필요가 있을 때, 그 일을 하는 자질이라고 말할 수 있습니다. 잠언 31장 10~31절에 기록되어 있는 '현숙한 여인'은 이러한 절제의 태도 가운데 몇 가지를 보여 줍니다. 그 여인은 말 그대로 한 여인일 수도 있으며, 지혜를 의인화한 표현일 수도 있습니다. 어떤 식으로 보든, 그 여인은 절제와 리더십에 대해 몇 가지 중요한 사실을 가르쳐 줍니다. 절제를 훈련하는 사람은 다음과 같은 사람입니다.

- 현숙하며 그 값이 진주보다 더합니다(10절).
- 무슨 일을 하든지 그 일을 해내기 때문에 다른 사람들의 신임을 얻습니다(11절).
- 이윤을 낼 수 있을 만큼 열심히 일을 합니다(11~15절).
- 즉각적인 만족이나 쾌락을 뒤로 미루고 이익이 날 만한 곳에 투자하며, 투자한 것을 최대한 보상받기 위해 쉴 새 없이 일을 합니다(16~19절).
- 곤핍한 사람들에게 자신의 이윤을 나누어 줌으로써 지역 사회에 너그럽게 참여합니다.
- 앞날을 걱정하지 않습니다(21~27절).
- 명예를 얻고, 존경받고, 칭찬받고, 찬사를 받고, 보상을 받습니다(28~31절).

5일 · 실행 포인트

절제

절제는 리더의 개인적인 생활에서뿐만 아니라 일터에서도 동일하게 적용되어야 합니다. 헨리 클라우드 박사와 존 타운센드 박사는 이 문제와 관련하여 몇 가지 구체적인 조언을 해 줍니다.

잠언 12장 26절을 읽으십시오

"새러는 긴 한숨을 내쉬었다. 새러는 그녀의 치료 요법 과정 중 주된 '경계 문제'를 진행하고 있었다. 그녀는 부모와 남편과 아이들과의 책임 분쟁을 해결하는 데 실제로 진전을 보고 있었다. 그러나 오늘 그녀는 다른 문제를 꺼냈다.

'이 관계에 관해서 이전에는 말한 적이 없어요. 말해야겠다고는 생각하고 있었지만요. 저는 이 여자와 엄청난 '경계 문제'를 갖고 있어요. 그녀는 너무 많이 먹고 말이 험해요. 신뢰할 수도 없고 나를 항상 우울하게 만들어요. 그리고 내 돈을 사용하고 몇 년 동안 갚지 않아요.'

'왜 그 여자에게 그런 말을 하지 않았죠?' 나는 물었다.

'제가 바로 그 여자이기 때문이죠.'"*

헨리 클라우드 박사와 존 타운센드 박사가 언급했듯이, 그녀의 이야기는 우리 모두 우리 삶 속에서 경계를 확립해야 할 필요가 있음을 보여 주고 있습니다. 우리는 자신을 보호하고 발전하기 위해서 경계선을 그을 필요가 있습니다. 그렇지만 이러한 경계선을 규정하고 확립하여 그 안에서 살아가기 위해서는 자신에 대한 이해와 절제가 필요합니다. 특히 우리 자신의 태도를 바꾸는 일에 있어서는 더 그렇습니다.

솔로몬은 우리가 다른 사람들과 맺은 친밀한 관계를 점검할 때 절제하지 않는 위험을 경고합니다. 솔로몬은 "주의해서 친구를 사귀는 의인"(참조, 개역개정판에는, "의인은 그 이웃의 인도자가 된다"고 되어 있으나 NIV는 A righteous man is cautious in friendship이라고 되어 있다 - 옮긴이)에 관해 말했습니다. 그 사람은 의도적으로 친구들을 조심스럽게 선택했습니다. 그런 다음에도 계속해서 그 관계의 본질을 점검했습니다(18:24과 22:24도 보십시오). 솔로몬은 부정적이며, 파괴적이고 심지어 '사악한' 친구가 끼칠 영향을 면밀하게 검토하지 않는 사람에게 어떠한 해가 있을지 잘 알았습니다.

이러한 종류의 절제는 쉽지 않습니다. 다른 사람들과의 관계를 점검하여 그들의 자질이 파괴적인지 확인하고 그 관계의 성격을 바꾸거나 끊어 버려야 하기 때문입니다. 그렇게 하려면 상당한 자기 평가와 절제가 필요합니다. 왜냐하면 좋은 관계든 나쁜 관계든, 관계는 우리에게 자주 상당한 영향을 미치기 때문입니다.

리더의 지위에 있는 사람들은 경계를 정할 필요가 있습니다. 리더들은 자신을 향한 끊임없는 요구 때문에, 자신의 시간과 에너지를 분석하고 우선순위를 정하지 않으면 안 됩니다. 절제는 리더가 자신의 일을 평가하고 해로운 일을 멈추고 건설적인 일을 시작할 수 있는 성품입니다.

14주 · 5일

그러므로 나는 달음질하기를 향방 없는 것 같이 아니하고
싸우기를 허공을 치는 것 같이 아니하며
내가 내 몸을 쳐 복종하게 함은
내가 남에게 전파한 후에 자신이 도리어 버림을 당할까 두려워함이로다

● 고린도전서 9장 26~27절

15주 · 1일

가치(1)

시편 15편 1~5절을 읽으십시오

가치란 '행동을 이끌고 그 방향을 정하는, 타협과 논란의 대상이 될 수 없는 진리'를 말합니다. 가치는 동기를 유발합니다. 즉, 가치는 우리가 그 일을 하는 이유를 제시합니다. 가치는 제약적입니다. 즉, 우리 행동의 주변에 테두리를 쳐 줍니다. 리더십에 관한 책들은, 긴 안목으로 볼 때 리더가 성과를 올리기 위해서는 일관된 가치를 유지하는 것이 중요하다는 점에 주목합니다.

시편 15편은 자신의 가치에 따라 행동하는 사람의 모습을 잘 보여 줍니다. 하나님 앞에 나아가기를 좋아하고 흠 없는 삶을 살아가는 사람은 다름 아닌 "마음에 진실을 말하는" 사람이라고 언급하는 것(1~2절)에 주목하십시오. 이 사람은 마음속으로 진실을 가치 있게 여기기 때문에 진실만을 말합니다. 친절함을 가치 있게 여기기 때문에 이웃을 비방하지 않습니다(3절). 정직함을 가치 있게 여기기 때문에 마음에 서원한 것은 해로울지라도 변하지 않습니다(4

절). 정의를 가치 있게 여기기 때문에 뇌물을 받고 무죄한 자를 해하지 않습니다(5절).

가치를 따라 움직이는 리더들은 주님께 축복을 받습니다. 다윗은 그러한 리더들이 "영원히 흔들리지 아니"할 것이라고 말했습니다. 주위에서 무슨 일이 일어나든지, 그들은 올바른 원리가 그들의 가치를 형성하고 그들의 결정을 인도했다는 분명한 확신을 가지고 살 수 있습니다. 확신 때문에 정서적이며 영적인 안정을 누릴 것입니다. 그들은 하나님의 영광을 위해 하나님께 쓰임 받는 리더들이 될 수 있을 것입니다.

시편을 묵상할 때, 이 시편 기자의 행동을 이끌었던 가치는 무엇이었는지 생각해 보십시오. 여러분의 행동을 이끄는 가치는 무엇입니까? 2주 동안 가치에 관한 연구를 진행하면서 여러분의 직업이나 개인적인 삶에 경건한 가치를 좀더 완벽하게 적용할 수 있도록 목표를 세워 보십시오.

2일 · 주님께 배우는 리더십

가치(1)

하나님은 누군가에게 자신의 일을 해명해야 할 책임이 없습니다. 그리고 하나님이 준행하고 따라야 할 더 높은 원칙도 없습니다. 하나님 자신이 진리와 아름다움과 선함과 사랑과 정의의 절대 기준이십니다. 하나님의 완전하신 성품은 성경이 일컫는 '의로움'의 정수입니다. 온 우주에 하나님 밖에는 우리가 '선하다'고 일컬을 만한 궁극적인 대상이 없습니다. 오늘 본문에서는 하나님의 선하심과 씨름하고 있는 선지자를 살펴보려고 합니다.

하박국 1장 13절을 읽으십시오

이 의로운 선지자는 악한 사람들이 번영하는 현실에 번민하고 있었습니다. 리더는 정의와 공의, 공평에 가치를 두어야 합니다. 리더를 기쁘고 즐겁게 하는 것이 무엇인지 살펴보면 그들이 무엇에 가치를 두는지 알 수 있습니다.

하박국이 하나님께 처음으로 탄원한 내용은 왜 유다 사람들이 계속해서 악행을 저지르고 불의를 행하도록 내버려 두시느냐는 문제였습니다. 그리고 하나님이 유다의 불의함을 심판하시기 위해 바벨론을 사용하실 것이라는 답변을 들었을 때(5~6절), 하박국은 훨씬 더 맹렬하게 이의를 제기했습니다. 바벨론 사람들은 유다 사람들보다 훨씬 더 사악한데, 어떻게 하나님이 그들을 사용하셔서 자기 백성을 심판하실 수 있느냐는 것이었습니다. 하나님은 하박국의 반론을 압도하는 대답을 하셨지만 그가 하나님의 성품과 하나님이 하시는 일이 명백히 일치하지 않는다는 사실에 혼란스러워하는 것을 알아채셨습니다.

창세기부터 요한계시록에 나타난 하나님의 위격에 관한 점진적인 계시를 살펴보면, 하나님은 요동치 않는 토대가 되십니다. 선함, 사랑, 정의와 같은 도덕적 개념들은 그 토대에 근거를 둡니다. 하박국이 그랬듯이 아브라함도 잠깐 동안 하나님과 다툼을 벌였습니다. "주께서 이같이 하사 의인을 악인과 함께 죽이심은 부당하오며 의인과 악인을 같이 하심도 부당하니이다 세상을 심판하시는 이가 정의를 행하실 것이 아니니이까"(창 18:25). 바울 역시 이 점을 언급합니다(롬 3:4, 시 51:4 참조).

하박국은 자기 백성을 정화시키려는 하나님의 계획이 자신의 이해 수준을 넘어선다는 사실을 깨달았습니다. 비록 하나님의 역사가 부당해 보이고 영원한 가치들에서 벗어난 것처럼 보이지만, 그 일들이 하나님의 더 크고 완벽한 주권적인 계획의 일부분임을 깨달았습니다.

하나님의 도덕적인 구조와 가치는 창조된 질서 안에 세워져 있습니다. 성경은 하나님의 법에 노출되지 않았던 사람들도 그들 속에 양심(도덕법)을 가지고 있다고 확증합니다. 로마서 2장 14~16절에 따르면, 이러한 현실이 의미하는 것이 무엇일까요? 하나님이 창조하신 만물 중 가장 으뜸인 인간의 마음속에, 하나님은 영원이라는 가치를 심어 주셨습니다(전 3:11). 경건한 리더들은 성경에 기록된 진리와 아름다움과 선함과 사랑과 정의라는 하나님의 영원한 가치를 따라 살도록 노력해야 합니다.

3일 · 리더십 자기 점검

가치(1)

우리는 자기 이익 추구, 사회적 조건, 상황에 따라 달라지는 윤리를 추구하는 세상에서, 도덕적 가치를 찾기란 매우 어렵습니다. 우리 문화의 가치들은 빈약하고 주관적입니다. 그러나 성경의 도덕적 가치들은 하나님의 절대적이며 불변하시는 성품을 반영합니다. 오늘 본문에서는 하나님이 백성에게 주신 그분의 가치를 명확히 요약하고 있습니다.

출애굽기 20장 1~17절을 읽으십시오

하나님이 백성에게 주신 율법은 하나님의 변함없는 완전하심을 표현한 것입니다. 하나님은 십계명을 통해 언약 백성들에게 하나님처럼 되라고 요청하십니다. "나는 너희의 하나님이 되려고 너희를 애굽 땅에서 인도하여 낸 여호와라 내가 거룩하니 너희도 거룩할지어다"(레 11:45).

십계명은 하나님과 우리의 명확한 관계로 시작해서, 우리와 다른 사람들의 관계로 끝맺습니다. 성경에서 의로움은 언제나 관계 속에서 실현됩니다. 의로움은 일관되게 하나님과 타인들을 향한 사랑의 행위로 연결됩니다. "사랑은 이웃에게 악을 행하지 아니하나니 그러므로 사랑은 율법의 완성이니라"(롬 13:10). "온 율법은 네 이웃 사랑하기를 네 자신같이 하라 하신 한 말씀에서 이루어졌나니"(갈 5:14).

우리가 해야 할 올바른 일들을 머리로 아는 것과, 그 일들을 일관적으로 실천하는 것은 별개의 일입니다. 예수님은 하늘에 계신 우리 아버지가 완전하신 것처럼 우리도 완전할 것을 요구하셨습니다(마 5:48). 그러나 이 일은 내주하시는 성령의 권능 없이는 이루어질 수 없습니다. 우리가 성령의 권능에 이끌려 살아갈 때, 성경의 가치들을 실생활에서 실현할 수 있습니다.

4일 · 리더십 업그레이드

가치(1)

가치에 관해 추상적으로 토론하는 것은 흥미로운 일입니다. 그러나 때때로 '가치'는 귀중한 결정들을 가로막기도 합니다. 리더는 자신의 가치를 지키고 유지하는 일에 많은 희생을 치러야 할지도 모릅니다. 우리의 핵심 가치와 그에 따르는 핵심적인 대가를 저울질할 때, 무엇이 더 중요한지 어떻게 결정하겠습니까? 예수님은 오늘 본문에서 그 방법을 알려 줍니다. 아주 가치 있는 조언이므로 신중하게 읽도록 합시다.

마태복음 6장 19~21절을 읽으십시오

효과적인 리더십의 첫걸음은 핵심 가치들을 정하는 것입니다. 그것이 결정되지 않는다면, 리더는 키가 없는 배를 움직이려고 애쓰는 것과 같습니다. 비전과 사명과 전략과 결과들은 가치가 명확하게 규정되지 않으면 실행하기가 매우 어렵습니다. 예수님은 그 점을 잘 아셨습니다. 제자들로 팀을 꾸려 가는 초기 과정에서 예수님은 그들이 이 근본적인 문제에 직면하도록 하셨습니다.

마태는 마태복음 6장 1~34절에서 가치에 관한 예수님의 기본 방침을 기록해 놓았습니다. 19~21절에서 예수님은 자신의 교훈을 집중적으로 말씀하셨습니다. "너희를 위하여 보물을 땅에 쌓아 두지 말라"(19절). "오직 너희를 위하여 보물을 하늘에 쌓아 두라"(20절). "네 보물(자신이 매우 소중하게 여기는 것) 있는 그곳에는 네 마음(초점, 주의, 애정, 자원)도 있느니라"(21절).

예수님은 영원한 보답이 있을 것들을 가치 있게 여기라고 제자들에게 권면하셨습니다. 그러나 이 땅에서 삶을 영위하면서, 즉 기업이나 산업을 책임 있게 이끌고 생산품과 서비스와 이윤을 제공하면서 어떻게 하늘에 보화를 쌓을 수 있습니까? 이 구절은 가치 문제의 정수를 제시합니다. 6장 1절을 읽으십시오. 누구를 위해 일합니까? 누가 인정해 주는 것이 가장 중요합니까? 누가 가장 중요한 것을 규정합니까?

예수님은 제자들에게 핵심 가치, 추진력 있는 가치, 영원한 가치를 말씀하셨습니다. "내가 하는 일은 하나님을 기쁘시게 하는가?" 이 가치가 다른 모든 가치에 선행되어야 합니다. 그 가치가 올바른 자리를 차지할 때, 다른 모든 가치도 제자리를 차지합니다.

5일 · 실행 포인트

가치(1)

사도 바울은 자신의 욕구를 자신의 가치에 연결할 수 있었던 엄청난 의지의 소유자였습니다. 해크먼(Hackman)과 존슨(Johnson)은 『소통의 리더십』에서 가치를 규정하고 그것을 강력한 비전으로 전환하는 지침을 알려 줍니다.

빌립보서 1장 21~24절을 읽으십시오

바울은 두 가지 욕구 사이에서 씨름했습니다. 그는 이 욕구들 뒤에 숨어 있는 핵심 가치들을 추적해 확인한 후, 결단을 내렸습니다. 오늘날 대부분의 리더도 서로 충돌하는 가치 체계들 사이에서 방황합니다. 어려운 결정들을 내릴 때마다, 우선적인 가치들과 부차적인 가치들을 가려내기란 여간 어렵고 당혹스러운 일이 아닙니다. 해크먼과 존슨은 『소통의 리더십』에서 이 딜레마를 해결할 수 있는 몇 가지 규정을 제시합니다.

첫째, 그들은 가치가 무엇인지 먼저 규정합니다. "가치들은 개인과 집단을 포함한 어떤 조직의 정체성의 핵심에 자리 잡은 것이다. 가치들은 우리가 중요하다고 여기는 것에 관한 비교적 꾸준히 지속되는 개념이나 판단들이다." 비중 있는 한 연구 조사는 "개인이 지닌 가치와 조직 안에서 중시하는 가치가 서로 일치하게 되면 상당히 긍정적인 효과가 나타난다"고 밝혔습니다. "개인의 가치와 조직의 가치가 일치할 때, 구성원들은 조직을 자기 몸처럼 여기며, 일에 대한 만족도가 높아지며, 팀의 효율성이 제고되고, 이직률이 낮아진다"는 것입니다.*

둘째, 그들은 두 가지의 가치 유형을 정의합니다. 하나는 '최종적 가치'로, 평생의 목표들을 다루는 가치입니다. 다른 하나는 '도구적 가치'로, 최종적인 가치를 달성하기 위한 행위들을 지배하는 가치입니다. 열여덟 가지의 최종적 가치에는 자유, 자긍심, 성숙한 사랑, 가정의 안정, 참된 우정, 지혜, 평등, 구원 등이 있습니다. 열여덟 가지의 도구적 가치들 가운데는 사랑받기, 독립하기, 능력 갖기, 폭넓은 마음, 정직함, 책임감, 야망, 용서, 절제, 용기 등이 있습니다.

이 두 가지 목록에 더하여 다른 개인적인 가치들을 덧붙여 보십시오. 그다음 해크먼과 존슨이 제시한 다음의 실천사항들을 완성하십시오. 첫째, 가치들의 순서를 정하십시오. 둘째, 가장 상위에 속한 최종적인 가치와 도구적인 가치의 목록을 주의 깊게 살피십시오. 유사성, 패턴, 주제들을 찾으십시오. 셋째, 이러한 방식으로 정리된 여러분만의 가치를 토대로 간략한 사명선언문을 세우십시오.

바울은 자신이 가치 있게 여기는 것이 무엇인지 확인한 다음에야 비로소 자기 속에서 일어나는 두 가지 욕구의 갈등을 끝냈습니다. 해크먼과 존슨은 가치를 명확하게 이해한 후에야 더욱 높은 성과를 올릴 수 있다는 사실을 강조하며 바울의 의사 결정 과정을 뒷받침합니다. 효율적이고자 하는 리더들은 가치들을 명확히 이해하고 제대로 전달하는 것이 본질적인 작업임을 명심해야 합니다. 위에서 언급한 실천사항들은 여러분이 그 작업을 진행하는 데 도움이 될 것입니다.

16주 · 1일

가치(2)

시편 119편 1~32절을 읽으십시오

가치는 행동을 결정합니다. 사람들은 자신이 사랑하는 것을 추구합니다. 예수님은 이 점을 아주 잘 말씀해 주셨습니다. "네 보물 있는 그곳에는 네 마음도 있느니라"(마 6:21). 리더가 성과를 이루는 데 있어서 가치는 다른 어떤 요소보다 훨씬 더 심오하며, 훨씬 더 중요합니다.

우리 자신의 가치가 무엇이며 우리가 무엇을 가치 있게 여겨야 하는지 분별할 수 있는 한 가지 방법은 다른 사람들이 무엇을 가장 중요하게 느끼는지, 즉 실제로 무엇이 문제이며 경건한 리더들이 무엇에 헌신하고 있는지 듣는 것입니다. 위대하고 경건했던 한 사람의 가치를 살펴보기 위해, 그가 쓴 글을 자세히 살펴봅시다. 시편 119편 1~32절에서, 전심으로 하나님을 추구했던 사람 다윗은 자신의 가치들이 있는 은밀한 방을 열어 우리에게 보여 줍니다.

첫째, 다윗이 도덕적으로 무엇을 가치 있게 여기는지 주목하십시오(1~4절). 1~32절까지 읽으면서 다윗이 말씀, 법, 도, 법도, 율례, 규례 등의 용어들을 사용하며 하나님의 도덕적 의지를 자주 언급한다는 사실을 주목하십시오. 하나님의 도덕적 의지는 다윗의 가치 기반을 이루었습니다. 그렇다면, 건강한 도덕적 리더십을 이끄는 가치들을 어떻게 형성할 수 있을까요? 11, 15~16절을 읽고, 다윗의 '가치 형성' 과정을 살펴보십시오.

다윗에게 가장 심오한 가치는, 하나님을 높이고 그분을 기쁘시게 하는 것이었습니다. 또한 다윗은 하나님이 기뻐하시는 것과 하나님을 높이는 방법을 발견하기 위해, 그분의 말씀을 가치 있게 여겼습니다.

한 사람의 리더로서, 개인과 가정과 직장 생활에서 나타나는 여러분의 핵심 가치들의 본질적인 역할을 살펴보십시오. 역사상 가장 위대한 리더였던 사람의 고백을 묵상하고, 자신에게 이렇게 물으십시오. "다윗이 선택했던 가치들은 지금 나에게 적합한가?"

그 물음에 대한 여러분의 대답이 긍정이라면, 다윗이 11절에서 요약해 주는 가치 형성 과정을 추구하십시오. 그 한 절은 경건한 가치들의 토대에 관한 수많은 책보다 더 많은 내용을 제공합니다.

2일 · 주님께 배우는 리더십

가치(2)

가치는 행동하게 합니다. 하나님은 우리 마음의 가치들을 너무나 잘 아시기 때문에, 아무리 올바른 행위라 할지라도 그릇된 동기에서 비롯되었다면 그것을 거절하십니다. 하나님이 올바른 가치에 얼마나 많은 비중을 두시는지, 하나님께서 이스라엘의 종교적인 행위를 두고 언급하신 심상치 않은 말씀을 통해 살펴봅시다.

이사야 1장 10~13절을 읽으십시오

이 충격적인 진술은 가치에 관한 한 가지 중요한 원리를 드러냅니다. 이스라엘(여기에서는 은유적으로 소돔과 고모라로 불리고 있다)은 올바른 것들을 행했지만, 하나님은 그들의 행위를 가증스럽다고 말씀하십니다. 이 사람들은 좋은 행위로 하나님을 현혹하려고 했지만, 하나님은 거기에 속지 않으셨습니다.

그릇된 동기에서 비롯된 올바른 행동은 하나님께도 사람들에게도 가증스러운 것입니다. 자녀들에게 도덕적인 사고를 길러 줄 때 우리는 "왜 그런데?"라는 간단한 질문을 던짐으로써 그들의 가치들을 점검할 수 있습니다. 모든 도덕적 결정은 알맹이와 틀로 이루어져 있습니다. 알맹이는 실질적인 결정을 말합니다. 이를테면 "너, 도둑질을 하겠니?"라는 물음에 "아니요"라고 대답하는 것과 같습니다. 틀은 그 속에 들어 있는 가치들을 보여 줍니다. 이를테면, 자녀에게 "너는 왜 도둑질을 하지 않니?"라고 물을 수 있습니다. 만약 자녀가 "들키면 벌을 받기 때문이에요"라고 대답한다면, 대부분의 부모는 그리 만족스럽게 여기지 않을 것입니다. 그 자녀가 정직함보다는 '벌 받지 않는 것'에 가치를 두고 있기 때문입니다. 틀은 가치를 규정해 주며, 가치는 도둑질에 대한 자녀의 사고방식을 형성합니다.

하나님은, 이스라엘이 만족스럽고 혜택이 많은 생활을 영위할 목적으로 종교적인 행위를 한다면 하나님을 기쁘게 할 수 없다고 말씀하셨습니다. 더 좋은 것을 얻기 위해 언제든지 도덕성을 포기할 수 있다면, 그 도덕성은 부적합한 가치들에 기반을 두고 있는 것입니다. 오늘날에도 마찬가지로 자신의 가치가 무엇인지 제대로 인식하지 못한 리더들은 쉽게 변질할 수 있는 취약한 사람들입니다. 모든 리더는 자신이 이끄는 사람들과 함께 정기적으로 "왜?" 혹은 "왜 아닌가?"를 질문함으로써 어떤 가치들이 자신의 행위를 이끌어 가는지 예리하게 점검할 필요가 있습니다.

3일 · 리더십 자기 점검

가치(2)

리더는 편의적인 가치들이 아니라 핵심 가치들에 근거하여 행동해야 합니다. 요나의 예는 우리가 피해야 할 것이 무엇인지를 보여 줍니다. 하나님의 직접적인 명령 앞에서 그가 취한 행동들은 무엇이 올바른 것인지 알면서 그릇된 일을 행하는 오늘날의 리더들에게 엄중한 경고가 됩니다.

요나 4장 1~11절을 읽으십시오

요나는 에둘러 말하지 않았습니다. 그는 수년 동안 자기 민족을 괴롭혔던 앗수르 제국의 심장부인 니느웨 성읍이 멸망하기를 바랐습니다. 벌을 받아 마땅하다고 생각했던 니느웨를 하나님이 심판하지 않으시자 요나는 몹시 화를 냈습니다. 요나는 선지자로서 실패자였습니다. 자신이 지지했던 가치들을 버리고, 자신이 생각하기에 하나님이 당연히 하셔야 했던 방식대로 처신했기 때문입니다.

하나님의 명령에도 불구하고, 요나는 자신의 가치들을 하나님의 가치들과 조화시키지 못했습니다. 서로의 가치들을 연결시킬 수 있었다면, 그는 성문 밖에 나와 토라져 앉아 있기보다 하나님이 니느웨에서 행하신 일을 즐거워할 수 있었을 것입니다.

여러분의 개인적인 비전과 핵심 가치 체계는 하나님이 원하시는 것과 일치합니까? 니느웨 성에게 그랬듯이, 하나님은 자신의 목적들을 달성하실 것입니다. 여러분은 하나님의 계획에 동참해 여러분의 조직 가운데서 하나님이 행하시는 일을 즐거워하든지 아니면 이 단락에 나오는 요나처럼 행동하든지 선택할 수 있습니다. 그 선택은 여러분에게 달려 있습니다.

4일 · 리더십 업그레이드

가치(2)

가치에 관해 말하기는 쉽지만 그대로 산다는 것은 어려운 일입니다. 예레미야애가 3장 19~26절은 가치에 의해 움직였던 한 리더의 놀라운 모범을 보여 줍니다. 우리는 선지자 예레미야를 통해 가치를 타협하지 않고 그것을 굳건히 견지하며 산다는 것이 얼마나 힘들며, 얼마나 보람 있는지 심오한 깨달음을 얻을 수 있습니다.

예레미야애가 3장 19~26절을 읽으십시오

예레미야는 자신의 임무가 불러올 위험 때문에 번민합니다. 이러한 위험은 유능한 리더라면 대부분 겪는 것입니다. 이스라엘의 행위가 멸망으로 치닫고 있음을 잘 알았던 예레미야는 계속해서 그들의 변화를 촉구합니다. 그는 자신을 따르는 사람들에게 죄에서 돌아서서 의를 실천하라고 설교하고, 충고하고, 권면했습니다. 그 이유때문에 그에게는 반대와 핍박이 끊이지 않았습니다.

여러분은 오늘날 많은 리더가 직면하는 고민을 예레미야도 했을

까하는 궁금증이 있을 것입니다. 첫째는 변화를 추구하는 과정에서 그저 뒤로 물러나 반대에 부딪히면 현상 그대로를 유지하고자 하는 태도입니다. 이런 태도는 예레미야뿐 아니라 모든 리더에게 좋은 선택이 아닙니다. 변화는 리더십의 본질 중 하나이기 때문입니다. 따라서 리더들은 두 번째 위험에 당면하게 됩니다. 이스라엘이 살아 남으려면 변화가 꼭 필요했고, 하나님의 대리인으로서 변화를 촉구했던 예레미야는 심한 비판을 받을 수밖에 없었습니다.

무엇인가를 개선하고자 한다면, 어떤 식으로든 변화를 일으켜야 합니다. 여기에서 딜레마가 발생합니다. 즉, 변화를 추구하면 개인적인 반대가 반드시 있습니다. 때문에 사람들의 관점과는 상관없이 리더 스스로 이러한 상황에 단련이 되어야 합니다. 하지만 사람들이 리더를 바라보는 관점을 리더가 무시해서도 안됩니다. 그들의 관점을 무시한다면, 리더로서 이끌어야 할 대상을 적들로 만들 수 있기 때문입니다. 그러므로 리더십의 두 번째 위험은 리더가 반대에 익숙해지고 무심해져 반대 이면에 깔려 있는 개인적인 우려를 더 이상 듣거나, 신경 쓰려고 하지 않게 되는 것입니다. 반대에 강하게 대립하면 오히려 따르는 사람들을 적으로 만들 수 있습니다.

예레미야는 자신이 하는 일이 옳고 또 필요하다는 것을 확신했습니다. 그래서 그는 포기하지 않고 계속 변화를 추구했습니다. 그는 왕들과 제사장들과 거짓 선지자들로부터, 그리고 가장 고통스럽게는 친구들(렘 20:14~15)과 가족(렘 12:6)으로부터 공격을 받았습니다.

예레미야는 하나님께 자신의 고통을 표현하고 자신을 박해하는 자들에게 진노를 내려 달라는 호소도 했습니다(렘 18:19~23). 그러나 그 와중에도 예레미야 선지자는 그들을 효과적으로 이끌기 위해 긍휼의 마음으로 그들을 돌봅니다. 그는 "만물보다 거짓되고 심히 부패한 것은 마음"(렘 17:9)임을 알았습니다. 그는 "누가 능히 이를 알리요"라고 탄식했습니다. 그는 자신이 감정보다는 좀더 객관적인 것에 이끌려야 한다는 사실을 알았습니다. 하나님께서는 "심장을 살피며 폐부를 시험하고 각각 그의 행위와 그의 행실대로 보응하나니"(17:10)라고 말씀하셨습니다. 예레미야가 계속해서 하나님의 말씀을 청종하며 자신의 가치 구조를 세워 나가지 않았다면 그 역시 자신의 삶을 비참하게 만들었던 사람들이 그에게 했던 것처럼, 똑같이 그들을 대하기 시작했을 것입니다. 예레미야의 태도 역시 그를 반대하는 자들의 태도와 마찬가지로 역효과를 낳았을 것입니다.

예레미야는 끔찍한 대가를 치러야 했음에도 불구하고 하나님께 충성을 다했습니다. 그는 자기 백성들이 죄악 때문에 멸망당할 때까지 그리고 그후에도 그 백성들을 사랑했습니다. 예루살렘이 황폐하게 되어 아무것도 남지 않게 되었을 때, 예레미야는 그 폐허 가운데 앉아서 그 백성과 그들의 무너진 성읍을 향한 애도문을 지었습니다. 예레미야애가 3장 19~26절은 이 위대한 선지자의 마음을 들여다볼 수 있는 창입니다. 상황을 개선하려는 노력 때문에 '엄청난 비난을 당하고' 있다면 누구나 읽어 보아야 하는 구절입니다.

그처럼 강한 확신을 지닌 리더를 갖는다면 얼마나 좋겠습니까! 그처럼 강한 확신을 지닌 리더가 된다면 얼마나 좋겠습니까! 그러나 그러한 강한 확신은 견실한 핵심 가치들에 확고하게 뿌리박고 있어야 합니다. 예레미야는 그 힘과 가치들이 오직 살아 계신 하나님과의 올바른 관계에서만 나온다는 점을 확신했습니다. 하나님을 올바르게 사랑하는 것이 올바른 가치의 첫 단계입니다.

5일 · 실행 포인트

가치(2)

시편 103편 1~22절에 있는 다윗의 진술들은 가치에 관하여 2주간 진행한 연구를 적절하게 요약한 내용입니다. 시편을 읽어 가면서 그 말들이 여러분의 의식 가운데 뚫고 들어오도록, 그리고 여러분의 상상력을 증대시키고 양심을 사로잡도록 하십시오.

시편 103편 1~22절을 읽으십시오

가치에 관한 핵심적인 이슈는 가장 크고 첫째 되는 계명에 관한 예수님의 말씀에 요약되어 있습니다. "네 마음을 다하고 목숨을 다하고 뜻을 다하여 주 너의 하나님을 사랑하라"(마 22:37). 그것이 바로 가치 중의 가치입니다. 그것이 바로 다른 모든 가치가 빛을 발하기 위해 통과해야 할 프리즘이며, 삶의 다른 모든 선택과 해법이 투과해야 할 필터입니다.

잠시 동안 하나님에 관한 이 놀라운 진술에 여러분의 마음과 영혼과 정신을 푹 적심으로써 가치에 관한 이 연구를 정리하십시오.

시편 103편을 주의 깊게 읽고 묵상하십시오. 한 절 한 절 읽고 한마디 한마디가 끝날 때마다 읽기를 멈추고 그 진리들이 여러분의 마음과 정신과 영혼의 구석구석, 빈틈마다 스며들게 하십시오. "마음을 다하고 목숨을 다하고 뜻을 다하여" 하나님을 사랑하는 데 이르지 못한다면, 지금까지 가치에 관해 배운 것들은 그저 학문적인 공부로만 남게 될 것입니다.

17주 · 1일

비전

고린도후서 12장 1~6절을 읽으십시오

효과적인 리더십을 발휘하는 데 비전보다 중요한 요소는 없습니다. 훌륭한 리더들은 멀리 있어 희미해서 다른 사람들은 보지 못하는 것을 봅니다. 그리스도를 따르는 경건한 리더들은 우선적으로 하나님이 누구신지에 대한 비전과 하나님이 그들을 위해 예비하신 미래에 대한 비전을 가져야 합니다. 또한 하나님이 자신들에게 맡기신 일에 대한 의식을 가져야 합니다.

사도 바울은 그 비전들을 모두 소유했습니다. 바울은 하늘로 들려 올라가 남에게 말할 수 없을 정도로 엄청난 장면들을 목격하였습니다. 그 장면들은 전하지 못하도록 금지된 것이었습니다. 그는 그 비전 덕분에 흔들리지 않은 신앙으로, 심한 고난과 고통을 견뎌 낼 수 있었습니다.

바울에게는 두 가지 비전이 있었습니다. 첫 번째 비전은 그의 장래의 집, 하늘에 관한 것이었고, 두 번째 비전은 고린도 교인들을 향한 비전이었습니다. 그는 하나님이 자신을 이방인들을 위한 사역자로 부르셨음을 알았습니다(롬 1:5). 또한 주님이 자신에게 세 번째로 고린도 교인들에게로 가라고 지시하신다는 사실도 알았습니다. 다른 곳에서 이미 그는 로마와 스페인에 복음을 전하는 비전에 관해 말했습니다(롬 13:23~24).

하나님이 여러분에게 바울이 경험했던 것과 같은 천국의 비전을 허락하지는 않으신다 할지라도, 하나님을 향한 비전은 허락하실 것입니다. 말씀을 통해 하나님 자신이 어떤 분이신지 보여 주시고 여러분의 영적인 목적지에 대한 통찰을 제공해 주실 것입니다. 말씀과 기도를 통해 하나님을 보여 달라고 간구하십시오. 하나님이 성취하시는 사역에 여러분을 부르신 목적을 명확히 알려 달라고 간구하십시오.

2일 · 주님께 배우는 리더십

비전

우리는 어디에서 왔으며, 왜 여기에 있으며, 어디로 갑니까? 우주를 지으신 창조주 하나님의 계시 없이는 우리의 기원과 목적과 종착지에 대한 근본적인 물음에 답을 얻을 수 없을 것입니다. 그러나 성경은 이런 각각의 문제에 대한 하나님의 관점을 계시하며, 하나님의 영원한 계획을 알려 줍니다. 오늘 본문을 통해 새 하늘과 새 땅을 향한 하나님의 비전을 살펴봅시다.

요한계시록 21장 1~7절을 읽으십시오

우리는 비전을 가지신 하나님을 섬깁니다. 하나님은 인간 역사 가운데서 자신의 주권적인 목적들을 달성해 나가시면서, 영광스러운 종말을 향해 역사를 움직여 가십니다. 성경의 마지막 두 장을 읽어 보면, 우리가 현재에는 이해할 수 없는 비전을 볼 수 있습니다. 실로, "하나님이 자기를 사랑하는 자들을 위하여 예비하신 모든 것은 눈으로 보지 못하고 귀로 듣지 못하고 사람의 마음으로 생각하지도

못[합니다]"(고전 2:9). 우리는 다음 말씀을 읽을 수는 있겠지만, 그 말씀의 의미는 우리가 파악할 수 있는 범위를 넘어섭니다. "모든 눈물을 그 눈에서 닦아 주시니 다시는 사망이 없고 애통하는 것이나 곡하는 것이나 아픈 것이 다시 있지 아니하리니 처음 것들이 다 지나갔음이러라"(계 21:4).

시간과 공간에 얽매이지 않으시는 하나님은 새로운 창조 세계를 준비하시며, 그 새로운 창조 세계를 누릴 수 있도록 우리를 준비시킨다고 말씀하십니다. "성경은 신적 비극이 아니라 신적 희극을 계시한다"라고 했던 단테의 말은 그런 면에서 옳습니다. 바울 역시 "생각하건대 현재의 고난은 장차 우리에게 나타날 영광과 비교할 수 없도다"(롬 8:18)라고 말했습니다. 그때까지 우리는 이 세계 너머에 소망을 두고 살아갑니다. "하나님이 모든 것을 지으시되 때를 따라 아름답게 하셨고 또 사람들에게는 영원을 사모하는 마음을 주셨느니라 그러나 하나님이 하시는 일의 시종을 사람으로 측량할 수 없게 하셨도다"(전 3:11).

여러분 마음속 가장 깊은 소망은 무엇입니까? 이 세상에 있는 어떤 것도 여러분의 그 소망을 완전히 만족시켜 줄 수 없다는 사실을 아십니까? 요한계시록 21~22장을 읽고, 새 창조 세계를 향한 하나님의 비전에 동참하고자 하는 소망을 달라고 기도하십시오.

3일 · 리더십 자기 점검

비전

여러분의 삶의 초점은 무엇입니까? 여러분은 하나님의 일에 열정을 가진 사람입니까? 아니면, 가끔 열정을 보이는 사람입니까? 여러분의 생활에서 가장 소중한 보화를 묘사할 수 있다면 그것은 어떤 모습입니까? 오늘 본문을 펴서, 모세를 자극하여 동기를 부여했던 비전을 읽어 보십시오.

히브리서 11장 24~26절을 읽으십시오

모세는 히브리서 11장에 나오는 다른 사람들과 마찬가지로, 자신을 이 땅 위에서는 나그네며 이방인이라고 여겼습니다(13절). 모세는 이 지구상에서의 순례의 길이 잠깐이라는 점을 알고 그것을 넘어서 하나님의 보상을 바라보았습니다. 에녹, 노아, 아브라함, 사라, 이삭, 야곱, 요셉, 여호수아, 라합, 기드온 및 이 장에 나오는 다른 사람들과 마찬가지로, 모세는 이 세상에서는 자신에게 약속된 것을 받지 못할 것임을 알게 되었습니다(39절).

이 세상을 향한 비전이 하나님의 목적과 조화를 이루기 위해서는, 하나님이 중요하게 여기시는 것들에 열정을 가져야 합니다. 우리의 신앙은 '바라는 것들' 뿐 아니라 '보이지 않는 것들'에 대해서도 확고해야 합니다(1절). 성경적인 비전은 하나님의 사람들과 약속들을 통해 알 수 있습니다. 그리고 그것은 우리의 관점을 분명하게 해 줍니다. 즉, 불확실하고 변화하는 이 땅에서 안정된 관점과 명확한 방향을 알려 줍니다. 이 장을 다시 읽고, 그 관점을 통해 이 지상의 보답을 바라지 않고 하나님을 위해 위대한 일을 감당했던 사람들을 묵상해 보십시오.

자신의 영원한 운명을 위해서는 그리스도를 바라보면서도 다른 부분에서는 이 땅에 소망을 두는 사람들을 얼마나 많습니까? 어떻게 여러분의 삶을 향한 하나님의 비전 속으로 들어갈 수 있겠습니까? 어떻게 하면 이 비전이 경력과 가족, 목표에 대한 여러분의 관점에 영향을 끼칠 수 있겠습니까?

4일 · 리더십 업그레이드

비전

미래를 내다볼 수 있었던 선지자들처럼 우리도 그럴 수 있다면 얼마나 좋겠습니까! 하지만 불행하게도 우리는 미래를 내다볼 수 없습니다. 그럼에도 불구하고 경건한 리더는 조직에 비전을 제시하는 중요한 역할을 담당합니다. 하나님의 위대한 선지자였던 엘리사는 비전을 가진 리더가 견지해야 할 본질적인 원리 한 가지를 가르쳐 줍니다.

열왕기하 6장 15~17절을 읽으십시오

리더는 다른 사람이 보지 못하는 것을 볼 줄 알아야 합니다. 그들의 시각은 현재의 상황을 뛰어넘어 다음의 상황을 보아야 합니다. 리더는 다음을 내다볼 수 있기 때문에 리더로 구별되는 것입니다. 그런 사람은 다급한 일의 압박을 받지 않고 진정으로 중요한 일을 진행할 수 있습니다. 버트 나누스(Burt Nanus)는 이렇게 말했습니다. "비전은 리더십의 중심입니다. 비전 없이는 리더십이 실패할 정도로 비전은 필수불가결한 도구입니다."*

성경의 위대한 리더들 대부분을 포함하여, 리더들은 엘리사와 같은 선지자들이 아닙니다. 오히려 이 이야기에 등장하는 엘리사의 사환과 같을 경우도 있습니다. 그렇다면, 비전을 바라보는 리더에 대해 성경은 무엇을 말하고 있습니까? 엘리사 그리고 나중에는 그의 사환과 같이 성경적인 리더는 현실 너머의 진정한 실재를 바라봅니다.

성경적인 리더들은 초자연적인 하나님을 향한 확신을 가지고 살아갑니다. 기도하면 하나님께서 인도해 주신다는 사실을 믿습니다. 가장 중요한 것을 긍정적으로 바라보며 현실적인 비전을 갖습니다. 성경적인 리더들이라고 해서 장래를 내다볼 수 있는 유리한 입장에 있는 것도 아닙니다. 그들의 비전 선언문은 다른 사람들의 비전 선언문과 마찬가지로 실현하기 쉬운 것들이 아닙니다. 그러나 그들의 비전의 격은 더 높습니다. 그들이 조직의 자원들을 투자할 때는 주권적인 하나님을 향한 그들의 신앙을 반영하고 있습니다. 그들은 자신이 하나님의 청지기라는 사실을 알며, 하나님의 자원들을 투자한다는 사실을 인식합니다.

엘리사와 그의 사환처럼, 성경적인 인도를 받는 리더의 비전은 현실 너머의 진짜 실재에서 시작하고 끝을 맺습니다.

5일 · 실행 포인트

비전

리더는 개인의 비전을 확인하고 함양하는 방법을 알아야 합니다. 그런데 그러한 비전들을 어디에서 비롯되는 것입니까? 버트 나누스는 비전이라는 단어를 매우 훌륭하게 정의했습니다. 그리고 예수님께서는 오늘 본문에서 우리의 비전을 하나님의 목적과 일치시키는 방법을 제시합니다.

마가복음 8장 31~33절을 읽으십시오

『리더는 비전을 이렇게 만든다』에서 버트 나누스는 비전을 "현실적이며, 신빙성 있으며, 매력적인 조직의 장래"라고 정의하면서 다음과 같이 말합니다. "그것은 조직이 추구해야 할 목적에 대한 당신의 표현이며, 현재보다 나은 보다 성공적인, 보다 바람직한 조직의 미래입니다."

나누스는 올바른 비전은 "그 미래를 실현시킬 기술과 재능과 자원을 일으켜 실제로 그 미래를 시작할 수 있는 활력이 넘치는 생각"

이라고 말합니다.*

예수님은 공생애 내내 다가올 하나님 나라에 관하여 활기 넘치는 비전을 제시하셨습니다. 예수님은 거듭해서 그 나라의 시민들이라면 갖춰야 할 자질과 품행을 묘사하셨습니다.

주님의 비전은 아주 호소력 있어서, 열두 제자가 모든 것을 버리고 그분의 이끄심을 따랐을 정도였습니다. 수천 명의 다른 사람들도 예수님을 통해 자신의 삶의 방향을 정했습니다.

그렇지만 주님의 일관성 있는 메시지에도 불구하고, 제자들은 하나님 나라에 들어가기 위해서는 고난을 받아야 한다는 사실을 금세 깨닫지 못했습니다.

예수님이 자신의 임박한 죽음을 분명하게 설명하셨을 때, 베드로는 예수님을 책망했습니다. 아마도 베드로는 예수님이 갑자기 태도를 돌변하셔서 "사탄아 내 뒤로 물러나라"라고 말씀하셨을 때 충격을 받았을 것입니다. 베드로의 문제점은 개인적이며 자기중심적인 방침을 하나님의 계획 속으로 집어넣으려 했던 데 있었습니다.

궁극적으로, 그러한 자기중심적인 생각은 사탄으로부터 비롯된 것입니다.

리더는 자신의 비전이 하나님의 목적과 일치하도록 해야 합니다. 그리고 역류가 흘러서 올바른 방향을 유지하도록 노력해야 합니다. 리더는 자신과 다른 사람들의 자기중심적인 이해관계들이 자신의 비전을 왜곡하여 하나님의 목적이 성취되는 것을 방해 못하도록 주의해야 합니다.

참고할 구절

욥 19:25~27	시 37:1~40	시 73:1~28
시 102:1~28	잠 23:17~19	사 25:1
사 41:21~24	렘 29:10~14	슥 4:1
막 13:10	빌 3:12~14	살전 5:1~3
계 1:9~11		

나는 알파와 오메가요 처음과 마지막이라
내가 생명수 샘물을 목마른 자에게 값없이 주리니
이기는 자는 이것들을 상속으로 받으리라
나는 그의 하나님이 되고 그는 내 아들이 되리라
● 요한계시록 21장 6~7절

18주 · 1일

지혜

잠언 8장 1~36절을 읽으십시오

어떤 사람의 기량이나 기술이 뛰어날 경우, 히브리어로는 '그 사람에게 호크마(hokma)가 있다'고 말합니다. 호크마는 '기술'이라는 뜻입니다. 솔로몬은 최고의 삶을 살기 원하는 사람에게 필요한 자질을 묘사하기 위해 그 히브리어를 사용했습니다. 이 때문에 성경 번역자들은 이 말을 '지혜'로 번역했습니다. 즉, 지혜는 한 사람이 눈에 띄게 인정받을 만큼 탁월한 삶을 사는 데 필요한 자질입니다. 지혜라 불리는 이 놀라운 특성이 효과적인 리더십에 얼마나 많은 기여를 할 수 있는지 상상해 보십시오.

모든 리더가 지혜를 성품적 특성으로 주의 깊게 계발할 생각을 하지는 않습니다. 물론, 지혜는 전문 분야에서 얻을 수 있는 오랜 경험의 최종 산물일 수 있습니다. 그러나 형편없는 결정들을 내리고 그 실수로부터 지혜를 얻는 리더는 시작부터 올바른 지혜를 구하는 리더보다 한참 뒤처집니다.

잠언 8장에서는 지혜가, 모든 사람에게 자기를 받아들이라고 외치는 한 여인으로 묘사됩니다. 특히 12~21절에 있는 그 여인(지혜)의 주장에 주목하기 바랍니다. 올바른 생각을 지닌 리더라면 누가 그처럼 값진 도구를 원치 않겠습니까? 좀더 시간을 할애해 이 장을 읽으십시오. 지혜의 초청에 귀를 기울이십시오. 이 지혜롭고 놀라운 여인이 여러분의 눈을 뚫어지게 쳐다보면서 32~36절의 말씀을 전한다고 생각해 보십시오. 이보다 더 귀중한 리더십의 요소를 생각해 볼 수 있겠습니까?

2일 · 주님께 배우는 리더십

지혜

지혜란 좀처럼 얻기 어려운 것입니다. 재간도 좋고 영민하며 지식이 많고 고등 교육을 받은 사람들은 많습니다. 그러나 지혜의 깊이를 드러내는 사람은 거의 없습니다. 이 지혜의 비밀과 원천은 무엇일까요? 오늘 본문에서 그 대답을 찾아봅시다. 우리는 어디에서 지혜를 얻을 수 있을까요?

욥기 28장 12~28절을 읽으십시오

이 말씀에 따르면, 하나님만이 지혜에 이르는 길을 이해하십니다. 그분만이 참된 지혜의 원천이기 때문입니다. 하나님의 지혜는 창조된 질서의 아름다움과 정교함, 풍성함과 미묘함, 다양함과 장엄함에 분명히 드러납니다. 그리고 이 지혜는 창조하신 하나님의 성품과 권능과 완전하심에도 분명히 드러납니다.

"주를 경외함이 지혜요 악을 떠남이 명철이니라"(28절). 참된 지혜를 얻기 위해서는 여호와를 경외해야 합니다. "여호와를 경외하는 것이 지혜의 근본이요 거룩하신 자를 아는 것이 명철이니라"(잠 9:10). 하나님을 경외한다는 것은 하나님 앞에서 두려움과 겸손의 태도를 양성하고, 삶의 모든 부분에서 하나님을 철저히 의지하는 것입니다. 하나님을 경외하는 태도는 권력을 지닌 왕 앞에 선 신하의 마음가짐과 비슷합니다. 진정으로 자신의 책임을 다할 자로서, 견책받아야 할 자로서 하나님의 권위 아래 서는 것입니다. 그러므로 지혜는 하나님을 향한 신뢰와 겸손과 공손함과 섬김과 즉각적인 대답과 의지와 연결되어 있습니다. 자율성과 자만은 경외와 정반대의 개념입니다.

"여호와의 도를 내게 가르치소서 내가 주의 진리에 행하오리니 일심으로 주의 이름을 경외하게 하소서"(시 86:11). 지혜는 삶에 대한 영원한 관점을 계발하는 것과 관련되어 있습니다. 잠시 시간을 내어 이 다윗의 기도를 자신의 것으로 삼고 여러분의 삶을 위한 기도를 드리십시오.

3일 · 리더십 자기 점검

지혜

지혜는 최상의 목적을 성취하기 위해 최적기에 최적의 수단을 사용할 수 있는 능력입니다. 지혜는 단순한 정보나 지식의 문제가 아니라 진리를 삶의 일상적인 상황 속에서 실질적이고 능숙하게 적용하는 것입니다.

열왕기상 3장 5~14절을 읽으십시오

하나님이 나타나셔서 한 가지 소원을 들어주겠다고 제의하신다면, 어떤 소원을 말씀드리겠습니까? 이 물음에 대한 대답은 여러분이 어떤 사람인지 알려 주는 아주 중요한 단서 가운데 하나일 것입니다. 여러분의 가치 체계를 나타내는 대답이기 때문입니다.

솔로몬은 장수나 부요나 권력을 구하는 대신, 지혜로운 분별력을 구했습니다. 솔로몬이 지혜를 구했기 때문에, 하나님은 솔로몬이 구하지 않은 것들도 함께 주셨습니다. 이는 오늘날 리더들에게 가장 필요한 것을 언급하신 예수님의 말씀이 사실임을 잘 보여 주는 실례입니다. "너희는 먼저 그의 나라와 그의 의를 구하라 그리하면 이 모든 것을 너희에게 더하시리라"(마 6:33). 최우선의 것을 먼저 추구할 때, 이차적인 것들은 따라옵니다. 이차적인 것들을 먼저 추구하면, 우선적으로 추구해야 할 것들을 놓칠 뿐만 아니라 이차적인 것들조차 충분히 다 얻지 못합니다.

지혜는 하나님의 다스리심 아래서 살아가는 기술입니다. 이 지혜는 세상의 지혜와 크게 다릅니다(약 3:14~17). 그리스도의 지혜는 세상의 지혜와는 매우 다르기 때문에 이 둘을 혼동하지 마십시오.

잠언을 31일이 있는 달마다 한 장씩 읽어 보십시오. 잠언에서 칭찬하는 자질들 — 지혜, 신중, 명철, 분별력, 훈련, 통찰력, 지식, 식별력, 지도, 교훈, 충성, 건강한 판단력, 겸손, 정의, 근면, 하나님을 향한 경외, 참된 성공에 대한 이해 — 을 하나님께 구하십시오.

4일 · 리더십 업그레이드

지혜

우리 가운데 얼마나 많은 사람이 실패의 잔해들을 뒤돌아보면서 "더 좋은 방도가 있었는데, 어째서 듣지 않았을까"라고 한탄합니까? 솔로몬은 분별력 있는 독자가 지혜의 초청에 귀를 기울이도록 경각심을 일깨워 줍니다.

잠언 1장 20~33절을 읽으십시오

지혜는 사람들이 재앙을 만났을 때 그들을 비웃을 것이라고 위협합니다(36~37절). 또한 사람들이 자신의 말을 듣지 않다가 재앙과 고난이 와서 자기를 찾아 부르짖을 때 그 사람의 요청을 무시하겠다고 위협합니다(28~32절).

표면상으로 이 단락은 논란을 불러일으킵니다. 그러나 자세히 들여다보면 한 가지 원칙을 발견할 수 있습니다. 지혜가 누구를 조롱하고 거부하는지 주목하기 바랍니다(22~25절). 그다음, 33절을 읽고 지혜가 좋아하는 자가 누구인지도 살펴보십시오.

바로 이것이 지혜의 핵심 원리입니다. 곧, 아는 것을 행하기를 거부하고, 지혜로운 충고를 거절하며, 현명한 사람들의 충고를 무시하는 사람은 곤란에 빠질 것입니다. 그리고 그 결과로 절망에 빠진 그의 뇌리 속에서는 훌륭했던 정보가 맴돌 것이며, 지혜가 미리 그것을 충고했었다는 사실이 잔인한 농담처럼 다가올 것입니다. 지혜가 조롱하며 괴롭힐 것이라는 말은, 그 사람의 내면에서 그 모든 소음이 들려올 것이라는 말입니다. 어리석게도 자신이 팠던 그 구덩이에서 빠져나오기 위해 지혜로운 길을 찾을 때, 그에게 이미 지혜는 전혀 남아 있지 않을 것입니다.

장기적인 시각을 갖는 것이 지혜의 기본 사항입니다. 어리석은 자는 현재의 순간을 살아가지만, 지혜로운 자는 현재의 행동이 가져올 장기적인 결과를 생각합니다. 어떤 사람이 "알고 있었는데", "왜 내가 그 말을 듣지 않았을까?" 혹은 "내가 왜 그렇게 어리석었지?"라고 말하는 것을 듣게 될 때, 여러분은 이 지혜의 노래를 기억하게 될 것입니다.

지혜가 외칩니다(20~21절). 어떤 사람은 그 소리에 귀를 기울입니다(33절). 어떤 사람은 그 소리를 듣지 않습니다(21~32절).

5일 · 실행 포인트

지혜

어디에서 지혜를 발견할 수 있으며, 어떻게 지혜가 발휘될 수 있을까요? 존 파이퍼(John Piper)는 몇 개의 구약 성경 구절들에서 한 가지 실제적인 답변을 이끌어 냅니다.

잠언 24장 14절을 읽으십시오

솔로몬은 리더의 자질을 훈련받는 젊은이들을 위해 글을 쓰면서, 지혜가 그들의 장래의 소망을 위해 매우 중요하다고 말했습니다. 이 지혜는 시험에서 발휘할 수 있는 그런 지혜입니까? 청중 앞에서 암송할 수 있는 그런 종류의 지혜입니까? 아닙니다. 그것은 지혜라기보다 오히려 정보를 표현하는 것에 해당합니다. 학생들이 리더십을 준비할 때, 그들이 직면하게 될 모든 어려운 상황에 기술적인 대답을 제공해 줄 수 있는 교과서는 없습니다. 존 파이퍼는 왜 성경적 지혜가 경건한 리더에게 그처럼 핵심적인지를 다음과 같이 말합니다.

"물론 성경은 삶에 대한 모든 물음에 답하지 않습니다. 모든 갈림

길에 대해 성경이 표지판을 제공하는 것은 아닙니다. 우리는 지속적인 기쁨의 길을 알 수 있는 지혜를 갖출 필요가 있습니다. 그러나 그것 역시도 성경의 선물입니다. '여호와의 율법은 완전하여… 우둔한 자를 지혜롭게 하며 여호와의 교훈은 정직하여 마음을 기쁘게 하고'(시 19:7~8, 119:98). 그 정신이 하나님의 말씀에 푹 젖어 있고, 그 생각을 하나님의 말씀에 복종하는 자들은 세상에 있는 세속적인 모든 지혜보다 뛰어남을 입증하게 될 것입니다. '지혜를 얻은 자와 명철을 얻은 자는 복이 있나니'"(잠 3:13).*

19주 · 1일

책임

사무엘하 11장 1~5절, 27절을 읽으십시오

영향력 있는 리더는 다른 사람들에게 적용하는 기준을 자신에게도 동일하게 적용합니다. 또한 팀에 속한 다른 모든 사람과 마찬가지로 자신의 행위에 책임을 집니다. 이처럼 지속적으로 책임을 다하기 위해서는 철저히 정직해야 합니다. 노련한 리더는 상사, 동료, 부하 직원들로부터 꾸준히 피드백을 받습니다. 그와 같이 견책에 열려 있는 구조를 만들지 못하면 리더의 성품과 리더십은 위기를 맞게 됩니다.

다윗 왕의 비극은 리더가 사적인 시간이나 공적인 시간을 보내는 방법을 책임있게 계획하지 않을 때 어떤 일이 벌어지는지 보여 줍니다. 궁극적으로 하나님이 다윗의 행동에 책임을 물으셨듯이, 모든 리더에게도 똑같이 책임을 물으실 것입니다.

다윗은 모든 것을 가진 왕이었습니다. 그는 하나님과 동행하면서 살았으며, 가족도 있었고, 안정된 정치적 지위와 군사적 승리도 누리고 있었습니다. 그가 소유하지 않았던 것은 단 하나, 우리아의 아내였습니다. 그리고 다윗은 그 우리아의 아내를 원했습니다. 우리아의 군대가 전쟁터에 나가 있었을 때, 그는 집에 머무르고 있었습니다. 그런 여유를 누리는 것이 지혜로운 일이냐고 감히 묻는 사람이 아무도 없었던 모양입니다. 다윗에게는 자신의 행동을 해명할 대상이 없었기 때문에 다윗은 오늘의 말씀이 기록하는 것처럼 간음과 살인을 저질렀습니다.

이 장에서 가장 중요한 절은 27절입니다. 이 말씀을 기록한 사무엘은 거기에서 간결하게 "다윗이 행한 그 일이 여호와 보시기에 악하였더라"고 알려 줍니다. 자신의 죄악을 동료들에게는 숨길 수 있었겠지만, 하나님께는 감출 수 없었습니다. 어느 날 선지자 나단이 다윗을 찾아와 그의 죄를 추궁했을 때, 다윗은 자신이 왕이라 할지라도 자신의 행동에 책임을 져야 한다는 사실을 알게 되었습니다.

지혜로운 리더는 견책을 받을 만한 위기 상황까지 기다리지 않습니다. 그들은 자신의 죄를 해결하고 자신의 잠재력을 발휘할 수 있는 구조와 친분 관계들을 확보해 놓습니다. 여러분은 정직함을 철저하게 실천하십니까? 여러분이 자신의 사생활과 직장 생활에 충실하게 책임을 지면서 살아가도록 일깨워 주고 견책하는 누군가가 있습니까?

2일 · 주님께 배우는 리더십

책임

모든 사람과 천사들이 하나님 앞에서 책임져야 할 일이 있다면, 하나님은 누구 앞에서 혹은 무엇에 책임지셔야 할까요? 성경은 하나님이 아무에게도, 무엇에 대해서도 해명할 책임이나 견책받을 일이 없다고 말합니다. 하나님이 무엇인가를 행하기 전에 상의해야 할 더 높은 위격이나 원칙은 없습니다. 오늘 본문에서는 하나님의 궁극적인 권위를 살펴봅시다.

로마서 11장 33~36절을 읽으십시오

하나님의 생각과 행위는 우리가 보기에 불가사의하며 신비합니다. 하나님의 판단은 헤아릴 수 없으며 하나님의 길은 우리의 인식을 넘어섭니다. 하나님은 우리와 상의하실 필요가 없으며, 우리에게 그분이 행하는 길을 해명하실 필요도 없습니다. 따라서 우리는 우리를 어디로 인도하시는지 전혀 모르는 경우에도, 하나님을 신뢰하고 하나님의 목적과 그 뜻에 복종해야 합니다.

하나님은 욥에게 "누가 먼저 내게 주고 나로 하여금 갚게 하겠느냐 온 천하에 있는 것이 다 내 것이니라"(욥 41:11)고 말씀하셨습니다. 하나님은 자신이 기쁘신 뜻대로 세계를 창조하셨으므로 모든 생명은 하나님께 속한 것입니다. 초인간적인 것들과 사람들과 천사들은 모두 파생물입니다. 모든 것이 하나님으로부터, 하나님을 통해 나왔으며, 하나님께로 돌아갑니다.

모든 무릎이 하나님 앞에 꿇을 것이며, 모든 입이 하나님 앞에 고백할 것입니다. "이러므로 우리 각 사람이 자기 일을 하나님께 직고하리라"(롬 14:12). 성경이 참이라면, 인간이 아무리 다르게 생각해 보려고 노력할지라도 이것은 피할 수 없는 현실입니다. 그러므로 지혜는 우리에게 이 땅에서의 인생이 덧없음을 인정하라고 계속해서 충고합니다(시 90:12). 그리고 "우리가 다 반드시 그리스도의 심판대 앞에 나타나게 되어 각각 선악 간에 그 몸으로 행한 것을 따라 받으려 [한다]"(고후 5:10)는 사실을 의식하면서 살라고 권면합니다.

3일 · 리더십 자기 점검

책임

우리에게는 현실을 회피하면서 겉으로만 책임을 지는 척할 방법이 많이 있습니다. 견책의 목적은 무엇입니까? 왜 사람들은 일반적으로 견책을 수용하지 못하고 회피하려고 합니까? 자신을 드러내 놓고 견책을 받는 것이 때로는 상당히 불편하기도 하지만, 결국은 자신에게 가장 유익한 일이라고 여기고 있는 사람은 얼마나 될까요? 오늘 본문에서는 스스로 견책을 피할 수 있다고 생각한 한 사람의 이야기를 살펴봅시다.

열왕기하 5장 20~27절을 읽으십시오

탐욕에 사로잡힌 엘리사의 사환 게하시는 시리아 사람 나아만에게 주인의 말을 거짓으로 전했습니다. 그는 엘리사와 마주했을 때도 한 번 더 거짓말을 했으며 어리석게도 엘리사 선지자에게 자신이 저지른 일을 감추고자 했습니다. 게하시는 자신의 탐욕을 엘리사에게 고하지 않음으로써 자신의 불순종을 합리화했고 자신의 행위의 결과로 발생할 일을 생각하지 못했습니다.

우리의 능력은 사실상 우리 자신을 무한히 속일 수 있습니다. 따라서 우리는 견책에 대해 열려 있어야 합니다. 다른 사람들의 충고에 귀 기울이지 않는다면, 일을 진행하는 동안 계속해서 저지르는 사소한 잘못들을 합리화하게 되기 때문입니다. 그러므로 견책은 다른 사람들로부터 우리를 보호하기 위해서가 아니라 우리 자신으로부터 우리를 보호하기 위해서 필요합니다.

자신의 처신에 견책하실 수 있는 분은 하나님뿐이라고 말하는 사람들은 하나님이 우리를 위해 세워 놓으신 인간 권위의 영역들이 있음을 간과합니다(히 13:17). "나도 남의 수하에 있는 사람이요 내 아래에도 군사가 있으니"(마 8:9)라고 말한 백부장과 같이, 우리는 다른 사람들의 권위 아래 있습니다.

견책의 혜택 중 하나는 하나님이 생각하시는 것보다는 다른 사람들이 생각하는 것에 더 관심을 기울이는 인간의 성향과 맞아떨어진다는 것입니다. 기억할 것은, 견책이란 그 근거가 되는 정보에 따라 좋을 수도, 그렇지 않을 수도 있다는 것입니다. 자신을 완전히 공개하지 않은 채 이루어지는 견책은 시간 낭비일 뿐입니다.

여러분은 자신의 생활 영역 가운데 어느 부분에 가장 견책이 필요하다고 느낍니까? 여러분에게는 책임감을 가지고 여러분의 삶을 견책해 줄 수 있는 사람이 있습니까?

4일 · 리더십 업그레이드

책임

리더는 자신을 따르는 사람들이 자신의 행동에 책임을 지도록 견책할 필요가 있습니다. 그러나 리더에게는 누가 계속해서 책임 있게 행동하도록 요구할 수 있을까요? 바로 동료들입니다. 베드로는 초대 교회의 리더 가운데 한 사람이었습니다. 그는 '하나님의 양떼들의 목자들'인 자기 동료들에게 서로에 대해 그리고 하나님 앞에서 책임 있게 행동하라고 촉구했습니다. 오늘 본문을 통해 세계 최초의 견책 그룹에 참여해 봅시다.

베드로전서 5장 1~4절을 읽으십시오

베드로는 리더들에게 필요한 조언을 몇 가지 제공합니다. 그는 기본적으로 말합니다. "하나님의 양떼들의 목자로서 이것을 기억하라. 여러분에게도 목자가 있다." 성경은 견책하기를 권합니다. 각 사람에게는 자신을 솔직하게 표현하고 자신의 행동을 해명할 좋은 대상이 필요합니다(엡 4:25, 약 5:16). 어떤 집단은 정기모임에서 각 구성원들에게 다음 세 가지 질문을 던졌습니다. 첫째, 여러분은 어떤 좋은 일을 행했습니까? 둘째, 여러분은 하나님을 불쾌하게 할 만한 어떤 일을 했습니까? 혹은 그런 일 때문에 고민하고 있습니까? 셋째, 여러분은 오늘 진실만을 말했습니까? 우리도 모두 비밀을 지켜 줄 수 있는 절친한 친구들에게 속마음을 털어놓고 견책과 조언을 받을 필요가 있습니다.

이 구절에서 베드로는 자신을 '함께 장로 된 자'로 소개하면서 자신을 동료들과 동등하게 여기고 있습니다. 베드로는 분명 초대교회에서 리더로 알려져 있었지만, 그는 이 '목자들'의 집단에서 결코 보스로 군림하지 않았습니다. 그는 리더들에게 "오직 하나님의 뜻을 따라", "자원함으로", "오직 양무리의 본이 되라"고 권면합니다. 이 리더들은 사람들과 관계 맺고 일을 진행해 가는 모범을 받았습니다. 그리고 다른 사람들에게 이 역할의 모델이 되도록 부름 받았습니다. 자신이 어떻게 리더십을 발휘할지는 그들이 스스로 결정할 문제가 아니었습니다. 그들은 자신이 수행한 리더십 의무들에 대해 최종적으로 하나님께서 책임을 물으실 것을 알았습니다.

궁극적으로 어떤 리더도 그 책임으로부터 자유롭지 못합니다. 모든 사람은 최종적으로 하나님 앞에서 책임을 계산하게 됩니다. 그리스도께서 재림하실 때까지 올바른 길을 갈 수 있도록 도와줄 동료가 필요한 이유가 바로 여기에 있습니다.

5일 · 실행 포인트

책임

모든 사람에게는 자신의 잠재능력을 완전히 발휘할 수 있도록 도와주는 소수의 친구들이 필요합니다. 갈라디아서 6장 7절에서 사도 바울은 우리가 심은 대로 거둔다는 점을 명확히 밝힙니다. 이 진리는 농부에게만이 아니라 리더들에게도 적용됩니다. 사업가인 밥 브리너(Bob Briner)는 여기에 몇 가지 통찰을 덧붙여 줍니다.

갈라디아서 6장 7절을 읽으십시오

사도 바울은 '추수의 법칙'을 믿었습니다. 그는 하나님이 중력의 법칙과 같은, 어길 수 없는 영적 법칙들을 만들어 놓으셨음을 알았습니다. 우리는 언제나 우리가 심은 대로 정확하게 거둡니다.

우리가 온전한 성품과 목적이 있는 삶을 거두고자 한다면, 우리를 올바르게 지켜 줄 수 있는 관계들을 계발해야 합니다. 모든 리더에게는 자신들을 사랑으로 대하면서 삶 속에서 초점과 균형을 잃지 않도록 견책해 주는 몇 사람의 절친한 친구들이 필요합니다.

사업가인 밥 브리너는 전 세계적인 프로테니스 연맹을 세우기 위해 여행하는 과정에서 다른 사람들의 견책이 유익함을 발견했습니다. 한번은 각 대륙의 도시들에서 개최되었던 90여 개 이상의 프로테니스 경기가 그랑프리에 포함되었습니다. 그 기간 동안 브리너는 일 년 동안 매일 자신이 어디에 가서 무슨 일을 했는지 기록했습니다. 12월 31일이 다가왔을 때, 그는 일지의 마지막을 채우고 있었습니다. 그 일지를 써 나가면서 브리너는 자신이 전 세계의 큰 수도들과 수많은 이국적인 도시들을 방문했지만 자신이 가장 좋아하는 도시는 단 두 곳, 즉 켄자스 주의 멕페슨과 일리조이 주의 그린빌이었음을 깨달았습니다.

브리너는 그 두 도시가 바로 자신의 스포츠 왕국이 아니라 하나님의 왕국을 건설하는 목적에 계속해서 초점을 맞출 수 있도록 도와주는 그의 절친한 친구들이 사는 도시였다고 설명했습니다. 그는 자신의 신앙을 이해하지 못하거나 신앙에 대해 적대적인 사람들과 많은 시간을 보내는 신자들은 서로 견책하며 격려하는 관계를 세우는 것이 필요하다고 제안했습니다.*

20주 · 1일

변화와 혁신

마가복음 2장 18~22절을 읽으십시오

"왜 쇠고기를 굽기 전에 가장자리를 잘라내고 굽는 거지?" 남편이 아내에게 물었습니다.

"친정엄마가 그런 식으로 요리하셨거든요." 아내가 미소를 지으며 대답했습니다.

호기심이 발동한 남편은 장모에게 전화를 걸어 물어보았습니다. 장모도 똑같은 대답을 했습니다. 그래서 이번에는 아내의 외할머니에게 전화를 걸어 물어 보았습니다. 외할머니는 그 질문을 듣고 웃음을 터뜨리면서 말했습니다.

"그 애들이 왜 쇠고기의 가장자리를 잘라내는지 모르겠군. 나는 내 프라이팬에 고깃덩어리가 다 들어가지 않아서 잘랐던 것뿐인데."

처음에 관습은 어떤 목적을 이루기 위해 시작됩니다. 그러나 시간이 지나면서, 아주 좋은 관습도 쓸모없어질 수 있습니다. 지혜로운 리더는 변화해야 할 시기가 언제인지 압니다. 지혜롭게 이끌어 가려면, 변화의 시기를 인식하는 통찰력이 필요합니다. 예수님은 분명하게 변화의 역할을 이해하셨으며, 혁신의 길을 막는 사람들을 꾸짖으셨습니다.

바리새인들이 예수님의 제자들이 금식하지 않는다고 비난하자, 예수님은 자신이 유대교에 새로운 규칙과 규례들을 덧붙이려고 온 것이 아니라 완전히 새로운 것을 주러 오셨다고 말씀하셨습니다. 그분은 자신이 낡은 제도를 덧씌우기 위해 오신 것이 아니라는 점을 종교계 지도자들에게 명확히 밝히셨습니다. 그러한 노력은 낡은 의복에 충분히 수축되지 않은 새 옷감을 꿰매는 것처럼, 혹은 낡은 가죽 부대에 새 포도주를 넣는 일처럼 어리석은 일이 될 것이었습니다. 유대교의 낡은 형태들은 결코 예수님의 정신을 담을 수 없었습니다.

예수님은 혁신가였습니다. 변화를 일으키시는 분이었습니다. 그리고 효율적인 모든 리더도 그렇습니다. 여러분은 자신이 이끄는 팀에 어떤 혁신을 일으켰습니까? 또한 어떤 혁신을 불러일으키고자 합니까? 그 과정과 절차를 막는 것은 무엇입니까? 그러한 장애물들을 어떻게 극복하겠습니까?

2일 · 주님께 배우는 리더십

변화와 혁신

어떤 방식이든 우리는 모두 변화에 대한 거부감이 있습니다. 특히 일이 합리적으로 진행되는 것처럼 보일 경우, 변화를 원하지 않습니다. 그러나 우리는 만물을 새롭게 하시는(계 21:5) 하나님을 섬깁니다. 하나님은 현상을 그대로 유지시키는 데는 관심이 없으십니다. 하나님은 창조 세계에 완전히 새로운 질서를 부여하는 일에 열중하십니다. 오늘 본문을 펴서 그리스도의 성육신으로 말미암아 시작된 급진적이고 근본적인 변화를 생각해 봅시다.

요한복음 1장 1~18절을 읽으십시오

요한은 의도적으로 창세기 1장에 있는 창조 기사의 서두를 암시하면서 복음서를 시작합니다. 세계를 창조하였던 그 말씀이 성육신의 신비를 통해 자신의 창조 세계 가운데 들어와 우리 중 한 사람이 되셨습니다. 영원 가운데서 영으로 존재하셨던 그분이(요 4:24) 이제 그리고 영원한 신인(God-man)이 되셨습니다. 하늘에는 지금 한 사람이 있습니다. 즉, 그리스도께서는 지금 영화로운 부활의 몸을 입고 계십니다. 그리고 이 때문에 그리스도께서는 우리가 하나님과의 긴밀한 사귐에 들어갈 수 있도록 만들어 놓으셨습니다. "아버지여 내게 주신 자도 나 있는 곳에 나와 함께 있어 아버지께서 창세 전부터 나를 사랑하시므로 내게 주신 나의 영광을 그들로 보게 하시기를 원하옵나이다"(요 17:24).

창조 세계에 변화와 혁신을 불어넣으신 분이 사람들을 대하는 방식에서도 혁신적이라는 사실은 전혀 놀랍지 않습니다. 홍수, 아브라함을 부르신 일, 모세와의 언약, 새 언약, 성육신, 십자가에 달리신 일, 부활, 오순절, 재림, 새 하늘과 새 땅. 이 모든 것은 하나님이 이루신 극적이며 전례 없는 혁신들을 나타냅니다.

예수 그리스도의 사역을 통해 이루어진 급진적인 변화의 일례로 고린도후서 5장 14~21절을 묵상해 보십시오.

3일 · 리더십 자기 점검

변화와 혁신

변화와 혁신은 생물학적인 성장과 영적인 성장에 있어 모두 핵심 요소들입니다. 모든 믿는 자가 하나님의 백성이 되는 과정에 있기 때문에 (우리가 저항하든 그렇지 않든) 성경은 결과보다는 과정에 더 중점을 둡니다. 변화 없이는, 성장이 불가능합니다. 오늘 본문에서는 하나님께서 아브람에게 모든 것을 버리고 그분을 따르라고 부르시는 장면을 살펴봅시다.

창세기 12장 1~3절을 읽으십시오

하나님이 아브람에게 고향을 떠나라고 했을 때, 당시 아브람은 갈대아 사람들이 살던 우르 땅에 정착해 있었습니다. 그가 얼마 동안 하란 땅에 정착했을 때, 그의 아버지 데라가 죽었습니다. 그리고 여호와 하나님은 다시금 아브람에게 그곳을 떠나라고 말씀하셨습니다. 그때 아브람은 75세였습니다. 홍수 이후에는 하나님이 열방 전체와 일하셨지만, 지금은 한 사람을 선택하셔서 그의 후손을 구별하며 새로운 백성을 세우고자 하셨습니다. 아브람과 맺은 언약은 하나님이 "땅의 모든 족속"에게 축복의 통로가 되었습니다. 메시아가 아브람의 후손으로부터 나올 것이기 때문입니다.

아브람은 하나님과 여러 차례 만나는 과정에서 엄청난 변화를 경험했습니다. 이 변화는 그의 생활의 외적인 요소에만 미치지 않았습니다. 단순히 그의 활동이나 일정이 조정되는 정도가 아니었습니다. 하나님은 아브람의 이력과 꿈과 운명에 대한 완전한 수정을 요구하셨습니다. 이 변화를 기념해 하나님은 아브람의 이름을 아브라함으로 바꿔 주셨습니다. 아브람이 어떻게 응답했습니까? "아브람이 여호와를 믿으니"(창 15:6). 아브람은 단순히 믿었습니다.

리더들이 변화를 생각하고 묵상할 때 첫 번째로 고려해야 할 것은 변화하는 환경 가운데서 안정감을 주는 닻입니다. 아브람은 여호와를 믿었습니다. 그리고 그 안정감이 그가 혁명적인 변화를 추구할 수 있도록 이끌어 갔습니다. 마찬가지로, 그리스도인의 삶은 변화와 내적인 혁명이 계속 일어나는 과정입니다. 그리고 이러한 과정은 더욱 더 그리스도의 성품을 닮아 가도록 우리를 변화시킬 것이라는 굳건한 믿음에 근거합니다.

여러분은 하나님이 여러분의 삶에 일으키시는 변화를 어떤 방식으로 저항합니까? 여러분은 과정에 더 중점을 둡니까, 아니면 결과에 더 중점을 둡니까?

4일 · 리더십 업그레이드

변화와 혁신

스스로 변화하는 것도 힘든 일입니다. 그런데 리더는 다른 사람과 조직 안에서 변화를 불러일으키는 역할을 해야 합니다. 그 일은 정말 힘든 일입니다! 하나님은 유대인들로만 이루어져 있었던 예루살렘교회에 이방인들을 받아들이라고 권면하시며 조직의 변화에 대한 몇 가지 강력한 원리를 모범적으로 보여 주셨습니다.

사도행전 10장 9~23절을 읽으십시오

하나님은 강력한 전략을 사용하셔서 베드로를 변화시키셨습니다. 그분은 철저히 반대하던 베드로의 태도를 기꺼이 헌신하는 태도로 짧은 시간 내에 변화시키셨습니다. 오늘 본문에서는 하나님께서 사용하신 방식을 살펴보며, 오늘날 리더가 어떻게 긍정적인 영향력을 발휘해야 하는지 생각해 봅시다.

사람들이 서로 어떻게 영향을 끼치는지 보다 깊이 이해하는 것은 영향력의 형태를 분류하는 데 도움이 됩니다. 가장 빈번하게 인용되고 있는 것은 프렌치(French)와 레이븐(Raven)의 '보상적 권력', '강압적 권력', '전문적 권력', '위탁적 권력', '합법적 권력'이라는 5가지 유형입니다.* 성경 속에서도 이 다섯 가지 유형들의 영향력을 다 발견할 수 있지만 하나님께서는 여섯 번째 영향력의 유형에 무게를 두고 계십니다. 바로 정보력입니다. 하나님은 자신의 뜻을 성경 속에 드러내셨습니다. 창세기부터 요한계시록에 이르기까지, 성경은 하나님께서 가르치고, 설명하고, 추론하고, 논쟁하고, 묻고, 대답하는 등 인간에게 말씀하시는 모습을 묘사하고 있습니다. 시편 119편에서도 하나님께서 시편 기자에게 진리를 드러내시는 장면을 발견할 수 있습니다.

리더는 약속, 위협, 본보기를 사용하거나 전문 지식을 이끌어 내고 지위를 사용하여 자신을 따르는 사람들에게 영향을 끼칠 수 있습니다. 그러나 이러한 권력을 가진 리더들보다 더 깊으신 하나님은 자신의 백성들을 변화시키기 위해 엄청난 시간을 들여 정보를 사용하십니다. 그분은 성경을 통해, 그리고 특별한 개인을 대리인으로 세우셔서 이 정보를 알리십니다.

리더들도 자신을 따르는 사람들을 변화시키기 위해 이 여섯 가지 힘을 사용해야 합니다. 중요한 원칙은 사람들이 '무엇을 해야 하는지', '그 이유는 무엇인지' 명쾌하고 논리적으로 이해할 때 가장 강력하게 영향을 받는다는 것을 기억하는 것입니다. 올바른 정보 없이 목표를 성취하기란 불가능합니다.

5일 · 실행 포인트

변화와 혁신

변화는 중요합니다. 그러나 핵심 가치를 고수하는 일 역시 중요합니다. 베드로가 이 문제와 관련하여 갈등하게 되자, 하나님은 그가 자신의 핵심 가치를 포기하지 않으면서도 변화를 이룰 수 있도록 도와주셨습니다. 제임스 콜린스(James C. Collins)와 제리 포라스(Jerry I. Porras) 역시 리더에게 변화와 핵심 가치의 중요성을 역설합니다.

사도행전 16장 6~10절을 읽으십시오

『성공하는 기업들의 8가지 습관』에서 제임스 콜린스와 제리 포라스는 비전을 품은 기업이 핵심 이데올로기를 확립하고 나면, 그 이데올로기를 신앙처럼 여기며 거의 바꾸는 일이 없다고 지적합니다. 이 저자들은 다음과 같이 결론을 내립니다. "비전을 품은 기업의 핵심 가치들은 견고한 토대를 형성해 시대의 유행이나 추세에 흔들리지 않습니다. 몇몇 경우, 핵심 가치들은 거의 백여 년 이상이나 변함없이 유지됩니다. …그렇지만 비전을 지향하는 기업들은 자신들의 핵심 이데올로기들을 확고하게 유지하면서도 진보에 대한 강력한 열망을 드러냅니다. 그 열망을 통해 그들은 소중한 핵심 이념들을 지키면서도 조직을 변화시키고 시대에 적응해 나갈 수 있습니다."* 유능한 리더는 자신의 핵심 가치들을 인식하고 인정하면서도 조직이 전진해 나갈 수 있도록 실천 관행들과 절차들을 바꿀 수 있다는 말입니다.

바울은 자신의 여행 일정과 계획을 가지고 있었습니다. 그의 나귀에는 "비두니아로 가라!"고 새겨져 있었습니다. 그러나 하나님은 이것을 "마게도냐로 가라!"로 바꾸셨습니다. 새로운 곳으로 방향이 바뀌었습니다. 그러나 바울의 핵심 가치는 비두니아가 아니었습니다. 하나님의 나라를 확장시키려는 하나님의 뜻을 성취하는 것이었습니다. 바울은 자신의 욕구(비두니아로 가는 것)와 핵심 가치(하나님의 부르심을 따라가는 것)를 혼동하지 않았기 때문에 열정적으로 "배로 떠나 사모드라게로 직행"했습니다(11절). 바울과 같이 경건한 리더에게는 자신의 대의를 유지하는 데 필요한 변화를 불러일으키면서도 핵심 가치를 확고하게 지켜 나갈 수 있는 능력이 필요합니다.

21주 · 1일

비전 전달(1)

역대상 28장 1~21절을 읽으십시오

하나님이 예루살렘 성전을 세우는 비전을 주셨을 때, 다윗은 자신이 직접 그 꿈을 실현시키는 도구가 되기를 원했습니다. 그러나 여호와 하나님은 다윗의 아들이며 왕위 계승자인 솔로몬이 성전을 세우는 일을 감당할 것이라고 말씀하셨습니다. 그렇지만 다윗은 그 일을 수행하는 데 자신이 제외되었다고 여기지 않았습니다. 그래서 그는 열심을 내어 새로운 일을 맡아 감당했습니다. 즉, 솔로몬에게 성전에 대한 비전을 알려 그가 전폭적으로 성전을 짓는 일에 집중하도록 영향을 미치는 일이었습니다. 다윗이 이 일을 어떻게 진행했는지 주목하십시오.

첫째, 다윗은 그 비전이 하나님으로부터 왔음을 명확히 밝혔습니다(1~3절). 둘째, 다윗은 솔로몬이 나중에 성전을 건축하는 일을 담당하고 이끌어 가게 될 것이라고 알려 주었습니다(6~7절). 그와 같은 과업을 감당하기 위해서는 주님과 그 일을 향한 전적인 헌신이 필요합니다. 마음을 다 기울이지 않고서는 그 일을 이룰 수 없습니다(8~10절). 셋째, 다윗은 백성들에게 하나님이 솔로몬을 통해 그 일을 이루실 것이며 이 엄청난 과업은 반드시 성취될 것이라고 전했습니다(6절). 넷째, 다윗은 그 성전의 모습을 솔로몬이 눈으로 그릴 수 있을 정도로 상세히 가르쳐 주었습니다(11~19절). 마지막으로, 다윗은 비전을 모두 제시한 후 아들을 다시 한 번 격려합니다(20~21절).

리더의 가장 중요한 임무 가운데 하나는 조직의 비전을 다른 사람들에게 알리고 거기에 참여하도록 독려하는 것입니다. 비전을 전달하는 다윗의 전략을 살펴보고, 여러분의 상황에 어떻게 적용할 수 있는지 생각해 보십시오.

2일 · 주님께 배우는 리더십

비전 전달(1)

성경은 비전을 제시하는 책으로, 장래에 대한 하나님의 약속을 바라볼 뿐만 아니라 그 약속들이 실현되는 과정에 참여하도록 우리를 초청합니다. 하나님은 우리에게 하나님의 사역에 참여할 수 있는 무한한 특권을 부여해 주시고, 각자의 몫을 나눠 주시며, 꾸준한 결과를 만들어 내게 하십니다. 오늘 본문에서는 제자들에게 비전을 전달하기 위해 예수님이 선택하신 도구를 살펴봅시다.

요한복음 4장 35절을 읽으십시오

양식을 사러 갔다 돌아온 제자들에게, 예수님은 그들이 알지 못하는 양식을 주겠다고 말씀하시며 제자들을 놀라게 했습니다(32절). 처음에 제자들은 예수님이 육체적인 음식을 준다는 의미라고 생각했습니다. 그러나 예수님은 다른 종류의 양식, 즉 하나님의 뜻에 참여하는 것을 말씀하셨습니다(34절).

제자들이 현장에 도착하기 전에 예수님과 만나 대화를 나누던 사마리아 여인은 자신의 모든 과거를 아는 예수님에 관하여 마을 사람들에게 전하려고 달려갔습니다. 추수할 때를 기다리는 익은 곡식들을 바라보라고 하신 예수님의 말씀은 아마도 예수님과 이야기를 하러 오던 사마리아 사람들을 가리킨 말이었을 것입니다.

이 단락은 예수님이 자신의 제자들에게 성부 하나님의 뜻에 대한 더 큰 비전을 전해 주기 위해 얼마나 지속적으로 힘쓰셨는지 잘 보여 줍니다. 하나님의 비전은 언제나 인간의 이해를 넘어서기 때문에 그 비전은 하나님의 성령에 의해 전달되어야 합니다.

동일한 원리가 구약 성경에 제시되어 있습니다. 아람 군대가 선지자 엘리사를 체포하려고 시도했을 때 그의 종은 절망에 빠져서 "아아, 내 주여 우리가 어찌하리이까?"라고 한탄했습니다(왕하 6:15). 그러자 엘리사는 하나님께서 그 상황을 주관하신다는 비전을 전달했습니다(왕하 6:16~17).

사도 바울은 고린도교회에 쓴 편지에서 이 원리를 확대했습니다. "육에 속한 사람은 하나님의 성령의 일들을 받지 아니하나니 이는 그것들이 그에게는 어리석게 보임이요, 또 그는 그것들을 알 수도 없나니 그러한 일은 영적으로 분별되기 때문이라"(고전 2:14). "그중에 이 세상의 신이 믿지 아니하는 자들의 마음을 혼미하게 하여 그리스도의 영광의 복음의 광채가 비치지 못하게 함이니 그리스도는 하나님의 형상이니라"(고후 4:4). 성령님의 역사로 확신을 경험하지 못한 불신자에게는, 그리스도의 삶의 비밀이 허락되지 않습니다.

경건한 리더로서, 하나님 나라를 건설하겠다는 개인적인 그리고 직업적인 비전을 전달하기에 힘쓸 것을 다짐하며 성령의 역사를 간구하십시오.

3일 · 리더십 자기 점검

비전 전달(1)

비전을 갖는 것과 그 비전을 다른 사람들에게 전달해 그들이 그 비전을 수용하고 내면화하는 것은 별개의 일입니다. 그리스도를 따르는 사람들은 자신의 영향력이 미치는 범위와 영역 안에서 다른 사람들에게 새 생명의 비전을 전달하라는 사명을 위탁받았습니다. 오늘 본문에서는 부모들이 영적, 도덕적 진리를 자녀들에게 전달하는 일을 어떻게 위임받았는지 살펴봅시다.

신명기 6장 4~9절을 읽으십시오

이 말씀은 자녀들이 성경의 교훈과 원리를 듣고 수용할 환경을 만들어 줄 책임이 부모들에게 있다는 핵심적인 성경 구절입니다. 사람은 자신에게 없는 것을 줄 수 없기 때문에, 다음 세대에게 영적인 진리를 전수하고자 한다면, 부모들이 먼저 주님을 알고 사랑하는 것이 우선적이고 필수적인 일입니다. "오늘 내가 네게 명하는 이 말씀을 너는 마음에 새기고"(6절). 여호와 하나님을 사랑하는 사람만이 이 사랑을 다른 사람들에게 효과적으로 전달할 것입니다.

이 구절은 비전이 공식적인 통로뿐 아니라 비공식적으로도 전달되어야 한다는 사실을 강조합니다. 하나님은 부모들이 집 안에서뿐만 아니라, 밖에서도 자녀들에게 하나님의 계명을 가르쳐야 한다고 말씀하십니다(7절).

하나님을 아는 일을 진지하게 여기는 사람들은 자신들이 말하는 바를 몸으로 보여 주기 시작합니다. 영적이며 도덕적인 원리들은 삶의 현장에서, 말뿐만 아니라 성품을 통해서 가장 잘 전달됩니다. 진리는 말과 행위가 일관성이 있을 때 가장 효과적으로 선포됩니다. 잠언 2장을 읽으십시오. 이 말씀에서 아버지는 어떤 방식으로 자식에게 지혜를 추구하는 마음을 전달하려고 노력합니까?

4일 · 리더십 업그레이드

비전 전달(1)

하나님은 모세가 위대한 비전을 '받아들이기'를 원하셨습니다. 그러나 하나님이 비전을 모세에게 전달했을 때, 모세는 주저했습니다. 우리는 이 이야기를 통해, 비전을 받았지만 그것을 받아들이지 않는 사람들을 대하는 방법을 배울 수 있습니다. 하나님은 강력하게 저항하는 모세를 설득하셔서 결국 모세가 그 비전을 받아들이도록 만드셨습니다. 오늘 본문에 있는 사건과 모세에 대한 간략한 인물 연구를 읽고 하나님이 모세를 어떻게 이끌어 가시는지 살펴봅시다.

출애굽기 3장 11절~4장 12절을 읽으십시오

모든 리더는 때때로 자신의 능력으로는 도무지 성취할 수 없을 것 같은 도전에 직면하게 됩니다. 하나님이 불타오르는 가시떨기 덤불 가운데서 모세에게 나타나셨을 때, 모세가 바로 그렇게 느꼈을 것입니다(3:10). 모세는 하나님의 약속에 대해 세 가지 질문과 한 가지 반론을 제시했습니다. 그러나 그것은 그가 믿음과 자신감이 없음을 드러내는 증거일 뿐이었습니다.

첫째, 모세는 "내가 누구이기에?"라고 물었습니다(11절). 그 질문을 통해 우리는 모세의 급격한 변화를 눈치 챌 수 있습니다. 40여 년 전, 모세는 동료 히브리인이 애굽인에게 매 맞는 것을 목격하고 충동적으로 나선 적이 있습니다(2:11~12). 그러나 이제 그는 심지어 하나님이 직접 사명을 위임하시는 데도 불구하고 자신이 그 과업에 부적합하다고 느꼈습니다. 그 질문에 대해 하나님은 정확히 모세에게 필요한 답변을 하십니다(3:12). 모세는 한 사람에게 하나님이 임하시면 절대다수의 사람들보다 강하다는 사실을 알게 되었습니다.

둘째, 모세는 "내가 무엇이라고 그들에게 말하리이까?"라고 물었습니다(13절). 250만 명의 노예들을 해방시키라는 것은 무리한 명령이었습니다. 바로를 설득하기 위해 모세는 자신보다 더 높은 권위가 필요했을 것입니다. 하나님은 모세에게 필요한 것을 주셨습니다(14절). 하나님은 자신을 "나는 스스로 있는 자"라고 지칭함으로써, 자기 백성을 위해 항상 존재하시는 영원하신 하나님으로 자신을 계시하셨습니다. 그분은 아브라함과 이삭의 하나님이셨습니다. 이 호칭은 애굽에 있는 히브리인들의 심금을 울릴 것입니다.

셋째, 모세는 "그래도 그들이 나를 믿지 않[을]"(4:1) 것이라고 질문합니다. 틀림없이 그는 40여 년 전 사건을 떠올렸을 것입니다. 모세가 두 히브리인 사이의 분쟁을 중재하려고 나섰을 때, 그들 가운데 한 사람이 냉소적으로 물었습니다. "누가 너를 우리를 다스리는 자와 재판관으로 삼았느냐?"(2:14). 그 말이 아직 모세의 귓가에 쟁쟁했기 때문에, 그가 배척당하는 것을 두려워하는 것은 이해할 만한 일입니다. 그러나 하나님은 여러 가지 기적들을 통해 모세의 리더십을 입증해 주겠다고 말씀하셨습니다. 그 일들을 통해 모세는 애굽에서 가장 의심 많은 사람에게도 확신을 줄 수 있을 것입니다. 하나님이 모세 곁에 계시는 한, 모세는 두려워할 이유가 전혀 없었습니다.

모세의 마지막 반론은 자신이 말을 유창하게 할 수 없기 때문에 그 백성들을 인도할 자격이 없다는 것이었습니다(4:10). 남을 설득해 본 지 너무나 오랜 세월이 흘렀기 때문에, 모세는 다른 사람들을 설득할 수 있는 능력을 상실했다고 생각했습니다. 다시 한 번 하나님은 모세에게 자비롭게 대답하셨습니다. 하나님은 모세에게 할 말을 주실 것을 약속하시고 아론이 그 일을 대행하도록 하셨습니다.

모세는 세계사에서 가장 위대한 리더 가운데 한 사람이었습니다. 하나님이 모세에게 이스라엘 백성을 이끌라고 지시하셨을 때, 모세는 머뭇거렸지만 결국 순종했습니다. 하나님은 그분이 모세의 두려움과 염려를 진정으로 이해하신다는 사실을 보여 주셨습니다. 하나님은 모세의 말 한마디 한마디를 받아들이셨고 각각의 해결책을 제공하셨습니다. 염려들이 다 사라지면서, 비전에 대한 모세의 저항도 사라졌습니다.

모세처럼 리더들은 때때로 거친 도전과 극복하기 힘들어 보이는 상황에 직면하게 됩니다. 그럴 때 리더들은 모세의 모범을 따를 필요가 있습니다. 즉 상황을 파악하고, 하나님 앞에 자신의 두려움을 내어놓고, 하나님의 응답을 경청하고, 그 응답에 따라 순종하는 것입니다.

5일 · 실행 포인트

비전 전달(1)

오늘은 어제 다뤘던 내용, 즉 모세가 비전을 받아들이고 그것에 헌신하도록 만드신 하나님의 방법에 대해 좀더 깊이 분석해 보겠습니다. 출애굽기 3장 11절~4장 12절을 다시 살펴보면서 모든 리더가 조직에 새로운 비전을 제시할 때 직면하는 반대와 장애를 체계적으로 다루는 방법을 발견하십시오.

출애굽기 3장 11절~4장 12절을 읽으십시오

어제 우리는 하나님이 어떻게 모세를 이끄셔서 하나님의 비전을 거부하는 태도를 바꾸고 그 비전을 이끌어 나가도록 만드셨는지 읽었습니다. 오늘은 그 사건을 분석해 보겠습니다. 먼저, 하나님의 비전에 저항하던 사람을 그 비전의 리더로 변화시키신 하나님의 놀라운 이야기를 다시 읽으십시오. 그리고 비전에 반론했던 다섯 가지 요인을 중점적으로 살펴보겠습니다.

"내가 누구이기에?"(3:11). 아무리 잘 이루어진 비전 선언문이라

해도 부담스러운 기분이 들게 마련입니다. 비전 선언문을 들은 사람들이 부담이 전혀 느껴지지 않는다면, 적어도 선언문을 처음 들었을 때 감당하기 버겁다는 느낌이 없다면, 아무런 도전도 줄 수 없으며 그들을 움직일 만한 아무런 자극도 불러일으키지 못할 것입니다. 비전 선언문의 바로 그 힘이 또한 저항을 불러일으킵니다.

"내가 무엇이라고 그들에게 말하리이까?"(3:13). 이 말은 자신이 치러야 할 대가와 가치를 우려하는 말입니다. "누가 이 일을 지원해 줍니까?"그처럼 엄청난 비전에 대한 최종적인 책임은 누가 집니까?" 모세는 어떤 권위의 뒷받침을 기대했습니다. 여러분의 조직 안에 속한 사람들도 그럴 것입니다.

"그러나 그들이 나를 믿지 아니한다면?"(4:1). 비전 선언문에 대한 사람들의 반응은 대부분 기가 질리거나(첫 번째 지적사항), 회의적인 태도를 견지하거나(두 번째 지적사항), 그 정당성을 진지하게 검토해 보는 것에 이르기까지 다양합니다. 비전이 멋지다면, 사람들은 증거를 요구할 것입니다.

오늘은 어제 다뤘던 내용, 즉 모세가 비전을 받아들이고 그것에 헌신하도록 만드신 하나님의 방법을 좀더 깊이 분석해 보겠습니다. 출애굽기 3장 11절~4장 12절을 다시 살펴보면서 모든 리더가 조직에 새로운 비전을 제시할 때 직면하는 반대와 장애를 어떻게 체계적으로 다루시는지 발견하십시오.

"주여, 보낼 만한 자를 보내소서"(4:13). 모세의 마지막 저항은,

"주님, 제발 저는 빼 주세요. 저는 너무나 부담스럽습니다. 지금 제가 있는 그대로가 더 편합니다"라는 것이었습니다. 이러한 호소를 효과적으로 다루고, 사람들에게 새로운 가능성들을 향한 열정을 불러일으키는 리더는 효율적인 팀을 꾸려 나가는 데 일익을 담당하게 될 것입니다.

"내가 누구이기에?" 하나님은 아주 효과적으로, "내가 너를 불렀으며, 내가 이 일을 하고 있다. 중요한 것은 네가 누구냐 하는 것이 아니라 내가 누구며 내가 너를 통해 하고자 하는 일이다"(3:1~12 참고)라고 말씀하셨습니다.

"내가 무엇이라고 그들에게 말하리이까?" "이 일에는 내가 너와 함께하고 있다. 이는 내가 이루고자 하는 바를 네가 성취할 것이기 때문이다"(3:13~22 참고).

"그러나 그들이 나를 믿지 아니한다면?" "원대한 비전을 제시하면 의심이 일어나는 것은 당연한 일이다. 그들의 의심을 해소할 수 있도록 충분한 증거와 이유를 제시하라"(4:2~9 참고).

"주여, 나는 본래 말을 잘하지 못하는 자니이다." "나를 신뢰하라. 그러면 내가 무엇을 할 수 있는지 보여 주겠다"(4:11 참고).

"주여, 보낼 만한 자를 보내소서." 하나님은 모세를 설득하고, 일을 진행하라고 재촉하시며 하나님의 신실하심을 의지하라고 권면하셨습니다. 마찬가지로, 비전을 설득할 때가 있으며 그 비전을 성취하도록 강권할 때가 있는 법입니다.

22주 · 1일

비전 전달(2)

신명기 6장 1~25절을 읽으십시오

모세는 비전 전달 방법을 하나님께 직접 배웠습니다. 우리는 지난 두 번의 연구에 걸쳐, 비전을 강력하게 반대했던 모세를 그 비전의 주요 대변인으로 변화시킨 하나님의 방법을 살펴보았습니다. 모세는 처음 자신이 저항했던 그 비전을 성취하기 위해 다른 사람들을 이끄는 일에 남은 평생을 바쳤습니다. 하나님께 배우는 학생인 동시에 이스라엘의 지도자가 된 모세의 경험은, 비전을 전달하는 데 필요한 몇 가지 소중한 통찰을 우리에게 제공합니다.

이 단락에서, 이스라엘은 약속의 땅에 들어갈 태세를 갖추고 있습니다. 성벽으로 둘러싸인 도시들의 강력한 저항이 예상되는 가운데, 모세는 그를 따르는 사람들이 그 땅만을 보상으로 받게 된다면 굳이 위험을 감수하지 않으리라는 것을 알았습니다. 하나님의 가르침을 따라 이 백성들을 위한 비전을 볼 수 있었던 모세는, 이제 그 비전을 백성들에게 다음과 같이 전달합니다.

- 그 비전은 그를 따르는 사람들의 가치에 근거한 것이었습니다(1~9절). 모세는 이 일이 하나님 백성으로서 이스라엘의 정체성을 형성하는 데 꼭 필요하다는 점(4~9절)과 그들의 가족을 부양할 수 있는 안전한 장소를 제공해 주리라는 점(2~3절)을 강조했습니다. 가치를 전달하지 못하는 비전은 수용되기 힘듭니다.
- 그 비전은 유토피아적인 요소를 가지고 있었습니다(10~12절). 사람들에게는 자신의 안전과 평안을 희생할 만한 설득력 있는 가치가 필요합니다. 사람들은 그저 '좋은' 것을 위해서는 희생하지 않습니다. 효과적인 비전을 제시하려면, 현재 상황보다 더 나은 것을 얻기 위해 노력할 가치가 충분히 있음을 보여 주어야 합니다.
- 그 비전은 따르는 사람들의 적극적인 참여가 필요했습니다(13~19절). 그 비전이 귀중하고 가치 있다는 사실이 인식되면, 그것은 열망의 대상이 됩니다. 비전의 실현은 사람들의 헌신에 달려 있습니다. 모세는 이 엄청난 과업을 혼자서 이룰 수 없었습니다.
- 그 비전은 장기적인 영향력이 있었습니다(1~2, 20~25절). 비전은 다음 세대로 전수될 가치가 있어야 합니다.
- 그 비전을 달성하기 위해서는 믿음이 필요했습니다. 성경은 하나님이 자기 백성들의 일에 참여하신다고 가르칩니다. 비전을

인간의 자원에만 한정한다면 기독교의 근본 요소는 사라집니다. 전능하신 하나님은 자신에게 헌신한 리더들과 그 계획들을 축복하십니다. 그 점이 바로 성경적인 리더가 비전을 전달할 때 가장 크게 구별되는 특징입니다.

2일 · 주님께 배우는 리더십

비전 전달(2)

예수님은 리더십에 관해 너무나 많은 가르침을 주셨기 때문에, 우리는 비전을 전달하는 일 같은 중요한 주제에 대한 그분의 가르침을 간과하기가 쉽습니다. 공생애 초기에 예수님은 제자들에게 모든 것을 다 버리고 자신을 좇으라고 요청하셨습니다. 예수님이 그런 요청을 하신 이유는 무엇일까요?

누가복음 5장 1~11절을 읽으십시오

예수님은 비전을 제시하는 데 아주 효과적인 방법을 사용하셨습니다. 그래서 예수님이 부르신 첫 제자들은 예수님을 추종하기 위해 자신의 가업을 포기했습니다. 예수님이 어떻게 하셨기에 그것이 가능했을까요?

첫째, 예수님은 신뢰를 쌓은 후 제자들을 부르셨습니다. 세례 요한으로부터 세례를 받으신 일과 그 자리에서 나타난 하나님의 증거는 예수님이 어떤 분인지를 명확히 나타내 주었습니다(마 3:13~17

참조). 제자들은 이미 예수님을 만난 적이 있었을 것이며 어느 정도 예수님이 메시아이심도 인식하고 있었을 것입니다.

둘째, 예수님은 그들에게 큰 비전을 주셨으며, 그 비전을 그들이 이해할 수 있는 언어로 말씀하셨습니다. 예수님은 그들이 '사람을 낚을 것'이라고 말씀하셨습니다. 세계 선교라든지, 로마 제국에 영적 영향력을 행사하는 일은 말씀하시지 않았습니다. 그 대신 자신의 비전을 듣는 자들이 쉽게 이해할 수 있도록 생생한 이미지로 설명하셨습니다.

마지막으로, 예수님은 그 임무를 감당할 수 있도록 그들을 준비시켜 주겠다는 약속도 말씀하셨습니다. 그들이 그 비전을 성취할 수 있도록 도와주시겠다는 것이었습니다.

대부분의 사람은 어떤 변화를 일구어 내는 일에 참여하고 싶어합니다. 예수님은 제자들이 물고기를 잡는 일보다 더 큰 일, 즉 사람들을 변화시키는 일에 그들을 참여시키셨습니다. 여러분이 팀원들에게 "우리가 하는 일이 중요한 이유가 무엇입니까?"라고 묻는다면, 그들은 무엇이라고 대답할 것 같습니까? 그들이 무엇인가 더 크고 위대한 일의 한 부분으로 참여하고 있음을 일깨우기 위해 여러분은 무엇을 하겠습니까?

3일 · 리더십 자기 점검

비전 전달(2)

공생애 기간 동안 예수님은 사람들의 시선을 원대하고 영원한 비전으로 돌리셨습니다. 오늘 본문은 비전 제시에 관한 한 가지 유익한 사건을 기록하고 있습니다.

마태복음 13장 24~52절을 읽으십시오

예수님의 비유들은 청중들의 시선을 하나님 나라에 고정시켜 주었습니다.

예수님은 리더들이 비전을 전달할 때, 간단하고 직접적으로 전달해야 한다는 점을 아셨습니다. 케이 밀즈(Kay Mills)는 패니 루 해머(Fannie Lou Hamer)가 간단하면서도 강력하게 비전을 전달한 20세기의 연설가였다고 말합니다. "엘레이노어 홈즈 노튼(Elanor Holmes Norton)은 흑인 인권운동을 펼칠 때 연사로 나섰던 모든 사람의 연설을 기억하는데, 마틴 루터 킹 목사를 제외하고는 패니 루 해머의 연설에 필적할 사람이 없다고 주장했습니다. …노튼이 감탄하는 것은, 해머에게는 자유와 정의에 대한 일관된 생각을 함께 모아 엮어 낼 수 있는 능력이 있어서 말이 터져 나오면 그 말이 놀랍도록 논리적이어서 청중들이 그의 연설을 이해하게 된다는 것이었습니다. …당신은 결코 패니 루 해머의 연설처럼, 사람들의 마음속에 불을 질러 강연장을 들썩들썩하게 만들었던 연설을 들어본 적이 없을 것입니다. 그녀의 연설은 주제가 분명했습니다. 교훈을 주었습니다. 원리를 제시했습니다. …그녀는 우리 모두 느꼈던 진짜 중요한 것을 딱 찍어서 말해 주었습니다."

비전을 효과적으로 전달하고자 하는 리더들은 청중들이 무엇을 듣게 될 것인지를 알고 있습니다. 비전이 더 간단하고 구체적일수록 그 비전은 더 쉽게 이해되며, 내면화될 것입니다.

4일 · 리더십 업그레이드

비전 전달(2)

하나님의 선지자들은 비전을 보는 사람들이었습니다. 따라서 비전을 효과적으로 전달하는 법을 배우고자 한다면, 이들에게 교훈을 얻을 수 있을 것입니다. 오늘 본문에서는 이러한 일에 유능했던 한 사람을 살펴봅시다.

미가 4장 1~5절을 읽으십시오

1. 선지자들은 줄기찼습니다. 반대를 받든 존중을 받든, 비전을 전달하는 것을 결코 멈추지 않았습니다. 그들은 리더로서 일관되게 백성에게 하나님의 말씀을 전해 주었습니다. 그들은 선포하는 사람이 무시해 버리는 비전은 결코 실현되지 않는다는 사실을 알았습니다. 깊은 영감을 주는 포스터도, 그 종이가 바래기 훨씬 전에 잊혀지는 법입니다. 새로운 방법들이든, 창조적인 방법들이든 혹은 일반적인 방법들이든 비전은 항상 줄기차게 전달되어야 합니다.

2. 선지자들은 일관성이 있었습니다. 서로 다른 인물, 서로 다른 시간대, 다른 장소였음에도 불구하고 같은 비전을 가지고 있었습니다. 물론 선지자들은 각기 다른 사회적, 영적, 정치적 상황들 속에서 비전을 선포했습니다. 그들은 경고하고 꾸짖었으며, 침울한 멸망의 소식을 전파했습니다. 그러나 그들이 전하는 비전은 언제나 똑같았습니다. 리더는 조직 전체에 일관성 있는 비전을 꾸준히 전달해야 합니다. 이것은 변화하는 현실에서 벗어나라는 뜻이 아닙니다. 비전은 조직을 탁월하고 성실하게 이끄는 근본입니다.
3. 선지자들은 낙관적이며 열정적이었습니다. 선지자들은 자신들이 선포했던 그 비전을 '볼' 수 있었으며 '느낄' 수 있었습니다. 그 때문에 그들은 신이 났습니다. 리더가 '비전을 선포하기 위해' 내면에 열정을 만들어 내야 한다면, 그 비전은 쇄신이 필요합니다. 만약 그 비전이 신바람도 나지 않고 리더에게 생생하지도 않다면, 따르는 사람들 역시 그 비전을 추구하지 않을 것입니다.

선지자들은 줄기차고 일관적이고 열정적으로 하나님의 뜻을 선포했기 때문에 존경을 받았습니다. 여러분의 조직에 비전을 전달하고자 한다면 이 세 가지 특징을 여러분의 상황에 접목하도록 노력하십시오.

5일 · 실행 포인트

비전 전달(2)

다시 모세에게 돌아가서 마지막으로 하나님이 어떻게 모세를 이끌어 이스라엘의 미래를 향한 그분의 비전을 완전히 수용하도록 만드셨는지 복습해 봅시다.

출애굽기 3장 1~10절을 읽으십시오

하나님은 모세에게 하나님 백성의 새로운 삶에 대한 놀라운 비전을 제시하셨습니다. 그리고 그 비전을 이스라엘에게 전달하라고 명하셨습니다. 그 비전은 백성들의 욕구를 만족시켰으며, 그들의 행동을 이끌어 내기에 충분했습니다(8절). 왜 그 비전이 그와 같은 힘을 지녔을까요? 그들의 상황에 맞는 비전이었기 때문입니다.

7절에서 하나님은, "내가… 분명 보고… 듣고… 알았다"고 말씀하셨습니다. 하나님은 자신의 백성들을 주의 깊게 살펴보시고, 들으시고, 행동하셨습니다.

앨런 윌킨스(Alan Wilkins)는 다음과 같이 지적합니다. "비전을 공유해 발전시키는 일은 비전을 전달하는 일과 더불어 시작됩니다. 그러나 그것은 말로만 이루어지지 않습니다. …말로 설득하는 능력이 변화를 이끌어 내는 리더십의 중요한 부분이기는 하지만, 듣는 것이야말로 설득 과정의 핵심입니다."*

비전을 효과적으로 전달하기 위해, 리더는 과연 그 비전이 자신을 따르는 사람들의 필요에 얼마나 부응하는지 알아야 합니다. 즉, 리더는 세심하고 주의 깊게 들은 다음에, 자신을 따르는 사람들이 이해할 수 있는 말로 그 비전을 세워야 합니다. 비전을 전달하기 위해서는 말하는 것 이상으로 주의 깊게 듣는 일이 반드시 필요합니다.

또 그 아들 솔로몬에게 이르되
너는 강하고 담대하게 이 일을 행하라 두려워하지 말며 놀라지 말라
네가 여호와의 성전 공사의 모든 일을 마치기까지
여호와 하나님 나의 하나님이 너와 함께 계시사
네게서 떠나지 아니하시고 너를 버리지 아니하시리라
● 역대상 28장 20절

23주 · 1일

의사소통 기술(1)

잠언 18장 13절을 읽으십시오

아시시의 성 프랜시스는 그의 유명한 기도문에서 "이해받기보다는 이해하도록" 간구했습니다. 이 원리는 효과적인 의사소통의 열쇠입니다.

사실 성 프랜시스가 이 기도문을 펜으로 쓰기 수백 년 전에 잠언은 이미 같은 충고를 했습니다. 잠언 18장 13절에서 우리는 "사연을 듣기 전에 대답하는 자는 미련하여 욕을 당하느니라"는 말씀을 읽습니다. 또 솔로몬은 듣지는 않고 말하기만 좋아하는 자들을 날카롭게 지적합니다. "미련한 자는 명철을 기뻐하지 아니하고 자기의 의사를 드러내기만 기뻐하느니라"(18:2).

의사소통을 잘 할 줄 모르는 리더는 제대로 이끌 수도, 오래 이끌 수도 없습니다. 대부분의 리더는 장기 계획, 시간관리, 대중 연설과 같은 기술들을 계발하는 데 막대한 시간과 에너지를 소비합니다. 그러나 듣는 기술을 계발하는 데는 어떠합니까? 좋은 리더가 되고

자 하는 사람들은 이 기술을 계발해야 합니다. 상대방의 시선에 눈을 맞추고 자신이 들은 내용을 확실하게 이해했는지 다시 확인함으로써 이런 기술을 연습할 수 있습니다.

듣는 기술과 밀접한 관련이 있는 능력은 상대방을 자극하거나 강하게 말하지 않으면서도 자신의 뜻을 확실하게 표현하는 능력입니다. "칼로 찌름같이 함부로 말하는 자가 있거니와 지혜로운 자의 혀는 양약과 같으니라"(잠 12:18). 지혜로운 리더는 말하기 전에 생각합니다. 그렇게 함으로써, 파괴적인 말보다 세워 주는 말을 선택합니다. 적대적인 상황에 직면할 때, 분노를 표출하기보다 화를 가라앉히고 온유하고 부드럽게 말합니다(잠 15:1).

여러분을 향한 사람들의 신뢰도는 여러분의 의사소통 능력에 따라서 결정될 것입니다. 그에 따라 여러분에게는 확신 혹은 두려움이 쌓이게 될 것입니다. 또한 사람들이 얼마나 열렬히 여러분을 따를지가 결정됩니다. 여러분이 이끄는 사람들이 여러분의 경청 기술에 얼마나 점수를 줍니까? 여러분이 듣는 능력을 강화하기 위해 할 수 있는 일 한 가지는 무엇입니까?

2일 · 주님께 배우는 리더십

의사소통 기술(1)

성경의 근본적인 전제는 단지 하나님이 존재하신다는 사실만이 아닙니다. 하나님이 선지자들과 사도들을 통해, 그리고 성육하신 독생자의 계시를 통해 우리와 소통하신다는 것입니다. 하나님은 인격적이며 관계적인 존재로서 우리와 소통하시는 분이십니다. 오늘 본문에는 하나님이 우리와 소통하는 두 가지 방법이 나타나 있습니다.

시편 19편 1~11절을 읽으십시오

하나님은 최고의 의사소통자이십니다. 이 시편의 첫 여섯 절은 자연의 권능과 질서와 아름다움을 통해 우리에게 나타나는 하나님의 일반 계시를 보여 줍니다. 이 계시는 모든 사람이 접할 수 있기 때문에 일반 계시라 부릅니다. 말이나 언어가 없어도, 별들은 자신을 창조하고 돌보시는 분께 영광을 돌립니다. 그러므로 아무도 하나님이 실존하신다는 사실에 무지할 수 없습니다. "보이지 아니하는 것들 곧 그의 영원하신 능력과 신성이 그가 만드신 만물에 분명히 보여 알려졌나니 그러므로 그들이 핑계하지 못할" 것입니다(롬 1:20).

7~11절에서 다윗은 일반 계시에서 특별 계시로, 즉 자연에서 말씀으로 초점을 옮깁니다. 하나님의 말씀은 말씀을 배우고 따르는 사람들에게 풍성한 복을 주며 힘을 제공해 줍니다. 하나님은 성경을 통해 우리와 소통하시며, 우리에게 영향력을 미칠 뿐만 아니라 우리를 변화시켜 주십니다. 시간을 내어 디모데후서 3장 16~17절과 히브리서 4장 12~13절을 살펴봅시다. 우리 존재를 관통하는 하나님의 말씀의 깊이를 상고할 수 있는 좋은 기회가 될 뿐만 아니라, 하나님의 생기의 말씀을 접했을 때 얻을 수 있는 몇 가지 혜택을 깨닫게 될 것입니다.

그러나 성경만큼이나 위대한 하나님의 의사소통 형태는 예수 그리스도를 통한 직접 계시입니다(히 1:1~3). 그리스도가 오신 목적은 우리에게 아버지를 알리기 위해서였습니다. "내 아버지께서 모든 것을 내게 주셨으니 아버지 외에는 아들을 아는 자가 없고 아들과 또 아들의 소원대로 계시를 받는 자 외에는 아버지를 아는 자가 없느니라"(마 11:27). 하나님이 먼저 주도적으로 일하셨기 때문에, 우리가 하나님을 아는 일이 가능하게 되었습니다. 그리고 하나님은 우리 역시 성경과 기도를 통해 인격적으로, 개인적으로 하나님과 소통할 것을 요청하십니다.

3일 · 리더십 자기 점검

의사소통 기술(1)

우리는 하나님의 형상으로 창조되어서, 인격적이고 관계적이며 의사소통하는 존재들입니다. 관건은 우리가 의사소통을 한다는 사실이 아니라 우리의 의사소통이 얼마나 효과적이며 적합한가입니다. 우리가 하는 말은 다른 사람에게 복을 줄 수도, 해를 끼칠 수도 있습니다. 오늘 본문을 통해 말의 중요성을 생각해 봅시다.

야고보서 3장 1~18절을 읽으십시오

야고보서는 신약 성경의 지혜서입니다. 구약 성경의 잠언과 같이 우리가 주고받는 말들에 대해서 많은 교훈을 줍니다. 야고보서 3장은 우리가 이미 길고 고통스러운 과정을 겪으면서 알게 된 많은 교훈들을 강조합니다. 혀는 우리 신체의 어느 부분보다도 다스리고 통제하기 힘듭니다. 우리의 말은 중립적이지 않습니다. 우리가 하는 말은 우리의 성품에 의해 형성되며 성품의 영향을 받습니다. 잘 듣고 적절하게 말하는 기술은 교실에서 배울 수는 없습니다. 그럼에도 불구하고 이 기술들은 효과적인 리더십을 발휘하는 데 필수적입니다.

우리가 혀를 통제할 수 없다는 야고보의 결론에 주목하십시오(8절). 그러나 야고보가 우리를 혀의 가엾은 희생물로 남겨 두지는 않았다는 사실 또한 주목하십시오. 야고보의 관찰은 틀림없는 사실이지만, 그는 우리가 마음에 새겨야 할 두 가지 종류의 지혜를 제공합니다.

13~18절에 나오는 대조들을 살펴보십시오. 그런 다음에 마음을 가득 채운 것이 입으로 나온다는 예수님의 말씀을 기억하기 바랍니다(눅 6:43~45).

야고보와 예수님 모두, 의사소통은 기술의 문제이기도 하지만 동시에 성품의 문제이기도 하다는 사실을 가르쳐 줍니다. 혀를 길들일 수 있는 사람은 아무도 없습니다. 혀는 마음에 가득 찬 것을 토설해 낼 것입니다. 여러분은 경건한 리더의 한 사람으로서 혀를 길들이기를 원할 것입니다. 땅의 지혜(13~16절)를 추구하겠습니까, 아니면 하늘의 지혜(17~18절)를 추구하겠습니까?

4일 · 리더십 업그레이드

의사소통 기술(1)

효과적인 의사소통은 말하고 듣는 것 그 이상이 필요합니다. 진정한 의사소통은 양측이 말하고 듣는 것을 넘어서서 이해에 도달할 때 이루어집니다. 오늘 본문에서는 이 주제와 관련하여 하나님께서 선지자에게 말씀하신 내용을 살펴봅시다.

이사야 6장 9절을 읽으십시오

의사소통의 목적은 말하거나 듣는 것뿐 아니라 사람들 사이에 큰 이해를 형성하는 데 있습니다. 말하고 듣는 것은 목적이 아니라 수단입니다. "자신의 생각이나 속마음을 털어놓거나 전했기" 때문에 기분이 좋다고 느끼거나, 자신이 "그 사람의 말을 들어 주었기" 때문에 자신의 의무를 다했다고 생각하는 사람은 부지불식간에 자신이 실제로는 의사소통을 원치 않는다는 메시지를 전달하는 것입니다.

결혼한 부부 존과 제인이 최근 말다툼을 했다고 가정해 봅시다. 존이 제인에게 필요한 충고를 하고, 사랑을 분명하게 표현하는데도 제인이 듣지도 않고 이해하지도 않는다면, 자신의 의사를 표현했다고 존의 기분이 좋아질까요? 의사소통의 목적은 존이 말하는 것이 아니라 제인이 그 말을 이해하는 데 있기 때문입니다. 이러한 일은 일상적으로 반복됩니다. 반대로, 제인이 용기를 내어 자신이 왜 존을 숨 막히게 할 정도로 화가 나 있는지 설명하는데, 존이 그것과 상관없는 다른 이야기를 한다면, 존은 제인의 말을 듣지 않는 것입니다. 존은 한 사람의 동반자로서 제인을 향한 자신의 의무를 다하지 않았습니다.

하나님은 이사야 선지자에게 사명을 위임하시면서 그의 사역 활동 내내 이와 유사한 의사소통 문제를 겪게 될 것이라고 미리 경고하셨습니다. 그 백성들이 귀로는 이사야의 메시지를 듣겠지만, 이해하지는 않을 것입니다. 이사야의 메시지가 그들의 의식을 통과해서 잠깐 스쳐 지나가기는 하겠지만, 그 말들이 의미 있는 방식으로 그들의 마음에 새겨지지는 않을 것입니다. 그들이 듣고 그 메시지를 이해한다면, "그들이 눈으로 보고 귀로 듣고 마음으로 깨닫고 다시 돌아와서 고침을 받을" 것입니다(10절).

참된 의사소통은 의미를 깨닫고 이해할 때에야 비로소 이루어집니다.

5일 · 실행 포인트
의사소통 기술(1)

효과적인 리더십을 발휘하기 위해 의사소통이 중요하다는 점에는 분명히 동의할 것입니다. 서로 마음을 열고 솔직하게 의사소통하는 것이 실제로 여러분과 여러분의 조직에 얼마나 큰 유익이 되는지 살펴보면 깜짝 놀랄 것입니다. 솔로몬은 자신의 독자들에게 일방적인 의사소통의 위험을 경고합니다. 그리고 테드 엥스트롬(Ted W. Engstrom)은 경청을 통해 이해를 이끌어 내는 것이야말로 효과적인 리더십의 최선의 전략 중 하나라는 점을 발견했습니다.

잠언 18장 2절을 읽으십시오

우리는 커뮤니케이션을 다루는 이번 시리즈의 첫 번째 연구에서 이 장을 이미 다루었습니다. 오늘은 첫 번째 시간에 다룬 내용에 이어, 책임 있는 커뮤니케이션을 위해서는 상호작용이 필요하다는 점을 살펴보겠습니다. 본문에서 솔로몬은 일방적인 의사소통자의 어리석음을 경계합니다.

테드 엥스트롬은 일방적인 의사소통이 일어나서는 안 되는 자리에서 이러한 현상이 일어나는 장면을 관찰했습니다. 그 자리는 바로 의사소통을 주제로 한 세미나였습니다.

"그 세미나 리더는 한 주립대학교의 커뮤니케이션 부서의 장으로 잘 알려져 있었습니다. 그러나 그는 의사소통에 실패했습니다. 그는 필요한 언어와 이론들을 잘 알았고 그것을 설명했습니다. 그러나 청중을 이해시키지는 못했습니다. 다른 사람과 감정이 일치되지 않거나 듣는 사람이 상대방의 말을 선택적으로 듣게 될 때, 리더는 자기 집단 안에서 효과적인 의사소통을 위한 더 나은 단계들을 선택해야 합니다. 이 문제는 다른 식으로 설명할 수도 있습니다. 여러분은 힘들이지 않고 의사소통을 합니까, 의사소통 없이 힘만 쓰고 있습니까?"

잠언 18장 2절은 일방적인 의사소통이 결국은 어리석다는 점을 강조합니다. 13절을 보십시오. 리더는 대답하기 전에 들어야 합니다. 그것이 핵심입니다. 그러나 진정 효과적인 의사소통을 위해서, 리더는 들을 뿐만 아니라 열린 마음과 더욱 충분한 의미를 찾는 심정으로 반응해야 합니다. 오직 그럴 경우에만, 효과적인 의사소통이 이루어지기 시작합니다.

24주 · 1일

의사소통 기술(2)

야고보서 1장 19절을 읽으십시오

세 번에 걸쳐 우리는 좋은 의사소통을 위한 요소 가운데 경청에 관하여 살펴보았습니다. 어떻게 하면 말하기 전에 듣는 법을 배우게 될까요? 아침에 일어나서 하루 종일 어떻게 하면 바보처럼 보일까 계획하는 사람은 아무도 없습니다. 그러나 듣는 법을 배우지 못한 사람은 바보처럼 보이기 쉽습니다. 이 핵심 리더십 기술을 마무리하기 전에, 또 한 사람의 지혜자의 말에 '귀 기울이도록' 합시다.

야고보는 "내가 이해받기에 앞서 이해한다"는 개념의 또 다른 측면을 우리에게 보여 줍니다. 오늘 본문에서 그는 효과적인 의사소통에 본질적인 한 가지 태도를 더합니다. "사람마다 듣기는 속히 하고 말하기는 더디 하며…"

다른 리더십 기술들과 마찬가지로, 의사소통 역시 가치에서 시작합니다. 야고보는 시급히 듣는 것이 가치 있음을 강조합니다. 야고보가 볼 때는, 듣는 것이 가장 우선입니다. 그는 "말하는 것을 천천히 하라. 화를 내는 일도 천천히 하라. 이해받는 것은 급한 일이 아니다. 시간을 들여라. 그러나 듣는 것에 관해서는 어떤가? 듣는 일은 신속하게 하라"고 말합니다. 야고보에 따르면 이 중요한 기술에는 긴급성이 필요합니다.

듣기(경청)는 의사소통 기술을 논의할 때 아주 적합한 주제입니다. 들려오는 소리를 듣는 것은 아주 자연스러운 현상입니다. 그리고 들려오는 소리를 듣는 것은 그다지 노력을 기울이지 않아도 됩니다. 그러나 시끄러운 방에서 공부하고자 할 때는 쓸데없는 소음을 배제하고, 들어야 할 소리를 들으려고 노력합니다. 연구 조사자들은 경청에는 노력이 필요하다고 말합니다. 그냥 듣는 일은 소리와 관련이 있지만, 경청은 의미와 관련이 있습니다. 우리는 의미를 들으려고 해야 합니다.

야고보는 우리가 가장 먼저 노력해야 할 일, 우리의 첫 번째 우선순위는 듣는 일이어야 한다고 말했습니다. "듣기는 속히 하십시오." 그리고 천천히 말하십시오. 솔로몬은 "듣기보다 먼저 대답하는 자는 (즉 듣는 일은 천천히 하고 말하는 일을 급히 하는 자는) 우매하여 수치를 당한다"고 말했습니다.

먼저 듣고, 그다음에 말하십시오.

2일 · 주님께 배우는 리더십

의사소통 기술(2)

하나님은 선지자들을 통해 다양한 수단을 사용하셔서 자신의 백성들과 의사소통하셨습니다. 하나님은 최고의 리더이시기 때문에, 우리는 그분이 선지자들과 의사소통하신 방법, 그리고 선지자들을 통해 백성들과 의사소통하신 방법을 검토해 볼 필요가 있습니다. 본문을 읽고 여러분의 리더십 상황에 맞는 전략을 검토해 봅시다.

요엘 1장 1~20절을 읽으십시오

"브두엘의 아들 요엘에게 임한 여호와의 말씀이라." 이 말씀에서 우리는 하나님이 선지자들을 통해 백성들과 의사소통을 하셨다는 사실을 되새기게 됩니다. 하나님은 주권적인 리더로서, 자기 백성들을 이끄시기 위해 이해의 통로를 확립하실 필요가 있었습니다. 우리는 하나님이 사람들과 어떻게 의사소통하셨는지 연구함으로써 상호간 의사소통에 관하여 배울 수 있습니다. 다음 네 가지 원리들은 효과적인 의사소통을 위해 꼭 필요한 기술들입니다.

첫째, 하나님은 다양한 매체를 사용하셨습니다. 하나님은 꿈과 환상, 자연, 사람들, 그리고 그밖의 수단들을 사용하셔서 말씀하셨습니다. 말로만 의사소통하는 리더는 리더십의 효과를 증대시키는 강력한 수단들을 놓치고 있습니다. 리더는 전화라는 과학기술을 사용하여 전 세계 사람들과 즉각적으로 소통할 수 있습니다. 또는 텔레비전이나 인터넷을 사용하여 동시에 수백만의 사람들과 소통할 수도 있습니다. 또 다른 방식들, 즉 의상이나 표정, 목소리의 어조로도 의사소통을 합니다. 누구와, 얼마나 자주, 언제, 어떻게 이야기할지 결정하는 것도 의사소통의 일부입니다. 조금만 생각해 보면, 리더는 의사소통을 통해 좀더 많은 이해를 이끌어 낼 많은 방법을 발견할 수 있습니다.

둘째, 시편 19편은 하나님께서 지금도 계속해서 의사소통을 하신다고 말합니다. 리더들도 마찬가지입니다. 근무 환경, 조직의 구조, 회사의 정책들, 봉급, 혜택 등 이 모든 것이 계속해서 한 조직의 구성원들에게 끊임없이 메시지를 전달합니다.

셋째, 하나님은 관계를 통해 의사소통을 하십니다. 하나님은 모세와 더불어 얼굴과 얼굴을 맞대고 말씀하셨고, 아브라함을 친구라고 부르셨습니다. 하나님은 예수 그리스도 안에서 자신의 사랑을 전달하셨으며, 거룩하신 하나님과 죄악을 저지른 인간들 사이의 친밀한 관계의 길을 열어 놓으셨습니다. 관계가 의사소통의 성격을 결정하고, 의사소통은 관계에 영향을 미칩니다.

넷째, 하나님의 의사소통은 여러 면에서 일관적입니다. 하나님이 자기 백성과 행하신 모든 의사소통은 하나님의 성품과 완벽하게 일치했으며 다른 사람들에게 말씀하신 다른 내용들과도 결코 모순되지 않았습니다. 이러한 의사소통의 일관성은 우리가 추구해야 할 고귀한 목표입니다. 리더가 자신의 조직 안에서 의사소통을 할 때 그 메시지의 내용이 자신의 진실한 성품과 항상 일치하도록 조심해야 합니다.

3일 · 리더십 자기 점검

의사소통 기술(2)

사무엘하 12장을 펴서 나단이 다윗과 어떤 식으로 의사소통했는지 좀더 자세히 살펴보십시오. 기지와 힘을 가지고 까다로운 상황들을 처리할 수 있는 통찰력을 배울 수 있을 것입니다.

사무엘하 12장 1~13절을 읽으십시오

다윗과 나단 이야기의 핵심은 그 결과에 있습니다. 갈라디아서 6장 1절은 이 당시에 쓰이지 않았지만, 그 구절이 담은 내용은 보편적이며 영원합니다. "형제들아 사람이 만일 무슨 범죄한 일이 드러나거든 신령한 너희는 온유한 심령으로 그러한 자를 바로잡고…."

의사소통에 신중하지 않는다면, 회복 과정은 성공할 수 없습니다. 나단이 다윗에게 단도직입적으로 권면했다면 결코 좋은 결과를 가져오지 못했을 것입니다. 말하는 것과 의사소통하는 것은 다릅니다. 나단은 다윗과 의사소통을 했기 때문에 성공했습니다. 사무엘하 12장을 통해 나단이 어떻게 의사소통했는지 좀더 자세하게 살펴봅시다.

1. **관계**. 나단은 이미 잘 알고 이해했던 대상에게 접근했습니다. 언제나 의사소통은 관계 속에서 일어납니다. 그리고 그 관계의 범위는 절친한 관계에서부터 적대적인 관계까지, 잘 아는 사이에서부터 소원한 사이까지, 신뢰하는 사이에서 의심하는 사이까지 걸쳐 있습니다.
2. **준비**. 나단은 다윗에게 자신의 메시지를 즉시 전달하지 않았습니다. 자신이 전할 비극적인 소식을 다윗 왕이 잘 처리할 수 있도록 왕을 준비시키는 과정을 잘 보십시오(1~5절).
3. **대면**. 이 경우, 의사소통의 '핵심'은 다윗이 자신의 죄를 인정하고 회개하여, 그 죄로부터 회복되는 것이었습니다. 그러나 그 의사소통의 목적이 무엇이든 간에, 다윗은 그 메시지를 이해할 필요가 있었습니다. 그 의사소통의 목적은 '사실을 말하는 데' 있는 것이 아니라, 그 사실을 소통하는 데 있었습니다. 그 상황에 직면하는 일은 피할 수 없었습니다. 나단은 그 일을 아주 온전하게 성취했습니다(7~12절).
4. **회복**. 그 비극적인 진실에 다윗이 눈을 뜬 이후, 나단은 후속조치를 취했습니다. 그는 무책임하게 폭탄을 던져 놓고 도망하지 않았습니다. 자신의 말을 듣고 처참한 심정이 된 다윗을 동정하고 배려했습니다. 나단은 자신이 전하는 메시지에 도취되어 그 메시지를 받는 사람을 무시하지 않았습니다. 의사소통은 중요합니다. 그러나 그 자체가 목적은 아닙니다. 오히려 의사소

통은 목적을 향한 하나의 수단입니다. 나단은 목적과 수단을 혼동하지 않았습니다. 그의 메시지가 중요하기는 했지만, 나단은 자신의 일이 메시지를 전달하는 데 그치지 않고, 그 의사소통을 통해 추락한 친구를 회복시키는 것이라는 사실을 알았습니다.

의사소통은 리더십의 본질입니다. 리더는 의사소통을 잘 할 수 있는 능력을 계발해야 합니다. 그 첫 단계는 의사소통이 목적이 아니라 수단이라는 사실을 이해하는 것입니다.

4일 · 리더십 업그레이드
의사소통 기술(2)

두 사람 사이에 상호 이해를 구축하기란 상당히 어려운 일입니다. 상대방의 실수나 잘못을 이해시키기 위해서, 리더는 아주 까다로운 의사소통을 진행해야 합니다. 선지자 나단은 이러한 까다로운 의사소통 과정에 노련하게 접근하는 모범을 보여 줍니다. 사무엘하 12장 이야기를 다시 살펴보고, 나단에 관한 인물 연구를 읽으십시오. 읽으면서, 나단이 다윗과 어떤 방식으로 의사소통을 했는지 특히 주목해 봅시다.

사무엘하 12장 1~13절을 읽으십시오

여러분이 아는 한 친구가 손가락질 받을 만한 짓을 저지르고 나서 그 일을 덮기 위해 거짓말을 할 경우, 그 친구에게 그 점을 어떻게 지적할 수 있겠습니까? 여러분은 어떻게 그 친구가 위선자이자 사기꾼이며, 그가 저지른 일의 결과를 감당해야 한다는 사실을 말해 줄 수 있겠습니까? 이 친구에게 어떻게 그가 저지른 일이 법적으로 사형에 해당하는 일이라고 알려 줄 수 있겠습니까? 상당히 힘들 것입니다. 그런데 하나님은 바로 그 일을 나단에게 시키셨습니다.

나단은 다양한 방법으로 그 일을 진행했습니다. 지적하고, 상담하고, 바로잡고, 권고했습니다. 나단은 자신의 오랜 벗이자 친밀한 친구인 다윗이 여러 번 그리고 다양하게 죄를 지었음을 알았습니다. 이스라엘의 법에 따르면, 다윗 왕이 저지른 두 가지 죄―간음죄와 살인죄―는 사형에 해당합니다. 다윗의 은폐 작전은 성공하는 것 같았지만, 완전히 성공하지는 못했습니다. 나단은 그 사실을 알고 있었고, 그는 행동해야 했습니다.

나단은 한 사람의 백성으로서 혹은 한 사람의 친구로서 다윗을 만난 것이 아니었습니다. 나단은 이스라엘의 리더로서, 하나님의 대변인으로서 다윗에게 갔습니다. 다윗이 저지른 일 때문에 나단이 화가 났습니까? 그것이 문제가 아니었습니다. 다윗이 그 죄 때문에 치러야 할 대가도 전혀 문제가 되지 않았습니다. 하나님께는 다윗에게 도전하고 그를 다시금 하나님의 사랑과 섬김의 자리로 회복시켜 줄 수 있을 만큼 충분히 성숙한 사람이 필요했습니다. 하나님은 나단을 선택했습니다. 이 사람은 하나님의 법을 알았으며, 하나님의 마음을 알았습니다. 나단은 하나님이 다윗을 회복시키기 원하신다는 사실을 알았습니다.

사무엘하 12장은 나단이 이 상황에 접근해 나간 방식을 기록하고 있는데 한편의 드라마 같습니다. 이 이야기를 주의 깊게 읽어보십시오. 나단이 다윗에게 "당신이 그 사람이라"(7절)라는 소름끼치는 말을 하기 전까지, 그 이야기는 꾸며 낸 것이라는 점에 주목하십시오. 다윗의 잘못을 정면으로 대면하는 일이 어렵기는 하지만, 피할 수는 없었습니다. 시편 35편과 51편은 이때 다윗의 영혼을 휩쓸고 지나간 고뇌를 표현하고 있습니다. 다윗은 충격에 빠졌지만 자신의 죄를 인정하고 회개했습니다. 그는 나단에게 그가 하나님께 죄를 범했음을 고백했습니다(13절). 나단은 다윗을 어떻게 대해야 할지 알았기 때문에 끔찍한 고백과 두려운 자각, 놀라운 용서와 회복이 일어났습니다. 한 사람의 리더는 죄에 빠진 사람들이 돌이키도록 도와주는 역할을 해야 합니다. 나단은 간단하게 말했습니다. "여호와께서도 당신의 죄를 사하셨나니 당신이 죽지 아니하려니와"(13절).

나단은 리더였습니다. 그리고 리더들은 올바른 일을 해야 할 책임이 있습니다. 나단이 다윗에게 무슨 말을 하고 싶었는지, 하나님이 다윗에게 무슨 말씀을 하시고 싶었는지는 중요하지 않습니다. 하나님의 백성을 이끄는 한 사람의 리더로서, 하나님의 종으로서, 나단은 하나님의 뜻에 따라 행했습니다. 하나님의 뜻은 나단이 다윗을 하나님 앞에 세워 다시금 온전하게 회복시켜 주는 것이었습니다. 나단은 재판장이나 형 집행인으로 서지 않았습니다. 나단은 영혼을 치료하는 의사로 봉사했습니다. 나단을 통해 다윗은 하나님의 자녀로 회복되었습니다.

5일 · 실행 포인트

의사소통 기술(2)

의사소통은 입이 아니라 마음에서 흘러나와야 합니다. 예수님도 그 진리를 강조하셨습니다. 존 하드위그(John Hardwig)는 효과적인 의사소통을 촉진하는 데 필요한 통찰을 제공합니다.

마태복음 12장 33~37절을 읽으십시오

예수님이 이 구절에서 언급하신 것보다 더 중요한 의사소통 원리는 이 세상에 없습니다. 어떠한 기술이나 테크닉으로도 공허하거나 악한 마음을 보상해 줄 수 없습니다. 이 말씀에서, 예수님은 성품이라는 주제를 의사소통 능력과 관련짓고 계십니다.

예수님은 마음이 의사소통의 열쇠라고 말씀하셨습니다. 존 하드위그는, 아무것도 줄 것이 없기 때문에 받기만 해야 한다고 느낄 정도로 그 삶이나 '마음'이 공허한 사람들은, 인격적인 관계를 맺을 때 그 독특한 특성을 잃어버린다고 지적합니다. "성인들 사이의 (어쩌면 성인들과 아동들 사이의) 인격적인 관계들은 여러분 자신과 상대방의 강렬한 느낌에 영향을 받게 되며, 약함이나 필요나 공허함이나 무능력한 느낌에 영향을 받지 않습니다. 서로 생명력과 힘을 공유하지 못한 채 다른 느낌을 준다면 거부감이 생길 것입니다. …더욱이 자신을 곤핍 가운데 있는 존재로 보면, 자신과 자신이 필요에만 지나치게 초점을 맞출 것입니다. 그렇게 되면, 그 사람은 상대방을 자신의 필요를 채워 주는 존재로 비인격화시키게 될 것입니다. 그리고 자유롭게 값없이 기쁘게 주지 못하는 사람이 될 것입니다."*

리더는 그 직함의 성격상 주는 자가 되어야 합니다. 그래서 효과적으로 의사소통하기 원하는 리더는 자신의 관계와 더불어 마음도 함양해야 합니다. 리더는 '힘과 충일함과 생명력이 넘치는' 사람으로서 소통해야 합니다.

내 사랑하는 형제들아 너희가 알지니
사람마다 듣기는 속히 하고 말하기는 더디 하며 성내기도 더디 하라
● 야고보서 1장 19절

25주 · 1일

갈등 관리

마태복음 5장 23~24절, 18장 15~17절을 읽으십시오

한 가지 사실만은 분명합니다. 리더로서, 여러분은 인간관계에서 갈등을 겪을 것이라는 사실입니다. 인간관계의 갈등을 피할 수 있는 리더십 모델은 존재하지 않습니다. 문제는 "나도 과연 그런 갈등을 겪을 것인가?"가 아니라 "그러한 갈등을 어떻게 처리해야 하는가?"입니다.

예수님은 이 문제를 정면으로 다루셨습니다. 그분은 산상수훈을 전하시면서 다른 사람들이 우리를, 그리고 우리가 다른 사람들을 공격함으로써 발생하는 갈등의 문제를 언급하셨습니다. 주님은 죄의 문제를 다루고 계시지만, 그분의 가르침 속에는 좀더 넓은 원리가 작용하고 있습니다. 어떤 쪽이 문제를 만들어 냈든지, 해결책은 동일합니다.

첫째로, 여러분과 갈등을 겪는 당사자를 찾아가서 그와 직접 대면하여 그 문제를 해결하십시오. 다른 사람이 개입할 여지를 만들지 마십시오. 다른 사람들이 그 상황을 알게 되면 가해자가 곤란해질 수 있습니다. 그러한 상황은 문제를 더욱 악화시키고 인간관계를 훼손할 뿐입니다.

둘째로, 당사자에게 신속히 찾아가십시오. 예수님은, 하나님께 예배를 드리다가 자신이 친구와 불화한 일이 생각나거든 그 자리에서 예배를 멈추고 즉시 감정이 상해 있는 사람에게 찾아가라고 충고하셨습니다. 형제나 자매와 해결되지 못한 문제들이 있는데 어떻게 하나님과 제대로 만날 수 있겠습니까?

영향력 있는 리더는 갈등을 소홀히 다루지 않습니다. 그는 사람들이 일대일로 만나 인간관계의 문제들을 해결해 나가는 환경을 조성함으로써 그 갈등을 처리합니다. 그러한 노력이 실패한 경우에만 다른 사람들이 그 갈등에 개입할 수 있으며, 그것도 오직 화해를 이끌어 내기 위한 목적에서만 개입해야 합니다. 갈등이 일어나는 것은 피할 수 없습니다. 그러나 갈등은 해결될 수 있습니다. 그리고 지혜로운 리더는 갈등을 해결하는 방법을 배우는 데 힘쓸 것입니다.

2일 · 주님께 배우는 리더십

갈등 관리

우리 눈에는 안 보일지 모르지만, 우리는 커다란 영적 전쟁 가운데서 살아갑니다. 빛의 군대와 흑암의 군대가 서로 맞서서 사람들의 영혼을 놓고 벌이는 전쟁입니다. 성경은 이 보이지 않는 전쟁이 실제 존재하지만, 일시적이라고 확언합니다. 결국 하나님이 직접 역사를 이끄셔서 결국 이 우주적인 갈등을 끝내실 것입니다. 오늘 본문에서는 왕의 왕, 주의 주가 인간의 역사에 최종적으로 개입하시는 모습을 생생한 상징으로 나타내고 있습니다.

요한계시록 19장 11~21절을 읽으십시오

이 대목의 생생한 이미지는 이 세상의 끝날에 하나님의 아들이 결정적으로 개입하시는 장면입니다. 그때 하나님의 아들은 재림하셔서 불경스러운 세력들을 패배시키실 것입니다. 큰 승리를 거두며 돌아오신 모든 왕의 왕, 주권자들의 주인 되시는 그분은 죄와 사망의 권세들을 제거하시고 모든 영적인 갈등을 종결지으실 것입니다

(고전 15:24~26). 그리스도께서는 재림 이후에 만물을 성부 하나님의 주권 아래 두실 것입니다. "이는 하나님이 만유의 주로서 만유 안에 계시려 하심"입니다(고전 15:28).

하나님은 지혜와 주권으로 갈등을 사용하셔서 그분의 뜻을 이루실 수 있습니다. 비록 이 세상이 최상의 세계는 아니라 할지라도, 성경은 하나님이 이 타락한 세상을 사용하셔서 새 하늘과 새 땅을 준비하신다고 약속합니다. 하나님은 지금 최종적으로 결단을 내릴 적기를 기다리십니다(벧후 3:9~10).

창조 세계 안에서 하나님은 싸움과 갈등을 사용해서 더 큰 선을 만들어 내십니다. 만약 갈등이 잘 관리된다면, 인간관계에서 어떤 선한 역할을 하겠습니까? 위의 베드로후서 구절에서 갈등에 직면했을 때 인내의 역할에 관해 무엇을 배울 수 있겠습니까?

3일 · 리더십 자기 점검

갈등 관리

싸움 아니면 도주, 공격 아니면 회피라는 전략들은 장기적으로 볼 때 갈등을 관리하고 해결하는 데 효과적인 기술은 아닙니다. 우리는 서로 다른 기질들을 갖고 있기 때문에, 어떤 이들은 다른 사람들과 잘 맞서지를 못합니다. 그렇지만 좋은 리더라면, 필요한 경우 다른 사람들과 맞서는 기술을 계발해야 합니다. 오늘 본문에서는 부정적인 예를 살펴보겠습니다. 다윗이 아들 압살롬과의 갈등을 미숙하게 처리하는 모습을 주목합시다.

사무엘하 14장 1절~15장 37절을 읽으십시오

압살롬은 이복형제인 암논이 자신의 누이 다말을 겁탈했다는 소식을 들었지만, 암논에게 찾아가 따지지를 못했습니다. 그 대신 2년이 지난 후 은밀하게 암논을 살해할 계획을 세웠습니다. 그리고 그 일을 저지른 후 도주했습니다(삼하 13).

다윗 또한 암논을 징계하지 못했습니다(13:21~22). 압살롬이 자신을 만나고자 했을 때도, 그와의 갈등을 해결해야 될 책임을 회피하였습니다. 압살롬을 추방한 지 3년이 지난 후, 요압이 압살롬을 회복시켜 달라고 간청했을 때에야 비로소 다윗의 마음은 누그러졌습니다. 그러나 압살롬이 성읍으로 돌아온 후에도 2년 동안 다윗은 압살롬을 만나려 하지 않았습니다. 압살롬이 억지로 요청했을 때에야, 비로소 그 만남은 이루어졌습니다.

그러나 이미 때는 늦었습니다. 압살롬은 자기 아버지를 향한 쓰라린 분노를 갖게 되었고 다윗으로부터 왕권을 빼앗을 음모를 꾸몄습니다. 결국 다윗의 갈등 회피 전략은 갈등을 해결하지 못했을 뿐 아니라 갈등을 더욱 악화시켰습니다. 만약 다윗이 암논과 압살롬을 둘러싼 쟁점들을 신속하게 처리했다면, 암논이 살해당하는 일이나 압살롬의 음모는 발생하지 않았을지도 모릅니다.

갈등을 관리하고 해결하는 열쇠는 "사랑 안에서 참된 것을 말함"으로써(엡 4:15) 신속한 화해를 이루는 것입니다. 효과적으로 갈등을 해결하는 사람들은 어떻게 진실(사실을 있는 그대로 대면하도록 하는 일)과 사랑(화해시키는 일) 사이에서 균형을 이루는지 압니다. 영향력 있는 리더는 의견 차이를 직접 다루고 원만한 해결책들을 찾아냄으로써 화평을 이루는 자가 됩니다. 다윗의 예는 갈등을 대면하지 않고 회피하면, 인간관계가 위축되며 결국에는 문제가 더 악화된다는 사실을 보여 줍니다.

4일 · 리더십 업그레이드

갈등 관리

갈등이라는 단어는 보통 부정적인 의미로 알려져 있지만, 갈등 자체가 반드시 부정적인 것만은 아닙니다. 이번 주 연구 주제가 '갈등 해결'이 아닌 '갈등 관리'인 것도 그런 이유입니다. 갈등은 단순히 극복하고 해결해야만 할 대상이 아닙니다. 갈등은 에너지를 발생시키고, 그 에너지는 긍정적인 방향으로 흘러갈 수 있습니다. 그렇다면 리더는 어떻게 갈등을 다루어야 합니까? 오늘 본문에서는 갈등을 다루어 긍정적인 결과를 이끌어 내는 방법을 살펴봅시다.

에베소서 4장 1~3절을 읽으십시오

갈등을 다룰 때의 핵심은 갈등을 적절하게 다룸으로써 얻게 될 유익입니다. 부르심에 충실하게 살아가는 그리스도인들(1절)은 "평안의 매는 줄로 성령의 하나 되게 하신 것을 힘써 지[켜야]" 합니다(3절). 그것이 바람직한 결과입니다. 그렇다면 경건한 리더는 갈등의 당사자들이 하나 될 수 있도록 어떻게 접근해야 할까요?

2절과 3절을 통해 갈등을 관리하는 데 도움을 주어 하나 됨과 평화를 이루게 하는 요소들이 무엇인지 살펴보십시오. 갈등을 일으킨 당사자들이 그 상황을 겸손과 온유와 인내로 바라본다면, 그렇게 하는 유일한 동기가 하나 됨과 평화라고 한다면, 사람들이 갈등에 어떻게 접근할지 상상해 보십시오. 모든 당사자들이 갈등을 다룰 때 이러한 자질들을 발휘한다면 그 과정이 어떠할지 상상해 보십시오. 그리고 의도했던 대로 갈등을 통해 각 개인이 성장하고, 사람들이 하나가 되었다고 상상해 보십시오.

여러분은 이렇게 말할지도 모르겠습니다. "갈등이 성장과 하나 됨을 이룬다고? 그런 말은 처음 들어 봤는데." 그러나 사람들 사이의 갈등은 에너지를 발생시키며, 그 에너지는 다른 좋은 방향으로 흘러갈 수 있습니다. 예를 들어서, 남편과 아내 사이의 갈등은 개방적이고 솔직한 토론을 이끌어 낼 수 있고, 이 토론을 통해 두 사람은 서로를 더 많이 이해할 수 있으며, 오히려 더 좋은 관계를 형성할 수 있게 됩니다. 마찬가지로, 한 상품에 대한 디자인을 놓고 벌어지는 두 디자이너의 갈등은 한 사람의 힘으로는 만들어 낼 수 없는 더 좋은 디자인을 만들 수 있습니다.

갈등으로 인해 발생하는 에너지를 긍정적으로 돌릴 수 있는 열쇠는 바울이 2절에서 언급하는 자질들입니다. 즉, 서로 겸손과 온유와 인내를 발휘할 때, 최선의 결과들—더 큰 생산성, 솔직함, 하나 됨, 온전한 평화—을 얻는 기회가 더욱 더 많아질 것입니다(3절).

5일 · 실행 포인트

갈등 관리

갈등은 이 세상에서 일어나는 현실입니다. 그러므로 리더로서 긍정적인 결말을 얻기 위해 갈등을 관리하는 법을 배우는 것은 매우 중요합니다.

마태복음 5장 43~45절을 읽으십시오

리더에게 주어진 과제 가운데, 갈등을 관리하는 일만큼 감정적으로나 정신적으로 부대끼는 일은 없습니다. 모든 리더는 다른 사람과 동역할 때 수많은 관계적, 철학적, 방법적 차이를 경험하게 됩니다. 경우에 따라 그러한 차이들은 개인적인 싸움을 불러일으킬 수도 있으며 리더를 반대하는 측이 원수처럼 보일 때도 있습니다. 바로 그러한 때에 오늘 본문의 예수님 말씀은 더욱 더 의미심장할 것입니다.

루터 킹 목사는 "원수를 사랑하기"라는 제목으로 이 성경 구절을 설교하면서 우리가 원수를 사랑할 수 있는 세 가지 길을 제시했습니다.

첫째, 우리는 용서할 수 있는 능력을 계발하고 유지해야 합니다. 용서는 상대방이 우리에게 저지른 잘못을 무시한다는 뜻이 아닙니다. 오히려 용서는 더 이상 그 잘못이 그 사람과의 관계 속에서 장애가 되지 않게 한다는 뜻입니다. 용서는 새롭게 출발하고, 신선한 시작을 위한 분위기를 만들어 주는 촉매제입니다.

둘째, 상대방의 잘못된 점 때문에 고통당하고 있다 할지라도, 그 잘못된 점이 그 사람의 모든 것이라고 생각해서는 안 됩니다. 우리는 우리를 반대하고 있는 사람들이, 우리와 마찬가지로 좋은 점과 나쁜 점을 동시에 가지고 있다는 사실을 인식해야 합니다. 우리는 그 사람의 좋은 점을 찾아서 그것에 초점을 맞추어야 합니다.

셋째, 반대자들을 물리치거나 모욕을 주어서는 안 됩니다. 오히려 그의 우정과 이해를 얻으려고 노력해야 합니다. 그러한 태도는 우리 자신으로부터 흘러나오는 것이 아니라 우리를 통해 자신의 조건 없는 사랑을 이루어 가시는 하나님으로부터 나옵니다.

그리스도께서 행하셨던 대로 살아 가기를 원하는 우리는, 값없이 용서하면 할수록, 하늘에 계신 우리 아버지의 본성을 드러내게 된다는 점을 기억해야 합니다.

26주 · 1일

의사 결정

느헤미야 1장 1~11절을 읽으십시오

의사 결정은 리더십의 핵심 요소입니다. 실제로, 의사 결정 능력은 형편없는 리더와 좋은 리더 그리고 좋은 리더와 위대한 리더를 판단하는 잣대가 됩니다. 결단력은 가치와 지혜를 드러냅니다. 하나님께 순종하고 그분을 의지하는 자세를 요구합니다. 이 주제를 살펴보면 의사 결정은 리더가 진행하는 모든 일에 영향을 미친다는 사실이 명백해집니다. 우리는 하루에도 수천 가지의 결정을 내릴 수 있습니다. 어떤 결정은 사소한 것이지만, 어떤 결정은 인생을 바꾸어 놓기도 합니다.

리더는 삶과 리더십에서 핵심 요소인 결단력을 어디에서 얻어야 할까요? 하나님을 의지했고 의사결정 과정에서 입증된 능력을 검증받은 한 사람의 지도자를 묵상하면서, 현명한 의사 결정의 사례를 통해 살펴봅시다.

성경에 나오는 모든 리더들 중에 느헤미야는 '일을 제대로 한'

최고의 모범을 보여 줍니다. 오늘 본문을 깊이 묵상하면서 읽으십시오. 그리고 이 본질적인 리더십 과제를 그처럼 효율적으로 감당할 수 있었던 느헤미야의 자질들을 열거해 보십시오.

느헤미야서의 첫 장에서 우리는 엄청난 도전에 직면한 느헤미야를 보게 됩니다. 예루살렘의 성벽들은 황폐해졌으며, 유배지에서 귀환한 사람들은 나약하고, 낙심해 있었습니다. 그는 그 문제에 어떻게 접근합니까?

첫째, 느헤미야는 그 상황과 형편을 매우 치밀하게 조사했습니다(2~3절).

둘째, 느헤미야는 상처받은 사람들의 처지에 공감했습니다(4절).

셋째, 하나님 앞에 자신을 낮추었습니다(4절).

넷째, 기도했습니다(5절). 느헤미야는 하나님을 사모했으며(5절), 자기 민족의 죄악을 여호와 하나님 앞에 고백했습니다(6~7절).

다섯째, 하나님께 도움을 청했습니다(8~11절).

느헤미야는 모든 지혜가 하나님께로부터 오며, 훌륭한 결정들을 내리기 위해 하나님의 지혜를 사용하는 것이야말로 하나님이 원하시는 일이라는 사실을 알았습니다. 여러분은 의사 결정을 할 때 어떤 전략을 사용합니까? 느헤미야가 사용했던 방법들은 여러분에게 얼마나 도움이 됩니까?

2일 · 주님께 배우는 리더십

의사 결정

주권자이신 하나님, 모든 상상의 한계를 초월하시며 모든 것을 다 아시는 여호와 하나님이 결정을 내리신다는 것은 무슨 의미입니까? 시간을 초월하시는 자신의 계획에, 하나님은 모든 가능한 시나리오를 다 포함시키셨습니다. 성경은 하나님이 진정으로 이 지구상의 시간과 공간 가운데 자신의 백성들과 교통하신다고 묘사하며, 우리의 기도가 하나님의 뜻을 이루는 역할을 한다고 천명하십니다. 오늘 본문에서는 소수의 의인을 위해 하나님께 기도한 아브라함의 이야기를 살펴봅시다.

창세기 18장 16~33절을 읽으십시오

성경의 하나님은 전지전능하시며 편재하시며 우리가 상상할 수 없는 방식으로 시간과 공간의 한계를 뛰어넘으십니다. 그분은 모든 것을 아시기 때문에 그분의 계획은 현상이 아니라 결과에 기반을 둡니다. 그분은 전능하시기 때문에, 그분의 목적을 완전히 성취하실 수 있습니다. 그분은 편재하시기 때문에 그분의 통치는 계속하여 창조 세계를 아우르고 있습니다. 그분은 시간의 제약을 받지 않으시기 때문에, 영원한 현재의 관점으로 모든 것을 바라보십니다. 우리에게 한순간이 하나님께는 영원이 될 수 있고, 우주의 전체 수명이 하나님께는 한순간이 될 수 있습니다. 그러나 우리 주 하나님께서는 높은 보좌에 앉아 계심에도 불구하고 하늘과 땅을 관찰하기 위해 스스로 낮추십니다. 그분은 초월적이시고 장엄하시지만, 역시 편재하시고 자비하십니다.

소돔에 있었던 소수의 의인들을 위해 아브라함이 기도한 이야기는 하나님이 우리의 기도를 자신의 영원한 계획 가운데 포함, 연결시켜 놓으셨다는 성경의 진리를 잘 보여 줍니다. 아브라함은 세계를 통치하시는 하나님의 흔들림 없는 정의에 기대어 중보하고 있습니다.

성경은 종종 사람이 하나님을 움직이거나 그분께 영향을 끼치는 것 같은 표현을 사용합니다. 만약 절대적인 의미에서 이것이 사실이라면, 적어도 하나님의 결정 가운데 어떤 것은 애초부터 부적절했거나 그릇된 정보에 기초해 있었고 따라서 수정될 필요가 있었다는 뜻이 됩니다. 그러나 하나님의 완전하신 성품들에 근거하여 우리는 그렇지 않다고 믿습니다. 따라서 이 구절들은 인간의 선택권과 인간이 하나님과 맺는 상호 교제를 강조하는, 절대적이라기보다는 상대적인 관점을 제공해 주는 것 같습니다.

이스라엘 백성들과 마찬가지로, 우리는 때때로 "주의 길이 바르지 아니하다"(겔 33:20)고 불평하는 유혹에 빠지게 됩니다.

하나님이 결정하신 일이 의로운지 의문을 품게 만드는 요인들에는 무엇이 있습니까? 고린도전서 1장 18~25절을 통해 하나님의 지혜와 인간의 지혜를 대조한 내용을 고찰해 보십시오.

3일 · 리더십 자기 점검

의사 결정

여러분이 지금까지 내렸던 가장 잘못된 결정들 가운데 두세 가지를 생각해 보십시오. 얼마나 그 결정들을 되짚어 보았으며, 그것들을 수정했더라면 그 결과가 달라졌을 것이라고 상상하십니까? 우리는 매일 결정을 내리면서 살아갑니다. 그리고 사소한 결정들에 의해 확립된 패턴들이 더 큰 결정의 잣대가 됩니다. 오늘 본문을 읽고 좋은 의사 결정의 핵심 전제조건을 알아봅시다.

역대상 12장 32절을 읽으십시오

이 짤막한 이야기는 다윗을 섬기겠다고 자원해 나섰으며, 그를 이스라엘 전체의 왕으로 기름 붓는 일을 지원했던 사람들의 명단 중간에 소개됩니다. 이 구절은 잇사갈 지파의 남자들이 "시세를 알고 이스라엘이 마땅히 행할 것을 [알고 있었다]"고 우리에게 전해 줍니다.

이 말은 효과적인 의사 결정의 두 가지 본질적인 요소인 인식

(awareness)과 결단(decisiveness)을 강조합니다. 훌륭한 결정을 내리려면, 적절한 정보와 관련 사실에 관한 세심하고 주의 깊은 분석이 필요합니다. 때로는 순발력이 필요하기도 하지만, 중요한 결정을 내릴 때는 일반적으로 결코 조급해서는 안 됩니다. 왜냐하면 그것을 숙고할 충분한 시간이 필요하기 때문입니다. 그러나 일단 결정이 이루어진 다음에는, 과단성 있게 전달되고 실행되어야 합니다. 리더들은 잇사갈 지파의 남자들처럼 때를 이해하고, 자신들이 살아가며 일하고 있는 문화적인 분위기를 잘 파악해, 시류를 따르기에 급급한 사람이 아니라 그것을 변혁하는 사람들이 될 필요가 있습니다.

성경 잠언은 지혜로운 협의의 가치를 부각시키며, 중요한 결정을 내릴 때 다른 사람의 충고를 구하라고 권합니다(잠 12:15, 13:10, 15:22, 19:20). 그러나 동시에 성경은 우리의 계획과 욕망을 여호와 하나님께 복종시키는 것이 중요하다는 점을 강조합니다(잠 16:1, 3, 9, 19:21).

중요한 결정을 내리는 과정에서, 여러분은 어느 정도로 다른 사람들과 의논하여 조언을 얻습니까? 의사 결정을 할 때, 여러분은 어느 정도로 하나님의 조언을 구하며, 하나님의 뜻을 기다립니까? 잇사갈 지파 사람들은 주변 정세를 잘 알았으며, 과단성이 있었습니다. 그 사람들에게서 배우십시오. 그리고 하나님을 의지하십시오.

4일 · 리더십 업그레이드
의사 결정

컴퓨터 기술이 엄청난 양의 자료들을 모아 분석하는 시대에 이르렀지만, 지금은 잠언이라는 고서에서 발견되는 간결한 지혜의 단편들이 그 어느 때보다도 중요시되고 있습니다. 의사 결정을 내리는 사람들은 복잡한 사안들을 반드시 이해해야 합니다. 그리고 그것을 행하는 방식을 결정할 때, 하나님의 관점이 필요합니다.

잠언 1장 1~6절을 읽으십시오

좋은 결정을 내리려면, 바르게 정리된 정확한 정보가 필요합니다. 기술을 통해 정보를 쉽게 얻을 수 있지만, 그 자료를 분석해서 결정을 내리는 것은 여전히 사람의 정신입니다. 솔로몬은 리더가 좋은 결정을 내려야 한다는 사실을 잘 알았기 때문에, 지혜와 정신을 수양하고 통찰력 있는 말들을 깨달으라고 권면했습니다.

리더는 옳고, 의롭고, 공평한 일을 행할 수 있도록 훈련받고, 신중한 성품을 계발해야 합니다. 리더가 무엇이 옳고, 의롭고, 공평한

지 모를 때, 혹은 리더의 결정이 불의하고, 틀리고, 불공평해 보일 때 문제가 발생합니다. 바로 이런 이유 때문에, 솔로몬은 순진한 사람들에게 사리분별이 필요하다고 주의를 준 것입니다. 젊은이들에게는 지식과 분별력이 필요합니다. 사실 누구나 매일 배움을 추구하고 지도를 구하는 일이 필요합니다.

잠언은 의사 결정의 교과서는 아니지만, 이 지혜가 가득한 책은 우리가 최선의 결정을 내릴 수 있도록 돕기 위해 하나님께서 주신 선물입니다. 잠언 1장 1~6절은 그 뒤에 이어지는 지혜의 말씀들을 통해 독자들이 복잡한 정보를 가려내는 데 필요한 예리한 정신을 계발하게 될 것이라고 말합니다. 아무리 기술의 도움을 받는다 할지라도, 좋은 결정을 내리기 위해서는 여전히 날카로운 정신으로 확실한 논리를 적용하는 과정이 필요합니다. 잠언은 우리가 경건한 방식으로 이 목표를 달성할 수 있도록 도와줍니다. 잠언은 생각을 날카롭게 다듬고, 하나님의 통찰을 우리에게 보여 주어, 우리가 하나님의 영원한 관점에 맞추어 결정을 내릴 수 있도록 확실한 도움을 줍니다.

이 구절을, 이번에는 7절을 포함하여 읽으십시오. 그리고 특별한 의사 결정의 기반으로서 잠언을 공부하십시오.

5일 · 실행 포인트

의사 결정

지혜로운 결정을 내리는 것은 중요합니다. 그러나 그 어떤 것도 하나님과 상관없이 내려진 결정이라면, 지혜롭지 않습니다. 오늘의 이야기에서, 이스라엘 백성들은 하나님과 상관없이 자신들의 계획을 수립했기 때문에 형편없는 결정을 내렸습니다. 야고보는 우리의 계획에 하나님을 포함시키는 것의 중요함을 강조했고(약 4:15), 해돈 로빈슨(Haddon Robinson)은 그 방법을 알려 줍니다. 먼저 오늘의 본문을 살펴봅시다.

여호수아 9장 1~15절을 읽으십시오

이스라엘은 하나님이 승인하지 않으신 결정 하나 때문에 빚어진 결과들을 감당해야 했습니다. 이스라엘 사람들은 자료를 수집했습니다(7~14절). 그러나 그들은 그 과정에서 중요한 한 단계를 빠뜨렸습니다(14절). 많은 세월이 지난 후 야고보는 동일한 문제에 대해 다음과 같이 언급합니다. "너희가 도리어 말하기를 주의 뜻이면 우리가 살기도 하고 이것이나 저것을 하리라 할 것이거늘"(약 4:15).

해돈 로빈슨은 그의 책 『성경적인 의사결정법』에서 이 말에 대해 다음과 같이 언급합니다. "야고보는 계획을 세우는 일을 반대하는 것이 아닙니다. …야고보는 계획표를 공격하거나 일정표를 두고 논쟁을 벌이는 것이 아닙니다. …야고보가 경고하는 것은 계획을 세울 우리의 자유가, 곧 하나님으로부터 자유로워진다는 면허증이 아니라는 것입니다. 만약 그런 결론에 이른다면, 그것은 교만일 것입니다." 실제로 로빈슨은 "'주의 뜻이면'이라는 구절은 우리의 생각을 지배해야 하며, 우리가 사용하는 어휘의 표준이 되어야 할 것입니다."*라고 강조하고 있습니다.

오늘 본문에서, 여호수아는 하나님께 자문을 구하지 않았기 때문에 잘못된 결정을 내렸습니다. 결국 그 자신과 이스라엘 백성들은 기브온 백성들에게 약속을 지켜야 했고, 이스라엘은 가나안을 완전히 정복하지 못했습니다. 여호수아는 열악한 상황을 선용하려고 최선을 다했지만, 최종 결과는 최상의 결과와는 거리가 멀었습니다.

야고보는 주권적인 하나님을 믿는 사람들은 모두 결정을 내리기 전에 하나님께 의뢰할 것을 강력하게 권합니다. 로빈슨은 다시 우리를 일깨워 줍니다. "우리는 자유롭게 결정을 내릴 수 있습니다. 그러나 결코 하나님으로부터 자유로울 수는 없습니다. 우리는 하나님의 주권적인 뜻에 순복하여 결정을 내려야 합니다."

마음의 경영은 사람에게 있어도 말의 응답은 여호와께로부터 나오느니라
너의 행사를 여호와께 맡기라 그리하면 네가 경영하는 것이 이루어지리라
사람이 마음으로 자기의 길을 계획할지라도 그의 걸음을 인도하시는 이는 여호와시니라
사람의 마음에는 많은 계획이 있어도 오직 여호와의 뜻만이 완전히 서리라

● 잠언 16장 1, 3, 9절 ; 19장 21절

27주 · 1일

심층 성찰 학습

요한복음 21장 15~19절을 읽으십시오

기술이 근무 시간의 속도를 증가시킴에 따라, 조직 생활은 점점 더 복잡해지고 있습니다. 산더미 같은 정보는 의사 결정자와 담당자들을 압도합니다. 최근 리더십에서 강조되는 부분은 피터 센게(Peter Senge)의 『제5경영』을 통해 많은 사람들에게 알려진 "배우는 조직"입니다. 그의 기본적인 요점은, 우리가 배우지 않는다면 급속히 쇠퇴하게 된다는 것입니다.

그러나 심층 성찰 학습에서는 우리가 무엇을 배워야 하는지를 질문합니다. 요한은 예수님이 보여 주신 효과적인 리더십의 모델을 요한복음 21장에 기록했습니다. 베드로는 예수님을 가차 없이 실망시켜 드렸습니다. 그의 멘토이자 친구였던 예수님에게 그의 우정과 지원이 가장 절실했던 순간, 베드로는 극심한 압박을 이기지 못해 예수님을 저버렸습니다. 베드로가 얼마나 모멸감을 느끼고 자기비하에 시달렸을까요. 그러나 예수님께서는 베드로를 다시 회복시켜 주셨습니다.

예수님이 어떻게 하셨는지 유의해 살펴보십시오. 예수님은 헌신에 대해 한 차례 잔소리를 하실 수도 있었겠지만 그렇게 하지 않으셨습니다. 헌신에 대한 도표를 그리실 수도 있었겠지만 그렇게 하지 않으셨습니다. 베드로의 행위를 전혀 언급하지 않으셨습니다. 오히려 예수님은 그 문제나 그 문제를 지닌 사람의 겉모습이 아닌 핵심을 찌르셨습니다. 옳은 행동은 옳은 마음에서 온다는 사실을 예수님은 아셨습니다. 예수님은 크리스 아기리스(Chris Argyris)의 심층 성찰 학습(double-loop learning, 이중 고리 학습이라고 하며 시스템 자체에 대해, 성공과 실패의 근본적 원인에 대해 의문을 제기하고 깊이 성찰하여 오류의 수정을 이끌어 내는 학습 유형 – 편집자)을 적용하여 세 차례나 베드로에게 그 문제의 근본 원인을 검토하도록 요구하셨습니다. 베드로의 처신에도 문제가 많았지만, 예수님은 그 문제의 뿌리가 해결되지 않는다면 변화가 오래 지속되지 못할 것임을 알고 계셨습니다.

자신을 따르는 사람들을 향한 하나님의 마음을 가진 리더로서, 이 심층 성찰 학습의 교훈을 잘 배우도록 하십시오. 처음 보이는 것은 행위이지만, 두 번째로 살펴보아야 할 것은 그 행위를 유발한 가치와 태도들입니다. 위대한 리더는 겉모습만 보지 않습니다.

2일 · 주님께 배우는 리더십

심층 성찰 학습

우리는 자신이 실제 아는 것보다 더 많이 안다고 생각합니다. 우리는 '시간', '에너지', '영' 그리고 '하나님'과 같은 단어들을 자주 사용합니다. 그러나 이러한 말들이 무슨 뜻인지 구체적으로 정의하라고 하면 매우 힘들 것입니다. 마찬가지로 우리가 하나님이라 일컫는 창조되지 않은 존재의 실존과 본성은, 그분이 자신을 우리에게 계시하지 않으신다면 우리가 결코 상상조차 할 수 없을 것입니다. 오늘 본문을 통해 하나님이 어떤 분이신지, 그분께 어떻게 반응해야 하는지 살펴봅시다.

이사야 55장 6~11절을 읽으십시오

폭발적으로 증가한 과학 지식은 이 시대의 여러 의문들에 대한 답을 내놓고 있습니다. 그러나 우리가 자연의 질서를 알아 가면 알아 갈수록, 그것은 더욱 오묘하고 신비스러워집니다. 만약, 창조 세계가 신비함으로 가득 차 있다면 그 세계를 주관하시는 분은 얼마나 불가해한 존재일까요.

하나님의 생각과 방법은 인간의 생각이나 방법을 초월합니다. 그래서 하나님이 우리의 삶 가운데 무슨 일을 하시는지 이해할 수 없다 할지라도 하나님을 신뢰하고 하나님께 순종하는 것이 옳은 일입니다. 우리가 하나님의 그 깊은 목적들을 다 헤아릴 수 없지만, 성경은 하나님의 계획을 막을 수 있는 것은 아무것도 없다고 확언합니다. 하나님의 말씀은 하나님께로 헛되이 되돌아가지 않고 하나님이 원하시는 뜻을 이루며, 하나님이 그 말씀을 보내신 목적을 이룰 것입니다(11절).

로마서 11장 33절, 고린도전서 1장 25절, 2장 9절을 살펴봅시다. 하나님의 주권적인 일들에 대해 우리가 보여야 할 유일한 반응은 꿇어 복종하는 것입니다. 자신의 기준이나 이해에 따라서 하나님을 반대하고 판단한다면, 하나님의 뜻은 결코 알 수 없을 것입니다.

신명기 29장 29절을 살펴봅시다. 하나님이 대답을 주시기로 작정하지 않으신 것에 대해 답변을 요구하는 대신, 하나님이 우리에게 계시해 주신 것들에 반응하면서 살아가는 것이 지혜입니다. 여러분은 한 사람의 리더로서, 이 사실을 받아들이기 어려울 수 있습니다. 물론, 여러분은 전문 분야에서 상당한 지식과 권위를 소유하고 있으며, 그리스도를 따르는 사람으로서 하나님을 더 잘 알기 위해 노력을 기울입니다.

그렇지만 하나님의 놀라운 성품에 대해 언급하는 이 말씀과 다른 말씀들을 살펴본다면, 과거 수 세기 동안 학식 있는 신학자들이 그랬듯, 하나님에 대한 모든 인간의 지식은 앞으로 알려질 것의 겉만 희미하게 훑어본 정도에 지나지 않는다는 사실을 깨닫게 될 것입니다.

3일 · 리더십 자기 점검

심층 성찰 학습

조지 산타야나(George Santayana)가 관찰한 "과거를 기억하지 못하는 사람은 그 일을 반복할 운명을 타고난 것이다"라는 고통스러운 진리 앞에 무관한 사람은 아무도 없습니다. 과거로부터 교훈을 얻지 못하는 것은 문제의 일부일 뿐입니다. 우리는 현재의 상황과 형편에 대해서도 시의적절하게 대처하는 것도 힘겨워하고 있습니다. 오늘 본문을 통해 하나님의 선지자로부터 받은 진리에 바람직하게 응답하지 못한 사울의 두 가지 실수를 점검해 봅시다.

사무엘상 13절 1~22절과 15장 1~35절을 읽으십시오

사울은 백성들이 자신을 버리고 도주하는 것(13:8)을 지켜보다가 마음이 다급해져 선지자 사무엘의 지시를 따르지 않고 직접 일을 처리하기로 마음먹었습니다. 하지만 그 순간, 사무엘이 나타나 사울의 주제넘음과 불순종을 책망했습니다. 사울은 이 따끔한 사건을 통해 통찰을 얻는 대신, 또 다시 사무엘의 지시에 대한 자신의 부적절한 처신을 합리화하면서, "나는 실로 여호와의 목소리를 청종하였[습니다]"(15:20)라고 항의했습니다.

"귀 있는 자는 들을지어다"(마 11:15, 막 4:9, 23)라는 말씀은 예수님의 가르침을 배우고 행해야 함을 강조하기 위해 예수님이 자주 사용하신 표현입니다. 오천 명을 먹이신 사건을 보고도 제자들이 깨닫지를 못하자, 예수님은 그들에게 "너희가 눈이 있어도 보지 못하며 귀가 있어도 듣지 못하느냐"(막 8:18, 마 13:15 참조)라고 책망하셨습니다.

만약 사람이 과거의 경험으로부터 배우지 못하고, 새로운 정보와 조건에 적절하게 대처하지 못한다면, 심층 성찰 학습은 효과를 거둘 수 없을 것입니다. 적절한 반응은 의사소통만이 아니라 성품과도 밀접한 관계가 있습니다. 순순하게 가르침을 잘 받는 사람들, 지혜로운 충고를 기꺼이 찾고 적용하려는 사람들은 자신의 실패를 거울삼아 새로운 상황에 그 통찰을 훨씬 잘 적용할 수 있을 것입니다.

4일 · 리더십 업그레이드

심층 성찰 학습

새로운 행동을 이끌어 낸다는 것은 쉽지 않은 일입니다. 새롭고 더 나은 체제와 결과를 얻기 위해서는 변화와 성장이 필요합니다. 그러나 계속 변화하는 것은 변화를 시작하는 것보다 어렵습니다. 예수님과 베드로는 심층 성찰 학습이 어떤 효과가 있는지 우리에게 가르쳐 줍니다. 오늘 본문은 심층 성찰 학습을 실행하는 방법을 제공합니다.

베드로전서 1장 1절~5장 14절을 읽으십시오

교훈을 얻을 수 있는 실습을 시도해 봅시다. 베드로전서를 읽고, 복음서에 있는 베드로의 이야기 한 토막을 살펴본다면 그가 예수님의 훈련과 그의 경험을 통해 얼마나 단련 되었는지 알 수 있습니다.

복음서에서 베드로는 자주 익살스러운 모습으로 나옵니다. 그는 배에서 물속으로 뛰어내리고, 예수님의 말씀을 고치려 들고, 두서없이 말하기도 했습니다. 또한 자신의 열정적인 헌신의 태도를 사람들 앞에서 자랑하다가 결국에는 예수님을 전혀 모른다고 부인하기도 했습니다. 그러나 이 편지에서 우리는 베드로가 진심으로 예수님의 가르침을 따라 자신의 문제를 검토했으며, 생각하고 평가했으며, 심각하게 그 문제를 다루었음을 발견할 수 있습니다.

그의 편지에서 우리는 베드로가 자기 행위를 단기적으로만 고친 것이 아니었음을 알 수 있습니다. 그는 자신의 파괴적인 행위를 용납했던 자신의 생각과 태도를 점검했습니다. "그러므로 너희 마음의 허리를 동이고 근신하여… 온전히 바랄지어다"(1:13)라는 말은 행동을 결정하는 태도를 언급하는 말입니다. 그리고 "모든 악독과 모든 기만과 외식과 시기와 모든 비방하는 말을 버리[라]"(2:1)는 새로운 행동 패턴을 계발해야 한다는 의미만은 아닙니다. 베드로는 만약 사람이 이러한 내면의 틀을 바꾸지 않는다면, 문제 있는 행동이 곧 나타나리라는 사실을 알았습니다.

사람들이 때에 따라 바른 행동을 하는 것은 중요합니다. 하지만 베드로는 예수님께서 가르쳐 주신 것처럼, 행동이 내면의 근본적인 문제들의 표현이라는 것을 잘 알고 있었습니다(눅 6:39~49). 리더는 스스로 올바르게 행동하는 것이 어떤 것인지 배우고 그다음에 자신을 따르는 사람들에게 어떻게 행동해야 할지 가르쳐야 합니다. 그러나 올바른 것을 일관성 있게 행하기 위해서는 다시 한 번 배우는 이들의 심층적 성찰이 필요합니다. 그들은 마음과 영혼 속에 숨어 있는 문제들을 계속 다루어야 합니다. 바로 그것들이 문제 행동이 어떻게, 얼마나 일관성 있게, 왜 발생하는지를 결정하기 때문입니다.

5일 · 실행 포인트

심층 성찰 학습

솔로몬은 지혜로운 사람은 자신이 알아야 할 필요가 있는 것은 반드시 배운다고 분명히 말했습니다. 크리스 아기리스는 리더들이 심층 성찰 학습의 의미와 중요성을 이해하는 데 도움을 줍니다.

잠언 9장 7~9절을 읽으십시오

솔로몬은 거만한 자를 가르치는 일과 지혜로운 자를 가르치는 일을 서로 대조했습니다. '거만한 자'(mocker, 혹은 어리석은 자)는 성품의 문제를 해결하기를 꺼리는 특징이 있습니다. 어리석은 자는 파괴적인 행동을 일으키는 가치와 습관들을 어떻게 다루어야 하는지 배우려 하지 않습니다. 어떤 기술들은 배우기 쉽지만, 그 기술을 활용하는 데 필요한 신념 체계들은 내면 깊이 뿌리박혀 있어서, 그것을 다루기란 아주 어렵습니다.

크리스 아기리스는 말합니다. "대부분의 사람은 배움을 단지 '문제 해결'이라는 식으로 너무나 협소하게 정의하기 때문에 외부 환경상의 오류들을 확인하고 시정하는 데만 초점을 맞춥니다. 문제를 해결하는 것은 물론 중요합니다. 그러나 배움이 꾸준히 지속되려면, 관리자들과 고용주(사용자)들 또한 자신의 내면을 들여다봐야 합니다. 그들이 자신의 행위를 비판적으로 성찰하고, 무의식적으로 자기 조직의 문제를 악화시키는 면이 무엇인지 확인하여, 자신의 행동 방식을 바꿀 필요가 있습니다. 특히 그들은 자신이 문제를 규정하고 해결해 나가는 방식 그 자체가 어떻게 문제의 원인이 될 수 있다는 것도 배워야 합니다."*

1차 학습(단순 학습)은 간단합니다. 우리는 화를 자주 내는 사람에게 그 태도를 고치라고 가르칠 수 있습니다. 그러나 2차 학습(심층 성찰 학습)은 그 사람에게 화를 불러일으키는 분노를 다룹니다. 2차 학습은 문제를 본질적으로 해결할 수 있지만, 훨씬 까다롭습니다. 그러므로 리더들은 흔히 1차 학습으로 만족하는 데 그치기 쉽습니다.

솔로몬은 지혜로운 사람은 자신이 알아야 할 필요가 있는 것은 반드시 배운다고 강조합니다. 아기리스는 지혜로운 사람은 문제를 되짚어서 배워 나간다는 점을 지적함으로써, 이 주제를 명쾌하게 다루고 있습니다.

27주 · 5일

> 거만한 자를 징계하는 자는 도리어 능욕을 받고
> 악인을 책망하는 자는 도리어 흠이 잡히느니라
> 거만한 자를 책망하지 말라 그가 너를 미워할까 두려우니라
> 지혜 있는 자를 책망하라 그가 너를 사랑하리라
> 지혜 있는 자에게 교훈을 더하라 그가 더욱 지혜로워질 것이요
> 의로운 사람을 가르치라 그의 학식이 더하리라
>
> ● 잠언 9장 7~9절

28주 · 1일

권한 부여

사도행전 1장 8절을 읽으십시오

예수님은 제자들에게 그분의 메시지를 들고 세상으로 나가라고 부탁하셨습니다. 그리고 예수님만이 가능한, 그 사명을 수행하는 데 필요한 권능을 그들에게 주셨습니다. 예수님은 그들에게 성령을 약속하셨습니다. 성령은 하나님의 계획을 성취할 수 있도록 제자들을 통해 일하실 분이었습니다. 이 구절을 통해 우리는 권한 부여에 대해 우리의 사고를 자극하는 몇 가지 사실을 관찰할 수 있습니다.

첫째, 예수님은 제자들에게 권한이나 영향력을 약속하지 않으셨습니다. 대신, 그들에게 주어진 일을 성공으로 이끌 수 있는 유일한 원천인 '권능'을 부여하셨습니다.

리더가 문자 그대로 다른 사람들에게 권능을 부여해 줄 수는 없습니다. 아무런 자원도 주지 않은 채, 권위만을 부여한다고 해서 다른 사람들에게 자동적으로 권한이 부여되는 것은 아닙니다. 탁월한 리더는 자신의 추종자들에게 힘을 실어 주기 위해 '가능성'

(enablement)과 '자유'를 생각합니다.

둘째, 사도행전 1장 8절의 사건이 발생한 시기를 주목함으로써 알 수 있습니다. 예수님은 제자들이 교회를 이끌어 갈 수 있도록 3년이란 세월 동안 이들을 교육하셨습니다. 그들이 자원을 적절하게 관리할 수 있는 때가 되었을때 예수님은 제자들에게 권한을 부여하시고 힘을 실어 주셨습니다. 예수님은 이들을 리더로 계발하기 위해 시간과 에너지를 투자하셨고, 맡기신 과업을 성취하는 데 필요한 것을 공급해 주셨습니다.

자신을 따르는 사람들에게 너무 일찍 권한을 부여하고 힘을 실어 주면 그들은 쉽게 실패할 것입니다. 반면, 능력을 갖춘 사람에게 권한을 부여하고 힘을 실어 주지 않으면 그는 쉽게 좌절하게 될 것입니다.

리더는 오직 준비된 사람에게만 권한을 부여하고 힘을 실어 주어야 합니다. 여러분의 경우, 다른 사람들이 성공할 수 있도록 어떻게 권한을 부여할 수 있겠습니까?

2일 · 주님께 배우는 리더십

권한 부여

기독교는 일련의 규칙과 지침이 아니라, 우리를 지으신 분과 생명력 있는 관계를 맺는 열쇠입니다. 중요한 것은 우리에게 내려진 명령이 아니라 우리가 하나님께 권능을 받아 그분이 뜻하신 모습이 되는 것입니다. 오늘 본문에서는 내주하시는 하나님의 성령을 통해 우리가 누릴 수 있는 자원의 풍성함을 살펴봅시다.

로마서 8장 1~39절을 읽으십시오

복음이 특별한 점은 우리의 능력으로는 불가능한 일을 이루지만, 하나님께서 은혜와 권한을 주셔서 우리에게 그 일을 가능하게 하신다는 것입니다. 구원과 성화는 일련의 명령에 순종하는 것이 아니라, 내주하시는 성령을 의지하여 내면에서부터 우리를 변혁시키는 일입니다.

이 특별한 장에서 바울은 성령을 통한 거듭남의 역사가 없이는, 아무도 하나님을 기쁘시게 할 수 없다고 확실하게 못을 박습니다(6

~8절). 오직 "예수를 죽은 자 가운데서 살리신 이의 영이 너희(우리) 안에 거하시면"(11절) 우리가 하나님을 기쁘시게 하며 살아갈 수 있습니다.

기독교는 독특합니다. 기독교는 구원이나 성장을 이루는 체계가 아니라 은혜에 기반을 둔 관계입니다. 하나님이 우리에게 요구하시는 것들은 우리의 노력이 아니라 우리 속에 임재하여 살아 계시는 그리스도의 성령에 의해 성취됩니다. 우리 확신의 근거는 우리 자신의 성과가 아니라 우리를 위해 중보하시는(34절) 그리스도의 공로에 있습니다. 따라서 그리스도를 믿는 사람은 우리의 성과와는 상관없이 우리를 위해 아들을 보내신 성부께 무조건적으로 받아들여집니다. 게다가 하나님께서는 우리에게 권한을 위임하셔서 영원히 지속될 일에 참여하게 하십니다(요 15:16).

바울은 이 사실을 다음과 같이 아름답게 다시 표현합니다. "나에게 이르시기를 내 은혜가 네게 족하도다 이는 내 능력이 약한 데서 온전하여짐이라 하신지라 그러므로 도리어 크게 기뻐함으로 나의 여러 약한 것들에 대하여 자랑하리니 이는 그리스도의 능력이 내게 머물게 하려 함이라 그러므로 내가 그리스도를 위하여 약한 것들과 능욕과 궁핍과 박해와 곤고를 기뻐하노니 이는 내가 약한 그 때에 강함이라"(고후 12:9~10).

이 구절은 우리의 능력과 하나님의 권한 부여에 관해 우리가 어떻게 이해해야 한다고 말하고 있습니까?

3일 · 리더십 자기 점검

권한 부여

지나온 인생 여정을 돌아볼 때, 여러분의 삶에 의미심장한 투자를 한 사람이 있습니까? 그들은 어떤 면에서 여러분에게 힘을 실어 주었습니까? 반대로, 여러분은 다른 사람들의 삶에 어떤 투자를 해 왔습니까? 오늘 본문에서는 다른 사람들을 준비시키고 그들에게 권한을 부여한 한 인물을 만나 보겠습니다.

디도서 2장 15절을 읽으십시오

디모데와 디도는 둘 다 사도 바울의 막역한 동지였습니다. 사도 바울은 그들을 주님께 인도했을 뿐만 아니라 그들을 훈련하고 무장시켜 주었습니다. 바울은 한 사람의 멘토로서 디도를 격려하면서 훈련시켰습니다. 디도에게 보낸 이 편지는 바울의 훈련이 어떠했는지 잘 보여 줍니다. 바울은 디도에게 장로 임명 과정에 사용할 수 있는 자격 점검표를 제공해 장로 임명에 관한 철저한 지침을 내려 주었습니다(딛 1:5~9, 딤전 3 참고). 디도는 바울의 제3차 선교 여행에 동행했습니다. 그리고 사도는 그 기간에 이 "동무요… 동역자"를 세 차례 고린도에 파견했습니다. 처음으로 로마 감옥에 갇혔다가 석방된 후, 바울은 디도와 함께 그레데로 가서 그 섬의 사역을 강화하기 위해 그를 그곳에 남겨 두었습니다(딛 1:5).

같은 시기에 쓰였지만, 바울이 디모데에게 보낸 첫 번째 편지는 디도에게 보낸 편지보다 좀더 개인적이며 덜 공식적입니다. 디도에게는 명확한 지침들이 필요했지만, 디모데에게는 좀더 개인적인 격려가 필요했던 것입니다.

바울은 자신이 신임하는 동역자 디모데에게 믿음에 굳게 서서 두려워하거나 위축되지 말라고 격려했습니다. 바울은 디도에게 "너는 이것을 말하고 권면하며 모든 권위로 책망하여 누구에게서든지 업신여김을 받지 말라"(2:15)고 지시했지만, 디모데에게는 "누구든지 네 연소함을 업신여기지 못하게 하고 오직 말과 행실과 사랑과 믿음과 정절에 있어서 믿는 자에게 본이 되어… 믿음의 선한 싸움을 싸우라… 디모데야… 네게 부탁한 것을 지키라"(딤전 4:12, 6:12, 20)고 격려했습니다.

바울이 디도와 디모데와 맺은 관계를 통해 보여 주듯이 권한 부여는 각 개인의 형편에 맞아야 합니다. 여러분은 어떤 식으로 다른 사람들에게 권한을 부여합니까? 그 사람들의 개성과 상황에 맞게 접근합니까?

4일 · 리더십 업그레이드

권한 부여

우리는 사도행전에서 예수님이 제자들에게 권한을 부여하신 일을 묘사한 누가의 기록을 살펴보았습니다. 이 사건은 역사상 가장 위대한 권한 부여의 순간입니다. 그 일에 대한 또 다른 기사를 살펴봅시다. 오늘 본문에서는 권한 부여에 관한 더 깊은 원칙이 나타납니다.

마태복음 28장 18~20절을 읽으십시오

예수님이 제자들에게 권한을 부여하실 때의 원리입니다.

- 예수님은 자신에게 그들을 변화시킬 능력이 있음을 알려 주셨습니다(18절).
- 예수님은 그 권능을 특정한 목적을 위해 사용하도록 부탁하셨습니다. 그 목적에 대해서는 예수님이 분명하게 규정해 주셨습니다(19~20절).

- 예수님은 그들을 돕기 위해 그들과 함께하실 것이라고 확언하셨습니다(19절).
- 예수님은 그들에게 권한을 위임하기에 앞서 그들을 준비시키셨습니다(20절).
- 예수님은 그들이 예수님의 권능을 사용한 방식에 책임을 지도록 하셨습니다(마 24:4~51, 25:14~30).

제자들에게는 리더이신 예수님이 언제나 그들 뒤에 서서 그들을 지원해 주고, 앞에 놓여 있는 과업을 감당하는 데 필요한 것을 주실 것이라는 확신이 있었습니다. 마찬가지로, 리더는 조직의 권위가 뒤에서 자신을 지지한다는 확신이 필요합니다. 그래야 자신의 팀을 효과적으로 이끌어 갈 수 있습니다. 그러한 지원 없이 리더십을 발휘하기란 사실상 불가능합니다.

5일 · 실행 포인트

권한 부여

리더는 사람들에게 올바른 방향을 제시해 주는 것 이상의 일을 합니다. 리더는 사람들이 일을 할 수 있도록 권한을 부여합니다. 워렌 베니스(Warren Bennis)와 버트 나누스는 권한 부여의 본질을 분명하게 말하고 있습니다. 오늘 본문에서는 예수님이 권한 부여를 어떻게 이해하고 실행했는지를 보여 줍니다.

요한복음 16장 5~15절을 읽으십시오

예수님이 곧 그들을 떠날 것이라고 하시자 제자들은 의기소침해졌습니다. 이해할 만합니다. 3년 이상을 예수님과 동고동락한 그들로서는, 예수님의 목소리나 접촉, 눈길 없이 지낸다는 것은 상상조차 할 수 없었을 것입니다. 예수님은 그들의 감정을 이해하셨지만, 또한 예수님은 자신이 떠나는 것이 그들에게 유익하다는 사실도 아셨습니다. 그 까닭이 무엇이었습니까? 예수님이 떠나신 후에야 성령이 그들에게 권능을 부여해 주실 수 있기 때문입니다. 예수님의 육체는 그들을 떠나겠지만, 예수님은 제자들을 버리지 않으실 것이었습니다. 예수님은 '땅 끝까지 그의 증인'이 되도록 그들에게 성령으로 권능을 부여해 주셨습니다(행 1:8).

예수님은 능력 있는 리더라면 다 아는 사실, 즉 능력을 쌓아 둘 때보다 분산시킬 때 더 많은 것을 성취할 수 있다는 것을 아셨습니다. 워렌 베니스와 버스 나누스가 말하듯, "리더십은 권력 자체를 행사하는 것이 아니라 다른 사람들에게 권한을 부여해 주는 것입니다. 리더는 매력적인 목표 뒤로 그 조직의 에너지를 정렬시켜서 조직의 목표를 현실로 만들 수 있습니다."*

예수님은 제자들이 해야 할 일에 대한 비전을 던져 주시고, 그다음에 그 비전을 행하도록 그들을 훈련시키셨습니다. 그 이상의 일도 하셨습니다. 예수님은 그들에게 그 비전을 현실화시키는 데 필요한 권능을 부여하셨습니다. 성령께서는 그들의 독특한 개성과 솜씨를 통해 일하심으로써 그들이 복음을 가지고 세계를 향해 나아가도록 만드신 것입니다.

29주 · 1일

정의

아모스 5장 24절을 읽으십시오

"아모스 시대의 이스라엘 사람들은 부요했습니다. 그러나 부를 누리던 그들은 영적 민감성을 상실했습니다. 하나님은 돈 한 푼 더 벌기 위해 원칙을 타협하던 그들에게 진노하셨습니다. 이 구절에서 아모스는 그 백성들에게 '행위를 똑바르게 하고, 악이 아닌 선을 추구하라'고 말합니다(14~15절). 성경의 진리에 익숙하면서도 그 진리대로 살아가지 못하는 것은 대단히 위험한 일인데, 아모스 시대의 사람들은 그 선을 넘어 버렸습니다."*

정의를 집행해야 할 리더들은 "공의를 땅에 던졌습니다"(7절). 그러나 하나님은 그들에게 심판을 내리시기에 앞서, 회개하고 회복할 기회를 주시며 다시 돌아오라고 외쳐 부르셨습니다(1~15절). 리더들은 하나님을 기쁘시게 하기 위해 정의와 공의를 행사할 필요가 있었습니다(24절). 이 구절이 함의하는 바는 매우 심오합니다. 일 년 내내 거의 말라붙어 있는 강바닥과 달리, 정의가 그 민족으로부터 강물처럼 흘러나와야 했습니다. 물이 있는 곳에서 식물이나 동물이 번성하듯이, 인간의 삶은 정의와 공의가 있는 곳에서 번성합니다.

이것은 옛날 이스라엘뿐만 아니라 오늘날 우리에게도 해당되는 사실입니다. 사람들은 정의와 공의가 실현되는 환경에서 번창합니다. 여러분과 가장 가까이 있는 사람들은 여러분이 사람들을 다루는 방식을 어떻게 평가합니까? 여러분이 편견이나 편애를 가지고 있다고 말합니까? 아니면 공정하고 의롭다고 말합니까?

2일 · 주님께 배우는 리더십

정의

모든 시대와 지역과 문화를 막론하고 인간은 보편적으로 정의의 미덕과 불의의 위험한 속성을 인식해 왔습니다. 성경적인 입장에서 하나님의 성품은 정의의 절대적 기준이며, 이 도덕적 기준을 우리가 의식하고 있다는 사실은 바로 우리가 하나님의 형상으로 지음 받았다는 증거입니다. 오늘 본문에서 하나님의 정의를 묵상하십시오.

이사야 30장 18절을 읽으십시오

이사야에 의하면, 하나님이 긍휼과 정의를 보이시는 것은 바로 자신을 보이시는 것입니다. 정의를 향한 하나님의 열정은 하나님의 도덕적 완전하심의 요소이며, 피조물에게 간절히 열망하시는 것입니다. 마찬가지로, 불의에 대한 하나님의 진노도 불의의 파괴적인 효과를 반대하는 하나님의 속성입니다. 하나님의 성품에 반대되는 것은 어떠한 것도 죄인데, 이 죄는 언제나 다른 사람들에게 고통과 수모를 안겨 줍니다. 의로움이란 하나님의 성품과 일치하는 것입니다. 이 의로움은 다른 사람들을 향한 공정하고 반듯하고 진실하고 정직한 태도와 실천으로 드러납니다. 성경은 일관적으로 죄를 이기주의와 연결시키며, 정의와 공의는 이타주의의 표현으로 여깁니다.

정의를 향한 하나님의 열정은 창세기부터 요한계시록까지 분명히 나타납니다. 특히 시편 기자들과 선지자들은 이 신적 속성을 찬양했습니다. "그(여호와)는 공의와 정의를 사랑하심이여 세상에는 여호와의 인자하심이 충만하도다"(시 33:5). "그의 손이 하는 일은 진실과 정의이며 그의 법도는 다 확실하니"(시 111:7). "주권자에게 은혜를 구하는 자가 많으나 사람의 일의 작정은 여호와께로 말미암느니라"(잠 29:26). "무릇 나 여호와는 정의를 사랑하며 불의의 강탈을 미워하여 성실히 그들에게 갚아 주고 그들과 영원한 언약을 맺을 것이라"(사 61:8). "오직 정의를 물같이, 공의를 마르지 않는 강같이 흐르게 할지어다"(암 5:24).

정의는 예수님의 뚜렷한 관심사 가운데 하나였으며, 이는 예수님이 공생애 동안 사회적, 인종적, 경제적인 장벽들을 뛰어넘으신 방식에서 두드러지게 나타납니다.

3일 · 리더십 자기 점검

정의

여러분은 무엇을 더 원합니까? 그것이 이기적인 영역(이를테면, 권력, 부, 명성)과 관련된 것이라면, 여러분이 정의를 추구하기란 불가능할 것입니다. 참된 정의를 추구하는 것은 다른 무엇보다도 하나님을 추구하는 과정에서 부수적으로 발생하는 일입니다. 오늘 본문에서 참된 진리가 어떻게 표현되어 있는지 살펴봅시다.

스가랴 7장 8~14절을 읽으십시오

유배 기간이 끝난 유대인들은 이스라엘로 돌아온 뒤에도 다섯 번째 달과 일곱 번째 달에 금식하고 애도했던 관습을 그대로 계속해야 하는지 알고 싶었습니다. 그러나 선지자 스가랴를 통해 하나님은 전혀 예상치 못했던 답을 주셨습니다. 금식하고 절기를 준수하는 그들의 행위가 실상은 여호와 하나님을 위한 것이 아니라 그들 자신을 위한 것이며, 다른 사람들의 곤핍을 배려하지 않는 그들의 종교적 행위는 영적 가치가 전혀 없다는 것이었습니다. 선지자는 그들의 조상들이 포로가 되어 끌려간 이유도 바로 그 때문이라고 지적했습니다.

이스라엘 백성들이 유배당하기 전, 선지자 이사야도 금식과 정의라는 동일한 문제를 다룬 적이 있습니다. 그는 언약 공동체인 유다를 향해, 참된 금식이란 단순히 자기 부인의 문제만이 아니라 사회적인 문제이기도 하다고 주장했습니다(사 58:6).

스가랴 7장 9~10절에 따르면, 참된 정의는 자비와 긍휼의 행위로, 특히 절망적인 처지 가운데 있는 사람들(과부들, 고아들, 외국인들, 가난한 이들)을 향할 때 제대로 실현됩니다. 그러므로 실질적인 정의에는 권력과 영향력을 이타적인 문제에 적용하는 일이 포함됩니다. 순전한 정의는 다른 사람들을 섬기고 그들의 유익에 초점을 맞추는 그리스도의 성품, 그리스도를 닮은 태도에서 흘러나옵니다.

"아무 일에든지 다툼이나 허영으로 하지 말고 오직 겸손한 마음으로 각각 자기보다 남을 낫게 여기고 각각 자기 일을 돌볼 뿐더러 또한 각각 다른 사람들의 일을 돌보아 나의 기쁨을 충만하게 하라"(빌 2:3~4).

4일 · 리더십 업그레이드

정의

"그렇지만 그것은 공평하지 않아!" 어떠한 리더도 이 다루기 힘든 문제와 씨름하지 않고서는 계속 조직을 이끌 수 없습니다. "왜 그 사람이 승진했지?" "왜 그 사람이 자리를 옮겼지?" "왜 그 사람이 더 큰 사무실을 사용하는 거지?" "왜 그 사람만 신형 컴퓨터를 사용하는 거지?"

미가는 사람들을 공평하게 이끌 수 있는 간단한 핵심을 제공합니다. 카드에 적어 눈에 잘 띄는 곳에 붙여 놓기 좋은 문장입니다.

미가 6장 8절을 읽으십시오

리더십은 복합적인 문제입니다. 리더십을 잘 발휘하기 위해, 하나님이 기뻐하시는 방법으로 사람들을 이끄는 데 헌신할수록 상황은 더 복잡해집니다. 윤리를 다루는 책을 한두 권만 간단히 훑어본다 해도, 죄책감과 혼란은 더 늘어날 것입니다. 선지자 미가는 오늘 본문에서 문제의 핵심을 꿰뚫었습니다. 그는 이렇게 물었습니다. "선한 것이 무엇이며, 여호와께서 네게 구하는 것이 무엇이냐?"

이어지는 미가의 훈계는 황금률을 설명하셨던 예수님의 말씀과 아주 흡사합니다. 다른 사람들에게 정의롭고 자비롭게 행하며 하나님 앞에서 겸손하게 살아가라는 것입니다.

모든 사람은 정의롭게 그리고 자비롭게 행동해야 합니다. 특히 리더에게는 그 요구의 수준이 더 높아집니다. 리더는 고객들이 값을 지불한 만큼 제대로 서비스를 받을지, 주주들이 투자한 만큼 공정한 대가를 얻을 것인지를 결정합니다. 리더는 승진과 전근과 고용과 해고를 결정합니다. 리더는 자신을 따르는 사람들이 가야 할 방향을 결정합니다. 이러한 이슈들을 둘러싼 윤리적 혼란의 어려움을 지나치게 단순화하는 것은 위험하고 불공평한 일입니다. 하나님은 우리에게 무엇이 공평과 정의인지 생각하라고 말씀하십니다.

여러분의 책임과 권력 아래 있는 사람들의 어려움과 고통을 최소한으로 줄일 수 있는 길이 무엇인지 생각해 보십시오. 미가가 강조하는 것은 '하나님과 더불어 겸손하게 행하며 나아가는' 자세입니다. 자신의 결점과 약점을 인정하는 리더는 사람들을 더욱 인도적으로 이끌어 갈 수 있습니다. 하나님께 자신을 공평하게, 의롭게, 자비롭게 대해 달라고 부르짖는 사람들은 자신이 하나님으로부터 받아야 한다고 생각하는 것을 다른 사람들에게도 잘 베풀 수 있을 것입니다.

5일 · 실행 포인트

정의

정의는 법정에서만 실현되는 것이 아닙니다. 리더는 자신의 자원을 사용할 때도 정의로운 방식을 취해야 합니다. 오늘 본문에서 느헤미야는 이스라엘 사람들에게 그들이 어떻게 정의를 실천할 수 있는지 충고했습니다. 아울러, 존 퍼킨스(John Perkins)가 정의를 실천하는 방법을 우리에게 조언합니다.

느헤미야 5장 1~19절을 읽으십시오

느헤미야의 분노에는 마땅한 근거가 있었습니다. 하나님은 자원을 공평하게 분배하는 수단으로 이스라엘 율법을 세우셨습니다(레 25). 하나님은 토지가 백성들에게 공평하게 분배되어야 한다는 조항("토지를 영구히 팔지 말 것")을 두셨습니다. 왜냐하면 토지는 하나님의 것이며, 이스라엘 백성은 거류민이요, 동거하는 자이기 때문이었습니다(레 25:23). 이스라엘 선지자들은 다른 사람들이 고통을 당하는데도 자원을 쌓아 놓는 것은 하나님을 거역하는 죄악이라고 지적했습니다.

존 퍼킨스는 다음과 같이 말했습니다. "우리가 소유주가 아니요 다만 청지기라는 그 진리는 당시와 마찬가지로 오늘날에도 세계 자원들이 공정하게 분배되어야 한다는 사실을 나타냅니다. …땅과 자원들은 우리에게 속한 것이 아니라 하나님께 속한 것입니다." 퍼킨스는 "부자들에게 돈을 빼앗아서 가난한 사람들에게 주라는 말이 아니"라고 확인했습니다. 그것은 조금도 도움이 되지 않는 일이라는 것입니다. 퍼킨스는 이어서 "가난한 사람에게 필요한 것은 동냥이 아닙니다. 그들이 스스로 더 나은 삶을 건설할 수 있도록 해 주어야 합니다. 우리는 가난한 사람들에게 필요한 기본적인 교육을 제공해 주어야 합니다. …그들이 지역 사회, 지역 공동체에 뿌리를 내리고 경제적인 사업들을 시작할 수 있도록 직업 교육과 경영 기술들을 가르쳐 주어야 합니다."*

느헤미야와 모세가 그 백성들에게 자원을 재분배할 것을 요구했다는 점에 주목하십시오. 그들이 자선이나 동냥을 요청한 것이 아닙니다. 그들이 요구했던 것은 자원을 통제하던 사람들이 자신을 돌볼 수 있는 수단을 전혀 갖지 못한 사람들을 위해 그 자원을 풀어 놓으라는 것이었습니다. 정의는 의존성을 지속시키는 것이 아니라 의존적인 사람들이 하나님의 선하신 손길 아래서 자신의 필요를 해결해 나갈 수 있도록 지원함으로써 실현될 수 있습니다.

30주 · 1일

리더십 계발

누가복음 10장 1~24절을 읽으십시오

어느 날 한 소녀가 개구리에게 입맞춤을 했습니다. 겉으로 보기에 그것은 단순한 입맞춤이었지만 그 결과는 전혀 단순하지 않았습니다. 소녀가 그 순간에 무슨 생각을 했는지 상관없이, 개구리의 끈적끈적한 피부에 부드러운 입술을 대는 순간, 엄청난 변화가 일어났습니다. 그 녹색 개구리가 멋진 젊은 왕자로 변한 것입니다. 사실 그 이야기에 따르면, 왕자는 주문에서 풀려나 그의 모든 가능성을 이룰 수 있도록 해방되었던 것입니다.

리더는 자신을 따르는 사람들에게, 소녀가 개구리에게 했던 일을 해야 합니다. 리더는 자신을 따르는 자들이 리더십 기술을 계발하고, 잠재력을 십분 발휘하도록 도와줄 수 있는 독보적인 위치에 있습니다. 그렇게 된다면, 그들은 애초에 하나님께서 의도하셨던 모습을 찾을 것입니다.

예수님이 칠십 명에게 둘씩 짝을 지어 나가라고 하셨을 때, 예수님은 그들이 어려움에 봉착하리라는 사실을 아셨습니다. 그들이 먹을 음식이나 돈이나 여벌의 옷도 없이 떠났기 때문입니다. 그렇지만, 그들은 성공을 경험했습니다. 그들이 성공한 이유는 무엇이었을까요?

첫째, 그들은 훈련을 잘 받았습니다. 그들은 어디로 가야 하는지 무슨 말을 해야 하는지 뿐만 아니라, 거부당했을 때 어떻게 처신해야 할지 미리 배웠습니다.

둘째, 그들은 명확한 비전을 가지고 있었습니다. 그들은 추수할 것이 많다는 예수님의 긴급한 말씀에 자극을 받았습니다(2절).

그들은 기쁨이 충만해서 돌아와 성공담을 나누었습니다(17절). 그들의 리더(예수님)는 보고를 듣고, 그들의 노고를 치하해 주셨습니다. 그리고 더 중요하게, 그들을 칭찬하셨습니다. 예수님은 리더십 계발의 대가이셨습니다. 예수님은 리더들을 훈련시키셨으며, 그들을 테스트하셨으며, 그들에게 상을 주셨습니다.

여러분은 현재 어떻게 다른 사람의 리더십을 계발시키고 있습니까? 예수님이 행하셨던 일 가운데 여러분의 상황에 적용할 수 있는 것은 무엇입니까? 어떻게 적용하겠습니까?

2일 · 주님께 배우는 리더십

리더십 계발

하나님은 사람들에게 비상한 잠재력을 부여하셨습니다. 그러나 타락한 세상에서, 이러한 능력을 실현하기에는 많은 장애가 존재합니다. 우리는 예수님의 성육신과 이 땅에서의 삶을 통해 타락 이전 인간의 삶이 어떠했는지 알 수 있습니다. 오늘 본문을 통해 예수님이 어떻게 섬기는 리더로 성장해 나가셨는지를 살펴봅시다.

히브리서 5장 6~10절을 읽으십시오

이 본문은 신인(God-man)의 성육신의 신비와 예수님이 "받으신 고난으로 순종함을 배[웠던]"(8절) 방식을 언급합니다. 누가는 "예수는 지혜와 키가 자라 가며 하나님과 사람에게 더욱 사랑스러워 가시더라"(눅 2:52)고 우리에게 전해 줍니다. 예수님은 삼십 년 동안 비교적 짧은 공생애를 준비하셨습니다. 예수님은 지적으로, 신체적으로, 영적으로, 사회적으로 성장하셨습니다. 예수님은 모든 일에 있어서 아버지의 주권적인 계획을 받아들여 자신이 세상에 오신 목적을 이룰 준비를 하셨습니다.

주님은 개인적인 훈련과 순종을 통해(7절), 그리고 고통과 반대를 통과하면서 섬기는 리더로 발전하셨습니다. 예수님은 자신이 직면했던 모든 장애물을 아버지께서 자신의 지상명령을 달성하도록 돕기 위해 허락하신 것으로 보았습니다. 그리하여 예수님은 외형적인 것을 넘어 하나님의 뜻을 행하는(히 10:5~7) 궁극적인 사명에 집중하셨습니다. 하나님을 향한 이러한 순복과 철저한 순종의 태도가 바로 예수님께서 인류의 영적인 리더이자 구속주로 성장하신 비결이었습니다.

누가복음 2장 41~50절에서 예수님이 열두 살이 되었을 때 성전을 방문하셨던 사건을 읽어 보시기 바랍니다. 이미 성전이 아버지의 집이라는 사실을 아셨던 그분의 지식에 비추어 볼 때, 예수님이 사흘 동안 성전에서 선생들과 담화했던 일은 예수님이 리더로서 성장하는 데 어떤 영향을 미쳤을까요? 예수님이 한 사람의 리더로 성장해 가는 과정 가운데, 여러분이 자신이나 다른 사람의 리더십을 계발하고 발전시키는 방식에 적용할 수 있는 것이 있습니까?

3일 · 리더십 자기 점검

리더십 계발

하나님은 한 가지 목적을 위해 우리를 지으셨고 준비시키십니다. 이러한 목적을 위해 때때로 그분은 우리라면 선택하지 않았을 과정을 허락하십니다. 우리의 준비 과정은 종종 느리고 고통스럽습니다. 그러나 섬기는 리더로 성장하는 데 고통 없는 길은 결코 없습니다. 오늘 본문에서는 요셉의 길고 험난한 준비 과정을 살펴봅시다.

창세기 37장 1~36절을 읽으십시오

요셉은 어렸을 때 기이한 꿈을 꾸었습니다. 그리고 그 꿈은 훗날 놀라운 방식으로 성취되었습니다. 하나님은 야곱의 가족들을 이끌고 부양하기 위해 요셉을 일으켜 세우셨습니다. 그러나 요셉은 여호와 하나님이 이 일을 이루시기 위해 허락하신 고통스러운 길들을 결코 예견할 수 없었습니다. 요셉은 배척과 오해와 박해를 견뎠습니다. 그의 상황은 절망적이었지만, 요셉은 계속해서 여호와를 신뢰하고 주님께 소망을 두었습니다. 그는 시험과 신뢰의 과정을 통해 하나님이 계획하신 일을 감당할 준비를 갖추었습니다. 그래서 어느 날, 하루아침에 감옥에 갇힌 죄수의 신분에서 애굽의 제2인자로 변모했습니다.

같은 방법으로, 하나님은 모세, 다윗, 예레미야, 바울과 같은 종들을 세우셨습니다. 그들 모두 각자 나름대로 다른 사람들을 섬기고 이끌어 가기에 앞서, 성품과 인격이 성장하는 길고 고통스러운 과정이 있었습니다. 초신자를 영적인 리더의 자리에 앉혀서는 안 되는 이유가 바로 여기에 있습니다.

바울은 디모데에게 교회에서 감독을 임명하는 일에 대해 교훈과 조언을 합니다. "새로 입교한 자도 말지니 교만하여져서 마귀를 정죄하는 그 정죄에 빠질까 함이요"(딤전 3:6). 리더는 먼저 가르침과 양육을 받으며 책임의 영역을 넓혀 갈 수 있도록 점점 더 성장해야 합니다.

리더십 계발 과정은 우리 자신과 우리가 훈련시키는 사람들의 삶에서 계속 진행되어야 합니다. 여러분에게는 멘토가 있습니까? 여러분은 다른 사람을 이끄는 한 사람의 멘토입니까? 히브리서 12장 4~13절에 언급된 훈련 과정은 리더가 될 신자들을 어떤 방식으로 준비시키고 있습니까?

4일 · 리더십 업그레이드

리더십 계발

리더는 어쩔 수 없이 많은 것을 알아야 하고 또 그만큼 잘해야 합니다. 다윗은 솔로몬을 리더로 훈련시켰고 따라서 이스라엘은 이 두 위대한 왕들의 성공적인 치세를 누릴 수 있었습니다. 오늘 본문은 한 사람의 위대한 리더 다윗이 또 다른 위대한 리더를 성장시키는 데 중점을 둔 것이 무엇인지 보여 줍니다.

열왕기상 2장 1~9절을 읽으십시오

다윗은 어마어마한 업적을 이룬, 타의추종을 불허하는 리더였습니다. 그리고 다윗의 뒤에는 솔로몬이 준비되어 있었습니다. 다윗은 솔로몬을 한 사람의 리더로 성장시켰습니다. 2~4절에 기록된 명령으로 보아 솔로몬은 하나님의 명령을 알았고 존중했음을 알 수 있습니다. 그것은 모두 훈련받아야 할 덕목이었습니다. 그보다 더 중요한 준비는 없습니다. 하나의 조직이 성장하거나 퇴보하면 그 환경이나 분위기가 바뀌고, 리더십도 여러 형태로 나타납니다. 그 가운데 변치 않고 유지되어야 하는 것은 리더의 도덕적 기반입니다. 바로 이것이 다윗이 언급한 첫 번째 덕목이었습니다. 솔로몬은 윤리적으로 준비되어 있었습니다.

이 준비가 이루어졌을 때에야 비로소 다윗은 솔로몬에게 이스라엘의 왕으로서 해야 할 몇 가지를 구체적으로 가르쳐 주었습니다(5~9절). 다윗은 솔로몬에게 몇 가지 고통스럽고 해결되지 않은 리더십의 문제들을 남기기도 했습니다. 그러나 이 다섯 절에서 두 번씩이나 다윗이 자신의 왕위를 계승할 솔로몬의 지혜를 언급한다는 점에 주목하기 바랍니다. 다윗은 솔로몬이 자신이 할 일을 알고 있으리라 확신했습니다(9절).

다윗은 이스라엘의 다음 지도자를 준비하는 일에 자신을 투자했습니다. 솔로몬은 하나님의 말씀에 관한 깊은 지식과 지혜를 획득했습니다. 이것을 통해 볼 때, 리더가 될 준비를 할 때 필요한 것은 본질적으로 비물질적인 것임을 알 수 있습니다. 그 새로운 리더는 이미 기본적인 자격과 배울 자세를 갖추었던 것입니다.

5일 · 실행 포인트

리더십 계발

리더를 계발할 때 멘토링보다 중요한 일은 없습니다. 바울은 이 중요한 일을 잘 실행했으며, 세일라 스테일리(Sheila R. Staley)는 멘토의 의미를 간결하게 설명합니다.

데살로니가전서 1장 5~6절을 읽으십시오

다른 사람의 리더십 능력을 효과적으로 계발하고자 한다면, 그 사람에게 훈련과 지침 그 이상을 지원해 주어야 합니다. 즉 '멘토링'이 필요합니다. *Women to Women*(여성 대 여성)에서 세일라 스테일러는 '멘토'라는 단어가 원래 그리스 신화에서 기원했다고 말합니다. "멘토(Mento)는 오디세우스(Odysseus)가 아들의 교육을 맡겼던 지혜롭고 믿을 만한 지도 교사였습니다. 멘토는 양육하고, 후원하고, 지혜로운 충고를 해 줍니다. 멘토는 아랫사람이 목표를 정하고 실현할 수 있도록 도와줍니다. 그리스도인 여성에게 있어서 이러한 목표는 기도 가운데 세워져야 하며 기도 속에 잠겨 있어야 합니다. 성장은 실제적인 경험으로부터 이루어지는데, 멘토는 지혜로운 조언을 통해 그 과정을 돕습니다."*

사도 바울은 리더십 계발에 있어서 멘토링의 중요한 역할을 이해했습니다. 그는 데살로니가 교인들에게 자신이 그들에게 영적인 진리를 전달해 주는 것 이상의 일을 행했다고 일깨워 주었습니다. 바울은 자신의 발자취를 따르는 사람들이 또한 그리스도를 따르고 있다는 사실을 확신할 정도로 신념과 자신감이 있었습니다. 바울은 그들에게, "너희는… 우리와 주를 본받은 자가 되었으니"(6절)라고 말했습니다.

데살로니가 교인들에게서 그 연결고리가 끝나지 않았다는 사실에 주목해 봅시다. 그들은 바울을 따라서, "마게도냐와 아가야에 있는 모든 믿는 자의 본"(7절)이 되었습니다. 따르는 자가 이끄는 자가 된 것입니다. 멘토링을 받았던 자가 다른 사람의 멘토가 되었습니다.

다른 사람이 리더십 능력을 계발하는 데 도움을 주면서 그들이 여러분의 발자취를 따를 수 있도록 언제나 그들 곁을 지키십시오.

31주 · 1일

배우는 조직

사사기 2장 1~11절을 읽으십시오

파죽지세의 승리를 거둔 뒤에는, 현재의 지식과 업적이라면 앞으로도 성공할 것이라고 단정하면서 긴장을 풀고 늘어지기 쉽습니다. 그러나 이것은 아주 위험한 자세입니다. 불행하게도, 바로 그것이 옛날 이스라엘 백성들이 여호수아와 그의 세대가 죽은 후에 취한 자세였습니다. 여호수아는 이스라엘 백성들을 지휘해 약속의 땅을 정복했습니다. 그는 요단 강물을 막으시며, 여리고 성벽을 무너뜨리시는 하나님을 친히 목격한 세대였습니다(수 3, 6장).

다음 세대는 "여호와를 알지 못하며 여호와께서 이스라엘을 위하여 행하신 일도 알지 못[했던]" 세대입니다(삿 2:10). 얼마나 비극적이며 뼈아픈 말입니까! 한 세대 전체가 삶을 바꿀 만한 하나님의 존재와 그분의 역사를 배우지 못했던 것입니다. 무지로 인한 공허함 때문에 그들은 마음과 정신의 빈자리에 우상과 이교도들을 받아들였습니다. 결국 그들은 죄를 지었으며, 하나님의 진노가 그들에게 임했습니다. 그들은 선조들의 성공과 실패에 대한 이야기를 알고 있었지만, 그 이야기로부터 배움을 얻지 못했습니다.

나라나 조직이나 팀이 배우기를 포기할 때 실패는 자명합니다. "역사로부터 배우지 못하는 사람들은 실패의 역사를 반복하기 마련이다." 이 말은 사사기에 묘사된 이스라엘 백성들의 상황과 과거의 경험으로부터 배우지 못한 세대가 직면한 상황을 알맞게 요약합니다.

영향력 있는 리더는 이 점을 압니다. 그는 자신의 조직과 팀 속에서 배움을 격려하는 분위기를 조성하기 위해 최선을 다합니다. 그는 과거의 경험을 통해 얻은 원리를 기억하고 자신을 따르는 사람들이 새로운 상황과 형편에 그 원리들을 적용하도록 도와줍니다.

여러분은 현재 새로운 생각과 아이디어를 얻기 위해 무슨 일을 합니까? 여러분이 속한 조직은 배움을 자극하고 독려하기 위해 어떤 구조를 갖추었습니까? 어떤 구조가 형성되어야 그런 일이 가능하겠습니까?

2일 · 주님께 배우는 리더십

배우는 조직

우리는 도스토예프스키의 『죄와 벌』을 유치원 학생들에게 읽히지는 않습니다. 또한 초등학교 1학년들에게 공업 수학 고급 과정을 가르치지도 않습니다. 이처럼 정교한 주제들을 다루려면 오랜 기간의 성장과 학습 과정이 필수적입니다. 마찬가지로, 우리가 이미 받은 말씀에 꾸준히 반응한다면 하나님은 더 큰 깨달음을 주십니다. 오늘 본문을 통해 점진적인 계시에 나타나는 중요한 현상들을 살펴봅시다.

베드로전서 1장 10~12절을 읽으십시오

구약의 선지자들이 이스라엘과 유다의 백성들을 향한 하나님의 계시를 받았을 때, 그 가운데 자신이 파악할 수 없는 중요한 부분이 있음을 깨달았습니다. 이사야도 4, 9, 11, 35, 42, 53, 61장의 내용을 가지고 씨름했을 것입니다. 다니엘은 자신이 받은 말씀의 많은 부분이 자신의 이해를 넘어서는 내용이었음을 깨달았습니다. "내가 듣고도 깨닫지 못한지라 내가 이르되 내 주여 이 모든 일의 결국이 어떠하겠나이까 하니 그가 이르되 다니엘아 갈지어다 이 말은 마지막 때까지 간수하고 봉함할 것임이니라"(단 12:8~9).

베드로전서 1장 10~12절은 이와 같이 우리가 하나님의 계시를 완벽하게 이해하지 못하는 이유가 "이 섬긴 바가 자기를 위한 것이 아니요 [그들 뒤에 올] 너희를 위한 것"이기 때문이었다고 설명해 줍니다.

하나님의 말씀은 점진적인 계시입니다. 그 안에서 사람과 하나님의 역사와 관련된 보다 명확하고 완전한 시각이 점진적이고 역동적으로 전달됩니다. 하나님의 백성들은 수 세기에 걸쳐, 특히 모세와 여호수아의 생애 동안, 엘리야와 엘리사의 뒤를 잇는 선지자들의 시대 동안, 그리고 예수님과 사도들의 시대 동안 점점 더 분명한 계시를 받았습니다. 하나님은 위대한 교육자이십니다. 하나님은 다음 교훈을 전해야 할 정확한 때를 아십니다. 집단이나 개인이 계시에 적절하게 반응할 능력이 없다면 계시를 더 전해 줄 필요가 없습니다.

"무엇이든지 전에 기록된 바는 우리의 교훈을 위하여 기록된 것이니 우리로 하여금 인내로 또는 성경의 위로로 소망을 가지게 함이니라"(롬 15:4). "그들에게 일어난 이런 일은 본보기가 되고 또한 말세를 만난 우리를 깨우치기 위하여 기록되었느니라"(고전 10:11). 이 말씀들은 '배우는 조직'으로서 하나님의 백성들에게 어떤 교훈을 줍니까?

3일 · 리더십 자기 점검

배우는 조직

구약 성경을 읽으면서 좌절감을 느낄 때가 있습니다. 우리는 완악한 이스라엘 백성들이 하나님의 말씀에 순종하고 우상 숭배에서 돌아서기를 바라지만, 그들은 과거에서 교훈을 얻지 않고 자신들의 삶을 계속해서 파멸시키기 때문입니다. 그 모습을 통해 우리는 이스라엘 백성들이 다름 아닌 우리 자신의 모습을 반영한다는 깨달음을 얻게 됩니다. 오늘 본문에서는 유배를 끝내고 고국으로 돌아온 유민들을 향한 하나님의 말씀을 들어봅시다.

스가랴 1장 2~6절을 읽으십시오

이 단락의 서두에서, 선지자는 말씀을 듣는 백성들의 조상을 네 차례나 언급하고 있습니다(2, 4, 5~6절). 조상들은 하나님의 명령을 듣지 않았기에 지금 그들의 후손들은 그 끔찍한 결과로 고통을 당하고 있습니다. 이스라엘의 도덕적 리더였던 스가랴는 그를 따르는 자들에게 선조들의 실수를 통해 교훈을 얻어 나중에 후회하는 일이 없도록 하라고 촉구합니다.

그 백성들의 조상은, 하나님께서 선지자들을 보내셔서 자신들의 행위가 불러일으킬 결과를 경고했음에도 불구하고 그것을 듣지 않았습니다. 선지자가 여호와께 받은 메시지의 핵심은 "내게로 돌아오라 그리하면 내가 너희에게로 돌아갈 것이다"라는 것이었습니다. 그들의 조상들이 그렇게 했었더라면 이스라엘 백성이 유배당하는 일은 발생하지 않았을 것이며, 기근이나 정복에 대한 두려움 없이 자신의 땅에서 하나님이 주시는 복을 누렸을 것입니다.

이제 하나님은 스가랴의 세대에게도 동일한 메시지가 적용된다고 말씀하십니다. 조상들을 파멸시켰던 똑같은 덫에 빠지는 대신 여호와 하나님을 신뢰하고 그 하나님께 순종한다면, 그들은 하나님과 교제하는 풍성한 복들을 누릴 것입니다.

계시는 항상 반응을 요구합니다. 사람들이 여호와 하나님의 계시로부터 배우지 못하고 그것을 적용하지 못할 때, 개인적인 효율도 떨어질 뿐 아니라 성장도 멈추게 됩니다. 이스라엘 역사가 명확히 보여주는 것처럼 퇴보하고 영적인 진리를 '배우지 못할' 수 있습니다. 이 원리는 단체와 조직과 국가와 문명에도 적용됩니다.

삶 가운데 하나님 말씀에 적절하게 반응하는 법을 배우는 데 장애가 되는 부분이 있습니까? 이 부분을 기도로 하나님께 맡겼습니까?

4일 · 리더십 업그레이드

배우는 조직

지속적인 향상을 꾀하기 위해서는 지속적인 배움이 필요합니다. 따라서 계속해서 배우는 조직만이 장기간에 걸쳐 성장을 지속하게 될 것입니다. 사도 바울은 골로새교회에게 배움을 통한 성장에 대한 놀라운 통찰을 제시합니다. 이러한 관점은 어느 조직에게나 해당되기에 고려할 가치가 충분히 있습니다. 오늘 본문에서 그 통찰을 발견해 봅시다.

골로새서 1장 9~10절을 읽으십시오

바울은 골로새교회가 배우기를 원했습니다. 이것은 또한 지혜로운 리더가 자신을 따르는 자들에게 바라는 요소일 것입니다. 바울은 조직의 기능을 언급하며 부지런히 배울 것을 권면하고 있습니다. 어떠한 조직도 그 조직의 일상 속에 교육 과정을 두는 것을 무시해서는 안 됩니다. 바울은 오늘 본문을 통해 배우기 위해서는 다음과 같은 조건을 갖추어야 한다고 말합니다.

- **기준**(9절). 교회의 기준은 하나님의 뜻을 아는 지식입니다. 따르는 자들이 '더 나은 것' 혹은 '이상적인 것'이 어떤 것인지 알지 못하면 어떠한 조직이라도 성장할 수 없습니다. 리더들은 기준을 정하고 그것을 전달해야 합니다.
- **가르침**(9절). 기준을 아는 것과 그 기준의 의미를 아는 것(지혜와 총명)은 별개입니다. 이 두 번째 요소가 결여된 정책과 커리큘럼은 혼란과 당혹만을 불러일으킬 수 있습니다.
- **실천**(10절). 사람들은 실제로 그 상황에 부딪히기 전까지는 자신들이 무엇을 이해하고 있는지 의식하지 못합니다. 성장하기 위한 하나의 과정으로 성공하든, 실패하든 일단 시도해 보는 과정이 필요합니다. 리더들은 자신을 따르는 사람들이 그들에게 할당된 임무를 시도할 때 그들을 지도해 줄 멘토와 조력자를 제공해야 합니다.
- **피드백**(10절). 바울은 사람들이 새로운 가르침을 적용하기 시작하면 그 노력이 열매를 맺게 되리라는 사실을 알았습니다. 그 활동이 결과를 내기 시작하면 사람들은 그것이 어떻게 평가받는지 알아야 할 필요가 있습니다. "잘했습니다", "아직은 부족해요. 다시 한 번 시도해 보세요"라는 말이 성장에는 필수적입니다. '검사관'과 '선생님'의 중요한 차이점은, '검사관'은 작업상의 흠만 찾아내는 데 비해 '선생님'은 작업자들이 성장하도록 도와준다는 점입니다.

- **발산**(10절). 배우는 자들은 마침내 스스로 성장하고, 새로운 질문들을 던질 수 있는 자신감과 노련함을 얻게 되며, 그것을 더 나은 배움의 지침으로 삼게 됩니다.

5일 · 실행 포인트

배우는 조직

하나님은 요시야를 사용해 급진적인 개혁을 일으키셨습니다. 어떻게 이 일이 일어났을까요? 오늘은 이것을 살펴보며, 네비스(Nevis), 디벨라(DiBella), 굴드(Gould)로부터 조직 안에서 배움을 가능하게 하는 결정적인 원리를 발견해 봅시다.

역대하 34장 1절~35장 27절을 읽으십시오

요시야의 개혁은 나라 전체에 영향을 끼쳤습니다. 그 개혁이 비공식적으로 제사장들에게서부터 왕에게로 그리고 백성들에게로 퍼져 나갔기 때문입니다. 이 장은 조직이 '배울' 때 무슨 일이 일어나는지 잘 보여 줍니다.

조직 학습 시스템 분석 전문가인 네비스와 디벨라, 굴드는 조직 안에서 배움을 촉진시키는 핵심 원리를 규정하는데 그중 다섯 번째 항목은 다른 요소들 전체에 영향을 줍니다.

"**개방적인 분위기**. 정보가 사람들이 알아차릴 수 있을 만큼 공개되어 있는가? 비공식적인 배움은 사람들이 일상 속에서 종종 무계획적으로 상호 작용하도록 이끕니다. 게다가, 다른 그룹과 높은 수준의 운영을 접할 기회는 배움을 촉진시킵니다. 사람들은 정당한 이견 제시와 토론을 통해 자신의 견해를 표출할 자유를 가질 필요가 있습니다. 또 한 가지 중요한 측면은 조직 내에서 발생하는 오류가 숨겨지지 않고 얼마나 공유되느냐 하는 것입니다."*

요시야는 백성들 사이에서 하나님의 율법에 대한 새로운 정보가 공개적으로 퍼져 나가도록 허용했으며, 심지어 명하기까지 했습니다. 또한 '오류가 공유되는 범위'를 요시야 왕 자신에게까지 확대하였습니다. 요시야 역시 회개하고 자신의 행위를 바꾸었습니다(34:27, 33).

개방적인 분위기가 없다면, 배움은 질식되어 버립니다. 요시야의 개혁에서 볼 수 있는 것처럼 개방적인 분위기와 더불어서 조직의 학습 분위기는 엄청난 규모로 번져 나갈 수 있게 됩니다. 리더가 공개적으로 자신의 성장 분야들을 공유함으로써 배움의 모델이 된다면, 그를 따르는 사람들도 그렇게 할 수 있다는 자신감을 갖게 됩니다. 조직의 개방적인 분위기는 효과적인 학습 시스템을 갖고자 하는 집단에 필수적입니다.

31주 · 5일

이로써 우리도 듣던 날부터 너희를 위하여 기도하기를 그치지 아니하고 구하노니
너희로 하여금 모든 신령한 지혜와 총명에 하나님의 뜻을 아는 것으로 채우게 하시고
주께 합당하게 행하여 범사에 기쁘시게 하고
모든 선한 일에 열매를 맺게 하시며 하나님을 아는 것에 자라게 하시고

● 골로새서 1장 9~10절

32주 · 1일

장기 계획

창세기 3장 15절을 읽으십시오

미래를 미리 내다보는 것은 리더십의 필수적인 특징 가운데 하나입니다. 미래를 알려 주는 수정 구슬이 없다 할지라도, 한 사람의 리더로서 여러분은 장차 일어날 일을 계획할 수 있습니다.

하나님은 창세기 3장 15절에서 장래를 내다보는 능력을 보여 주셨습니다. 아담과 하와가 범죄한 이후에 하나님은 앞으로 일어날 일들을 선언하셨습니다. 하나님은 뱀(사탄)과 장차 태어날 하와의 후손(그리스도) 사이에 적의 혹은 적대 관계가 형성될 것이라고 경고하셨습니다.

사탄은 "그의 발꿈치를 상하게 할" 것이며 이것은 십자가 위에서 그리스도의 고통스러운 죽음을 가리키는 말이었습니다. 그러나 그것이 이야기의 끝이 아닙니다. 그리스도는 그 뱀의 머리를 "상하게 할" 것이라고 말씀하셨습니다. 그리스도께서 십자가에서 죽으실 때에는 사탄이 이긴 것처럼 보였겠지만, 결국 사탄은 이 커다란 영적 싸움에서 패배자가 될 것입니다.

하나님은 먼 미래를 내다보시고, 에덴동산에서 선악과를 한 입 베어 먹은 결과로 일어난 모든 강력한 악의 세력들에게 영광스럽게 승리할 것을 아셨습니다. 그때 하나님은 수천 년 후에 예루살렘 성 밖의 십자가 위에서 전개될 계획을 드러내 보이셨습니다. 최고의 리더로서, 하나님은 인류 역사의 방향이 우리의 구원을 향하도록 확실히 정해 놓으셨던 것입니다.

여러분과 여러분이 이끄는 사람들이 무엇을 향해 가는지 생각해 보십시오. 5년 후에 여러분과 여러분의 팀은 어디에 있겠습니까? 10년 후에는 어디에 있겠습니까?

2일 · 주님께 배우는 리더십

장기 계획

하나님은 장기 계획을 세우는 데 있어 최고이십니다. 하나님의 목적은 영원에서부터 영원까지 전 범위를 포괄하며, 그분의 통치 영역 구석구석에 다 미칩니다. 단기적인 안목에서 보면, 상황이 제대로 통제되지 않는 것처럼 보일 수 있습니다. 그러나 하나님은 만물이 영광의 완성에 도달하도록 만물을 정돈하십니다. 오늘 본문을 통해 하나님이 세우신 장기 계획을 살펴봅시다.

이사야 37장 26절, 46장 10절을 읽으십시오

하나님의 백성들은 자신의 상황을 바라보면서 과연 여호와 하나님은 자신이 하시는 일을 알고 계시는지 의문을 품었지만, 하나님은 선지자들을 통해 자신이 무슨 일을 하는지 정확히 아신다고 확언하셨습니다. 하나님은 백성과 열방들의 일에 참여하십니다. 그분의 개입은 변덕스럽거나 반사적인 것이 아니라 분명한 목적과 계획에 따른 것이었습니다. 하나님의 때는 완벽하며, 하나님의 목적은 방해받지 않습니다. 하나님의 주권적 의도는 시간의 경계를 넘어서며, 그분의 완전하신 성품과 일치합니다.

하나님은 때가 찼을 때 자기 아들을 보내셨습니다(갈 4:4). 하나님은 그리스도가 오시고 복음이 전파되기에 가장 이상적인 상황을 선택하셨습니다. 제1세기의 로마 제국은 보편적인 평화를 이룩했고 공통적인 언어와 역사상 가장 발전된 도로망을 만들었습니다. 정치적, 종교적, 경제적, 사회적인 조건들은 그리스도 안에서의 소망과 새로운 생명의 메시지가 신속하게 퍼져 나가기에 매우 적합했습니다. 하나님은 "모든 일을 그의 뜻의 결정대로" 이루셨습니다(엡 1:11). 십자가 사건은 하나님의 장기적인 계획의 일부였습니다. 사도행전 4장 27~28절을 읽으십시오.

이 주제에 대해 더 공부하기를 원한다면, 하나님의 장기적인 계획들에 비추어 다음 구절들을 검토해 보십시오.

욥 42:2, 요 12:27, 엡 3:11, 벧후 3:8~10, 롬 8:28~30, 9:11

3일 · 리더십 자기 점검

장기 계획

즉흥적으로 일을 처리하는 것은 중요하며 때때로 필요하기도 합니다. 그러나 삶의 대부분을 뜻밖의 일이나 우연에 맡겨 둔다면 그 결과는 불행할 것입니다. 장기적인 목표와 목적을 가지고 계획하고 평가하는 일에는 훈련이 필요합니다. 그리고 이러한 훈련을 통해 반드시 더 큰 자유를 얻을 수 있습니다. 오늘 본문을 통해 장기 계획과 훈련의 가치를 살펴봅시다.

잠언 6장 6~8절을 읽으십시오

식물과 동물의 세계를 통해 장기 계획의 수많은 본보기들을 발견할 수 있습니다. 자연은 양식이 부족할 때를 대비해 풍족한 때에 양식을 비축하는 동물과 곤충들의 예로 가득 차 있습니다. 아이러니하게도, 동물과 곤충들은 이성의 능력이 있는 인간도 실패하는 일을 본능적으로 실천합니다. 우리는 역경의 때를 대비해 돈을 비축해 두고 기회가 있을 때 그것을 최대한 활용하라는 권면에 귀를 기울일 필요가 있습니다.

요셉은 탁월한 장기 계획자였습니다. 그는 다가올 7년의 흉년에 대비해 7년의 풍년 동안 잉여 곡물들을 비축하라고 바로에게 충고했습니다. 그는 애굽뿐만 아니라 자신의 가족도 구원했습니다(창 41:25~40).

사도 바울 또한 장기 계획을 세우는 사람이었습니다. 그는 스페인을 향해 가는 도중에 로마에 방문하겠다는 계획을 세웠습니다(롬 15:23~32). 그리고 감옥에서 석방된 후에 앞으로의 사역을 준비했습니다(빌 1:19~26).

우리는 장기적인 그림을 간과하고 단기적인 목표에만 집중하기 쉽습니다. 현세적인 관심사뿐만 아니라 우리의 영원한 운명을 고려할 때도 자칫 단기적인 관점을 적용하기가 쉽습니다. 여러분은 장기적인 계획을 세우고 있습니까? 여러분의 계획을 평가하기 위해 성령의 인도를 구하고 경건한 사람들의 조언을 받습니까?

4일 · 리더십 업그레이드

장기 계획

리더십은 행동을 요구합니다. "우리는 어디를 향해 가는가?"라는 질문은, 책임 있게 따르는 자라면 반드시 물어야 하며, 책임 있는 리더라면 반드시 거기에 대답할 수 있어야 합니다. 미래를 확실하게 아는 사람이 아무도 없는 상황에서, 누가 다른 사람들에게 "나를 따르시오"라고 말할 용기를 갖겠습니까? 오늘 본문에서는 이 과정의 아주 중요한 한 가지를 알려 줍니다.

이사야 30장 1~5절을 읽으십시오

이스라엘의 리더들은 한 가지 계획을 가지고 있었습니다. 그러나 그들은 한 가지 중요한 요소를 간과했습니다. 자신들의 청사진이 하나님의 계시에 일치하는지를 묻지 않았던 것입니다.

지혜로운 리더라면 인간이 세운 계획이 얼마나 불확실한지 잘 압니다. 거기에는 불가피하게 추측의 요소가 포함되어 있습니다. 현재를 넘어서 볼 수 있는 사람은 아무도 없기 때문입니다. 그러나 미래를 계획하지 않고, 목표도 세우지 않으며, 다가올 기회와 장애물을 예상하지도 못하고, 내일 예상되는 산출에 근거하여 오늘의 전략을 세우지 않는 리더가 있다면 그 조직은 화를 당할 것입니다.

리더가 조직의 장래를 생각하면서 취해야 할 핵심 단계가 하나 있습니다. 리더 그리고 조직원들에게 단체의 가치와 비전, 사명과 전략, 실행 계획과 예상되는 결과가 윤리와 정의에 관한 하나님의 말씀에 계시된 뜻과 일치하는지 물어야 합니다.

여러분은 하나님을 의지하며 계획을 세우고 있습니까? 조직의 자원을 활용하는 일에 사람들을 계발하는 일을 포함시키고 있습니까? 주주들에 대한 신의를 지키고자 노력합니까? 여러분의 계획은 하나님을 존중합니까, 아니면 그분의 존재를 무시합니까? 여러분의 팀이 계획 수립을 위한 모임을 갖게 될 때, 이사야 30장 1~5절 말씀을 명심하십시오.

5일 · 실행 포인트

장기 계획

계획을 세우는 일은 대단히 중요합니다. 그러나 때때로 리더는 환경의 변화에 대처하고, 그 변화를 유리하게 활용할 필요가 있습니다. 바울이 바로 그런 리더였으며, 칼 알브레히트(Karl Albrecht)는 우리 역시 그와 같이 할 수 있다고 말합니다.

로마서 15장 22~29절을 읽으십시오

칼 알브레히트는 이렇게 말했습니다. "미래를 생각하는 데 더 좋은 방법이 있습니다. 우리는 우리가 이끄는 사업을 미래로 인도할 때 사용하는 어휘를 바꿀 필요가 있습니다." 그는 계속해서 다음과 같이 말합니다. "'계획 수립'은 그 계획이 실행될 상황에 관한 확신이 있거나, 목표의 성공적 성취를 확신할 정도로 모든 요소들을 거의 완전히 통제하고 있을 때 유용하게 사용할 수 있는 용어입니다. 그러나 불확실한 시장에 진입했을 때나 강력한 변화에 직면했을 때는 '미래 구상'(futuring)이라는 용어를 사용하는 것이 좋습니다."*

우리는 내일이 불확실하다는 점을 인정할 때, 미래를 구상합니다. 우리는 일단, 드러난 상황을 활용할 실행 전략을 생각한 후 그 생각을 실행에 옮길 계획을 고안하게 됩니다.

사도 바울은 자신의 최종 미래에 대해서는 확신이 있었지만, 바로 코앞에 닥칠 일은 확신하지 못했습니다(빌 1:21~24). 그는 자신이 이방인들에게 복음을 전파하도록 부르심을 받았다는 사실을 알았습니다(갈 1:15~16). 그래서 그는 그리스도를 모르는 지역에 가기 위해 노력했습니다(롬 15:17~22).

어떤 의미에서, 그의 매일의 사역에는 '미래 구상'이 포함되어 있었습니다. 그는 자신의 사명, 즉 그리스도를 담대하고 명확하게 선포한다는 우선순위를 결코 타협하지 않았으며, 각 상황에 맞는 전략과 접근 방식을 선택했습니다. 또한 예루살렘과 스페인으로 가는 도중에 로마에 들르겠다는 계획도 수립했습니다.

리더는 계획을 세워야 합니다. 그러나 그 과정에서 여러분의 통제를 넘어서서 상황이 바뀔 수도 있다는 사실도 인식하십시오. 그 사실을 인정하고, 그 과정에 '미래 구상'을 포함시키십시오.

33주 · 1일

인적 자원 관리와 계발

에베소서 4장 11~13절을 읽으십시오

예수님은 확실히 사람을 관리하고 계발하는 일의 중요성을 이해하셨습니다. 사도 바울에 따르면, 부활하신 그리스도께서 친히 교회의 초석이 될 사람들을 "어떤 사람은 사도로, 어떤 사람은 선지자로, 어떤 사람은 복음 전하는 자로, 어떤 사람은 목사와 교사로"(11절) 부르셨습니다. 그리스도께서는 각 신자에게 독특한 영적 은사를 내려 주셨으며, 교회에게 영적인 리더십을 은사로 받은 특별한 개인을 주셨습니다.

바울은 이러한 은사들을 분배해 주시는 그리스도의 권세를 강조했습니다. 예수님은 '만물을 충만하게 하려고' 하늘에 오르셨습니다. 이 비교할 수 없는 권세를 가지신 그리스도께서는 그의 교회를 세우기 위해 자기 백성들에게 특별한 은사들을 주셨습니다. 물론, 그 은사는 우리가 즐기기 위한 것이 아니었습니다. 예수님이 우리에게 은사를 주신 이유는, "성도를 온전하게 하여 봉사의 일을 하게 하여" 하나님께 영광을 돌리고 그분의 백성들에게 즐거움과 만족을 주기 위함이었습니다(12절 참고).

예수님은 백성들이 수행하는 섬김의 일들이 "우리가 다 하나님의 아들을 믿는 것과 아는 일에 하나가 되어 온전한 사람을 이루어 그리스도의 장성한 분량이 충만한 데 [이를 때까지]"(13절) 그리스도의 몸을 세워 나가도록 아름답게 계획해 놓으셨습니다. 자신과 다른 사람이 "그리스도의 장성한 분량이 충만한 데까지 이르기 위해 자신의 은사를 사용하는 것은 얼마나 멋진 일입니까!

여러분은 다른 사람들의 발전을 돕도록 하나님으로부터 어떤 능력을 은사로 받았습니까? 그 은사를 지금 어떻게 사용합니까?

2일 · 주님께 배우는 리더십

인적 자원 관리와 계발

하나님은 인적 자원의 계발자이자 관리자이십니다. 그분은 우리를 창조하셨기 때문에, 우리의 적성과 능력을 우리 자신보다도 더 잘 알고 계십니다. 하나님은 우리를 사랑하시기 때문에, 우리가 우리의 잠재력을 계발, 성취하기를 원하십니다. 그러나 우리가 그리스도를 삶의 중심에 두지 않는다면 이러한 일은 일어날 수 없습니다. 오늘 본문에서 하나님이 그분의 목적을 이루기 위해 선택하고 계발하신 한 사람의 예를 살펴봅시다.

예레미야 1장 4~10절을 읽으십시오

하나님은 예레미야에게 열방을 향한 선지자가 되라고 하셨습니다. 그리고 예레미야의 과묵한 성격에도 불구하고, 여호와 하나님은 예레미야가 그 일의 적격자라고 확신을 주셨습니다. 하나님은 이 사역을 위해 예레미야를 준비시키셨을 뿐만 아니라 그 일을 완수할 수 있도록 그에게 권능도 주셨습니다. 마찬가지로, 하나님은 하나님에게 입양된 자녀들 각자의 기질과 교육과 배경과 적성과 능력을 독특하게 배합하여 그들을 준비시키시고 거기에 특별한 영향력의 영역을 더하여 주십니다. 이렇게 해서 우리들에게는 각자 다른 사람들을 위한 독특한 사역을 하는 권위와 책임이 맡겨졌습니다.

하나님은 예레미야를 아셨듯이 우리를 아셨고 우리가 모태에서 형성되기 전에 우리를 따로 구별해 놓으셨습니다(엡 1:4~5). 하나님은 "우리로 그의 영광의 찬송이 되게 하려고"(엡 1:12) 우리를 지으셨고 우리를 부르셨습니다. 그리고 이 목적은 우리가 하나님을 알고 누리게 될 때 실현됩니다. 오직 우리가 먼저 하나님의 나라와 그의 의를 구할 때에만(마 6:33), 우리는 온전히 하나님이 의도하신 사람들이 될 수 있습니다.

여러분의 정신적, 정서적, 도덕적, 영적 발전 과정 가운데 하나님이 역사하고 계신다는 증거로 무엇을 들 수 있습니까? 여러분을 현재의 모습으로 만드시기 위해 하나님이 특히 어떤 사람과 자원들을 사용하셨습니까? 여러분의 삶에서 가장 발전시켜야 할 분야는 무엇이라고 생각합니까? 이 일을 달성하기 위해 사용할 수 있는 자원들은 무엇입니까?

3일 · 리더십 자기 점검

인적 자원 관리와 계발

리더십은 특권이자 동시에 책임입니다. 성경에서, 리더가 된다는 것은 주님이 소유하시는 자원들을 관리하는 청지기가 된다는 의미입니다. 우리가 다른 사람들의 삶을 세워 주고 그들이 잠재력을 계발하는 일에 참여할 때, 우리는 하나님이 맡기신 책임을 감당하는 충성스러운 청지기로 행동하는 것입니다. 오늘 본문을 통해 도망친 노예의 삶을 변화시킨 바울의 방식에 주목해 봅시다.

빌레몬서 1장 1~25절을 읽으십시오

바울이 로마에서 처음으로 투옥되었을 때, 그는 갇혀 있으면서도 계속해서 다른 사람들을 가르치고 그들을 세우는 데 헌신했습니다. 그가 가택 연금을 당하던 동안 그를 방문했던 사람들 가운데는 오네시모라는 이름을 가진 노예가 있었습니다. 오네시모는 자기 주인이었던 빌레몬의 소유를 훔쳐 도주한 사람이었습니다. 빌레몬은 골로새에 살던 그리스도인이었습니다. 바울은 오네시모를 그리스도에게로 인도했으며, 제자 삼는 과정을 통해 그를 양육했습니다. 그 결과 예전의 도둑이자 도망자였던 그가 위엄 있고 기품 있는 사람이 되었습니다. 바울은 이 오네시모를 다시 골로새로 되돌려 보내어 빌레몬과 화해시키고자, 그에게 이 간단한 편지를 주어 보냈습니다. 오네시모의 삶에 일어난 변화를 설명하며, 그를 용서할 뿐만 아니라 그리스도 안에서 한 사람의 형제로 맞아들이라고 호소하는 내용이었습니다.

영향력 있는 리더는 그들 주위에 있는 사람들의 능력을 관리하고 계발하는 일을 즐거워합니다. 어떤 이들이 자신보다 뛰어나게 발전한다고 해도 위협을 받지 않습니다. 이런 리더는 언제나 다른 사람들에게 있는 잠재력을 찾으며 까다로운 사람이라도 인격적으로 대해 주며, 그들 속에 아직 발굴되지 않은 능력이 있을 가능성을 고려합니다. 예수님은 제자들에게서 커다란 잠재력을 보셨습니다. 그리고 자신의 삶을 투자해서 그들을 변화시키셨습니다. 바나바도 사울과의 관계를 통해 같은 일을 했습니다.

마태복음 20장 18~20절에 있는 지상명령과 디모데후서 2장 2절에서 바울이 다른 사람들의 삶을 세워 주는 일을 강조한 내용을 생각해 보십시오. 이 두 구절은 인적 자원을 관리하고 계발하는 일과 어떤 연관성이 있습니까?

4일 · 리더십 업그레이드

인적 자원 관리와 계발

실제 일상 속에서 인적 자원 관리와 계발을 적용하는 것은 리더십을 발휘하는데 가장 까다로운 분야들 가운데 하나입니다. 어떤 방식으로 사람들과 관계를 맺어야 그들을 발전시키고, 보살피고, 보호할 수 있을까요? 우리들의 가치가 가장 크게 부각되는 분야는 바로 인적 자원 관리 및 계발 분야입니다. 바울의 통찰은 리더가 '모두 패자'가 될 것 같은 난국에 빠졌을 때 그것을 타개해 갈 수 있는 훌륭한 출발점을 제공해 줍니다.

데살로니가전서 2장 6~12절을 읽으십시오

조직들은 다음 세 가지 중 적어도 한 가지 이유로 인적 자원 관리와 계발을 실천합니다. (1) 법정 소송이나 벌금을 피하기 위해 (2) 사람들에게 투자한 비용을 보장받고 극대화하기 위해 (3) 사람들을 보살피기 위해. 이 세 가지 이유가 다 정당하지만, 세 번째 이유는 지속적인 것입니다. 혹사를 당한 피고용인들은 소송을 할 수도, 그렇지 않을 수도 있습니다. 그 사람들을 대체하자면 조직에 비용이 발생할 수도, 그렇지 않을 수도 있습니다. 그러나 그들은 모두 사람입니다. 기독교적 핵심 가치 하나는 하나님의 형상으로 지음을 받고 예수 그리스도의 죽으심으로 구속함을 받은 사람은, 전능하신 하나님께는 값을 따질 수 없을 만큼 귀중한 자산이라는 것입니다. 그렇다면 그러한 인적 자원을 관리하고 계발하는 일에 어떻게 접근해야 하겠습니까?

리더가 자신의 통제 아래 있는 사람들을 어떻게 대하고 생각할지 고려할 때—임금, 혜택, 계발, 승진 기회, 위로, 안전(이 목록은 끝이 없습니다) 등의 영역에서—하나님의 말씀은 그들을 인격적으로 대하라고 말씀합니다.

바울은 데살로니가 교인들과 자신과의 관계를 어머니(7절)이자 동시에 아버지(11절)로 규정했습니다. 바울은 각별히 데살로니가에 있는 교인들과 관련한 결정을 내릴 때, "만일 이 사람이 나의 딸이나 아들이었다면, 어떻게 했을까?"라고 자문했습니다. 이러한 자세는 그들을 인격적으로 대하는 데 있어 좋은 출발점입니다.

5일 · 실행 포인트

인적 자원 관리와 계발

솔로몬은 성공하는 데 필수적인 기술들을 함양하라고 권면했습니다. 찰스 만츠(Charles C. Manz)와 헨리 심스 2세(Hennry P. Sims, Jr)에 따르면, '슈퍼 리더들'(Super Leaders)은 이런 모습을 갖추었습니다. 잠언 4장 1~9절을 펴서 솔로몬이 성공의 핵심 요점으로 삼았던 특성을 살펴봅시다.

잠언 4장 1~9절을 읽으십시오

잠언 4장의 아버지가, 자신의 아들이 갖추기 원하는 것이 한 가지 있었다면, 바로 지혜였습니다. 아들이 지혜를 소유한다면, 그는 생명의 안전과 영예를 절로 얻을 수 있기 때문이었습니다. 이 아버지는 한 가지 마음뿐이었습니다. 아들에게 성공과 영예 대신 '지혜를 얻으라', '지혜를 버리지 말라', '지혜를 존중하라', '지혜를 맞아들이라'고 권했습니다. 아들이 아버지의 이상을 실현하기 위해서는 당연히 진지한 노력과 성실함이 필요할 것입니다. 그러나 아들이 지혜를 획득한다면, 마치 물이 잔에서 흘러넘치듯 지혜의 혜택들을 누리게 될 것입니다.

영향력 있는 리더는 자신을 따르는 사람들에게 그들을 성공으로 이끌어 줄 기술을 개발하라고 권합니다. 그는 성공의 특징에 집중하는 대신, 사람에 집중합니다. 또한 그는 자기 사람이 탁월하게 자신의 업무를 해내는 데 필요한 지혜를 계발할 수 있는 문화를 창출합니다.

『슈퍼 리더십』에서 찰스 만츠와 헨리 심스 2세는 다음과 같이 기록합니다. "참된 슈퍼 리더는 어제가 아니라 오늘 피고용인들이 지닌 문화의 적절한 욕구를 알아챌 수 있는 능력을 계발하고, 사람들의 높은 성취와 발전을 이루는 조직 문화를 만들기 위해 노력을 아끼지 않을 것입니다."*

개개인의 결정과 세부사항에 주목하는 것은 인적 자원 관리의 핵심입니다. 그러나 만츠와 심스는 솔로몬의 핵심 요점을 우리에게 일깨워 줍니다. 그것은 나무만 보다가 숲을 놓치지 말라는 것입니다. 즉 모든 세부사항을 결합하여 "당신은 중요합니다. 당신에게 달려 있습니다. 리더가 당신의 가치를 인정하며, 당신의 공헌에 감사하며, 당신을 이 조직의 귀중한 자산으로 보살필 것입니다"라고 인정해 주는 문화를 만들어야 합니다.

34주 · 1일

문제 해결

느헤미야 6장 1~14절을 읽으십시오

개인이 자신의 리더십 능력을 입증하는 한 가지 길은, 문제를 해결하는 기술을 사용하는 것입니다. 느헤미야는 그런 방법으로 자신의 능력을 확실히 보여 주었습니다. 예루살렘의 성벽들이 빠른 속도로 모양을 갖추어 나가자, 느헤미야의 대적들은 다양한 작전을 사용해 느헤미야가 그 프로젝트에 집중하지 못하게 했습니다.

첫째, 그들은 정상 회담을 하자고 거듭 그를 초청해 느헤미야가 예루살렘으로 떠나도록 유혹했습니다(1~4절). 그러나 느헤미야는 그들의 초청을 거절하고 목전의 일에 집중했습니다.

둘째, 그들은 느헤미야가 아닥사스다 왕에 대해 반란을 도모한다고 고발했습니다. 이것은 엄청난 파괴력을 지닌 거짓말이었습니다(5~9절). 느헤미야는 자신의 대적들과 정면으로 맞대응함으로써 이 문제를 헤쳐 나갔습니다. 느헤미야는 그들의 거짓말을 폭로하고 힘을 달라고 기도했습니다(9절).

셋째, 느헤미야의 대적들은 그에게 성전으로 피난하라고 강권해 그가 하나님의 율법을 위반하도록 위협했습니다(10~14절). 그러나 느헤미야는 그들의 궁극적인 동기가 경건한 리더인 자신을 향한 신뢰를 떨어뜨리는 것임을 깨달았습니다. 그래서 그는 하나님께 순종하고 하나님의 도우심을 구함으로써 그 문제를 해결했습니다.

여러분 역시 리더로서 여러 문제에 부딪힐 것입니다. 그 문제들을 피할 수는 없습니다. 그렇지만 느헤미야가 보여 준 모범을 따라서, 주의 깊게 (1) 초점을 놓치지 않고 (2) 여러분을 향한 거짓 고소들에 즉각적으로, 정직하고 충실하게 맞대응하며 (3) 하나님의 힘과 지혜를 구한다면, 느헤미야가 그랬듯 하나님은 기꺼이 도움을 주시는 분임을 발견할 것입니다.

여러분의 삶에서 산발랏, 도비야, 게셈과 같은 자들은 누구입니까? 상대방이 아무리 강한 것처럼 보인다 할지라도, 하나님은 천하무적의 동맹군이십니다. 스스로 해결책을 모색하는 대신, 모든 것을 보시며 아시는 유일하신 하나님께 도움을 구하십시오.

2일 · 주님께 배우는 리더십

문제 해결

문제 해결의 가장 위대한 본은 성경에서 찾을 수 있습니다. 하나님은 인간의 죄악이 불러일으킨 혼란과 파괴라는 가장 커다란 문제를 취해 그것을 거룩한 아름다움으로 변모시키셨습니다. 이 놀라운 이야기에서 하나님은 이전에 하나님을 대적했던 사람들을 자신의 사랑하는 자녀로 삼으셨습니다. 오늘 본문을 통해 가장 골치 아픈 문제를 기적적으로 해결한 하나님의 방식을 살펴봅시다.

로마서 1장 1절~3장 31절을 읽으십시오

도입부(1:1~17)에 이어, 바울은 인간 역사상 가장 커다란 문제를 기술하기 시작합니다. 그 문제는 우리의 의롭지 못함과 자기의(自己義)의 결과로 인류에 내려진 하나님의 심판입니다. 죄책과 하나님과의 단절이라는 문제에 대한 사람들의 해결책은 언제나 인간의 노력과 공로 쌓기라는 똑같은 주제를 지루하게 반복하는 것이었습니다. 사람들이 만든 종교 제도는 언제나 하나님을 인간의 수준으로 격하시키거나 사람들이 스스로 그 간격을 뛰어넘을 수 있다고 가정합니다. 그러나 "유대인이나 헬라인이나 다 죄 아래 있기" 때문에(3:9), 오직 하나님만이 이 문제를 해결해 주실 수 있습니다.

하나님의 해결책은 너무나도 창의적이고 혁신적이어서 다른 누구도 그런 해결책을 생각해 보거나 상상해 본 적이 없습니다. 당시 여러 종교 제도 중에는 사람이 신이나 하나님께 무엇인가를 희생제물로 바치는 것이 보편화되어 있었습니다. 그러나 하나님 자신이 우리를 위해 그 희생제물이 되신다는 생각은 아주 독특한 해결책이었습니다. "율법이 육신으로 말미암아 연약하여 할 수 없는 그것을 하나님은 하시나니 곧 죄로 말미암아 자기 아들을 죄 있는 육신의 모양으로 보내어 육신에 죄를 정하사"(롬 8:3). 그리스도께서 우리를 대신해 지불해 주신 은총으로 우리를 의롭다고 선언하심으로써, 하나님은 죄로 말미암아 단절된 관계를 극복하고 우리를 죄인의 신분에서 그리스도와 나란히 공동 상속자로 바꾸어 주셨습니다.

경건한 리더의 삶과 리더십은 이 경이롭고 놀라운 사실을 만남으로써 변화가 일어납니다. 인류의 역사상 더 큰 문제도 없었으며, 더 위대한 문제 해결자도 없었습니다. 여러분의 실천과 행동을 기다리는 다급한 문제가 있습니까? 하나님은 여러분의 사업과 가정과 개인 생활에 도움을 주기 위해 기다리십니다. 기도로 하나님 앞에 나가십시오.

3일 · 리더십 자기 점검

문제 해결

하나님이 궁극적인 문제의 해결자이시라면, 그분은 자기 백성들이 직면하는 문제들을 해결할 수 있도록 어떤 자원들을 제공해 주실까요? 하나님이 우리의 능력을 뛰어넘는 자원들을 제공해 주시는데도 왜 우리는 이 자원들을 받아들이지 않을까요? 오늘 본문을 통해 모르드개와 에스더가 도저히 넘을 수 없는 산과 같은 문제에 어떻게 대처했는지 살펴봅시다.

에스더 3장 1절~5장 8절을 읽으십시오

하만은 모르드개를 향한 적개심 때문에 유대인들을 멸절시킬 음흉한 계획을 짜냈습니다. 그 결과로 모든 유대인이 사라질 위기에 처했습니다. 하만의 칙령의 효과는 넓은 페르시아 제국 전역에 미쳤습니다. 처음에 모르드개는 그 엄청난 상황 앞에서 기가 질렸습니다. 하지만 곧 그는 문제보다는 해결 쪽으로 자신의 주의를 집중하기 시작했습니다.

비록 이 책에 하나님의 이름이 직접 언급되지는 않지만, 모르드개는 하나님이 에스더를 주권적으로 왕후의 자리에 올려 주셨기에, 그녀가 사형 칙령에 맞서 대항할 수 있을 것이라 결론을 내렸음이 분명합니다. 에스더가 두려워하자 모르드개는 간단하게 대답했습니다(4:13~14).

에스더의 해결책은 "죽으면 죽으리이다"(4:16)라는 하나님을 향한 철저한 의지와 사려 깊은 생각과 창의성이었습니다. 에스더는 왕에게 지혜롭게 청원할 수 있는 적절한 순간이 올 때까지 기다렸습니다(7:3~6).

하만이 몰락한 후에, 에스더는 아하수에로 왕에게 이전의 칙령의 효과를 무효화시키고 유대인들이 페르시아 제국의 전역에 걸쳐 스스로를 보호할 수 있도록 허용하는 칙령을 작성해 달라고 요청했습니다(8:1~17).

이 이야기는 해결책을 모색하는 대신 문제 가운데 주저앉아 있는 것이 얼마나 많은 에너지를 소모하는지 알려 줍니다. 또한 그들은 창의성과 시기적절함이 성공적인 문제 해결의 본질임을 우리에게 일깨워 줍니다.

4일 · 리더십 업그레이드

문제 해결

오늘 본문은 문제 해결에 대한 풍부한 정보를 제공하기 때문에 주의를 기울여 연구할 가치가 있습니다. 큰 문제들을 해결했던 리더 모세를 통해 문제 해결의 두 가지 중요한 원리를 찾아봅시다.

출애굽기 32장 1~35절을 읽으십시오

아론은 심각한 문제에 직면했고(1절), 그 문제를 해결하는 데 실패하고 말았습니다(2~4절). 자신의 '해결책'이 더 큰 문제를 만들어 낸다는 것을 깨달았을 때(5절), 아론은 다시금 조치를 취했습니다(6~8절). 그러나 그의 조치는 상황을 더 악화시킬 뿐이었습니다(9~19, 25절). 모세는 그 문제가 위기로 확대된 후 그것을 넘겨받았고, 결국 그것을 해결했습니다(20~35절).

이 대조적인 상황을 간단히 살펴보면, 경건한 리더가 문제에 접근할 때 유의해야 할 몇 가지 중요한 원리를 알 수 있습니다.

아론은 잘못된 문제를 해결하려고 했지만, 모세는 올바른 일을 다루었습니다. 아론은 문제에 기능적으로 대처했지만, 모세는 본질적으로 그 문제에 맞섰습니다. 아론은 행동에 초점을 맞추었지만, 모세는 그 행동을 일으키게 된 도덕성에 초점을 맞추었습니다(21, 30절).

그 상황에서 한걸음 물러서 보면, 두 개의 핵심 원리를 발견할 수 있습니다. 첫째, 지속적인 해결책들은 '어떻게'에 대한 질문 대신, 본질에 관한 질문인 '왜'에 대한 질문에서 비롯됩니다. 둘째, 위대한 리더가 위대한 까닭은, 커다란 문제를 해결하기 때문입니다. 그릇이 작은 리더는 작은 문제를 해결하는 데 자신의 힘을 제한합니다.

문제 해결 기술에 대해 수많은 책들이 쓰였지만 성경은 그러한 책들과는 다릅니다. 성경이 강조하는 것은 행위의 변화로는 심각한 문제들이 해결되지 않는다는 것입니다. 그러한 문제들은 오직 성품의 변화, 도덕의 변화, 마음의 변화에 의해서만 해결될 수 있습니다. 가장 지혜로운 리더는 자신을 따르는 사람들이 죄라는 인간의 근본적인 문제를 해결하기 위해 하나님의 은혜와 권능을 적용하도록 도울 것입니다.

30~32절에서 역사상 가장 위대한 리더 가운데 한 사람인 모세가 어떻게 문제들을 규정하고 해결했는지 살펴보십시오. 문제를 해결할 때, 우리는 모세가 했던 일에서부터 시작해야 합니다.

5일 · 실행 포인트

문제 해결

리더는 문제에 직면하고 그 문제를 해결할 수밖에 없습니다. 다니엘은 문제 해결 능력의 강력한 본보기를 우리에게 제공하고 있으며, 도널드 숀(Donald Schon)은 문제 해결을 위한 실제적인 지침을 알려 줍니다.

다니엘 5장 10~16절을 읽으십시오

다니엘은 선망의 대상이 되는 리더십의 자리에 오르게 되었습니다. 다니엘은 커다란 제국들을 통치했던 바벨론과 페르시아의 왕들에게 영향을 미쳤습니다. 12절과 16절은 벨사살이 다니엘을 승진시켰던 이유를 기술합니다. 각 절에 반복되는 하나의 어구를 주의해 보십시오. 다니엘은 "의문을 풀 수 있었다"(어려운 문제들을 해결할 수 있었다)는 것입니다. 리더가 얼마나 큰 그릇인지 결정해 주는 한 가지 기준은 그 리더가 기꺼이 맞붙어 해결해 낼 수 있는 문제의 난이도에 달려 있습니다.

도널드 숀은 그의 책 *Educating the Reflective Practitioner*(사려 깊은 전문가를 교육하기)의 서두에서 이렇게 말합니다. "전문성을 발휘할 수 있는 다양한 지형 중에는 늪지대가 바라보이는 높고 단단한 지형이 있습니다. 고지대에서는 조사를 실시하여 이론과 기술을 적용함으로써 문제를 해결할 수 있습니다. 그러나 낮은 늪지대에서 얽힌 혼란스러운 문제들은 기술적인 해결책만으로는 다룰 수 없습니다.

아이러니한 점은 고지대의 문제 해결이 구체적으로 아무리 이익이 많이 날지라도, 개인이나 사회에는 비교적 중요하지 않다는 것입니다. 그러나 늪지대의 문제는 인간의 가장 큰 관심사입니다. 전문가는 선택해야 합니다. 경직된 기준으로 비교적 중요하지 않은 문제를 해결하며 고지대에 머물 것인지, 유연한 탐구를 통해 중요한 문제를 다루는 늪지대로 내려갈지."*

리더십 전문가의 역할을 이보다 더 의미심장하게 구분한 표현은 결코 없을 것입니다. 위대한 리더십은 기꺼이 소매를 걷어붙이고 진흙탕 속에 내려와서 인생의 아주 힘든 문제들을 맞잡고 씨름할 수 있습니다. 다니엘이 그랬습니다. 그래서 다니엘은 역사상 위대한 리더들 가운데 속한 것입니다.

35주 · 1일

우수함과 탁월함

골로새서 3장 23~24절을 읽으십시오

The Winner Within(내면의 승리자)라는 책에서 NBA 코치인 팻 라일리(Pat Riley)는 탁월함을 위협하는 위험에 대해 몇 가지 통찰을 제공합니다. "자신이 경기를 이끌어 나가는 선수라고 자평하는 것은, 자신이 마땅히 열심히 해야 할 일을 하지 않아도 된다고 평계대는 일종의 허세입니다. 코치들은 이런 선수들을 (자기 재능만 믿고) '방방 뜨는 친구들'이라고 부릅니다. 그들은 재능이나 신체적인 조건과 힘을 믿고 들떠 있습니다. 그들은 사람들이 왜 성실과 근면을 중요시하는지 잘 모릅니다. 그들은 자기보다 재능이 없는 선수들이 경기에 더 집중하고 쿼터마다 득점하는 것을 보고서야 깨닫습니다. …결국 모든 팀이 배워야 할 것은 탁월함이 목적이 아니라는 것입니다. 탁월함이란 계속해서 계발 되어야 하는 과정입니다."*

물론 선수들과 코치들은 챔피언십을 획득하기 위해 매진합니다. 기업의 경영진들도 고객을 만족시키고 이윤을 창출하기 위해 노력합니다. 이러한 것들은 좋은 동기가 될 수 있습니다. 그러나 그리스도의 제자들이 탁월함을 추구하는 이유는 우리에게 최종적인 상을 주실 분을 기쁘시게 해 드리고자 하는 열망 때문입니다. 우리는 의식적으로 그분이 지켜보신다는 생각, 그분이 바로 앞에 임재하신다는 인식을 가지고 모든 일을 행해야 합니다.

바울은 우리가 어떤 분야든지 '마음을 다해' 행하기 위해서는 이러한 인식을 가져야 한다고 생각했습니다. 그리스도를 따르는 사람들은 '방방 뜨는 사람들'이 아닙니다. 그리스도를 따르는 사람들은 항상 최선을 다합니다. 왜냐하면, 그들이 따르는 분이 계시지 않는 곳은 없으며, 그분이 그들에게 최선을 다하라고 격려하고 계심을 알기 때문입니다.

여러분을 들뜨게 하는 상황이 있습니까? 왜 그렇습니까? 탁월함을 위해 분투하라는 바울의 말을 어떻게 활용할 수 있는지 실제적인 방법을 찾아보십시오.

2일 · 주님께 배우는 리더십

우수함과 탁월함

우리는 모든 일에 탁월함과 완벽함을 행사하시는 하나님을 섬깁니다. 타락의 처참한 영향들이 있기 전에, 하나님은 그분이 지으신 모든 것을 보시고 심히 좋아하셨습니다(창 1:31). 하나님은 죄가 빚어낸 황폐함을 돌이켜 만물을 영광스러운 완성으로 이끌어, 이전의 낙원을 능가할 새 창조를 이루시고자 합니다. 오늘 본문을 펴서, 하나님의 성육하신 아들 예수 그리스도의 탁월함과 완전하심을 묵상해 봅시다.

히브리서 1장 1~4절을 읽으십시오

히브리서는 그리스도께서 앞선 모든 자보다 뛰어나시다는 사실을 드러내기 위해 비교급을 많이 사용합니다. 그리스도는 천사들보다 뛰어나십니다. 천사들이 그리스도께 경배하기 때문입니다. 그리스도는 모세보다 높습니다. 그리스도께서 모세를 지으셨기 때문입니다. 그리스도는 여호수아가 제공했던 것보다 더 좋은 안식을 주시며, 레위보다 더 나은 제사장직을 주시며, 더 나은 언약과 더 나은 성소와 더 나은 희생제물을 주십니다. 그리스도는 또한 더 나은 삶을 살아갈 수 있는 권능을 제공해 주십니다.

우주를 만드신 아들은 "하나님의 영광의 광채시요 그 본체의 형상"(3절)이십니다. 살아 계신 하나님의 성품과 뛰어나심과 완전하심과 선하심과 아름다우심을 묘사하기 원한다면, 복음서들에 그려진 그리스도의 모습을 보십시오. 그분은 완벽하셨습니다(막 7:37).

"기약이 이르면 하나님이 그의 나타나심을 보이시리니 하나님은 복되시고 유일하신 주권자이시며 만왕의 왕이시며 만주의 주시요 오직 그에게만 죽지 아니함이 있고 가까이 가지 못할 빛에 거하시고 어떤 사람도 보지 못하였고 또 볼 수 없는 이시니 그에게 존귀와 영원한 권능을 돌릴지어다 아멘"(딤전 6:15~16).

주님은 위대하시며, 그 엄위하심과 찬란한 역사의 영광스러운 광채 때문에 우리의 찬양을 받으시기에 합당하십니다. 주님이 행하시며 말씀하시는 모든 것은 하나님의 비교할 데 없는 거룩과 진리, 긍휼과 사랑, 자비, 은혜로우심, 신실하심의 속성을 반영하고 있습니다.

시편 145편을 읽고, 하나님과 그분의 역사의 탁월함을 찬양하는 내용을 묵상하십시오.

3일 · 리더십 자기 점검

우수함과 탁월함

"내가 하는 말대로는 하되, 내가 행하는 대로는 하지 말라." 이 말은 탁월함을 말하는 것과 그것을 추구하는 것은 전혀 별개임을 일깨워 줍니다. 흔히 우리는 마음속으로는 더 뛰어나기를 바라면서도, 타성에 젖은 나약한 습관과 신통치 않은 일상의 희생물로 전락하여 부족한 수준에 안주하고 맙니다. 오늘 본문을 펴서, 이스라엘의 못마땅한 예배에 하나님께서 진노하시는 내용을 읽어 봅시다.

말라기 1장 6~14절을 읽으십시오

외식주의의 병은 이스라엘의 성전 예배에까지 깊숙이 침투했습니다. 사람들은 흠이 있는 희생 제물을 드리고 감동 없이 무관심하게 예배를 드려도 괜찮다고 생각했습니다. 그러나 하나님은 겉만 번지르르하고 마음이 담겨 있지 않은 것을 받지 않으십니다. 특히 하나님의 이름을 내세울 경우에는 더욱 그렇습니다. 잠깐 동안은 사람들을 속일 수 있을지 몰라도, 한순간이라도 하나님을 속일 수 있다고 생각하는 것은 어리석은 일입니다.

그리스도를 따르는 자의 삶은 설명이 필요할 정도로 확실히 구별되어야 합니다. 사람들을 즐겁게 하려면 그 사람들에게 순응하면 됩니다. 그러나 하나님을 기쁘시게 하려면, 대중과 구별되어야 합니다. 이것이 바로 사람들에게 좋은 인상을 주기 위해 노력하는 대신 먼저 하나님을 기쁘시게 하고 그분의 인정을 받기 위해 노력하라고 바울이 골로새 교인들에게 교훈했던 이유입니다(골 2:23~24).

하늘에 계신 우리 아버지께서는 우리가 그분의 완전하심을 반영할 수 있도록 우리를 지으셨습니다. 따라서 조금이라도 부족하면 하나님을 만족시킬 수 없습니다. 그러나 놀라운 사실은, 하나님이 우리를 현재 있는 모습 그대로 사랑하시고 받아들이실 뿐만 아니라 우리가 비틀거리며 하나님의 방향으로 나아가는 것도 기뻐하신다는 사실입니다. 우리를 향한 하나님의 기대는 우리의 예상을 초월하며, 우리 안에서 선한 일을 시작하신 그분은 그리스도 예수의 날까지 그 일을 이루실 것입니다(빌 1:6). 하나님은 그리스도가 강림하시는 그날까지 계속해서 우리를 온전하게 하실 것입니다(살전 5:23~24).

하나님은 그리스도의 빼어나신 성품에 조금도 모자라지 말라고 말씀하십니다. 그리고 그 일은 우리가 성령의 능력에 힘입었을 때에만 가능한 것입니다.

4일 · 리더십 업그레이드

우수함과 탁월함

우리 모두는 "자기가 아닌 다른 사람에게서" 완벽을 기대합니다. 우리가 이끄는 사람들이 완벽하기를 기대하고 요구하는 것은 쉬운 일입니다. 그러나 잠깐 멈추어서 생각해 보십시오. 우리를 따르는 사람들은 어디에서 그러한 모델을 찾겠습니까? 오늘 본문은 리더의 어깨에 책임감을 제대로 지우고 있습니다.

시편 78편 72절을 읽으십시오

탁월함에 관한 책이 폭발적으로 증가하는 이유는 사람들이 탁월함의 중요성을 인식하고 있으며, 좀처럼 달성하기 힘든 것이기 때문입니다. 고독하게 작업하는 장인이 양질의 작품을 생산해 내는 것은 그 사람과 그 사람의 근면함에 달려 있습니다. 그러나 리더는 다른 사람들을 통해 완성품을 만들어 내야 합니다. 혼자 만들어 내기도 힘든 것을 단체나 조직을 통해 만들어 내는 것은 더 어렵습니다. 조직이 전체적으로 탁월함을 유지하기 위해서 리더는 무엇에 초점을 맞추어야 하겠습니까?

데밍(Deming)은 품질관리 이론(quality circles)을 제시했습니다. 피터(Peter)의 순회관리(MBMA) 기술도 도움이 됩니다. 포드(Ford)의 품질제일주의(quality is job 1)는 목표의 중요성을 일깨웁니다. 여러 가지 책들도 다양한 아이디어를 제공합니다. 그러나 조직의 탁월함을 키우기 위해 리더가 따라야 할 근본적인 법칙은 무엇일까요?

시편 78편 72절에서 아삽이 바로 그 원칙을 제공해 줍니다. 다윗은 '손이 능숙'했기 때문에 이스라엘에서 탁월함을 이룰 수 있었습니다. '다른 곳'에 대고 아무리 뛰어나라고 강조한다 해도, 리더십 자체가 탁월해야 한다는 사실은 변하지 않습니다. 생산품과 서비스를 언급하는 사명선언문에는 그 상품을 생산하고 서비스를 제공하는 사람들을 어떤 식으로 이끌지 반드시 언급해야 합니다. 우수한 품질의 기준을 사무실에서 실천하지 않는다면, 공장에서도 유지되지 않을 것입니다. 리더는 손이 능숙해야 합니다.

그러나 그 손을 이끌어 가는 것은 마음입니다. 다윗은 그 백성들을 온전한 마음으로 다스렸기 때문에 능숙하고 탁월한 솜씨로 이끌어 갈 수 있었습니다. 조직 구석구석까지 탁월하기 원하는 리더는 자신의 마음이 손의 능숙함을 이끌고 있는지 점검해야 합니다. 솔로몬과 예수님도 같은 내용을 지적했습니다. 리더는 자신의 마음에서 일어나는 일에 먼저 집중해야 합니다(잠 4:23, 눅 6:45).

5일 · 실행 포인트

우수함과 탁월함

우리는 모두 탁월함이 중요하다는 사실을 인정합니다. 하나님은 자신의 성품과 행위 가운데서 그 점을 확실히 드러내십니다. 맥스 드프리(Max Depree)는 팀이나 조직이 탁월하지 못한 상태에 안주하고자 할 때를 알아챌 수 있도록 도와줍니다.

출애굽기 35장 1절~36장 38절을 읽으십시오

성막을 짓는 일이든 우주를 창조하는 일이든, 하나님은 언제나 탁월함을 요구하셨으며, 또 그것을 보여 주셨습니다. 하나님의 속성은 최고 수준의 완전함을 드러냅니다. 본문을 읽어 나가면서 하나님이 세부사항에 얼마나 주의를 기울이고 계신지 주목해 보십시오. 탁월함을 무시하면 탁월함은 사라집니다.

맥스 드프리는 그의 책 『리더십은 예술이다』에서 '악화의 경향'이라는 20가지 엔트로피 증상을 다음과 같이 규정하고 있습니다.

- 피상적으로 흐르는 경향
- 핵심 인물들 사이의 긴장 관계
- 축하와 의식의 결핍 – 보상과 목표가 불분명함
- 조직의 유대관계를 형성하는 이야기의 부재
- 사업의 어려움들을 지나치게 단순화함
- '책임'과 '서비스', '신임'에 관한 이해의 부재
- 문제를 일으키는 사람이 해결하는 사람보다 많음
- 사람들이 진정한 영웅과 유명 인사를 혼동함
- 리더가 자유를 허용하기보다 통제를 행사함
- 일상의 작업이 비전과 모험에 대한 관심을 제거함
- 봉사와 정신, 탁월함, 아름다움, 기쁨과 같은 가치보다 경영학의 메마른 규칙이 우세함
- 고객들을 봉사할 기회가 아니라 부담으로 여김
- 운영지침들 – 양적인 기준에 대한 강요
- 실적 비율을 높이라는 강요
- 사람보다는 구조에 기댐
- 판단, 경험, 지혜에 대한 확신이 부재
- 은혜, 격식, 교양이 사라짐
- 품위 있고 바르고 정확한 말을 사용하지 않음*

드프리는 최대한 발전하기 원하는 조직이라면 촉각을 세우고 이런 징후를 꾸준히 경계해야 한다고 지적합니다.

36주 · 1일

보상

히브리서 11장 1~40절을 읽으십시오

사람들이 보상에 자극을 받고 동기를 얻는다는 것은 부정할 수 없는 사실입니다. 하나님도 그 점을 분명히 아십니다. 성경은 하나님을 따르는 자들에게 주실 보상들을 약속하는 말씀들로 가득 차 있습니다. 아마도 이 사실을 히브리서 11장보다 더 잘 보여 주는 곳은 없을 것입니다. "충성된 자들의 명예의 전당"이라는 제목이 붙은 이 장에서, 저자는 구약 성경에 나오는 신앙 거장들의 삶과 헌신 및 그들의 신앙을 보상하신 하나님의 상급을 중점적으로 비추어 줍니다.

이 장을 유의해서 읽어 보면, 이 신앙의 거장들 중 많은 이가 믿음을 발휘했지만, 그들은 자신이 받을 상급을 멀리서 고대하고만 있었다는 사실을 알 수 있습니다. 그들은 결코 생전에 그 상급을 충분히 받지 못했습니다. 심지어 어떤 이들은 약속된 상급을 고대하며 고난을 견디기도 했습니다(32~40절). "이 사람들은 다 믿음을 따라 죽었으며 약속을 받지 못하였으되 그것들을 멀리서 보고 환영하며"(13절). 아브라함, 노아, 에녹, 야곱, 요셉, 모세 모두가 그들의 상급이 '멀리' 있었음에도 불구하고 믿음의 삶을 살았던 것입니다.

훌륭한 리더는 보상을 향한 인간적인 욕구를 이해합니다. 그래서 사기를 높여 주고 작업 수준을 개선하기 위해 인정과 보상을 활용합니다. 보상은 정기적인 격려와 같이 간단하며 효과적인 것일 수도 있고, 이윤 분배 프로그램과 같이 장기적이며 광범위한 것일 수도 있습니다.

일을 잘 해서 상급을 받은 적이 있습니까? 그때 어떤 느낌을 받았습니까? 현재 여러분은 팀원들을 격려하기 위해 어떤 보상을 사용합니까?

2일 · 주님께 배우는 리더십

보상

많은 사람이 하나님은 사람들을 괴롭히는 것을 즐기며 선한 행위에 보상해 주기를 꺼리는 우주의 스크루지 영감처럼 생각합니다. 그러나 신구약 성경에서 묘사하는 하나님의 모습은 정반대입니다. 성경은 일관성 있게 하나님이 우리에게 상 주시기를 기뻐하시는, 우리의 영혼을 사랑하시는 분이라고 묘사합니다. 오늘 본문에서는 하나님께서 백성들에게 주신 놀라운 약속 한 가지를 살펴봅시다.

예레미야 29장 11~14절을 읽으십시오

몇 십 년 동안 예레미야는 패역한 백성들의 우상 숭배와 타락으로 하나님의 심판이 임박할 것임을 경고했습니다. 사실, 그가 이 구절을 기록할 때쯤, 백성들의 상당수가 바벨론으로 끌려간 상태였습니다. 그러나 하나님은 약속을 통해서 그들을 격려하셨습니다. 70년이 지나면, 그들의 억류 생활은 끝날 것이며 그들은 자신의 땅을 되찾을 것이란 약속이었습니다.

하나님은 자신의 백성들을 축복하고 상 주시기를 원하십니다. 그러기 위해서 백성들은 반드시 하나님께 자신의 불충성과 불순종을 회개해야 합니다. "너희가 온 마음으로 나를 구하면 나를 찾을 것이요 나를 만나리라"(13절). 우리는 전심으로 자기를 찾는 자들에게 상 주시는 하나님을 섬깁니다(히 11:6). 실제로 하나님은 하나님께 돌아와서 하나님을 의지하고 신뢰하는 사람들에게 상을 베푸시고, 죄와 반역으로 인한 심판은 싫어하십니다. "너는 그들에게 말하라 주 여호와의 말씀이니라 나의 삶을 두고 맹세하노니 나는 악인이 죽는 것을 기뻐하지 아니하고 악인이 그의 길에서 돌이켜 떠나 사는 것을 기뻐하노라 이스라엘 족속아 돌이키고 돌이키라 너희 악한 길에서 떠나라 어찌 죽고자 하느냐 하셨다 하라"(겔 33:11). 신명기 28장에서 하나님은 순종할 때 받을 복들과 불순종할 때 받을 저주들을 요약하신 후, 자신의 백성들을 향한 열정을 다음과 같이 표현하셨습니다. "내가 오늘 하늘과 땅을 불러 너희에게 증거를 삼노라 내가 생명과 사망과 복과 저주를 네 앞에 두었은즉 너와 네 자손이 살기 위하여 생명을 택하고"(신 30:19).

하나님이 끊임없이 우리에게 가장 좋은 것을 주시고자 하는 열정을 드러내 보이시는데 왜 우리는 그토록 하나님이 주시는 보상을 구하느라 씨름하는 걸까요? 성경이 보상에 대해 이처럼 많이 말하고 있는데, 왜 사람들은 이 주제에 대해 그토록 무관심한 걸까요?

3일 · 리더십 자기 점검

보상

동기 부여책은 언제나 비즈니스 세계의 중요한 부분이었습니다. 동기를 유발하는 체계가 없으면 근로자들의 노력과 성취도가 감소하기 때문입니다. 성경은 동기 부여와 보상의 중요성을 인정하면서 이 주제에 관해 굉장히 많이 언급하고 있습니다. 고린도후서 5장 10절을 펴서 동기 부여를 주제로 한 성경 구절을 묵상하십시오.

고린도후서 5장 10절을 읽으십시오

성경은 보상을 통해 동기가 부여되는 것은 나쁜 일이 아니라고 가르칩니다. 오히려 예수님은 우리에게 다음과 같은 말 듣기를 사모하라고 격려하셨습니다. "잘하였도다 착하고 충성된 종아 네가 적은 일에 충성하였으매 내가 많은 것을 네게 맡기리니 네 주인의 즐거움에 참여할지어다"(마 25:21, 23). 신약 성경에는 하나님이 주시는 보상을 추구하라는 초청의 말씀으로 가득 차 있습니다. 그리고 그 보상은 어떤 대가보다도 훨씬 더 값진 것이라고 밝힙니다.

"시험을 참는 자는 복이 있나니 이는 시련을 견디어 낸 자가 주께서 자기를 사랑하는 자들에게 약속하신 생명의 면류관을 얻을 것이기 때문이라"(약 1:12).

상황에 신실하게 반응하면 하나님께 보상을 받을 것이라는 사실은 우리에게 동기를 부여해 줍니다. 이 사실은 성경 속 경건한 사람들이 그들의 생애를 살아갔던 방식에 분명히 영향을 미쳤습니다. C. S. 루이스(Lewis)는 '영광의 무게'라는 놀라운 설교에서, 우리는 욕심이 너무 강한 것이 아니라 너무나도 약한 것이 문제라고 설파했습니다. "우리는 마치 해변에서 보내는 휴가가 어떤 것인지 상상하지도 못한 채, 불결한 도랑에 나가 진흙으로 파이를 만들고 싶어 하는 무지한 아이와 같이, 무한한 기쁨이 우리에게 제공되고 있는데도 술과 섹스와 야심에 빠져 있는 덜떨어진 피조물들입니다. 우리는 너무나도 쉽게 만족합니다."

하나님이 우리에게 주시고자 하는 것들과 비교해 볼 때, 이 세상이 줄 수 있는 것은 장난감들과 하찮은 장신구들과 겉만 번지르르한 금속일 뿐입니다.

4일 · 리더십 업그레이드

보상

금전적인 보상 없이 일할 수 있는 사람은 거의 없습니다. 그러나 만일 돈 외에 다른 보상이 전혀 없다면 우리는 대부분 금세 지루해 할 것입니다. 자신을 따르는 자들이 훌륭하게 업무를 수행했을 때 보상할 효과적인 수단을 고민하는 리더라면 오늘 살펴볼 구절이 도움이 될 것입니다. 오늘 본문에서는 하나님이 솔로몬의 신실함에 어떤 보상을 주셨는지 살펴봅시다.

열왕기상 9장 4~5절을 읽으십시오

보상에는 몇 가지 원칙이 있습니다. 손익에 맞추어 공정한 임금을 정하는 일, 모든 고용인들에게 적합한 급여를 제공하는 일, 일의 가치를 정하는 일 등입니다. 임금이나 급여는 보상의 일부일 뿐인데도 우리는 거기에 관심을 집중하는 경향이 있습니다. 더 큰 쟁점은 자신이 기여한 것에 대해 적합하게 '보상받는가' 하는 것입니다. 성경은 '보상'에 대한 관점을 확대합니다. 하나님은 솔로몬에게 그가 하는 일이 하나님의 영원한 계획에 기여하는 것임을 보여 주셨습니다. 솔로몬이 받은 보상은 물질적인 보상을 초월했습니다. 성경은 여러 대목에서 우리의 노력에 영원한 보상이 있음을 일깨워 줍니다. 큰 상은 금전적 보상으로 제한될 수 없습니다.

급여를 받지 못하거나 지불 방식이 불공정하다면, 무슨 일이 일어날지 잘 알 것입니다. 형편없는 액수의 수표에 붙은 "하나님이 하늘에서 당신에게 보답해 주실 것입니다"라는 쪽지로는 부족합니다. 보상에 대한 성경적인 원리는 우리가 하는 일이 돈보다 훨씬 가치 있다는 것입니다.

우리는 실제로 하나님의 영원한 계획에 기여할 수 있습니다. 공평한 급여뿐만 아니라 사람들이 삶을 더욱 가치 있게 만드는 더 만족스러운 보상을 경험할 수 있습니다. 그리고 심지어 세상을 향한 하나님의 계획에 참여하는 더 큰 보상도 누릴 수 있습니다.

리더는 공정한 임금을 지불해야 합니다. 그러나 경건한 리더는 거기에 한 가지 관점을 추가합니다. 그것은 바로 돈으로는 살 수 없는 보상입니다.

5일 · 실행 포인트

보상

여러분의 팀원들은 어떤 종류의 보상을 원합니까? 헤네만(Heneman), 슈와브(Schwab), 포섬(Fossum), 다이어(Dyer)는 세 가지 유형의 보상을 규정합니다. 오늘 본문은, 리더가 팀원들에게 어떤 보상을 할지 알려 줌으로써 그들을 자극하는 일이 중요함을 강조합니다.

요한복음 10장 7~10절을 읽으십시오

예수님은 자신을 '양의 문'이라고 묘사하셨습니다(7절). 예수님은 그분의 양들이 안전한 울타리 안으로 들어올 수 있는 입구일 뿐 아니라 풍요로운 푸른 '초장'으로 들어가는 문이셨습니다(9절).

마찬가지로, 예수님을 통해 하나님께 오는 사람은 모두 영원한 생명뿐 아니라 풍성한 삶도 얻게 될 것입니다. 예수님은 제자들에게 그들이 예수님을 따르기로 선택한 것으로 인해 혜택과 보상을 받게 될 것임을 여러 번 일깨워 주셨습니다. 조직을 효과적으로 이끌기 원하는 리더라면 예수님의 모범을 따라야 할 것입니다.

사람들은 다양한 방식으로 동기를 부여받기 때문에 다양한 종류의 보상을 제공하는 것은 중요합니다. 헤네만과 슈와브, 포섬, 다이어는 사람들이 매력을 느끼는 세 가지 종류의 보상을 설명합니다. 첫째는 일 자체이며 둘째는 수당과 작업 스케줄, 일의 안전성, 인사 및 인간관계에 대한 정책 및 실행이며, 셋째는 사회적 환경입니다.*

이러한 세 가지 보상은 직장뿐만 아니라 다른 환경에서도 똑같은 효과를 얻을 수 있습니다. 리더가 할 일은 각 개인이 어떤 식의 보상에 가장 적합한지 찾아내는 것입니다. 이것은 현재의 보상 제도에 대한 만족도나 불만족도를 팀원들에게 물어봄으로써 알 수 있을 것입니다. 유능한 리더는 자기를 따르는 사람들을 격려하고 동기를 부여하기 위해, 예수님처럼 각 사람에게 적합한 보상을 제공합니다.

37주 · 1일

상황대응

누가복음 6장 12~16절을 읽으십시오

예수님은 열두 사람을 선발하시어 교회의 첫 리더들로 성장시키셨습니다. 누가복음 6장에 기록되어 있는 사건 이후 불과 몇 년 만에, 예수님은 자신의 하나님 나라 사역을 그들에게 위임하셨습니다(마 18:18~20, 행 1:8).

예수님이 열두 사도를 준비시키셨던 방식을 간단하게라도 살펴보면, 예수님이 얼마나 효과적으로 자신의 리더십 활동을 현실 상황에 적용하셨는지 알 수 있습니다. 예수님은 그들이 무지할 때에 가르치셨으며, 그들이 혼란에 빠졌을 때 방향을 제시해 주셨으며, 주춤거릴 때 등을 토닥여 주셨으며, 낙심했을 때 격려해 주셨습니다. 그들이 준비되었을 때, 예수님은 그들에게 제한된 임무와 책임들을 부여하셨으며, 그들과 함께하셨으며, 그들이 맡은 일들을 감당하는 동안 그들을 지도해 주셨습니다. 마지막으로 예수님은 그들에게 권한을 주고 그들을 사도로 위임하셨습니다.

예수님께서는 위대한 리더는 상황에 민감해야 한다는 사실을 보여 주십니다. 리더의 일시적인 기분이나 욕심은 (비록 그 리더가 예수님이라 할지라도) 현명한 행동을 이끌어 내지 못합니다. 리더십의 성과는 따르는 사람들의 필요에 따라 움직여야 합니다. 예수님은 자신을 따르는 사람들에게 필요한 것이 무엇인지 살피고, 이해하셨습니다. 그리고 그것을 공급해 주셨습니다. 예수님은 언제나 상황에 적절하게 그들과 상호 관계를 맺으셨으며, 형편에 적절하게 대처하셨습니다. 그리하여 이 무명의 갈릴리 사람들은 삼 년 만에 세계를 변화시키기 시작했습니다.

우리는 예수님이 열두 제자를 훈련시키는 모습을 보면서 그분의 행동이 상황에 얼마나 적합했는지 발견할 수 있습니다. 예수님은 의도적으로 상황대응 리더십을 발휘하셨습니다. 상황을 분석하고 자신의 리더십을 그 상황에 적용하고자 하는 리더는 섬기는 리더이자 동시에 변혁을 일구어 내는 리더로서 제 역할을 감당할 수 있습니다. 그럼으로써 리더는 자신을 따르는 사람들의 삶에 깊은 영향을 끼칠 수 있습니다.

2일 · 주님께 배우는 리더십

상황대응

이 세상의 삶은 예상치 못한 상황으로 가득 차 있습니다. 우리는 미래를 예측할 수 없지만, 우리가 섬기는 하나님은 모든 것을 아시며 미래를 주관하십니다. 오늘 본문을 통해 백성들을 대하는 하나님의 방식에 극단적인 변화를 불러올 뻔한 사건을 살펴봅시다.

출애굽기 32장 1절~33장 23절을 읽으십시오

모세가 하나님의 백성을 위한 율법을 받기 위해 산으로 올라갔을 때, 그가 자리를 비운 기간이 길어지자 백성들은 스스로 문제를 해결하려고 나섰습니다. 그들은 자기들이 볼 수 있고, 추측할 수 있는 한 '신'을 만들어서, 우상숭배의 미혹에 굴복했습니다. 이 일로 인한 하나님의 재앙을 막기 위해서는 모세의 중보가 필요했습니다. 모세는 여호와 하나님의 명성이 여러 나라 중에 높음을 호소했습니다. 여호와 하나님은 이스라엘을 멸망시킬 뜻을 돌이키셨지만, 자신이 백성들과 함께하시지 않고, 대신에 천사를 보내어 그 백성들을 약속의 땅에 들여보내 주며 그들의 적으로부터 지켜 주겠다고 말씀하셨습니다. "너희를 젖과 꿀이 흐르는 땅에 이르게 하려니와 나는 너희와 함께 올라가지 아니하리니 너희는 목이 곧은 백성인즉 내가 길에서 너희를 진멸할까 염려함이니라"(33:3). 모세로서는 이 비탄스러운 말씀을 견디기 힘들었습니다. 그래서 이렇게 탄원했습니다. "주께서 친히 가지 아니하시려거든 우리를 이 곳에서 올려 보내지 마옵소서"(33:15).

모세는 이스라엘 백성이 다른 백성과 구별되는 이유는, 그들이 여호와 하나님을 따랐기 때문임을 깨달았습니다. 하나님은 모세를 흡족하게 여기셔서 그의 청을 들어 주셨습니다.

모세는 이 부정적인 상황에 단호함과 진실함으로 대처했습니다. 그러나 그의 형 아론은 자신이 위임받은 권위를 무책임하게 행사했으며, 그리하여 백성들은 '방자하게 행하여' 통제 불능이 되었습니다(32:25). 그로 인한 심판으로 수천 명이 죽었습니다. 모세는 백성들을 징계하고 다스렸으며 그들을 위해 여호와 하나님 앞에 중보함으로써 이스라엘의 멸망을 막는 도구가 되었습니다. 위기 상황에서 보여 준 그의 상황대응 리더십은 매우 훌륭했습니다.

모세는 백성들에게 그 일에 대한 책임을 추궁하는 동시에 그들을 위해 행동했습니다. 그와 같은 자비와 징계의 균형은 모든 리더에게 반드시 필요한 요소입니다.

3일 · 리더십 자기 점검

상황대응

누군가가 교회에서 가장 최후까지 남아 있을 일곱 단어는 "지금까지 우리는 그런 식으로 한 적이 없습니다"(We never did it that way before)라고 빈정거린 적이 있습니다. 사람들은 선천적으로 변화에 저항하지만, 리더십을 효과적으로 발휘하고 싶다면 불가피하게 직면하게 될 새로운 상황에 적응할 수 있는 유연성을 지녀야 합니다.

고린도전서 9장 19~23절을 읽으십시오

예수님은 열성적인 바리새인이었던 사울을 이방인들의 사도인 바울로 변화시켰습니다. 바울은 삶의 중반기에 인생을 수정하는 것이 무엇을 의미하는지 알았습니다. 그는 사람들을 하나님과 화목케 하기 위한 열정으로 매 상황마다 거기에 맞는 방식으로 사람들에게 접근했습니다. 그의 열망은 가능한 많은 사람이 그리스도를 믿는 것이었습니다. "내가 여러 사람에게 여러 모습이 된 것은 아무쪼록 몇 사람이라도 구원하고자 함이니"(22절). 이처럼 바울은 상황에 따라 율법 아래 있는 자처럼, 혹은 율법 아래 있지 않은 자처럼 행했습니다.

그는 다른 편지에서도 이 원리를 되풀이했습니다. "외인에게 대해서는 지혜로 행하여 세월을 아끼라 너희 말을 항상 은혜 가운데서 소금으로 맛을 냄과 같이 하라 그리하면 각 사람에게 마땅히 대답할 것을 알리라"(골 4:5~6). 바울에게 있어서 은혜로운 대화에 소금으로 맛을 낸다는 것은, 자신이 처한 상황에 고심하여 적응한다는 말입니다.

동역자를 훈련할 때도 바울은 상황대응 리더십을 발휘했습니다. 바울은 디도에게 교훈을 주었으며, 디모데에게는 격려를 했습니다. 그는 각 도시에서 자신이 시작했던 일을 동역자들이 계속해서 감당하도록 준비시키고 훈련시켰으며, 각 일꾼들의 개별적인 필요사항에 맞추어 훈련을 진행했습니다. 이렇게 해서, 바울은 여러 명의 동역자들을 무장시켰으며 책임의 수준을 점차로 늘려가면서 위임하였습니다.

여러분은 변화하는 상황에 얼마나 유연하게 대처하며 융통성을 발휘합니까? 자신이 세워 놓은 계획을 위해 상황을 바꾸려고 노력합니까, 아니면 상황과 형편에 맞추어 계획을 수정합니까?

4일 · 리더십 업그레이드

상황대응

상황에 맞게 리더십을 행사하는 것은 쉽지 않습니다. 자신을 따르는 사람들의 조건과 상태를 살펴야 하기 때문입니다. 따라서 리더에게는 관찰하고 경청하는 자세가 필요합니다. 그러나 이를 위해서는 다른 자원들과 마찬가지로 시간을 잘 투자해야 커다란 효과를 거둘 수 있습니다. 모세가 여호수아를 성장시키기 위해 어떻게 투자했는지 주목하십시오. 오늘 본문에서는 모세가 상황대응 리더십을 발휘하여 중요한 기회를 지켜 낸 사건을 살펴봅시다.

출애굽기 17장 8~15절을 읽으십시오

이 간단한 이야기는 커다란 사건의 일부입니다. 출애굽기와 민수기에 기록된 광야 생활 40년 내내 모세는 여호수아를 리더로 준비시키고 있었습니다. 이스라엘이 높은 성벽 속에서 잘 무장된 군대를 자랑하던 가나안 족속의 땅을 빼앗을 준비를 할 무렵, 여호수아는 리더로서 임무를 계승해야 했습니다. 이렇게 커다란 이야기의 문맥

속에 있는 이 하나의 사건은 일반적인 리더십의, 특히 리더십 계발의 중요한 원칙을 전달합니다. 하나님은 눈에 띄게, 그리고 잊혀지지 않을 만큼 이 전투에 개입하셨습니다(8~13절). 전투가 끝나자, 하나님은 모세에게 "이것을… 여호수아의 귀에 외워 들리라"(14절)고 말씀하셨습니다. 여호수아가 이스라엘의 리더가 되기 전에 더 발전해야 할 부분이 있었기 때문입니다. 여호수아는 오직 하나님만이 자신의 힘의 원천이며, 하나님의 도움 없이는 결코 가나안 군대와 정면으로 맞붙을 수 없다는 사실을 알아야 했습니다. 유목민으로 이루어진 병사들은 하나님의 도우심이 없다면 단 한 차례의 승리도 쟁취하지 못했을 것입니다.

모세는 여호수아의 기량과 사고방식에서 발전이 필요한 영역들을 지적함으로써 시의적절하게 리더십을 행사했고, 그런 다음에 자신의 리더십을 부하의 필요에 맞추어 행사하였습니다.

상황대응 리더십이 말하는 '지각 있는' 행동이란, '이 상황에서 부하에게 필요한 것'을 행하는 것입니다. 최상의 리더는 자신을 따르는 모든 사람을 똑같이 취급하지 않으며 동일한 사람도 항상 똑같은 방식으로만 다루지 않습니다. 상황을 분석하고, 자신을 따르는 사람이 특정한 상황에서 기능하고 성장하는 데 필요한 것이 무엇인지 확인한 다음, 일을 진행합니다. 모세는 그 상황에 필요한 것이 무엇인지 파악했기 때문에 탁월한 리더십을 발휘할 수 있었습니다.

5일 · 실행 포인트

상황대응

느헤미야는 보기 드물게 탁월한 리더였습니다. 그의 이야기를 읽으면, 경건한 리더십의 중요한 원리에 대해 많은 것을 배울 수 있습니다. 그러나 상황대응 리더십의 관점을 가지고 느헤미야의 성품을 검토해 본다면, 그의 천재적인 리더십의 새로운 진가를 발견하게 됩니다. 그는 다양한 태도와 관계, 기술을 사용하여 리더십을 발휘했지만, 우리는 그에게서 흔들림 없는 일관성을 발견할 수 있습니다. 오늘 본문을 통해 위대한 리더가 커다란 문제를 해결하기 위해 위대한 원칙을 적용하는 방식을 관찰해 봅시다. 그리고 허시(Hersey), 블랜차드(Blanchard) 존슨(Johnson)이 제시하는 일관성 있는 리더십의 정의와 비교해 봅시다.

느헤미야 4장 1절~6장 19절을 읽으십시오

허시, 블랜차드, 존슨에 따르면 일관성 있는 리더가 되기 위해서는 각각의 상황에 일정하게 접근해 그 상황에 적합하게 행동해야 합니다. 일관성이라고 해서, 상황을 고려하지 않고 언제나 똑같이 행동한다는 뜻은 아닙니다. 또한 리더의 행동이 늘 예측 가능하다거나, 그 부하 직원이나 추종자의 행동에 상관없이 동일하게 반응한다는 뜻도 아닙니다. 리더의 일관성이란, 리더를 따르는 사람들이 리더가 상황에 적합하게 일을 처리하고 있다고 신뢰한다는 의미입니다. 부하 직원이나 추종자들의 행동이 흡족하다면, 리더의 만족한 표정을 예측할 수 있습니다. 미간을 찌푸릴 일이라면 (혹은 더 심각한 반응이 필요한 일이라면) 리더가 그렇게 반응할 것을 예상할 수 있다는 뜻입니다.*

느헤미야는 4~6장에서 광범위한 영역에서 숙달된 리더십 기술을 발휘했습니다. 그는 자신이 감독하던 일에 대한 다양한 형태의 반대에 부딪혔습니다. 그러나 모든 상대에게 느헤미야가 똑같은 방식으로 대처하지 않았음을 주목하기 바랍니다. 일관적인 리더십을 보여 줄 수 있었던 이유는 그가 일정한 방식으로 행동했기 때문이 아니라 일관적으로 각 형편에 맞는 방식으로 행했기 때문입니다.

38주 · 1일

청지기직

마태복음 25장 14~30절을 읽으십시오

잠깐 생각해 봅시다. 지구상의 모든 사람에게는 매일 똑같은 양의 시간이 주어집니다. 대통령, 신문배달 소년, 가정주부, 회사 간부, 농부, 금융인에게도 모두 정확히 매일 스물네 시간이 주어집니다.

관건은 우리가 활용할 수 있는 시간의 양이 아니라 정해진 시간 안에서 어떤 식으로 은사를 발휘하느냐입니다. 청지기직은 바로 그런 것입니다. 청지기직은 하나님이 우리에게 할당해 주신 시간의 양 안에서 우리의 은사와 자원을 신실하게 계발하고 활용하는 일입니다.

모든 청지기들이 맺고 있는 관계 속에는 양측이 존재합니다. 한쪽은 자원들을 내어 주고 어느 날엔가 그에 대한 회계를 요구하는 주인이며, 다른 한쪽은 그 자원들을 맡아 그 자원들을 어떻게 투자했는지 대답해야 하는 청지기입니다.

예수님은 자신의 재림에 대해 가르치시면서 한 가지 중요한 교훈으로 핵심을 찌르셨습니다. 그것은 오직 충실한 청지기들만이 그분의 재림에 대비할 수 있다는 것입니다. 이 점을 지적하기 위해 예수님이 사용하신 비유는 긴 여행을 앞둔 주인으로부터 각각 상당한 돈을 받았던 세 종의 이야기입니다. 주인이 돌아왔을 때, 종들 가운데 둘은 그 돈을 투자했지만 나머지 한 종은 그 돈을 파묻어 두었습니다.

돈을 파묻어 두었던 종이 변명을 늘어놓기 시작했지만, 주인은 그 변명을 받아들이지 않고, 그 게으른 종을 꾸짖고 심하게 처벌했습니다. 반면에, 충성스러운 종들은 그들의 부지런한 수고에 대한 보상을 누렸습니다.

리더는 청지기입니다. 리더는 다른 사람들이 그들의 자원을 사용하는 방법을 총괄하므로 다양한 자원들을 관리하게 됩니다. 오늘 본문을 다시 읽고 하나님이 여러분에게 맡겨 두신 다양한 자원을 투자할 수 있는 방법을 생각해 보십시오.

2일 · 주님께 배우는 리더십

청지기직

하나님께는 부족한 것이 전혀 없습니다. 하나님은 외롭거나 지루하고 따분해서 우주를 창조하신 것이 아닙니다. 창조 질서는 삼위일체 하나님 안에 언제나 존재하시는 사랑의 원천에서 흘러나옵니다. 우리는 청지기로서 영원히 존재하시는 인격적 창조주이신 하나님이 창조하시고 운영하시는 세계에 참여합니다. 오늘 본문을 펴서 하나님의 세계의 경이로움을 표현한 영감의 시를 묵상해 봅시다.

시편 104편 1~35절을 읽으십시오

이 풍요로운 시는 창조 질서가 살아 계신 하나님의 아름다우심과 영광을 드러내 보이는 방식을 찬양합니다. 이 시는 찬양과 놀람과 경배의 표현으로 가득 차 있습니다. 만물은 인격적이시며 무궁무진하신 하나님의 마음과 권능에서 그들의 기원과 자양분을 발견합니다. "여호와 우리 하나님과 같은 이가 누구리요 높은 곳에 앉으셨으나 스스로 낮추사 천지를 살피시고"(시 113:5~6). 주님의 찬란함과 위대하심은 하늘의 성좌와 구름과 바람과 번개에 드러나 있습니다. 하나님은 대양들과 산맥들을 가진 지구를 만드셨으며 하나님이 제공해 주시는 물은 들판의 짐승과 공중의 새가 살 수 있도록 해주며, 땅의 장엄한 삼림들과 싱싱한 채소들은 사람과 동물의 생명을 유지해 주고, 태양과 달은 밤과 낮을 나누며 계절을 구분해 줍니다. 크고 작은 피조물들의 다양함과 풍요로움에 우리는 경탄을 금치 못합니다. 만물은 존재하기 위해 하나님을 바라봅니다. 그래서 하나님이 그들의 호흡을 취하시면, 그들은 죽고 흙으로 되돌아갑니다.

바울도 "그러나 우리에게는 한 하나님 곧 아버지가 계시니 만물이 그에게서 났고 우리도 그를 위하여 있고 또한 한 주 예수 그리스도께서 계시니 만물이 그로 말미암고 우리도 그로 말미암아 있느니라"(고전 8:6)고 강조합니다.

또한 고린도의 교인들에게 "너희 몸은 너희가 하나님께로부터 받은 바 너희 가운데 계신 성령의 전인 줄을 알지 못하느냐 너희는 너희 자신의 것이 아니라 값으로 산 것이 되었으니 그런즉 너희 몸으로 하나님께 영광을 돌리라"(고전 6:19~20)고 말합니다. 예수님은 우리를 창조하고 구속하셨기 때문에 우리를 소유하십니다. 그분은 우리의 생물학적, 영적 생명의 원천이십니다. 이 사실은 여러분의 삶에 어떤 실질적인 의미를 부여합니까?

3일 · 리더십 자기 점검

청지기직

하나님은 이 지구상의 자원과 피조물들을 관리하는 청지기의 위엄과 책임을 우리에게 맡기셨습니다. 따라서 우리는 하나님이 우리 손에 맡겨 두신 광물들, 식물들, 동물들을 가꾸고 다듬고 창의적으로 활용하며 그 결과에 책임을 져야 합니다. 오늘 본문에서는 인간이 타락하기 전에 소유했던 권한을 살펴봅시다.

창세기 1장 28~30절을 읽으십시오

이 구절은 하나님의 형상대로 지음 받은 남자와 여자에게 주신 하나님의 청지기 명령을 담고 있습니다. "땅에 충만하라 땅을 정복하라"(28절)는 하나님의 명령은 다른 어느 때보다 지난 20세기에 매우 광범위하게 실현되었습니다. 인류 역사상 처음으로 우리는 대체될 수 없는 자원들(예를 들어 원시림) 전체가 파괴되는 것을 목도하고 전 세계적인 환경오염의 위기에 직면했습니다. 사람들은 지구상의 자원이 무한하며 사적인 이익을 위해서는 마음대로 사용해도 좋다고 여깁니다. 그러나 성경은 실제로 우리의 소유는 아무것도 없다고 경고하며 "땅과 거기에 충만한 것과 세계와 그 가운데에 사는 자들은 다 여호와의 것이로다"(시 24:1)고 강조합니다.

청지기는 다른 사람의 재산을 관리하는 사람입니다. 우리는 모두 하나님이 우리에게 맡기신 자원과 능력과 기회를 관리하는 청지기입니다. 따라서 우리 각 사람은 매일 그것을 어떤 식으로 사용했는지 설명할 수 있어야 합니다. "맡은 자들에게 구할 것은 충성이니라"(고전 4:2).

우리의 존재 자체나 소유물은 모두 우리의 것이 아니라는 사실을 깨닫는 것이 겸손입니다. 우리에게 주어진 시간과 재능과 물질적인 재산 그리고 인간관계들은 잠시 동안 하나님께서 우리에게 맡기신 것들입니다. 여러분은 자신의 것이라고 말하는 모든 것에 대해 하나님의 소유권을 어느 정도나 의식합니까? 여러분은 청지기 정신, 즉 여러분이 받은 재산을 언젠가는 계산해야 한다는 인식을 계발하고 있습니까?

4일 · 리더십 업그레이드

청지기직

청지기는 주인이 맡긴 자원으로 최대한의 이윤을 만들어야 한다는 사실을 깨달아야 합니다. 예수님은 제자들을 청지기 리더로 준비시키시면서, 그들이 주목해야 할 비유를 하나 가르치셨습니다. 어떤 이들은 위대한 도덕적 스승이 부정행위를 장려한다고 여길지도 모릅니다. 오늘 본문이 하나님의 청지기라는 리더십 역할에 어떤 의미를 주는지 살펴봅시다.

누가복음 16장 1~9절을 읽으십시오

이 당혹스러운 비유는 언뜻 보기에 부정한 행위를 부추기는 것처럼 보입니다. 그러나 예수님은 그 청지기의 부정직이 아니라, 영리함을 배우라고 권하십니다. 어떠한 비유라 할지라도 그 의도를 파악하기 전까지는 제대로 해석할 수 없습니다. 이 비유의 의미를 묻기 전에, 예수님께서 왜 이 비유를 말씀하셨는지 살펴보아야 합니다.

이 비유가 나오게 된 상황은 누가복음 15장 1~2절에 기록되어 있습니다. 바리새인들은 예수님이 부적절한 사람들과 식사를 하신다고 공격했습니다. 그들의 질책에 대한 예수님의 답변이 각각 네 개의 비유로 구성되어 있는데, 그 비유 가운데 세 개는 바로 앞 장에 기록되어 있습니다(15:3~32).

불의한 청지기 비유에서(16:1~9) 예수님은 이렇게 결론을 이끌어 내십니다. 청지기들은 열심히 일해야 하며 동시에 주인을 기쁘게 할 정도로 슬기로워야 합니다. 그러나 어떤 청지기들은 슬기로움을 넘어서서, '재빠르게' 일을 합니다! 예수님의 사역이 어떤 사람들(바리새인들)이 보기에는 하나님의 의도와 다른 것 같지만, 예수님과 하나님은, 아버지가 성취하시고자 하는 일들을 예수님이 현명하고 분별력 있게 행하고 계심을 아셨습니다(16:8의 첫 문장을 보십시오).

예수님은 우리가 그분의 청지기들임을 명확히 알려 주셨습니다. 우리는 지상에서 그분의 자원들을 관리합니다. 리더는 다양한 자원을 관리하기 때문에, 청지기직은 특히 리더들에게 해당됩니다. 8~15절은 확장된 본문의 적용입니다. 여러분이 하나님의 자원을 관리하는 청지기임을 염두에 두고 주의 깊게 읽으십시오. 청지기직의 핵심은 하나님의 소유를 관리하는 것입니다. 하나님은 그분이 투자한 것에 대한 최대의 수익을 기대하십니다. 청지기들은 열심히 슬기롭게 일합니다. 최고의 청지기들은 또한 재빠릅니다. 그들은 하나님을 더 잘 섬기기 위해 '그 이상의' 가능성을 바라봅니다.

5일 · 실행 포인트

청지기직

오늘 본문에서 요셉은 청지기직에 대한 고전적인 예를 보여 줍니다. 그는 어떠한 형편에서도 자신이 손에 넣을 수 있는 자원들을 최대한 유익하게 활용했습니다. 그런데 청지기에게 가장 중요한 자원은 무엇일까요? 피터 드러커의 말을 들어 봅시다.

창세기 39장 1절~41장 57절을 읽으십시오

요셉은 책임을 맡게 되었습니다(창 39:4, 22, 41:4). 보디발의 집에서부터 바로의 애굽에 이르기까지, 요셉은 그 사람들의 자원들을 관리함으로써 그들의 재산을 늘려 주었습니다. 그것이 바로 청지기직을 의미하며, 마태복음 25장이 말하는 리더십이기도 합니다. 그러나 정확히 우리는 무엇을 관리해야 할까요?

피터 드러커는 『자본주의 이후의 사회』에서 지식이 급속도로 우리의 가장 중요한 자산이 되어 간다고 주장했습니다. 칼 알브레히트는 *The Northbound Train*(북행열차)에서, 새롭게 부상하는 후기 자본주의 사회에서 "리더십의 주요 임무 가운데 하나는 사람들을 도와서 그들이 기여할 수 있는 일이 무엇인지 깨닫도록 해 주는 것"이라고 말합니다.

레이프 에드빈슨(Lief Edvinsson)과 마이클 멀론(Michael Malone)의 책 『지적 자본』의 부제목은 "숨은 지적 능력을 찾아내어 당신의 기업의 진정한 가치를 깨달으라"고 촉구합니다. 피터 블록(Peter Block)은 *Stewardship*(청지기직)에서 청지기직을, 리더가 자신에게 맡겨진 인적 자원들을 계발하기 위해 혼신의 노력을 기울이는 것과 동일시합니다. 이 이야기들은 그 어느 때보다도 오늘날의 리더가 청지기로서 자신에게 맡겨진 인적 자원들을 계발해야 함을 강조합니다. 리더가 청지기로서 초점을 맞추어야 할 대상은 바로 사람입니다.

요셉과 예수님과 오늘날의 리더십 전문가들은 우리가 우리의 최대 자원인 사람들을 관리하는 청지기라고 가르쳐 줍니다. 성경과 일치하는 리더십의 관점은, 하나님이 중시하는 것에 초점을 맞추는 것입니다. 그리고 그것은 바로 사람입니다. 청지기직이라는 이름으로 무엇을 책임지든 간에, 성경적인 리더는 하나님이 맡겨 주신 사람들을 반드시 책임져야 합니다.

39주 · 1일

스트레스 관리

사무엘상 18장 6~11절을 읽으십시오

로드니 쿠퍼(Rodney L. Cooper)는 *Shoulder to Shoulder*(어깨를 맞대어)에서 스트레스를, "예측된, 혹은 실질적인 위협에 대한 교감 신경 조직의 반응"이라고 정의합니다. 그는 이렇게 덧붙입니다. "이 전문적인 정의는 당신에게 그다지 큰 의미를 주지 못할 것입니다. 기본적으로 이 정의가 말하는 바는, 스트레스가 예측되거나 실질적인 위험에 대한 신체의 반응 방식이라는 것입니다. 스트레스를 받으면 혈압이 치솟고 근육의 힘이 증대됩니다. 우리는 싸우거나 도망갈 준비를 합니다. 스트레스는 원인이 아니라 반응입니다."*
본질적으로 스트레스는 실질적이거나 예측되는 위험에 대한 반작용입니다.

쿠퍼 박사의 정의는 다윗이 골리앗을 죽인 후, 사울 왕에게 일어난 일을 분명하게 묘사합니다. 다윗에게 자리를 뺏길지도 모른다는 위협을 느끼자 사울 왕의 혈압은 치솟았으며, 심장 박동은 증가했고, 근육은 수축되었습니다. 사울 왕은 분노에 사로잡혀서 다윗을 향해 단창을 던졌습니다. 다윗은 가까스로 그 창을 피했습니다.

사울은 실질적인 위협이 아니라 예측된 위협에 반응했습니다. 다윗에게는 왕을 위협할 의도가 전혀 없었으며, 새로 얻은 인기를 기반으로 사울을 권좌에서 물러나게 하려는 의도도 없었습니다. 불행하게도 리더로서 사울 왕의 단점 가운데 하나는, 위험에 대한 인식을 건설적으로 다룰 줄 모른다는 것이었습니다.

영향력 있는 리더는 스트레스 다루는 법을 압니다. 거기에는 자신의 스트레스와 자신을 따르는 사람들의 스트레스가 모두 포함됩니다.

사울이 예측된 위험을 좀더 건설적으로 다룰 수 있는 방법은 무엇이었겠습니까? 여러분은 스트레스를 어떻게 처리합니까?

2일 · 주님께 배우는 리더십

스트레스 관리

하나님은 예수 그리스도로 성육신하는 일을 통해 일차적으로 스트레스를 겪으셨습니다. 주님은 지독한 스트레스와 여러 번 마주치셨지만, 그 모든 것은 겟세마네 동산에서부터 십자가에 달리기까지 주님이 견디셔야 했던 스트레스에 비교할 바가 못 됩니다. 이 시련을 겪는 동안 예수님은 어떤 자원에 의지하셨습니까? 오늘 본문을 통해 예수님께서 스트레스와 고통에 어떻게 반응하셨는지 관찰해 봅시다. 그분은 진정 우리가 따라야 할 모범이십니다!

베드로전서 2장 21~24절을 읽으십시오

히브리서의 저자는 다음과 같이 기록합니다. "그는 육체에 계실 때에 자기를 죽음에서 능히 구원하실 이에게 심한 통곡과 눈물로 간구와 소원을 올렸고 그의 경건하심으로 말미암아 들으심을 얻었느니라 그가 아들이시면서도 받으신 고난으로 순종함을 배워서"(히 5:7~8).

예수님은 자신의 삶을 향한 아버지의 목적을 명확하게 인식하고 그 뜻에 기꺼이 복종하고자 하셨기 때문에, 거룩하고 성실하게 스트레스를 관리하실 수 있었습니다. 십자가에 달리시기 전날 밤에 예수님은 이렇게 말씀하셨습니다. "지금 내 마음이 괴로우니 무슨 말을 하리요 아버지여 나를 구원하여 이때를 면하게 하여 주옵소서 그러나 내가 이를 위하여 이때에 왔나이다 아버지여, 아버지의 이름을 영광스럽게 하옵소서"(요 12:27~28). 겟세마네 동산에서 그의 영혼은 죽음에 이를 정도로 슬픔에 잠겼습니다. "내 마음이 심히 고민하여 죽게 되었으니"(막 13:34). 그러나 예수님은 자신에게 다가오는 시련이 바로 자신이 이 세상에 온 목적을 나타낸다는 사실을 인식하셨습니다.

베드로전서 2장 21~24절은 우리가 따라야 할 모범으로서 예수님이 겪으신 고난의 세 가지 측면을 보여 줍니다. 첫째, 그분은 죄 없이 고난을 당하셨습니다. 그분의 고통은 자신의 죄악이 아니라 다른 사람들이 저지른 죄악의 결과였습니다. 둘째, 그분은 조용히 고난을 당하셨습니다. 자신을 변호하거나 복수를 외치며 위협하는 대신, 아버지의 뜻에 자신을 맡겼습니다. 셋째, 그분은 대리자로서 고난을 당했습니다. 그분의 슬픔은 구속을 가져다주었으며, 다른 사람들에게 커다란 혜택을 주었습니다.

히브리서 기자는 이렇게 말합니다. "그러므로 그가 범사에 형제들과 같이 되심이 마땅하도다 이는 하나님의 일에 자비하고 신실한 대제사장이 되어 백성의 죄를 속량하려 하심이라 그가 시험을 받아 고난을 당하셨은즉 시험 받는 자들을 능히 도우실 수 있느니라"(히 2:17~18).

예수님은 우리와 같이 되심으로써 우리가 스트레스와 마주칠 때 그분께 의지할 수 있는 몇 가지 구체적인 길들을 보여 주셨습니다.

3일 · 리더십 자기 점검

스트레스 관리

어떤 사람은 노동을 창의력, 생산성, 긍정적인 도전, 의미, 성취감, 즐거운 관계, 자극적인 도전들과 연결시킵니다. 다른 사람들은 노동을 지겨운 고역, 허망함, 부당함, 즐거움 없는 불만과 연결시킵니다. 오늘 본문에서는 노동의 여러 가지 속성을 알아봅시다.

전도서 2장 17~26절을 읽으십시오

성경은 노동의 성격과 가치에 대해 뒤섞인 설명을 합니다. 어떤 관점에서는 노동을 자기표현의 방법이자 만족과 성취감을 공급하는 수단이라고 말합니다. 하나님은 타락이라는 비극이 발생하기 전에 수고한 후의 성취감을 맛보라고 명령하셨습니다. "여호와 하나님이 그 사람을 이끌어 에덴동산에 두어 그것을 경작하며 지키게 하시고"(창 2:15). 또한 성경은 노동이 고통과 억압, 고역과 불행의 원천이 될 수도 있다고 지적합니다. 노동은 교만과 시샘과 탐욕과 부패와 다른 사람들을 수탈하는 성향을 지닌 인간의 죄성에 오염되어 있습니다. 그래서 많은 사람이 일터를 좌절과 건전치 못한 스트레스로 가득 찬 영역으로 여깁니다.

전도서 2장은 노동의 즐거움과 고통을 인정하는 중간 입장을 제시합니다. 전도자는 노동을 지나치게 진지하게 여기거나 전적으로 허망한 수고로 간주하는 양극단을 피하라고 경고합니다. 그래서 한 가지 관점에서, "사람이 먹고 마시며 수고하는 것보다 그의 마음을 더 기쁘게 하는 것은 없[다]"(전 2:24)고 말하며, 또 다른 관점에서 "해 아래에서 하는 일이 내게 괴로움이요 모두 다 헛되어 바람을 잡으려는 것"(17절)이라고 개탄합니다.

이 내용들을 요약해서 정리하면, 스트레스를 관리하는 열쇠는 노동을 우상화하는 함정에 빠지지 않으면서, 노동에서 현실적인 만족을 얻는 것입니다. 우리는 긴장을 풀고 노동에 임해야 할 것입니다. 우리 정체성의 의미와 안전의 참된 원천은 일거리가 아니라 하나님께 있기 때문입니다.

4일 · 리더십 업그레이드

스트레스 관리

우리는 모두 스트레스를 관리하는 요령이 필요합니다. 이러한 요령은 인간이 생활하는 데 매우 본질적인 것입니다. 스트레스 연구가인 한스 셀라이(Hans Selye)는 유익한 스트레스, 중립적인 스트레스, 그리고 심신을 쇠약하게 만드는 스트레스를 구별합니다. 오늘 본문에서 사도 바울은 스트레스를 유익하게 활용하는 요령을 가르쳐 줍니다. 이 단락은 스트레스에 시달리고 있는 리더라면 꼭 읽어야 할 내용입니다.

빌립보서 4장 4~9절을 읽으십시오

스트레스는 복잡하고 잠재적으로 위험한 현상입니다. 그리고 스트레스의 영향을 주제로 다룬 책들도 많이 있습니다. 사도 바울은 스트레스를 관리하는 방법이 아니라 스트레스를 피하는 방법을 충고합니다. 바울을 공상적 사회 개량가(do-gooder)로 단정 짓기 전에, 바울의 사역이 엄청난 압박을 유발했다는 사실을 기억하십시오. 스트레스를 피한다고 해서 부담감을 피한다는 의미는 아닙니다. 바울은 일생 동안 대부분의 사람이 꿈꾸었던 것보다 더 많은 것을 성취했습니다. 그것도 끊임없는 위협과 강력한 반대 가운데서 그렇게 해냈습니다. 바울은 거짓고소를 당하여 부당하게 감옥에 갇히기도 했습니다. 그리고 결국 자신의 사역 때문에 처형당했습니다. 바울은 중압감뿐 아니라 성취에 관한 모든 것을 알았습니다. 그렇기 때문에 오늘날의 리더들이 스트레스로 인해 넘어지거나 희생당하지 않고, 그 압력을 견딜 수 있도록 도와줄 수 있는 것입니다. 바울은 이 말씀에서 네 가지 원리를 가르칩니다.

1. **바른 관점을 가지라.** 빌립보서 3장 1절~4장 6절에 기술된 관점을 갖는다면, 바울의 '기쁨'(4절)은 진실이 됩니다.
2. **온유하라**(5절). 어떤 이는 스트레스의 영향을 받는 사람을 가속기와 브레이크가 동시에 가동되고 있는 차에 비유했습니다.
3. **하나님을 의지하라.** 5~7절에 있는 말씀은 암송하거나 써서 책상이나 달력에 붙여 놓을 가치가 있습니다.
4. **윤리적으로 생활하라**(8~9절). 자신의 잘못이 발각될까 봐 얼마나 많은 스트레스가 발생합니까? 윤리적인 사람들은 스트레스를 덜 받습니다.

스트레스는 어쩔 수 없이 발생하기 마련입니다. 그리고 때때로 엄청나게 몰려오기도 할 것입니다. 스트레스 관리에 대한 제안들을 읽고 주의를 기울이십시오. 그러나 더 중요한 것은 스트레스를 피하기 위해 앞의 네 가지 사항을 지키는 것입니다.

5일 · 실행 포인트

스트레스 관리

여러분이 리더라면, 여러분의 일 속에서 스트레스는 피할 수 없는 요소라는 사실을 인정할 것입니다. 다행히도 시편 23편 1~6절의 다윗 왕과, 프레드 스미스(Fred Smith)는 리더가 자신의 스트레스를 관리할 수 있는 방법을 몇 가지 제안합니다.

시편 23편 1~6절을 읽으십시오

문제점을 확인하고 해결해야 하는 압박 속에서 리더는 극도로 심한 스트레스에 시달리게 됩니다. 오늘 본문은 막중한 압력에 시달려야 했던 다윗 왕이 어디에서 위로와 안정을 찾았는지 전해 줍니다. 이 말씀은 항상 모든 사람에게 위로를 주지만, 특히 스트레스를 받는 우리 모두에게 더 그러합니다.

프레드 스미스는 스트레스를 관리해야 하는 리더에게 상당히 유익한 충고를 합니다. "건강한 스트레스를 향한 첫걸음은 문제를 규정하는 것입니다. 지금껏 들어온, 문제점을 규정한 말 중 최상의 것은, '문제점이란 내가 해낼 수 있는 것'이라는 정의입니다. 내가 그것에 대해 아무것도 할 수 없다면, 그것은 내 문제가 아닙니다. 내가 할 수 없기 때문입니다. 그 문제를 해결하는 데 내가 할 수 있는 것이 아무것도 없다면 그것은 내 삶의 현실입니다. 그러므로 나는 계속해서 삶의 현실을 인식하고, 받아들이고, 그 현실과 더불어 살아가야 하며, 그것들을 문제점으로 간주하지 말아야 합니다. 내가 해결할 수 없는 것들은 어쩔 수 없습니다. 그러므로 나는 그런 것들을 생각하느라 시간을 보내지 않습니다."*

우리의 '삶의 현실'은 우리의 목자 되시는 분의 손에 있습니다. 그 목자가 현실을 관리해 주십니다. 그 목자는 그분이 우리에게 주신 임무에 우리가 집중하기를 기대하십니다. 그 안에서 우리는 우리에게 적합한 문제를 찾습니다. 우리가 문제와 삶의 현실을 스스로 짊어지려고 애쓴다면, 압박감이 증대되어 스트레스에 시달리게 될 것입니다.

40주 · 1일

구조와 조직

출애굽기 18장 1~27절을 읽으십시오

조직이란 좋은 것입니다. 조직은 다양한 자원을 모아 모든 사람이 공통적으로 바라는 결과에 집중합니다. 잘 운영되는 조직은 개인이 혼자 성취할 수 있는 것보다 훨씬 많은 것을 성취할 수 있습니다. 그러나 허울뿐인 조직들도 얼마나 많습니까? 성공적인 사업을 하는 상당수의 사람은 의도적으로 소규모로 사업을 운영하거나 혼자서 일합니다. 조직이 작을수록 좋다고 생각하기 때문입니다. 그러나 오늘 읽은 말씀은 그렇지 않다는 사실을 보여 줍니다.

모세는 엄청나게 많은 사람을 이끌어 가야 하는 문제 때문에 골치가 아팠습니다. 그의 장인 이드로는 오늘날 유망 직업의 효시가 되었습니다. 이드로는 역사상 최초로 기록된 경영 컨설턴트입니다. 그는 조직을 효과적으로 운영하는 데 조직화와 구조화가 핵심이라는 것을 모세에게 보여 주었습니다. 이렇게 조직을 정비하면 더욱 효과적으로 성과를 낼 뿐만 아니라 구성원들이 일을 할 때 더 나은 서비스와 지원을 받게 됩니다.

아직 풋내기 리더였을 때, 모세는 조직 구조의 중요성을 발견했습니다. 영향력 있는 리더들은 자신이 이끄는 사람들을 육성할 수 있는 구조를 만들어 냅니다. 모세는 잠재력 있는 사람들을 뽑아서 훈련시키고 권한을 위임하며 여전히 중요한 통제력을 행사했습니다. 즉, 모세는 문제가 발생했을 때, 여전히 최종적인 중재자로 활약했습니다. 리더는 효과적으로 권한을 위임하여 효율성을 증대시킬 수 있으며 개인적인 관심이 필요한 사람들의 욕구를 더 잘 채워 줄 수 있습니다.

조직적인 구조를 생각해 낸 사람이 모세가 아니라 그의 장인 이드로라는 사실에 주목해 봅시다. 강력한 리더는 범접하기 어려운 사람이 아니라 다가가기 쉬운 사람이며, 조직을 강화하는 데 도움이 된다면 다른 사람들이 자신의 조직 구조를 어느 정도는 변경할 수 있도록 기꺼이 허용하는 사람입니다. 여러분은 구조를 향상하기 위해 다른 사람들의 도움을 기꺼이 받아들일 자세가 되어 있습니까?

2일 · 주님께 배우는 리더십

구조와 조직

우주는 분산된 다원구조(multiverse)가 아니라 다양성이 조직화된 일원구조(universe)입니다. 창조 질서는 지적인 설계의 증거로 가득 차 있습니다. 그리고 가장 단순한 생명 체계도—인간의 두뇌는 말할 것도 없고—지금까지 고안된 가장 정교한 컴퓨터보다 민감하며 복잡합니다. 그러므로 하나님이 수많은 목적을 성취하기 위해 구조와 조직을 사용하신다는 사실은 전혀 놀랍지 않습니다. 오늘 본문에서는 하나님이 운영하시는 아름다운 하늘의 질서를 살펴봅시다.

요한계시록 4장 2~11절을 읽으십시오

천상의 보좌에 대한 요한의 환상은 인간의 이해를 넘어서는 상징으로 묘사되었습니다. 그러나 우리는 이 구절에서 영원한 하나님의 임재를 둘러싼 조화와 계층의 질서를 엿볼 수 있습니다. 휘감아 도는 녹보석 같은 무지개와 하나님의 일곱 영, 스물네 명의 장로,

네 가지 생물, 유리로 된 바다, 엄숙한 예배, 이 모든 것이 형식과 엄위와 권능이 조화롭게 어우러진 사회를 나타냅니다. 요한계시록 5장 11~14절은 그 보좌를 에워싸고 성부와 성자를 예배하는 셀 수 없이 많은 멋진 천사들의 군대를 묘사함으로써 이 장면을 더 강렬하게 만듭니다.

구조와 아름다움과 조화에 대한 하나님의 미적 감각은, 만물의 창조주요 운영자로서 그리스도를 묘사하는 바울의 표현에도 드러납니다. "만물이 그에게서 창조되되 하늘과 땅에서 보이는 것들과 보이지 않는 것들과 혹은 왕권들이나 주권들이나 통치자들이나 권세들이나 만물이 다 그로 말미암고 그를 위하여 창조되었고 또한 그가 만물보다 먼저 계시고 만물이 그 안에 함께 섰느니라"(골 1:16). 천사들의 위계를 그리기 위해 이 구절에서 왕권들, 주권들, 통치자들, 권세들이라는 단어가 어떻게 사용되는지 보십시오. 그리스도는 만물을 통합하시며, 질서를 부여하시며, 유지하십니다.

창조 세계의 구조와 조직을 염두에 두고 창세기 1장 1절~2장 3절을 살펴보십시오. 하나님의 창조 활동이 창세기 1장 2절의 형체 없으며 공허한 조건을 극복하는 과정을 주목하십시오. 하나님은 어떻게 혼돈을 질서로 바꾸십니까?

3일 · 리더십 자기 점검

구조와 조직

하나님이 혼돈을 형태와 구조를 갖춘 찬란한 아름다움으로 바꾸어 놓으셨듯, 하나님의 형상대로 지음을 받은 우리도 내면 세계와 바깥 세계의 질서와 모양을 만들라고 명령하십니다. 우리는 훈련과 기술을 통해 개인적인 환경과 사회적인 환경에 어울리는 훌륭한 구조와 조화를 세울 수 있습니다.

고린도전서 14장 33, 40절을 읽으십시오

이 장은 신자들이 함께 모일 때 질서와 구조가 드러나야 한다는 것을 강조합니다. 초대 교회의 가정 교회들은 예배를 드릴 때마다 개인의 영적인 은사들을 가장 덕을 세우는 쪽으로 사용하도록 신자들을 격려하였습니다. 초대 교회에는 무질서와 혼란을 방지하기 위한 명확한 리더십 구조와 일련의 지침들이 있었습니다.

성경에 따르면, 하나님은 결혼 생활과 부모 됨과 교회와 국가의 각 영역 안에 권위의 구조들을 제정해 놓으셨습니다. 죄악 된 이기

주의 때문에 이러한 영역들 안에서 빈번하게 권위의 남용이 일어나지만, 이러한 구조들은 무정부 상태와 무법 상태의 흐름을 저지하는 데 필수적임이 입증되었습니다.

지역교회를 감독하고 지도하는 사람들의 도덕적이며 영적인 자격 요건들을 더 공부하고자 한다면, 디모데전서 3장 1~13절과 디도서 1장 5~9절을 읽으십시오.

4일 · 리더십 업그레이드

구조와 조직

조직은 중요합니다. 조직은 하나의 공통 과제를 중심으로 다양한 자원들을 구조화해, 매우 중요한 성과들을 달성할 수 있도록 도와줍니다. 그러나 때때로 성과를 달성하기 위해 형성된 바로 그 조직이 성과를 이루는 데 방해가 되기도 합니다. 오늘 본문은 조직의 역할이 군림하는 것이 아니라 섬기는 데 있음을 알려 줍니다.

민수기 11장 11~17절을 읽으십시오

구조는 조직이 자원을 활용하여 성과를 내는 체계입니다. 성경은 구조를 다루고 있지만 조직에 관한 지침은 구체적으로 언급하지 않습니다.

바울이 교회나 목회자에게 편지를 쓸 때도, 교회가 어떻게 구성되어야 하는지는 세세하게 언급하지 않았습니다. 그런 이유 때문에, 교회는 세월이 흐르고 여러 다른 문화들을 거치면서 특수한 상황에 '맞도록' 스스로 적응해 왔습니다. 따라서 교회가 스무 명에서 출발해 이천 명으로 성장하여 처음 시작했던 조직의 구조가 더 이상 적합하지 않을 때, 교회는 구조를 바꿀 수 있으며 바꾸어야 합니다. 어떤 조직이든 이렇게 운영되는 조직이 건강합니다. 조직의 구조는 성스러운 것도 아니며 딱딱하게 굳어져서도 안 됩니다. 만약 그 구조가 더 이상 효과적으로 작용하지 않는다면 바꾸십시오.

모세가 이스라엘을 인도하는 모든 책임을 다 감당할 수 없었을 때, 하나님은 백성들의 목소리를 들을 수 있는 체계를 만드시고 백성들의 관심사를 처리할 수 있는 적절한 권한을 위임하셨습니다. 그것은 '누가 보스냐?'가 아니라 '누가 이 백성을 섬기겠는가?'라는 문제였습니다. 매우 간단하지만, 매우 심오한 문제입니다.

5일 · 실행 포인트

구조와 조직

조직이 효과적으로 운영되기 위해서는 어떠한 구조가 필요합니까? 성경은 조직의 구조에 대한 정해진 틀을 제시하지 않습니다. 그렇게 확고한 구조란 지상에 존재하지 않기 때문입니다. 조직의 구조는 자원을 전달하여 그 조직의 업무와 사명을 감당하기 위해 마련된 것입니다. 따라서 구조는 자원과 업무에 따라 변해야 합니다.

신명기 1장 13~18절을 읽으십시오

모세가 많은 일에 압도당해 있을 때, 하나님은 조직적인 구조를 만들라고 모세를 격려하셨습니다. 그러나 그 구조는 단 하나의 목적을 위해 존재합니다. 그것은 그 조직의 사명을 달성하기 위해 자원을 전달하는 것입니다. 케논 캘러한(Kennon Callahan)은 "사명 중심의 구조들을 위한 다섯 가지 기준"*을 다음과 같이 제시합니다.

1. 구조는 절대적이 아니라 상대적입니다. 삶의 모든 영역에서 우

리는 우리의 일과 삶의 질서와 구조를 세우기 위해 특정한 방식을 발견하고 활용합니다. 한 번 통했던 방식이 그다음에는 통하지 않을 수도 있습니다. 그렇다면 그 자리를 채우기 위해 새로운 구조가 마련됩니다.

2. 구조는 역동적이고 유연해야 하며, 골동품이 되어서는 안 됩니다. 구조는 역사의 한 시점에 고정되어서는 안 되며, 구조가 성장하고 계발될 때 최고의 힘을 발휘할 수 있습니다.

3. 구조는 위계질서가 아니라 국지적인 것입니다. 캘러한은 교회가 다른 곳에서 효율적인 위계구조를 들여오는 대신, 그 지역의 상황에 맞는 구조를 세울 자유가 필요하다고 생각했습니다. 즉, "그 공동체의 힘과 그들의 충만한 잠재력을 극대화시킬 수 있는 교회 구조를 만들어야" 합니다.

4. 사명을 위한 구조는 중앙에 집중되는 것이 아니라 서로 연결되는 것입니다. 국지적이라는 것은 동떨어져서 고립된다는 뜻이 아닙니다. 우리는 진공 상태에서 살아가지 않습니다. 대개의 경우 지역의 교인들이 적극적으로 참여하는 사명이 세계적인 수준으로 발전해 나갑니다.

5. 구조는 제도 중심적이 아니라 사명 중심적입니다. 이러한 사실이 자명하지만, 많은 조직의 구조는 제도 자체에 치중해 있습니다.

41주 · 1일

체계적인 사고

고린도전서 12장 12~27절을 읽으십시오

오케스트라가 리허설을 하려고 모였습니다. 연주가 절정에 진입해 모든 악기가 연주되어야 할 때, 한 악기가 빠졌습니다. 한눈을 팔았던 피콜로 연주자가 순간적으로 악보에서 자기 위치를 놓쳐 버렸던 것입니다. 그는 자신의 실수가 묻히길 바랐습니다. 그러나 갑자기 지휘자는 팔을 내렸고, 오케스트라는 조용해졌습니다. 지휘자가 이렇게 물었습니다. "피콜로는 어디로 갔습니까?" 능숙한 지휘자와 능숙한 리더에게 전체의 각 부분은 대단히 중요합니다. 그것이 아무리 사소한 것처럼 보인다 할지라도 말입니다.

그것이 사도 바울이 고린도전서 12장 12~27절에서 지적하는 요점입니다. 바울은 비록 그리스도의 몸이 여러 지체로 이루어졌을지라도, 마치 사람의 몸과 같이 한 몸이라는 점을 강조했습니다. 사람의 몸이 다양한 지체로 이루어져 있다 할지라도 각각은 똑같이 한 몸을 이루는 한 부분일 뿐입니다.

바울의 요점은 해부학적 몸의 구조와는 상관이 없습니다. 그가 원했던 것은 그리스도를 따르는 모든 사람이 자신이 중요하다는 사실과 그리스도의 몸에 자신이 기여해야 한다는 사실을 확신시키는 일이었습니다. 아무도 몸에서 분리된 것처럼 행동할 권리를 가지고 있지 않습니다. 또한 그리스도의 지체가 다른 지체를 시기할 필요도 없습니다.

하나님은 우리 각자를 그분의 뜻대로 지으셨으며, 따라서 각자의 독특한 소명에 따라 충성스럽게 섬기라고 요청하십니다. 마찬가지로 우리도 리더로서 팀을 이루는 각 구성원들을 전체의 중요한 일부로 보고 각 사람이 자신의 역할을 발견하여 그 일을 감당할 수 있도록 도와주어야 합니다.

여러분이 현재 속한 팀이나 과거에 속했던 팀에서 수행한 역할에 대해 어떻게 생각합니까? 다른 구성원들의 역할에 대해서는 어떻게 생각합니까? 여러분은 리더로서 각 멤버를 가치 있게 여기며, 그들 각 사람이 나머지 전체와 더욱 굳건한 관계를 맺기 원한다는 점을 어떻게 보여 줄 수 있습니까?

2일 · 주님께 배우는 리더십

체계적인 사고

영향력 있는 리더는 조직 전체를 체계적으로 조직하고 운용함으로써 일을 성공적으로 수행하고 멋지게 목표를 성취합니다. 그렇게 함으로써 우리는 실질적으로 질서와 조화를 좋아하시는 하나님을 닮아 가는 것입니다. 오늘 본문에서는 그리스도께서 질서를 세우고 운영해 나가시는 창조 체계를 살펴봅시다.

골로새서 1장 13~20절을 읽으십시오

본문에서는 예수 그리스도의 풍성함과 권능을 아름답게 찬양하면서 그분이 창조 질서를 지배하고 계심을 드러냅니다. 예수 그리스도는 모든 신자의 구주가 되실 뿐 아니라 우주의 창조주가 되십니다. 예수 그리스도의 창조가 하늘에서 땅까지 이르며, 보이는 것들과 보이지 않는 것들을 모두 포함한다는 사실에 주목하십시오. 보이지 않는 천사들의 위계질서에는 왕권과 주권, 통치자와 권세가 포함되어 있습니다(골 2:10, 15, 엡 6:12 참조). 존 밀턴의 『실락

원」은 천사를 일곱 계급으로 나눈 전통적인 관점을 받아들이고 있습니다. 성경은 이것을 구체적으로 언급하고 있지 않지만 천사들의 군대가 그리스도의 주권 아래서 체계적으로 정렬되어 있으며 그리스도께서 다스리신다는 사실은 분명하게 나타납니다.

그리스도는 '몸인 교회의 머리'(18절)입니다. '몸'이라는 은유는, 교회가 그 기원과 통일성을 그리스도 안에 두고 몸의 각 부분이 독특하게 구별되고 조직화되어 상호 연결되어 있는 유기체임을 의미합니다. 그리스도는 창조된 만물을 다스리실 뿐만 아니라 운영하십니다. "만물이 그 안에 함께 섰느니라"(17절). 하나님은 질서를 사랑하십니다. 그리고 하나님은 자신의 창의성을 드러내고 자신의 목적들을 성취할 수 있도록 복잡한 물리적, 영적 체계들을 디자인하셨습니다. 세상의 모든 만물이 수많은 체계로 이루어진 복합적인 유기체임을 생각해 보십시오. 이러한 유기체들이 좀더 크고 고도로 질서정연한 생태학적 체계를 이루고 있음을 생각해 보십시오. 자연은 어떤 면에서 그 창조주의 마음을 나타냅니까?

하나님이 체계를 생각하시는 분이라면, 하나님의 형상대로 지음 받은 여러분은 어떻게 이와 같은 기술을 개발할 수 있겠습니까?

3일 · 리더십 자기 점검

체계적인 사고

하나님은 유기체들이 햇빛과 물과 다른 무기물들을 살아 있는 개체로 변환할 수 있도록 디자인하셨습니다. 이러한 유기체들은 자신의 생명을 유지하고 재생산하기 위해 비활성 물질들을 통합시킵니다. 오늘 본문을 펴서, 포도나무와 그 가지들이 맺는 열매에 관한 예수님의 비유를 묵상해 봅시다.

요한복음 15장 1~8절을 읽으십시오

예수님은 종종 자연을 이용해서 영적인 진리를 설명해 주셨습니다. 그리고 여기서 사용된 유기적인 은유는 재생산하는 생명을 말하고 있습니다. 포도나무, 가지, 열매는 하나로 통합된 생물학적 체계를 이루며, 그 체계 가운데서 열매는 땅에 있는 자양분에서 받아 생성된 생명의 풍성한 결실입니다. 가지가 그 생명을 나무에서 받아야 하듯이, 신자들은 자신의 영적인 생명력을 찾기 위해 자신 안에 있는 그리스도의 생명을 의지하고 바라보아야 합니다. 열매가 다른 사람들에게 영양분을 주면서도 자신 안에 재생산을 위한 씨앗을 담고 있는 것처럼, 우리는 그리스도의 생명을 바깥으로 드러냄으로써 다른 사람들에게 영양분을 공급해 주고 사람들 속에서 그리스도의 생명을 재생산합니다. 그 체계 가운데 어느 것 하나라도 제 기능을 하지 못한다면, 열매라는 부산물은 나타나지 않을 것입니다.

체계는 리더와 그룹과 상황을 아우릅니다. 이 비유에서 리더는 예수님이며 그룹은 예수님의 추종자들입니다. 리더십의 자리에 부르심을 받은 그리스도의 제자들은 다른 사람들에게 지속적인 영향을 줄 조직적, 관계적 체계를 만들기 전에 먼저, 오늘 본문에서 설명하는 영적인 체계에 순복해야 할 것입니다.

4일 · 리더십 업그레이드

체계적인 사고

조직들은 종종 깜짝 놀랄 만한 참으로 신기한 행동을 합니다. 다른 회사 혹은 다른 나라에서 일어난 동떨어진 사건과 결정들이 우리의 활동에 강력한 영향을 끼칠 수 있습니다. 요나는 자신이 알지 못하는 사람들의 목숨을 앗아 갈 뻔한 결정을 내렸습니다. 오늘 본문은 일의 체계에 대한 강력한 예를 보여 줍니다.

요나 1장 1~17절을 읽으십시오

배의 선원들은 자기 목숨을 구하기 위해 격렬히 씨름하고 있었습니다. 폭풍우는 금방이라도 그들의 배를 침몰시킬 것 같았습니다. 절망한 그들은 "이 재앙이 누구로 말미암아… 임하였나 알아 보[았습니다]"(7절). 그리고 그 재앙은 그들이 이전에 만난 적도 없는 한 사람이 여행을 시작하기 전에 내렸던 결정 때문이었던 것으로 밝혀졌습니다. 그 사람이 그들의 체계 안에 들어와 있었기 때문에 그들의 삶이 극적으로 영향을 받은 것입니다.

요나 이야기는 체계라는 맥락 속에서 생각해야 할 필요성이 있습니다. 전체 체계라는 맥락에서 생각하지 못한다면, 파멸을 불러 오는 문제점들의 근본 원인들을 정확히 짚어 내는 것이 불가능할 수도 있고, 조직을 향상시킬 기회를 간과할 수도 있습니다. 전체적인 체계를 염두에 두면 우리가 내리지 않은 결정이 우리에게 극적인 영향을 미칠 수도 있으며, 우리가 내린 결정 역시 전혀 알지 못하는 사람들에게 영향을 미친다는 사실을 깨닫게 됩니다.

요나는 하나님의 메시지를 니느웨에 전달하기를 거부했습니다. 그는 반대 방향으로 도망쳤습니다. 그가 하나님께 불순종함으로써 이 무고한 선원들의 생명이 위태로워졌던 것입니다. 리더의 결정이 이해 당사자들에게 영향을 미친다는 사실은 새삼스러운 일이 아닙니다. 그러나 제품을 공급하는 사람의 결정은 그 사람에게만 영향을 미치지 않습니다. 전체 체계를 바라보게 되면, 동떨어져 보이는 결정이 고용인과 고객과 주주와 그 상품이나 서비스를 구입하지 않는 사람들에게까지 영향을 미친다는 사실을 깨닫게 됩니다. 전체 체계의 관점에서 생각하지 않는다면, 그 리더는 지혜로운 결정을 내리기 힘들 것입니다.

5일 · 실행 포인트

체계적인 사고

오늘 본문에서, 우리는 복잡한 문제를 해결하는 느헤미야의 비상한 능력을 볼 수 있습니다. 느헤미야의 방법은 피터 센게(Peter Senge)가 말한 체계적 사고의 두 가지 요소를 보여 줍니다. 이 두 요소를 이해한다면 리더로서 겪는 문제를 해결하는 데 큰 도움이 될 것입니다.

느헤미야 2장 1~9절을 읽으십시오

느헤미야는 전체를 바라보는 체계적인 사고를 활용하여 복잡한 문제를 분석하였습니다. 그가 대단히 성공적으로 일을 수행했기 때문에 사람들은 그 업적을 바라보면서 "하나님께서 이 역사를 이루신 것"(느 6:16)을 알았습니다.

피터 센게는 이렇게 말했습니다. "체계적인 사고는 전체를 바라보는 것을 말한다. 그것은 각각의 사물을 바라보기보다 상호 연관성을 바라보는 것이며, 멈춰 있는 '스냅숏'이 아니라 변화의 패턴들을 바라보는 일종의 틀이다."*

전체 체계를 바라보는 사고의 두 가지 요소는 다른 사람과 느헤미야를 뚜렷이 구별 짓는 특징이었습니다. 그는 "살아 있는 체계에 그 자체의 독특한 성격을 제공해 주는 미묘한 상호 연관성"과 "복잡한 상황의 밑바탕에 깔려 있는 구조"를 보았습니다.*

전체 체계를 바라보는 사고의 핵심을 보려면, 느헤미야 1~6장을 읽으십시오. 거기에서 여러분은 센게의 체계적 사고의 요소들이 강력하게 작용하는 모습을 확인할 수 있을 것입니다.

42주 · 1일

팀 세우기

사무엘하 23장 8~17절을 읽으십시오

위대한 리더에게 나타나는 특징 하나는 그 리더의 팀에 많은 인물들이 합류한다는 사실입니다. 다윗의 팀은 '용사들'로 이루어져 있었습니다. 다윗이 용맹스러운 일을 시도했기 때문에, 용사들만이 그를 뒤쫓을 수 있었던 것입니다. 다윗과 보조를 맞출 수 없는 사람은 그 팀에 합류할 수 없었습니다.

돈 베넷(Don Bennett)은 레이니어 산(Mt. Rainier)을 등정했던 첫 번째 장애인이었습니다. 그의 증언은 간단합니다. "만약, 당신이 다리 하나만으로 그러한 개가를 올리려고 시도한다면, 그 일을 할 수 없을 것입니다." 정말 그렇습니다. 그러나 명백한 점은 아무나 그를 도울 수 없었다는 사실입니다. 베넷은 자신을 도와줄 사람을 양로원에서 모집하지 않았습니다. 그는 4,392미터의 고지에 오르기 원할 뿐 아니라 그 고지를 오를 수 있는 사람들로 팀을 구성했습니다.

다윗이 그랬습니다. 그의 팀은 전투에서 다져진 전사들로 이루어진 올스타 팀이었습니다. 다윗이 자신의 팀을 모집한 방법을 살펴보면, 몇 가지 특징이 있습니다.

첫째, 다윗은 그들과 함께 전투를 치렀습니다. 이 사람들은 열띤 전투를 겪으면서 다윗과 하나가 되었습니다. 그의 측근들은 다윗 곁에서 싸웠던 사람들로 이루어졌습니다. 그는 그들의 능력을 알았습니다. 그들이 무슨 일을 할 수 있는지 눈으로 직접 보았기 때문입니다.

둘째, 다윗은 그들을 위해 희생했습니다. 다윗의 용사들 가운데 세 사람이 목숨을 걸고 전장에서 다윗의 마실 물을 구해 왔지만, 다윗은 그 물을 마시기를 마다하고 땅바닥에 부어 버렸습니다(13~17절). 그러한 행동은 다윗의 용사들을 향한 깊은 헌신과 사랑을 드러냈으며, 그들은 깊은 감동을 받았습니다.

셋째, 다윗의 용사들은 함께 승리를 누렸습니다. 다윗과 그의 부하들은 도저히 넘기 어려워 보이는 고난에 여러 번 부딪혔으며, 그때마다 하나님이 자신들을 건져 내시는 것을 목격했습니다.

마지막으로, 다윗은 자신의 용사들을 존중했습니다. 그들은 온 나라에서 '다윗의 용사들'로 널리 알려졌습니다. 이 말은 그들을 특별하게 구별시켜 주는 깃발과 같은 것이었습니다.

이 이야기를 읽어 나가면서 한 가지는 명확해졌습니다. 다윗은 자신이 혼자 해낼 수 없다는 것을 알고 있었다는 사실입니다.

2일 · 주님께 배우는 리더십

팀 세우기

강한 팀은 성 삼위일체 하나님 안에 존재하는 관계와 유사한 특징들을 지닙니다. 한 팀이 타인 중심의 태도로 함께 일하는 것은 하나님으로부터 비롯한 창조성과 상호 배려를 잘 보여 줍니다. 오늘 본문을 통해 성 삼위일체 하나님의 세 위격이 우리의 구원을 달성하기 위해 완벽한 조화 가운데 일하시는 방법을 살펴봅시다.

에베소서 1장 3~14절을 읽으십시오

하나님의 세 위격은 결코 독립적으로 존재하지 않고 언제나 협력하여 일하십니다. 성경은 우주를 창조하신 성 삼위일체 하나님의 역사를 기록합니다(창 1:1~2, 요 1:1~3, 골 1:15~17). 이 완벽하고 조화로운 상호 작용은 특히 하나님으로부터 소외되었던 사람들을 자신의 사랑하는 자녀로 변화시키신 하나님의 역사에서 가장 명백하게 나타났습니다.

사도 바울은 먼저 3~6절에서 우리의 구원을 성취하시는 성부 하나님의 역사를 말합니다. 성부 하나님은 세상을 창조하기 이전에 우리를 선택하셨으며, 자기 아들을 세상에 보내사 그 아들을 통해 우리를 자녀로 입양하셨습니다.

둘째로, 사도 바울은 7~12절에서 성자 하나님의 사역에 초점을 맞춥니다. 우리를 위해 흘리신 그리스도의 희생의 피는 우리의 죄악에 대가를 지불하셔서 구속을 누리게 하시고, 우리의 삶을 향하신 하나님의 목적을 이룰 수 있도록 해 주셨습니다.

셋째로, 13~14절에 나타난 성령님의 역사는 우리의 영적인 유업을 보장해 주십니다. 그러므로 성부께서 우리의 구원을 맨 먼저 시작하셨고, 성자는 그 일을 이루셨으며, 성령은 우리의 삶 가운데서 그 일을 현실화하십니다.

성부, 성자, 성령은 각자 독특한 역할을 수행하시지만, 완벽한 조화와 일치를 이루어 함께 일하십니다.

3일 · 리더십 자기 점검

팀 세우기

아무리 다양한 재능을 가진 개인이라 할지라도 혼자서는 성취할 수 없는 일들을 팀은 성취할 수 있습니다. 팀이 제대로 기능하려면, 공통의 비전과 목적에 헌신되어 있어야 합니다. 그리고 어느 한 구성원의 발전이 아니라 전체의 개선과 발전을 위해 기꺼이 하나 되어 일해야 합니다. 본문을 펴서 복음을 세상에 선포하기 위해 그리스도께서 사도들을 팀으로 세우는 이야기를 살펴봅시다.

마가복음 3장 13~19절을 읽으십시오

상승작용(synergism)은 구성원 개개인이 이루어 낼 수 있는 성과를 모두 합친 것보다 모두 협력하여 이루어 낸 성과가 더 높은 상호작용이라 정의할 수 있습니다. 시너지는 한 팀을 이루는 각 구성원의 효율성을 증대시켜 주는 합동 행위입니다.

예수님은 자신을 따랐던 많은 무리 중에서 나중에 사도가 될 사람들을 열두 명 임명하셨습니다. 예수님께서 밤새도록 기도하면서 준비하실 정도로 이 일은 매우 중요한 일이었습니다. 마가복음 3장 14절은 예수께서 "자기와 함께 있게 하시고 또 보내사 전도"하게 하시려고 열두 사도를 임명하셨다고 덧붙입니다. 예수님은 이 팀이 자신의 남은 사역 기간을 함께할 것임을 아셨으며, 그들의 삶에 아낌없이 자신을 쏟아부을 준비를 하셨습니다. 예수님의 사역과 확고한 부활의 사실, 성령님의 내주하시는 권능은 혼란과 분쟁과 욕심으로 가득 차 있던 한 그룹을 진정으로 협력하는 팀으로 바꾸어 놓았습니다.

오늘날 이 땅 위에서 그리스도의 몸인 교회는 하나의 조직이 아니라 하나 됨과 다양성을 드러내는 하나의 유기체입니다. 에베소서 4장 4~16절은 이 유기체의 역동성과 목적을 어떻게 말하고 있습니까? 고린도전서 12장 12~26절과 로마서 12장 3~8절은 영적 은사가 어떻게 신자들의 집단의 성과에 기여한다고 이야기하고 있습니까?

4일 · 리더십 업그레이드

팀 세우기

팀은 직무상의 전문가들로 이루어집니다. 이들 각 개인은 자신의 능력과 예상되는 기여도를 토대로 모집 선발됩니다. 그러나 그러한 전문가들이 모여 견고하게 결합하여 만들어 낸 성과가 한 사람이 뤄 낸 결과보다 훌륭하지 않다면, 결코 알찬 팀이라고 할 수 없습니다. 높은 성과를 내는 팀을 세우기란 어려운 일입니다. 따라서 오늘 본문에서는 예수님께서 어떻게 세계 최고 수준의 팀을 모집하고 세워 가셨는지 살펴봅시다.

마가복음 2장 14~17절을 읽으십시오

예수님은 그때까지 형성되었던 팀 가운데 가장 중요한 팀을 형성하셨습니다. 이 팀은 땅 위에서 예수님의 일을 계승하도록 계발되었습니다(행 1:8~9). 누가는 계속해서 사도들의 이야기를 사도행전으로 기록했습니다. 그들이 이끌었던 교회는 예루살렘에서 전 세계로 퍼져 나가며 거의 이천 년의 역사 동안 이어져 왔습니다.

본문에서 예수님이 마태를 부르시는 장면은 매우 중요한 사건처럼 보입니다. 예수님은 마태를 선택하심으로써 팀 세우기의 중요한 원칙 두 가지를 보여 주셨습니다.

첫째, 예수님은 특정한 이유에 맞는 특정한 사람들을 선발하셨습니다. 선수들은 팀 내에서 각자 위치가 있습니다. 그들은 그들이 잘하는 일로 팀에 기여하게 됩니다. 가장 이상적인 것은 그 팀에서 어느 선수보다도 잘할 수 있는 일로 팀에 기여하는 것입니다.

둘째, 예수님은 특이한 선수를 선발하셨습니다. 먼저 한 그룹의 갈릴리 사람들은 주로 어부들이었으며 강력한 유대 배경을 지닌 노동자들과도 함께하셨습니다. 그리고 세금 징수원인 세리 마태를 그들과 어울리게 하셨습니다. 시몬은 마태와 정반대의 정치적인 색깔을 띠고 있었습니다. 예수님은 그렇게 이루어진 팀원들에게 서로 이해하고, 인정하고, 사랑하라고 가르치셨습니다. 그분은 팀원들을 선발하실 때 각자의 장점을 고려하셨습니다.

팀에는 성격상 전문가가 필요합니다. 전문가들은 흔히 서로 다른 개성과 관점을 가지고 있습니다. 팀 구성원들은 서로의 장점을 결합하여 성장하며 그들의 세계를 변화시킬 수 있도록 돕습니다. 다양한 사람들로 이루어진 팀을 이끌어 간다는 것은 어려운 일이지만, 사자를 훈련시키는 일은 금붕어에게 먹이를 주는 것보다 훨씬 더 신나는 일입니다.

5일 · 실행 포인트

팀 세우기

능력 있는 리더라면, 팀을 세우는 일의 중요성을 잘 압니다. 그러나 이런 일이 어떻게 이루어질 수 있습니까? 예수님은 오늘 본문에서 한 가지 예를 보여 주셨습니다. 그리고 존 카첸바흐(John R. Katzenbach)와 더글러스 스미스(Douglas K. Smith)는 효과적인 팀 세우기의 두 가지 핵심 요소를 강조합니다.

마태복음 16장 13~20절을 읽으십시오

효과적인 리더십을 발휘하기 위해서는 리더십 자질이나 광범위한 훈련보다 훨씬 더 중요한 요소가 한 가지 필요합니다. 존 카첸바흐와 더글러스 스미스에 따르면, 영향력 있는 리더는 "자신의 목적과 자기 사람들을 순전히 믿고자 하는 욕구가 있습니다."* 그들은 이 믿음이 강하면 강할수록, 리더는 효과적인 팀을 세우는 과정에서 활동과 인내 사이에서 본능적으로 올바른 균형을 맞출 수 있다고 주장합니다.

이 원칙을 예수님보다 더 효과적으로 제시한 사람은 아무도 없었습니다. 예수님이 베드로에게 "너는 나를 누구라 하느냐?"라고 물으셨습니다. 그때 예수님은 어부 출신이었던 베드로의 지식을 물으신 것이 아니었습니다. 베드로가 그리스도의 교회를 이끌어 갈 사람이라면, 그는 그리스도의 신분과 목적을 파악해야 할 것입니다.

베드로는 주저하지 않고 담대하게 예수님이 "그리스도시요 살아 계신 하나님의 아들"(16절)이라고 선언했습니다. 베드로가 예수님을 '그리스도'라고 고백했을 때, 그가 주님의 목적을 이해하고 있음이 증명되었습니다. 예수님은 그리스도, 메시아, 구원자였습니다. 그분은 자신을 의지하는 모든 사람을 구원하기 위해 오셨습니다.

예수님은 하나님이 베드로에게 통찰력을 주셨다고 단언하셨을 뿐 아니라, 그가 앞으로 교회를 이끌어 갈 역할을 하리라고 확신하셨습니다. 예수님 말씀의 의미에 관해서는 신학자들 간에 논란이 있는 것이 사실이지만, 한 가지는 분명합니다. 예수님은 여기에서 베드로에게 핵심적인 리더십 역할을 맡기셨다는 것입니다. 그리고 그것은 복음으로 로마 제국을 휩쓸었던 팀의 비전과 발전에 대단히 중요한 단계였습니다.

43주 · 1일

시간 관리

시편 90편 12절을 읽으십시오

시편 90편에서 모세는 하나님이 "우리의 손이 행한 일을… 견고하게" 해 주시기를 기도합니다(17절). 이 노인은 자신의 세대 전체가 정처 없이 광야에서 방랑하는 것을 목도했습니다. 40여 년 동안 이스라엘 민족은 눈에 보이는 특정한 목적지도 없이 방랑해야 했습니다. 허망한 방랑처럼 보이는 그 현실 앞에서, 모세는 하나님께 의미 있는 확답을 달라고 부르짖었습니다. 그러한 심정으로 12절을 유의해서 읽어 보십시오. 모세의 말은 핵심적으로 "우리에게 주어진 시간이 길든 짧든, 인생의 짧음을 인식하고 우리의 시간을 가치 있게 사용하지 않는다면, 결코 지혜로운 마음을 얻지 못할 것"이라는 의미입니다.

우리는 시간 관리의 기술과 원리들을 채택하고, 새로운 달력, 심지어 고가의 전자 달력을 사고, 더 나은 일정 관리 시스템을 채택할 수 있습니다. 그러나 이 모든 것은 시간의 가치를 이해하지 않는다면 아무런 도움이 되지 못합니다. 물론, 우리는 더 좋은 일정을 세워 더 좋은 성과를 올릴 수 있습니다. 그러나 스케줄을 잘 짠다고 해서 그 시간을 더 잘 보낸다는 뜻은 아닙니다. 그 차이점을 아는 것이 바로 지혜의 근본입니다.

모세에 따르면, 우리의 시간은 신속히 지나갑니다(10절). 점점 나이가 들면서 세월을 뒤돌아보면 그 시간이 다 어디로 갔는지 의아할 때가 있습니다. 우리 각자에게는 제한된 날수가 할당되었습니다. 그날들을 아무런 목표도 없이, 눈에 보이는 아무런 목적도 없이 정처 없이 방황하면서 보냅니까? 아니면 그날들을 꼽아 보면서 지혜의 마음을 얻습니까? "주여, 우리에게 가르치소서!"

2일 · 주님께 배우는 리더십

시간 관리

우리는 시간과 공간에 갇힌 존재들입니다. 때문에, 시간의 제약을 받지 않는 상태를 상상하기란 불가능합니다. 그러나 우리가 섬기는 창조주 하나님께는 모든 사건이 다 똑같이 현재입니다. 오늘 본문에서는 하나님과 시간과의 관계에 관한 놀라운 사실을 언급합니다.

베드로후서 3장 8~9절을 읽으십시오

이 말씀과 아래의 모세의 진술이 유사하다는 점에 주목하기 바랍니다. "주의 목전에는 천 년이 지나간 어제 같으며 밤의 한 순간 같을 뿐임이니이다"(시 90:4). 또한 모세는 "우리의 연수가 칠십이요 강건하면 팔십이라도 그 연수의 자랑은 수고와 슬픔뿐이요 신속히 가니 우리가 날아가나이다"(90:10)라고 말합니다. 천 년의 세월이 하루와 똑같다면, 우리의 칠십 년 인생은 이삼십 분밖에 되지 않습니다. 우리가 천 년의 세월을 '밤의 한 경점'(경점은 세 시간에 해당)과 동일시한다면, 우리의 칠십 인생은 12분 6초로 줄어듭니다!

이 계산에 따르면, 지상에서 전개되는 우리의 삶 전체는 잠시 동안의 자취에 불과합니다. 이와 반대로 주님은 영원 가운데 거하십니다. "영원부터 영원까지 주는 하나님이시니이다"(90:2).

그러나 베드로는 그 반대도 사실이라고 말합니다. "주께는 하루가 천 년 같고"(벧후 3:8). 이 관점으로 보자면, 하나님은 자신의 아들의 초림 이래로 겨우 이틀(2천 년)을 기다리신 것입니다. 하나님께는 매우 잠깐의 순간이 영원과 마찬가지고 영원이 매우 잠깐의 순간과 같다고 말할 수 있을 것입니다. 하나님은 모든 것을 영원한 현재의 일부로 보십니다. 그래서 우리 각 사람에게 약속하신 개인적인 보살핌에 필요한 모든 시기를 가지고 계십니다.

하나님께서 삶을 향한 목적을 성취하기에 충분한 시간을 여러분에게 주셨음을 믿으십니까? 여러분을 향한 하나님의 계획은 지구가 탄생한 이래로 펼쳐지고 있습니다. 하나님은 우리가 그분의 계획을 추구하고 그 계획에 근거해서 행동하라고 촉구하십니다. 여러분의 가족과 개인적인 생활과 직장 생활에서 하나님이 여러분에게 명하신 그 일을 시작하기 위해, 오늘 여러분은 어떤 일을 하겠습니까?

3일 · 리더십 자기 점검

시간 관리

헨리 데이비드 소로(Henry David Thoreau)는 "만약 우리가 영원을 손상시키지 않으면서 시간을 죽일 수 있다면"이라고 말했습니다. 시간은 우리의 가장 소중한 자원입니다. 성경은 우리에게 주어진 시간을 관리하는 청지기 직분을 소홀히 해서는 안 된다고 말씀합니다. 오늘 본문을 통해 시간 관리의 중요한 의미를 살펴봅시다.

전도서 3장 1~11절을 읽으십시오

몇 년 전 밥 딜런(Bob Dylon)의 노래로 유명해진 이 구절은 시간이라는 자원의 소중함을 강조합니다. 우리가 마음에 소원하는 것과 우리가 할 수 있는 모든 일을 이 지구상에서 성취하기에는 우리가 지닌 시간이 충분하지 않습니다. 이 사실을 깨닫는 것은 고통스럽지만 한편으로는 유익하기도 합니다. 이 세상의 기회와 상황들은 결코 우리의 마음 깊은 곳에 있는 소원들을 만족시켜 줄 수 없습니다. 왜냐하면, 하나님이 우리의 마음속에 "영원을 사모하는 마음"(11절)을 심어 놓으셨기 때문입니다. 이 세상이 제공하는 그 이상의 것을 사모한다면, 그것은 바로 영원을 사모한다는 의미입니다. 현 상태에서 시간은 홍수가 난 강물처럼 우리의 삶을 쓸어가 버립니다. 그러나 영원한 상태에서 시간은 우리가 끊임없이 누릴 수 있는 즐거움의 고요하고 깊은 연못 같을 것입니다.

4일 · 리더십 업그레이드

시간 관리

시간 관리에 관한 책들과 엄청난 광고들을 보십시오! 시간을 지혜롭게 사용하는 것은 굉장히 중요합니다. 오늘 본문을 통해 바울이 에베소의 그리스도인들을 향해 지혜로운 사람처럼 행하라고 충고한 내용을 주의 깊게 살펴봅시다.

에베소서 5장 15~17절을 읽으십시오

바울은 중요한 점을 확고하게 지적했습니다. 그는 자신을 따르는 사람들에게 "부르심을 받은 일에 합당하게 행하[며]"(4:1), "하나님을 본받는 자가 되고"(5:1), "빛의 자녀들처럼 행하[고]"(8절), "어떻게 행할지를 자세히 주의하여 지혜 없는 자같이 하지 말고 오직 지혜 있는 자같이 하[라]"(15절)고 가르쳤습니다. 그런 다음에 바울은 자신이 말하고자 하는 핵심으로 돌아와, 에베소의 그리스도인들에게 때가 악하기 때문에, "세월을 아끼라"고 권면했습니다(16절). 여러분이 어리석음을 피하고 주님의 뜻을 깨닫기를 원한다면, 시간을 지켜야 할 것입니다(17절).

하나님은 우리가 시간을 어떻게 관리하는지에 엄청난 관심을 갖고 계십니다. 리더는 자신의 시간뿐만 아니라 다른 사람들의 시간을 지휘하기 때문에, 시간을 지혜롭게 사용해야 할 책임을 두 배로 질 수밖에 없습니다. 시간 관리의 첫 번째 원리는 시간의 가치를 인정하고 아끼는 것입니다. 시간을 확보할 뿐만 아니라, 가격을 매길 수 없을 만큼 가치 있는 자원처럼 주의 깊게 사용하십시오.

5일 · 실행 포인트

시간 관리

다윗은 살아가면서 위대한 일을 성취했습니다. 그리고 우리도 그렇게 할 수 있습니다. 피터 드러커는 이와 관련해 우리에게 몇 가지 실제적인 지침을 제공합니다. 더 깊은 통찰력을 얻기 위해 본문을 주의 깊게 읽으십시오.

시편 39편 4~5절을 읽으십시오

생각이 깊은 독자라면 어떻게 다윗이 평생 그처럼 많은 일을 성취할 수 있었는지 궁금할 것입니다. 이 구절은 모세처럼(시 90) 다윗도, 인생이 짧다는 사실과 지혜롭게 시간을 사용하는 일이 중요함을 깊이 인식했음을 보여 줍니다. 물론 행하기보다는 말하는 것이 더 쉽습니다.

피터 드러커는 분주한 리더들이 시간을 다루는 데 도움이 되는 세 가지 활동을 제안했습니다. "영향력 있는 리더들은 첫째, 자신의 업무를 시작할 때 먼저 계획을 세우는 것이 아니라 시간부터 고려합니다. 그들은 시간이 어떻게 흘러가는지 확인합니다. 둘째, 시간을 관리하며 시간에 비해 비생산적인 일을 줄입니다. 셋째, 자유롭게 관리할 수 있는 시간을 가장 중요하게 지속되어야 할 시간 단위 속에 통합시킵니다." 그는 두 번째 단계를 시간 관리라고 일컫습니다. 그는 우리가 시간을 들여야 할 활동들을 나열한 후에(첫 단계), 소비 시간을 최소화하기 위해 이들 각각의 활동에 대해 다음의 세 가지 질문을 하라고 제안합니다.

"이 일을 전혀 하지 않는다면 무슨 일이 발생할 것인가?" 그에 대한 대답이, "아무 일도 일어나지 않는다"라면 그 일을 중단해야 한다는 분명한 결론이 나옵니다.

"나의 일정 중 다른 사람이 해도 무방한 것은 무엇인가?"

"효율적이지 않고 시간만 허비하는 일은 무엇인가?"*

드러커는 다음과 같은 생각을 제시하면서 시간에 대한 이야기를 끝맺습니다. "지혜에 대한 옛 처방인 '너 자신을 알라'는, 죽을 수밖에 없는 짧은 인생을 살아가는 사람들에게는 거의 불가능한 일입니다. 그러나 모든 사람은, 원한다면 '너의 때를 알라'는 금언을 따를 수 있으며, 기여도와 효율성을 높일 수 있습니다."

44주 · 1일

격려

사도행전 9장 27절을 읽으십시오

리더의 역할 중, 계속해서 소망을 심어 주는 일보다 중요한 것은 없습니다. 사람들이 캄캄하고 끝이 없어 보이는 절망의 구렁텅이에서 길을 잃었을 때, 탁월한 리더는 미래를 향한 긍정적인 비전을 형상화함으로써 그 어둠을 몰아냅니다. 그러한 리더는 주변 사람들에게 자신과 다른 사람들과 조직의 장래에 대해 낙관적 분위기를 형성합니다. 그들은 언제 누구의 곁에 있어야 하는지를 압니다. 그들은 팀 내에서 즉각적인 훈계가 필요한 구성원과 기대어 울 수 있는 어깨가 필요한 구성원을 감각적으로 알아냅니다.

신약 성경의 인물 중 바나바보다 남을 더 잘 격려해 준 사람은 없을 것입니다. 그의 이름은 '격려의 아들'이라는 뜻입니다. 예루살렘에 있는 제자들은 당연히 사울을 두려워했습니다. 그의 열심과 잔학성에 대한 악명을 염두에 둘 때, 예수 그리스도를 향한 그의 신앙 고백을 의심한 것은 당연한 일일 것입니다. 사울은 헌신적인 바리새인으로, 예수님을 추종하는 사람들을 끈질기게 뒤쫓아서 박해했던 사람이기 때문입니다.

이러한 의심을 받으면서, 바울의 사역은 시작하기도 전에 기우뚱거렸습니다. 바나바가 사울 곁에서 사울을 사도들에게 이끌며, 그의 회심과 활동을 증언해 주지 않았다면 그의 사역은 불가능했을 것입니다. 바나바는 사도들에게 사울의 사역을 축복하도록 격려했으며, 사도들은 기꺼이 그렇게 해 주었습니다. 바나바는 사울이 그의 사역 활동을 시작할 때 시의적절한 지원을 제공했습니다.

영향력 있는 리더는 바나바처럼 격려를 통해 소망을 줍니다. 바나바가 사울을 위해 아무런 말도 해 주지 않았다고 가정해 보십시오. 무슨 일이 일어났을까요? 그의 행동은 어떤 방식으로 사랑과 격려를 드러냅니까? 가족, 직장 동료 혹은 친구에게 여러분이 어떻게 바나바의 본을 따라서 행할 수 있을지 생각해 보십시오. 간단한 격려 한마디가 주변 사람들에게 지속적으로 의욕을 불러일으켜 줄 것입니다.

2일 · 주님께 배우는 리더십

격려

하나님은 우리를 사랑하시기 때문에 기꺼이 우리를 격려해 주십니다. 그리고 우리 예상보다 더 자주 우리를 격려하십니다. 격려는 선지자들이 하나님의 감동으로 받은 계시들의 핵심 주제 중 하나였습니다. 왜냐하면, 하나님은 자신의 백성들이 하나님 안에서 확신과 소망을 얻기 원하셨기 때문입니다. 오늘 본문에서는 선지자가 전하는 격려의 말씀을 살펴봅시다.

스가랴 2장 6~13절을 읽으십시오

이스라엘 백성들은 70년 동안 바벨론 유배 생활의 고통을 경험했습니다. 남은 자들이 예루살렘으로 귀환해 그 땅에 정착하고 성전을 재건하고자 했을 때, 주님은 스가랴를 보내셔서 그들에게 위로와 소망의 메시지를 주셨습니다. 스가랴는 메시아가 그 성전에 임해 백성들을 구원할 것이라는 비전을 보여 주며, 성전 재건 프로젝트를 완수하도록 격려했습니다. 하나님은 선지자 스가랴를 통해 하나님이 그들을 그 땅에 복귀시킨 목적은 한 가지이며, 그들과 맺은 하나님의 언약은 이 땅이 메시아의 영광스러운 통치를 받을 때 성취될 것이라고 재다짐하셨습니다(11~12절).

바벨론 유배 이전에, 선지자들은 예언을 통해 정죄와 위로라는 두 가지 주제를 강조했습니다. 그들은 다가올 심판을 언급했습니다. 그러나 동시에 그 고통의 시간이 지난 다음에 전례 없는 축복의 때가 올 것을 내다보았습니다. 마찬가지로, 이사야의 위로는 다음과 같은 말로 시작합니다. "너희의 하나님이 이르시되 너희는 위로하라 내 백성을 위로하라"(사 40:1). 유배 생활 이후, 하나님의 계획은 백성들을 해롭게 하는 것이 아니라 번영시키는 것이었으며, 그들에게 소망과 미래를 보여 주는 것이었습니다(렘 29:11). 마찬가지로, 예수님도 배신당했던 그날 밤에 다음과 같은 말로 제자들을 위로하셨습니다. "너희는 마음에 근심하지 말라 하나님을 믿으니 또 나를 믿으라"(요 14:1).

하나님은 확실하게 격려하시고 사람들을 통해 자신의 격려를 되새기십니다. 과거에는 어떤 사람이 여러분에게 가장 많은 격려를 해 주었습니까? 그리고 최근에 여러분은 누구를 격려해 주었습니까? 예수님도 그분의 평안을 우리에게 주신다고 말씀하시며 그분을 신뢰해야 한다고 권면하셨습니다(요 14:27). 하나님께 여러분의 삶 속에서 위로와 평화의 약속이 이루어지도록 구하십시오.

3일 · 리더십 자기 점검

격려

삶이 요동치는 거친 상황 가운데서 때때로 우리는 큰 타격을 받아 피를 흘리며 숨을 몰아쉬게 됩니다. 그럴 때 우리는 신실하게 믿음의 '선한 싸움'을 하기 위해, 그리고 우리의 눈을 예수님께 고정시키고 경주를 끝까지 달리기 위해, 하나님과 다른 사람들의 위로와 안정이 필요합니다. 오늘 본문에서는 서로 격려를 주고받았던 다윗과 요나단의 관계를 생각해 봅시다.

사무엘상 18장 1~4절을 읽으십시오

다윗과 요나단은 서로 지원하며 불안정한 상황에서도 안전과 위로를 줄 수 있는 언약적 관계를 맺었습니다. 두 사람은 요나단이 죽을 때까지 함께했고 서로를 위해 기도하며 격려해 주었습니다. 요나단은 다윗이 사울의 궁정에서 총애를 받을 때 다윗에게 충절을 보임으로써 그를 격려해 주었습니다. 후에 그의 아버지 사울이 다윗을 죽이고자 했을 때는 다윗에게 요나단의 격려가 더욱 필요했습니다.

그러나 다윗이 잘나가던 시절에 그를 격려해 주었던 많은 사람은 정작 도움이 절실히 필요할 때 다윗을 버렸습니다.

다윗이 시련을 겪는 동안, 요나단은 격려의 본을 보였습니다. 다윗은 요나단에게 줄 수 있는 것이 아무것도 없었지만, 요나단은 그를 전적으로 지원함으로써 다윗을 세워 주었습니다(20:1~4). 친구 요나단이 커다란 위험을 무릅쓰면서도 여전히 자신의 곁에서 자신이 피해를 입지 않도록 최선을 다한다는 사실을 알았을 때, 다윗이 어떤 감정을 느꼈을지 상상해 보십시오(20:23~34).

요나단은 다윗을 자주 만나 그를 격려해 주었습니다. 그것은 다윗에게 아주 중요했습니다. 누군가가 여러분을 믿어 주며, 어떠한 어려움이 닥치고 어떠한 대가를 치른다 할지라도 함께할 만큼 여러분을 아낀다는 확신은 세상 어떤 것과도 비교할 수 없을 것입니다. 어려운 시절에 하는 격려는 그 사람의 성품을 반영합니다.

어떻게 하면 다른 사람들을 격려할 수 있을지 생각해 보십시오. 한 통의 전화, 간단한 편지, 혹은 간단한 감사의 말은 많은 시간이 들지 않지만 엄청난 효과를 가져옵니다. 여러분에게 약간의 도움이라도 준 사람이 있다면 그들에게 감사하는 시간을 가지십시오. 여러분을 통해 하나님이 좋은 일을 이루실 때마다, 그 사람들의 투자가 결코 헛되지 않았음을 그들에게 알려 주십시오.

4일 · 리더십 업그레이드

격려

바울의 전반적인 삶, 특히 그가 에베소 장로들에게 전한 고별 설교는 격려의 동력에 관한 훌륭한 통찰을 줍니다. 본문을 펴서, 자신의 말을 듣고 있던 사람들에게 전하는 바울의 순수한 염려와 관심을 살펴봅시다.

사도행전 20:17~28절을 읽으십시오

바울은 위대한 격려자였습니다. 격려하기에 힘썼기 때문입니다. 그는 교회를 개척한 후에 가능한 자주 그곳을 방문하고, 편지를 보내고, 자신이 자리를 비웠을 때 다른 사람들을 파견하여 사역을 이어 나가는 등 의식적으로 노력했습니다. 그는 멀리 떨어져 있거나 심지어 감옥에 갇혀 있어도 마음은 항상 그들의 곁에 있다는 확신을 언제나 심어 주었습니다. 바울과 에베소 장로들과의 만남에 대한 이 기록은 다른 사람들을 세워 주기 원하는 경건한 리더에게 몇 가지 지침을 줍니다.

첫째, 바울은 그의 말을 경청하는 사람들의 존경을 받고 있었기 때문에 그들을 격려할 수 있었습니다. 깨끗한 양심 없이 17~21절에 있는 말을 했다면, 그 모임은 끝장났을 것입니다. 그는 시간을 들여서 자신이 진실한 사람임을 보여 주었습니다.

둘째, 바울은 현실을 피하거나 왜곡하지 않았습니다(22~31절). 상황이 좋을 때 남을 돕는 것을 격려의 은사라고 보기는 어렵습니다. 나쁜 이야기를 부드럽고 덜 심각하게 다룬다고 격려의 사람이 되는 것도 아닙니다. 현실과 상관없이, 하나님을 신뢰하는 리더는 하나님의 주권적인 임재에 자신의 충성스러운 노력을 더해야 합니다(32~35절).

셋째, 바울은 작별하기 전에 장로들과 더불어 기도했으며(36절), 그들에 대한 순전한 사랑과 염려를 보여 주었습니다(37절).

이 대목에 있는 바울의 이야기는 격려가 경사스러운 일에만 따르는 것이 아님을 보여 줍니다. 바울은 고난을 당하고 친구들과 떨어져 있었습니다. 그리고 그 이별은 아주 힘든 과정이었습니다. 그러나 다가올 시련에도 불구하고 다른 사람을 격려하는 그의 모습은 격려의 은사가 언제나 하나님의 주권적인 권능과, 다른 사람들을 아껴 주는 순전한 관심에 연결되어야 한다는 점을 보여 줍니다.

5일 · 실행 포인트

격려

항해에 바람이 필요하듯, 팀에는 격려가 필요합니다. 격려는 사람들을 전진하게 합니다. 히브리서에 등장하는 그리스도인들처럼, 우리는 모두 격려의 말이 필요합니다. 데이브 드러베키(Dave Dravecky)는 우리가 최상의 격려를 하는 데 필요한 몇 가지 지침을 제공합니다.

히브리서 3장 13절을 읽으십시오

히브리서의 수신자들에게는 격려가 필요했습니다. 박해의 세력이 너무도 강해 그들은 살아 계신 하나님을 저버리고 싶은 유혹을 받았습니다. 저자는 이 사실을 알았기 때문에 편지를 받는 사람들에게 매일 서로 권면하라고 격려했습니다. 물론, 리더라면 모두 자신의 팀을 매일 격려해 주어야 합니다.

암 환자들과 수족을 절단한 사람들 및 그들의 가족에게 소망을 심어 주기 위해 설립된 소망선교회(Outreach of Hope)의 리더이자 메이저리그의 위대한 투수였던 데이브 드러베키는, 하나님 앞에서 한 사람의 가치를 확인해 주는 격려를 하라고 권했습니다.

드러베키는 이렇게 말했습니다. "우리가 느끼는 자신의 가치와, 우리의 참된 가치를 혼동하기란 아주 쉽습니다. 성경은 우리의 가치는 우리가 아닌 하나님께 근거하기 때문에 우리의 참된 가치는 결코 달라지지 않는다고 가르칩니다. 하지만, 그 가치에 대한 우리의 감각은 크게 요동칠 수 있습니다."* 문제는 우리의 감각이 언제나 진실과 일치하지 않는다는 것입니다. 그렇다면 역경에 처한 사람을 격려하기 위해 리더가 해야 할 일은 무엇이겠습니까?

첫째, 리더는 상대가 자신에 대한 느낌을 인정하고 그 느낌을 진실에 맞추도록 도와줄 필요가 있습니다. 하나님의 형상으로 지음 받은 인간으로서, 우리의 가치는 쇼핑몰에서 살 수 있는 물질적인 것에 매여 있는 것이 아니라 하나님의 권능에 뿌리박고 있습니다.

다음으로, 드러베키는 자신의 가치를 놓고 갈등하는 사람에게 하나님과, 그리고 다른 사람들의 관계를 친밀하게 할 수 있는 생산적인 일을 발견하도록 도와주라고 권합니다. 생산적인 일을 발견하는 것은 중요한데, 그것은 사람들이 하나님의 자녀로서 자신의 가치를 깨닫도록 도와주기 때문입니다. 우리가 우리의 존재 이유와 우리의 삶 속에서 해야 할 일을 깨달을 때, 하나님은 소망과 격려를 우리에게 불어넣어 주십니다.

45주 · 1일

권고와 훈계

디모데후서 2장 14~21절을 읽으십시오

리더십은 하나의 예술입니다. 보통 그것은 공부하고, 연마하고, 통달해야 할 기술들로 이루어져 있습니다. 중역회의실에서도, 보일러실에서도 능력 있는 리더가 나올 수 있습니다. 그들은 교사일 수도 있고, 코치나 은행원, 변호사, 서비스센터 종업원, 음식점 종업원일 수도 있습니다.

능력 있는 리더들이 계발해야 할 인간관계의 기술은 권고입니다. 권고는 다른 사람들에게 더 높은 수준의 성취를 이루도록 자극하는 수단입니다. 영향력 있는 리더들은 다른 사람들을 격려함으로써 탁월한 일들을 성취하게 합니다.

사도 바울은 디모데후서 2장 14~21절에서 이 능력을 보여 주고 있습니다. 먼저 바울은 디모데에게 "부끄러울 것이 없는 일꾼으로 인정된 자로 자신을 하나님 앞에 드리기를 힘쓰라"는 일반적인 권면을 시작하였습니다(15절). 그런 다음에 디모데가 하나님의 말씀을 연구하고 가르침으로써 이 일을 어떻게 성취할지 구체적인 준칙들을 제공해 주었습니다. 마지막으로, 바울은 긍정적인 예시에 이어 부정적인 예시를 제시했습니다. 디모데가 후메내오와 빌레도같이 되어서는 안 된다는 것이었습니다. 그 사람들은 진리에서 벗어난 사람들이었습니다. 그 대신에, 디모데는 큰 집에 있는 금 그릇과 같아야 했습니다. 그 그릇은 깨끗하게 닦여 있어야만 주인의 고귀한 목적을 위해 사용될 수 있습니다.

바울처럼 영향력 있는 리더들은 자기 주변에 있는 사람들이 더 높은 수준의 성과를 올리도록 권고하는 다양한 커뮤니케이션 기술을 활용합니다. 그렇게 함으로써, 그들이 리더 역할을 맡기 전에 더 잘 준비될 수 있도록 도와줍니다.

디모데를 권면하는 바울의 접근 방법을 다시 살펴보면서 다른 각도로 이 구절을 살펴보십시오. 디모데가 바울의 말에 어떻게 응했을까요? 바울의 권고와 그의 삶 가운데서 역사하시는 성령님의 역사를 통해, 디모데가 초대 교회의 위대한 리더가 되었음을 우리도 잘 알고 있습니다. 여러분의 권고가 누군가가 커다란 성취를 이루는 데 원동력이 된 적이 있습니까? 바울이 제시한 권고의 기술들을 여러분의 상황에 어떻게 적용할 수 있을까요?

2일 · 주님께 배우는 리더십

권고와 훈계

하나님은 항상 자기 백성을 돌보시며, 그들에게 가장 좋은 것을 제공하기 원하십니다. 바로 이런 이유 때문에 하나님은 그들에게 많은 선지자들을 파견하셔서 이스라엘을 가르치고 권고하셨던 것입니다. 좋은 쪽으로든 나쁜 쪽으로든 그들의 미래는 하나님의 사랑의 권면에 대한 그들의 반응에 달려 있었습니다. 오늘 본문에서는 백성을 향한 모세의 마지막 권면을 살펴봅시다.

신명기 28장 1~19절을 읽으십시오

모세는 그의 생애가 막바지에 이르렀을 때 광야에서 성장하여 약속의 땅으로 들어갈 세대를 준비시키는 일에 몰두했습니다. 그들의 성패는 군사적인 능력보다 영적인 상태에 달려 있었습니다. 그래서 모세는 그들에게 여호와를 아는 지식을 쌓고, 여호와를 항상 신뢰하며, 하나님의 계명에 순종함으로써 그들의 사랑과 신뢰를 표현하라고 권고했습니다.

이 구절에 나열된, 순종하면 복을 받고 불순종하면 저주를 받는다는 사실은 공허한 약속이나 말뿐인 위협이 아니었습니다. 저주는 자기 백성이 제대로 살기를 원하지만 강압적으로 옳은 길을 선택하도록 하지는 않으시려는 사랑의 하늘 아버지에게서 나온 긴급한 호소입니다(렘 29:11~13). 모세는 여호와 하나님을 신뢰하고 순종함으로써 생명을 굳게 잡으라고 권면했습니다(신 30:19).

하나님은 우리에게 "무릇 내가 사랑하는 자를 책망하여 징계하노니 그러므로 네가 열심을 내라 회개하라"(계 3:19)고 경고하고 권면하십니다. 하나님은 죄를 깨닫게 하시는 성령의 사역을 통해, 그리고 다른 신자들을 통해 권고하십니다. 그리고 말씀을 통해서도 이 일을 행하십니다. 모든 성경은 하나님의 감동으로 된 것으로, 우리 사명의 다양한 영역에서 유익하다는 바울의 말을 기억하십시오(딤후 3:1~17).

최근에 깨달음을 통해서나 성경의 한 부분을 통해서, 혹은 동료 신자를 통해서 하나님이 권고하신다는 것을 느낀 적이 있습니까? 그 권고에 어떻게 응답했습니까? "내 아들아 여호와의 징계를 경히 여기지 말라 그 꾸지람을 싫어하지 말라 대저 여호와께서 그 사랑하시는 자를 징계하시기를 마치 아비가 그 기뻐하는 아들을 징계함 같이 하시느니라"(잠 3:11~12, 히 12:4~13 참조).

3일 · 리더십 자기 점검

권고와 훈계

우리 주위에는 남들과 대립하는 것을 유난히 좋아하는 사람들이 있습니다. 그런데 이렇게 정직하고 진실하게 따지는 것이 상대방을 위한 최고의 사랑의 행위일 때가 있습니다. 마찬가지로, 다른 사람에게 질책을 받는 것이 편치 않겠지만, 열린 마음으로 그것을 기꺼이 받아들이는 태도 역시 아주 중요합니다. 오늘 본문에서는 선지자의 권고에 부정적으로 반응한 헤롯의 모습을 살펴봅시다.

마가복음 6장 14~29절을 읽으십시오

세례 요한이 "동생의 아내를 취한 것이 옳지 않다"(18절)며 헤롯에게 권고했을 때, 그는 세례 요한을 붙잡아서 옥에 가두어 버리는 것으로 그 권고에 반응했습니다. 문제의 여인인 헤로디아는 교활하게도 남편에게 선지자 요한의 목을 치라는 명령을 내리도록 강요함으로써 남편을 곤란한 상황에 빠뜨렸습니다. 그 일에 대한 헤롯의 죄책감이 이 단락에 확실하게 드러나 있습니다.

성경에 등장하는 거의 대부분의 통치자들은 선지자의 권면과 질책에 적대적인 태도로 반응했습니다. 그리고 선지자들에게는 이러한 점이 선지자적 소명을 수행하는 데 직업적인 위협으로 작용했을 것입니다. 선지자 나단의 질책을 받고 참회한 다윗 왕의 태도는 성경에서는 보기 드문 사건이며(삼하 12:13) 리더십의 중요한 위치까지 올라간 사람에게 찾아보기 힘든 자세입니다.

예수님은 "만일 네 형제가 죄를 범하거든 경고하고 회개하거든 용서하라"(눅 17:3)고 말씀하셨습니다. 바울은 동료 디모데에게, "너는 말씀을 전파하라 때를 얻든지 못 얻든지 항상 힘쓰라 범사에 오래 참음과 가르침으로 경책하며 경계하며 권하라"(딤후 4:2)고 권면했습니다. 마찬가지로, 디도에게 "네가 그들을 엄히 꾸짖으라 이는 그들로 하여금 믿음을 온전하게 [하는 것]"(딛 1:13)이라고 지시했습니다. 권면과 훈계의 균형을 잡는 데는 "사랑 안에서 참된 것"(엡 4:15)이 최선입니다. 우리는 사람들에게 진실이라는 선물을 주어야 합니다. 그 안에 지혜와 사랑을 담아야 합니다.

"생명의 경계를 듣는 귀는 지혜로운 자 가운데에 있느니라 훈계 받기를 싫어하는 자는 자기의 영혼을 경히 여김이라 견책을 달게 받는 자는 지식을 얻느니라"(잠 15:31~32). 누군가가 여러분을 훈계하거나 책망할 때 여러분은 어떻게 반응합니까? 여러분은 때때로 여러분의 권고가 친구들에게 상처가 될까 봐 겁내고 있지는 않습니까?(잠 27:6).

4일 · 리더십 업그레이드

권고와 훈계

사람들이 무심코, 혹은 부주의하여 실수를 저질렀을 때, 리더로서 실수한 사람을 훈계하고 권고하기란 상당히 부담스럽습니다. 게다가 사람들이 죄를 지었을 때 훈계하는 일은 훨씬 더 힘이 듭니다. 오늘 본문에서는 하나님께서 바울을 통해 우리에게 도움이 되는 지침을 주십니다.

갈라디아서 6장 1~5절을 읽으십시오

권고하는 일만큼 리더에게 힘든 일이 있을까요? 사람들이 실수할 때는 시정이 필요합니다. 그러나 사람들이 죄를 지을 때는 '권고'가 필요합니다. 권고하는 일은 보통 괴로운 일입니다. 정의와 은혜, 위엄과 용서, 배상과 회복 사이에서 균형을 잡는 일은 혼란스러울 수 있습니다. 여기에서 리더가 일을 저지른 사람에게 화를 내거나 실망하게 된다면, 상황은 훨씬 어려워집니다. 이러한 경우 일이 훨씬 복잡하게 꼬일 수 있기 때문에 하나님은 갈라디아서 6장 1~5절에서 권고의 지침을 주십니다.

바울은 우선 권면의 목적을 정리합니다. 권면은 간단히 말해서 회복을 위한 것입니다(1절). 일단 목적이 명확하면 실행에 옮길 수 있습니다. 바울은 섬기는 태도로(2절), 온유하게(1절) 권면하라고 주의를 줍니다. 그리스도께 순종함으로 행하십시오(2절). 겸손한 가운데 행하십시오(3절). 조언을 구하십시오(4절). 권고의 방식에 책임을 지십시오(5절).

권고하고 훈계하는 것이 중요하고도 대단히 어렵기 때문에, 바울은 권면하는 사람이 누구인지가 중요하다는 점을 지적합니다. '신령한 너희'라는 말이 이 대목에서 가장 중요한 지침입니다. 이 수식어에서 바울이 뜻하는 바가 무엇입니까? 육신의 소욕을 따르는 사람들(5:19~21)과 성령의 인도를 받는 사람들(5:22~23)이 죄에 빠진 형제나 자매를 어떻게 다룰지 비교하고 대조해 보십시오. 여러분은 누구에게 '권고'를 받겠습니까? 갈라디아서 6장의 내용이 5장의 뒤를 이어 따라나오는 것은 결코 우연이 아닙니다.

권고하고 훈계하기 전에 리더는 자신을 스스로 점검할 필요가 있습니다. 사람들은 넘어집니다. 리더는 종종 그런 일에 개입해 결과를 수습해야 합니다. 이러한 까다로운 리더십의 영역에 성경적으로 접근하는 길은, 신령한 개인들이 온유한 회복을 이루는 것임을 바울은 일깨워 줍니다.

5일 · 실행 포인트

권고와 훈계

리더에게 팀 구성원을 명확하게 질책하는 것보다 더 힘든 일은 별로 없을 것입니다. 그렇지만 사도 바울은 그렇게 하라고 권합니다. 그리고 밥 브리너(Bob Briner)는 책망해야 할 상황을 식별하는 데 도움이 되는 지침을 제공합니다.

디모데후서 4장 2절을 읽으십시오

때로 권고는 거친 부분들을 깎아 내는 것과 같은 용도로 사용되기도 합니다. 그 과정은 고통스럽겠지만 또한 필요합니다. 실제로 사도 바울은 디모데에게 '경계'하고 '격려'할 뿐만 아니라 '책망'하라고 했습니다. 경우에 따라서, 책망은 리더가 표현할 수 있는 가장 큰 사랑입니다.

『예수처럼 경영하라』에서 밥 브리너는 책망이라는 단어가 오늘날에는 자주 들을 수 없는 고어라고 지적합니다.* 물론 지금도 분명히 옛날 방식대로 책망해야 할 경우가 있습니다. 그러나 우리가 하는 말이 다른 사람들에게 상처가 되지 않고 그들을 세워 줄 수 있도록 지혜를 발휘할 필요가 있습니다.

브리너는 예수님이 꾸짖으셨던 제자들은 아무도 예수님을 떠난 적이 없었음을 지적합니다. 심지어 예수님께 "사탄아 내 뒤로 물러가라"(마 16:23)는 말을 들었던 베드로조차도 예수님을 좇았습니다. 사실 예수님께 가장 심하게 질책 받았던 제자들이 그분을 가장 열성적으로 따랐습니다. 그렇지만, 예수님은 아무에게나 책망을 쏟아내시지는 않았습니다. 오히려, 예수님은 먼저 제자들과 깊은 인간관계를 세워 나가셨습니다. 그러한 관계는 혹독한 책망 속에서 유익을 얻을 수 있는 기반을 마련해 주었을 것입니다.

우리 역시 고통스러운 책망이 유익이 될 만큼 직장에서나 개인적으로 친밀한 관계를 맺기 위해 노력해야 합니다. 또한, 가장 예리한 질책은 가장 아끼는 사람들을 위해서만 사용해야 합니다. 권고에도 여러 가지 포장이 필요하다는 사실을 기억하십시오. 경우에 따라, 그것은 예수님이 보여 주셨듯이 질책의 형태를 띨 수도 있습니다.

46주 · 1일

건강한 유대관계

사무엘상 22장 1~5절을 읽으십시오

한 소년이 평소 즐겨 찾는 은신처로 가다가 커다란 통나무가 길목을 막고 있는 것을 발견했습니다. 소년은 무거운 통나무를 치우려고 시도했지만 좀처럼 쉽지 않았습니다. 소년의 아버지는 곁에 아무 말 없이 서서 아들이 그 통나무를 밀며 낑낑거리는 모습을 지켜보았습니다. 그리고 마침내 아들에게 이렇게 말했습니다. "아들아, 너는 왜 너의 힘을 모두 사용하지 않니?"

어리둥절하기도 하고 약간 화가 나기도 한 소년은 이렇게 대답했습니다. "아빠, 나는 지금 젖 먹던 힘까지 다 쥐어짜고 있단 말이에요!"

"아니다, 아들아. 너는 모든 힘을 다 사용하고 있지 않아." 아버지는 조용히 대답했습니다. "너는 나에게 도움을 청하지 않잖니!"

영향력 있는 리더는 주변에 있는 사람들의 힘을 발견하고, 계발하고 활용합니다. 리더는 자기 팀뿐 아니라 다른 팀의 구성원들과도 건강한 협력관계를 계발하는 방법을 압니다.

다윗은 사울에게서 도망하면서 분명 그 능력을 보여 주었습니다. 갓이라는 도읍으로부터 조금 떨어진 곳에 언덕과 계곡과 많은 동굴이 뚫려 있는 미로가 있었습니다. 아둘람이라는 옛 도시 근처의 동굴에서 다윗은 도피처를 마련했습니다. 가족들과 함께 그곳에 피신해 있는 동안, 다윗은 어려움을 겪는 다른 사람들의 마음을 얻었습니다. 사백 명의 장정들이 다윗과 협력관계를 맺었습니다. 모압 왕과도 연결이 되었습니다. 모압 왕은 다윗의 부모에게 피신처를 제공했습니다. 마지막으로 선지자 갓이 다윗에게 피신하라는 하나님의 명령을 전달해 주었습니다.

다윗은 혼자서는 일을 진행할 수 없다는 사실을 알았습니다. 그는 다른 사람들이 그의 리더십 능력을 신뢰할 수 있도록 일을 했으며, 그것을 명확하게 입증했습니다. 다윗의 군대는 다윗에게 충성했으며 이스라엘 군대의 대적에 맞서 함께 싸워 승리했습니다(23장 1~6절을 보십시오).

영향력 있는 리더는 자신의 대의를 지키는 데 도움을 주는 사람들과 유대관계를 맺는 비상한 능력이 있습니다. 여러분은 현재 서로 도움이 되는 유대를 맺고 있습니까? 그 관계가 성장하고 발전할 수 있도록 지금 무슨 일을 하고 있습니까? 여러분에게나 다른 사람들에게 부정적인 영향을 끼치는, 공적인 혹은 개인적인 유대관계가 있습니까?

처음에 언급한 짧은 이야기를 다시 생각해 봅시다. 여러분이 일에 열심히 매진하고 있는 모습을 조용히 지켜보기만 하는 사람이 있습니까? 건강한 유대관계를 맺고 다른 사람들을 격려하여 여러분의 일을 돕게 하는 것은 여러분이 해야 할 일입니다. 그렇게 함으로써 여러분은 다음 두 가지 목표를 성취할 수 있습니다. 여러분의 부담을 줄이고, 다른 사람의 리더십 자질을 계발하는 일입니다.

2일 · 주님께 배우는 리더십

건강한 유대관계

하나님은 완전하고 영원한 존재의 공동체에 건강한 유대관계를 구현하십니다. 성부와 성자 사이에 흐르는 완전한 사랑은 세 번째 위격이신 성령님으로 나타납니다. 놀라운 사실은 하나님이 우리가 그 깊은 연합 가운데로 들어오기를 원하신다는 것입니다. 오늘 본문에서는 예수님이 자신의 제자들과 모든 신자들을 위해 드리는 기도를 읽어 봅시다.

요한복음 17장 13~26절을 읽으십시오

예수님을 알기 전에 우리는 하나님과 적대적 관계였으며, 하나님으로부터 소외되어 있었습니다. 우리는 허물과 죄악 가운데 죽어 있었으며, "세상에서 소망이 없고 하나님도 없는 자"(엡 2:12)였습니다. 그러나 하나님이 그분의 풍성하신 은혜 가운데서 그리스도의 사역을 통해 우리의 죄악을 용서해 주셨습니다. 그런데 하나님은 그저 죄를 용서해 주실 뿐 아니라 그 이상의 일을 해 주셨습니다.

자신의 생명을 우리에게 주셨으며, 친히 우리 가운데 내주하신 것입니다. "너희가 내 안에 내가 너희 안에 있[다]"(요 14:20)는 예수님 말씀의 신비는 사실상 우리의 이해를 넘어서며 우리의 모든 바람이나 추측을 능가합니다.

그러나 주님은 이것조차도 전부가 아니라고 말씀하십니다. 십자가에 달리시기 전날 밤 예수님은 제자들을 위해서만이 아니라 "그들의 말로 말미암아 나를 믿는 사람들"(17:20)을 위해서도 기도하셨습니다. 예수님이 성부 하나님께 청원한 내용은 믿는 자들이 서로 간에, 그리고 하나님과 "온전함을 이루어 하나가 되게"(23절) 해 달라는 것이었습니다. 예수님은 우리가 예수님과 성부 하나님이 나누는 교제 가운데로 완전히 들어가서 하나님의 임재를 즐거워하고 하나님의 영원한 영광을 바라보게 해 달라고 요청했습니다. 이렇게 해서 성 삼위일체의 신성한 사랑이 우리 안에 거하게 될 것이며, 우리 역시 그 안에 거하게 될 것입니다(26절).

하나님의 사랑 가운데 들어가도록 초대받는다는 것은 궁극적인 교제와 연합 가운데로 이끌려 들어가는 것입니다. 그 연합의 일원으로서, 우리는 우리의 의미와 소망의 참된 원천을 발견합니다. 잠시 시간을 내어 여러분을 위한 예수님의 대제사장적 기도가 여러분에게 갖는 의미를 묵상해 보십시오.

3일 · 리더십 자기 점검

건강한 유대관계

사람들은 공동체를 이루도록 창조되었습니다. 은둔자들도 대부분 집단을 이루며 살아갑니다! 그러나 다른 사람들과 유대를 맺는 일은 건강할 수도 있으며 해로울 수도 있습니다. 우리가 개인적인 친분 관계나 사업상의 협력 관계를 맺을 때는 이러한 점을 명심하는 것이 중요합니다. 오늘 본문을 통해 건강한 관계를 형성하는 다윗의 지혜를 살펴봅시다.

사무엘상 30장 26~31절을 읽으십시오

다윗은 이스라엘의 각 지역에 사는 장로들에게 탈취물들을 분배해 보냄으로써 잠재적인 동맹자들과 친선을 도모했습니다. 다윗은 미래를 계획하는 것이 중요하다는 사실과, 신뢰와 상호 유익에 근거한 관계 형성이 앞으로 자신에게 큰 도움을 줄 것이라는 사실을 알았습니다. 강력한 연합 관계를 추구하고 거기에 참여하는 리더들은 변화의 시기나 위기의 때에 엄청난 가치를 지닌 인간관계의 자원을 마련하는 셈입니다.

우리에게는 모두 사귐과 격려와 상호 책임감이 필요합니다. 스위스의 로빈슨 가족이 누렸던 친밀한 유대보다 로빈슨 크루소가 겪었던 고립된 몇 년간을 선택할 사람은 거의 없을 것입니다.

우리에게 가장 중요한 동맹관계는 성 삼위일체 하나님과 맺는 관계입니다. 그리고 이 관계는 우리가 다른 이들과 맺는 관계에 반영되어야 합니다. 그러므로 그리스도의 몸은 우리의 영적 행복에 꼭 필요한, 개인적이고 집단적인 유대관계의 관계망을 형성합니다.

성경은 동전의 다른 면에 대해서도 명확하게 가르칩니다. "속지 말라 악한 동무들은 선한 행실을 더럽히나니"(고전 15:33). "지혜로운 자와 동행하면 지혜를 얻고 미련한 자와 사귀면 해를 받느니라"(잠 13:20, 28:7, 29:3 참조). 불건전한 유대관계는 우리의 성품과 신념을 해칠 수 있습니다. 지난 수년 동안 여러분이 맺은 관계를 생각해 보십시오. 어느 것이 건강한 관계였으며, 어느 것이 해로운 관계였습니까? 그리고 그 각각의 특성들은 무엇이었습니까?

4일 · 리더십 업그레이드

건강한 유대관계

우리는 모두 힘든 시간에 의지할 수 있고 신뢰할 수 있는 동지들이 필요합니다. 이미 살펴본 것처럼 다윗은 건강한 유대관계의 효과를 잘 알았습니다. 오늘 본문에서는 건강한 유대관계를 형성할 때 발휘한 다윗의 강점과 약점을 보여 줍니다.

사무엘하 16장 15절~17장 23절을 읽으십시오

오늘 본문은 건강한 유대관계와 관련한 좋은 예와 나쁜 예를 포함하고 있습니다. 나쁜 예는 다윗이 자신의 아들 압살롬과 미리 건강한 관계를 형성해 놓지 못했기 때문에 도망치는 신세가 되는 장면입니다(13:1~15:12). 이 장면은 관계를 제대로 맺지 못했을 때 발생하는 위험들을 알려 줍니다. 그러나 다행스러운 점은 다윗이 이전에 건강한 유대관계를 상당히 많이 형성해 놓았다는 점입니다. 이것을 '유대 형성'이라고 부르든지 혹은 좀더 현대적인 용어로 '네트워킹'이라고 부르든지 간에, 리더들은 이 단락에서 이것의 기능에 주목해야 할 필요가 있습니다.

다윗은 자신의 자원들을 사용해 다른 사람들이 성공할 수 있도록 도와주었습니다. 그는 사람들과 순수하게 사귀고 충성으로 그들을 대했습니다. 이 때문에 다윗에게는 그의 지속적인 성공을 위해 아낌없이 지원하는 충성스러운 친구들이 있었습니다.

이 모략에 대한 이야기는 한 권의 스파이 소설과 같습니다. 그러나 이 이야기는 소설이 아닙니다. 다윗의 충성스러운 친구 후새는 말 그대로 왕을 위해 자기 목숨을 걸었습니다. 이 이야기의 절정은 다른 단락에서 나타납니다. 사무엘하 15장 32~36절에서 후새와 다윗이 후새를 압살롬의 궁정에 스파이로 잠복시킬 위험한 전략을 세운 후에, "다윗의 친구 후새가 곧 성읍으로 들어[갔다]"(15:37)고 성경은 전합니다. 이 사람은 배짱과 용기와 기지가 있었던 사람입니다. 그래서 다른 사람이라면 성공하지 못했을 일에 기꺼이 발을 들여 놓았습니다. 왜 그랬을까요? 그와 다윗 사이에 수년 동안 깊은 신뢰 관계가 형성되어 있었기 때문입니다.

위대한 리더는 동지가 있어야 하며, 동지를 계발해야 합니다. 이러한 동지를 형성하는 데는 시간이 들고, 깊은 생각이 필요하며, 헌신이 뒤따라야 합니다. 동지를 얻는 데는 많은 대가가 필요하지만, 진정한 동지야말로 돈으로도 살 수 없는 매우 귀중한 존재입니다.

5일 · 실행 포인트

건강한 유대관계

아마 미국의 지도자들 가운데 에이브러햄 링컨만큼 존경받는 지도자는 없을 것입니다. 그리고 이 위대한 리더가 가진 훌륭한 자산들 가운데 하나는 건강한 유대관계를 형성하는 능력이었습니다. 그는 심지어 아주 까다로운 사람들과도 친구로 지냈습니다. 도널드 필립스(Donald T. Phillips)는 그의 책 『비전을 전달하라』에서 링컨이 어떻게 그토록 강력한 유대관계를 형성했는지 짚어 냅니다.

잠언 13장 20절을 읽으십시오

도널드 필립스는 "에이브러햄 링컨은 아랫사람들에게서 신뢰와 존경을 받았으며, 개인적으로 혹은 공적으로 강력한 유대를 형성했다"고 말합니다.* 링컨 역시 유능한 리더들이라면 다 아는 사실을 알고 있었습니다. 즉, 리더의 비전을 실현시키는 데 건강한 유대관계가 핵심적인 역할을 한다는 것입니다.

솔로몬의 말(13:20)은 유대관계를 형성하는 데 발생하는 유익과 위험을 잘 담고 있습니다. 이 말은 지혜를 담고 있지만 그 말을 실천하는 데는 기술이 필요합니다. 링컨은 강력한 유대를 형성하는 재주가 아주 뛰어났으며 그 일에 전심을 기울였기 때문에, 때때로 자신을 반대하는 사람들의 부정적인 감정까지 극복할 수 있었습니다.

국무장관이었던 윌리엄 시워드(William H. Seward)는 애초에 링컨에게는 대통령의 자질이 없으며, 행정부를 운영하고 나라를 이끌어 갈 만한 능력이 없다고 간주했습니다. 시워드의 감정은 매우 부정적이었기 때문에, 그는 링컨이 대통령에 취임하기 전에 사직서를 제출했습니다. 그러나 링컨은 시워드를 전략적인 리더로 여겼고 취임 선서 후에 즉시 그를 만나 그의 애국심과 자긍심에 호소하며 그 자리를 계속해서 맡아 달라고 설득했습니다. 몇 개월이 지나면서 두 사람은 몇 차례 서로 충돌했습니다. 그리고 시워드는 자기가 대통령을 통제할 수 없다는 사실을 깨달았습니다.

두 사람 사이에 많은 차이점이 있었음에도 불구하고 링컨은 시워드에게 인간적으로 다가감으로써 시워드의 지지와 충성을 얻게 되었습니다. 링컨 대통령은 국무장관의 집에 들르면 오랫동안 머물렀고, 둘은 함께 마차를 타고 워싱턴 시가지를 둘러보기도 했습니다. 두 사람은 국가에 대한 깊은 헌신과 가치관, 윤리관을 공유했기 때문에 마침내 강력한 우정을 형성할 수 있었습니다.

리더가 자신의 공동체에 속한 유능한 사람과 모두 유대관계를 형성할 수는 없지만, 링컨의 예는 매우 도움이 됩니다. 필립스는 링컨의 전략을 다음과 같이 요약합니다. "단순히 시간을 함께 보내고 자신의 부하를 알아 가는 것만으로도 수많은 차이점과 불편한 감정을 극복할 수 있습니다. 자신의 리더가 확고하고, 단호하고, 매일 자신이 책임져야 할 일에 헌신하고 있음을 알게 된다면 부하들은 리더를 존경하고 신뢰하게 될 것입니다. 링컨의 방법이 모든 사람에게 통하는 것은 아닙니다. 리더를 따르지 않는 사람도 있을 것입니다. 그러나 대다수의 능력 있고 정직한 사람들은 결국 그를 따르게 될 것입니다."*

47주 · 1일

대인관계(1)

호세아 2장 1~23절을 읽으십시오

캐빗 로버트(Cavett Robert)에 따르면, 사람들이 일자리를 얻거나 그 자리를 유지하고 승진하는 이유의 15퍼센트는, 직업을 불문하고 그들의 전문적인 기술과 지식이 차지한다고 합니다. 그러면 나머지 85퍼센트는 무엇에 달려 있을까요? 캐빗은 스탠퍼드리서치 인스티튜트, 하버드대학교, 카네기 재단을 예로 들면서 나머지 85퍼센트가 사람들의 대인관계 기술이나 사람들에 관한 지식에 달려 있다고 입증합니다.*

이 인상 깊은 정보는 인간관계의 중요성을 강조합니다. 일터에서 인간관계가 그처럼 중요한 역할을 하는 것처럼, 리더십에서도 인간관계는 핵심적인 역할을 합니다.

때때로 인간관계를 강화하기 위해서 하나님의 풍성한 은혜와 사랑이 필요합니다. 호세아의 경우에는 확실히 그랬습니다. 이스라엘의 선지자로서 호세아가 할 일은, 그 민족이 유배당할 것과 이후 회복될 것을 예언하는 것이었습니다. 이스라엘 민족을 향한 하나님의 사랑을 나타내기 위해 그는 창녀였던 고멜과 결혼하라는 명령을 받았고, 그렇게 했습니다. 그러나 고멜이 신실하지 못해 부정을 저지르고 급기야 호세아를 떠나게 되었을 때, 그의 마음은 찢어졌습니다. 후에 호세아는 마음이 무너지고 재정적으로 몰락한 창녀 고멜을 찾아 나서서 그녀를 용서하고 혼인관계를 회복했습니다.

고멜을 향한 호세아의 사랑은 신실하지 못한 백성들을 향한 하나님의 사랑을 보여 줍니다. 그리고 그 사랑은 우리가 따라야 할 모범으로 제시됩니다. 때때로 모든 리더는 자신에게 잘못을 저지른 사람들을 찾아 나서서 용서하고 회복하라는 하나님의 명령을 받습니다. 그러나 그것을 실천하려면 하나님의 사랑과 은혜가 필요합니다.

하나님이 호세아가 고멜과 다시 화합하기를 원하셨을 때, 호세아는 어떤 느낌이 들었을까요? 여러분의 삶 속에서도 그런 사랑이 필요한 관계가 있습니까? 하나님이 여러분에게 상처를 준 누군가와 화해하라고 요구하신다면, 여러분은 어떻게 반응하겠습니까? 기억하십시오. 위대한 리더는 용서하는 데 익숙하다는 사실을.

2일 · 주님께 배우는 리더십

대인관계(1)

성경은 온통 관계에 대해 말하고 있습니다. 하나님은 인격적인 존재로, 예수 그리스도의 공로를 통해 우리가 하나님과 관계를 맺을 수 있도록 엄청난 값을 지불해 주셨습니다. 하나님은 우리가 하나님과 맺은 관계가 이제는 다른 사람들과 맺은 관계 가운데서 확실하게 드러나기를 원하십니다. 오늘 본문에서는 하나님의 사랑이 수직적으로, 수평적으로 표현되는 내용을 살펴봅시다.

요한일서 4장 7~21절을 읽으십시오

사도 요한은 우리를 향한 하나님의 사랑이 하나님을 향한 우리의 사랑보다 먼저라는 점을 확언합니다. 하나님은 이스라엘의 역사 전반에 걸쳐 인류를 향한 자신의 사랑을 명확하게 입증하셨습니다. 그리고 예수 그리스도의 구속 사역으로 가장 온전하고 명확하게 그 사랑을 보여 주셨습니다. 이 사랑은 우리에게 가장 좋은 것을 주기 원하시는 하나님의 한결같은 의지입니다. 그리고 그 사랑은 말뿐만 아니라 행동으로 표현되었습니다(9절). 요한은 아들을 통해 아버지의 사랑에 들어오는 사람이라면 다른 사람들과의 관계에서 이 사랑을 표출해야 한다고 말합니다. 실제로, 하나님의 가족 구성원들을 사랑하지 않는 사람은 자신이 진정으로 하나님을 사랑하는지 진지하게 검토해야 합니다(20~21절).

하나님을 사랑하는 것과 사람을 사랑하는 것은 서로 관계가 깊습니다(요일 5:1~2). 예수님은 율법과 선지자들의 강령을 이렇게 요약하셨습니다. "예수께서 이르시되 네 마음을 다하고 목숨을 다하고 뜻을 다하여 주 너의 하나님을 사랑하라 하셨으니 이것이 크고 첫째 되는 계명이요 둘째도 그와 같으니 네 이웃을 네 자신같이 사랑하라 하셨으니 이 두 계명이 온 율법과 선지자의 강령이니라"(마 22:37~40).

이 두 가지 핵심적인 단락에서, 성경은 이생에서와 다음 생에서 가장 중요한 것이 관계임을 가르쳐 줍니다.

여러분이 맺고 있는 관계를 잠깐 생각해 보십시오. 그 관계를 위협하는 열망과 야망과 업적을 추구하지는 않습니까? 여러분은 그 두 가지를 동시에 취할 수 있습니까? 삶이 끝날 때, 사람들은 대부분 미완성된 과업이 아니라 어긋난 관계를 후회합니다. 인생 여정의 끝에서 자신의 삶을 되돌아볼 때 아무런 후회를 남기지 않으려면 지금 무엇을 해야 합니까?

3일 · 리더십 자기 점검

대인관계(1)

"나는 비록 돈은 많지 않지만, 인간관계만큼은 매우 풍요롭다." 이렇게 말하는 사람은 우선순위를 잘 세운 사람입니다. 이 땅에 있는 것들의 참된 가치를 이해했기 때문입니다. 물질을 사랑해서 사람을 이용하는 것과, 사람을 사랑해서 물질을 이용하는 것 사이에는 엄청난 차이가 있습니다. 열왕기상 19장 19~21절을 통해 멘토링 관계가 어떻게 시작되는지 목격하기 바랍니다.

열왕기상 19장 19~21절을 읽으십시오

이 단락은 두 사람의 인생에서 일어난 영구한 변화를 기록합니다. 엘리야가 엘리사에게 다가가서 그 젊은이의 어깨에 자신의 두루마기를 둘러 주었을 때, 그 두 사람은 자신들의 인생이 결코 이전과 같지 않을 것임을 알았습니다. 엘리야는 멘토가 되었고 엘리사는 제자가 되었습니다. 그리고 이 관계는 엘리야가 회오리바람 가운데 하늘로 이끌려 올라갈 때까지 계속되었습니다. 엘리사는 스승과 수

년 동안 동행했고, 스승이 영광스럽게 떠나가는 것을 목격하였으며, 스승의 겉옷을 취하고 스승의 영의 갑절을 받았습니다(왕하 2:1~15).

엘리야와 엘리사의 관계는 예수님과 제자들의 멘토링 관계와 비슷했습니다. 제자들은 엘리사처럼 모든 것을 버리고 예수님을 따라야 했습니다. 그러나 그들은 곧 다른 것들보다 예수님을 사랑함으로써 다른 사람을 사랑할 수 있는 위대한 능력을 얻었다는 사실을 발견했습니다.

엘리사와 예수님의 제자들은 하나님의 뜻을 따르는 것이 돈보다 훨씬 가치 있는 것임을 배웠습니다. 예수님은 돈을 사랑했던 바리새인들에게 "사람 중에 높임을 받는 그것은 하나님 앞에 미움을 받는 것"(눅 16:15)이라고 말씀하셨습니다. 돈과 업적은 결국 사라지지만 관계는 영원히 지속될 것입니다. 이런 이유로 주님이 "불의의 재물로 친구를 사귀라 그리하면 그 재물이 없어질 때에 그들이 너희를 영주할 처소로 영접하리라"(눅 16:9)고 말씀하신 것입니다.

이 세상에서 승리한 자는 많은 물질을 소유한 사람이 아니라, 최고의 관계를 얻은 사람입니다. 여러분은 가장 의미 있고 중요한 관계들을 계발하기 위해 무엇을 할 수 있겠습니까?

4일 · 리더십 업그레이드

대인관계(1)

오늘 본문은 대인관계를 다루는 핵심적인 구절입니다. 이 부분은 이번 주에 계속 중점적으로 다루는 원리를 강조하며, 특히 우리가 살아가는 경쟁적인 상황 가운데서 관계가 미치는 힘을 다시금 일깨워 줍니다. 오늘 본문을 통해 왜 '둘이 하나보다 더 나은지' 그 정확한 이유를 찾아봅시다.

전도서 4장 9~12절을 읽으십시오

전도서 4장 9~12절은 사람들이 조직을 이루는 이유를 알려 줍니다. 우리는 함께할 때 더 많은 성과를 낼 수 있으며(9절), 어려울 때 서로 도울 수 있습니다(10~12절). 전도서의 저자는 이 개념을 보여 주기 위해 강력한 시각적 이미지를 사용합니다.

  실타래 하나를 끊기 위해 얼마나 많은 힘이 들어가는지 보십시오. 실타래는 쉽게 끊을 수 있습니다. 그러나 똑같은 타래를 세 줄로 엮어 보십시오. 그렇게 엮인 줄을 끊는 일은 쉽지 않습니다(12

절). 실타래로는 간단하게 이해되는 일이 리더십 상황에서는 제대로 적용되지 않는 경우가 있습니다. 리더는 자신을 따르는 사람들이 생각과 헌신과 가치를 서로 엮도록 격려하면서 그들과 관계를 맺어야 합니다.

따로 떨어져 있는 세 사람은 혼자 있는 사람만큼이나 취약합니다. '관계'라는 말은 실타래를 함께 엮는 것을 의미합니다. 그 결과는 무엇입니까? 더 강해지고 더 좋은 성과를 거두는 것입니다.

5일 · 실행 포인트

대인관계(1)

지각이 있는 리더는 자신을 따르는 사람들과 관계가 좋으면 좋을수록 리더십을 더 효과적으로 발휘할 수 있다는 것을 압니다. 바나바는 좋은 인간관계를 맺으며 일했던 사람입니다. 신약 성경에서 바나바보다 더 알려진 두 사람은, 최소한 부분적으로는 바나바와의 멘토링 관계 덕분에 성공한 사람들이었습니다. 오늘 본문을 읽고 멘토링 관계의 힘을 발견하십시오.

사도행전 4장 36~37절을 읽으십시오

멘토링은 핵심적인 리더십 기능 가운데 하나입니다. 잠재력 있는 젊은이를 분별해 그 젊은이를 양육하는 것이야말로 탁월한 리더가 발휘하는 핵심적인 역할입니다. 바나바가 바로 그러한 리더였습니다. 그의 본명은 요셉이었습니다. 바나바라는 별명은 '위로의 아들'이라는 뜻입니다(4:46). 사도행전에 있는 몇 가지 일화는 요셉이 이러한 별명과 명성을 얻게 된 이유를 설명해 줍니다.

첫째, 바나바는 다른 모든 사람이 바울을 의심하고 배척했을 때 그를 후원했습니다. 바울은 회심하기 전에 교회를 무너뜨리기 위해 혼신의 힘을 기울였던 자입니다(9:1~2). 그가 회심한 이후에도, 그리스도인들은 과거와 같이 바울을 전염병 환자처럼 피했습니다. 바울이 교회에 소개될 수 있었던 것은 "바나바가 데리고 사도들에게 갔기" 때문입니다(9:27).

그후에 바나바는 안디옥으로 가게 되었습니다. 그곳에 도착해서 바나바는 "모든 사람에게 굳건한 마음으로 주와 함께 머물러 있으라"(11:23)고 권면했습니다. 그의 감화력 있는 증언으로 많은 사람이 믿음을 가지게 되었습니다. 그리고 한 사람이 감당하기에는 일이 너무 많아지자, 바나바는 바울을 다시 안디옥으로 데려와 함께 일했습니다.

후에 성령은 이 역동적인 팀을 선택하셔서 새로운 곳에서 교회를 확장시키는 일에 파송했습니다(13:2). 선교 여행은 매우 힘들었지만 성공적이었습니다. 그러나 그 여행에서 바울과 바나바의 관계에 심각한 영향을 미친 한 사건이 발생하였습니다. 젊은 팀원이었던 마가가 예루살렘으로 돌아가 버린 것입니다.

바울과 바나바가 2차 여행을 계획할 때 또다시 마가의 합류를 놓고 이견이 생겼습니다. 바울은 마가를 데리고 가기를 거부했고, 바나바는 둘 중 하나를 선택해야만 했습니다. 자신이 지지한 능력 있는 유망주와 함께 가느냐, 다른 사람들이 단념해 버린 한 어린 친구를 도와주느냐. 바나바에게 있어서 그 선택은 간단했습니다. 그는 자신의 지원과 격려와 육성이 필요한 사람을 선택했습니다. 바나바는 마가를 데리고 구브로로 향했습니다(13:39). 그리고 사람들에게 잊혀졌습니다. 누가는 바울과 함께 선교여행을 다녔고, 그 덕분에 바울의 이야기를 기록할 수 있었습니다. 바나바가 마가에게서 뛰어난 점을 보았을까요? 그의 투자는 성공적이었을까요? 베드로는 마가를 '내 아들'이라고 언급함으로써 바나바의 투자가 성공적이었음을 입증합니다(벧전 5:13). 그리고 놀랍게도, 바울 역시 그의 삶의 막바지에 "마가를 데리고 오라 그가 나의 일에 유익하니라"(딤후 4:11)고 요청했습니다. 가장 중요한 것은 하나님께서 바나바의 선택이 적절했다고 하신 것입니다.

바나바는 처음부터 유망주를 선택한 것이 아니었습니다. 그는 일찍이 자신이 헌신해야 할 곳에서 도망친 한 젊은이를 돌아보고 도와주어 그를 유망주로 키워 낸 것입니다. 위대한 멘토는 승자와 함께함으로써 승리를 얻지 않습니다. 그는 패자를 승자로 키워 냅니다. 하나님은 항상 그러한 일에 비전과 헌신을 품고 있는 리더를 찾으십니다. 이 세상은 인간관계를 통해 멘토링할 수 있는 사람이 절실히 필요합니다. 밥 클린턴(Bob Clinton)과 폴 스탠리(Paul Stanley)의 『인도: 삶으로 전달되는 지혜』를 읽고 이 중요한 관계를 위한 실제적인 도움을 얻으십시오.

누구든지 하나님을 사랑하노라 하고 그 형제를 미워하면 이는 거짓말하는 자니
보는 바 그 형제를 사랑하지 아니하는 자는 보지 못하는 바 하나님을 사랑할 수 없느니라
우리가 이 계명을 주께 받았나니 하나님을 사랑하는 자는 또한 그 형제를 사랑할지니라

● 요한일서 4장 20~21절

48주 · 1일

대인관계(2)

빌레몬서 1장 1~25절을 읽으십시오

리더와 따르는 자의 관계는 때때로 무척 어렵습니다. 인간관계에 관한 충고도 "친해지면 무시하게 된다"에서부터 "사람을 모르면 사람들을 이끌 수 없다"에 이르기까지 아주 다양합니다. 바울은 빌레몬에게 보낸 편지에서 리더와 까다로운 제자(follower)와의 관계를 본보기로 보여 줍니다.

이 주옥같은 작은 책은 리더와 따르는 자의 관계에 대한 중요한 내용을 언급합니다. 바울은 빌레몬에게서 도망친 노예 오네시모를 예수 그리스도께 인도하여 그분을 구세주로 영접하도록 했습니다. 오네시모는 이제 그리스도인이 되었습니다. 그리고 윤리적으로나 법적으로 오네시모는 그의 주인이었던 빌레몬에게 되돌아가야 했습니다.

하지만 그 순간에 바울이 개입하여 역시 그리스도인인 친구 빌레몬에게 편지를 썼습니다. 비록 오네시모가 여전히 법적으로는 빌레몬에게 매인 상태였지만, 바울은 빌레몬에게 그를 더 이상 노예로서가 아니라 사랑받는 형제로서, 노예보다 더 낫게 대접하라고 권면했습니다.

이 편지에 묘사된 바울과 오네시모와 빌레몬의 관계는 리더와 따르는 자의 관계의 원리를 다양하게 보여 줍니다. 바울은 이 모든 것을 기반으로 노예의 주인들에게 노예의 존엄성을 인정하면서 형제를 사랑하는 마음으로 대하라고 요청합니다.

자신과 같은 인간을 이끈다는 사실을 마음에 새기는 사람만이 탁월한 리더가 될 수 있습니다. 따르는 자들도 자신의 리더를 같은 인간으로 바라볼 때 더욱 기꺼이 따를 수 있습니다. 이러한 태도가 리더십이라는 복잡한 주제를 다룰 때 좋은 출발점이 됩니다.

2일 · 주님께 배우는 리더십

대인관계(2)

관계란 그 관계를 맺고 있는 모든 사람에게 유익이 되어야 합니다. 성경은 전체적으로 하나님과 사람, 사람과 사람 사이의 관계가 모두에게 유익이 되는 법을 다루고 있습니다. 오늘 본문을 펴서, 하나님이 인간의 리더와 어떤 관계를 맺으셨는지, 그리고 어떻게 그 리더가 절망적인 상황 가운데서 자신이 신뢰하는 추종자와 관계를 맺었는지 살펴봅니다.

출애굽기 17장 9~14절을 읽으십시오

성경에서 가장 사랑받는 리더들은 자신을 따르는 자들이 성장할 수 있는 관계를 구축하였습니다. 모세와 여호수아, 예수님과 그 제자들, 바울과 바나바, 바울과 디모데의 관계는 미래의 리더들을 세워가기 위해 어떤 도움을 제공했는지 잘 보여 줍니다. 오늘 읽은 말씀은 하나님이 어떻게 모세의 삶에 영향을 주셨으며, 이어서 모세는 어떻게 여호수아의 삶에 영향을 주었는지 보여 줍니다. 그것은 제임스 맥그레거 번즈(James MacGregor Burns)가 "변화를 불러일으키는 리더십"이라고 부른 것의 일부분입니다.

"그러한 리더십은 리더와 그를 따르는 자들이 높은 수준의 동기와 도덕성을 일으키며 서로를 북돋워 줄 때 생겨납니다. 이때 계약적 리더십에서와 같이 서로 다른, 그러나 서로 관련되어 시작한 그들의 목적은 하나가 됩니다. 권력 기반은 팽팽한 긴장 관계를 이루지 않고 하나의 공동 목적을 지지해 주는 버팀목이 됩니다."

번즈는 "변화를 불러일으키는 리더십은 궁극적으로는 도덕적인 것이어서 리더와 따르는 자 모두의 품행 수준과 도덕성을 높여 주며 양쪽을 모두 변화시키는 효과를 갖는다"고 말합니다. 그러한 "리더십은 역동적인 리더십이며 리더가 그 따르는 자와의 관계에 자신을 헌신함으로써, 자신을 따르는 사람들이 스스로 '고무되었다'고 느끼며 그들을 더욱 활동적으로 변화시켜 새로운 리더들을 만들어 내는 리더십"입니다.*

하나님은 자신을 대신해서 큰 일을 행하도록 모세를 고무시키고 모세에게 힘을 실어 주셨습니다. 그리고 모세는 여호수아를 세워 자기가 죽은 후 이스라엘을 이끌어 가도록 했습니다. 이 두 경우, 따르는 자들의 삶이 변했습니다. 오늘, 여러분의 삶에 누가 이와 동일한 변화를 끼쳤는지 생각해 보십시오. 여러분은 자신의 경험에서 얻은 지혜를 다른 사람에게 전합니까?

3일 · 리더십 자기 점검

대인관계(2)

아무리 끈끈한 관계라 할지라도 언젠가는 깨어지기 마련입니다. 믿었던 동지가 여러분을 배반할 수도 있고, 핵심 부하들이 실망을 줄 수도 있습니다. 그렇다고 그것이 관계가 끝났다는 의미일까요? 그 물음에 대한 예수님과 베드로의 대답을 들어 보겠습니다. 오늘 본문에서 부활하신 예수님이 비참한 실수를 저지른 친구를 격려하는 모습을 살펴봅시다.

사도행전 2장 14~40절을 읽으십시오

탁월한 리더는 실패를 허용하고 다시 일어설 수 있는 환경을 만들어 주는 일이 중요하다는 점을 잘 압니다. 하나님은 자신의 백성들에게 그러한 환경을 만들어 주셨습니다.

베드로는 이 놀라운 진리를 직접 체험했습니다. 주님을 세 번씩이나 부인한 후, 베드로는 주님을 위해 봉사하는 일이 끝장났다고 생각했을 것입니다. 신실하게 책임을 감당하지 못하는 사람에게 어떻게 하나님이 일을 맡기실 수 있겠습니까? 그렇지만, 주님은 베드로를 용서하셨을 뿐 아니라 그를 강력하게 사용하셨습니다.

오순절날, 베드로는 하나님의 성령으로 충만해 그의 생애에서 가장 힘 있는 설교를 전했습니다. 베드로는 이전에 자신을 위협했던 바로 그 사람들과 대면하여, 예수님이 하나님이자 사람이시며 이스라엘의 약속된 구주라고 선포했습니다. 그는 자신의 말을 듣는 모든 사람에게, "세례를 받고 죄 사함을 받으라"(28절)고 권면했습니다. 베드로의 설교 후에, "이날에 신도의 수가 삼천이나 더[했습니다]"(41절).

베드로의 놀라운 변화를 통해 알 수 있는 사실은, 하나님은 자신의 백성들이 실패해도 다시 그들을 일으켜서 쓰신다는 것입니다. 하나님이 우리를 이런 방법으로 이끌어 주신다면, 우리도 우리가 이끄는 사람들에게 똑같은 자유를 베푸는 것이 당연하지 않습니까?

4일 · 리더십 업그레이드

대인관계(2)

바울과 오네시모, 빌레몬의 이야기는 하루만 보고 지나치기엔 너무 많은 가치가 있습니다. 오늘은 다시 그 이야기로 돌아가서 이 짧은 본문에 수록된 대인관계와 관련된 교훈 몇 가지를 검토해 보겠습니다.

빌레몬서 1장 1~25절을 읽으십시오

이 간단한 편지에는 세 가지 관계가 나옵니다. 이 편지를 읽으면서 그 관계를 각각 검토하고 이 세 사람이 각자 어떤 관계를 맺고 있는지 재구성해 보십시오.

먼저, 바울과 빌레몬의 관계를 검토하십시오. 다음 구절들을 읽으면서 이 관계를 마음속으로 그려 보십시오. 이 두 사람에 대해 각 단락이 말하고 있는 내용을 요약해서 써 보십시오.

- 1~9절

- 17~21절
- 22절

다음으로, 바울과 오네시모의 관계를 검토하십시오(10~16절).

마지막으로, 오네시모와 빌레몬의 이전 관계(11절)와 새로운 관계(15~16절)를 검토하십시오.

이 단락은 리더가 따르는 자들과 공식적이거나 직위상의 위치를 뛰어넘어 관계를 맺을 경우, 일을 훨씬 잘 감당할 수 있음을 보여 줍니다. 바울이 이전에 빌레몬과 오네시모 두 사람과 강력한 유대 관계를 맺었기에 가능했던 일을 몇 가지 찾아보십시오.

5일 · 실행 포인트

대인관계(2)

하나님이 창조 세계를 지으신 과정을 관찰해 보면 많은 것을 배울 수 있습니다. 하나님의 피조물들은 모두 어떤 식으로든지 다른 존재와 '연결되어' 있습니다. 오늘 본문을 보면서 효과적인 리더십의 근본적인 진리를 발견하십시오.

창세기 2장 18절을 읽으십시오

대인관계는 리더십의 핵심 영역이자 인간 삶의 핵심 영역이기도 합니다. 하나님은 세상을 처음 창조하실 때부터 "사람이 혼자 사는 것이 좋지 않[다]"(창 2:18)고 말씀하심으로써 그 사실을 인정하셨습니다. 수천 년이 지난 후 바울은 기독교라 불리는 새로운 운동을 설명하며 동일한 주제를 언급했습니다. 그는 에베소서에서 우리가 서로 지체라고 강조했습니다(엡 4:25).

하나님은 피조물을 공동체 안에서 서로 어울려 살아가도록 정하셨습니다. 하나님은 인간 이외에도 다른 많은 피조물이 서로 조화를 이루며 관계를 맺고 살아가도록 창조하셨습니다. 잭 캔필드(Jack Canfield), 마크 빅터 한센(Mark Patty Hansen)은 그들의 저서 『영혼을 위한 닭고기 수프』에서 기러기들의 상호관계를 설명합니다. 기러기들은 브이(V)자 편대로 날아감으로써 비행 거리를 약 71퍼센트 늘릴 수 있다고 합니다. "기러기들은 각각 날개를 펄럭거림으로써 바로 다음에 따라오는 기러기를 들어올리는 힘을 형성합니다." 만일 한 기러기가 대열에서 이탈하면, 그 기러기는 즉시 저항력이 증가하는 것을 느끼고 다시 대열에 복귀합니다.

"앞장서서 날아가는 기러기가 지치면 그 기러기는 무리 속으로 돌아오고, 다른 기러기가 앞으로 나섭니다. 계속해서 기꺼이 이끌고 따름으로써 전체 편대의 실제 성과가 향상되는 것입니다. 기러기들은 소리를 내어 바로 앞에 선 리더들을 응원합니다.

어떤 이유로든지 한 기러기가 대열에서 이탈해 낙오하면, 다른 기러기 두 마리가 뒤로 처지면서 그 낙오된 기러기를 도와주고 보호해 줍니다. 그 기러기들은 낙오된 기러기가 회복되거나 죽을 때까지 그 곁을 지킵니다. 그다음에야 두 기러기는 함께 떠나거나, 자기 그룹을 좇아가기 위해 다른 대열에 가담합니다."

사람들은 영리해서 혼자서도 경쟁에서 성공할 수 있는 길을 생각해 냅니다. 그러나 우리가 한 떼의 기러기들처럼 소박했다면, 어떤 일을 성취할 수 있었을지 생각해 보십시오.

49주 · 1일

권력과 영향력(1)

시편 82편 1~8절을 읽으십시오

권력은 리더십에 없어서는 안 될 요소입니다. 권력이 없이는 다른 사람들을 이끌 수가 없습니다. 그러나 불행하게도 권력과 영향력이 언제나 유익하게 쓰이는 것은 아닙니다. 여러분이 리더라면 이 권력을 어느 정도 갖고 있을 것입니다. 여러분은 다른 사람들을 통제할 수 있는 권력을 가졌습니다. 사람들은 여러분의 말을 듣고 여러분은 그 사람들에게 영향을 줍니다. 여러분이 권력과 영향력을 동원하여 수행하는 일은 여러분이 인식하고 있는 것보다 훨씬 많은 영향을 미칩니다.

시편 82편의 저자는, 하나님이 이스라엘의 재판장들을 책망하고 도전하시는 장면을 기록하고 있습니다. 이 재판장들은 하나님의 대리자라는 역할과 하나님의 형상을 지닌 자라는 역할 때문에 '신들'이라 일컬어졌습니다. 따라서 그들은 불의한 자들을 변호해 주고 편파적으로 재판하기보다 '가난한 자와 고아'를 변호하고 '곤란한 자와 빈궁한 자'의 권익을 지켜 주어야 할 책임이 있었습니다(3절). 그들은 경건한 방식으로 자신의 권력을 행사해야 했습니다. 그것은 궁핍한 자들을 건져내 주고, 악한 사람들의 지배로부터 그들을 구해 주는 것을 의미했습니다(4절).

또한 그들은 재판관으로서 경건한 일을 감당하도록 임무를 부여받았습니다. 그러나 시편 기자는 그들이 보통 사람들처럼 엎드러질 것이라고 예언했습니다(6~7절). 그들은 권력을 소유함으로써 아무도 그들에게 도전할 수 없다고 느낄 수는 있겠지만, 언젠가는 그 권력으로 인해 하늘의 재판장 앞에 자신들이 한 일을 다 토해 내고 책임을 지도록 부름 받게 될 것입니다(8절). 모든 리더는 그와 똑같은 운명을 지녔습니다. 그러므로 우리는 자비와 사랑으로 권력과 영향력을 행사하도록 해야 합니다.

이스라엘의 재판관들이 그들의 권력으로 저지른 잘못은 무엇이었습니까? 그와 똑같은 실수를 여러분은 어떻게 피할 수 있겠습니까?

2일 · 주님께 배우는 리더십

권력과 영향력(1)

우리는 보통 하나님의 무한하신 권력과 영향력보다는 인간의 권력과 영향력에 더 큰 인상을 받습니다. 왜 사람들에게는 그처럼 깊은 영향을 받으면서 창조주께는 깊은 인상을 받지 못할까요? 오늘 본문을 통해 인간의 권세 전반에 미치는 무한한 신적 권위에 관한 성경적 견해를 생각해 봅시다.

다니엘 7장 9~14절을 읽으십시오

다니엘서는 영원한 나라에 대조되는 지상 왕국들의 일시적 성격을 강조합니다. 영원한 나라는 옛적부터 항상 계신 이로부터 '권세와 영광과 나라'를 받은 '인자 같은 이'를 통해 임할 나라입니다(13~14절). 이스라엘의 하나님은 자연 세계와 열방을 지배하는 권세를 가지십니다. 그분은 때와 계절을 바꾸시며, 왕들을 세우기도 하고 폐하기도 하시며, 지혜로운 자들에게 지혜를 주시며, 분별력 있는 자들에게 지식을 주십니다(2:21). 각 개인과 나라의 사정은 하나님의 신적인 통제에서 독립된 것처럼 보이지만, 사람들이 하나님의 계획과 목적에 어떻게 대항하든지 간에 "지극히 높으신 이가 사람의 나라를 다스리시며 자기의 뜻대로 그것을 누구에게든지 주[십니다]"(단 4:17, 25, 32). 이 예언서는 "하늘의 하나님이 한 나라를 세우[실]" 때를 예상합니다. 이 나라는 "영원히 망하지도 아니할 것이요 그 국권이 다른 백성에게도 돌아가지도 아니할 것이요 도리어 이 모든 나라를 쳐서 멸망시키고 영원히 설 것[입니다]"(단 2:44).

하나님의 권력과 영향력은 절대적입니다. 그러나 하나님은 우주의 독재자가 아닙니다. 하나님은 언제나 그분을 섬기는 사람들의 최고의 유익을 위해 자신의 권세를 사용하십니다. 그러므로 하나님을 섬긴다는 것은 완전한 자유를 누리는 것과 같습니다. 하나님은 언제든지 자기 백성들을 축복하고 그들이 부요하기를 원하시기 때문입니다. 하나님은 "그리스도 예수 안에서 우리에게 자비하심으로써 그 은혜의 지극히 풍성함을 오는 여러 세대에 나타내려"(엡 2:7)는 약속과 계획 가운데서 자기 백성들을 향하신 사랑과 자비로운 뜻을 드러내십니다.

에베소서 1장 3~12절과 로마서 8장 28~39절은 하나님이 그분의 무한한 권력과 영향력을 우리의 유익을 위해 어떻게 사용하신다고 말합니까? 복음서에 드러난 예수님의 삶을 떠올려 보십시오. 예수님은 사람들을 대할 때 그분의 권력을 어떻게 사용하십니까?

3일 · 리더십 자기 점검

권력과 영향력(1)

하나님만을 바라보게 만들기 위해 하나님께서 여러분의 모든 자원을 가져가신 적이 있습니까? 그와 같은 역경의 시기가 닥쳐야 우리는 우리 인생을 주관하는 존재가 우리가 아닌 우리를 창조하신 하나님이라는 사실을 제대로 파악할 정도로 겸손해집니다. 오늘 본문을 펴서, 모든 것을 잃어버리고서야 권력이 특권이 아니라 위탁이라는 교훈을 배운 한 권력자에 대한 기록을 살펴봅시다.

다니엘 4장 34~37절을 읽으십시오

느부갓네살은 바벨론의 황제로서 혁혁한 군사적, 경제적 업적을 달성했습니다. 그러나 그 이전과 이후의 다른 리더들과 마찬가지로, 그 역시도 이러한 업적을 달성한 사람이 바로 자신이라는 착각에 빠졌습니다. 느부갓네살은 하나님이 자신을 권력의 자리에 올려 주셨음을 깨닫지 못했습니다.

다니엘은 느부갓네살의 꿈을 해석하면서, 만약 그가 "지극히 높으신 이가 사람의 나라를 다스리시며 자기의 뜻대로 그것을 누구에게든지 주시는 줄을" 인정하지 않는다면, 그 사실을 인정하기까지 하나님이 그를 낮추실 것이라고 경고했습니다(25절). 특히 느부갓네살 왕에 대한 다니엘의 긴급한 충고에 주목하기 바랍니다(27절).

왕은 이 지혜로운 간언을 거절했습니다. 일 년 후에 왕은 모든 것을 잃었고, 짐승처럼 살게 되었습니다. 그는 일곱 해 동안 실성한 채 살았습니다. 그 기간이 끝났을 때 하나님은 왕이 정신을 차리게 하셨으며 다른 사람들에 의해 쉽게 빼앗길 수도 있었던 그의 권좌를 되돌려 주셨습니다. 교훈을 얻기 위해 치른 대가는 엄청난 것이었습니다. 그래서 느부갓네살은 결코 지극히 높으신 그분만이 홀로 그 기쁘신 뜻대로 행하시는 분이라는 진리를 망각하지 않게 되었습니다.

지위상의 권력이나 개인적인 권력이라도 결코 그 권력 자체가 목적이 되어서는 안 됩니다. 권력은 리더가 다른 사람들의 유익을 위한 청지기 의식을 행사할 수 있도록 일종의 위탁물로 위임된 것입니다. 다른 사람들을 억압하고 조종함으로써 자아를 드러내는 데 권력을 남용하는 사람들은 궁극적으로 모든 책임을 감수해야 할 것입니다.

다니엘은 권력의 지위를 사용하여 자비로운 행동으로 다른 사람들에게 봉사하라고 느부갓네살 왕에게 충고했습니다. 여러분은 하나님이 주신 영향력을 이렇게 사용하기 위해 어느 정도 노력합니까?

우리는 때때로 지위상의 권력이나 개인적인 권력이 하나님께서 맡기신 것이라는 사실을 깨닫지 못합니다. 그러한 권력을 자신의 힘으로 얻었다고 생각하는 유혹에 빠져들면, 피할 수 없는 결과를 맞게 될 것입니다. 이런 일이 일어나지 않도록, 그리고 하나님이 우리에게서 권력을 거두시지 않도록 우리가 할 수 있는 일은 무엇이겠습니까?

4일 · 리더십 업그레이드

권력과 영향력(1)

영향력이 없으면 리더십도 없습니다. 그렇다면 우리는 어떻게 다른 사람들에게 영향력을 미칠 수 있겠습니까? 오늘 본문에 기록된 한 사건은 하나님이 어떻게 베드로에게 영향을 끼쳐서 그가 단호하게 반대하던 일을 행하도록 이끄셨는지 보여 주고 있습니다.

사도행전 10장 9~22절을 읽으십시오

하나님은 강력한 전략을 사용하셔서 베드로를 변화시키셨습니다. 그분은 철저히 반대하던 베드로의 태도를 짧은 시간 내에 기꺼이 헌신하는 태도로 변화시키셨습니다. 오늘 본문에서 하나님께서 사용하신 방식을 살펴보면서 리더라면 어떻게 긍정적인 영향력을 발휘해야 하는지 생각해 봅시다.

사람들이 서로에게 어떻게 영향을 끼치는지 깊이 이해하는 것은 영향력의 형태를 분류하는 데 도움이 됩니다. 가장 빈번하게 인용되고 있는 것은 프렌치(French)와 레이븐(Raven)의 '보상적 권력', '강압적 권력', '전문적 권력', '위탁적 권력', '합법적 권력'이라는 다섯 가지 유형입니다.* 성경 속에서도 이 다섯 가지 유형들의 영향력을 다 발견할 수 있지만 하나님께서는 여섯 번째 영향력의 유형에 무게를 두고 계십니다. 바로 정보력입니다. 하나님은 자신의 뜻을 성경 속에 드러내셨습니다. 창세기부터 요한계시록에 이르기까지, 성경은 하나님께서 가르치고, 설명하고, 추론하고, 논쟁하고, 묻고, 대답하는 등 인간에게 말씀하시는 모습을 묘사하고 있습니다. 시편 119편에서도 하나님께서 시편 기자에게 진리를 드러내시는 장면을 발견할 수 있습니다.

리더는 약속, 위협, 본보기를 사용하거나 전문 지식을 이끌어 내고 지위를 사용하여 자신을 따르는 사람들에게 영향을 끼칠 수 있습니다. 그러나 이러한 권력을 가진 리더들보다 더 전능하신 하나님은 자신의 백성들을 변화시키기 위해 엄청난 시간을 들여 정보를 사용하십니다. 그분은 성경을 통해, 그리고 한 개인을 대리인으로 세우셔서 이 정보를 알리십니다.

리더들도 자신을 따르는 사람들을 변화시키기 위해 이 여섯 가지 힘을 사용해야 합니다. 그리고 중요한 원칙을 기억합시다. 사람들은 '무엇을 해야 하는지', '그 이유는 무엇인지' 명쾌하고 논리적으로 이해할 때 가장 강력하게 영향을 받는다는 것입니다. 올바른 정보 없이 목표를 성취하기란 거의 불가능합니다.

5일 · 실행 포인트

권력과 영향력(1)

로자베스 모스 칸터(Rosabeth Moss Kanter)는 '권력'이 미국에서 '가장 더러운 말'이라고 언급했습니다. 그러나 동시에 적절한 권력 행사는 필수적이며 유익하다고 주장하기도 했습니다. 이러한 설명과 함께 초대 교회 리더들이 보여 준 본보기는 권력을 더 잘 활용할 수 있는 방법을 알려 줍니다. 오늘 본문을 통해 영향력을 탁월하게 행사하는 예를 살펴봅시다.

사도행전 15장 13~29절을 읽으십시오

문제가 발생하는 것은 리더가 자신의 권력을 건설적으로 행사할 수 있는 기회를 제공해 주지만, 또한 리더가 뒤로 물러나게 만들 수도 있습니다. 왜 그럴까요? 이는 '권력'이란 단어가 정치적으로 능수능란한 사람들이 좀처럼 사용하지 않는 말이기 때문입니다. 로자베스 모스 칸터에 따르면, "권력은 미국에서 가장 더러운 말입니다. … 권력을 소유한 사람들은 권력을 부인합니다. 권력을 원하는 사람들은 자신이 권력에 굶주린 것처럼 보이고 싶어 하지 않습니다. 그리고 권력의 책략에 가담한 사람들은 아주 비밀리에 그 일을 진행합니다."*

연구 조사에 따르면 권력에 대한 이러한 비난은 대체로 부당한 것입니다. 대부분의 사람들은 권력이 있는 상사를 위해 일하려고 합니다. 그러한 상사가 더 효율적으로 업무를 위임하고 재능에 보답해 주고 부하 직원들이 중요한 지위를 갖도록 팀을 잘 구성하기 때문입니다.

반면에 힘이 없는 리더들은 좌절과 실패를 만들어 내는 경향이 있습니다. 일을 제대로 수행하는 데 필요한 자원들이 부족하기 때문입니다. 칸터는 다음과 같이 결론을 내립니다. "권력은 효력과 역량을 의미할 수 있고, 조직 안의 권력은 물리적 힘과 유사합니다. 그것은 (인적, 물질적) 자원을 동원하여 일을 이루어 내는 힘입니다. 권력의 진정한 표시는 성과입니다."

이방인들이 유대 절기를 따르는 일이 논란이 되면서 초대 교회는 문제에 직면했습니다. 바울과 바나바는 명확한 답을 찾기 위해 사도들과 장로들을 만났습니다. 그 경위를 들은 예수님의 형제이자 예루살렘교회의 리더였던 야고보는 판단을 내렸습니다. 그는 교회가 이방인들의 구원을 어렵게 만들어서는 안 된다고 말했습니다. 이 메시지를 나머지 교회에 전달하는 데 필요한 자원들이 적재적소에 배치되었습니다.

야고보와 다른 교회 리더들은 하나님 나라를 위한 일을 달성하는 데 자신들의 권력을 사용했습니다. 그들은 그 일이 깔끔하고 신속하게 이루어지도록 만들었습니다. 그들은 결정을 내렸으며, 쟁점을 해결했습니다. 그런 다음에 그 결정을 기록함으로써 잘못된 정보가 전달될 가능성을 막았습니다. 그리고 그 일을 널리 전파할 책임을 다른 사람에게 위임했습니다.

50주 · 1일

권력과 영향력(2)

마태복음 20장 20~28절을 읽으십시오

제자들은 뭔가 낌새를 채고 있었습니다. 스승은 자신이 떠날 것임을 이야기해 왔으며, 그것은 곧 그들이 통치할 날이 임박했다는 의미였습니다. 그러나 제자들은 이 일과 관련하여 예수님의 역할을 명확히 알지 못했고, 예수님은 곧 닥칠 죽음과 부활에 관한 비유로 제자들을 어리둥절하게 만들고 있었습니다. 그들이 예수님의 말씀을 해석하는 데 어려움을 겪고 있는 와중에도 한 가지는 확실히 이해했습니다. 예수님의 사도로서, 그들은 권력과 권위를 가졌다는 사실입니다.

성경은 제자들 사이에서 누가 가장 높은 권력을 소유할지에 관하여 몇 차례 논란이 있었다고 기록합니다. 이 문제는 분명 이 사람들의 관심사였으며 그들 가족들의 관심사이기도 했습니다. 이 대목에서 야고보와 요한의 어머니는 대담하게도 자기 아들들이 예수님의 나라에서 가장 중요하고 강력한 자리에 오르게 해 달라고 요청합니다.

우리가 지난주에 살펴보았듯이 권력은 리더십의 본질입니다. 권력은 다른 사람에게 영향을 미칠 수 있는 능력을 제공합니다. 그것은 선을 행할 수 있는 엄청난 힘입니다. 그러나 많은 사람은 예수님의 제자들처럼 자신만을 위한 권력에 초점을 맞춥니다. 제자들에게 권력은 중요한 기회를 의미했습니다. 그들은 권좌와 지위와 직책의 칭호에만 몰두했습니다. 그러나 예수님은 그들을 엄하게 꾸짖으셨습니다. "전혀 그렇지 않다. 내 나라에서는 그렇지 않다."

권력을 책임감 있게 행사하기 위해서는 "내가 왜 그 권력을 원하는가?"라는 근본적인 물음이 있어야 합니다. 많은 사람이 이러한 질문에 대해 잘못된 대답을 하고 싶은 유혹과 씨름합니다. 어떤 리더는 권력의 지위를 획득하기 위해, 그리고 획득한 다음에는 그 자리를 지키기 위해 다른 사람들과 경쟁을 벌이고, 다른 사람들 위에 군림하기 위해 끊임없이 발버둥치며 살아갑니다. 그러나 예수님은 이 물음에 대해 단 하나의 대답만이 옳다고 말씀하셨습니다.

"나는 하나님과 사람들과 조직을 더 잘 섬기기 위해 권력과 영향력을 발휘하기 원합니다." 하나님으로부터 권력을 위임받은 리더로서, 이에 미치지 못하는 그 어떤 답변도 여러분을 향한 하나님의 신뢰에 부응하지 못할 것입니다.

2일 · 주님께 배우는 리더십

권력과 영향력(2)

마태복음 20장은 한번 읽고 이해하기에는 벅찰 만큼 방대한 자료를 담고 있습니다. 예수님이 권력에 관해 아주 명확하고 유익한 말씀을 하셨기 때문에, 이 단락을 그냥 넘겨 버리는 것은 적절하지 않습니다. 다음의 몇 가지 질문들은 권력이라고 불리는 복잡한, 그리고 잠재적으로 유익하거나 파괴적인 개념에 관한 중요한 신념을 발견하는 데 도움이 될 것입니다.

마태복음 20장 20~28절을 읽으십시오

이 단락에서 예수님은 자신의 권력관을 명확하게 정의하셨습니다. 이 단락을 다시 훑어보면서 자신의 리더십에 비추어서 예수님의 권력관을 생각해 보십시오.

1. 사도들과 예수님이 예루살렘을 향해 걸어가는 모습을 상상하십시오. 17~19절은 이 장면에 어떤 분위기를 조성하고 있습니까?

2. 20~23절에서 예수님이 세베대 가족과 나눈 대화를 보십시오. 21절에서 예수님께서 질문하셨던 내용이 여러분에게도 해당된다고 상상해 보십시오. 여러분은 어떻게 대답하겠습니까? 진정으로 그들이 요청하던 것은 무엇입니까? 명확한 대답을 넘어서, 그들이 꾸는 꿈이 무엇인지 상상해 보십시오. 그들의 (선한, 혹은 그다지 선하지 않은) 동기는 무엇이었을까요?
3. 24절에 있는 다른 사도들의 반응에 주목하십시오. 무엇 때문에 그들이 화를 냈습니까?
4. 25절에서 예수님은 그들이 권력을 권위주의적인 개념으로 이해하고 있다고 확인하셨습니다. "이방인들의 집권자들이 그들을 임의로 주관하고 그 고관들이 그들에게 권세를 부리는 줄을 너희가 알거니와"(25절). 그다음 26절에서 예수님은 그들에게 권력과 리더십을 향한 자신의 관점을 가르쳐 주셨습니다.

생각해 봅시다. 예수님이 승천하신 후, 그들은 모든 책임을 맡아야 했습니다. 그들은 기독교 역사상 가장 높으며 가장 권위 있는 리더가 되어야 했습니다. 그들은 이 사역을 떠맡아야 했지만, 그들이 따라야 할 역사적인, 혹은 문서화된 모델이 전혀 없었습니다. 그들이 유일한 사도였습니다. 그들의 가장 확실한 자격은 개인적으로 친히 예수님께 양육을 받았다는 사실이었습니다. 그들이 참조해야 할 것은 모두 예수님이 보여 주신 모범이었습니다. 예수님은 그들에게 다른 사람 위에 군림하거나 권위를 부정적으로 사용하지 말라고 말씀하셨습니다.

26절과 27절은 권력과 권위의 영향력을 효과적으로 사용하는 방법에 관한 매우 심오한 진술을 기록하고 있습니다. 이 구절을 다시 읽고 이 관점이 리더의 자리에 있는 여러분에게 어떤 영향을 미치는지 생각해 보십시오.

여기에서, 중요한 것은 당장 드러나지 않는다는 것을 주목하십시오. 예수님은 두 가지 리더십 지위를 언급하셨습니다. 그것은 '크다'(great)는 것과 '으뜸'(first)이라는 것입니다. 얼마나 많은 사람이 '큰' 리더가 될 수 있겠습니까? 그리고 얼마나 많은 사람이 '으뜸'가는 리더가 될 수 있겠습니까? '큰' 리더가 되고자 하는 자는 섬기는 자가 되어야 하며, '으뜸'이 되고자 하는 자는 종이 되어야 합니다. 그 차이점은 자신의 자원들을 가지고 얼마나 겸손하게, 어떠한 태도로 다른 사람들을 섬기느냐 하는 것입니다. 이러한 관점에 의문이 든다면 28절에 나타난 예수님의 말씀을 곰곰이 생각해 보십시오.

3일 · 리더십 자기 점검

권력과 영향력(2)

권력을 행사하기 위해서는 언제, 어떻게 위험을 무릅쓰고 모험을 해야 하는지 알아야 합니다. 그것은 비밀이 아닙니다. 그러나 여러분은 얼마나 효과적으로 다른 사람들이 위험을 감수하도록 격려할 수 있습니까? 그것은 변화를 일으키는 리더십의 핵심 가운데 하나입니다. 그 핵심은 여러분을 따르는 자들이 '칸막이 밖으로' 걸어 나오도록 격려하고, 비록 의도된 결과를 얻지 못했을지라도 그들의 최선의 노력을 보상하는 것입니다. 쉴라 머레이 베델(Sheila Murray Bethel)은 이러한 중요한 원리를 바라보는 통찰력을 제공합니다.

요한복음 20장 19~31절을 읽으십시오

도마는 증거가 확실하기 전까지는 자신의 목숨을 감수하려 하지 않았습니다. 그러나 예수님은 자신의 권력을 사용하여 이 회의주의자가 대의를 위해 자기 목숨을 바칠 수 있도록 변화시키셨습니다. 도마는 일단 그가 원했던 증거를 얻은 후에는 결코 뒤돌아보지 않았습니다.

위험을 감수하지 않으면서 지속적인 가치를 성취하는 리더는 없습니다. 많은 경우, 팀이든 조직이든 피해나 손실이나 위험의 가능성에 노출되기 마련입니다. 리더의 명성은 올바른 기회들을 일관성 있게 포착하는 능력에 달려 있습니다.

그러므로 문제는 '위험을 감수하는 최선의 방법은 무엇인가?' 입니다. 쉴라 머레이 베델에 따르면 "위계적 권력 모델(꼭대기에 리더가 있고 나머지 사람들은 모두 그 아래층에 퍼져 있는 피라미드형 모델)에서는 사람들이 단순히 위험을 감수하라는 명령을 받는다고 생각합니다."* 이 접근 방법의 문제점은 그 피라미드 아래쪽에 있는 사람들이 여러 단계의 관리와 서류작업으로 그 위험부담을 걸러내어 분산시키는 데 상당한 노력을 기울이는 경향이 있다는 것입니다. 그 아이디어가 실패한다면, 그 영향력은 조직 전체로 퍼져 나갑니다. 궁극적으로 그와 같은 접근 방법은 창의력과 순발력, 상호책임성을 질식시켜 버렸습니다.

베델은 위험을 감수하는 좀더 효과적인 접근 방법을 제시합니다. 그 방법에는 다른 사람들이 위험을 감당하는 기술을 계발할 수 있도록 리더가 도움을 제공하는 일이 포함되어 있습니다. "그 일을 하시오"라는 일방적인 명령이 아니라, "당신이 생각하기에 그 일이 실행될 필요가 있다면, 행하십시오"라고 아랫사람에게 권고와 조언을 하는 것입니다. 이러한 식의 위험 분산은 지원(support)의 분산, 훈련(training)의 분산, 인정(acknowledgement)의 분산, 보상(reward)의 분산을 동반합니다(STAR=지원, 훈련, 인정, 보상).

베델은 섬김의 리더십에서 권력과 영향력이 어떤 식으로 기능하는지 보여 줍니다. 다시 한 번 앞의 문장을 보면서 위험부담에 무엇이 따르는지 살펴보십시오. '옛 위계적 모델'에서는 위험을 감수하는 사람들을 바보로 만듭니다. 그러나 이 새로운 접근 방법에서, 베델은 위험을 감수하는 사람들을 스타들(STARs)로 만드는 방법을 보여 줍니다. 성경적인 관점에서는 후자의 접근 방법이 훨씬 적합합니다.

노련한 리더는 한 가지 위험부담을 놓고서 장점과 단점을 따지는 일 이상의 일을 감당합니다. 그는 다른 사람들이 그 기회를 포착하여 모두에게 유리한 상황을 만들어 낼 수 있도록 도와줍니다.

4일 · 리더십 업그레이드

권력과 영향력(2)

요한복음 20장 19~28절을 다시 읽고 아래 제시된 도마의 인물 연구를 살펴봅시다. 예수님은 도마에게 모험을 하셨습니다. 그리고 도마에게 예수님을 위해 커다란 위험부담을 받아들이라고 요청하셨습니다. 도마는 그 도전을 받아들였고 죽을 때까지 그것을 행했습니다. 이것은 곰곰이 되새길 만한 가치 있는 리더십입니다.

요한복음 20장 19~28절을 읽으십시오

사도 가운데 한 사람인 도마는 충분한 증거 없이는 믿지 않는 사람으로 기억됩니다. 성경에서는 제자들의 명단 이외에 네 차례 더 그의 이름이 언급됩니다. 이 가운데 처음 도마의 이름이 언급된 두 구절은 요한복음 20장의 내용을 이해하는 데 도움을 줍니다. 요한복음 11장에서 도마는 예수님을 따라 나사로의 무덤에 가는 일에 대해 비관적이고 냉소적인 발언을 합니다. "우리도 주와 함께 죽으러 가자"(11:16). 다른 경우는, 예수님이 제자들에게 자신이 아버지의 집에 거처를 예비하러 갈 것이라고 설명하실 때였습니다. 그때 "도마가 이르되 주여 주께서 어디로 가시든지 우리가 알지 못하거늘 그 길을 어찌 알겠사옵나이까"라고 말했습니다(14:5).

그러나 도마라는 사람을 가장 잘 알게 해 주는 사건은 예수님의 부활 후에 일어났습니다. 부활하신 예수님이 제자들에게 나타나셨는데, 그 당시 도마는 그 자리에 없었습니다. 제자들이 도마에게 예수님을 뵈었다고 말하자, 도마는 제자들의 말을 믿지 않았습니다. 도마는 자신이 납득할 만한 충분한 증거가 있을 때만 믿었습니다. 요한복음 20장 19~28절 사건을 읽어 보십시오. 여드레가 지난 후에 예수님이 도마에게 충분한 증거를 제공하자, 그때서야 "나의 주님이시요 나의 하나님이시니이다"(20:28)라고 외쳤습니다. 증거가 없었다면 그는 믿지 않았을 것입니다. 증거가 제시되자, 그는 예수님을 자신의 주님이자 하나님으로 전폭적으로 받아들였습니다.

예수님은 이에 대해 보지 않고서도 믿는 자들이 복되다고 말씀하셨습니다(29절). 사람들은 부활하신 그리스도의 상처를 보지 않고도 성경의 기록을 믿어야 했습니다. 오늘날에는 모든 그리스도인이 복됩니다. 왜냐하면 "보지 못하고 믿는"(29절) 사람들 가운데 하나이기 때문입니다.

의심했던 사람은 비단 도마뿐만이 아니었습니다. 막달라 마리아가 예수님을 뵈었다고 말했을 때, 제자들은 아무도 그 말을 믿지 않았습니다. 요한은 예수님이 다른 제자들에게 나타나셨을 때에도,

그들에게 예수님의 양손과 옆구리를 보여 주셨다고 기록합니다. 번역상으로는 약간 모호하지만 요한은 예수님이 상처를 보여 주신 후에야 제자들이 믿고 기뻐했다고 지적합니다.

회의를 품었던 자가 도마만은 아니었지만, 성경이 유독 그를 부각하는 까닭은 그가 동료 제자들의 말을 그대로 받아들이지 않았기 때문입니다. 도마가 들었던 내용은 믿기 어려운 것이었습니다. 그리고 그 내용은 중요했습니다. 실제로 그 내용은 생사를 가를 정도로 중요한 것이었습니다. 그래서 도마는 충분한 증거가 없다면 믿지 않으려고 했습니다. 믿을 만한 사람들의 말을 받아들이는 것은 중요합니다. 그러나 확고하고 증명할 수 있는, 실증적인 증거가 필요한 시기를 아는 것도 중요합니다.

우리는 도마를 '의심 많은 도마'라고 부르며 그를 책망합니다. 의심이 생겼을 때, 그는 자신의 믿음과 씨름하며 증거를 구했습니다. 증거가 나타나자 그는 완전히 헌신했습니다. 도마의 생애 가운데 가장 중요한 이 순간, 예수님은 가장 강력하고 지속적인 영향력을 끼치셨습니다. 예수님은 도마에게 명확하고 확실한 정보를 적절하게 전달해 주셨습니다. 우리도 이러한 예수님을 본받아 사람들의 우려를 이해하고 인내심을 가지고 사람들의 의문을 해결해 준다면, 가장 효과적인 영향력을 끼칠 수 있습니다.

5일 · 실행 포인트

권력과 영향력(2)

궁극적으로 권력은 하나님께 속해 있습니다. 이 사실 때문에, 오바댜와 다른 선지자들은 권력에 대한 부적절한 사용을 맹렬히 비난했습니다. 오늘 본문에서 우리는 권력의 고귀하고 고상한 용도를 발견할 수 있습니다. 한 사람의 리더로서 고귀하고 선하게 권력을 사용할 수 있는 방법을 생각해 봅시다.

오바댜 1장 8~14절을 읽으십시오

조직 안에서의 권력은 간단히 말해서 물리적인 힘과 비슷합니다. 권력은 인적, 물리적 자원들을 동원하여 성과를 이루어 내는 능력입니다. 그러므로 권력의 참된 표시는 공포나 테러나 폭정이 아니라 성과입니다.*

권력은 복합적입니다. 권력은 악하게도(공포나 테러나 폭정), 선하게도(목표 달성, 업적) 사용될 수 있습니다. 오바댜는 에돔 사람들을 정죄했습니다. 그들은 사소하지만 중요한 권력의 용도, 즉 힘없는 사람들을 보호하는 일을 경시했기 때문이었습니다. 하나님의 많은 선지자들이 힘없는 사람들의 곤경을 무시하지 말라고 경고했습니다. 이스라엘의 왕들은 그들의 권력을 사용하여 약자들을 보호할 책임이 있었습니다. 하나님의 기준에서는 그것이 바로 리더에게 권력을 맡기신 이유 가운데 하나입니다. 그리고 그 조직 안에서 권력이 남용되고 있으면 리더들은 그 문제를 해결해야 할 도덕적인 책임이 있습니다.

리더는 자신의 권력을 사용해 조직이 그 목표들을 달성하도록 도울 책임이 있습니다. 그러나 이러한 과정에서, 리더들은 권력을 부적절하게 사용하지 않도록 주의해야 합니다. 권력에 대한 성경의 명령은 그렇게 자주 등장하지 않습니다. 한 조직 안에서 공식적이거나 비공식적으로 리더의 '공포나 테러나 폭정' 가운데서 살아가는 사람들에게, 가장 적절한 권력의 용도는 그들을 압제하는 사람들로부터 건져 내는 것입니다.

너희 중에 누구든지 크고자 하는 자는 너희를 섬기는 자가 되고
너희 중에 누구든지 으뜸이 되고자 하는 자는 너희의 종이 되어야 하리라
인자가 온 것은 섬김을 받으려 함이 아니라
도리어 섬기려 하고 자기 목숨을 많은 사람의 대속물로 주려 함이니라

● 마태복음 20장 26~28절

51주 · 1일

섬김의 리더십(1)

요한복음 13장 1~17절을 읽으십시오

탁월한 NBA 코치인 팻 라일리는 "나라는 위험"에 대해 다음과 같이 언급했습니다. "팀을 이루는 개인에게 가장 어려운 일은 희생입니다. 팀 안에서 이기적이기란 매우 쉽습니다. 자신만을 위한 플레이를 하는 거지요. 방어 자세를 버리고, '나는 이런 사람인데, 내 마음을 터놓고 내가 할 수 있는 일은 다 하겠다'고 말했다가는 상처를 입기 십상입니다. 그러나 그것이 당신이 해야 할 일입니다. 기꺼이 희생한다는 것은 대단한 역설입니다. 미래의 더 나은 것을 얻기 위해서는 현재 당면한 것들, 즉 편안함, 안락함, 인정, 손쉬운 보상 등을 포기해야 합니다."*

농구 코트 위의 진리는 삶에서도 적용됩니다. 다른 사람을 섬기기란 힘든 일입니다. 다른 사람의 이익을 위해 여러분의 에너지와 자원을 사용하는 것은 지치는 일입니다. 십자가에 달리시기 전날 밤 예수님은 누구보다 이 점을 더 잘 보여 주셨습니다. 예루살렘에서 제자들과 계실 때에 예수님은 상상도 할 수 없는 일을 행하셨습니다. 당시 발을 씻어 주는 관습을 수행할 하인이 없자 예수님께서 그 역할을 대신 하셨습니다. 스승님이 하인이 되셨습니다. 가장 위대하고 가장 높으신 분이 가장 작고 가장 낮은 자가 되셨습니다.

예수님은 자신에 대해 확신이 있었기에 이 일을 할 수 있었습니다. 예수님은 자신이 누구며, 어디로 가실지 아셨습니다(3절). 또한 제자들을 사랑하셨기 때문에 그렇게 그들을 섬기셨던 것입니다(1절). 예수님은 제자들의 발을 다 씻기신 다음, "내가 너희에게 행한 것같이 너희도 행하게 하려 하여 본을 보였노라"(15절)고 말씀하셨습니다. 주님은 자신이 행한 '그대로' 행하라고 하시지 않고 자신이 행하신 것'같이' 행하라고 하셨습니다. 풀타임으로 발 씻기는 일만 하라는 뜻이 아니라 다른 사람을 풀타임으로 섬기는 종이 되라는 것이었습니다. 그들은 섬기는 리더가 되어야 했습니다.

여러분은 예수님을 따르는 사람입니까? 예수님의 제자가 되고자 합니까? 그렇다면 예수님이 행하신 것같이 섬기기 위해 헌신하십시오. 여러분의 에너지를 사용해 다른 사람들을 섬기십시오. 왜 우리는 예수님이 하시는 일에 감동을 받을까요? 섬기는 리더가 되기란 왜 그렇게 어려울까요? 어떻게 주님의 본을 따를 수 있을까요? 섬기는 리더로서 예수님의 성품에 대한 통찰을 더 얻기 원한다면, 이사야 53장을 읽으십시오.

2일 · 주님께 배우는 리더십

섬김의 리더십(1)

대개, 리더십 기술은 다른 사람들을 섬기는 일보다는 개인적인 유익과 경력을 쌓는 데 사용됩니다. 그렇지만 하나님은 아들의 삶과 사역을 통해 리더십이란 다른 사람을 위해 사용되는 데 그 목적이 있음을 보여 주셨습니다. 오늘 본문에서는 고난받는 종의 사명을 검토해 봅시다.

이사야 52장 13절~53장 12절을 읽으십시오

고대 종교에서 사람이 신에게 희생제물을 드리는 일은 보편적인 일이었습니다. 그러나 신이 인간을 위해 희생한다는 개념은 상상조차 할 수 없었습니다. 유대인들은 경전에 그 사실이 예언되어 있음에도 불구하고 그와 같은 개념을 가지고 있지 않았습니다. 예수님이 부활하신 후에 엠마오로 가는 두 제자들을 이렇게 꾸짖으신 것도 그런 이유 때문입니다. "미련하고 선지자들이 말한 모든 것을 마음에 더디 믿는 자들이여 그리스도가 이런 고난을 받고 자기의 영광에 들어가야 할 것이 아니냐"(눅 24:25~26). 유대인들은 자신들을 로마의 속박에서 건져 내 줄 강력한 메시아를 고대했기 때문에 죄와 죄책감이라는 더 큰 예속에서 자신들을 구원할 고난받는 메시아에 대한 예언은 간과했습니다.

예수님은 구약 성경의 예언을 성취하셨습니다. 이사야서에 나오는 고난받는 종으로서, 예수님은 이 땅에 오신 자신의 목적을 명확하게 전달하셨습니다. "인자가 온 것은 섬김을 받으려 함이 아니라 도리어 섬기려 하고 자기 목숨을 많은 사람의 대속물로 주려 함이니라"(막 10:45). 예수님은 십자가 상에서 희생제물이 되어, 섬김의 리더십의 본을 보이셨습니다. 이 섬김의 모범은 그 이전과 그 이후의 모든 섬김을 능가합니다(롬 5:6~8).

그리스도께서는 우리의 질고를 지고 우리의 슬픔을 당하셨습니다(사 53:4). 우리가 이 사실을 믿는다면, 그분이 우리를 섬기신 것처럼 우리가 다른 사람들을 섬기지 못할 이유가 있겠습니까? 섬김의 리더십을 온전히 수용하기 위해 하나님과 우리 자신에 대해 어떻게 생각해야 하겠습니까?

3일 · 리더십 자기 점검

섬김의 리더십(1)

언젠가는 세상의 모든 사람이 예수님의 이름 앞에 무릎을 꿇게 될 것입니다. 그렇지만 예수님은 이 땅에 종의 모습으로 오셨습니다. 그리고 그분은 자신을 따르는 사람들이 다른 사람들에게 예수님을 향한 섬김을 표현할 것을 기대하십니다. 오늘 본문을 펴서, 이 세상이 바라보는 리더십과 말씀이 바라보는 리더십을 대조해 봅시다.

마가복음 9장 33~37절을 읽으십시오

섬김의 리더십에 관한 성경적인 견해는 우리가 다른 사람을 섬기는 것이 하나님을 섬기는 것을 드러내는 척도임을 명확히 증거합니다. 그리스도께서 바로 이러한 섬김의 모범이십니다. 그리고 예수님은 자신을 따르는 자들에게 그들을 섬긴 자신을 본받으라고 명령하십니다. 제자들의 발을 씻기시면서 예수님은 하나님 나라의 권력을 어떻게 사용해야 하는지 눈으로 볼 수 있는 비유를 베푸셨던 것입니다. 예수님은 식탁으로 다시 돌아와서, 제자들이 방금 경험한 일의 의미를 설명해 주셨습니다. "내가 너희에게 행한 것같이 너희도 행하게 하려 하여 본을 보였노라 내가 진실로 진실로 너희에게 이르노니 종이 주인보다 크지 못하고 보냄을 받은 자가 보낸 자보다 크지 못하나니 너희가 이것을 알고 행하면 복이 있으리라"(요 13:15~17).

예수님의 제자들은 "그중 누가 크냐"(눅 22:24, 마 20:20~28 참조)는 문제를 놓고 여러 번 다투었습니다. 제자들이 예수님의 나라 안에서 최고 지위를 놓고 다툼을 벌이자, 예수님은 그들에게 하나님의 자녀가 가는 길은 이 세상의 길과는 근본적으로 달라야 한다고 가르쳐 주셨습니다. 지상의 지배자들은 권력과 통제를 추구하지만 그리스도를 따르는 사람이라면 "누구든지 첫째가 되고자 하면 뭇사람의 끝이 되며 뭇사람을 섬기는 자가 되어야"(막 9:35) 합니다.

예수님은 "자기 목숨을 얻는 자는 잃을 것이요 나를 위하여 자기 목숨을 잃는 자는 얻으리라"(마 10:39)고 말씀하셨습니다. 여러분은 섬김의 리더십에 이 진리를 어떻게 연결시키겠습니까?

4일 · 리더십 업그레이드

섬김의 리더십(1)

최근 들어 섬김의 리더십이라는 개념이 유행하고 있습니다. 그러나 그것은 결코 새로운 것이 아닙니다. 예수님은 누구든지 자신을 따르는 사람들에게는 섬김의 리더십을 근본적인 성품으로 갖추라고 요청하셨습니다. 또한 말씀만 하신 것은 아니었습니다. 예수님은 섬김의 리더십에 있어서 최고의 모델이셨으며, 지금도 그렇습니다. 예수님은 땅 위에서 일하셨을 때와 같이 지금도 자신이 이끌어 가는 사람들을 섬기십니다. 오늘 본문은 섬김의 리더십을 발휘하고자 하는 리더에게 필요한 본질적인 교훈을 줍니다.

요한계시록 5장 1~14절을 읽으십시오

그리스도께서 높임을 받으시는 광경을 묘사한 본문은 독자에게 감탄을 불러일으킵니다. 부활하셔서 최고의 자리에 올라간 그리스도의 모습은 얼마나 굉장한 광경입니까. 이러한 모습의 예수 그리스도를 단지 '리더'라고만 부르기에는 어딘가 부족한 듯합니다. 게다가 이러한 예수 그리스도를 종이라고 부른다면 어떻겠습니까? 신성모독일 것입니다. 예수님이 그러한 호칭을 얻기 위해 이루 말할 수 없는 힘든 일까지 감당하셨다는 사실만 아니라면 말입니다.

이사야 선지자는 하나님의 아들인 예수님이 고난받는 종이 될 것임을 예언했습니다(사 33). 그리고 예수님은, 섬김이 위대함에 이르는 길이라고 명확하게 선언하시며 일생을 그렇게 사셨습니다(마 20:28). 또한 바울은 예수님이 섬김의 리더십에서 최고의 모범임을 확증합니다. 그는 빌립보 교회에 "그리스도 예수… 그는 근본 하나님의 본체시나… 오히려 자기를 비워 종의 형체를" 가지셨다고 말했습니다(빌 2:5~7).

과거와 현재 그리고 미래에 계속해서 영향을 미치는 예수님처럼 세상에 영향을 끼칠 이는 아무도 없습니다. 일찍이 예수님을 따랐던 사람들은 이 사실을 목격했습니다. 요한은 예수 그리스도를 모든 주의 주시며, 모든 왕의 왕이라고 높입니다(계 17:14). 바울은 "이러므로 하나님이 그를 지극히 높여 모든 이름 위에 뛰어난 이름을 주[셨다]"고 천명합니다(빌 2:9). 예수님은 섬김을 통해 사람들을 이끌어 가야 한다고 주장하셨습니다. 예수님의 명령에 트집을 잡을 사람은 아무도 없습니다. 예수님 자신이 친히 섬김의 모델이 되셨기 때문입니다. 확실히 예수님은 위대함이 무엇인지 본을 보이셨습니다. 예수 그리스도는 가장 뛰어난 섬김의 리더이십니다.

5일 · 실행 포인트

섬김의 리더십(1)

예수님이 섬김의 리더십이 무엇인지를 보여 주는 성경 자료를 샅샅이 다루려면 얼마나 많은 날이 필요할까요? 지금 여기에서 다룰 수 있는 양보다 훨씬 많을 것입니다. 그러나 우리는 하루만 더 투자해 우리의 대스승이신 예수님으로부터 중요한 교훈을 얻도록 하겠습니다. 오늘은 히브리서 말씀을 살펴봅시다.

히브리서 4장 14~16절을 읽으십시오

예수님은 낮은 지상에서 그랬듯이 하늘의 보좌로 올라가신 후에도 섬김을 통해 우리를 이끄십니다. 그분은 성부 하나님의 오른편에 앉아 계시며 모든 것 위에 군림하십니다. 그러나 그분의 관심과 열정은 그분을 따르는 사람들의 유익에 있습니다. 그분은 우리가 당했던 시험을 기꺼이 당하셨기 때문에 우리의 약함을 깊이 공감하십니다. 예수님은 엄청난 값을 지불하셨기 때문에 이렇게 말씀하실 수 있습니다. "담대히 나의 은혜의 보좌 앞으로 나아오라. 내가 이해한다. 네가 있었던 곳에 나도 있었다." 히브리서 2장 10~18절에서, 히브리서 기자는 우리의 유익을 지속적으로 추구하시는 예수님의 모습을 다시 한 번 자세히 다룹니다. 그 대목을 주의 깊게 읽고 우리 존재의 깊숙한 곳까지 그 메시지를 받아들이십시오. 이것이 본질적인 진리입니다.

위대한 리더가 되고자 하는 사람은 섬길 수 있는 능력을 최대한 계발해야 합니다. 시간을 내어 히브리서의 이 두 단락을 집중해서 지속적으로 묵상한다면, 진정한 섬김에 필요한 가치를 형성하는 탁월한 출발점을 얻을 것입니다.

예수님은 세상이 아는 가장 위대한 섬김의 리더이십니다. 어떻게 섬김을 통해 이끌어 가야 할지 그분의 가르침에 귀를 기울이십시오.

52주 · 1일

섬김의 리더십(2)

사도행전 4장 36~37절을 읽으십시오

예수님은 위대한 섬김의 리더인 동시에 하나님의 아들이셨습니다. 우리는 그분이 정하신 기준에 미칠 수 있을까요? 보통 사람들도 진정한 섬김의 리더가 될 수 있을까요? 이러한 본을 이상적이거나 도달하기 힘든 것으로 간주하기 전에, 또 다른 섬김의 리더였던 바나바를 간략하게 살펴봅시다.

바나바는 교회의 위대한 리더 가운데 한 사람입니다. 오늘 구절에서는 그가 위대한 리더가 된 까닭을 발견할 수 있습니다. 그는 베푸는 자였습니다. 그는 교회가 자신을 섬기고 자신의 필요를 채워주기 위해 존재하는 것이 아니라, 자기가 교회의 유익을 위해 존재한다고 믿었습니다.

리더가 되는 사람은 자신과 조직에 대한 두 개의 근본적이면서도 상반되는 태도 중 하나를 선택할 수 있습니다. 한 가지 관점은 리더가 조직에서 가능한 많은 특전이나 특권을 얻어 내도록 부추깁니다. 이 모델에서, 조직은 직함과 직장과 지위와 봉사를 제공하기 위해 존재합니다. 두 번째 관점은 리더 스스로 자신이 그 조직에 무엇을 기여할 수 있는지 평가할 것을 요구합니다. 이 시나리오에서 리더는 그 조직에서 필요한 것을 감당합니다. 그의 열정은 조직을 위대하게 만들고 조직에서 필요한 것을 채워 줍니다.

두 번째 관점을 따르는 리더가 바로 섬김의 리더입니다. 바나바는 이러한 본을 아주 효과적으로 보여 주었습니다. 그의 삶을 통해서 이러한 태도의 체계적인 원리를 알 수 있습니다. 간단히 말해서, 바나바는 다른 사람들이 생산적이고 만족스러운 삶을 살도록 돕기 위해 하나님의 부르심을 받았다고 믿었습니다.

좋은 리더들은 좋은 일을 행합니다. 그러한 삶도 의미가 있습니다. 그러나 섬김의 리더들은 위대한 일을 행합니다. 그들은 다른 사람들을 섬김으로써 다른 사람들이 의미 있는 삶을 살 수 있도록 도와줍니다. 섬김의 리더십은 위대한 리더십입니다. 바나바의 삶은 수많은 리더십의 진수를 보여 주지만, 그 가운데서도 가장 중요한 것은 섬김의 리더십입니다. 바나바의 성품을 간략하게 살펴보고 그가 바울과 마가를 위대한 리더로 양육한 방식에 주목해 봅시다.

2일 · 주님께 배우는 리더십

섬김의 리더십(2)

우리는 2주에 걸쳐 섬김의 리더십을 공부하고 있습니다. 오늘의 본문은 궁극적인 섬김의 리더이신 예수님이 행하신 일의 일면을 보여줄 뿐 아니라, 섬김의 리더십이 불러오는 핵심적인 결과들에 대해서도 몇 가지 통찰을 제시합니다.

마가복음 10장 35~45절을 읽으십시오

예수님은 섬김이 올바른 리더십의 길이라고 가르치셨습니다. 로버트 그린리프(Rovert Greenleaf)는 섬김의 리더십이 어떻게 시작되고 어떤 결과를 낳게 되는지 핵심적으로 잘 지적하고 있습니다.

"섬김의 리더는 먼저 종입니다. …그것은 섬기고 싶다는 감정, 먼저 섬기고자 하는 자연스러운 감정에서 시작됩니다. 그다음에 남을 이끌어 가고자 하는 열망이 의식적으로 생겨납니다. 그런 사람은 비상한 권력욕을 만족시키거나 물질적인 재물을 획득하기 위해 리더가 되려는 사람과는 판이하게 구별됩니다. 그러한 사람에게 있어서 섬긴다는 것은 나중의 선택이 될 것입니다. 리더십이 확보된 다음에 말입니다. '리더 우선'과 '섬김 우선'은 극단적으로 서로 대치되는 유형입니다. 그 양 극단 사이에서 무한하게 다양한 인간 본성의 미묘한 차이와 조합이 나타나는 것입니다."*

리더가 진정으로 섬기고 있음을 어떻게 알 수 있습니까? 그린리프는 이렇게 말하고 있습니다. "최상의 테스트이자 실행하기 어려운 테스트는 바로 이것입니다. 섬김을 받고 있는 사람들이 인격자로 성장하고 있습니까? 그들이 섬김을 받으면서 더 건강해지고, 더 지혜로워지고, 더 자유롭게 되고, 더 자율적이 되고, 그들 자신도 섬기는 자들이 되고 있습니까?"

예수님의 경우를 살펴봅시다. 예수님께서 제자들에게 알려 주기 원하셨던 핵심적인 메시지는, 하나님 나라의 리더는 섬김의 리더라는 것이었습니다. 이것을 납득시키기 위해 예수님은 "인자가 온 것은 섬김을 받으려 함이 아니라 도리어 섬기려"(45절) 하는 것이라고 말씀하셨습니다. 예수님은 단순히 말로만 섬김의 리더십을 강조하신 것이 아니라 그것을 삶으로 직접 보여 주셨습니다.

실제로, 예수님께서 이 땅에 오신 유일한 이유는 하나님을 섬기고, 자신의 죽음과 부활을 통해 인류를 섬기기 위한 것이었습니다. 예수님의 제자들은 예수님을 만난 이후 모든 면에서 훨씬 더 나은 사람이 되었습니다. 비록 예수 그리스도가 창세전에 계셨으며, '리더 우선'으로 행하실 모든 권한을 갖고 계셨음에도 불구하고, 45절에 있는 예수님의 말씀은 말할 필요도 없이 '섬김 우선'이 그분의 패러다임이었음을 보여 주고 있습니다. 예수님은 제자들의 생각이 좀더 면밀하게 '섬김 우선' 모델과 일치하도록 초점을 맞추셨습니다. 그린리프의 통찰력 있는 구분은, 우리가 그 초점을 행동으로 옮길 수 있도록 정신적인 진로를 설정해 줍니다.

3일 · 리더십 자기 점검

섬김의 리더십(2)

제자들이 권력의 자리를 놓고서 다툼을 벌일 때, 예수님께서는 진정으로 권력을 지니고 있는 사람이 누구인지 일깨워 주셨습니다. 그 교훈은 우리가 우리 자신의 리더십 위치를 고려하면서 명심해야 할 교훈입니다. 오늘 본문에서는 누가 하나님 나라에서 권력을 쥐고 있는지 살펴봅시다.

누가복음 22장 24~30절을 읽으십시오

여기에서 예수님의 가르침은 약간 다른 방침(경로)을 택하고 있습니다. 우리는 이미 권력을 놓고 다툼을 벌이는 제자들의 이야기를 살펴보면서 성경이 이야기하는 섬김의 리더십을 공부했습니다. 그러나 여기에서 예수님은 또한 권력 구조 속에서 그분의 역할을 명시하고 계십니다. 29절과 30절을 보십시오.

예수님께서는 제자들이 먼저 섬기는 자가 되어 이끌어야 한다는 중요한 개념을 깨닫기를 원하셨습니다. 그러나 제자들은 주님의 나라에서 자신의 다양한 역할들만 생각하면서 자신들이 차지하고 싶은 권력과 위신에 집중했습니다. 제자들은 자신이 가장 중요한 역할을 맡게 될 것이라고 생각했습니다.

그러나 주님께서는 그들이 망각한 한 가지 통찰을 의도적으로 언급하시며 그들의 논쟁을 막으셨습니다. 즉 '그들에게 나라를 주실' 분은 예수님이라는 사실이었습니다. 성부 하나님께서 예수님께 그 권세를 주셨습니다. 그리고 하나님 나라 안에서의 권력 구조는 세상이 권력으로 인식하고 있는 것과는 판이하게 달랐습니다.

대스승에게서 즉각적으로 이러한 평가를 받은 그들의 풀 죽은 표정을 상상해 보십시오. 예수님의 말씀은 제자들의 정신을 깨웠을 것입니다. 비록 그들이 하나님과 다른 사람들을 섬기기 위해 무슨 일을 하라고 부르심을 받았는지는 완전히 이해하지 못했을지라도, 충분히 배웠을 것입니다.

여러분은 다른 사람들과 권력을 놓고 경쟁을 벌인 적이 있습니까? 그러한 상황 가운데 누가 권력을 지니고 있는지 기억하기 바랍니다. 리더십을 임명하고 권한을 부여하시는 분은 바로 하나님이십니다. 그리고 아주 성공적인 리더들은 하나님 나라의 가치들을 기꺼이 나누고자 하며 자신을 따르는 사람들을 섬긴다는 사실도 기억하십시오.

4일 · 리더십 업그레이드

섬김의 리더십(2)

리더가 권력을 사용하는 방식은 그 사람의 리더로서의 자질을 드러냅니다. 리튼 포드(Leighton Ford)는 우리의 권력이 다른 사람들을 섬기는 데 사용되어야 한다는 점을 일깨워 주고 있습니다. 어떻게 그렇게 할 수 있을까요? 바울은 오늘 본문에서 몇 가지 실제적인 지침을 제공합니다.

디모데전서 5장 1~25절을 읽으십시오

Transforming Leadership(변화를 일으키는 리더십)에서 리튼 포드는 다음과 같이 말합니다. "진리에 관한 문제 다음으로, 권력에 관한 문제는 리더에게 가장 중요합니다. 그리고 바로 이 권력과 리더가 어떤 관계를 맺느냐가 리더십에 대한 통속적인 이해와 예수님의 리더십 사이에서 가장 크게 대조되는 점입니다."*

포드는 예수님보다 더 큰 권력을 가졌던 자는 결코 없다고 결론 내렸습니다. 예수님은 사나운 폭풍을 잠잠케 하실 수 있으며, 귀신들을 내쫓을 수 있으며, 눈먼 자의 눈을 뜨게 하실 수 있으며, 무화과나무에 저주를 내려서 말라죽게 하실 수 있었습니다. 그렇지만 예수님은 꾸준히 자신의 권세를 다른 사람들을 섬기는 데 사용하셨습니다(마 20:28, 요 13:1~17). 그리고 예수님은 자신을 따르는 사람들에게 그와 똑같이 행하라고 요청하셨습니다(요 13:15).

우리가 그 일을 어떻게 할 수 있습니까? 사도 바울은 초대 교회의 리더들에게 다른 사람들을 자신의 가족처럼 대하라고 권면하셨습니다. 리더가 자신을 따르는 사람들을 이런 관점으로 대한다면, 도움이 필요한 사람들을 위해 자신의 영향력을 사용하는 것에 좀더 집중할 수 있습니다. 바울이 준 교훈들은 교회를 위한 것이지만, 회사나 교실에서, 그리고 이웃에게도 적용할 수 있습니다.

여러분은 한 사람의 리더이며, 여러분이 이끌고 있는 사람들을 향한 권력과 영향력을 지니고 있습니다. 여러분은 여러분의 조직 구성원들을 한 식구로 생각해 본 적이 있습니까? 제대로 기능하는 가족과 제대로 기능하는 조직의 공통점들을 생각해 보십시오. 서로 돌아보고 관심을 갖고 사랑하는 자질들은 최고의 우선순위에 속하는 일들입니다. 그러한 자질들은 예수님의 목록에서도 아주 높은 자리를 차지하고 있었습니다. 한 사람의 리더로서, 예수님의 모범을 따라 여러분을 따르는 사람들을 섬기십시오.

5일 · 실행 포인트

섬김의 리더십(2)

바울은 특이한 경력의 디모데를 뽑아서 빌립보 교회의 리더로 세우고 빌립보 교인들을 잘 섬기라고 부탁하였습니다. 오늘 본문에서, 바울은 섬기는 리더의 참된 모습을 간략하게 묘사해 주고 있습니다. 이 자질들이 위대한 리더십을 발휘하는 데 어떠한 역할을 하는지 살펴봅시다.

빌립보서 2장 19~24절을 읽으십시오

이 단락에서 바울은 디모데가 왜 위대한 섬김의 리더인지 설명하고 있습니다. 그는 다른 사람들의 행복에 진정한 관심을 갖고 있었습니다. 디모데는 섬김의 리더십의 세 가지 원리를 구현하였습니다.

첫째, 섬기는 리더는 자신의 리더십이 어떤 결과를 낳을지 규정해야 합니다. 만약 리더십의 결과로 특권이나 위신을 갖기 바란다면, 그는 섬기는 것이 아니라 섬김 받기를 기대하는 리더입니다. 디모데는 다른 사람들의 복지에 큰 관심을 가지고 있었습니다. 이 단어들은 각각 아주 중요합니다.

둘째, 섬김의 리더는 자신이 섬기는 대상을 알고 있습니다. 이러한 이해와 더불어, 자신이 다른 사람들에게 그리고 궁극적으로는 하나님께 책임을 져야 한다는 사실을 알게 됩니다. 디모데는 바울이 부탁한 사람들을 섬김으로써 바울을 섬겼습니다. 바울과 디모데는 주님을 섬겼으며, 주인이신 주님께서 부탁하신 것을 달성하기 위해 빌립보의 교인들을 도왔습니다.

이러한 관점이 없다면 섬김의 리더는 이끌어 갈 수 없습니다. 그러한 사람은 은연중에 사람들에게 '리더'가 단지 조직의 심부름이나 해 주는 사람일 뿐이라는 인상을 전달하게 됩니다. 그러나 누가 리더를 이끌어 가고 있는지 철저하게 알고 있다면, 섬김의 리더는 마음속에 하나님 나라를 품고 이끌어 갈 수 있습니다. 디모데는 이 사실을 이해하고 있었습니다. 바울은 이런 디모데를 "예수 그리스도의 일을 구하지 아니하[고]" 사익을 추구하는 리더들과 대조하였습니다(21절).

마지막으로, 섬김의 리더들은 드뭅니다. 바울은 디모데와 같은 사람이 없다고 썼습니다(20절). 예수님은 위대하게 섬길수록 더 위대한 리더라고 가르치셨습니다(마 20:26~28). 디모데처럼, 자신을 따르는 사람들이 성공할 수 있도록 조직을 섬기는 리더는 매우 특별하며 지극히 소중합니다.

2주 1일	찰스 스윈돌, 『그리스도를 닮기 위한 영감의 사색』, 예향, 2002.
2주 5일	Robert Rosen, *Leading People*, Viking penguin, 1996.
3주 5일	오그 만디노, 『성공대학』, 문진출판사, 1982.
4주 5일	Lee N. June and matthew Parker. *Men to Men*, Zondervan Publishing, 1996.
5주 5일	R. C. Sproul, *One Holy Passion*, Thomas Nelson, 1987.
6주 5일	빌 하이벨스, 『아무도 보는 이 없을 때 당신은 누구인가?』, 한국기독학생회출판부, 2007.
7주 5일	Thomas Merton, *The Wisdom of the Desert*, 1960.
8주 1일	제임스 쿠제스, 베리 포스너, 『마지막 경영혁명: 크레더빌러티』, 다은, 1994.
8주 3일	R. C. 스프라울, *One Holy Passion*, 1987
8주 5일	하워드 헨드릭스, 윌리엄 헨드릭스, 『멘토링으로 성장하는 법』, 요단출판사, 2004.
9주 5일	리처드 백스터, 『참 목자상』, 생명의말씀사, 2003.
10주 5일	시드 버젤, *Leadership and Management Course Syllabus*, 덴버신학교, 1996.

11주 5일	Vernon Grounds, *Radical Commitment*, Multnomah, 1984.
12주 5일	피터 드러커, 「성과를 향한 도전」, 간디서원, 2004.
13주 5일	릭 워렌, 「목적이 이끄는 교회」, 디모데, 2008.
14주 5일	헨리 클라우드, 존 타운센트 「노(NO)라고 말할 줄 아는 그리스도인」, 좋은씨앗, 2000.
15주 5일	마이클 해크먼, 크레이그 존슨, 「소통의 리더십」, 에피스테메, 2010.
17주 4일	버트 나누스, 「리더는 비전을 이렇게 만든다」, 21세기북스, 1994.
17주 5일	버트 나누스, 「리더는 비전을 이렇게 만든다」, 21세기북스, 1994.
18주 5일	존 파이퍼, 「하나님을 기뻐하라」, 생명의말씀사, 2009.
19주 5일	Bob Briner, *Business Basics from the Bible*, Zondervan Publishing House, 1994.
20주 4일	John R. P. French and B. Raven, "The Basis of Social Power" in *Studies in Social Power*, D. Cartwright. Ann Arbor: University of Michigan, Institute for Social Research, 1959.
20주 5일	제임스 콜린스, 제리 포라스, 「성공하는 기업들의 8가지 습관」, 김영사, 2000.
21주 3일	Kay Mills, *This Little Light of Mine*, Dutton Signet, 1993.
22주 5일	Alan Wilkins, *Developing Corporate Character*, Jossey-Bass, 1989.
23주 5일	Ted W. Engstrom, *The Making of a Christian Leader*, Zondervan Publishing House, 1976.
24주 5일	John Hardwig, "in Search of an Ethics of Personal Relationship", *in Person to Person*, 1989.

26주 5일	해돈 로빈슨, 「성경적인 의사결정법」, 디모데, 2000.
27주 5일	Chris Argyris, "Teaching Smart People How to Learn", *Harvard Business Review*(May-June 1991).
28주 5일	워렌 베니스, 버트 나누스, 「리더와 리더십」, 황금부엉이, 2006.
29주 1일	Judson Poling and Bill Perkins, *The Journey*, Zondervan Publishing House, 1996.
29주 5일	John Perkins, *With Justice for All*, Regal Books. 1982.

30주 5일	ed. Novella Carter, Matthew Parker, *Women to Women*, Zondervan Publishing House, 1996.
31주 5일	Evis, DeBella and Gould, "Understanding Organizations as Learning System", *Sloan Management Review*, Winter 1995, pp73-85.
32주 5일	Karl Albrecht, *The Northbound Train*, AMACOM, 1994.
33주 5일	찰스 만츠, P. 심스 2세 「슈퍼리더십」, 경문사, 2002.
34주 5일	Donald Schon, *Educating the Reflective Practitioner*, Jossey-Bass, 1987.
35주 1일	Pat Riley, *The Winner Within*, Rile and Company, Inc., 1993.
35주 5일	맥스 드프리, 「리더십은 예술이다」, 한세, 2003.
35주 5일	Herbert G. Heneman, Donald P. Schwab, John A. Fossum, Lee D. Dyer, "Organizational Rewards and Employee Motivation," Personnel / Human Resource Management.
37주 5일	Paul Hersey, Kenneth H. Blanchard, Dewey E. Johnson, *Management of Organizational Behavior*, Leadership

Studies, Inc.
39주 1일 Rodney L. Cooper, *Shoulder to Shoulder*, Zondervan Publishing House, 1997.
39주 5일 Fred Smith, "Dissecting Sense from Nonsense: Insights from a Layman", *Leadership Journal*, Winter 1980.
40주 5일 케논 캘러한, 『영향력으로 남는 교회』, 생명의말씀사, 2005.

41주 5일 피터 센게, 『제5경영』, 세종서적, 2002.
42주 5일 John R. Katzenbach, Douglas K. Smith, *The Wisdom of Teams: Creating the High-Performance Organization*, McKinsey & Company, Inc., 1993.
43주 5일 피터 드러커, 『피터 드러커의 자기경영노트』, 한국경제신문사, 2003.
44주 5일 Dave Dravecky, Connie Neal, *Worth of a Man*, Zondervan Publishing House, 1996.
45주 5일 밥 브리너, 『예수처럼 경영하라』, 청림출판, 2006.
46주 5일 도널드 필립스, 『비전을 전파하라』, 한스미디어, 2006.
47주 1일 지그 지글러, 『성공을 정복하는 방법』, 드림21, 2004.
48주 2일 제임스 맥그레거 번즈, 『리더십 강의』, 생각의나무, 2000.
48주 5일 잭 캔필드, 마크 빅터, 『영혼을 위한 닭고기 수프』, 푸른숲, 2008.
49주 4일 John R. P. French, B. Raven, *Studies in Social Power*, Institute for Social Research, 1959.
49주 5일 Rosabeth Moss Kanter, "Power Failure in Management Circuit." *Harvard Business Review*, July-August, 1979.

50주 3일	쉴라 머레이 베델, 『리더: 변화를 이끄는 자』, 씨앗을뿌리는사람, 2006.
50주 5일	Rosabeth Moss Kanter, "Power Failure in Management Ciricuits," *Harvard Business Review*, July-August, 1979.
51주 1일	Pat Riley, *The Winner Within*, Riles and Company, Inc., 1993.
52주 2일	로버트 K. 그린리프, 『서번트 리더십 원전』, 참솔, 2006.
52주 5일	Leighton Ford, *Transforming Leadership*, InterVarsity Press, 1991.

2부

리더십 주제별 성구 스터디

자기 계발

인격

창 19:14
롯은 변덕스런 사람이어서 사위들조차 그를 신임하지 않았습니다. 리더의 인격에 일관성이 없다면 진실을 말해도 사람들은 믿지 않을 것입니다.

창 39:22~23
계속해서 일관된 인격을 보여 주었던 요셉은 주위 사람들에게 신임을 얻었습니다. 그는 사람들의 존경을 한몸에 받는 믿음직하고 정직한 사람이었습니다.

신 17:14~20
이 규정은 사무엘이 이스라엘의 첫 왕에게 기름 붓기 수백 년 전에 세워진 것으로서, 왕이 갖추어야 할 인격을 설명합니다. 세 가지 금지 조항은 돈, 섹스, 권력의 유혹에 관한 것이며, 두 가지 의무 조항은 하나님의 말씀을 중시하고 겸손과 책임을 겸비하는 것입니다. 이것은 오늘날 경건한 리더들에게 필요한 자질입니다.

자기 계발 · 인격

삿 19:1~20:48

이 슬픈 이야기는 여호와를 버린 이스라엘 백성이 얼마나 심각하게 타락했는지를 보여 줍니다. 베냐민 지파는 완전히 사라질 뻔했습니다.

삼상 8:1~5

인격이 뒷받침되지 않으면 신임받을 수 없습니다. 요엘과 아비야는 아버지 사무엘의 하나님을 거역했고, 탐욕과 부정으로 얼룩진 삶을 살았습니다. 이스라엘 백성이 그들의 리더십을 인정하지 않았던 것은 어찌 보면 당연한 일입니다.

삼상 18:5~11

하나님을 신뢰하고 그분께 순종하길 거부했던 사울은 영적 리더십을 상실했으며, 이기심과 질투와 망상증(18:15, 21, 25, 28~29, 19:1, 9~10)의 나락으로 떨어지게 되었습니다. 그는 점점 더 괴상하고 무능한 리더로 변해 갔습니다.

왕상 11:1~13

솔로몬은 이방 여인들과 결혼함으로써 하나님께 전적으로 헌신하는 데 실패했습니다. 결혼은 솔로몬이 이방 민족들과 조약을 맺는 수단이었지만 하나님의 율법에 정면으로 불순종하는 행위이기도

했습니다. 세상에서 가장 지혜로웠던 사람이 두 마음을 품고 우상숭배의 우를 범했다는 것은 참으로 모순입니다.

왕상 21:25~26
아합 왕이 두로의 공주 이세벨과 결혼한 것은 그의 인격에 악영향을 끼쳤습니다. 이세벨은 이방 제사장들을 불러들여 바알 숭배를 조장하고 이스라엘의 하나님 여호와께 정면으로 도전했습니다. 아합 역시 아내의 요구를 받아들여 하나님의 선지자들을 증오하게 되었습니다. 아합과 같이 아내의 유혹에 넘어가 여호와 앞에서 악을 행한 자는 일찍이 아무도 없었습니다(25절).

대하 21:1~20
여호람은 그의 아버지 여호사밧의 영향을 받아 하나님이 보시기에 악한 동맹을 맺었습니다. 이로 인해 여호람의 마음이 타락하고 여호와께로부터 돌아섰다는 사실이 6절에 분명히 나타나고 있습니다.

대하 22:2~5
본문은 악한 인격이 마치 전염병처럼 가까이에 있는 사람들에게 퍼져 나간다는 것을 보여 줍니다.

대하 28:3~5, 22~23

아하스 왕은 악하고 가증한 일들을 행한 사람으로 유명했습니다. 미신에 사로잡혀 그릇된 일들을 실천하는 데 지나치게 열심이었던 그는 바알과 몰렉 신을 달래기 위해 심지어 자기 자녀들까지도 제물로 바쳤습니다. 그의 인격은 불경건한 영향을 받아 형성되었으며 오늘날까지도 그 악명이 전해지고 있습니다.

에 5:9~14

3장 5~6절에서처럼 하만은 자신에게 무릎 꿇지 않는 모르드개를 향해 분노와 자만심을 표출했습니다. 하만은 이기적이고 복수심에 불타는, 악한 인격을 가진 사람이었고, 자기 자신은 물론 가족들까지 파멸로 이끌었습니다.

욥 1:1

욥은 정직하고 의로운 사람이었습니다. 그는 하나님을 향한 열심이 있었으며 그분의 완전한 인격과 부합하지 않는 것은 무엇이든 혐오했습니다.

사 26:7~11

이 구절은 하나님이 의로운 자(7~9절)와 불의한 자(10~11절)를 다루시는 방법을 묘사함으로써 리더가 탁월한 인격을 갖춰야 한다는 강력한 동기를 제공합니다.

사 32:1~8
얼마나 극명한 대조입니까! 공의롭고 존귀한 리더가 다스릴 때(1~5, 8절)와 어리석고 우둔한 리더가 다스릴 때(6~7절) 각각 어떤 상반된 결과가 생기는지 적어 보십시오. 인격은 리더십에 영향을 주고, 리더십은 결과에 영향을 미칩니다.

욘 1:1~12
요나는 도덕적인 리더로 부르심을 받았습니다. 하지만, 하나님의 구체적인 지시를 받아들이기는 커녕 그것을 거역하고 자신이 도와야 했던 상황을 오히려 망쳐 놓았습니다. 인격을 갖추지 못한 리더는 종종 공동체에 도움이 되기보다 공동체를 파괴합니다.

마 18:21~35
예수님은 큰 빚을 탕감받은 종이 자신에게 작은 빚을 진 사람을 용서하지 않는 태도를 비난하셨습니다. 유능한 리더는 잘못을 저질렀을 때 상대방에게 용서를 구할 뿐만 아니라 자신에게 잘못을 저지른 사람들을 기꺼이 용서합니다.

요 12:24~26

예수님의 메시지는 "먼저 주운 사람이 임자"라는 속담과 대조됩니다. 최고의 리더는 다른 이들을 위해 자기 삶을 기꺼이 내어 줍니다. 예수님은 이러한 인격을 소유한 사람들이 이 땅에서 풍성한 삶을 누리고 내세에서 영생을 얻게 될 것이라고 약속하셨습니다.

행 20:32~36

바울은 자신이 이끄는 사람들에게 자신이 거룩하고 흠 없는 삶을 살았다고 고백할 수 있었습니다. 그가 인격적인 삶을 살았기에, 동료들은 그를 떠나보내며 눈물을 흘렸습니다. 유능한 리더는 지혜로운 결정을 내릴 뿐 아니라 자신을 따르는 이들을 절친한 친구로 만듭니다.

히 10:35~38

그리스도를 아는 이들의 특징은 끝까지 인내하는 것입니다. 예수님은 서머나 교회를 향해 "네가 죽도록 충성하라 그리하면 내가 생명의 관을 네게 주리라"(계 2:10)고 말씀하셨습니다. 인내는 경건한 리더를 구별짓는 특성이며 어려운 때에도 지속적으로 하나님을 신뢰하게 합니다.

헌신

창 15:6
아브람이 여호와를 믿었다는 것은 미래를 그분 손에 맡기겠다는 의지를 나타낸 것이었습니다. 창세기 22장에서 하나님은 아브라함의 헌신을 시험하기 위해 이삭을 제물로 바치라고 하시지만, 창세기 15장 6절에서 하나님은 이미 그를 의인이라 선언하셨습니다(롬 4:1~3 참고).

신 7:6~11
하나님이 이스라엘 백성들을 사랑하신 것은 그들의 됨됨이나 행적 때문이 아니라 그들을 사랑하시기로 선택하셨기 때문입니다. 우리의 행위가 하나님이 베푸시는 사랑의 크기에 영향을 미칠 수 없다는 것을 깨닫는다면 그분의 소유인 우리가 얼마나 커다란 안정을 누리고 있는지 비로소 헤아릴 수 있습니다.

룻 1:14~17
룻은 시어머니인 나오미뿐 아니라 나오미가 섬기는 하나님께도 헌신했습니다. 시어머니를 따라 유다로 가는 이 모압 여인을 만류할 수 있는 것은 아무것도 없었습니다. 견고하고 단호한 헌신 덕분에 그녀는 자신의 인생에서 절정을 맞이했고, 하나님은 그녀에게 다윗 왕의 증조모가 되는 영광을 허락하셨습니다(4:21~22).

왕상 8:22~66
솔로몬은 성전을 완공한 뒤 온 회중과 함께 봉헌 기도를 드리면서, 자기 자신과 이 웅장한 성전을 하나님을 섬기는 일에 바치겠다고 공식 선포했습니다.

왕상 15:9~24
아사의 마음은 하나님께 헌신되어 있었습니다(14절). 그러나 그의 개혁은 여전히 불충분했습니다. 그가 산당이 훼손되는 것을 원하지 않았기 때문입니다. 때로 우리는 한발짝 뒤로 물러서서, 오랜 시간 동안 우리에게 익숙해진 것들과 타협하고 있지는 않은지 되돌아보고 점검해야 합니다.

왕하 14:3~4
아사(왕상 15:14), 요아스(왕하 12:3), 아마샤(14:3~4), 아사랴(15:3~4), 요담(15:34~35), 이 다섯 명의 유다 왕은 산당을 제거하지 못했습니다. 그들은 산당에 여호와와 이방신의 예배가 혼재하는 것을 묵인하며 양다리를 걸쳤습니다. 이처럼 원칙 없는 리더십은 우유부단함의 열매를 맺기 십상입니다.

왕하 18:3~6
히스기야는 다른 왕들이 실천하지 못했던 일을 해냈습니다. 그는 산당을 제거했으며 여호와를 향한 절대적인 헌신을 타협하거나 멈추지 않았습니다.

대상 17:16~27
다윗은 하나님의 약속에 기도로 응답하는 가운데, 그분께 헌신할 것을 고백하며 감사와 신뢰를 표현했습니다.

대하 6:1~42
솔로몬은 성전을 완공한 뒤 온 회중과 함께 봉헌 기도를 드리면서, 자기 자신과 웅장한 성전을 하나님을 섬기는 일에 바치겠다고 공식 선포했습니다. 이처럼 리더가 공적으로 헌신하는 모습을 보일 때, 따르는 이들이 그 헌신을 본받게 됩니다.

느 9:1~10:39
이스라엘 백성의 불순종과 반역의 행위와는 뚜렷이 대조되는 하나님의 인격과 공적을 찬양하는 기도를 마친 후, 레위인과 제사장들은 백성들에게 여호와와 새로운 언약을 맺을 것을 요구했습니다.

욥 13:15

욥의 말은 지옥문을 흔들 만한 선언이었습니다. 욥은 하나님이 행하시는 일을 전혀 이해할 수 없었지만 그분을 향한 헌신과 소망을 잃지 않았습니다.

시 145:1~21

이 찬송시는 하나님의 인격과 공적에 근거해 그분께 온전한 헌신을 드릴 것을 강조합니다. 변치 않는 신실함과 무한한 능력, 영광스러운 위엄을 지니신 하나님은 우리의 절대적인 헌신을 받기에 합당하신 분입니다.

잠 26:13~16

게으른 자를 노골적으로 묘사하는 이 표현은 헌신 없는 삶을 사는 이들의 불행한 상태를 고스란히 드러냅니다. 리더는 사람들에게 달성하고 싶은 목표, 헌신할 수 있는 목표를 제시할 수 있어야 합니다.

사 66:2

하나님은 어떤 이를 중히 여기십니까? 하나님은 어떤 이를 축복하고 높이십니까? 언뜻 보기에 단순해 보이는 이 대답은 승리와 성공, 다른 이들로부터 존경을 얻는 방법에 관한 전통적인 지혜를 부정합니다.

합 3:16~19

이 선언을 주의 깊게 살펴볼 필요가 있습니다. 어느 조직이든지 항상 어려운 시기가 있게 마련이고, 그 시기에 리더의 헌신의 진정성이 드러납니다. 특히 치열한 경쟁 사회에서 비열한 이들이 성공하는 것처럼 느껴질 때, 하박국은 도덕적 원리에 입각하여 자신의 헌신도를 점검하려는 리더들에게 탁월한 모델이 됩니다.

슥 10:1~3

리더십에 충분히 헌신하지 않은 리더는 위험합니다. 리더가 '되는' 것보다 리더 '역할을 하는' 것이 언제나 더 어려운 법입니다. 하나님은 목자들에게 노를 발하시며 그들의 리더들을 벌하실 것이라고 말씀하셨습니다(3절). 리더십의 역할을 받아들이고 나면 리더십의 책임에 헌신해야 합니다. 11장 17절 말씀은 헌신된 리더십의 신조를 강조하고 있습니다.

마 27:45~56

예수님이 하나님을 향해 "어찌하여 나를 버리셨나이까"(46절)라고 외치신 것은, 제자들을 위해 최고의 대가를 지불하셨다는 사실을 알리신 것이었습니다. 예수님은 제자들을 (그리고 모든 인류를) 위해 자신의 육신적·영적 생명을 내어놓으셨습니다. 제자들을 위해 죽기까지 헌신한 리더의 사랑을 의심할 자는 아무도 없을 것입니다.

고후 11:21~29

바울이 경험했던 모든 일은 고통스러운 희생의 결과였습니다. 그는 실망과 좌절, 저항과 거절에 익숙한 사람이었습니다. 하지만 그의 사역은 바로 이러한 험난한 토양에서 결실을 맺었습니다. 고난을 통해 그는 리더에게 필요한 인격과 관점 그리고 비전을 얻게 되었습니다.

빌 1:12~14

효과적인 리더십이 언제나 높은 직책이나 보상, 인정으로 이어지는 것은 아닙니다. 자신의 일에 헌신한 리더는 저항에 부딪히고 보상이 주어지지 않는다 해도 효과적인 리더십을 발휘합니다. 시위대는 바울이 옥에 갇힌 이유를 잘 알고 있었습니다. 복음의 진보를 위한 바울의 헌신으로 인해 시위대 중에서도 지금 천국에 거하는 이들이 있기를 바랄 뿐입니다.

용기와 모험

삼상 14:1~23

요나단은 여호와를 신뢰했기에 위험을 무릅쓰게 되었습니다. 만일 그분이 함께하시지 않았다면 실패로 끝날 수밖에 없는 모험이었습니다. 요나단의 용기와 믿음을 보신 하나님은 이 용사와 그를 따르는 병사들을 통해 블레셋 사람들을 공포에 떨게 만드셨습니다. 하나님은 그분을 온전히 의지하며 용감하게 행동하는 이에게 상을 주십니다.

삼상 16:1~13
사무엘은 다른 사람에게 기름을 부어 왕으로 삼으라는 하나님의 명령을 지킨다면 자신의 생명이 위험해질 수도 있음을 알고 있었습니다. 하지만 사무엘은 여호와의 말씀대로 행했고(4절), 그것이 바로 그의 탁월한 리더십의 비결이었습니다. 하나님은 위험과 불확실성을 무릅쓰고 계속해서 순종하는 리더를 사용하십니다.

왕상 18:16~40
바알 선지자들과 정면 대결을 펼치기 위해 엘리야에게는 용기와 하나님의 신적 능력에 대한 확신이 반드시 필요했습니다. 엘리야는 여호와와 바알 사이에서 최종적인 결판을 짓기 위해 바알 선지자 450명과 아세라 선지자 400명을 갈멜 산에 모이게 했습니다. 엘리야는 당당한 기백으로 여호와만이 진정한 하나님이심을 분명하게 보여 주었습니다. 하나님이 개입하시지 않았다면 불가능했을 일에 엘리야는 자신의 목숨을 걸었던 것입니다.

왕상 19:1~4

승리를 거둔 뒤에는 종종 무방비 상태가 됩니다. 엘리야는 갈멜 산에서 바알의 거짓 선지자들을 통쾌하게 물리쳤지만, 이세벨이 위협해 오자 목숨을 부지하기 위해 줄행랑을 쳤습니다. 850명의 반대자들 앞에서도 당당했던 그가 단 한 권력자의 협박으로 호렙 산까지 도망쳤던 것입니다.

스 3:1~13

기원 전 538년, 바사 왕 고레스는 망명 생활을 하고 있던 유대인들에게 고국으로 돌아가 성전을 재건할 것을 명했습니다. 제사장과 레위인을 포함해 4만 9,897명만이 이 칙령에 응했습니다. 그들은 상대적으로 안락한 생활을 떠나 고된 여정을 견뎌 내고, 적대적인 환경에서 예루살렘 도시와 성전을 재건해야 하는 어려움을 감수하였습니다.

에 4:9~17

에스더는 자신의 백성을 위해 목숨을 걸고 왕에게 간청하는 모험을 감행했습니다. 모르드개는 이 모험이 실패하면 나머지 유대인들과 함께 죽임을 당하게 될 것이라고 말했습니다. 비록 하나님이 언급되지는 않았지만, 이 본문은 하나님이 인간사를 주관하고 계시며 그분의 주권적인 목적이 항상 승리한다는 사실을 강조하고 있습니다.

시 56:3~4

이 구절은 두려움에 떨고 있는 우리에게 믿음을 줍니다. 우리가 문제에만 집중한다면 근심은 커지고 용기는 줄어들 것입니다. 하지만 문제에서 시선을 돌려 하나님을 바라본다면, 어려운 때에 우리에게 반드시 필요한 확신과 용기를 발견하게 될 것입니다.

잠 21:22

곤경에 처한 리더는 적의 세력과 정면으로 대결해야 합니다. 적의 요새를 먼저 무너뜨리면 상대방이 나머지 전술에 대한 자신감을 상실하게 됩니다. 이는 용감하면서도 지혜로운 방법입니다.

잠 30:29~31

용기와 확신을 가지고 어려운 상황에 직면하는 리더는 지혜롭습니다. 본문의 이미지들은 위협으로 가득한 상황을 대처해 나가는 데 도움이 됩니다.

전 11:1~6

전도서 기자는 계획적으로 모험할 것을 권하고 있습니다(1절). 우리는 미래를 내다보고 목표를 향해 전진해야 합니다. 2~6절에서는 어리석은 일을 피하라고 말합니다. 우리는 미래를 향해 담대하게 나가되, 맹목적으로 움직여서는 안 됩니다.

사 63:11~14

모세는 매우 어려운 때에 이스라엘 민족을 이끌었습니다. 모세의 성공 비결은 무엇이었습니까? 이 본문을 꼼꼼히 읽으면서 모세와 하나님 사이의 교감을 지적한 내용을 잘 살펴보십시오. 큰 용기는 하나님과 리더 자신의 관계를 확신함으로써 생겨납니다.

렘 1:5~10

예레미야는 놀라운 용기를 가진 리더였습니다. 본문은 그 이유를 설명합니다. 그는 자신의 운명을 분명히 인식했으며, 하나님이 그 시대에 자신을 부르셨다는 흔들리지 않는 확신이 있었습니다. 하나님과 동행하는 리더는 저항에 용감하게 직면합니다.

겔 23:36

오홀라와 오홀리바는 죄 많은 이스라엘과 유다에 대한 비유입니다. 에스겔 23장은 그들의 죄를 상술합니다. 하나님은 에스겔 선지자에게, 도덕적 리더의 임무는 그들과 대면하여 책임 있는 삶을 살게 하는 것이라고 말씀하셨습니다. 대면은 리더의 임무 중 가장 어려운 일입니다. 그것은 가장 용기 있고 중요한 일이기도 합니다.

마 14:22~26

예수님은 용기에 대해 누차 설명하셨을 뿐 아니라 모험에 뛰어들라고 제자들을 독려하셨습니다. 베드로가 물 위를 걸었던 유명한 사건은 이를 가장 잘 보여 줍니다. 어부 베드로가 물에 빠지기 시작했을 때, 그는 자신이 넘어질 때 곧 주님이 세워 주신다는 것을 깨달았습니다. 노련한 리더는 사람들을 모험에 뛰어들게 독려하며, 또한 그들이 비틀거릴 때 도움을 줍니다.

행 4:13

사람들이 베드로와 요한에게서 담대함을 보았다는 것은 주목할 만한 사실입니다. 초대 교회 리더였던 그들은 완강한 저항 가운데서도 담대하게 예수님을 선포했습니다.

하나님을 의지함

창 3:1~5

뱀은 의존성과 자율성의 문제에 초점을 맞춰 유혹의 손길을 뻗었습니다. 하나님이 여자가 잘 되기를 진심으로 바라지 않으시기 때문에 그분을 신뢰할 수 없다고 설득하려 했습니다. 만일 하나님이 통치자이시며 우리가 잘 되기를 진심으로 바라시는 분이라는 사실을 믿지 못한다면, 우리는 결코 그분을 신뢰하거나 그분께 순종할 수 없을 것입니다.

창 11:1~9

땅에 흩어져 살라는 하나님의 명령을 정면으로 반박하며, 이들은 한곳에 모여 자신들의 이름을 떨치기 원했습니다(4절). 하지만 하나님은 자유를 추구하는 이 프로젝트를 중단시키셨고, 사람들을 온 지면에 흩으셨습니다. 우리가 한 가지 세계 공통어만을 사용해 왔다면, 인간의 성취와 오만이 어떻게 나타났을지 한번 상상해 보십시오.

창 16:1~5

사래와 아브람은 자신들의 시간표와 힘과 방법대로 하나님의 약속을 성취하려고 했습니다. 하지만 그 때문에 오늘날까지도 이삭과 이스마엘 후손들 사이에서는 분쟁이 계속되고 있습니다. 하나님께 의지하는 리더는 그분의 시간에 그분의 방법과 능력으로 올바른 일을 행합니다.

창 27:5~13

리브가는, 하나님이 에서와 야곱과 관련된 약속을 성취하시기를 기다리는 대신(25:22~23), 그 과정을 조작했습니다. 아이러니하게도, 이러한 속임수 때문에 그녀는 불행해지고 말았습니다. 애지중지하는 아들 야곱을 다시는 볼 수 없게 된 것입니다. 자신의 목적을 성취하기 위해 다른 사람들을 의도적으로 속이는 리더는 때때로 불가피하게 지우지 못할 상처를 안고 살아가게 됩니다.

출 13:1~16

하나님은 사람이나 짐승을 막론하고 처음 난 것을 거룩히 구별하여 드리라는 특별 규정을 만드셨습니다. 또한 그분의 위대한 구원을 정기적으로 기념하여, 새로운 세대가 그분을 알고 의지할 수 있게 하라고 말씀하셨습니다.

출 17:1~4

모세의 위대함은 "모세가 여호와께 부르짖어"라는 표현에 잘 나타납니다(4절). 모세는 어려운 상황에서 항상 여호와께 나아갔습니다. 노련한 리더는 여호와를 바라보기보다 자신의 능력에 먼저 의존하려는 유혹을 느끼지만, 성경 속에 나타난 진정한 리더십이란 하나님이 시작하신 일에 우리가 협력하는 것을 말합니다.

레 25:1~55

안식년과 희년은 두 가지 목적으로 제정되었습니다. 첫째는 사람들이 하나님을 더욱 의지하게 하려는 것이었고, 둘째는 노동하지 않는 충분한 시간을 확보하여 하나님과 다른 사람들과의 관계를 돈독하게 하려는 것이었습니다. 하지만 슬프게도 이런 모험을 감수하려는 사람이 없었기에 이 두 가지 명령은 지켜지지 않았습니다.

수 5:13~15

여리고 정복을 시작하기 전, 여호수아는 군대와 군사 기술보다 하나님을 더 의지해야 한다는 가시적 징표를 보았습니다. 여호수아는 여호와의 군대 대장과 대면함으로써, 이스라엘이 세운 전략과 관계없이 모든 승리의 근원이 어디인지 확인할 수 있었습니다.

삿 3:1~16:31

일곱 번의 쇠퇴 주기를 경험한 이스라엘 백성은 자신들의 불순종으로 말미암아 외세의 억압을 겪게 되었음을 알게 되었습니다. 그 주기는, 죄(우상 숭배), 노예 상태(외세의 지배), 탄원(여호와를 향한 구원 요청), 구원(이스라엘 백성을 구원할 사사를 세우신 하나님의 응답), 정적(다음 주기가 시작되기 전까지 이어진 평화의 시간)으로 이루어집니다.

삿 4:4~23

우리는 드보라의 이야기에서 용기와 한 가지 목적을 향한 전념, 그리고 하나님의 계시를 신뢰하는 태도를 볼 수 있습니다. 여선지자였던 드보라는 하나님과의 깊은 관계를 통해 공급받은 능력과 지혜로 이스라엘을 이끌었습니다. 사사기 5장에는 이스라엘 백성을 위해 싸우시고 파멸에서 구원하시는 여호와를 향한 드보라의 찬양이 나와 있습니다.

2부 리더십 주제별 성구 스터디

삿 7:1~7

판세가 이렇다면 어떤 군사 지도자라도 당황했을 것입니다. 하지만 하나님은 기드온의 군사를 3만 2,000명에서 300백 명으로 줄이셨습니다. 군대의 힘이 아닌 하나님의 능력으로 이스라엘을 미디안의 압제에서 구원하실 것을 보여 주기 위해서였습니다.

삿 21:25

이 구절은 이스라엘 역사의 암흑기를 정확하게 요약합니다. 하나님을 저버린 이스라엘은 그분의 객관적 기준이 아닌 자신의 주관적 견해에 근거한 도덕 가치를 따랐던 것입니다. 진리와 도덕은, 절대성을 저버린 자들에게는 상대적인 기준으로 전락합니다.

삼하 5:17~25

다윗은 적들을 처리할 방법에 관해 하나님의 인도를 구하고 그분의 지시를 따랐습니다. 비록 하나님이 처음 지시하신 것과 나중에 지시하신 것이 다르긴 했지만 말입니다. 다윗은 하나님이 명령하신 것을 그대로 행함으로 하나님께 헌신적으로 의지하고 순종하는 본을 보여 주었습니다.

삼하 22:1~51

다윗의 찬양에는, 고뇌의 시간에 하나님을 깊이 의지하고 자신을 구원하시는 하나님을 인정하는 마음이 표현되어 있습니다. 하나님은 그분의 공로를 가로채는 대신 그분의 선하심을 인정하고 찬양하는 사람을 기뻐하십니다.

왕하 17:33~41

사마리아에 재정착하게 된 이들은 여호와께 헌신하기를 완강히 거부했습니다. 그들은 우상을 섬겼고 하나님이 여러 신들 중 하나라고 생각했습니다. 이는 세상과 끊임없이 타협하면서 양다리를 걸치려는 우리의 마음을 표현하고 있습니다.

왕하 19:1~4, 14~19

앗수르의 위협 소식을 듣자마자 히스기야는 가슴을 찢으며 하나님께 매달렸습니다. 그가 성전에서 드린 기도는 하나님의 구원 능력을 절대적으로 의지하는 행위였고, 하나님은 그의 간구에 확실한 응답을 주셨습니다.

대상 21:1~8

다윗은 병력을 좀더 정확하게 파악하기 위해 인구조사를 실시했습니다. 이는 다윗이 여호와의 능력보다는 군사의 수를 더 신뢰하기 시작했다는 사실을 암시합니다.

대하 20:1~29

본문은 하나님이 자신을 의지하는 사람을 높이신다는 내용입니다. 하나님은, 아무도 의심할 여지 없이 오직 하나님의 간섭으로만 가능한 방식으로 여호사밧을 구원하셨습니다.

대하 32:1~8

히스기야는 앗수르의 침략이 임박하자 철저하게 대응했습니다. 그는 요새를 강화하고 백성들에게 자신의 힘보다는 하나님을 의지할 것을 권고함으로써, 의지(하나님의 주권)와 훈련(인간의 책임) 사이의 적절한 균형을 도모했습니다.

욥 7:17~21, 9:1~10:22

고통과 혼란 가운데서 욥은 하나님께 정직하게 자신의 근심을 털어놓았습니다. 친구들은 하나님에 대해 이야기했지만, 욥은 하나님께 직접 이야기했습니다.

욥 26:1~31:40

욥은 마지막 독백을 통해 하나님이 자신의 말에 귀 기울이지 않으시고, 악인들을 번성케 하면서 자신을 부당하게 벌하시는 것을 책망하며(26~31장) 점점 자기 의를 드러내고 있습니다. 하나님을 더 이상 의지하지 않는 순간이 오면, 우리는 희망의 근거를 잃게 되니다. 우리가 이해하든 이해하지 못하든, 하나님은 우리가 그분을 신뢰할 것을 요구하십니다.

시 8:1~9
이 시는 하나님의 위대함과 그분의 백성을 향한 친밀한 관심을 찬양합니다. 하나님은 초월적이고 주권적인 분이시지만, 동시에 내재적이고 인격적인 분이십니다.

시 25:1~22
이 시는 여호와를 향한 다윗의 개인적인 신뢰와 희망을 표현합니다. 하나님이 모든 선과 의의 근원이심을 알았던 다윗은 그분이 자신의 삶을 계속 인도하시기를 구했습니다. 겸손, 온순함, 순종은 하나님을 향한 신뢰를 가장 잘 표현하는 표지들입니다.

시 91:1~16
이 아름다운 시에서 하나님은 우리의 보호자요 구원자로 묘사됩니다. 하나님을 신뢰할 때 우리는 그분의 그늘 아래서 쉼을 얻고, 어려운 때에 그분의 보호하심과 공급하심을 구할 수 있습니다.

시 127:1~2
우리는 자신의 존재와 소유가 모두 하나님으로부터 온 것임을 깨달아야 합니다. 하나님이 가르치시고 인도하시는 분임을 신뢰하지 않는다면, 우리가 맡은 모든 일은 부실한 기초로 인해 어려워질 것입니다. 영원의 관점에서 볼 때, 자기 자신만을 의지하기로 결정했던 사람들은 모든 노력이 헛된 것이었음을 알게 될 것입니다.

전 6:12
본문에 나타난 두 가지 질문을 읽고, 성경이 제시하는 유일한 답에 내재된 뜻을 곰곰이 생각해 보십시오.

렘 17:5~10
하나님으로부터 떠난 리더는 위험에 처하지만(5~6절) 하나님을 신뢰하는 리더는 번성합니다(7~9절). 지혜로운 리더는 하나님이 계시하신 뜻과 반대되는 일을 하고 싶을 때에도 변함없이 하나님을 신뢰합니다. 하나님의 축복을 얻기 위해서는 반드시 그분의 말씀을 알고 따라야 합니다.

겔 31:1~18
본문에서 바로 왕은 다른 나무들보다 크고 아름답지만 힘과 키의 원천이 무엇인지 망각한 나무로 묘사됩니다(9~11절). 자신을 통해 행하신 하나님의 역사를, 자신의 공으로 돌리는 리더는 교만의 위험에 빠질 수 있음을 잘 묘사하는 장입니다.

단 3:1~30

사드락, 메삭, 아벳느고는 성공한 이들에게 닥치는 비운을 겪었습니다. 성공하지 못한 이들의 표적이 되었던 것입니다(1~12절). 이 세 사람을 모함하는 음모는 마치 잘 진행되는 것 같았지만(13~22절), 결국은 실패로 돌아갔습니다(24~27절). 살해 계획의 공모자였던 왕은 오히려 그들을 보호하고 높이게 되었습니다(28~30절). 왜 그랬습니까? 16~18절과 28~30절을 읽고, 사드락과 메삭과 아벳느고가 부도덕한 윤리를 강요받는 상황에 직면했을 때 조금도 주춤하지 않았던 이유를 찾아보십시오. 하나님을 부인한다는 것은 그들에게 상상조차 할 수 없는 일이었습니다.

옵 1:2~4

하나님은 에돔 족속이 자신을 높일지라도 곧 그들을 끌어내리시겠다고 말씀하셨습니다(4절). 성공한 이들에게 따르는 위험은 그 공을 자신의 노력으로 돌리는 것입니다. 하나님은 이러한 잘못된 생각이 어떤 결과를 낳는지 에돔 족속에게 일깨우셨습니다.

마 6:5~15

전통적으로 '주기도문'이라고 불리는 이 기도에는 '모델 기도'라는 명칭이 더 적합할지도 모릅니다. 이 간단한 기도를 통해 예수님은 모든 기도에 적용할 수 있는 윤곽을 제시하셨습니다. 이 기도는 하나님을 향한 경배, 우리의 삶에 하나님의 목적이 깃들어 있다는 강한 믿음, 그리고 하나님의 공급하심을 신뢰하는 믿음을 담고 있습니다.

눅 11:1~13

예수님은 아버지와 끊임없이 대화하셨습니다. 하나님과 소통하시는 수단이 그처럼 견고했기 때문에, 제자들은 예수님처럼 열정적으로 기도하는 법을 배우기 원했습니다. 예수님은 자신과 마찬가지로, 제자들의 성공이 영적 리더인 하늘 아버지와의 소통 능력에 달려 있음을 아셨습니다.

요 16:5~16

예수님은 제자들을 중요한 사역으로 부르셨고, 그 사역이 성령의 능력을 통해서만 가능하다고 단언하셨습니다. 제자들이 세상으로 나아갈 때, 성령은 불신자들 가운데서 역사하여 그들에게 하나님이 필요하다는 사실을 확신시키시며, 신자들 가운데서 역사하여 그들의 영적인 이해가 깊어지도록 도우십니다. 그리스도인 리더는 맡은 일을 성취하기 위해 자신의 지혜와 힘보다는 하나님의 영을 의지해야 합니다.

행 27:25

바울은 죄수로 갇혀 있으면서도 리더의 역할을 감당했습니다. 그는 하나님이 광풍에서도 그들을 살리실 것이라고 말하면서 선원들을 안심시켰습니다. 바울의 권위는 하나님을 의지하는 데서 나왔고, 선원들도 그 사실을 분명히 알았을 것입니다.

고후 12:7~10

'육체의 가시'가 정확히 무엇이었는지는 알 수 없지만, 그것이 큰 고통을 주었다는 것만은 분명합니다. 하나님은 육체의 가시를 거두어 가시기보다는, 바울에게 참을 수 있는 능력을 주셨습니다. 9절에 기록된 예수님의 말씀은 시대를 막론하고 고난 가운데 있는 사람들에게 위로를 줍니다. 문제를 없애 주시지는 않더라도 하나님은 우리에게 그것을 감당할 수 있는 은혜를 허락하십니다.

요일 5:11~13

본문에서 요한은 놀라운 선언을 합니다. 우리에게 영생이 있는지 없는지 알 수 있다는 것입니다. 만일 영생이 우리의 노력으로 얻는 것이라면, 요한은 그렇게 선언할 수 없었을 것입니다. 하지만 영생은 우리의 노력으로 얻는 것이 아니라, 예수님을 구원자로 믿는 모든 이들에게 주어지는 것입니다.

겸손

신 8:1~20

모세는 이스라엘 백성이 가나안 땅을 차지하고 풍요를 경험하게 될 때, 그들이 가진 모든 것이 하나님으로부터 왔음을 기억하라고 권고합니다. 그들은 하나님 앞에서 겸손히 행해야 하며, 이 모든 것들을 자신의 힘으로 얻었다고 생각하지 말아야 했습니다. 성공의 가장 위험한 측면은 자신의 힘으로 그것을 이루었다는 자만에 빠지는 것입니다.

삼상 14:38~45

자신의 판단이 잘못되었다는 것을 인정하지 않았던 사울은 백성으로부터 신뢰를 잃었습니다. 그는 자신의 맹세가 충동적이었음을 겸손히 인정하기보다 자신의 판단을 고집스럽게 내세워, 꿀을 맛보았다는 이유로 아들을 죽이려 했습니다. 백성은 요나단을 구해 주었고, 왕을 향한 그들의 존경심은 점점 사라졌습니다.

삼상 18:18, 23

젊은 시절, 다윗은 겸손한 사람이었습니다. 다윗은 자신에게 일어난 일에 놀라워하며 자신의 부족함을 인정했습니다. 계속되는 성공을 누리는 리더는 때로 이러한 시각을 놓치고 맙니다. 마치 성공이 자신의 공로인 것 같은 환상에 굴복하기 쉽습니다. 이스라엘 최고의 왕이었던 다윗은 이러한 환상에 지배되지 않았습니다.

삼하 7:18~29
다윗의 집을 영원히 세우실 것이라는 하나님의 언약을 들었을 때, 다윗은 자신에게 쏟아진 하나님의 은혜로 겸손해졌습니다. 은혜로 말미암아 겸손해지는 것은 올바른 일입니다. 특히 하나님이 우리에게 빚지시기라도 한 것처럼 은혜를 당연하게 받아들이는 인간 본성을 고려한다면 더욱 그렇습니다.

왕하 22:11~13, 18~19
율법책의 말씀을 들은 요시야 왕은 즉각적으로 하나님 앞에서 자신을 낮추었습니다. 요시야는 말씀을 경홀히 여긴 유다가 맞이할 결과를 깨달았으며, 자신이 들은 모든 것에 진심으로 반응했습니다.

대하 12:1~12
르호보암과 이스라엘 리더들이 하나님 앞에서 자신을 낮추었을 때 은혜로우신 하나님은 그들을 파멸에서 구원하셨습니다. 하나님은 교만을 싫어하십니다. 교만은 우리의 능력과 소유가 그분에게서 왔다는 사실을 망각하는 데서 시작되기 때문입니다.

대하 33:10~13

하나님은 사악한 므낫세를 철저한 궁지로 몰아넣으셨습니다. 큰 환난에서 빠져나온 므낫세는 그분 앞에서 겸손히 행했습니다. 므낫세가 이스라엘 왕위를 회복한 것은 오직 완전하고도 놀라운 하나님의 은혜 때문이었습니다.

에 6:1~7:10

하만은 교만 때문에 파멸을 맞이했습니다. 교만했던 그는 판단력이 흐려져, 왕이 높이고자 하는 사람이 바로 자기 자신이라고 확신했습니다. 본문은 아이러니하게도, 하만이 처형하려 했던 겸손한 모르드개에게 굴욕을 당하는 장면을 묘사합니다. 7장에서 하만은 응당한 벌을 받습니다.

욥 40:1~42:17

욥이 스스로 하찮은 존재이며 자신이 주제넘게 행동했음을 시인하자, 하나님은 두 번째 발언을 시작하시며 모든 것을 통치하는 그분의 능력에 대해 말씀하십니다(40~41장). 겸손과 회개로 반응했던 욥(42:1~6)은 그제야 자유를 경험하게 됩니다.

시 131:1~3

이 짧은 시는 하나님의 임재를 고요하고 잠잠하게 신뢰하는, 아이와 같은 겸손함을 칭송하고 있습니다.

사 23:6~9
이 짧은 본문은 하나님이 흥망성쇠를 주관하시는 분임을 상기시킵니다. 리더는 모든 상황의 배후에 계신 권능자를 겸손한 마음으로 기억해야 합니다. 위대한 성공의 순간에는 더욱 그렇습니다.

사 47:1~15
이 장은 가장 성공한 자에게도 교만이 위험하다는 것을 상기시킵니다. 역사상 바벨론보다 더 찬란한 왕국은 없었습니다. 이 장은 그러한 바벨론이 왜 멸망하게 되었는지 우리에게 설명해 줍니다.

렘 48:26, 29~30
모압의 철저한 멸망을 다룬 이 비극적 이야기에서 우리는 모압의 몰락 원인을 알 수 있습니다. 리더십이 안고 있었던 미묘한 위험 요소가 모압의 멸망에 영향을 미쳤던 것입니다. 이 장을 읽은 후 하나님께 겸손의 영을 구하십시오. 예레미야 49장 15~16절도 읽어 보십시오.

렘 50:31~32
당시 사람들은 무엇이 바벨론을 무너뜨릴 수 있는지 질문했습니다. 본문은 리더십이 확고해질 때 더 진지하게 받아들여야 할 필수적인 원리를 이야기합니다.

단 2:24~28
다니엘은 마침내 공적을 인정받을 수 있는 황금 같은 기회를 얻게 되었습니다. 왕이 풀 수 없는 문제를 해결했던 것입니다. 하지만 다니엘이 자신의 공적을 내세우지 않았던 것은, 그것이 자신의 몫이 아니라 하나님의 몫이었기 때문입니다. 하나님이나 아랫사람, 혹은 팀이 높은 평가를 받아야 할 때, 훌륭한 리더는 그들에게 공을 돌립니다. 하지만 그렇게 하는 것이 어리석은 방법처럼 느껴진다면, 48~49절을 읽어 보십시오.

호 11:1~4, 12:7~9
하나님은 이스라엘 백성이 번영을 누리게 된 것이 하나님 덕분임을 상기시키셨습니다. 여기서 중요한 사실은, 그것이 하나님 때문이었음을 이스라엘 백성이 깨닫지 못한다는 것입니다(3절). 본문은 하나님이 주시기도 하고 가져가시기도 하며, 높이시기도 하고 낮추시기도 하신다는 사실을 환기시킵니다.

마 3:11
세례 요한은 자신보다 능력 많으신 분이 오신다는 것을 기꺼이 인정하는 리더십의 본을 보여 주었습니다. 그는 하나님의 부르심을 따라 곧 오실 메시아의 길을 예비하는 리더십을 실천했습니다.

눅 3:15~17
세례 요한은 곧 오실 메시아를 위해 백성들을 준비시키는 사명을 잘 수행했습니다. 하지만 따르는 자들이 많아지자, 세례 요한은 자신의 역할이 그리스도의 역할에 종속되어 있음을 인정했습니다. 이러한 겸손은 세례 요한의 사역에 계속해서 나타납니다.

눅 18:9~14
예수님은 하나님과 다른 사람 앞에서 겸손한 태도가 리더에게 가장 중요한 자질임을 말씀하셨습니다.

고후 3:4~6
은혜를 받은 자인 바울은 모든 성공이 하나님으로부터 왔음을 알고 있었습니다. 리더는 확신의 원천이 자신이 아닌 하나님께 있다는 것을 확신해야 합니다.

엡 6:9
본문은, 모든 행동의 책임을 각자에게 물으시는 하나님께 지위는 아무런 의미가 없음을 상기시킵니다. 그분의 눈에는 모든 권력 구조가 그것이 인쇄된 종이와 같이 평면적일 뿐입니다.

딤전 1:12~17

본문은 바울의 겸손을 잘 보여 줍니다. 역사상 가장 위대한 리더였던 바울도 그러한 능력이 어디서 왔으며, 누가 그러한 일을 할 수 있는 힘을 주셨는지 결코 잊지 않았습니다. 바울은 솔직하고 현실적인 말로 다른 이들이 하나님의 일을 지속할 수 있도록 격려했습니다. 특히 그들이 스스로 그 일에 적합하지 않다고 느낄 때도 말입니다.

벧전 5:5~7

기업 문화는 더 높은 곳에 있는 사람들을 끌어내리면서 성공의 사다리를 오른 리더들로 넘쳐납니다. 하지만 베드로는 우리에게 그보다 바람직한 다른 길을 권합니다. 하나님이 우리를 높이실 때까지 겸손히 기다리는 것입니다. 그렇게 순종하다 보면 초조하거나 염려가 생기기도 합니다. 그렇다면 이러한 부담감을 어떻게 해결해야 할까요? 7절을 다시 한 번 읽어 보십시오.

온전함

창 20:1~13, 26:7~11

아브라함은 하나님의 보호를 신뢰하지 못하고 속임수를 사용했습니다. 아이들 앞에서는 언행을 조심해야 한다는 말을 증명이라도 하듯, 그의 아들 이삭도 비슷한 상황에서 유사한 속임수를 쓰고 말았습니다. 리더가 성실함을 보이지 못하면, 리더의 영향력 아래 있는 사람들에게 악영향을 미칩니다.

수 10:1~15

여호수아는 기브온 주민의 문제와 관련해 여호와의 뜻을 묻지 않는 우를 범했습니다(9:14 참고). 하지만 그는 한 번 맺은 언약은 반드시 지켜야 한다는 것을 알고 있었기에 적들에게서 기브온 주민을 보호해 주었습니다. 성실함이란 어려운 상황에서도 자신이 한 말을 지키는 것을 의미합니다(시 15:4).

욥 1:20~22, 2:3, 9~10

욥의 성실함은 시련이 계속되면서 점점 더 분명해졌습니다. 엄청난 상실을 경험했음에도 불구하고 그는 충직함을 잃지 않았습니다. 우리의 진정한 인격은 역경의 시간에 드러나게 마련입니다. 욥이 풍요롭던 때 했던 고백은, 그 모든 것이 사라져 버린 후 그가 보여 준 삶의 모습과 일치했습니다.

욥 6:14~30

욥은 자신을 변호했습니다. 그는 자신이 성실하다는 것을 끊임없이 주장하면서, 친구들이 그릇된 조언으로 상황을 더 악화시키고 있다고 불평했습니다.

욥 31:1~40
설령 욥이 자기 의를 내세우는 쪽으로 치우쳐 있다 하더라도, 그는 여전히 성실한 사람이었습니다. 우리 중에 욥과 같이 말할 수 있는 사람은 그리 많지 않습니다.

잠 11:3
리더의 성실함, 혹은 불성실함은 다른 이들에게 지대한 영향을 미칩니다. 하지만 이 본문은 성실함이 자기 자신에게 미치는 영향을 상기시켜 줍니다.

애 1:7~8
아무리 숭고한 계획이라도 부도덕한 리더십 아래 있을 때는 오래 가지 못합니다.

겔 8:12~13
하나님이 자신들을 보지 않는다고 확신했던 리더들(장로들)은 위험에 처하게 되었습니다.

겔 13:10~16

선지자들은 거짓말을 한 뒤 더 많은 거짓말로 그것을 은폐했습니다. 에스겔은 거짓말을 가리켜 '담'이라고 말했고 은폐하는 것을 가리켜 '회칠한다'고 표현했습니다(22:28 참고). 거짓의 기초 위에 세워진 계획은 회칠한 담과 같습니다. 그러나 자신의 의도를 정확히 표현하는 리더에게는 회칠이 필요 없습니다.

단 6:1~5

다니엘은 수많은 공헌을 했음에도 불구하고(혹은 어쩌면 그의 공헌 때문에) 적이 많았습니다. 다니엘의 탁월함에 미치지 못했던 이들은 그를 파멸시키려 했습니다. 성공한 사람을 해치려는 사람들은 언제나 있게 마련입니다. 4~5절을 자세히 읽어 보십시오. 그들이 다니엘의 허물로 삼을 수 없었던 것은 무엇이었는지, 더 중요하게, 그들이 유일하게 약점으로 지적할 수 있었던 것은 무엇이었는지 살펴보십시오.

호 5:10

호세아 선지자는 경계표를 옮긴다는 비유를 통해 이스라엘 리더들의 실패를 요약했습니다. 기본적인 성실함에서 신뢰를 얻지 못하는 리더는 하나님의 진노의 대상이 될 것입니다.

마 5:33~37

리더는 맹세나 서약이 필요 없을 정도로, 성실성에서는 신뢰할 수 있는 존재가 되어야 합니다. "옳다 옳다, 아니라 아니라"는 말로 충분해야 합니다.

눅 19:1~9

예수님은 그분의 말씀과 삶을 통해 다양한 방식으로 '하나님은 자기를 찾는 자들에게 나타나신다'는 메시지를 전하셨습니다. 로마 정부를 위해 세금을 거두었던 삭개오는 사회에서 버림받은 자였지만 끊임없이 하나님을 찾았습니다. 예수님은 나무 위에 걸터앉은 삭개오를 보며 그의 집에서 저녁식사를 하겠다고 말씀하셨습니다. 예수님은 이러한 행동을 통해 삭개오와 여리고 사람들에게 하나님은 누구나 가까이 할 수 있는 분이라는 사실을 보여 주셨습니다.

골 3:22~4:1

고용인과 피고용인의 관계라는 관점에서 볼 때, 이 구절은 직장에서 의도적으로 책임을 회피하는 사람들을 향한 강한 경고의 메시지입니다. 고용인이든 피고용인이든, 모든 사람은 그 어떤 작업 관리자, 공장장, CEO, 혹은 이사회보다 훨씬 더 깊이 감찰하시는 하나님을 의식하며 성실히 직장생활에 임해야 합니다.

벧후 1:5~8

베드로는 신자의 믿음에 부단히 더해야 할 7가지 태도를 나열합니다. 이러한 태도는 인간적인 노력의 산물이 아니라 예수님을 향한 지속적인 믿음에서 흘러나오는 것입니다. 우리가 예수님을 신뢰할 때 그분은 우리를 통해 일하시며, 그로 인해 우리는 다른 이들에게 그분의 사랑을 보여 줄 수 있습니다.

리더의 자격

삼상 2:12~17, 22~25, 3:11~14

엘리는 이스라엘의 사사였지만 아들들을 제대로 양육하지 못했습니다. 그로 인해 엘리의 아들들은 점점 더 통제 불능으로 변해 갔고 하나님의 것을 대수롭지 않게 생각했습니다. 자녀교육에 실패했던 엘리는 다른 사람들의 신임을 잃었을 뿐 아니라 결국 자신의 목숨까지 잃었습니다. 성경은 자기 집을 잘 다스리지 못하는 사람이 더 큰 책임을 맡을 수 없다고 이야기합니다(딤전 3:4~5 참고).

스 7:10~11

에스라는 제사장이자, 이스라엘을 향한 하나님의 명령에 관해 고등교육을 받은 율법 선생이기도 했습니다. 그는 율법을 연구하고 적용하고 가르치는 일에 헌신하면서 '지식-인격-실천'(know-be-do)의 원리를 완벽하게 보여 주었습니다. 에스라는 하나님 말씀을 이해하고 내면화한 뒤 실천에 옮겼습니다.

시 119:1~176
시편에서 가장 긴 119편은 지혜와 풍성함과 경이로 가득한 하나님 말씀에 관한 기도와 선언을 모아 놓은 아름다운 장입니다. 이 본문은 8행을 기준으로 구성되어 있고, 성경을 가리키는 여덟 가지 용어(율법, 법도, 율례, 말씀, 계명, 증거, 판단, 규례)를 전체 176절에서 단 세 구절을 제외하고 고르게 배치하고 있습니다. 이같이 신중하게 구성된 패턴은 하나님의 진리에 내재된 도덕적 아름다움을 찬양하는 시편 기자의 열정을 나타냅니다. 성경에 기초를 둔 리더일수록 리더의 자질을 더 많이 소유하게 될 것입니다.

전 12:13~14
이 본문의 진리를 믿고 그대로 살아가는 것 이상으로 리더가 갖추어야 할 더 좋은 자질이 있을까요?

사 19:4, 11~15
열등한 리더십 때문에 실패한 계획이 얼마나 많습니까? 본문에서 하나님은 잔인하고(4~10절) 무지한(11~15절) 리더십으로 인해 생겨난 처참한 결과를 말씀하십니다. 탁월한 리더십을 열망한다면 먼저 탁월한 인격을 열망해야 합니다.

렘 4:19~26
공감은 강력한 리더십의 필수조건입니다. 예레미야는 이스라엘의 실패와 그에 따른 결과를 그들 앞에 제시했습니다. 그는 이스라엘이 고통을 겪게 되리라는 것을 알고 있었습니다. 이스라엘이 그런 고통을 받을 만하며 그것이 이스라엘에게 필요하다는 것도 알고 있었습니다. 예레미야는 이스라엘의 고통에 가슴을 찢으며 반응하는 사람이었기에, 그처럼 참혹한 상황에서도 오랫동안 이스라엘을 이끌 수 있었습니다. 예레미야는 돌보는 자였던 것입니다!

겔 30:20~26
하나님은 세상 권력의 흥망을 주관하십니다. 오랜 시간 동안 강력한 리더십을 유지할 수 있는 궁극적인 필요조건은 하나님의 붙드심입니다. 따라서 하나님의 주권에 항복하는 리더는 자신의 지위를 지켜야 한다는 부담감에서 자유로울 수 있습니다.

습 3:1~4
하나님은 죄와 교만으로 물든 예루살렘을 책망하셨습니다. 그중에서도 특히 자신의 책임을 다하지 못한 예루살렘의 리더들을 지목하셨습니다. 자격이 없는 리더는 조직 전체를 파멸로 몰고 갈 수 있음을 아시기에, 하나님은 리더의 역할을 맡은 자들에게 높은 기준을 요구하며 높은 기대치를 표현하십니다.

눅 14:25~35
예수님은 제자들에게 어중간한 것을 싫어하신다고 주저 없이 말씀하셨습니다. 예수님은 제자들이 맺고 있는 다른 모든 인간관계가 상대적으로 약화될 만큼 그분 자신을 절대적으로 사랑하라고 요구하셨습니다. 물론 그러한 헌신이 가능한 존재는 예수님뿐이지만, 우리가 이 본문에서 알 수 있는 것은, 노련한 리더라면 사람들에게 미리 손실을 따져 볼 것을 요구한다는 사실입니다. 노련한 리더는 열정 없이 헌신하는 사람은 결코 리더가 될 수 없다는 것을 알고 있습니다.

요 11:35
이 구절은 강철 같은 힘을 가지신 분이 벨벳과 같은 부드러운 감수성 또한 지니고 계심을 보여 줍니다. 예수님은 나사로가 곧 죽음에서 일어날 것을 알고 계셨음에도 불구하고 눈물을 흘리셨습니다. 강한 리더는 타인을 향한 연민을 느끼고 그것을 기꺼이 표현합니다.

행 1:20~26

유다의 죽음으로 인해 제자들 가운데 공석이 생겼습니다. 유다를 대신할 수 있는 제자는 이전에 구체적으로 명시된 자질을 만족시키는 사람이어야 했습니다. 두 명의 후보가 지목되자 하나님은 제비뽑기를 통해 최종결정을 내리셨습니다.

딛 1:5~9

바울은 리더가 갖추어야 할 자질의 목록을 제시하고, 이러한 자질이 중요한 이유는 리더가 하나님의 일을 맡은 자(7절)이기 때문이라고 거듭 강조했습니다. 하나님은 리더에게 각자 자신의 영역에서 그분의 목적을 실천하라는 놀라운 책임을 맡기셨습니다.

하나님께 순종함

창 6:22

하나님의 지시는 이치에 맞지 않는 것 같았지만, 노아는 그분이 명하신 그대로 행했습니다. 리더는 하나님께 무조건적으로 순종해야 합니다. 하나님은 우리가 이해할 수 없을 때에도 그분을 신뢰하기를 요구하십니다.

창 22:1~18

하나님의 명령에 철저히 순종했던 아브라함의 자질을 언급한 본문입니다. 이 구절에 대한 주석으로 히브리서 11장 17~19절을 살펴보십시오.

레 10:1~5

아론의 아들 나답과 아비후에 관한 이 슬픈 본문은, 많은 것이 주어진 사람에게는 많은 것이 요구된다는 것을 이야기합니다. 하나님은 그분의 뜻을 선언하실 때 철저한 순종을 요구하십니다.

신 32:48~52

본문은 모세가 므리바에서 불순종했던 사건이 얼마나 장기적인 영향을 미쳤는지 보여 줍니다. 반석에 명하지 않고 지팡이로 쳤던 모세의 행위는 아주 사소한 일처럼 보일 수도 있지만, 하나님은 리더의 자리에 있는 사람에게는 더 높은 기준을 요구하십니다.

수 6:1~27

여리고 전쟁이 중요한 이유는 그것이 여호수아의 첫 번째 전쟁이고 또한 가장 기이한 전쟁이었기 때문입니다. 모든 백성은 하나님의 기괴한 명령에 순종했으며 이것은 새로운 세대를 위한 일종의 시험이었습니다. 여리고 성이 붕괴된 사건은 이스라엘 백성에게 여호와가 그들을 위해 싸워 승리하신다는 사실을 보여 주었습니다.

수 7:1~26

이 사건은 하나님이 불순종한 이들에게서 능력과 축복을 거두신다는 사실을 생생하게 보여 줍니다. 우리가 이미 알고 있는 죄를 계속 묵인한다면 그만큼 하나님의 은혜와 돌보심은 우리에게서 멀어집니다.

삿 1:27~2:3

이스라엘의 가나안 정복은 불완전했습니다. 그들은 가나안 땅에 머물고 있는 이들과 언약을 맺음으로써 하나님께 불순종했습니다. 하나님의 계시된 말씀에 불순종한다면, 결국에는 후회하게 됩니다.

삼상 7:1~4

성경은 우리가 태도와 행동으로 순종을 나타내야 한다고 말합니다. 본문의 경우, 회개의 태도에는 반드시 이방신을 제거하는 행동이 수반되어야 했습니다. 하나님은 아무리 좋은 의도를 가지고 있다 하더라도 불순종하는 이들은 축복하지 않으십니다.

삼상 9:15~10:1

진정한 영적 리더는 순종하고 싶지 않을 때에도 하나님께 순종합니다. 사무엘은 왕을 구하는 백성의 요구가 못마땅했습니다. 백성들이 사사를 통한 하나님의 통치를 결국 거부했기 때문입니다(8:10~22 참고). 그러한 상황에서도 순종한 사무엘을 통해, 우리는 하나님이 그를 효과적으로 사용하실 수 있었던 이유를 알 수 있습니다.

삼상 13:11~14, 15:1~35
사울은 이 두 사건에서 사무엘을 통한 하나님의 구체적인 명령에 불순종했고, 이스라엘의 왕이 될 자격이 없다는 것을 스스로 보여 주었습니다. 그는 두 사건에서 자신의 행동을 정당화하면서 하나님의 뜻을 왜곡했습니다. 하나님께 불순종하는 사람은 기회를 잃게 마련입니다.

왕하 10:28~31
예후는 여호람, 이세벨, 아합의 가족과 바알 선지자들이 조장했던 바알 숭배 문화를 없애는 데 최선을 다했습니다. 하지만 그는 여로보암이 도입한 금송아지 숭배를 묵인함으로써 완전한 개혁을 이루지는 못했습니다. 이러한 영적 타협으로 인해 예후의 순종은 불완전했지만, 하나님은 자비롭게도 그러한 순종을 보상하셨습니다.

왕하 25:1~30
불경건한 네 왕이 연이어 왕위를 교체한 후에, 남왕조 유다는 바벨론의 침략으로 멸망에 이르렀습니다. 이 장은 선지자들이 예언했던 것처럼, 장기간에 걸친 유다의 불순종이 어떤 결과를 초래했는지 묘사합니다. 이는 모세가 신명기 28장 15~68절에서 예언했던 저주이기도 합니다.

대하 35:1~19
요시야가 꼼꼼하게 유월절을 준비하고 기념할 수 있었던 이유는 율법책을 읽었기 때문이었습니다. 그는 하나님의 계시된 진리들을 즉시 적용하는 겸손하고 유순한 사람이었습니다.

잠 16:25
인류 역사는 하나님의 뜻을 무시하고 자신이 옳다고 믿는 것을 선택한 사람들의 이야기로 가득합니다. 자신이 옳다고 믿는 것이 하나님이 가르쳐 주신 것보다 현명하다고 믿는 사람은 가장 큰 교만에 빠져 있는 것입니다.

전 2:1~11
인류 역사상 가장 큰 부와 권력을 누렸던 사람이 기록한 이 구절은 '모든 것을 소유했다'는 것이 어떤 것인지 보여 줍니다. 하지만 전도서 기자는 한 가지 이유로 인해 몹시 불행했습니다. 하나님과 원만한 관계를 이루지 못했던 것입니다. 그는 아무리 많은 것을 소유해도,

그것들로 공허한 인생을 채울 수 없다는 사실을 깨달았습니다.

렘 23:23~24

하나님은 어디에나 계시며 우리의 모든 일을 감찰하십니다. 리더는 전능하신 하나님의 공의로운 감독 아래 계속 머물러야 합니다.

호 6:6

하나님은 회개하는 자들을 용서하시지만, 순종을 더 기뻐하십니다. 리더는 자비롭고 관대해야 하지만, 사람들의 잘못과 죄를 지적해 주지 않는다면 좋은 공동체를 만들 수 없습니다.

호 10:12~15

하나님은 호세아를 통해, 실패한 이스라엘 리더들의 책임을 물으셨습니다. 그들은 사악하고 속임수에 능했으며 교만했습니다. 하나님의 존재를 인정하지 않았기 때문에 그들과 백성들이 멸망했던 것입니다. 성경적 세계관은 리더십 윤리를 포함해 우리 인생의 모든 부분에서 하나님께 순종할 것을 요구하고 있습니다.

호 14:1~3

이스라엘의 왕도 별 도움이 되지 못했습니다. 그들은 그저 나타났다가 사라질 뿐이었습니다(10:7). 하나님은 이스라엘 백성에게 그들을 구원할 왕이 어디 있느냐고 물으셨습니다(13:10). 그리고 자신이 왕을 주기도 하고 폐하기도 한다고 대답하셨습니다(13:11). 훌륭한 리더는 하나님의 선하신 손길 아래에 거하고 그분의 지혜를 구해야 함을 압니다.

마 26:36~46
예수님이 하나님께 세 번 간구하시는 동안 이 기도가 비슷한 변천 과정을 겪는다는 데 주목하십시오. 이 기도들은 '잔'이 지나가기를 바라는 소망과 함께, 또한 아버지의 뜻을 기꺼이 이루고자 하는 소망을 표현합니다. 단지 하고 싶은 일을 하는 것으로는 순종을 측정할 수 없습니다. 큰 희생을 치르게 되리라는 사실을 알면서도 하나님의 말씀에 기꺼이 응할 때, 우리는 비로소 순종을 입증할 수 있습니다.

요 5:19~20
예수님은 언제나 아버지가 하신 일을 그대로 행하셨습니다. 그리스도인 리더들의 다른 점은, 다른 무엇보다도 예수님처럼 하나님의 역사를 발견하고 그 일에 참여하기를 구한다는 것입니다.

행 5:29
경건한 리더는 하나님께 순종할지 인간 권력자에게 순종할지 결정해야 합니다.

히 3:15
우리는 매일 하나님을 향한 유순한 마음을 길러야 합니다. '오늘'이라는 단어에는 긴급성이 내포되어 있습니다. 광야에서 불순종했던 이스라엘 백성들과 달리, 우리가 하나님의 뜻과 인도를 잘 따를 수 있도록 매일 마음의 땅을 일구어야 합니다.

유 1:15
유다는 신약 시대에 높이 평가되었던 '에녹서'의 구절을 인용하면서 이 한 구절에서만 '경건하지 않은'이라는 단어를 네 번 사용합니다. 이 구절은 불경건과 그에 대한 응보를 묘사함으로써 우리가 개인적 삶에서나 공적 삶에서 경건함을 추구해야 한다는 점을 강조합니다.

계 14:1~5
7장에 기록된 요한의 환상에서 14만 4,000명의 유대인들은 대환난이 시작되기 전 특별한 사역을 위해 구별되었습니다. 그리고 하나님은 계속되는 끔찍한 심판에서 그들을 보호하셨습니다. 그들은 고난 중에도 하나님을 향한 헌신과 순결함을 잃지 않았습니다.

우선순위

창 25:29~34
장자권을 경홀히 여겼던 에서는 우선순위에 심각한 문제가 있었습니다. 그는 가문의 지위보다 주린 배를 더 중하게 여겼습니다. 신뢰할 수 있는 리더는 중요한 것과 중요하지 않은 것에 대한 실제적인 지식뿐 아니라, 욕망이 아닌 원리에 따라 행동할 수 있는 의지가 있어야 합니다.

삼상 15:24, 30~31
경건하지 않은 리더는 하나님 앞에서 갖추어야 할 태도보다 사람들의 평판에 더 관심을 갖습니다.

대하 24:4~18
나이가 어린 요아스 왕은 성전을 보수하는 명분에 전념했습니다. 이는 분명 훌륭한 계획이었지만, 그의 이후 행적을 보면 그가 하나님보다도 명분에 더 헌신했음을 알 수 있습니다. 대제사장 여호야다가 죽자 요아스의 진정한 우선순위가 드러났습니다.

시 49:1~20
이 시는 독자들에게 재물보다 하나님을 더 신뢰할 것을 독려하며,

영원의 관점에서 볼 때 인생이 얼마나 짧은지 강조합니다. 따라서 우리는 우선순위를 수정하고, 지나가는 것들에 소망을 두기보다 영원한 것들을 추구해야 합니다.

잠 9:10
유능한 리더는 좋은 정보를 수집하여, 이를 해석하고 이해하며 적용할 수 있습니다. 그러나 하나님의 능력과 주권을 인정하지 않는다면 이 과정이 충실하게 이루어지지 않습니다. 이 구절은 현실을 이해하고 그 이해를 바탕으로 행동하기 위해서는 하나님을 경외하는 것보다 더 중요한 우선순위가 없음을 말해 줍니다.

잠 31:4~5
리더의 책임은 너무나 막중하기 때문에 어리석은 생활방식으로 그것을 훼손시켜서는 안 됩니다.

사 40:6~8
큰 상이 걸려 있는 일에는 전부를 걸고 뛰어드는 것이 어렵지 않습니다. 어떤 리더들은 눈앞에 있는 승진과 보상을 위해 인생을 걸기도 합니다. 이 본문은 어떤 것이 영원하고 어떤 것이 그렇지 않은지를 잘 보여 줌으로써 우선순위에 대한 명확한 관점을 제시합니다.

욘 4:1~11

니느웨를 향한 하나님의 소망은 실현되었지만, 하나님이 택하신 리더 요나는 펄펄 뛰며 반대했습니다. 요나는 이스라엘을 위협하는 니느웨를 제거하는 것이 더 중요하다고 판단했습니다. 리더의 우선순위가 하나님의 우선순위와 배치될 때, 리더는 시들어 버린 식물 아래 앉아 있던 요나만큼이나 어리석어 보일 수 있습니다.

막 1:35~39

일정이 꽉 차 있었지만 예수님은 언제나 기도 시간을 마련해 두셨습니다. 마가는 예수님이 동트기 전에 일어나 홀로 기도하러 가셨다고 기록합니다. 아침이든 정오든 한밤중이든, 유능한 리더는 하나님과 함께 있는 시간을 우선순위에 두고 그분의 인도를 구합니다.

요 17:4

생의 마지막 때가 이르렀을 때 예수님은 아버지께서 명하신 일들을 다 이루었다고 고백하셨습니다. 예수님은 그분에게 찾아온 모든 이들을 치유하지 않으셨습니다. 그분은 모든 곳을 여행하지도 않으셨고, 단 한 권의 책도 쓰지 않으셨습니다. 하지만 예수님은 아버지가 명하신 모든 일들을 이루셨습니다. 그분은 분명한 우선순위를 지니고 계셨기 때문에 올바른 방식으로 올바른 일들을 행하셨습니다.

행 24:22~26

바울은 벨릭스 앞에 두 차례 출두했습니다. 두 경우 모두 벨릭스는 바울과 그가 전하는 메시지에 대한 판단을 유보했습니다. 벨릭스는 정치 지도자로서 잘못된 우선순위를 가지고 있었습니다. 그것은 치명적인 결과를 초래할 수도 있는 실수였습니다.

목적과 열정

신 4:32~40

본문에서 모세는 이스라엘 백성에게 목적과 부르심을 되새기라고 당부합니다. 그들은 하나님의 귀한 백성이라는 특별한 정체성을 받아들이고, 여호와만이 땅과 하늘의 창조자요 통치자임을 인식해야 했습니다. 여러분을 향한 하나님의 부르심은 무엇입니까? 그분의 음성을 들어 본 적이 있습니까?

왕상 6:1~8:66

솔로몬은 성전을 건축하는 일에 열심을 냈습니다. 아름답고 완벽한 성전으로 하나님을 기쁘시게 하고 사람들이 그분을 경배하게 하려는 것이었습니다. 솔로몬은 비용을 아끼지 않았고, 건축이 끝났을 때는 모든 부분이, 심지어 보이지 않는 곳까지도 훌륭하고 꼼꼼하게 완성되었습니다.

대하 17:1~19
여호사밧은 통치 기간 내내 하나님의 길을 걷는 열정과 헌신을 보였고(6절), 하나님은 부와 승리로 그에게 보답하셨습니다. 여호사밧은 하나님을 추구하며 우선순위를 정했던 리더였습니다.

대하 29:1~36
히스기야는 부도덕한 아버지 아하스와는 달리 하나님을 향한 열정을 드러내는 인생을 살았습니다. 또한 요아스 왕과 달리 성전을 보수하고자 하는 히스기야의 열심은 그 자체가 목적이 아니라 하나님을 추구하는 표현의 일부였습니다.

느 12:27~43
이 극적인 봉헌식에 참석했던 모든 이들은 목적과 열정을 회복했고, 하나님의 보호와 능력 그리고 축복에 대해 감사하는 마음을 갖게 되었습니다.

시 63:1~11
이 시에서 다윗은 자신의 삶에 활력을 불어넣었던 열정 곧 하나님을 향한 갈망을 표현했습니다. 그는 낮이나 밤이나 하나님을 기억했고 그분의 사랑과 보살핌을 떠올렸습니다. 우리는 진심을 다해 하나님을 사랑하고 추구하는 은혜를 구해야 합니다.

시 84:1~12
고라 자손의 시인 이 본문은 하나님을 향한 강렬한 열정을 묘사합니다. 하나님이 우리에게 영원을 사모하는 마음을 주셨기 때문에(전 3:11), 세상의 그 어떤 사람과 지위와 소유도 우리를 완전히 만족시킬 수는 없습니다. 우리는 세상의 것보다 더 높은 것을 위해 창조되었습니다. 종종 인용되는 어거스틴의 말은 여전히 진리입니다. "당신을 위해 우리를 창조하셨으므로 우리 마음이 당신 안에서 안식을 얻기까지는 평안이 없나이다."

잠 15:21
열정이 없는 사람은 쉽게 산만해지지만, 명철한 자는 제 길을 바르게 걸어가는 것의 중요성을 인식하고 있습니다. 우리는 분명한 목적이 있을 때에만 집중할 수 있습니다.

전 1:12~14
본문의 메시지가 여러분의 팀 전체, 혹은 일부 팀원의 이야기처럼 들립니까? 아니면 여러분의 이야기처럼 들립니까? 분명한 목적이 없다면 본문에서 이야기하는 문제들이 조직 전체를 사로잡을 것입니다.

사 4:2~6

이 본문은 하나님이 기뻐하시는 리더의 통치 아래 있는 삶을 묘사함으로써 리더십의 목적을 명시합니다. 그러한 리더를 따르는 이들은 안전한 환경에서 의로운 삶을 살 수 있습니다. 리더가 적절하고 안전한 환경을 만들기 위해서는 리더십의 목적을 제대로 이해하고 올바른 길을 고집하는 신념이 필요합니다.

사 33:1

하나님은 파괴하는 자들과 배반하는 자들에게 정죄와 경고의 메시지를 주셨습니다. 개인이나 팀 혹은 조직을 파괴하는 리더들은 도처에 널려 있습니다. 알고 했든 모르고 했든, 고의였든 고의가 아니든, 파괴하고 배반한 자들의 결말은 동일합니다. 세우고 발전시키고 성장시키는 데 의식적으로 노력을 기울이지 않는 리더는 파괴자가 될 위험에 처해 있는 것입니다. 리더는 발전하고자 하는 목적의식이 분명해야 합니다.

렘 8:22~9:1

이같이 불운한 상황에서도 예레미야가 오랫동안 리더의 자리에 있을 수 있었던 것은 그가 진심으로 백성에게 관심을 기울였기 때문입니다. 예레미야는 백성들의 행복을 위해 열정을 다함으로써 그들을 잘 인도할 수 있었습니다. 리더는 많은 일에 열정을 기울여야 하지만, 예레미야가 보여 준 열정은 장기적인 관점에서 볼 때 분명한 변화를 일으켜 냅니다.

렘 30:21~22
하나님이 이스라엘을 위해 약속하신 축복 중에는 좋은 리더십이 포함되어 있었습니다. 하나님이 택하신 리더는 하나님께 헌신한다는 점을 주목하십시오. 좋은 리더십을 향한 열망은 조직에서 하나님의 대리자가 되겠다는 열정으로부터 시작합니다.

겔 39:21
두발 왕 곡에 대해 길게 다루고 있는 37~38장에서 에스겔은 민족들의 이동과 세상 권력의 움직임을 이야기합니다. 에스겔 39장 21절은 왕들이 세상을 다스리고 있는 것 같지만 모든 권력 뒤에 진정한 권능자가 있음을 알려 줍니다. 전능하신 하나님이 언제나 통치하고 계신다는 사실은 모든 리더들이 명심해야 할 중요한 관점입니다.

겔 45:7~12
하나님이 말씀하신 이상적인 왕국에서 왕의 목적은 백성의 삶을 개선하는 것입니다. 무슨 일을 성취하고자 하든 간에, 리더는 9절에 나타난 환경을 만드는 데 반드시 열심을 내야 합니다.

막 1:1~9

세례 요한은 우리가 대개 위대하다고 생각하는 자격요건을 전혀 갖추지 못한 사람이었습니다. 학위나 경력도 없었고 사회성도 부족했으며, 그를 표현할 수 있는 것이라곤 단지 기괴한 차림새와 특이한 식습관뿐이었습니다. 하지만 예수님은 그를 가리켜 여자가 낳은 자 중에 그보다 더 큰 이가 없다고 말씀하셨습니다(마 11:11). 세례 요한이 남들과 분명하게 구별되었던 점은, 인생에 대한 분명한 목적과 그것을 성취하기 위한 큰 열정을 소유했다는 것입니다.

눅 15:1~7

예수님은 하나님이 죄인을 사랑하신다는 믿음이 있었을 뿐 아니라, 말과 행동으로 그것을 보여 주셨습니다. 예수님은 유명하고 영향력 있는 사람들과 어울리기보다 부도덕한 정치가, 부정직한 사업가, 평판이 좋지 못한 여성들과 함께하셨습니다. 종교 지도자들이 예수님의 그러한 행위를 정죄했을 때 예수님은 자신의 행동이—그들의 행동이 아니라—하나님의 마음을 드러낸다고 말씀하셨습니다. 유능한 리더였던 예수님은 자신이 선포했던 진리를 끊임없이 몸소 실천하셨습니다.

고후 5:18~21

바울은 사람들이 하나님과의 관계를 회복할 수 있도록 열심을 다했습니다. 경건한 리더는 사도 바울과 같이 자신의 행동을 통해 예수님을 드러냄으로써 적당한 때에 다른 사람들을 그리스도께로 인도할 수 있어야 합니다. 하나님은 여러분을 도구로 사용하셔서 다른 사람들이 그분과의 관계를 회복할 수 있게 하십니다.

살후 1:4
여러분의 상사가 주변 사람들에게 여러분을 자랑할 만큼, 여러분은 뚜렷한 목적의식을 가지고 열정을 다해 일한 적이 있습니까? 그것을 이번 주의 목표로 삼아 보십시오.

딤후 2:15
건강한 리더십의 원리를 풍성하게 담고 있는 디모데후서 2장에서, 특별히 이 구절은 경건한 리더의 목적과 열정이 어떠해야 하는지 잘 요약하고 있습니다.

히 12:1~3
삶의 경주를 위해서는 올바른 관점과 조건이 필요합니다. 예수님을 따르는 사람들은 경주 속도를 늦추는 모든 죄를 벗어던지고 예수님께만 초점을 맞춰야 합니다. 우리보다 앞서 믿음의 경주를 하셨던 예수님은 그분의 구원을 믿는 자들을 결승선까지 인도하실 것입니다.

벧전 1:3~16

베드로는 독자들에게 예수님의 재림을 소망하라고 독려합니다. 그런 소망을 품을 때 우리는 하나님의 거룩한 본성을 삶의 방식에 반영할 수 있습니다. 그리스도인 리더는 동일한 초점과 삶의 방식을 가져야 합니다.

계 13:1~18

거짓 선지자와 함께 등장하며 적그리스도라 불리기도 하는 이 짐승은 리더가 악한 일에도 열정을 품을 수 있다는 사실을 보여 줍니다. 짐승이 하나님을 비방하고 예수님을 따르는 성도들과 대적하여 싸운다는 내용에 주목하십시오.

절제

창 4:6~7

리더십은 개인의 책임을 요구합니다. "너는 그것[죄]을 다스릴지라"는 표현은 이 점을 강조합니다. 우리는 상황의 피해자가 아닙니다. 상황에 대한 우리의 반응을 '본성'과 '양육'의 탓으로 돌려서도 안 됩니다. 우리는 각자 하나님의 형상을 반영하고 있으므로 우리의 행위에 대한 도덕적 책임은 우리 자신에게 있습니다. 하나님을 기쁘시게 하기 위해서는 분명 하나님의 은혜가 필요합니다. 하지만 그렇다고 해서 절제가 필요하지 않다는 뜻은 아닙니다.

삿 15:3
삼손의 인생은 절제 없는 열정과 절제의 부족이라는 말로 요약할 수 있습니다. 그는 이스라엘의 사사였지만(15:20), 하나님은 그가 알지도 못하는 사이에 그를 사용하셨습니다(16:27~30 참고).

삼상 10:8
사울의 첫 번째 시험은 인내심을 훈련하는 것이었습니다. 사무엘은 사울에게 자신이 제사를 드리러 올 때까지 칠일을 기다리라고 말했습니다. 하지만 군사들이 흩어지자 사울은 그 기간이 너무 길다고 확신했습니다(13:7~10 참고). 결국 사무엘은 사울을 꾸짖었고, 이 이야기는 이스라엘 첫 왕의 몰락을 보여 주는 첫 번째 사건이 되었습니다.

삼상 24:1~22, 26:1~25
이 두 사건에서 다윗은 자신을 잡으려는 사람을 죽일 수 있는 확실한 기회를 얻었습니다. 이는 분명 큰 유혹이었지만, 다윗은 하나님이 기름 부으신 자를 죽이지 않았습니다. 다윗은 그렇게 함으로써 자제심을 길렀고 하나님의 뜻을 지혜롭게 분별했습니다.

삼상 25:1~39

다윗은 앞서 자제심을 보여 주었지만, 아름다운 땅의 소유주인 나발의 모욕적인 언사를 들었을 때는 흥분을 감추지 못했습니다. 나발의 전갈을 듣자마자 다윗은 나발과 그의 사람들을 죽이기 위한 준비를 시작했습니다. 그러나 아비가일의 지혜로운 말을 들은 다윗은 복수를 다시 생각하게 되었습니다. 과도한 반응으로 실수를 할 뻔했지만, 다윗은 아비가일의 지혜에 힘입어 진정한 겸손을 나타냈습니다.

삼하 16:5~14

본문은 다윗이 절제에 성공한 사람이었음을 보여 줍니다.

잠 5:1~23

얼마나 많은 리더들이 부도덕함으로 인해 자신의 능력을 희석시키거나 파괴합니까? 솔로몬은 오랫동안 변함없이 능력을 발휘하고자 하는 리더들에게 좋은 귀감이 됩니다. 본문을 찬찬히 읽으면서 중요한 핵심을 생각하며 적용해 보십시오(6:20~35, 7:1~27 참고).

렘 15:19~21

다른 사람들이 여러분의 도덕적 입장에 동의하지 않는다면, 여러분의 입장을 재점검해 보아야 합니다. 하지만 점검한 뒤에도 여러분의 입장이 옳다고 생각된다면, 하나님은 여러분에게 그것을 주장하며 가르치라고 명하십니다(19절). 절제에서 가장 중요한 확신은 자신의 입장이 하나님의 뜻과 일치한다는 인식에서 나옵니다.

겔 19:1~14

에스겔은 이스라엘 고관들을 향한 심정을 슬픔으로 표현했습니다(1절). 이스라엘 고관들은 자신을 다스리는 훈련을 하지 않았기 때문에 백성도 다스릴 수 없었습니다. 절제가 되지 않는 리더들의 슬픈 결말을 보십시오(4, 8~9, 14절 참고). 절제가 없다면 리더십도 없습니다.

암 6:1~8

하나님은 교만한 이스라엘 리더들(이스라엘이 따르는 능력 있는 자들, 1절)을 정죄하셨습니다. 그들은 리더가 책임의 자리가 아닌 특권과 자랑의 자리라고 생각했습니다. 자신의 따르는 자들이 하나님께 범죄하고 서로 상처를 입히는 동안, 그들은 스스로 성취한 것을 탐닉하고 있을 뿐이었습니다.

고전 6:12~17

하나님은 우리가 모든 것을 누릴 수 있도록 창조하셨지만, 우리는 예수님을 제외한 그 누구에게도, 그 무엇에게도 지배되어서는 안

됩니다. 성적 부도덕의 문제에 관해서는 바울이 요약한 내용을 따라 유혹을 피할 수 있어야 합니다(18절).

골 3:1~10

본문에서 바울은 다른 사람들과의 관계에 영향을 주는 핵심적인 내면의 특징을 이야기합니다. 바울은 부정적인 예를 들면서, 성령의 인도를 받아 절제를 실천하라고 권면합니다. 따르는 자의 관점에서 이 구절을 읽어 보십시오. 여러분이라면 삶에서 이러한 모습을 드러내는 리더를 따르겠습니까? 12~17절에 나와 있는 바울의 긍정적인 권고를 읽어 보십시오.

딤후 3:1~9

절제가 부족한 리더는 따르는 자들이 그 사실을 모를 것이라는 착각에 빠져서는 안 됩니다. 최선을 다해 자신의 행위를 은폐하려 해도, 리더의 어리석음은 모든 사람들에게 드러나게 마련입니다(9절). 얼마나 정신이 번쩍 드는 말입니까!

약 1:2~4

얼핏 보면 야고보의 말은 다소 비현실적인 것 같습니다. 시험을 당했을 때 어떻게 온전히 기쁘게 여길 수 있습니까? 여기서 중요한 점은 하나님이 시험을 통해 인내를 만들어 내신다는 것입니다. 이렇게 한번 생각해 보십시오. 열과 압력이 끊임없이 가해지지 않는다면, 석탄 덩어리는 결코 다이아몬드가 될 수 없습니다.

가치

창 29:23~27
라헬과 레아와 관련된 라반의 거짓말은 예외적인 사건이 아니라, 그의 가치 체계에서 파생된 결과일 뿐입니다. 하나님은 과거에 속이는 자였던 야곱이 자신보다 더 교활한 삼촌에게 속아 넘어 가도록 하심으로써 야곱을 낮추시고 그의 인격을 변화시키셨습니다.

레 18:1~20:27
이 세 장은 이스라엘 백성의 도덕적 실천을 요구하는 하나님의 분명한 규정을 설명합니다. 이러한 도덕 규정들은 다른 사람들과 올바른 관계를 맺을 수 있는 분명하고도 지속적인 기준들을 제시합니다.

신 5:1~33
모세는 신명기 5~11장에서 이스라엘의 도덕적 책임을 서술하는데, 특히 5장은 이전 세대에게 주어졌던 계명들(출 20장)을 다시 회고하는 내용입니다. 이 계명들은 새로운 세대가 약속의 땅에 들어

가서도 하나님께 헌신할 수 있도록 그들을 영적으로 무장시키기 위한 것이었습니다.

삼하 11:1~12:14
다윗이 밧세바와 그의 남편 우리아에게 저질렀던 일들을 기록한 이 슬픈 이야기는 가장 위대한 리더조차 간음과 배반과 살인의 죄에 빠질 수 있다는 것을 보여 줍니다. 다윗은 이런 일을 저지른 뒤에 그것을 은폐하려고 했지만 하나님은 그냥 내버려 두시지 않았습니다. 나단 선지자의 지적으로 다윗은 결국 죄를 고백하고 하나님의 용서를 경험했지만, 자신이 저지른 행위의 결과는 피할 수 없었습니다.

대하 22:10~12
아달랴의 가치 체계는 권력을 향한 욕망으로 점철되어 있었습니다. 그녀는 아무런 방해 없이 통치하기 위해 왕의 가문을 진멸했습니다. 만일 하나님이 요아스를 숨기지 않으셨다면, 이 사악한 여왕은 다윗의 혈통을 완전히 없앨 수도 있었을 것입니다.

에 3:2~4
신념이 강한 사람이었던 모르드개는 하만에게 존경을 표하며 무릎을 꿇으라는 왕의 명령에 복종하지 않았습니다. 목숨이 위태롭다는 것을 알고 있었지만, 그는 자신의 신념을 지킬 수만 있다면 위험도 불사할 수 있다고 생각했던 것입니다.

전 3:9~14
리더십에서, 자신의 삶과 노력의 방향이 영원하신 하나님의 뜻과 일치하는 것보다 더 중요한 가치는 없습니다. 리더는 조직의 활동과 결과를 전능하신 하나님의 목적과 일치시켜야 합니다.

미 1:8~9
미가는 무엇을 위해 슬퍼해야 하는지 잘 아는 리더였습니다. 백성은 죄로 인해 심판을 받고 있었지만, 미가는 여전히 그들이 겪는 고통을 아파했습니다. 인간의 영혼을 정말로 중요하게 생각하는 리더는 좀더 자비로운 조직을 만들 수 있습니다.

합 1:13
의로운 선지자였던 하박국은 악한 자들이 번영하는 현실과 씨름했습니다. 리더는 공의, 공정함, 공평함을 중요하게 생각해야 합니다. 리더는 가치를 선언할 때 기쁨과 만족을 느낍니다.

마 5:1~12
예수님은 그분의 모든 제자들이 소유해야 할 가치를 말씀하셨습니다. 그분은 하나님 나라의 가치가 세상의 가치와 완전히 다르다는 것을 분명히 가르치셨습니다. 예수님은 제자들이 겸손, 죄에 대한 슬픔, 온유, 의에 대한 주림, 고통에서 구원하고자 하는 소망, 평화에 대한 헌신, 의를 위해 기꺼이 핍박받는 모습을 갖추기 원하셨습니다. 예수님을 따르기 원하는 리더는 이러한 가치들을 실천해야 합니다.

마 19:16~30

이 젊은이는 돈, 젊음, 권력, 그리고 선의까지, 정말 모든 것을 갖고 있었습니다(막 10:17~30, 눅 18:18~30 참고). 다만 그에게 한 가지 부족했던 것은 영원의 관점이었습니다. 그는 부에 너무 큰 가치를 두었고 예수님보다 자신의 소유를 더 의지했습니다. 혹시 하나님을 온전히 의지하기보다 소모품을 더 신뢰하고 있지는 않습니까? 하나님을 온전히 신뢰하는 것, 그것이 우리 최고 가치가 되어야 합니다.

막 7:1~8

본문에서 바리새인들은 성경과 전통의 세세한 사항들을 굳게 지키는 자들로 등장합니다. 하지만 그들은 그러한 기준들을 가치로 승화시키지 못했습니다. 예수님은 하나님께 피상적으로만 헌신하는 그들을 질타하셨습니다. 모든 리더는 자신이 올바른 기준들을 견지하고 있는지 확인할 필요가 있습니다. 나아가 그러한 기준들을 자신의 행동과 다른 사람들과의 관계에 영향을 주는 가치로까지 발전시켜야 합니다.

빌 3:7~11

본문을 통해 바울은 자신의 따르는 자들에게 비전을 제시했습니다. 그리스도인 리더는 이와 같은 관점을 가지고 있어야 하며, 믿음대로 살아야 합니다(17절 참고).

딤전 3:1

이 장에서 바울은 경건한 리더들이 갖추어야 할 필수조건을 이야기합니다. 그들에게 가장 중요한 것은 섬김의 태도, 개인의 인격, 사명과 가정을 향한 헌신, 분명한 목적의식을 포함하는 가치 체계입니다.

딤전 6:3~10, 17

바울은 돈을 향한 열망이 얼마나 많은 사람들을 파멸로 내몰았는지 주목합니다(9절). 이는 오늘날에도 정확히 적용할 수 있는 이야기입니다. 돈보다 경건에 높은 우선순위를 두는 리더는 두 가지 면에서 승리합니다. 첫째, 개인의 유익을 도모하는 어리석은 결정들을 피할 수 있습니다. 둘째, 아무리 많은 돈으로도 살 수 없는 '만족'을 누릴 수 있습니다.

비전

욥 19:25~27

욥은 혼돈과 고통 중에도 영원의 관점을 놓치지 않았습니다. 이 놀라운 선언은 부활의 소망을 언급한 가장 오래된 기록일 것입니다.

시 37:1~40

이 시는 역경 속에서 영원의 관점을 가지라고 노래합니다. 여호와를 의지하고, 여호와를 기뻐하고, 여호와께 맡기고, 여호와 앞에 잠잠하라는 반복된 권고를 통해, 시편 기자는 악인들이 교만하고 번영할지라도 소망과 확신을 잃지 말라고 격려합니다. 시편 기자는 악인은 결국 멸망하고 의인에게만 미래가 허락될 것이라는 장기적인 비전을 지니고 있습니다.

시 73:1~28

이 지혜의 시편에서 아삽은 불의한 자들의 형통함을 보고 어떻게 하나님의 공의에 의문을 갖게 되었는지 회상합니다. 17절에서 그는 하나님의 성소에 들어갔을 때 그 비전을 깨달았다고 설명합니다. 그곳에서 성경적 세계관에서 파생된 장기적인 관점 즉, 인간 운명의 영원성을 이해하게 되었던 것입니다.

시 102:1~28

이 시는 인간의 한계와 연약함, 그리고 고통을 무한하고 영원하신 하나님의 속성과 비교합니다. 살아 계신 하나님의 인격과 능력과 완전하심에 대한 비전을 점점 발전시켜 나갈 때 우리는 풍요나 역경의 시간을 통해 찾아오는 소망과 관점을 발견할 수 있습니다.

잠 23:17~19

비전은 그것을 규정한 사람의 장기적인 관점을 표시합니다. 이 본문은 위대한 비전을 규정하고 성취하는 것에 대한 중요한 진리를 가르칩니다.

사 25:1

이사야 선지자는 24장 16~23절에서 어둠과 파멸을 선언했습니다. 이처럼 불행한 시기에 정직한 리더는 현실의 문제를 반드시 다루어야 합니다. 하지만 하나님을 신뢰하는 리더는 언제나 자신의 소망의 근거가 있음을 압니다. 그는 "만군의 여호와께서… 왕이 되[실]"(24:23) 것임을 결코 잊지 않습니다.

사 41:21~24

리더는 미래를 예측할 뿐 아니라, 비전을 품고 계획을 세워야 합니다. 본문은 아주 중요하면서도 종종 달성하기 어려운 과정에 대한 건강한 관점을 제공합니다.

렘 29:10~14

성경 중심적 리더는 언제나 소망과 긍정의 비전을 가지고 있습니다. 물론 조직에 관련된 사람들을 독려하고 지시하는 시간 중심의 비전도 매우 중요합니다. 하지만 리더의 궁극적인 비전과 소망은 조직을 초월하여 하나님과의 개인적이고 영원한 관계에 초점을 둡니다. 이러한 비전은 조직의 비전에도 새로운 이해를 가져다줍니다. 경건한 리더는 두 가지를 모두 갖추어야 합니다.

슥 4:1~2

비몽사몽한 상태에서 정신을 차린 에스겔 선지자는, 하나님이 순종하는 사람들을 통해 위대한 일을 이루신다는 사실을 깨달았습니다. 하지만 그러한 사람들에게는 비전을 통해서만 얻을 수 있는 통찰력이 필요합니다. 모든 위대한 일의 첫 번째 단계는 4장 2절의 "네가 무엇을 보느냐"라는 질문에 분명한 대답을 찾는 것입니다.

막 13:10

예수님은 제자들에게 그들의 사명이 전 세계를 대상으로 한 것임을 주기적으로 일깨우셨습니다. 그들의 사명은 유대인의 경계를 벗어나 복음을 들고 온 세상을 향해 나아가는 것이었습니다.

빌 3:12~14

이 본문을 주의 깊게 읽으십시오. 이 본문은 경건한 리더들에게 치열한 경쟁의 결승선입니다.

살전 5:1~3

경건한 리더들에게 주님의 재림이란 개인적, 공적 삶의 모든 영역에 비전을 불어넣는 확실한 미래의 사건입니다. 그리스도의 임박한 재림을 기다리는 이들은 그날에 초점을 맞추며 매일의 삶을 살아가는 법을 배웁니다. 그렇다면 그날은 언제 올까요? 그것은 아마도 몇 년이 지나기 전, 여러분의 다음 생일 전, 오늘이 가기 전, 혹은 이 책을 덮기 전일지도 모릅니다.

계 1:9~11

에게 해의 밧모 섬에 유배된 요한은 더 이상 하나님께 쓰임 받을 수 없을 것이라고 생각했을지도 모릅니다. 만약 그렇다면, 그는 매우 놀랄 수밖에 없었을 것입니다. 그처럼 황량한 곳에서 예수님은 요한에게 미래의 사건들을 자세하게 열거하는 환상을 보여 주셨기 때문입니다. 하나님은 그분이 원하시는 때와 장소에서 그분이 쓰시고자 하시는 사람들을 사용하십니다.

지혜

창 41:33~40
요셉은 바로의 꿈을 해몽한 뒤 장기적인 계획을 세우면서 계속 지혜롭게 조언했습니다. 지혜로운 사람은 상황을 이해하고 분석하는 것을 넘어 실천적인 적용에까지 이릅니다. 이런 면에서 요셉이 뛰어난 지혜를 보였기 때문에, 바로는 그를 그 계획의 감독자로 지목했던 것입니다.

출 31:1~11
구약의 지혜는 기술과 연관이 있습니다. 본문의 경우, 지혜란 원재료를 사용해 아름다운 것을 만들어 내는 능력을 가리킵니다. 이는 지혜의 좀더 포괄적인 의미를 나타냅니다. 즉 지혜란 하나님 앞에서 살아가는 기술을 가리키는 것으로, 개인의 인생이라는 원재료를 가지고 하나님을 향한 신뢰와 훈련을 통해 아름다운 것을 형성해 가는 방식입니다.

삼하 20:14~22
본문에 등장하는 지혜로운 여인은 기민한 수습책의 본보기를 보여 줍니다. 그녀는 포위공격의 구실을 찾은 요압을 지혜롭고 신중하게 다루었습니다. 동시에 세바를 요압에게 내어주어 큰 해를 면하자고 백성을 설득했습니다.

왕상 4:29~34

솔로몬은 백성을 잘 다스리기 위해 하나님께 지혜와 분별의 능력을 구했고, 하나님은 그의 소원을 들어주셨습니다(3:5~15). 그로 인해 솔로몬은 탁월한 지식과 신중함, 정의와 통찰력으로 나라를 다스렸고, 그의 지혜에 대한 명성은 주변 모든 나라에 퍼졌습니다.

욥 32:1~37:24

엘리후는 마침내 입을 열어 (그는 다른 사람들이 잘못되었다는 것이 분명해질 때까지 그들을 존중하며 지혜롭게 기다렸습니다) 하나님이 고난을 통해 욥을 정결케 하시는 동안 겸허히 자신을 낮추라고 욥을 격려했습니다.

시 1:1~6

시편의 첫 번째 시인 이 본문은 말씀 묵상의 가치와 지혜를 찬양하면서 시편의 도입 역할을 톡톡히 해냈습니다. 하나님의 진리로 마음을 새롭게 한 자들은 그분을 경외하게 됩니다. 이것이 바로 지혜의 기초입니다.

시 112:1~10

이 시는 지혜의 뿌리와 열매를 이야기합니다. 지혜의 뿌리는 여호와를 경외하는 것이며, 지혜의 열매는 안전함과 견고함, 그리고 다른 이들과의 돈독한 관계입니다.

잠 24:13~14

꿀이 입에 달듯이 지혜는 영혼에 답니다. 지혜 이외에 리더에게 무엇이 더 필요하겠습니까?

전 9:17

사람들이 자신의 말에 귀를 기울이게 하려면, 리더는 추종자들에게서 좋은 평판을 얻어야 합니다. 이 짧은 구절은 사람들이 누구의 말을 듣는지 가르쳐 줍니다.

사 5:21

지혜의 가장 중요한 요소는 우리가 가진 것이 얼마나 하찮은지 인식하는 것입니다. 유능한 리더는 지혜를 끊임없이 찾고 계발해야 합니다. 지혜를 '충분히' 갖추었다고 주장하는 사람이야말로 가장 지혜가 부족한 사람입니다.

2부 리더십 주제별 성구 스터디

겔 28:1~10
두로 왕은 대국을 건설할 정도의 지혜는 가지고 있었지만, 그 왕국의 지혜로운 리더가 되기에는 역부족이었습니다. 본문을 꼼꼼히 읽고 지혜로운 리더의 특징이 무엇인지 찾아보십시오.

학 2:15~19
지혜는 잘 정리된 생각을 삶에 지속적으로 적용하는 것입니다. 신중한 생각이 없다면 누구도 지혜로운 자가 될 수 없습니다. 삶의 자리를 찾지 못하는 사람에게 하나님께서는 그들이 살아온 길을 신중히 생각해 보라고 거듭 충고하셨습니다(1:5, 7, 2:15, 18). 탁월하고 지혜롭고 경건한 리더십에는 반드시 '신중한 생각'이 필요합니다.

행 17:10~12
베뢰아 사람들은 교양 있는 사람들이었기에 바울의 가르침이 참인지 확인하기 위해 성경을 상고했습니다. 바울이 그 점을 두려워하지 않았다는 것에 주목하십시오. 유능한 리더는 신중한 규명을 통해서만 진리가 입증될 수 있다는 것을 아는 지혜로운 사람입니다.

고전 2:9~15
리더는 가능한 다양한 곳에서 정보를 얻을 필요가 있지만, 진정한 지혜는 하나님으로부터 온다는 사실을 반드시 기억해야 합니다.

골 1:10~12

바울은 지혜로운 리더십의 중요한 요소들을 설명합니다. 하나님을 기쁘시게 하고 선한 일을 행하려는 소망, 하나님을 더 알고자 하는 열망, 하나님이 모든 힘의 원천임을 아는 지식이 바로 그것입니다. 이러한 태도는 인내, 오래 참음, 기쁨, 그리고 감사의 정신을 낳습니다.

능력 계발

책임

왕하 12:1~2

요아스는 대제사장 여호야다가 그를 교훈하는 기간 동안 계속해서 하나님의 길을 따랐습니다. 하지만 여호야다가 죽자 요아스는 하나님을 떠났습니다(역대하 24장의 자세한 설명을 살펴보십시오). 동료들 간에 서로의 리더십에 대해 책임을 지는 것은 매우 유익합니다. 다만 하나님이 최후에 각 사람에게 책임을 물으신다는 것을 깨닫고 있어야 합니다. 요아스는 이러한 사실을 인식하지 못했으며 그렇게 살지도 못했습니다.

대하 16:10

안타깝게도 아사는 선지자의 책망을 받아들이지 않았습니다. 그는 교만과 영적 배반으로 인해 말년에 폭군이 되었습니다. 주위에 진정한 조언자가 없는 리더는 이기적이며 부정과 압제를 일삼는 위험 인물로 전락할 수 있습니다.

에 2:10, 20

에스더는 사촌 오빠인 모르드개의 지혜로운 조언을 계속해서 따랐습니다. 모르드개가 에스더에게 집안 내력과 국적을 비밀에 부치라고 경고했을 때, 어릴 때부터 그랬던 것처럼 그녀는 그의 조언을 따랐습니다.

잠 21:1~3

지혜로운 리더는 하나님을 의지하고 하나님 앞에 책임을 느끼는 것이 중요함을 절감합니다. 이 중요한 본문은 깊이 묵상할 가치가 있습니다.

사 40:12~31

우리가 더 높은 지위에 오를수록 우리에게 책임을 묻는 사람들은 점점 줄어듭니다. 하지만 하나님 앞에서 책임을 회피할 수 있는 사람은 아무도 없습니다. 본문을 읽으면서 하나님의 주권을 묵상해 보십시오. 모든 대통령과 CEO, 권력자들이 하나님 앞에서 책임을 느끼며 그분께 복종하는 것이 얼마나 중요한 일인지 생각해 보십시오.

렘 25:33~38
나라의 죄악에 진노하시는 하나님은 모든 죄악을 심판하실 것입니다. 그중에서도 부패한 리더들에게 더 극심한 분노를 표출하셨던 점을 주목하십시오. 하나님의 섭리 아래 있는 리더는 더욱 특별한 책임과 의무를 느껴야 합니다.

겔 21:18~23
바벨론 왕은 자신이 하나님의 일개 도구였음을 전혀 알지 못했습니다. 하나님의 존재를 알지 못하는 리더라 하더라도 궁극적으로는 하나님 앞에서 책임을 져야 합니다.

호 10:3~4
거짓된 약속은 리더를 향한 백성들의 신뢰를 서서히 부식시켰습니다. 이스라엘 백성에게는 더 이상 왕이 존재하지 않았습니다. 리더를 향한 신뢰가 땅에 떨어진 조직은 리더십이 없는 조직입니다.

마 22:15~22
어떤 리더도 법 위에 있지 않습니다. 예수님은 가이사의 것은 가이사에게, 하나님의 것은 하나님께 바치라는 말씀으로 바리새인들을 놀라게 하셨습니다. 어떻게 이중의 책임을 만족시킬 수 있을지 생각해 보십시오.

고전 4:1~5
어떤 리더들은 자신이 하는 일을 다른 사람들과 비교하는 데 열심을 냅니다. 바울은 신자들에게 하나님이 찾으시는 것이 충성임을 기억하라고 권고합니다(2절). 충성은 모든 리더가 길러야 할 성품이며, 또 다른 큰 유익인 깨끗한 양심을 이끌어 냅니다(4절).

살전 1:6~10
바울의 메시지는 데살로니가교회 성도들의 행위를 칭찬하는 내용으로 가득합니다. 이 새로운 교회의 목자인 바울은 경과를 보고받기 위해 디모데를 보냈고(3:5 참고), 마게도냐와 아가야에서 들리는 그들에 관한 소문을 살폈습니다. 일의 경과에 만족한 바울은 더 큰 일에 매진하라고 요청했습니다(4:9~10). 서로에 대한 책임감은 조직을 계속해서 발전시킵니다.

히 13:17
리더는 어려운 위치입니다. 조직 구성원들에게 자신의 행위가 정당함을 입증해야 하는 부담감을 느낄 때는 더욱 그렇습니다. 책임을 지는 것은 분명 쉽지 않지만, 그것을 통해 리더는 자신의 결정이 재정과 개인과 조직에 얼마나 큰 영향을 주는지 인식하게 됩니다. 조직의 모든 위치에서, 책임감은 탁월한 리더를 만드는 원동력입니다.

벧후 2:13

베드로는 리더가 이기적인 이유로 다른 사람들에 대한 책임감을 저버린 것을 심하게 꾸짖습니다. 베드로의 말은 모든 리더가 언젠가는 하나님께 모든 것을 설명해야 할 날이 온다는 것을 분명하게 상기시킵니다.

변화와 혁신

창 6:5~7

이 본문은 인류를 다루는 방식에 변화를 일으킨 하나님의 마음을 보여 줍니다. 홍수는 여덟 사람을 제외한 나머지 모든 것을 쓸어 버렸고, 어쩌면 그것이 인간의 수명을 단축시켰는지도 모릅니다(창세기 5장과 11장의 족보를 비교해 보십시오). 경건하지 않은 리더가 수 세기 동안 생명을 유지할 수 있었다면 악의 잠재성이 어느 정도였을지 상상해 보십시오!

창 47:13~26

요셉은 변화하는 상황에 창조적으로 대응했습니다. 기근이 찾아오자 애굽 백성에게 돈을 받고 곡식을 나누어 주었고, 백성의 돈이 떨어지자 그들의 가축과 토지를 차례로 사들였습니다. 그러고는 미래의 수확을 위해 그들에게 종자를 나눠 주고 거둬들인 것의 오분의 일을 바로에게 상납하는 시스템을 구축했습니다.

잠 14:8

변화는 어려운 것이며 종종 분열을 일으키기도 합니다. 이 구절은 변화에 대처하는 과정에 필요한 통찰력을 제공해 줍니다.

잠 19:2

'혁신자'와 '변화의 주도자'는 이 잠언에서 지혜로운 경고를 발견합니다. 이 본문의 원리는 열심과 성급함을 책망하는 것이 아니라, 그것들을 어떻게 유용하게 사용할 수 있는지 설명하고 있습니다.

렘 9:12

변화가 필요한 영역을 결정하는 것은 때로 변화의 과정 중 가장 어려운 부분입니다. '문제가 있는 것'을 고치려 할 때든지 '특별한 문제가 없는 것'을 고치려 할 때든지, 리더는 "이 땅이(혹은 고치려 하는 것이) 어찌하여 멸망하[게]" 되었는지 명백히 밝혀야 합니다.

하나님이 자신의 가치를 따르는 지혜로운 리더에게 요구하시는 것은, 다른 사람들이 문제가 있다고 여기든 그렇지 않든, 회복이 필요한 곳에 체계적인 변화를 일으키는 것입니다.

렘 36:1~32

여호야김은 나쁜 소식을 듣고 싶어 하지 않았습니다. 그래서 그는 나쁜 소식을 담고 있는 두루마리를 불태워 버렸습니다. 진리를 외면하고 자신의 방식을 바꾸기를 거부했던 그의 어리석은 행동으로 결국 나라 전체는 멸망에 이르게 되었습니다. 여호야김은 리더로서 성공하는 데 필수적인 정보에 귀를 막았습니다. 조직이나 개인의 가장 중요한 변화는 때로 리더가 나쁜 소식을 기꺼이 받아들이려고 할 때에만 일어납니다.

행 11:18

변화를 실행하기는 결코 쉽지 않습니다. 하나님은 베드로에게 유대인과 이방인을 화해시키는 비전을 주셨습니다. 베드로의 사명은 이러한 변화에 참여하지 않는 나머지 신자들을 다시 불러 모으기 위해 자신이 본 환상을 들려주는 것이었습니다. 그리고 그 사명은 성취되었습니다(18절).

롬 5:12~21

바울은 첫 아담과 마지막 아담을 세심하게 비교함으로써 인간의 딜레마와 하나님의 해결책을 극명하게 대조하고 있습니다. 예수님이 오시기 전에는 심지어 선지자들도 하나님이 생각하셨던 이 급진적인 혁신의 깊이를 표현해 내지 못했습니다. 예수 그리스도가 가져온 이 극적인 변화는 죽음을 생명으로, 범죄를 은혜로, 정죄를 의롭다 함으로, 죄를 의로 바꾸었습니다.

갈 4:8~11

바울이 논의하는 내용은 유대교에서 기독교로 개종한 자신의 경험에 기초하고 있습니다. 익숙한 과거의 관행으로 다시 돌아가는 것은 오늘날도 여전히 위험합니다. 리더들이 시도했던 수많은 혁신이 실패로 돌아가는 것은 구성원들이 이해에서 그칠 뿐 실천으로 도약하지 못했기 때문입니다. 이러한 부정적인 영향을 주는 구성원들을 조심해야 합니다.

몬 1:17

빌레몬의 문화적 배경을 고려한다면, 이러한 요구가 터무니없게 느껴졌을 것입니다. 하지만 바울은 현재 상태로부터 완전한 변화를 촉구했습니다. 빌레몬은 관행이 경건한 원리와 충돌할 때 모든 리더들이 겪는 도전에 직면했을 것입니다. 빌레몬의 입장에서 이 짧은 편지를 읽어 보십시오. 여러분은 어떻게 반응하겠습니까?

비전 전달

출 24:1~11
모세는 하나님의 지시에 순종하여 먼저 그분의 말씀과 율법을 말로 선포했고, 이스라엘 백성은 여호와의 모든 말씀을 준행하겠다고 확언했습니다. 그런 후에 모세는 이 율법을 기록하고 제단을 쌓아 제사를 드린 뒤 백성 앞에서 언약서를 낭독했습니다. 백성 가운데 더 이상의 혼돈은 없었을 것입니다. 7절에서 백성이 이를 재확언한 것은 그들이 언약을 확실히 이해했음을 입증합니다.

신 27:1~30:20
신명기는 이스라엘 백성에게 비전을 전하는 책입니다. 첫 번째 설교(1~4장)에서 모세는 불순종의 결과와 순종의 축복으로부터 교훈을 얻을 수 있도록 백성들에게 과거를 상기시켰습니다. 두 번째 설교(5~26장)에서는 하나님과 동행하고 있는 이스라엘의 현재를 이야기합니다. 세 번째 설교(27~30장)에서는 미래의 축복과 저주 그리고 모든 나라들 가운데서 흩어져 살게 될 것을 예언합니다.

수 4:1~24
요단에서 취한 열두 개의 돌은 열두 지파를 상징했습니다. 길갈에서 열두 개의 돌을 세운 기념 의식은 미래 세대에게 그들을 향한 하나님의 능력을 상기시켰습니다.

왕상 5:1~18
솔로몬은 두로 왕에게 성전 건축의 비전을 설득력 있게 전달했습니다. 그로 인해 히람은 성전 건축에 필요한 백향목을 제공해 달라는 솔로몬의 요구에 응했습니다. 리더가 비전을 효과적으로 전달할 때, 사람들은 그 비전에 참여하게 됩니다.

대하 13:4~18
아비야는 조상들의 하나님 여호와를 배반한 북왕국 리더들의 어리석음을 설명하려고 했습니다. 하지만 여로보암은 끝까지 그 메시지를 거부했습니다. 하나님은 여로보암의 매복 공격에서 아비야를 구하시고 그에게 완전한 승리를 허락하심으로 아비야를 높이셨습니다.

잠 26:6
아무리 위대한 비전이라 해도 잘 전달되지 못하면 좌절될 수 있습니다.

렘 32:26~27

때때로 리더에게 다가오는 가장 큰 어려움은 더 나은 미래를 향한 비전을 전달하고, 어려운 때에 희망의 목소리를 내는 것입니다. 예레미야에게는 계속적으로 힘을 주는 원천이 있었습니다. 팀원들이 어려운 때를 극복하기 위해서는, 하나님의 주권을 확신해야 합니다. 하나님의 임재는 더 나은 내일을 위한 희망을 불어넣습니다.

겔 4:1~5:17

이 기괴한 장들은 하나님이 이스라엘을 멸망시키실 것이라는 비전을 전달하기 위해 애쓰고 계심을 묘사합니다. 리더만이 볼 수 있는 비전을 다른 사람들에게도 보여 주려면, 리더는 (에스겔의 극단적인 행위까지는 아니더라도) 가치와 비전을 현실화하여 사람들이 그것을 이해할 수 있게 해야 합니다. 화려한 웅변술은 실패할 수도 있지만, '비전을 살려 내는 것'은 성공합니다.

겔 12:21~28

하나님이 인정하신 비전이라도 그것을 성취하는 행동이 뒤따르지 않는다면 그 힘을 상실할 수 있습니다. 지혜로운 리더는 비전을 전달할 때, 비전을 실현시키는 데 필요한 행동 단계들도 설명합니다.

슥 8:1~23

인생은 고되고 이스라엘은 어려움을 당하고 있었지만, 하나님은 선지자를 통해 더 좋은 시간이 올 것을 예언하셨습니다. 하나님의 관점을 가진 리더만이 암흑의 때에 진정한 평화를 제시할 수 있습니다. 리더가 전달할 수 있는 최고의 비전은 구속된 피조물을 위한 하나님의 영원한 계획을 나타내는 비전입니다.

마 9:35~38

예수님은 이스라엘을 불쌍히 여기는 마음 때문에 이스라엘의 목자가 되기 원하셨습니다. 예수님은 많은 사람들이 믿을 준비가 되어 있음을 알고 계셨습니다. 그래서 추수할 것이 많은데 일꾼이 적다는 비전을 전달하셨던 것입니다. 유능한 리더는 적절한 순간을 기다렸다가, 비전을 전달할 수 있는 확실한 예를 사용합니다.

행 1:8

제자들을 향한 마지막 말씀에서 예수님은 그들이 비전과 전략과 능력을 받게 될 것이라는 약속을 주셨습니다. 예수님이 말씀하신 비전은 온 세상에 증인이 되는 것이었고, 전략은 예루살렘에서 시작해 점차 바깥으로 확장해 가는 것이었습니다. 마지막으로 능력은 성령께서 주실 것이었습니다.

롬 6:1~23

바울은 가르침과 글을 통해 다른 이들에게 비전을 전달하는 데 탁월한 은사가 있었습니다. 이 위대한 장에서 바울은 혁명적인 복음의 메시지를 개관하고, 독자들에게 예수님이 그들을 위해 행하신 일들을 기억하라고 도전했습니다(1~10절). 또한 예수님이 행하신 일을 그들의 삶에서 인정하고(11절), 변화된 사람답게 자신을 하나님께 바치라고 당부했습니다(12~23절).

엡 2:11~13

때때로 리더가 동기를 부여하는 최고의 방법은, 비전을 따라 살기 전에 그들의 삶을 뒤돌아보게 하는 것입니다. 이는 조직에도 적용되지만 예수님을 향한 믿음에도 적용됩니다. 가는 길이 때로 험난하다 할지라도, 이 길을 충실하게 걷는다면 일시적인 실패를 모두 넘어서는 큰 보상을 받을 것입니다.

벧전 3:15~16

그리스도인은 언제든지 예수님을 향한 믿음의 근거를 설명할 준비가 되어 있어야 합니다. 그리고 그 일은 온유한 마음과 상대방을 존중하는 방식으로 이루어져야 합니다. 그리스도인 리더에게는 세상이 무엇을 제공하더라도 그것을 훨씬 능가하는 큰 소망이 있습니다. 동시에, 그 소망을 다른 사람들에게도 알려 줘야 할 책임이 있습니다.

의사소통 기술

수 22:10~34

동쪽 지파들이 세운 제단으로 인해 이스라엘에는 재앙이 일어날 뻔했습니다. 동쪽 지파들 쪽에서 사전에 다른 지파들에게 사신을 보냈더라면, 그들이 제단을 짓는 목적을 분명히 이해시킬 수 있었을 것입니다. 아마도 동쪽 지파들은 이러한 과정이 필요하다고 생각하지는 않았던 것 같습니다. 그들은 다른 지파들이 자신들의 의도를 알 것이라고 가정했습니다.

삼상 1:9~17

의사소통에서 흔히 저지르는 실수는 모든 사실을 듣기 전에 결론을 내리는 것입니다. 엘리는 한나를 보자마자 그녀가 술에 취해 중얼거린다고 결론지었습니다. 한나의 행동을 달리 판단할 근거가 없었기 때문에 엘리는 한나의 인격과 의도를 그릇 판단했던 것입니다. 좋은 리더는 보이는 것으로 판단하지 않고 사실에 근거해 판단합니다.

왕상 1:11~40

다윗은 솔로몬이 왕위를 계승할 것을 계획했지만, 그러한 계획을 다른 이들에게 충분히 전달하는 데는 실패했습니다. 이 때문에 아도니야는 자신의 아버지가 더 이상 통치할 수 없는 상황에 이르자 왕위를 차지하려고 했습니다. 계획을 미리 세우는 것과 그 계획을 다른 이들에게 전달해 실행하도록 하는 것은 전혀 다른 문제입니다.

잠 10:19
입술의 가장 좋은 사용법은 가끔 침묵을 지키는 것일 수도 있습니다.

잠 10:32
효과적인 의사소통은 전달자의 기량이라기보다는 인격의 산물에 가깝습니다.

잠 18:20~21
정보 전달 사회에서는 정보를 명확하게 전달하는 사람이 좋은 평가를 받습니다. 이 잠언의 말씀을 진지하게 받아들일 때, 여러분 조직의 의사소통 영역에 얼마나 큰 도움이 될 수 있을지 생각해 보십시오.

사 39:1~8
때로 가장 강력한 의사소통 능력은 조용히 입을 다무는 것입니다. 히스기야 왕은 바벨론의 사신들에게 너무 많은 것을 이야기하고 보여 주었습니다. 리더는 성공하고 번영해야만 오래도록 그 자리를 지킬 수 있습니다. 하지만 이사야가 히스기야를 꾸짖었던 이유는 그가 자신의 성공을 무절제하게 뽐냈기 때문입니다.

사 55:6~13

하나님의 길과 생각은 가장 명석한 인간의 길과 생각보다 훨씬 고차원적입니다. 하지만 성경에 기록된 하나님의 말씀은 그 진리를 듣는 사람들의 내면에 기적적인 변화를 일으킬 만큼 잘 전달됩니다. 의사소통의 목적은 단순히 말하는 것이 아니라 상대방에게 이해시키는 것입니다.

마 21:33~46

리더의 의사소통 능력을 가장 잘 판단할 수 있는 시금석은 비우호적인 청중입니다. 예수님은 바리새인들을 꾸짖는 대신, 자신이 메시아임을 인정하시며 그들의 완악한 불신앙을 드러내는 이야기를 들려주셨습니다.

막 5:43

예수님은 때로 침묵이 최고의 의사소통임을 알고 계셨습니다. 그분은 기적을 목격한 자들에게 이 일을 아무도 모르게 하라고 엄히 당부하셨습니다. 그 지역에서 유명해질수록 종교 지도자들의 반대는 더 심해질 것이고, 그로 인해 그분의 사역이 중단될 수도 있음을 아셨던 것입니다. 노련한 리더는 자신이 계획한 전략을 성공으로 이끄는 열쇠가 침묵임을 알고 있습니다.

눅 1:1~4
누가는 특별한 서문 없이 복음을 바로 이야기하기보다, 자신의 설명이 역사적으로 증명할 수 있는 사실에 근거한 것임을 독자들에게 확실히 전달했습니다. 누가는 메시지는 진실해야 한다는 중요한 리더십 원리를 이해하고 그에 따라 행동했습니다.

요 3:16
여기서 예수님은 자신이 전하는 메시지의 본질을 한 문장으로 요약하셨습니다. 이 중요한 본문을 외우고 암송하는 어린아이들 때문에 교회학교마다 온 예배실이 쩌렁쩌렁 울리곤 했습니다. 유능한 리더는 자신의 메시지를 사운드 바이트(sound bite, 뉴스 인터뷰나 연설 등의 핵심적 내용을 축약한 문구-옮긴이)로 축약시키는 것이 얼마나 중요한지 잘 알고 있습니다. 사운드 바이트는 사명의 본질을 분명하고 신속하게 전달해 줍니다.

요 10:11~18
예수님은 자신을 목자에 비유하면서 청중이 쉽게 이해할 수 있는 이미지를 불러내셨습니다. 선한 목자이신 예수님은 모든 양의 이름을 아시며, '다른' 양들—모든 시대에 걸쳐 각 나라와 각 민족에 속한 사람들—을 포함한 자신의 양무리를 위해 목숨까지 내어 놓을 수 있다고 말씀하셨습니다.

행 22:1~21

사도행전에서 바울은 두 번(22, 26장)에 걸쳐 자신의 회심 경험을 이야기했습니다. 두 경우 모두, 바울은 자신의 이야기를 청자의 필요에 초점을 맞추어 각색했습니다. 노련한 전달자는 자신의 이야기뿐 아니라 청중을 잘 파악합니다.

고후 1:12~17

바울이 세웠던 여행 계획이 틀어지자, 고린도 교회의 어떤 성도들은 그것을 바울과 그의 메시지가 변덕스럽기 때문이라고 했습니다. 본문에서 바울은 계획의 변동이 자신의 메시지나 사명의 능력과는 아무런 관계가 없다고 단언합니다. 중간 단계에서 교정이 필요할 때, 숨김없고 정직한 의사소통이야말로 공동체의 사기와 비전을 유지하는 중요한 열쇠입니다. 또한 그 과정에서 리더는 정직한 모습을 보여 줄 수 있습니다.

갈등 관리

창 13:5~9, 14~17

아브람은 단단히 붙들고 있던 자신의 권리와 소유를 기꺼이 내려놓았습니다. 이 때문에 아브람은 조카에게 결정을 맡길 수 있었고, 자신의 가축을 관리하던 목자들과 롯의 목자들 사이에서 고조되는 갈등을 잘 해결할 수 있었습니다. 이 본문은 하나님이 그런 아브람을 높이셨음을 보여 줍니다.

창 21:25~31

아브라함은 격해질 수도 있었던 위험한 상황에서 지혜롭게 처신했습니다. 그는 후한 선물로 아비멜렉의 마음을 진정시켰고, 이후에 그들은 서로 싸우지 않겠다는 협정을 맺었습니다. 이처럼 서로 양보하는 태도는 문제를 해결할 뿐 아니라 양측이 모두 이익을 얻게 되는 결과를 낳습니다.

창 31:1~32:32

좋은 리더는 어떠한 결과라도 맞이할 준비가 되어 있는 사람입니다. 설령 그것이 관계를 정리하는 것이라 하더라도 말입니다. 야곱과 라반의 갈등은 계속 심해져, 결국 그들의 해로운 관계를 끊는 것만이 유일한 해결책인 지경까지 이르렀습니다. 야곱은 이 상황에서 겸손과 기지, 그리고 분별력을 보여 주었습니다.

민 16:1~50

고라와 다단과 아비람의 반역은 폭동으로까지 이어질 수 있었다는 면에서 모세의 권위에 대한 심각한 도전이었습니다. 모세는, 하나님이 말씀이 아닌 가시적인 행동을 통해 상황을 해결하실 수 있도록 구체적인 계획을 마련하여 지혜롭게 갈등을 관리했습니다.

삼상 30:21~25

다윗은 갈등을 해결하는 과정에서 탁월한 기량과 공정함을 보여 주었습니다. 다윗은 승리의 근원은 하나님이시므로 전쟁에 나갔던 사람이나 소유물을 지켰던 사람이 동일하게 전리품을 받을 수 있는 자격이 있음을 자신의 군인들에게 조용히 가르쳐 주었습니다. 이 일 후로 다윗은 그것을 이스라엘의 정책으로 정했습니다.

스 4:1~5

스룹바벨은 고국으로 돌아온 이스라엘 백성이 성전을 재건하는 데 끊임없이 방해하는 적들을 단호하게 다루어야 했습니다. 스룹바벨은 그러한 방해 공작에 효과적으로 대응했을 뿐 아니라 백성을 끊임없이 격려했습니다.

느 4:1~6

느헤미야는 적개심과 비웃음에 직면했을 때 하나님께로 나아갔고 그의 적들과 똑같이 행동하기를 거부했습니다.

느 6:1~9

느헤미야는 소모적인 논쟁에 붙잡혀 곁길로 빠지지 않았습니다. 그는 적들의 위협보다 하나님께 계속해서 집중하였습니다(9절). 이 결단력 있는 리더가 하나님이 주신 비전을 위해 자신의 목숨을 감수하는 모험을 감행한 것은 이번이 처음이 아니었습니다.

잠 15:1

리더는 종종 마음대로 분노를 표현해도 된다고 느낍니다. 이 잠언은 그러한 느낌이 장기적인 관점에서 처참한 결과를 초래할 수도 있음을 암시합니다. 이 구절은 모든 리더들에게 해당하는 경고의 메시지입니다.

잠 19:11

갈등을 관리하는 최고의 방법은 인내하는 것과, 그것이 언제나 존재한다는 사실을 인정하는 것입니다. 갈등을 내면화하여 그것이 범죄로 변질되지 않도록 주의하십시오.

사 2:1~11

말일에 하나님의 통치를 묘사하는 본문의 내용은 리더십에도 좋은 귀감이 됩니다. 그중 중요한 한 가지 요소는 분쟁을 해결한 후 찾아오는 평화입니다. 칼을 쳐서 보습을 만든다는 표현은 바로 그러한 평화를 상징하는 것입니다. 유능한 리더는 추종자들의 분쟁을 해결해 줄 뿐 아니라, 파괴적인 노력을 생산적인 노력으로 바꾸어 줍니다.

겔 37:15~28

이 메시아 본문은, 리더십을 통해 성취해야 할 하나님의 이상을 설명합니다. 화평과 연합을 자주 언급한 것을 주목하십시오. 효과적인 갈등 관리, 즉 긴장을 느슨하게 하고 팀워크를 진작시킬 뿐 아니라 의미를 분명히 하고 이해를 높이는 갈등 관리는 효과적인 리더십의 핵심입니다.

단 1:8~21

다니엘이 영향력 있는 리더가 될 수 있었던 것은 그가 하나님을 성실하게 따랐기 때문입니다. 목숨이 위태로운 순간에도, 다니엘은 그를 억류한 자들의 심기를 불편하게 하지 않으면서 하나님을 따르는 방법을 강구했습니다. 다니엘이 성실함을 잃지 않고 함께 일하는 자들을 멀리하지도 않으면서 갈등을 해결한 방법을 잘 살펴보십시오. 경건하다는 것이 반드시 융통성 없고 독선적인 것은 아닙니다(단 2:14~16, 2:24~25 참고).

마 13:53~58

갈등은 때로 불가피합니다. 예수님은 말씀을 들었던 사람들 중 일부가 자신을 어떤 눈으로 보는지 알고 계셨습니다. 그들은 예수님을 '목수의 아들' 이상으로 여기지 않았습니다. 예수님은 이러한 갈등을 어떻게 해결하셨을까요? 예수님은 상황을 살피신 후 반대자들이 수긍하지 않을 것임을 아셨고, 자신의 메시지를 더 잘 받아들일 만한 곳으로 이동하셨습니다.

눅 17:3~10

예수님은 용서하는 마음으로 직접 갈등을 해결해야 한다는 것을 분명히 하셨습니다. 제자들은 그러한 용서를 하기 위해서는 더 큰 믿음이 필요하다고 생각했지만, 예수님은 그들이 소유한 믿음만으로도 충분히 가능한 일이라고 말씀하셨습니다. 하나님을 향한 작은 믿음만 있어도 나무를 뿌리째 뽑는 데 충분한 힘을 발휘할 수 있습니다. 분명 그러한 믿음에는 분노와 악독을 우리 삶에서 근절시킬 수 있는 힘이 있습니다.

요 8:48~59

때로 갈등을 관리하는 최고의 방법은 정면으로 승부하는 것입니다. 예수님은 종교 지도자들과의 갈등이 결코 평화롭게 끝날 것이라고 생각하지 않으셨습니다. 예수님은 우호적인 협정을 맺기보다 반대자들에게 정면으로 대응해 자신의 견해를 분명하게 펼치셨습니다.

행 21:27~32

이 본문에서는 최악의 폭민 정치의 예를 볼 수 있습니다. 소문의 불꽃이 예루살렘 사람들에게로 번지자 그들은 일제히 광란 상태에 빠졌고, 이는 바울에게 직접적인 영향을 미쳤습니다. 바울은 체포되었고, 사도행전의 나머지 부분은 그가 법정에 상소하는 과정을 묘사합니다. 최고의 리더도 때로는 갈등을 통제하는 일에 실패할 수 있습니다. 하지만 하나님은 우리가 그분의 목적을 이루는 데 실패하더라도 그 실패까지 사용하시는 분입니다. 하나님은 바울이 감옥에 있는 동안에도 그를 사용하셨기 때문입니다.

엡 4:26~27

수많은 결혼생활 세미나에서 언제나 인용되는 이 구절은 사업의 영역에도 적용될 수 있습니다. 여러분의 상황을 잠시 떠올려 보십시오. 오늘 내로 혹은 한 시간 내로 여러분이 부딪히게 될 문제가 있습니까? 경건한 리더는 마귀에게 틈을 주지 않기 위해 최선을 다합니다.

빌 4:2~3

바울은 두 여인에게 갈등을 해결할 것을 권면하는 과정에서 영원의 관점을 제시했습니다. 하지만 바울은 문제를 해결하려고 애쓰지 않았습니다. 그는 지혜롭게도 자신보다는 상황을 더 잘 알고 있는 다른 이들에게 두 여인이 갈등을 해결하는 데 도움을 줄 것을 부탁했습니다.

의사 결정

창 24:12~27

아브라함의 종은 하나님이 선택하신 이삭의 아내를 찾는 과정에서 하나님께 온전히 의지했습니다. 그는 충동적으로 리브가를 선택한 것이 아니라, 이전에 하나님 앞에서 결단했던 내용을 충실히 따랐습니다. 하나님의 인도를 구할 때마다 하나님께서 항상 이처럼 확실한 사인을 보여 주시는 것은 아니지만, 그분은 성령이 우리를 진리 가운데로 인도하실 것이라고 약속하셨습니다(요 16:13).

창 43:10

야곱이 제때에 결정을 내리지 못했던 것은 현실을 인정하고 싶지 않았기 때문입니다. 야곱은 상황이 위기에 이를 때까지 지혜롭지 못하게 자신의 행동을 유보했습니다. 유능한 리더는 문제를 회피하면 결국 더 많은 대가를 치르게 된다는 것을 알고 있습니다.

출 12:29~32
지혜로운 조언을 귀담아 듣지 않았던 바로는 애굽 전체뿐 아니라 자신의 가정에까지 파멸을 초래한 결정을 내렸습니다. 그는 고집스러운 거부로 재난을 경험한 후에야 이스라엘 백성들이 떠나도록 허락했습니다. 그 과정에서 애굽이 치른 대가는 너무 컸습니다.

수 8:1~8
여호수아는 하나님의 지시를 따라 군사들에게 분명한 명령을 내렸습니다. 그에게서 불확실함이나 주저함은 전혀 찾아볼 수 없습니다. 그의 명령에는 권위가 있었으며, 분명하고도 구체적이었습니다.

삿 11:30~35
이 본문은 성급한 서원의 위험성을 묘사하고 있습니다. 이 끔찍한 비극은 긍정적인 감정이나 부정적인 감정에 취해 흥분한 상태로 결정을 내리기보다는, 신중하게 생각한 후 결정을 내려야 한다는 것을 강조합니다.

삼하 2:1~4

이 본문은 다른 본문들과 마찬가지로 다윗이 의사 결정 과정에서 하나님께 도움을 구하며 그분을 의지하는 장면을 묘사합니다. 많은 리더들이 일과 영성의 영역을 분리하지만, 하나님은 우리가 요구사항을 들고 나아올 때 먼저 그분의 인도를 구하기를 바라십니다. 다윗의 리더십이 성공할 수 있었던 비결은 바로 이것이었습니다.

왕상 12:1~16

르호보암은 노인들의 훌륭한 조언을 따르지 않았고, 그들의 충고를 성급하게 거절했습니다. 그의 결정이 지혜롭지 못했던 이유는 백성에게 최선의 것을 주려는 마음보다 친구들에게서 인정받고 싶은 마음이 더 강했기 때문입니다.

대하 10:1~19

르호보암은 노인들의 훌륭한 조언을 따르지 않았고, 그들의 충고를 성급하게 거절했습니다. 그의 결정은 지혜롭지 못했고, 그는 곧 자신의 행동이 초래한 부정적인 영향을 느낄 수 있었습니다.

느 2:11~16

느헤미야는 자신의 계획을 다른 이들에게 말하기 전에 신중하고 은밀하게 성벽을 둘러보고 세심하게 상황을 살폈습니다. 이런 준비 과정을 통해 느헤미야는 눈앞의 현실과 계획을 비교할 수 있었습니다. 그의 결정은 소문이 아닌, 자신이 직접 수집한 정보에 근거한 것이었습니다.

잠 23:23
좋은 리더는 좋은 결정을 내리고 나쁜 리더는 나쁜 결정을 내립니다. 본문은 좋은 리더가 되기 위해 어떻게 해야 하는지 조언합니다.

전 5:1~7
이 놀라운 충고는 의사 결정의 임무에도 적용할 수 있습니다. 하나님께 서원하는 것과 관련한 이 메시지를 모든 결정의 안내서로 생각해 보십시오.

사 33:22
리더를 이끄는 자는 누구입니까? 리더가 사람이나 목적, 혹은 방법을 선택하고 결정해야 할 때 누구를 찾아야 합니까? 이사야는 이스라엘을 위한 하나님 나라의 리더십을 설명했습니다. 이와 동일하시며 변치 않으시는 하나님은 여러분이 어려운 결정을 내려야 하는 순간에 언제나 도움을 주시는 분입니다.

렘 40:7~16

그다랴와 그를 신뢰했던 많은 이들은 결국 이스마엘에게 죽임을 당했습니다. 믿을 만한 정보를 검토해 보지 않았기 때문에 그다랴는 파멸을 초래하는 결정을 내렸던 것입니다.

심층 성찰 학습

출 8:19

요술사들이 이 이적들은 요술이 아닌 하나님의 권능으로 된 것이라고 경고했지만, 바로는 그런 재앙들의 의미를 알려고 하지 않았습니다. 그는 마음이 완악해져서, 다른 사람들에게는 분명히 보이는 증거에 반응하지 못했습니다. 이처럼 현실에 대처하기를 거부하는 것은 어떤 조직에든지 해가 됩니다.

민 23:1~24:25

발락은 이스라엘을 저주하기 위해 발람을 고용했지만, 그는 발람의 예언도 듣지 않았습니다. 분명한 사실은, 발람 선지자가 하나님의 감동으로 이스라엘을 저주하기보다 축복하게 되었다는 것입니다. 하지만 발락은 계속해서 상황을 조종하여 자신이 듣고 싶은 말을 듣고자 했습니다. 다른 사람의 말을 듣지 않고 자신의 뜻만 주장하는 리더는 위험한 길을 걷고 있는 것입니다.

신 1:26
생을 마감할 즈음, 모세는 출애굽 세대가 무엇이 최선인지 결정할 때 하나님보다 자신의 생각을 신뢰했던 여정을 되돌아보았습니다. 이 세대는 가나안 땅을 침략할 경우 그들의 자손들이 위험에 처하게 될 것이라고 예언했지만, 아이러니하게도 광야에서 전멸한 것은 자신들이었고 그들의 자손들은 결국 가나안을 정복했습니다.

대상 13:7~14, 15:1~28
다윗은 하나님의 궤를 가져오는 방법을 바꿔야만 했습니다. 궤를 예루살렘으로 가져오려는 첫 번째 시도에서는 성경의 지시를 따르지 않았기 때문에 한 사람이 목숨을 잃었습니다. 후에 다윗은 반드시 모세의 율법에 따라 궤를 이송할 것을 명령했습니다.

잠 2:9~15
신중함은 우리를 지키고 지식은 우리를 보호하며(11절) 지혜는 우리를 구원합니다(12절). 기술을 배우고 훈련에 정진하는 것이 중요하듯, 잠언은 가치에 대한 분명한 이해와 지혜가 재앙을 막아줄 수 있다고 강조합니다. 사람들이 '방법' 그 이상의 것을 배우고 '이유'를 이해하고 포용할 수 있도록 도와주십시오.

잠 22:4

많은 이들은 부와 명예와 생명을 가져다주는 계획이나 상품, 혹은 활동을 추구하지만, 지혜로운 리더는 성공의 중요한 요소인 겸손과 여호와를 경외하는 일에 집중합니다. 리더는 자신의 기량을 효과적이고 지속적으로 유지할 수 있는 자질을 계발해야 합니다.

렘 7:21~24

이스라엘 민족은 하나님의 축복 없이 행하고 있었기 때문에 급속도로 쇠퇴의 길을 걸었습니다. 이스라엘은 올바른 행위(단순 학습)를 배웠지만, 그 올바른 행위를 지속하고 유지하는 동기와 가치를 다루는 데(심층 성찰 학습)에 실패했습니다. 학습이란 손뿐만이 아니라 영혼을 다루는 것입니다.

겔 11:5

하나님은 이스라엘 리더들의 사악한 행위를 나열한 뒤 그들을 향하여 심판을 선언하셨습니다. 하나님은 "너희 마음에서 일어나는 것을 내가 다 아노라"는 중요하고도 무서운 말씀을 하셨습니다. 효과적인 리더십을 계발하기 위해서는 새로운 행위를 배우고 새로운 기준을 세우는 것만으로는 충분치 않습니다. 강력한 조직을 만들기 위해서는 그 새로운 행위를 유지하는 가치와 관점이 필요합니다.

단 4:17, 36~37

실패를 통해 아무것도 배우지 못하는 리더는 조직을 오랫동안 효과적으로 이끌 수 없습니다. 올바른 행위를 배우는 것만으로는 부족합니다. 행위를 지속시키는 것은 언제나 가치와 사고 모델이기 때문에, 학습 과정에 그것들이 반드시 포함되어야 합니다. 느부갓네살은 오만한 행위와 왜곡된 가치를 다루는 법을 배웠음을 입증합니다.

막 8:14~21

예수님이 수천 명의 남자, 여자, 아이들을 먹이셨던 기적적인 사건은 성경에 두 번 등장합니다. 하지만 예수님이 제자들에게 알리시고자 했던 것을 그들은 이해하지 못했습니다. 단순 학습은, 제자들이 수천 명의 사람들을 기적적으로 먹이시는 예수님을 보았을 때 일어났습니다. 그들은 예수님이 사람들에게 음식을 주실 수 있다는 사실을 알았습니다. 만약 제자들이 한 단계 더 나아가, 예수님이 그러한 기적을 행하신 이유가, 하나님이 그들의 모든 필요를 채우시는 분임을 보여 주기 위해서였다는 사실을 깨달았다면 심층 성찰 학습이 일어났을 것입니다.

요 6:25~59

예수님은 제자들이 그분의 신성과 삶을 변화시키는 메시지의 의미를 이해하는 데 어려움을 느낀다는 것을 알고 계셨습니다. 오천 명

이상의 사람들을 먹이신 기적은 예수님의 초자연적인 능력을 직접 보여 주었고, 이는 제자들에게 단순 학습의 계기가 되었습니다. 다음날 예수님은 자신이 생명의 떡임을 말씀하셨고, 그 기적 이면에 있는 메시지를 풀어 주시면서 심층 성찰 학습 과정을 진행하셨습니다. 물고기 두 마리와 떡 다섯 개가 그것들을 먹은 사람들에게 생명을 주었듯이, 예수님은 그분을 받아들이는 사람들에게 영생을 주십니다.

권한 부여

출 3:11~22

모세는 하나님이 맡겨 주신 사명에 겁을 집어먹었지만 하나님이 목적을 성취하는 데 필요한 권능을 주시리라는 약속을 받아들였습니다. 하나님은 모세를 이스라엘 백성의 리더로 준비시키셨을 뿐 아니라 그 사명을 완수할 수 있는 권능을 부여하셨습니다.

출 19:7~9

하나님은 이스라엘 백성들의 신임을 보증하기 위해 그들 앞에서 모세의 리더십을 확인시켜 주셨습니다. 하나님이 자신의 목적을 성취하기 위해 리더들을 부르실 때는 언제나 리더에게 필요한 자원들을 채우십니다.

수 3:5~17, 4:14

범람하는 요단강을 멈추고 이스라엘 백성이 마른 땅을 따라 건너는 기적적인 사건을 통해, 하나님은 이스라엘 백성 앞에서 여호수아의 지위를 확인시켜 주셨습니다. 이처럼 하나님은 스스로 택하신 리더 여호수아에게 권능을 주시고 이스라엘 백성의 목전에서 그의 신뢰도를 높이셨습니다.

왕하 2:7~15

엘리사는 엘리야의 영감을 갑절로 받게 해 달라고 담대히 구했습니다. 이를 통해 엘리사는 자신이 엘리야의 영적 장자라는 생각을 내비쳤습니다. 하나님은 엘리사의 요구를 들어주셨고, 엘리사는 엘리야가 하늘로 승천할 때 자신에게 떨어진 겉옷을 주워들었습니다. 하나님은 엘리사가 기적의 사역을 행할 수 있도록 권능을 부여하셨던 것입니다.

대하 5:13~14, 7:1~3

이스라엘 백성의 순종과 헌신으로 인해 성전은 하나님의 영광으로 가득했습니다. 이스라엘의 예배는 하나님의 분명한 임재로 인해 더욱 힘을 얻었습니다.

잠 17:2

오늘날 리더십 분야에는 권한 부여를 중시하는 새로운 경향이 생겨났습니다. 이 본문을 비롯한 수많은 성경적 원리도 이를 뒷받침합니다. 하지만 이 본문이 제시하는 조건을 눈여겨보십시오. 권한은 지위(종/아들)에 따라 부여되는 것이 아니라, 인격의 자질(슬기로움/부끄러움)에 따라 부여됩니다.

사 45:11~13

다른 사람들에게 권한을 부여할 경우, 그들이 직권을 남용할 수도 있다는 위험이 생깁니다. 권한을 부여하는 자와 권한을 얻는 자 모두 이 본문에서 권력에 대한 기본적인 진리를 배워야 합니다. 권력은 하나님께 속해 있으며, 따라서 그것은 땅을 만들고 그 위에 사람을 창조하신 하나님(12절)께 영광 돌리는 일에 윤리적·전략적으로 사용되어야 합니다.

렘 52:3

이 짧은 구절은 시드기야의 반역을 극명하게 드러냅니다. 모든 사람은 누군가를 위해 일합니다. 리더가 다른 이들을 이끌 수 있는 것은 누군가가 그에게 권한을 부여했기 때문입니다. 지혜로운 리더는 자신에게 권한을 부여한 자를 인식하고 존경합니다. 하지만 시드기야는 반역했고, 나머지 장은 그 반역의 결과를 보여 줍니다.

슥 4:6

누군가에게 책임을 맡겨 놓고 필요한 자원을 주지 않는 것은 온당치 못합니다. 하지만 불행히도 이런 일은 비일비재합니다. 본문에서 하나님은 스가랴에게 큰 일을 완수하라고 말씀하셨습니다. 이 본문은 궁극적인 권한 부여에 대해 말하고 있으며 리더에게 꼭 필요한 통찰력을 제공합니다.

막 3:13~19

예수님은 사도들을 지목해 일을 맡기셨을 뿐 아니라 그 일을 수행할 수 있는 권능도 주셨습니다. 사도들은 예수님께 귀신을 내쫓는 권능을 얻었습니다. 진정한 권한 부여란, 책임을 맡기는 동시에 그 책임을 완수할 수 있는 강력한 권위를 부여하는 것입니다.

눅 10:1~17

예수님은 제자들을 보내실 때 메시지와 함께 그것을 권위 있게 전할 수 있는 능력을 주셨습니다. 그뿐만이 아니었습니다. 예수님은 그들을 신뢰하고 있음을 보여 주셨습니다. 망설임 속에서 여행을 떠났던 칠십 인은 자신들을 통해 일하신 하나님의 방식을 경험하며 환희 가운데 돌아왔습니다.

요 15:1~5
가지가 포도나무에서 생명을 공급받듯이 신자는 예수님께 생명을 공급받습니다. 예수님은 위대한 사역을 행하고 거룩한 삶을 살라고 제자들을 부르셨을 뿐 아니라 그 일들을 감당할 수 있는 능력도 주셨습니다. 제자들이 할 일은 그저 예수님 곁에 있는 것이었고, 예수님은 그런 그들에게 생명을 불어넣어 주셨습니다. 예수님은 제자들을 통해 그분의 사역을 확장하셨습니다.

행 2:1~2, 38~41
오순절 날, 하나님은 지상명령을 성취하시기 위해 성령을 보내어 교회에 권능을 부여하셨습니다. 그 효과는 즉각적이고 인상적이었습니다. 예수님을 모른다고 부인했던 베드로가 복음을 전하자 3,000명이 회심했습니다.

롬 8:1~17
복음의 진수는, 하나님이 우리의 힘으로는 불가능한 일을 성취할 수 있도록 은혜와 권능을 주신다는 데 있습니다. 구원과 성화에서 중요한 것은, 명령에 순종하는 것이 아니라 성령이 우리를 변화시키도록 그분께 의지하는 것입니다.

갈 5:13~15

본문은 권한을 부여할 때 지켜야 할 원리를 잘 요약하고 있습니다. 따르는 자들에게 권한을 부여할 때, 리더는 그들에게 자유롭게 행동할 수 있는 권리를 주고 그들이 그 일을 충실히 해낼 것이라고 신뢰해야 합니다. 직장에서 이웃 사랑을 적극적으로 실천하는 자는 성공할 것이고, 자신의 이익을 위해 다른 사람들을 이용하는 자는 그 대가를 치를 것입니다(6:7 참고).

딤후 1:7

경건한 리더는 본문을 통해 권능을 받는다는 의미를 이해하게 됩니다. 자신의 결정이 하나님의 뜻에 합한다는 사실을 알 때, 능력 ―그 뒤에는 사랑과 절제하는 마음이 따라옵니다― 은 두려움을 압도할 것입니다.

계 11:3~6

요한계시록 11장에 묘사된 두 전도자가 누군지는 알 길이 없지만, 그들이 성령의 권능을 소유한 증인이라는 점은 확실합니다. 그들은 역사상 존재했던 그 어떤 선지자들보다 더 큰 능력을 갖고 있습니다(5~6절). 그들의 사역이 성취될 때까지, 하나님은 그들에게 원수들을 물리치는 데 필요한 권능을 주실 것입니다.

정의

창 34:1~31
본문에 등장하는 이 참담한 이야기는, 복수가 격한 감정에서 출발하며 그러한 복수는 결코 정의를 실현하는 정당한 방식이 될 수 없음을 가르쳐 줍니다.

출 21:1~23:12
이 법규들은 사회 정의와 관련된 특별 규정들입니다. 이는 노예, 개인의 권리, 소유, 상호 책임 등의 문제들에 공정하고 평등한 기준을 적용할 것을 권고합니다.

레 6:1~7
본문은 주로 절도나 착취와 관련된 손해배상 규정을 제시합니다. 가해자는 여호와께 속건제물을 드릴 뿐 아니라, 피해자에게 피해액의 오분의 일을 더해 배상해야 했습니다. 이처럼 하나님은 불의한 행위에 대한 수직적·수평적 정의를 적용하셨습니다.

신 15:1~18
본문은 매 칠 년마다 빚을 탕감해 주고 종을 해방시키는 분명한 제도를 설명합니다. 하지만 불행하게도 사람들은 사회 정의와 관용과 관련된 규정을 따르지 않았고, 그것은 결국 그들에게 덫이 되었습니다. 하나님은 설령 우리가 손해를 본다 해도 다른 사람들에게 관대하길 바라십니다.

삼하 4:9~12
하나님을 경외하는 리더는 신속하고 단호하게 악행을 처리합니다. 설령 그 악행이 자신에게 이득으로 작용할 수 있더라도 말입니다. 다윗은 이스보셋을 죽인 자들에게 그렇게 했습니다. 다윗의 보상을 기대했던 그들은 반역적이고 사악한 행위에 가담했다는 이유로 즉각적인 심판을 받았습니다.

삼하 13:21
다윗은 암논이 다말을 강간한 것에 분노했지만 아무런 조치도 취하지 않았습니다. 다윗이 암논을 벌하지 않은 모습을 보면서 우리는 그가 가정에서 리더의 역할을 제대로 감당하지 못했음을 알 수 있습니다. 이 사건은 엄청난 가정 불화를 불러 일으켰습니다.

삼하 19:24~30
다윗은 시바와 므비보셋 사이의 갈등을 지혜롭게 중재했습니다. 그는 어느 한쪽 편을 드는 대신, 밭을 동일하게 나누어 주었습니다.

대하 19:4~11
여호사밧은 견고한 성읍마다 재판관을 둠으로써 유다에 재판 제도를 도입했습니다. 그리고 재판관들에게 하나님이 함께 계심을 기억하며 공명정대하게 재판할 것을 명했습니다.

시 11:1~7
여호와는 의인과 악인을 모두 감찰하는 공의로우신 분입니다. 여호와가 완전한 성품을 소유하고 정의를 사랑하시는 것은 그것이 그분의 본성이기 때문입니다.

사 1:21~23
하나님은 이스라엘 리더들에게 정의롭고 공정한 사회를 회복하라고 요구하셨고 백성들에게는 정결한 행위를 요구하셨습니다. 하나님은 불의에 특별한 관심을 가지십니다. 리더십 능력은 정의로운 환경을 만드는 데 사용되어야 합니다.

사 10:1~4
이 본문은 따르는 자들에게 불의를 행하는 리더들을 엄중하게 훈계하는 메시지입니다. 하나님은 불의하고 억압적인 리더에게 가차 없는 심판이 있을 것이라고 경고하십니다. 4절은 하나님이 손을 펴셔서 그러한 리더들을 심판하신다고 묘사합니다.

사 59:9, 11

본문의 리더들은 불의와 압제로 인해 생각이 흐려져 현실을 제대로 볼 수 없었습니다. 12~15절은 그들의 마음속에서 옳고 그름의 기준이 왜곡되어 있음을 보여 줍니다. 내적인 문제든 외적인 문제든, 유능한 리더는 중요한 문제를 다룰 때 정의와 공의를 최우선의 원리로 생각해야 합니다.

겔 16:49~50

소돔의 수많은 죄 중에서(창 19장) 하나님이 어떤 죄를 지목하셨는지 주목해 보십시오. 정의를 실현하는 데 자신의 능력과 자원을 사용하지 않는 것은 하나님 앞에서 가증한 일입니다.

미 3:1~4, 8~12

하나님은 불의를 행하고 권력으로 백성을 괴롭힌 리더들과 통치자들에게 비참한 미래를 선포하셨습니다.

막 11:12~19

사람들은 성전 바깥뜰에서 멀리서 온 순례자들에게 희생제물을 팔고 돈을 바꿔 주었습니다. 그중에는 하나님을 예배하러 온 사람들을 속여 이득을 챙기려는 수많은 장사꾼들이 있었습니다. 불의한 거래가 성행하고 성전이 악용되는 것을 보신 예수님은 성전에 있던 장사꾼들을 몰아내셨습니다. 위대한 리더는 바른 일을 지키기 위해 그릇된 행위와 맞서는 것을 두려워하지 않습니다.

막 15:1~15

빌라도는 정의를 실현하는 것보다 군중을 즐겁게 하려는 열망이 더 컸습니다. 그는 자신의 직권을 이용해 바르고 선한 일을 하기는커녕 무죄한 자를 정죄하고 유죄한 자를 석방했습니다.

눅 13:31~35

예수님은 이스라엘 백성이 언젠가 그들의 불신으로 인해 심판을 받게 될 것을 아셨습니다. 결국 기원 후 70년, 예루살렘은 로마 장군 디도에 의해 파괴되었습니다. 예수님은 훗날 예루살렘이 겪게 될 이 고통을 생각하면서 애통해하셨던 것입니다. 유능한 리더는 정의감과 더불어 연민을 느낄 줄 압니다.

행 5:17~18

종교 지도자들은 무죄한 이를 체포하는 일에 자신들의 영향력을 사용했습니다. 우리는 그들의 불의한 행동을 보면서, 리더가 정의가 아닌 질투에 근거해 결정을 내릴 때 어떤 위험이 따르는지 볼 수 있습니다.

딤전 2:1~2

잔인한 네로 황제의 통치 아래서 바울은 이 글을 썼습니다. 그는 온갖 불의가 횡행하는 상황에서 디모데와 다른 따르는 자들에게 하나님의 간섭과 보호를 고요히 간구할 것을 권면했습니다.

약 2:1~4

주 예수 그리스도를 믿는 자들은 정오의 태양과 같은 예수님의 영광에 비해 인간의 모든 영광이 손전등에 불과하다는 것을 압니다. 이 때문에 우리는 지위와 권력과 소유를 불문하고 모든 이들을 존중해야 합니다. 그렇게 하지 않는 것은 자기 중심적인 편애를 하는 것이나 다름없습니다. 유능한 리더는 역할에 상관없이 모든 팀원들을 소중히 여깁니다.

약 5:1~6

본문은 아모스 선지자와 전도자의 말을 상기시킵니다. 본문을 여러분의 상황에 적용해 보십시오. 여러분은 따르는 자들을 공정하게 대하고 있습니까? 야고보서를 포함해 성경은, 다른 사람들에게 불의를 행하는 자들이 받게 될 '벌'을 매우 단호하게 경고합니다.

리더십 계발

출 2:11~22
하나님은 모세를 이스라엘의 구원자로 준비시키셨습니다. 모세는 40년의 훈련 기간을 거치고 나서야 그 일을 성취할 수 있었습니다. 아브라함, 모세, 예수님, 바울의 삶은 모두 리더십을 계발하는 데 긴 시간이 필요하다는 사실을 알려 줍니다.

레 21:1~22:33
백성을 대신해 하나님께 나아가는 임무를 맡은 제사장들은 이 장에 소개된 규정들을 끊임없이 계발해야 했습니다.

민 27:12~23
성공한 리더가 다음 사람에게 '지휘권을 넘겨주는 것'은 그리 쉬운 일이 아닙니다. 조직의 지휘권을 놓기를 거부하여 좋지 못한 결말을 보이는 리더들이 꽤 많습니다. 하지만 모세는 후계자로 여호수아를 지목하는 과정에서 겸손과 너그러움을 몸소 실천했습니다.

신 31:1~8
모세는 여호수아를 따로 불러 자신의 후계자로 준비시킨 뒤 공식적으로 이스라엘 백성들 앞에서 강하고 담대하라고 당부했습니다. 모세는 후계자를 개인적으로 준비시키고 공적으로 선포함으로써 부드럽고 명확하게 리더십을 넘겨주었습니다.

삿 2:7~10
광야에서 자라난 세대가 죽자 다음 세대는 조상들의 하나님을 저버리고 주변 국가의 우상들을 숭배했습니다. 하나님의 행적을 기리는 기념식과 일곱 절기가 제정되어 있었지만 그들은 "주의 교훈과 훈계"로 양육받지 못했습니다(신 6:5~9, 엡 6:4).

삿 6:7~40
하나님은 능력을 나타내심으로 기드온이 구원자의 역할을 감당할 수 있게 하셨습니다. 36~40절에서, 기드온은 자신의 요구에 하나님께서 흔쾌히 응답하시자 그분을 더욱 신뢰하게 되었습니다. 젊은 리더들을 양성하는 과정에서, 그들이 우리가 원하는 수준에 도달하기까지, 꽤 오랜 시간이 걸릴 수 있다는 사실을 기억하며 인내하는 것은 아주 중요합니다.

느 7:1~3
느헤미야는 준비된 사람들을 선별하여 요직에 배치했습니다.

잠 4:1~27

어떤 조직이든 리더를 양성하는 일은 어려운 과제입니다. 본문은 모든 리더에게 해당되는 기본 지침입니다. 리더십 계발 과정의 각론에 들어가기에 앞서, 리더는 지혜와 명철이 자라나야 한다고 지적한 본문에 주목하십시오. 잠언은 그 일을 도와주는 책입니다.

전 2:19~21

리더는 자신이 수고한 모든 결과가 지속될 수 있도록 '누가 내 뒤를 이어 리더가 될 것인가'라는 질문을 반드시 해야 합니다. 다음 세대의 리더를 가장 잘 양육할 수 있는 것은 현재의 리더입니다.

사 3:1~7

예루살렘과 유다를 향한 하나님의 심판에는 좋은 리더들을 멸하는 것도 포함되어 있었습니다. 유능한 리더가 없다면 어떤 계획도 성공할 수 없습니다. 다음 세대의 리더들을 양성하지 않는 조직은 실패의 씨앗을 뿌리고 있는 것입니다.

애 3:37~38

리더십 계발 과정에 어떤 것이 포함되어 있든 본문의 중요한 진리는 반드시 명확하고 강력하게 전달되어야 합니다.

나 3:18~19

하나님은 앗수르를 향한 심판과 멸망의 긴 메시지를 선포하신 후 앗수르의 결정적인 약점을 가르쳐 주셨습니다. 나훔 선지자는 이를 앗수르 왕에게 전하며, 그의 목자가 자고 그의 귀족은 누워 쉰다고 말했습니다. 즉, 최고의 리더인 왕이 다른 리더들을 양성하지 않았기에 백성들이 각기 흩어졌던 것입니다. 대왕국의 몰락을 이야기하는 본문의 통찰력을 깊이 묵상해 보십시오.

마 10:1~42

예수님이 리더들을 양성하신 방법은 다음과 같습니다. 예수님은 그들을 불러 훈련시키고 나서 하나님 나라의 일을 하도록 그들을 파송하셨습니다. 예수님은 그들을 파송하기에 앞서 그들이 앞으로 겪게 될 고통을 미리 말씀해 주셨습니다. 유능한 리더는 따르는 자들이 예상치 못한 상황에 대비하도록 최선을 다해 돕습니다.

눅 5:27~28

마태의 유대인 동료들도 이 혐오스러운 세리 마태의 삶에서 제자다운 면모는 발견하지 못했을 것입니다. 하지만 예수님은 그에게서 제자의 가능성을 발견하셨습니다. 예수님은 그에게 안정적인 직업을 버리고 자신을 따르라고 도전하셨습니다. 노련한 리더는 예수님처럼 다른 이들의 가능성을 발견합니다.

요 1:39

세례 요한의 공식적인 인정을 받은 뒤 예수님은 첫 제자들을 부르셨습니다. 예수님은 단순히 자신의 목적을 이루기 위해 그들이 필요했던 것이 아니었습니다. 예수님은 제자들과 관계를 맺기 위해 그들을 초청하셨습니다. 노련한 리더는 모험의 초기 단계에서 핵심 구성원들과 시간을 보내는 일의 중요함을 잘 알고 있습니다.

행 6:1~7

본문에서 사도들이 리더 양성 계획을 어떻게 실행했는지 주목하십시오. 첫째, 그들은 리더의 필요성을 인식했습니다(1절). 둘째, 제자들과 함께 거쳐야 할 과정들을 논의했습니다(2절). 셋째, 사도들은 자신들의 강점에 집중할 수 있도록 제자들에게 선발 과정을 위임했습니다(3~4절). 넷째, 제자들이 선출한 사람들을 살펴보았습니다. 마지막으로 사도들은 새롭게 선발된 리더들을 하나님의 손에 의탁했습니다(6절). 그렇다면 그 결과는 어땠을까요? 하나님의 말씀이 점점 더 왕성해져 갔습니다(7절). 이처럼 사도들은 새로운 리더들을 발굴해 권한을 위임하고 함께 사역의 장을 일구어 나갔습니다.

빌 2:19~22

다른 조직으로 옮기거나 은퇴하는 것을 고려하고 있습니까? 권한을 위임하는 최고의 방법은 후계자를 공식적으로 지지해 주는 것입니다.

딤전 4:6~16
본문은 멘토가 제자에게 직접 전하는 가르침을 담고 있습니다. 본문을 정독하면서 바울이 부드러운 격려와 엄격한 명령을 어떻게 잘 조화시키고 있는지 살펴보십시오.

딛 2:1~8
본문에는 리더십 계발의 여러 단계들이 나와 있습니다. 바울(1단계)은 디도에게(2단계) 노인(3단계)과 젊은이(4단계)들을 가르치라고 명했습니다. 미래 세대를 위해 거룩한 유산을 남기는 데 필요한 지침도 등장합니다. 모든 리더가 추구할 수 있는 최고의 목표는, 책망할 것이 없는 정직하고 성실한 삶의 본을 보여(7~8절) 다른 이들도 경건한 삶을 살게 하는 것입니다.

배우는 조직

신 9:1~29
신명기 1장과 본문을 비교해 보십시오. 두 본문에서 모세는 이스라엘을 가리켜 여호와의 광대하심을 망각한 채 불순종과 반역으로 그분을 노하게 한, 목이 곧은 백성이라고 말합니다. 이스라엘 백성이 과거에서 교훈을 얻었더라면 하나님을 더 많이 신뢰했을 것입니다.

삿 8:33~35
사사가 바뀌어도 이스라엘 백성은 우상숭배의 악습을 끊지 못했습니다. 그들은 원수의 손에서 구원하시는 여호와를 너무나도 빨리 망각했습니다. 과거에서 배우지 않는 조직은 미래에도 동일한 실수를 반복할 것입니다.

왕상 16:25
북왕국에서는 사악한 왕들이 계속해서 왕위를 이어갔습니다. 우상숭배는 날이 갈수록 심해졌고, 백성들은 조상들에게서도, 하나님을 버린 결과를 경고하는 선지자들에게서도 배우려 하지 않았습니다.

대하 36:15~16
우리는 유다 왕국이 여호와께 순종했을 때 언제나 번영기를 누렸다는 역사적 사실을 배우려 하지 않습니다.

사 48:16~19
책, 기사, 고객 의견, 시장분석, 세미나, 최신 테크놀로지 등 이 세상은 배울 것으로 넘쳐납니다. 하지만 이사야는 다른 것은 몰라도 본문의 내용만큼은 꼭 기억해야 한다고 경고합니다. 그렇지 않다면 우리의 학습은 언제나 불충분할 것입니다.

렘 8:4~7
예레미야는 "사람이 엎드러지면 어찌 일어나지 아니하겠[느냐?]"(4절)는 통찰력 있는 질문을 던졌습니다. 그리고 7절에서 일어나는 것이 무엇을 의미하는지 정의했습니다. 이스라엘 백성은 과거의 실수에서 배우지 못했고 여전히 여호와의 길을 알지 못했습니다. 6절의 중요한 진리를 깊이 묵상해 보십시오. 깊은 통찰력을 얻을 수 있을 것입니다.

렘 18:18
예레미야는 이스라엘 백성들이 죄 가운데 있기 때문에 위험하다고 말했습니다. 어리석게도 그들은 진실을 말하는 용기와 관심을 지닌 예레미야를 공격했습니다. 잘못을 저질러 놓고 그 잘못을 지적한 사람에게 벌을 주는 리더는 두 번 과실을 범하는 것입니다.

단 5:22~24
느부갓네살은 교만으로 인해 큰 고통을 당했지만 자신의 인격적 결함을 깨닫고 돌이켰습니다(단 4:17, 36~37). 후계자 벨사살은 느부갓네살의 결점과 성장 과정을 다 지켜보았지만 아무것도 배운 것이 없었습니다. 좋은 리더는 성공과 실패를 통해 조직이 무언가를 배울 수 있도록 도와줍니다.

호 4:6~7:16
하나님의 율법에 무지했던 이스라엘은 어리석은 결정을 내릴 수밖에 없었습니다. 어떤 문제나 마찬가지지만 특히 도덕적 문제에서 옳은 것을 배우길 거부하는 자들은 그릇된 것을 행하게 마련입니다.

슥 1:2~6
스가랴 선지자는 서문에 해당하는 이 본문에서 이스라엘의 조상에 대해 네 번 언급했습니다(2, 4, 5~6절). 조상들이 하나님의 말씀을 거역하여 후손들이 그 끔찍한 결과를 당하고 있다는 것이었습니다. 이스라엘의 도덕적 리더였던 스가랴는 이스라엘 백성에게 조상들의 실수를 거울삼아 동일한 실수를 반복하지 말 것을 강조합니다.

마 11:1~6
감옥에 있는 동안 세례 요한은 예수님이 진정한 메시아인지 의심을 품었습니다. 그래서 자신의 질문을 전달하기 위해 예수님께 제자들을 보냈습니다. 예수님은 의심하는 세례 요한을 꾸짖지 않으시고 더 큰 확신을 가질 수 있도록 그가 원하는 정보를 주셨습니다.

눅 6:17~42

예수님은 제자들이 더 높은 수준의 삶을 살도록 계속해서 도전하셨습니다. 예수님은 인간의 부정적인 감정의 조류에 떠내려가지 말고 원수를 사랑함으로 그 조류를 거슬러 올라가라고 도전하셨습니다. 유능한 리더는 팀원들이 스스로 성장하도록 자극하고 도전합니다.

요 20:24~28

우리는 부활 이야기에 익숙하지만 도마는 그렇지 못했습니다. 도마가 예수님의 부활을 의심했던 것은 사실 이해할 만합니다. 어떤 지성인이 죽은 사람이 살아났다는 말을 믿겠습니까? 하지만 예수님은 도마의 의심에 동요하지 않으시고 그가 믿을 수 있는 증거를 보여 주셨습니다.

행 15:7~11

베드로는 특정 음식과 행위를 제한하는 모세의 율법으로부터 패러다임을 전환할 필요가 있다고 제안했습니다. 베드로는 인간의 행위가 아닌 믿음을 통해서만 구원을 얻는다고 설명하면서, 예루살렘에 있는 리더들에게 복음의 본질을 가르쳤습니다. 베드로의 설명을 들은 사도와 장로들은 그의 메시지에 동의했고 예루살렘 회의의 결정을 다른 교회들에게도 전달했습니다.

히 6:1~6

히브리서 기자는 독자들이 영적으로 둔감해지지 않기를 원했습니다. 본문은 독자들에게 진취적으로 영적 생활을 하라고 촉구합니다. 영적 성숙의 목표를 향해 나아가는 과정에서 결코 안주하거나 만족하지 말라는 것입니다. 영적 생활에서 이러한 도전을 실천하는 리더는 직장에서도 진취적인 생활을 할 수 있을 것입니다.

요일 2:7~8

요한의 입장은 경영과 리더십에 관한 최신 서적, 동향, 세미나, 세계적 전문가들의 견해와 일치합니다. 그의 권고는 우리를 기본으로 돌아가게 합니다. 우리는 하나님 말씀에 순종하는 태도와 행위를 통해 성공에 이를 수 있습니다. 요한의 메시지는 책으로 출간된 적도 없고 네트워킹 오찬에서 소개된 적도 없지만, 오늘날 리더십 분야의 '신 사고'(new thinking)의 기초에 대해 많은 것을 알려 줍니다.

장기 계획

창 28:20~22, 35:1~7

새로운 일이나 모험을 시작할 때 우리는 하나님과 함께 시작해야 합니다. 자신의 미래를 계획하고 있었던 야곱은 벧엘에서 하나님께

서원을 드렸습니다. 그것은 그의 삶에서 중대한 역할을 했습니다. 수년 후 하나님은 약속한 대로 야곱이 번영하도록 도와주셨고, 야곱은 벧엘로 돌아와 서원을 지켰습니다.

민 13:1~20
하나님은 이스라엘 백성이 새로운 땅을 정복하여 그곳에 들어갈 준비를 갖출 수 있도록, 열두 지파에서 대표를 한 명씩 뽑아 가나안 정탐꾼으로 보내셨습니다. 이스라엘 백성은 가나안 땅으로 인도하신다는 하나님의 약속이 어떻게 성취되는지 관심을 기울이면서, 앞으로 그들이 직면할 일들을 배울 필요가 있었습니다.

수 11:1~9
7년간에 걸친 정복(6~12절) 기간 동안 3회의 전투가 있었습니다. 첫 번째 전투(6~8절)에서 여호수아는 남 가나안과 북 가나안을 가르는 중부 가나안 도시들을 전멸했습니다. 두 번째 전투(9~10절)에서는 남 가나안 도시들을, 세 번째 전투(11~12절)에서는 북 가나안 도시들을 쓰러뜨렸습니다.

대상 22:1~19
다윗은 자신의 후계자 솔로몬이 성전 건축을 담당하게 될 것임을 알고 있었지만, 장기적인 계획 아래 건축에 필요한 원자재들을 면밀히 준비했습니다. 이처럼 다윗의 개인적인 비전과 열정은 그의 일생 이후까지 확장되었습니다.

에 5:1~8

에스더는 아하수에로 왕에게 간청할 가장 적절한 시기를 신중하게 계획했습니다. 그녀는 이처럼 중대한 간청을 할 때에는 정확한 타이밍이 중요하다는 것을 알고 있었습니다.

전 7:13~14

미래와 비전을 계획하는 일에 최선의 노력을 기울이면서, 균형을 맞추기 위해 이 본문의 진리를 객관적인 진실로 깊이 간직하십시오.

사 29:13~16

계획하는 것은 언제나 어렵고 때로는 자의적이기도 합니다. 우리는 동향을 살피고 문화를 분석하지만, 결국은 가장 그럴듯한 추측을 내놓을 뿐입니다. 그렇지만 계획하지 않는 리더는 조직을 이끌 수 없습니다. 이 본문은 계획을 비판하는 것이 아니라 계획에 반드시 필요한 진리를 첨가하라고 조언합니다. 리더는 계획하는 과정과 그 계획을 실현하는 과정에서 하나님을 신뢰하고 경외해야 합니다.

사 46:8~10
필수적이지만 완전할 수는 없는 장기 계획 과정에서 우리는 언제나 본문에 나와 있는 한 가지 진리만은 반드시 기억해야 합니다. 주권자이신 하나님이 미래를 아신다는 사실 말입니다.

단 7:1~11:45
계획은 효과적인 리더십에 있어서 필수적인 과제입니다. 하지만 이 장들을 통해 알 수 있는 사실은, 미래는 불확실하고 우리는 임시적인 계획만을 세울 수 있다는 것입니다. 미래를 주관하는 분은 하나님이시기 때문에, 미래를 계획할 때 가장 중요한 수단은 그분의 인도를 구하는 지속적인 기도입니다.

미 2:1~5
악행을 계획하는 자들에게 엄중하게 경고하고 있는 본문은 장기 계획에서 중요한 요소를 설명합니다. 하나님은 자신의 이익을 위해 악을 도모하는 자들의 계획을 좌절시키십니다.

마 1:1~17
예수님의 지상 족보는 인류를 구원하시려는 하나님의 계획을 보여 줍니다. 마태는 하나님이 모든 과정에 직접 개입하셔서 메시아가 나실 혈통을 어떻게 보호하셨는지 보여 줍니다.

롬 1:8~15, 15:23~32

바울은 아직 방문하지 않은 그리스도인 공동체를 대상으로 이 편지를 썼습니다. 여기서 그는 예루살렘으로 갔다가 로마를 방문하는 장기 계획을 기술하고 있습니다. 놀라운 교훈을 담고 있는 이 편지는 자신이 로마를 방문할 것에 대비해 그들을 준비시키고, 그들에게 믿음의 기초를 가르치고 있습니다.

고전 16:5~9

바울은 그저 도시를 떠돌아다녔던 것이 아닙니다. 그에게는 하나님이 주신 계획이 있었습니다. 유능한 리더는 단순히 하루하루를 지내는 것이 아니라, 계획을 세운 다음 다른 이들과 공유하고 그것을 실천합니다.

약 4:13~17

계획하는 것은 아주 중요합니다. 목표를 세우고 그것이 실현되기를 기대하는 것은 성공에 필요한 과정입니다. 하지만 우리의 모든 꿈과 계획과 목표는 하나님의 주권적인 통치 아래 있습니다. 지혜로운 리더는 계획을 세울 뿐 아니라 자신의 계획을 하나님의 목적 아래 복속시킵니다. 직장에서 기획 회의를 하기 전, 몇 분 정도 시간을 내어 하나님의 인도와 축복을 구하는 기도를 드려 보십시오.

벧후 3:11~13
리더는 미래를 위한 비전이 성취되는 일에 자신의 인생을 투자합니다. 베드로는 하나님이 언젠가 땅 위에 서 있는 모든 것을 무너뜨리고 더 좋은 새 하늘과 새 땅을 창조하실 것임을 상기시킵니다. 지혜로운 리더는 하나님의 더 큰 계획 아래서 자신의 계획을 세웁니다.

인적 자원 관리와 계발

대상 18:14~17
다윗은 탁월한 인적 자원 관리자였습니다. 그는 헌신과 능력이 입증된 이들에게 적당한 책임과 직책을 맡겼습니다.

에 8:15~20
에스라는 성전 예배를 관리할 수 있는 헌신된 사람들을 모아 그들을 리더로 성장시켰습니다.

잠 29:19
조직에서 가장 가치 있는 자원을 계발하는 것은 복잡하고 민감한 과정입니다. 관계가 뒷받침되지 않는다면 포스터나 슬로건도 별 소용이 없을 것입니다.

사 7:3~4

심지어 왕에게도 지원이 필요하고 때로 새로운 관점이 필요합니다. 리더의 핵심 역할은 다른 사람들의 장점을 격려하고 발전시키는 것입니다.

사 14:18~20

자신의 백성을 멸망시킨 왕은 죽어서도 편히 쉴 수 없을 것입니다. 하나님은 이러한 왕들에게 가혹한 심판을 선언하십니다. 왜냐하면 그들은 자신을 따르는 백성들을 돕고 성장시키기기는커녕 파멸로 이끌었기 때문입니다.

렘 10:21

도덕적으로 의지할 수 있는 대상과 분리되어 있는 리더는 조직을 강력하게 발전시키거나 유지할 수 없습니다. 사원들을 성장시키는 회사를 이끌고자 하는 리더는 자신의 영혼을 먼저 성장시켜야 합니다.

렘 23:1~4

하나님의 관점에서 리더란 양을 보살피고 먹이는 목자와 같습니다. 이러한 개념은 조직의 인적 자원 관리와 계발 방식에 중요한 가치를 더해 줄 것입니다.

문제 해결

왕상 2:13~46
솔로몬은 자신을 압제하는 이들을 제거해 다윗의 소원을 앞당겨 성취하였습니다. 솔로몬은 정확한 때에 확실하게 행동을 취함으로써 자신의 세력을 공고히 했고 나라는 그의 통치 아래 더 견고해졌습니다(46절).

잠 28:23
인간 관계에서 빚어지는 갈등만큼 해결하기 어려운 문제가 또 있을까요? 본문은 이 복잡한 문제를 해결하기 위해서는 솔직하고 진실하라고 말합니다. 문제를 정직하게 대면한다면 해결책을 더 쉽게 발견할 수 있습니다.

렘 42:19~43:3
예레미야의 백성들에게는 문제가 있었습니다. 그들은 하나님께 해결책을 구했지만, 하나님의 방식이 마음에 들지 않자 자신들의 생각을 따르기로 결정했습니다. 예레미야의 말에는 진리가 담겨 있습니다. 좋은 정보를 가지고 있다면 그것을 사용하여 문제를 해결해야 합니다. 하지만 이미 결정을 내렸고 다른 사람의 확인만을 구하고 있다면 '조언'을 바랄 필요가 없습니다.

암 7:1~6

때로 우리는 어떤 문제들에 압도되곤 합니다. 이스라엘의 도덕적 리더였던 아모스는, '해결할 수 없는' 문제들에 직면한 리더가 취해야 할 행동 모델을 제시했습니다. 리더들은 따르는 자들을 위해 헌신적으로 기도할 때 얼마나 큰 일을 이룰 수 있는지 짐작조차 하지 못합니다.

마 7:24~27

지혜로운 리더는 최선의 결과를 가져오는 방향으로 문제를 해결합니다. 그들은 삶의 모든 영역에서 예수님의 말씀을 기초로 삼고, 예수님처럼 섬김의 리더십을 실천합니다.

마 15:29~39

예수님은 떡을 내려 달라고 하늘에 기도하고 바로 군중들을 먹이신 것이 아닙니다. 예수님이 문제 해결 과정에 제자들을 동참시켰던 것에 주목하십시오. 제자들이 음식을 모아 예수님께 가져온 다음에야 그분은 기적을 행하셨습니다. 예수님은 제자들의 도움을 구하시면서, 그들의 자신감을 키워 주셨습니다. 제자들은 리더인 예수님이 문제를 해결하는 것을 옆에서 지켜보기만 한 것이 아니라 그 과정에 직접 참여했습니다. 리더십 계발의 원리를 보여 주는 이 본문에서 문제 해결 과정과 관련해 배울 수 있는 것은 무엇입니까?

우수함과 탁월함

창 1:31
창조의 기간 동안, 하나님은 매일 자신이 만든 것을 보며 좋았다고 말씀하셨습니다. 그리고 여섯째 날 자신의 형상으로 만든 인간을 창조하신 뒤 "심히 좋았더라"고 말씀하셨습니다. 하나님의 완전한 아름다움과 성품을 나타내는 이 표현을 통해, 우리는 하나님이 우수하고 탁월하신 분임을 알 수 있습니다.

왕상 10:1~13
스바의 여왕은 아름답게 지어진 왕궁과 그 안을 채우고 있는 모든 것의 탁월함에 놀랐습니다. 당시 이스라엘은 전성기를 누리고 있었고, 하나님의 축복은 왕궁, 음식, 신하들의 위엄, 시종들의 관복, 성전의 웅장함에서도 분명하게 드러났습니다.

대하 3:1~4:18
솔로몬은 성전 설계와 건축이 정성과 탁월함 가운데 이루어져야 한다고 생각했습니다. 솔로몬은 성전 건축으로 하나님께 영광을 돌리고, 이 일을 향한 아버지 다윗의 비전과 열정을 공유하는 것이 자신의 사명임을 분명히 알고 있었습니다.

잠 12:24
탁월함을 위한 노력은 단기적으로든 장기적으로든 보상을 받습니다.

잠 25:4~5
얼마나 참된 진리입니까? 4절은 탁월한 결과물을 만드는 것을, 5절은 탁월한 조직을 만드는 것을 독려합니다. 탁월한 조직과 탁월한 결과물 사이의 인과관계에 대해 생각해 보십시오.

사 44:12~20
탁월함은 결과물에 대한 자부심을 안겨 줍니다. 동시에 탁월함은 완전함을 요구합니다. 탁월한 결과물을 만든 사람만이 "저희 제품은 신뢰해도 좋습니다"라고 말할 수 있습니다. 하지만 탁월함을 달성하는 데는 위험이 도사리고 있습니다. 우리 손으로 만든 것을 우리의 지배자요 하나님으로 생각할 수 있다는 점입니다. 본문을 자세히 읽어 보십시오.

렘 50:6~7
이 비유는 열등한 리더십의 비극을 그리고 있습니다. 우수함과 탁월함은 리더에게 중요한 요소입니다. 리더는 결과물과 서비스를 개선하는 동시에 리더십의 탁월성에도 신경을 써야 합니다.

겔 7:27

본문은 우리의 결과물과 서비스의 질을 개선할 것을 촉구합니다. "내가 그들이 행한 대로 그들을 벌하고 그들이 심판하는 기준에 따라 그들을 심판할 것이니"(현대인의 성경). 본문에서 이 메시지를 들은 자들은 애통과 좌절 가운데 심히 떨었습니다. 만약 하나님이 우리의 판단 기준으로 우리를 판단하신다면 어떻게 되겠습니까?

살전 4:11~12

최고의 기업이란, 그 기업이 탁월함에 집중한다는 사실을 원자재 공급자, 직원, 고객 등을 비롯한 모든 사람에게 인정받는 기업입니다. 근면함은 인정을 얻어 내는데, 이는 대대적인 마케팅으로도 얻을 수 없습니다.

보상

레 26:1~46

모세의 율법은 순종에 대한 분명한 보상과 불순종에 대한 확고한 심판을 규정합니다. 이스라엘 백성이 모세의 율법 조항을 받아들였을 때 그들은 이미 순종과 불순종이 몰고 올 미래의 결과를 알고 있었습니다.

대하 7:11~22

하나님은 이스라엘 백성에게 순종하면 보상이 있을 것이며 불순종하면 심판이 있을 것이라고 약속하셨습니다. 하나님은 자신이 약속을 지키는 이유가, 새롭게 건축된 성전 때문이 아니라 이스라엘 백성과 하나님과의 관계 때문임을 강조하셨습니다. 이스라엘 백성이 하나님에게서 돌아선다면 성전은 파괴될 것입니다. 하나님의 보상은 우리의 능력과 성취가 아닌 하나님의 신실하심에 근거한 것입니다.

느 3:1~32

느헤미야는 사람들이 자신들이 살고 있는 지역의 성벽을 중수할 수 있도록 조를 편성함으로써 그들에게 탁월하게 열심히 일할 수 있는 고유한 동기를 부여했습니다. 좋은 리더는 팀원들의 자발적인 동기를 이끌어 냅니다.

잠 3:27~28

사람들은 자신이 공헌한 것에 대해 보상받길 바랍니다. 여러분에게 기회가 있다면(27절), 받을 만한 사람들에게 감사와 칭찬을 표현해 주십시오. 그들이 선행을 행한 후 빠른 시간 안에 그것을 표현해 주십시오. 이는 많은 사람들에게 큰 의미가 있습니다.

전 5:18~20

많은 돈을 지불하여 충성과 만족을 확보하려는 것은 발전이 없는 전법입니다(5:10~17 참고). 그것보다는 사람들에게 노동의 의미와 목적을 가르쳐 주는 것이 훨씬 더 좋은 방법입니다. 팀원들이 의미 있는 일에 기여하고 있다는 사실을 알려 주는 리더는, 그들이 한 일을 넉넉하게 보상해 줍니다.

사 49:1~4

얼마나 큰 돈이면 충분할까요? 과연 월급만 받는 것으로 오랫동안 만족할 수 있는 사람이 있을까요? 4절을 이해할 때 비로소 우리는 만족감과 성취감을 느낄 수 있을 것입니다. 비록 이 본문이 월급 액수를 늘려 주지는 않지만 리더에게 꼭 필요한 교훈입니다.

애 4:6~8

보상은 건설적인 행동에 뒤따르는 자연스러운 결과입니다. 보상 체계는 성공의 혜택만큼 실패의 결과에 대해서도 분명히 명시해야 합니다.

합 2:2~20

학대와 속임수와 불의를 일삼는 바벨론 사람들은 성공하는 것처럼 보였지만, 하나님은 악인이 결국 응당한 대가를 치르게 될 것이라고 말씀하셨습니다. 바벨론이 치르게 될 대가를 설명하는 본문에 "화 있을진저"(6, 9, 12, 15, 19절)라는 표현이 다섯 번 등장하는 것을 주목하십시오. 하나님은 행동에 대한 대가를 분명히 치르시는 분입니다. 이는 다소 냉정하지만 매우 중요한 리더십 원칙입니다.

요 14:1~4

예수님은 돌아가시기 전날 밤이 되어서야 제자들에게 자신을 따르는 유익에 대해 말씀하셨습니다. 예수님은 자신이 죽고 나면 제자들을 위한 거처를 마련하실 것이라고 말씀하셨습니다. 제자들과 다시 함께 모이게 될 새로운 집을 지으러 가신다는 것이었습니다. 노련한 리더는 따르는 자들에게 자신의 팀원이 됨으로써 얻게 되는 유익을 알려 줍니다.

엡 1:13~17

본문에 나오는 바울의 기도는 두 가지 용도가 있습니다. 첫째는 하나님께 드리는 기도이고, 둘째는 신실한 자들이 받게 될 보상을 알려 주는 것입니다. 보상은 효과적인 리더십의 중요한 고리입니다. 바울은 (1) 예수님을 믿는 것이 무엇인지 알려 준 다음, (2) 그러한 믿음으로 에베소 교인들을 인도한 뒤, (3) 그들의 행동을 보상해 줍니다. 바울은 이 과정에서 네 번째 고리를 덧붙입니다. 에베소 교인들에게 하나님을 더 많이 알아가라고 도전했던 것입니다(17절).

상황대응

민 9:15~23
하나님은 이스라엘 백성의 이동 시간과 이동 방향을 결정하셨습니다. 어떤 장소에 진을 치게 되면, 그들은 그곳에서 며칠을 묵게 될지 몇 년을 묵게 될지 전혀 알 길이 없었습니다. 그들은 진을 칠 때마다 그곳에서 오래 머무를 수도, 언제라도 진을 거둘 수도 있다고 동시에 생각해야 했습니다.

대상 19:1~9
다윗은 암몬 족속의 변화된 상황에 재빠르게 대응했습니다. 하눈이 자신이 보냈던 사신들을 부끄럽게 만들자 다윗은 보상에서 보복으로 전략을 수정했습니다.

잠 25:21~22
원수를 부끄럽게 하여 회개에 이르도록 하는 것이 그의 성장에 유익하다면, 이런 것으로도 하나님을 높일 수 있습니다. 상황에 대응하는 리더는 따르는 자들에게 필요한 것과 그것을 적절하게 공급하는 방법을 결정합니다. 하나님은 우리가 다른 사람들이 성장하도록 친절하게 도울 때 기뻐하십니다.

사 11:1~5

본문은 메시아가 언제나 지혜와 총명으로 행하실 것이라고 설명합니다(2절). 좋은 리더는 언제나 각 상황에 맞게 대응합니다.

렘 42:1~4

유능한 리더는 따르는 자들에게, 가야 할 길과 해야 할 일을 가르쳐 주시는 분이 필요하다는 사실을 일깨워 줍니다(3절). 예레미야는 도움을 청하는 이들을 존중했고 그 상황에 맞게 행동했습니다.

겔 3:8~9

하나님은 자신에게 도전하는 완악한 이스라엘 백성들(2:3~3:7)을 이끄는 일에 에스겔을 특별히 임명하셨습니다. 이스라엘이 처한 상황에 하나님께서 얼마나 적절하게 대처하셨는지 주목하십시오. 효과적인 리더십은 따르는 자들의 필요에 맞게 대응합니다.

겔 18:1~32

본문은 상황에 맞게 대응하시는 하나님을 자세히 묘사합니다. 최고의 리더는 상황을 분석하고 그에 적절히 대응합니다. 최악의 리더는 상황을 무시한 채 융통성 없이 완고하게 자신의 명령을 계속해서 고수합니다.

요 21:15~19

예수님은 반전의 대가이셨습니다. 그분은 베드로와 같은 사람들의 실패를 성공의 이야기로 만드십니다. 예수님은 자신을 세 번 부인한 베드로가 그분을 향한 사랑을 세 번 고백하도록 하셨습니다. 예수님은 고통스런 상황을, 초대 교회의 리더가 될 베드로를 다시 회복하는 기회로 활용하셨습니다.

행 8:26~40

하나님, 다른 사람, 혹은 통제할 수 없는 상황으로 인해 전혀 예상치 못한 방식으로 계획이 틀어질 수 있다는 사실을 인식하는 것은 리더에게 매우 중요합니다. 그 일이 빌립에게 일어났을 때, 그는 재빨리 순응했고 하나님이 그에게 주신 새로운 기회로 활용했습니다.

행 28:16, 23

바울은 가택연금에 처해 있는 자신의 상황을 그곳을 방문하는 이들에게 복음을 전하는 기회로 사용했습니다. 또한 그는 이 기간 동안 신약의 여러 서신들(골로새서, 에베소서, 빌립보서)을 기록했습니다. 노련한 리더는 열악한 상황을 비전을 성취하는 기회로 사용할 줄 압니다.

청지기직

창 9:1~3, 7
이 언약은 창세기 1장 28~30절의 청지기 의식을 재확인합니다. 하나님은 우리에게 이 땅의 자원을 이용해 번성할 것을 다시 한 번 명령하셨지만 그것이 우리가 이 땅의 자원을 이기적이고 소모적이고 무책임한 방식으로 사용해도 좋다는 의미는 아닙니다.

왕상 14:1~11
하나님은 여로보암을 높여 권좌에 오르게 하셨으나, 여로보암이 자신이 위임받은 것들을 잘 지키지 못했기 때문에 하나님은 그에게서 권력을 취하셨습니다. 권력의 근원이신 하나님은 모든 이들의 인생을 그의 손아래 두시고, 자신의 선물을 악용하는 자들에게서 권력과 지위를 거둬가십니다.

대상 29:14~16
다윗은 모든 것이 하나님께로부터 왔고 그분에게 속해 있음을 분명히 인식하고 있었습니다. 다윗과 그의 신하들이 하나님의 풍요로운 자원을 책임지고 관리하는 청지기였다는 사실을 통해서도 이를 알 수 있습니다.

대하 31:2~21

히스기야는 청지기 의식을 가지고 하나님을 섬기는 것이 어떤 것인지 직접 보여 주었습니다. 그가 많은 재산을 기증하자 백성들도 자원하여 하나님께 예물을 드렸습니다.

렘 27:6~7

이 구절에서 우리는 하나님이 모든 권력 뒤에 계시는 권능자임을 알 수 있습니다(6절). 하나님의 주권적인 손길은 모든 사건들 가운데 역사하십니다. 지혜로운 리더는 하나님의 인도를 구하고 그분의 뜻을 따라 행하고자 합니다.

겔 33:1~9

도덕적 리더가 지니는 책임은 막중합니다. 사람들이 누군가에게 직책을 맡기고 그를 따르기로 결정하면 그는 '파수꾼'이 되겠다는 책임을 받아들입니다. 본문을 자세히 읽고 도덕적 리더십의 무게를 생각해 보십시오.

욜 1:1~3:21

여러분에게 리더가 필요할 때 그는 어디에 있습니까? 요엘은 이 짧은 책에서 노인, 젊은이, 제사장, 술 취한 자, 농부 등 다양한 이들을 언급합니다. 하지만 혼돈과 황폐한 상황을 길게 묘사하면서 요엘은 단 한번도 리더와 왕이 도움의 근원이 된다고 말하지 않습니다. 도움이 필요할 때 곁에 있어 주지 못하는 리더는 차라리 아예 없는 편이 더 낫습니다.

암 1:1~2:16
아모스는 유다와 이스라엘 그리고 이스라엘 근처에 위치한 여섯 나라를 향해 하나님의 심판을 선언했습니다. 이 중 네 가지 선언에서는 왕과 지도자에게 별도의 심판이 예비되어 있음을 언급하고 있습니다. 조직이 잘못되었을 때 리더는 앞장서서 책임을 져야 합니다. 리더십은 청지기 의식의 또 다른 표현입니다.

막 12:13~17
예수님은 자신을 고발하려는 자들을 향해, 하나님이든 가이사든 응당한 자에게 돈을 지불하라고 말씀하셨습니다. 예수님은 이 사건을 통해 재정의 영역에서 성실한 청지기 의식이 중요하다는 것을 가르치셨고, 까다로운 사람들을 상대하는 기술을 보여 주셨습니다.

고후 9:6~11
씨를 많이 뿌리는 농부처럼, 그리스도인은 자신의 자원을 너그럽게 사용해야 합니다. 하나님이 농부를 돌보시듯이, 그분은 재정적 자원을 통해 자신을 신뢰하는 자들을 돌보실 것입니다. 하나님은 우리의 모든 소원을 들어주시지 않을지도 모르지만, 우리의 모든 필요를 채우실 것입니다.

스트레스 관리

출 14:10~14
애굽 군대가 가까이 다가오자 이스라엘 백성들은 두려워했습니다. 모세는 이로 인해 분명 엄청난 중압감을 느꼈을 것입니다. 하지만 그는 하나님을 신뢰하는 법을 알고 있었습니다. 모세는 두려워하거나 좌절하는 대신, 담대히 서서 이스라엘 백성들에게 하나님의 구원을 보라고 격려했습니다.

민 20:1~13
계속해서 불만을 터뜨리는 이스라엘 백성에게 분노한 모세는 하나님의 명령을 어기고 반석을 쳤습니다. 이로 인해 모세는 가나안 땅에 들어갈 수 없게 되었습니다. 리더는 스트레스를 받을 때 자신의 감정을 조절해야 하고, 감정적으로 약한 상태에 있을 때 내린 결정이 위험하다는 사실을 기억해야 합니다.

삼상 10:17~19

사무엘은 계속해서 스트레스를 받는 상황에 처해 있었습니다. 하나님을 향한 신뢰와 순종을 저버리는 이스라엘 백성을 반복해서 꾸짖어야 했던 것입니다(12:1~19, 13:11~14, 15:14~29 참고). 사무엘은 잘못을 지적해야 하는 이러한 상황에서, 객관적이고 분명하고 단호한 태도로 지혜롭게 대응했습니다.

시 31:1~24

다윗은 고통 가운데 있을 때 언제나 제일 먼저 하나님께 나아갔습니다. 본문에서 다윗은 하나님께 슬픔을 털어놓고 하나님께 믿음을 고백하는 기도를 드렸습니다. 그의 상황은 변하지 않았지만 그의 시각이 변했습니다. 슬픔으로 시작된 기도는 소망과 경배로 끝을 맺었습니다.

사 8:12~22

리더십에 대한 중압감은 리더를 파멸시킬 수도 있습니다. 이사야가 리더십의 중압감을 덜기 위한 파괴적인 선택을 경고하고 있는 것에 주의하십시오. 또한 13~17절에서 스트레스로 지친 리더들을 위한 피난처를 묘사하고 있는 부분에 주목하십시오.

사 26:3~4

본문은 스트레스 관리를 위한 결정적인 조언을 합니다. 리더가 아무리 복잡하고 어려운 문제에 시달리고 있다 하더라도 자신의 내면에 강한 확신을 소유한 이들은 안식을 얻게 됩니다.

사 37:14~20

어려운 시간 동안 조직을 이끌어 본 사람이라면 누구나 이사야 37장 1절에 묘사된 히스기야의 고뇌에 공감할 수 있을 것입니다. 아무런 길이 보이지 않을 때 리더는 스트레스에 시달립니다. 스트레스는 극도의 고통을 수반합니다. 히스기야의 상황을 좀더 확실히 이해하기 위해서는 이사야 36~37장 전체를 읽어야 합니다. 본문을 묵상하며 히스기야가 스트레스를 어떻게 관리했는지 살펴보십시오. 기도는 스트레스를 관리하는 최선의 방법입니다.

사 57:14~21

하나님은 요동하는 바다처럼 평안이 없는 자들을 위한 답을 가지고 계십니다. 20~21절이 자신에게 적용된다면 14~19절을 유심히 살펴보십시오. 14~19절을 경험한다면 스트레스의 악순환에서 벗어날 수 있을 것입니다.

렘 20:1~18

본문은 비난을 받는 리더들에게 큰 교훈을 줍니다. 예레미야는 처음에 하나님께 불평을 늘어놓았습니다(1~10절). 그리고 하나님이 원수들에게 승리할 것을 허락하시자 그분을 찬양했습니다(11~13절). 하지만 곧 다시 자신의 생일을 저주했습니다(14~18절). 하나님의 위대한 선지자였던 예레미야도 스트레스를 받는 상황에서는 불안과 분노를 표출했던 것입니다. 본문을 전체적으로 읽어 보면, 기도 중간 부분에서 하나님을 향한 예레미야의 근본적인 확신을 볼 수 있습니다. 다시 말해 하나님의 진리가 예레미야를 지탱해 주었던 것입니다. 때때로 여러분이 스트레스에 눌려 하나님이 없다고 느껴질 때, 하나님의 진리가 여러분을 지탱해 줄 것입니다.

막 4:35~41

예수님은 광풍을 잔잔케 하심으로 제자들의 스트레스를 잠재우셨습니다. 하지만 예수님은 모든 리더라면 할 수 있는 일도 행하셨습니다. 제자들에게 하나님을 신뢰하라고 독려하셨던 것입니다. 궁극적으로 스트레스를 관리하는 최고의 방법은 우리의 문제를 하나님께 맡기는 것입니다.

구조와 조직

출 39:32~43

모세는 모든 요소가 하나님께서 명령하신 대로 이루어질 수 있도록 성막을 만드는 일을 조직하고 감독했습니다.

레 8:1~9:24

아론과 그의 아들들은 하나님과 이스라엘 백성 사이를 중재하는 제사장이었습니다. 그래서 하나님이 부여하신 역할을 공식적으로 인정하고 확인하는 공적 위임식이 반드시 필요했습니다. 레위기 9장 23~24절은 하나님이 그분의 임재와 축복을 극적으로 나타내신 장면을 묘사합니다.

민 1:1~19

인구조사는 지혜롭고 신중하게 이루어졌습니다. 모세와 아론은 지파와 종족과 가문에 따라 큰 과제를 세부 항목들로 나눌 수 있었습니다.

민 2:1~4:49

광야에서 각 지파의 진은 무작위로 배열된 것이 아니라 조직적으로 질서정연하게 배열되었습니다. 제사장과 레위인들은 정중앙에 위치한 회막의 네 측면에 자리를 잡았고, 열두 지파는 각 측면에 위치한 제사장과 레위인들을 중심으로 세 지파씩 조직적으로 배열되었습니다. 지파들의 행진 순서도 미리 결정되었습니다.

신 16:1~17

모세는 신명기 12~16장에서 이스라엘이 의무적으로 지켜야 할 예식을 설명합니다. 여기에는 일곱 가지 연중 절기를 포함한 이스라엘의 예식 제도에 관한 규정도 포함되어 있습니다. 이스라엘 남자들은 매년 세 번씩 하나님을 예배하기 위해 중앙 성전으로 모여야 했는데, 이러한 이동은 이스라엘 사회 조직에서 중요한 역할을 했습니다. 왜냐하면 이를 통해 이스라엘 백성의 참여와 화합 그리고 공동 예배의 장이 조성되었기 때문입니다.

신 17:1~26:19

모세는 신명기 17~26장에서 이스라엘 백성의 사회적 의무들을 설명합니다. 언약 공동체는 이러한 규례들을 통해 재판소, 제사장과 레위인을 위한 헌금, 도피성, 전쟁 규칙, 결혼 등 다양한 사회 문제의 규정에 관한 분명한 지침을 얻을 수 있습니다.

수 13:1~19:51

여호수아는 정복 전쟁을 마치고 나서 열두 지파에게 가나안 땅을 나누어 주었습니다. 요단 동쪽에는(13절) 르우벤 지파, 갓 지파, 므낫세 반 지파, 그리고 요단 서쪽에는(14~19절) 나머지 아홉 지파 반이 정착했습니다.

왕상 4:1~19
솔로몬은 엄선된 신하와 지방 관장들이 다스리는 조직 구조를 만들었습니다. 성경에 기록된 솔로몬의 광범위한 건축 프로젝트와 요새화 작업을 통해 우리는 그의 군사·행정 체계 조직과 그 효율성을 엿볼 수 있습니다.

대상 6:31~81
성전에서 찬송하는 자들과 유다의 레위 족속은 효율적인 단위로 조직되었습니다. 이러한 조직 덕택에 그들은 예루살렘 성전에서 예배를 인도하는 역할을 잘 수행할 수 있었습니다.

대상 27:1~34
다윗은 군대 계급, 지파 관리자, 왕실 감독을 세밀하게 조직했습니다. 다윗의 행정 능력을 엿볼 수 있는 부분입니다.

전 10:5~7
조직을 설계하는 일도 중요하지만 새로이 마련된 자리에 적절한 사람들을 배치하는 것이 훨씬 더 중요합니다. 그 자리에 앉은 사람들이 '우매한 자'라는 소리를 듣는다면 그 지위는 별 의미가 없습니다.

애 3:22~26

여러분의 조직에서 최고 리더는 누구입니까? 지혜와 능력과 방향성은 어디에서 나옵니까? 누가 여러분의 조직을 경영하고 있습니까? 조직 구성원들이 이러한 질문들을 한다면, 이 본문을 통해 여러분이 누구를 위해 일하고 있는지 다시 한 번 점검해 보십시오!

겔 40~44

하나님은 성전 건축 순서와 조직을 자세하게 설명하셨습니다. 이스라엘의 통치 체제, 교회, 천국, 예배를 위한 미래의 성전 등 본문 전체에서 조직과 구조는 매우 중요한 요소입니다. 사람들은 큰 그림 속에서 자신이 어디에 속해 있는지, 자신이 어떤 역할을 맡았는지 알고 싶어 합니다.

약 3:1~12

재갈이 말을 조종하고 키가 배의 방향을 좌우하듯이, 리더는 자신이 이끄는 조직을 잘 다스려야 합니다. 그렇다면 무엇이 리더를 다스립니까? 야고보는 그것이 혀, 곧 리더의 생각과 관심을 나타내는 말이라고 언급합니다. 리더로서 여러분의 말이 조직에 좋은 방식으로든 나쁜 방식으로든 큰 영향을 미친다는 사실을 기억하십시오.

체계적인 사고

민 35:6~33
도피성은 실수로 살인을 저지른 사람들을 위한 재판 체계를 마련해 주었습니다. 이는 지리적으로 분산되어 있었으며, 실질적으로 잘 조직되어 있었습니다.

수 20:1~21:45
민수기 35장의 설명과 마찬가지로 본문에서 도피성은 레위인들에게 할당되었습니다. 도피성은 실수로 살인을 저지른 사람들을 위한 재판 체계를 마련해 주었습니다. 이는 지리적으로 분산되어 있었으며, 실질적으로 잘 조직되어 있었습니다.

대상 16:37~43
다윗은 순조롭게 운영되는 예배 체계를 조직해 책임감 있는 사람들이 관리하도록 했습니다. 이러한 체계는 이스라엘이 하나님께 예배를 드릴 때 매우 중요한 부분이 되었습니다.

대하 26:1~15

웃시야 왕은 잘 훈련된 군대를 조직하고, 중요한 도시의 경계를 강화하고, 첨단 무기를 개발하는 등(15절) 정교한 군사 방어 체계를 개발했습니다. 그는 유다의 천연자원을 개발하는 체계도 활용했습니다. 하지만 16절은 사람의 권력이 어떻게 부패될 수 있는지 여실히 보여 줍니다.

잠 29:2

사람들은 즐거워하기도 하고 슬퍼하기도 합니다. 하지만 그들의 이러한 반응이 항상 자신의 행동 때문만은 아닙니다. 리더의 결정 역시 사람들을 즐겁게 할 수도, 슬프게 할 수도 있습니다. 지혜로운 리더는 조직의 모든 부분들이 연계되어 있음을 인식합니다. 그는 자신의 결정이 미칠 전체적인 결과를 생각합니다.

사 58:1~4

이스라엘 백성은 자신들의 생각이 옳다고 여겼지만 하나님이 기도를 들어주시지 않자 혼란스러워했습니다. 무엇이 문제였습니까? 일상에서 거룩함을 실천하지 못한 것이 문제였습니다. 하나님께는 모든 것이 연계되어 있습니다. 종교적 행위를 실천하면서 피고용인들을 착취하는 것(3~4절)은 하나님께는 모순되는 일입니다.

렘 44:29~30

애굽에서 망명생활을 하고 있던 유대인들은 우상숭배를 그치지 않았습니다. 그들의 우상숭배는 바로의 몰락으로 이어졌습니다. 표면적으로 볼 때 전혀 독립된 두 가지 사건, 즉 유대인들의 우상숭배와 애굽의 몰락은 실제로 긴밀히 연결되어 있었던 것입니다. 체계적 사고가들은 조직의 부분들이 서로 어떻게 영향을 주고받는지 계속해서 질문합니다. 몸속에 있는 미미한 바이러스를 그냥 지나칠 수 없듯이, 우리는 체계 속에서 서로 관계가 없어 보이는 부분의 '사소한' 문제라도 간과해서는 안 됩니다.

애 5:16~22

이스라엘과 유다는 자신들의 공동체를 너무 좁게 한정했습니다. 그들이 몰락한 후에야 자신의 조직 안에 영원한 통치자를 모셔야 할 필요를 깨달았습니다. 좋은 리더는 하나님과 그분의 영원한 법을 공동체의 가장 중요한 자리에 둡니다.

마 12:22~32

예수님은 분쟁하는 나라가 멸망할 것임을 알고 계셨습니다. 이는 교회나 사업 현장에서도 동일하게 적용됩니다. 조직의 모든 부분들은 서로 영향을 주고받기 때문에, 조직 구성원들이 서로 하나 되어 긴밀하게 연결되어 있을 때 그 조직은 최고의 상태를 유지할 수 있습니다. 유능한 리더는 이 사실을 알고 있기에, 서로 협력하는 체계를 조성하고 운영하기 위해 최선을 다합니다.

롬 3:23~24

바울이 성경 전체에서 가장 철저하고 조직적으로 신학을 전개해 놓은 책이 바로 로마서입니다. 로마서 1~3장은 유대인과 이방인 모두 죄로 인해 심판 아래 있다고 선언하며, 그 누구도 하나님을 모른다고 단언하거나 자신의 무죄를 주장할 수 없다고 설명합니다. 본문에서 바울은 인간의 보편적인 상태를 선언한 뒤 하나님의 은혜로운 해결책을 간략하면서도 강력하게 요약합니다. 로마서의 다층적이고 세심한 논리 구조는 바울이 위대한 체계적 사고가임을 보여 줍니다.

팀 세우기

삼상 22:1~2

팀 조직가는 다양한 배경을 가진 사람들을 연결시킬 수 있어야 합니다. 400명의 사람들이 다윗을 따랐던 것은 그가 목표와 희망을 제시할 수 있었기 때문입니다. 다윗은 사회 부적응자들처럼 보였던 이들을 화합시켜 목적과 품위를 갖춘 사람들로 변화시켰습니다.

대상 11:10~12:40
다윗의 용사들은 충성스럽고 헌신된 정예의 팀을 조직해, 다윗이 헤브론에서 왕으로 기름부음 받기 이전부터 그를 보필하고 보호했습니다.

잠 11:14
훌륭하고 신뢰할 수 있는 조언자들을 곁에 두는 최고의 방법은 그러한 이들을 선별해 성장시키는 것입니다. 그리고 그들이 역할을 다할 수 있도록 환경을 만들어 주는 것입니다. 잠언 15장 22절을 함께 읽어 보십시오.

잠 20:18
리더는 신뢰할 수 있는 사람들을 성장시켜 나감으로써 효율성을 극대화할 수 있습니다. 동료나 부하의 판단을 신뢰하고 어려운 시간에 그들에게 권한을 위임함으로써 리더는 그들을 향한 신뢰를 쌓을 수 있습니다.

잠 27:17
최고의 팀은 함께 일하는 과정에서 팀원들을 훈련시킵니다. 본문은 이러한 과정에서 사용할 수 있는 귀한 말씀입니다.

사 33:15~16

리더에게 정말 필요한 말씀 아닙니까? 팀 조직 커리큘럼을 짜거나 선택할 때 본문에 등장한 특징들을 고려하십시오. 이러한 팀원들로 이루어진 리더십 팀을 갖게 된다면 얼마나 멋진 일이겠습니까!

애 2:14

강력한 팀은 강력한 팀원으로 구성됩니다. 팀에서 조언의 책임을 맡고 있는 자들은 진실성을 보증할 수 있어야 합니다. 지혜로운 리더는 리더십 팀에 용감한 조언자들을 두고 그들이 제 역할을 다할 수 있는 환경을 조성합니다.

마 8:18~22

예수님은 자신의 팀원이 되려면 개인의 안위나 가족의 동의보다는 그분을 향한 헌신을 더 중요시해야 한다고 강조하셨습니다. 모든 리더는 조직의 비전을 따르는 데 희생이 따른다는 사실을 숙고하고, 다른 팀원들과 더불어 그 비전을 실천하는 데 헌신해야 합니다.

고전 12:4

모든 팀은 공동의 목표를 위해 일하는 다양한 구성원들로 이루어집니다. 유능한 리더는 단순히 이러한 다양성을 인정할 뿐 아니라, 의견과 능력의 다양성이 팀을 건강하게 운영하는 데 필수적인 요소임을 잘 알고 있습니다.

엡 4:11~13

자신이 동그란 구멍에 박힌 네모난 못처럼 되기를 원하는 사람은 없을 것입니다. 바울이 에베소 교인들에게 하나 됨을 추구하면서 강점을 활용하라고 권했던 것처럼, 유능한 리더는 각 팀원의 강점을 발견하고 격려하는 데 시간을 투자합니다. 팀원의 강점을 살리지 못한 리더는 결국 미약한 팀을 이끌게 될 것입니다.

시간 관리

삼상 7:15~17

사무엘은 이스라엘에서 사사로 활동하기 위해 매년 여러 도시를 순회했습니다. 하지만 언제나 자신의 집이 있는 라마로 돌아와 그곳을 자신의 본거지로 사용했습니다. 중심점을 세워 둔다면, 다른 현장에서도 안정적으로 행동할 수 있습니다.

관계 계발

격려

창 49:28~33
야곱은 죽음을 앞두고 아들들을 공식적으로 축복함으로써 자신의 유산을 남겨 주었습니다. 그리고 그들 각자의 분량에 맞게 축복했습니다(28절). 그는 이렇게 개인적으로 자녀들을 각각 인정해 주었고, 그들의 앞날을 격려해 주었습니다.

신 30:1~20
여기서 모세는 백성들에게 격려의 말을 전하면서, 각 나라에 분산되어 있는 그들의 상황을 넘어 궁극적인 회복과 축복을 바라봅니다. 이러한 배경에서 신명기 30장 11~20절의 내용은 백성들이 불신과 죽음의 길보다 순종과 생명의 길을 선택하기를 촉구하는 모세의 개인적인 호소입니다.

신 33:1~29
야곱이 아들들을 축복했던 것처럼, 모세는 세상을 떠나기 전 이스라엘 지파를 축복했습니다. 이것은 백성들이 오래도록 기억하게 될 공적인 지지와 격려였습니다.

수 1:1~9

모세가 떠난 이후, 하나님은 여호수아에게 강하고 담대하며, 율법책을 묵상하고 입에서 떠나게 하지 말라고 격려하시면서 그에게 맡긴 일을 친히 준비시키셨습니다.

삼상 12:20~25

사무엘이 하나님의 뜻을 거스른 이스라엘 백성들의 죄를 눈앞에 드러내 보이자, 백성들은 회개하며 자신들이 왕을 구하는 악을 저질렀음을 시인했습니다(19절). 사무엘은 정곡을 찌르며 죄책감을 가중시키는 대신, 그들에게 격려와 소망의 말을 전했습니다.

대하 15:1~19

아사랴는 아사가 강해지도록 격려하고 도전하면서, 그의 행위에 상급이 있을 것이라는 예언의 메시지를 전했습니다(7절). 이를 통해 아사는 유다의 영적 개혁을 가속화시켰을 뿐 아니라 북왕조 이스라엘 백성 일부에도 영향을 미쳤습니다. 아사는 그들이 여호와를 구하겠다는 언약을 맺도록 격려했습니다.

스 6:14

사마리아인들의 반대로 BC 534년부터 520년까지 성전 건축을 중단할 수밖에 없었지만, 선지자 학개와 스가랴는 백성들이 건축을 다시 재개하도록 격려했습니다. 계속되는 반대에도 불구하고, BC 516년에 성전이 완공되어 여호와께 봉헌되었습니다.

느 4:14
느헤미야는 백성들에게 여호와를 바라보고 그분이 지극히 크심을 기억하라고 격려했습니다. 그는 문제점보다도 해결책에 집중하라는 분별 있는 권고로 백성들의 자신감을 세워 주었습니다.

잠 17:22
유능한 리더는 인적 자원을 최대한 활용합니다. 용기를 잃은 사람의 마음에 새 힘을 주는 것도 리더가 책임져야 할 몫입니다.

렘 14:19~22
예레미야 선지자는 실패의 상황을 회복하기 위해 온 힘을 쏟았습니다. 갈피를 잡지 못하고 절망에 찬 그의 간청을 어디선가 들어 본 것 같지 않습니까? 예레미야 선지자는 22절의 마지막 두 문장의 고백에 이르기 전까지는 아무런 격려도 얻지 못합니다. 어려운 시간들 속에서도, 리더는 항상 이 소망으로 돌아가야 합니다.

겔 14:12~14
최고의 리더조차도 회복할 수 없는 상황들이 있습니다. 하나님은 최고의 리더 세 사람을 말씀하셨지만, 그러한 사람들조차도 거역하는 백성들을 구할 수 없을 것이라고 말씀하셨습니다.

암 9:11~15
아모스는 하나님의 심판을 경고하면서 그와 동시에 강한 격려의 말을 전했습니다. 이스라엘이 죄에 대한 대가를 받아야 했던 것처럼 때로 현실은 가혹합니다. 하지만 그리스도인 리더는 항상 격려와 소망을 줄 수 있습니다. 하나님은 회개하며 용서를 구하는 자들을 용서하시고 회복하시기 때문입니다.

미 4:1~5:5
미가는 죄로 인해 멸망에 이르게 될 것이라는 심판과 경고의 메시지를 전한 후, 다가올 좋은 날의 비전을 선포했습니다. 현재의 상황이 아무리 어둡더라도, 경건한 리더는 하나님을 따르는 사람들에게 언제나 격려의 말씀이 준비되어 있다는 것을 압니다.

마 17:1~13
이 본문에서 예수님을 인정한 사람들이 누구인지 살펴보십시오! 베드로, 야고보, 요한은 예수님 앞에 나타난 모세(첫 번째 율법 수여자)와 엘리야(이스라엘의 가장 위대한 선지자)를 볼 수 있는 기회를 얻었습니다. 또한 그것으로는 충분치 않다는 듯, 아들을 인정하시는 하나님의 음성이 하늘로부터 들려왔습니다. 이 사건이 세 명의 제자들에게 얼마나 격려가 되었을지 상상해 보십시오. 훗날 베드로는 이 순간이 자신의 삶에 어떤 영향을 주었는지 설명했습니다 (벧후 1:16~18).

막 12:41~44
예수님은 다른 사람의 희생을 칭찬하는 것이 중요하다는 사실을 알고 계셨습니다. 과부의 희생적인 헌금에 사람들의 이목을 집중시키셨던 것도, 아마 이런 이유 때문이었을 것입니다. 노련한 리더는 다른 이들의 헌신을 인정하고 평가하면서 그들을 격려합니다.

막 16:7
베드로는 주님을 세 번 부인한 뒤에, 스스로 아무 짝에도 쓸모없는 실패자라고 생각했을 것입니다. 그에게는 절대적으로 격려가 필요했습니다. 아마도 그래서 예수님의 부활 소식을 여자들에게 전했던 사자가 구체적으로 베드로의 이름을 언급하며 제자들과 베드로에게 전하라고 명령했을 것입니다. 요한복음(요 21장)에서는, 예수님이 또 다른 방식으로 베드로의 실패를 회복시키시는 모습을 보여 줍니다.

딤전 5:17

여러분의 목회자는 교사이자 리더로서 여러분의 지지와 존경이 필요합니다. 여러분은 목회자나 사역자에게 이러한 특별한 존경을 표하고 있습니까? 재정적인 문제에 관한 바울의 훈계를 어떻게 감당하고 있습니까?(18절). 교회에서 리더들을 격려하는 것을 여러분의 개인적인 목표로 삼으십시오.

요삼 1:5~8

관계에서 상대방의 가치를 인정해 주는 것보다 더 중요한 일은 별로 없습니다. 요한은 나그네를 후하게 대접하는 친구 가이오의 행위를 높이 평가했습니다. 노련한 리더는 모든 기회를 활용하여, 팀의 모든 구성원이 자신의 진가를 인정받고 있음을 알게 해 줍니다.

계 2:1~3:22

예수님은 요한에게 일곱 개의 특정 교회에 전달할 메시지를 주셨습니다. 예수님이 일곱 개 중 여섯 개 교회에서 칭찬할 점을 발견하셨다는 사실은 의미심장합니다(라오디게아 교회는 여기서 제외되었습니다). 이 교회들은 많은 결함이 있었지만, 예수님은 그들에게서 좋은 점을 찾았고 그들을 칭찬하셨습니다. 유능해지기 원하는 리더라면 이러한 예수님의 본을 따라야 합니다.

계 22:6~21

하나님은 세상에서 가장 위대한 책인 성경을 위로(6~17절)와 경고(18~19절)의 말씀으로 적절히 끝맺으십니다. 요한계시록의 결말은 가장 은혜로운 초청이며, 이는 모든 사람이 바라는 것입니다. 오늘날에도, 하나님께서는 영원한 생명을 바라보며 그분을 신뢰하는 모든 사람에게 은혜와 용서를 베푸십니다.

권고와 훈계

신 11:1~32

신명기의 이 본문은 새로운 세대에게 주는 작별의 권고입니다. 모세는 하나님의 명령을 따르면 복이 있을 것이라고 백성들에게 권고했습니다. 그는 조상들의 하나님을 신뢰하고 따르는 것이 언제나 가장 큰 유익이 되는 길임을 열정을 다해 설득했습니다.

수 23:1~24:33

이 중요한 말씀은 백성들에게 주는 여호수아의 작별 권고로 기록되어 있습니다. 그는 여호와를 향한 자신의 열정적인 헌신을 본받으라고 간절하게 권고했습니다.

왕하 20:12~18

하나님이 히스기야 왕에게 15년의 수명을 더 허락하신 후, 이사야 선지자는 바벨론에서 온 사자들에게 모든 보물를 보여 준 히스기야의 어리석음을 꾸짖었습니다. 그는 경건한 왕이었으나, 말년에 이르러 어리석은 자만에 빠졌습니다.

스 9:1~10:44

에스라는 이스라엘 남자들이 이방인 여자와 결혼한다는 사실을 알고, 백성들을 대신하여 가슴을 쥐어뜯으며 중보기도를 드렸습니다. 그의 성실함을 보고 그의 진실함을 믿게 된 백성들은 자신들의 죄를 고백하면서 모세의 율법에 순종했습니다.

느 13:1~31

예루살렘 성벽을 봉헌한 지 몇 년이 지난 후, 바사에서 돌아온 느헤미야는 백성들이 불순종과 도덕적 타협에 빠져 있는 것을 발견했습니다. 그들을 책망하고 변화시키기 위해 느헤미야에게는 용기와 도덕적 권위, 그리고 의지가 필요했습니다.

욥 38:1~39:30

하나님은 세상과 모든 피조물을 창조하고 유지하는 그분의 능력과 지혜를 욥에게 직접 말씀하심으로 논쟁을 끝내셨습니다(38~39

장). 하나님은 도저히 반박할 수 없는 질문들을 던지면서, 그분의 선하심과 정의로우심에 의심을 품은 욥을 꾸짖으셨습니다.

잠 3:11~12

리더는 따르는 자들의 성장을 돕는 일에 부름 받았습니다. 용납할 수 없는 행위를 바로잡는 일도 여기에 포함됩니다. 하나님은 우리가 따라야 할 이상적인 본을 제시하십니다. 12절에 담겨 있는 깊은 뜻을 곰곰이 생각해 보십시오.

렘 1:17~19

예레미야는 몇몇 권세 있는 사람들을 대면하여 그들의 죄를 지적해야 했습니다. 권고는 쉽지 않은 임무였지만, 하나님이 그를 도와주셨습니다(17절). 예레미야는 어떤 사람의 잘못에 관한 하나님의 조언을 들었고, 이는 예레미야의 권고에 객관적인 기초가 되었습니다. 모든 사람에게 권고가 필요하다는 결론으로 이끌었던 하나님의 도덕 원칙이 무엇이었는지 확인해 보십시오. 그런 다음, 그 기초에서 시작해 보십시오.

렘 6:16~19

리더는 파수꾼으로 묘사됩니다. 파수꾼은 잘못된 길로 가는 사람들에게 경고의 메시지를 외치는 존재입니다. 강한 도덕적 인식과 의

무를 갖춘 유능한 리더는 상품이나 서비스의 탁월성뿐 아니라 사람들의 탁월성까지 지켜 냅니다.

렘 46:27~28

실패한 자를 권고하는 얼마나 훌륭한 본보기입니까! 하나님은 불순종에 대한 보응이 있을 것임을 백성들에게 단언하셨지만, 그분의 징계에는 자비와 정의가 따를 것임을 덧붙이셨습니다. 백성들은 징계를 받고 있을 때조차 안전하다는 것을 알고 있었습니다.

욘 3:6~9

니느웨 왕은 자신이 이끄는 이들의 도덕적인 풍조를 변화시키기 위해 자신의 지위를 사용했습니다. 그는 자신의 따르는 자들이 살아남기를 간절히 원했습니다. 따르는 자들에게 높은 도덕적 기준을 권고하는 리더는 조직을 제대로 섬기는 자입니다.

롬 12:1

바울은 로마서 1~11장에서 신학적 기반을 마련해 놓은 후, 12~16장에서 실천적인 요청들을 세워 나갑니다. 하나님의 자비에 비추어, 바울은 독자들에게 다른 사람을 대할 때 사랑과 은혜를 표현하라고 강조합니다. 매우 실제적이며 설득력 있는 권고입니다.

갈 3:1~3

여기서 바울의 권고는 한층 더 강력해집니다. 갈라디아 사람들은 예수님을 믿음으로만 구원을 얻을 수 있다는 비전을 잃어버리고, 구원을 위한 필수 목록에 선한 행위를 덧붙였습니다. 바울은 독자들에게 기본으로 돌아가야 하며, 본래의 비전과 아무런 상관없는 규칙과 행위들을 던져 버리라고 권고했습니다. 복잡한 현대를 살아가는 우리는 바울의 원독자들처럼 이 권고에 귀를 기울여야 합니다.

건강한 유대관계

창 26:26~31

이삭과 아비멜렉 사이의 계약은 양측의 평화로운 관계를 공식적으로 보증한 것이었으므로 서로 간에 득이 되었습니다. 좋은 관계를 인정하고 이용하는 것은 그 관계를 맺고 있는 모든 사람들에게 유익합니다. 사업이나 정치 영역, 혹은 가정에서도 마찬가지입니다.

삼하 3:12, 21

사울의 군사령관인 아브넬은 지혜롭게도 다윗과의 동맹을 원했습니다. 요압이 동생의 죽음에 보복하려고 아브넬을 죽이지 않았더라면, 다윗의 통치 역사는 극적으로 달라졌을 것입니다.

왕하 16:7~18

여호와를 믿기를 거절한 아하스는 앗수르 왕 디글랏 빌레셀과 부정한 동맹을 맺었습니다. 그러나 이것은 덫이 되고 말았습니다. 앗수르가 곧 북왕조 이스라엘을 전복시키고(17:5~6) 남왕조 유다를 위협하게 되기 때문입니다.

대하 18:1~3

여호사밧은 여호와를 향한 열정에도 불구하고, 부정한 동맹을 맺는 근본적인 실수를 저질러 고통을 당했습니다. 자신의 아들을 아합과 이세벨의 딸 아달랴와 결혼시켜 아합 가문과 동맹을 맺었던 것입니다. 이로 인해 바알 숭배 문화가 유입되었고, 이는 남왕조 유다를 타락시킨 원인이 되었습니다.

사 31:1~3

협력은 유익할 수도 있지만, 때로 파괴적일 수도 있습니다. 전략적인 동맹이 실패할 수도 있다고 이스라엘에게 경고하는 내용에는 두 가지 주의사항이 암시되어 있습니다. (1) 타락한 자들과 맺는 동맹은 타락한 동맹으로 귀결될 수 있습니다. (2) 하나님을 신뢰하는 것을 대체하는 모든 동맹은 위험하며 전략적이지도 않습니다.

사 41:10~14

충성 서약은 종종 공격의 표적이 되기 쉬운 기관이 자신을 보호하기 위해 세운 안전장치입니다. 하지만 이런 기관들에게는 오히려 보호를 약속한 상대방으로부터 보호받아야 할 상황이 늘어나곤 합니다. 이 본문은 우리가 전적으로 신뢰할 수 있는 동맹이 단 하나뿐임을 말해 줍니다. 비록 우리가 다른 동맹을 맺는다 하더라도, 이 한 가지 동맹만큼은 절대적으로 필요합니다.

렘 2:17~19

이스라엘의 리더는 백성들을 압제로부터 구원할 수 없었습니다. 하나님의 질문(17절)은 분명 그들을 매우 고통스럽게 했을 것입니다. 그들은 애굽과 앗수르에 도움을 청하면서도, 그들의 가장 위대한 조력자를 무시했습니다. 리더가 어떤 동맹을 맺을지라도, 결코 하나님을 저버릴 수는 없습니다(19절).

렘 38:14~28

리더라면 신뢰하는 조언자들이 서로 상반된 의견을 내놓는 경우를 경험한 적이 있을 것입니다. 유능한 리더는 좋은 조언자들을 양성합니다. 하지만 가장 훌륭하고 명석한 조언자들도 언제나 서로 같은 의견을 내놓는 것은 아닙니다. 하나님이 말씀하신 것을 우리에게 말해 줄 수 있는 예레미야(17절)와 같은 조언자를 둘 수 있다면 얼마나 좋을까요? 본문의 핵심은, 오늘날의 리더도 하나님의 지혜와 인도를 간구하는 조언자들로 팀을 구성할 수 있다는 것입니다.

막 14:66~72

리더는 따르는 자들이 실패할 수 있다는 여지를 남겨 두어야 합니다. 베드로가 예수님을 부인했던 것을 보며 우리는 완벽한 리더가 반드시 완벽한 따르는 자를 두는 것은 아니라는 사실을 알 수 있습니다. 베드로가 예수님을 모른다고 부인하긴 했지만 훗날 그는 초대 교회의 핵심적인 리더가 되었습니다.

눅 8:38~39

귀신을 쫓으신 뒤 예수님은 예상치 못한 일을 행하셨습니다. 자신을 따르겠다는 이를 마다하신 것입니다. 예수님은 하나님이 행하신 큰 일을 다른 이들에게 말할 수 있도록 그를 집으로 돌려보내셨습니다. 예수님은 이러한 관계를 통해, 자신이 직접 말씀하시고 접촉하실 수 있는 범위를 넘어 영향력을 행사하셨습니다.

요 7:32

유능한 리더는 누구와 동맹을 맺고 적이 되어야 할지 잘 압니다. 예수님은 항상 죄인 편에 서셨고 자기 의에 빠져 있는 이들의 반대편에 서셨습니다. 앞으로 진행되는 이야기에서 예수님과 종교 지도자들 사이의 갈등은 점점 심화됩니다. 예수님이 그들의 기대에 부응하지 않으셨기 때문입니다.

고후 6:14~16
건강하지 못한 동맹만큼 위험한 것은 없습니다. 이 때문에 바울은 고린도 교인들에게 그리스도인의 가치를 타협하도록 유혹하는 이들과 교제하는 것이 위험하다고 경고했습니다.

요이 1:10~11
순수한 가르침이 있는 곳에는 진리를 왜곡하려는 자들이 있게 마련입니다. 요한이 이 편지를 쓸 당시, 예수님은 인간의 몸을 입으신 적이 없다고 주장하는 거짓 선생들이 있었습니다. 그들은 예수님이 완전한 하나님이자 완전한 인간이셨다는 순수한 가르침을 왜곡하고 있었습니다. 이러한 이들을 멀리하라는 요한의 명령은, 그들과의 건전한 논쟁 자체를 금한다기보다는 거짓 선생들의 일을 지지하지 말라는 뜻에 가깝습니다.

대인관계

창 2:21~24
창세기 1장의 절정은 하나님의 형상을 반영한 남자와 여자의 창조 사건입니다(1:27). 창세기 2장의 절정은 남자와 여자가 성부, 성자, 성령 하나님의 연합을 연상시키는 언약 관계를 맺는 장면입니다. 관계를 중시하는 성경은, 하나님과의 깊은 관계가 다른 사람들과의 올바른 관계에 중요한 역할을 한다는 것을 강조합니다.

룻 3:9~13, 4:9~13
보아스는 룻의 기업을 무를 자격도 있었고 그럴 의향도 있었습니다. 이로써 보아스는 룻을 곤경에서 구해 주었고 그녀와 평생의 관계를 맺기로 약속했습니다.

삼하 14:24, 33
다윗은 압살롬과 화해하는 일에 실패했습니다. 다윗이 압살롬의 얼굴을 보기로 결심했을 때는 이미 너무 늦은 후였습니다. 관계는 회복되지 않았고, 얼마 후 압살롬은 아버지의 왕위를 빼앗을 음모를 꾸몄습니다.

욥 2:11~13

욥의 세 친구는 욥의 심정을 헤아렸습니다. 그들은 욥이 다시 입을 열 때까지 일주일 내내 그와 함께 침묵을 지켰습니다. 물론 그들의 조언은 문제의 소지가 있었지만, 엘리바스와 빌닷과 소발은 진심으로 욥을 사랑했고 그의 곁에서 위로하길 원했습니다.

욥 16:1~5

욥은 자신의 무죄를 변론했고, 친구들은 그가 당하는 고통이 죄 때문이라고 주장했습니다. 그런 과정에서 세 번에 걸친 논쟁(3~14장, 15~21장, 22~26장)은 점점 더 격해져 갔습니다. 욥의 조언자들은 단순하면서도 비판적인 입장을 취했지만, 욥에게 필요한 것은 지적이 아닌 위로와 격려였습니다. 상처받은 사람에게는 공감과 침묵이 더 좋은 힘이 됩니다.

욥 42:7~16

욥이 자신을 그릇되게 고발했던 세 친구들을 중재하고 나서자 하나님은 욥의 소유를 회복시켜 주셨습니다. 친구들을 기꺼이 용서하고 그들을 위해 기도했던 욥을 통해 화해가 이루어졌던 것입니다.

시 51:1~19

나단 선지자가 다윗의 잘못을 지적하자 다윗은 밧세바와 우리아에게 범했던 죄를 시인했습니다. 다윗은 이 시에서 자신의 죄를 고백하고 하나님과 화해하고자 하는 소망을 표현했습니다. 하나님과의 '수직적' 관계는 우리 인생의 '수평적' 관계의 열쇠입니다. 하나님과 멀어질 때 우리는 주위에 있는 사람들에게 상처를 입힙니다. 하나님과 깊은 관계가 이루어질 때 다른 이들과의 관계가 발전하는 것을 발견하게 될 것입니다.

시 103:1~22

다윗은 이 시에서 하나님과의 관계를 새롭고 활력 있게 유지하는 최고의 방법을 보여 줍니다. 그것은 바로 감사의 마음을 기르는 것입니다. 우리는 하나님이 주신 선물과 혜택들을 당연히 여길 때가 많지만, 그것들을 찬찬히 되짚어 본다면 하나님의 은혜가 얼마나 놀라운지 깨닫고 감사하게 될 것입니다.

시 139:1~24

이 아름다운 시에서 다윗은 하나님과의 관계의 역동성을 살핍니다. 그는 하나님의 전지전능하심과 무소부재하심의 의미를 묵상하고 있습니다. 다윗은 하나님이 그를 영원한 길로 인도하실 수 있도록 그분의 뜻에 자신을 맞추려고 합니다. 우리를 살피시고 우리의 염려를 돌아보시기를 하나님께 간구할 때, 그것은 영적 성장을 막고 있는 영역들을 가르쳐 달라고 성령님께 부탁하는 것입니다.

잠 27:10
이 구절은 신뢰할 수 있는 지원자들이 중요하고 소중하다는 점을 이야기합니다. 첫 번째 시구의 "버리지 말며"라는 표현과 두 번째 시구의 "들어가지 말지어다"라는 표현 사이에서, 힘의 논리가 바뀌는 것을 주목해 보십시오. 이를 깊이 생각해 보십시오.

사 16:5
모든 것을 다스리시는 하나님의 완벽한 통치는 사랑 위에 세워집니다. 비록 리더십 계발 커리큘럼에는 포함되지 않지만, 사랑은 완벽한 리더십의 기초입니다. 따르는 자들과 관계를 맺는 데 있어 사랑은 시작점이자, 첫걸음이자, 중요한 기초입니다.

렘 3:15
리더와 따르는 자를 표현하는 다양한 방법이 있습니다. 이 구절은 좋은 리더를 만드는 것이 무엇인지 이야기합니다. 잠시 동안 본문을 묵상해 보십시오.

겔 34:1~6
하나님은 리더가 따르는 자들과 관계 맺는 방식을 표현하기 위해 목자의 비유를 사용하셨습니다. 하나님은 따르는 자를 먹이는 자로 리더를 세우셨습니다. 1~6절을 자세히 읽어 보고, 여러분이 이끄는 사람들을 어떻게 '지킬 수 있는지' 생각해 보십시오.

말 2:10

본문의 질문들에 진지하게 대답한다면, 많은 조직에서 리더와 따르는 자들의 관계가 쇄신될 것입니다. 본문에 나와 있는 방식대로 따르는 자들(노동자, 피고용인, 학생 등)을 바라보기 위해서 리더는 그들을 하나님의 자녀로 창조된 형제, 자매처럼 대해야 합니다.

마 26:17~30

노련한 리더는 따르는 자들에게 사랑과 감사를 표현하는 데 상징이 유용하다는 것을 알고 있습니다. 제자들과 함께한 마지막 식사에서 예수님은 신자들이 그분의 사랑을 영원히 기억할 수 있도록 의식을 마련하셨습니다.

막 6:31

예수님은 치유와 양식과 가르침을 얻으려고 끊임없이 나아왔던 사람들 때문에 제자들을 소홀히 대하실 수도 있었습니다. 그러나 예수님은 군중들에게 관심을 가지면서, 핵심 그룹의 필요에도 민감하셨습니다. 마가복음에는 제자들을 한적한 곳으로 불러내어 회복시키고 그들과의 관계를 돈독히 하시는 예수님의 모습이 다섯 번 등장합니다.

롬 15:30~33

바울의 리더십은 여러 초대 교회에 있는 사람들과 맺은 돈독한 관계에 기초하고 있었습니다. 계속해서 기도를 요청하는 바울의 모습에서, 우리는 그가 제자들과 깊은 영적 유대를 맺고 있었음을 알 수 있습니다.

고전 1:10~12

바울은 고린도 교인들에게 획일성(uniformity)이 아닌 하나 됨(unity)을 이루라고 권고합니다. 비슷하게 보이고 비슷하게 입고 비슷하게 말하고 비슷하게 생각하려고 할 때 획일성이 나타납니다. 하지만 하나 됨을 위해서는 조화가 필요합니다. 사람들이 다양한 재능으로 공통의 목적을 성취하고자 할 때 하나 됨이 이루어집니다.

요일 1:1~4

요한의 편지는 아버지와 그의 아들 예수 그리스도와 '사귐'을 가지라고 우리를 초청합니다. 사귐이란 단어는 파트너십을 의미하며 무엇을 서로 공유하는 사람들을 가리킵니다. 우주를 다스리시는 하나님은 우리가 그분과의 파트너십에 동참할 것을 요구하십니다.

권력과 영향력

창 1:1
하나님은 다른 사람들에게 유익을 주기 위해 자신의 권력을 사용하신 궁극적인 모범을 보이셨습니다. 하나님은 세상을 창조하실 때 스스로 최고의 영광을 받으시고(하나님만이 경배와 찬양과 영광을 받으시기에 합당하신 분이므로), 인간이 최고의 유익을 얻게 하셨습니다.

창 50:19~21
요셉은 올바른 관점을 유지한 사람이었기에, 형제들에게 은혜를 베풀고 자신의 직위와 영향력을 사용해 그들에게 유익을 줄 수 있었습니다. 요셉은 하나님이 언제나 주권적으로 통치하시는 분이며, 형제들이 자신을 해하려 했던 사건을 더 큰 선으로 바꾸셨음을 분명히 이해하고 있었습니다.

삼상 3:19~21
사무엘은 자라면서 영적으로, 사회적으로 성장했습니다(삼상 2:26을 눅 2:52과 비교해 보십시오). 하나님은 그분을 찾는 이들에게 은혜와 권위를 주십니다. 사무엘의 경우, 하나님은 그를 사람들 앞에서 진실한 선지자로 확인시켜 주셨습니다.

삼하 8:15
다윗 왕은 자신의 권력과 영향력으로 백성에게 정의와 공의를 행했습니다. 그는 하나님의 주권으로 왕이 되었고, 자신의 권력을 개인의 이익이 아닌 백성들을 위해 사용해야 한다는 것을 인식하고 있었습니다.

왕하 21:9
므낫세는 아버지 히스기야가 감행했던 개혁을 저버리고, 하나님이 주신 권력을 남용하여 나라를 부패하게 만들었습니다. 유다는 잘못된 리더십으로 인해 회복할 수 없는 영적 침체를 겪었습니다. 훗날 그의 손자 요시야가 다시 개혁을 이루었지만, 민족적 타락의 흐름을 되돌리기에는 역부족이었습니다.

대하 14:2~15
아사 왕은 유다 사람들이 하나님을 따르고 신뢰할 수 있도록 하나님이 주신 권력을 사용했습니다. 그는 성읍을 강화하고 강력한 군사들로 백성들을 보호했습니다. 하나님은 병력이 훨씬 많았던 구스 사람들과의 전쟁에서, 아사 왕에게 승리를 주심으로 하나님을 의지했던 그의 기도를 들어주셨습니다.

대하 30:15~27

본문은 몇 년 만에 처음으로 국가적으로 유월절을 지킨 사건을 묘사합니다. 장엄한 예식들이 거행된 유월절은 기쁨과 찬양 속에 잘 치러졌습니다. 히스기야 왕은 자신의 지위를 사용하여 격려와 회복의 사역을 통해 백성들을 섬겼습니다. 하나님은 백성의 영적 성장을 위해 자신의 권력을 사용한 히스기야를 높여 주셨습니다.

에 1:1~8

아하수에로 왕은 자신의 권력과 소유를 과시했습니다. 여기서 우리는 권력과 지위를 지혜롭고 너그럽게 사용하지 못한 그의 교만을 엿볼 수 있습니다. 영향력 있는 리더가 지위를 자기 정체성의 또 다른 표현으로 여긴다면 그는 다른 이들을 조종하고 자신을 높이는 일에 지위를 사용하게 됩니다.

전 4:1~3

성경은 권력을 공의롭게 사용하는 것과 불의하게 사용하는 것을 자주 언급합니다. 전도서 기자는 사람들이 권력의 압제로 학대당하는 것을 보며, 리더들이 위로하는 자가 되어야 한다고 말합니다.

사 3:13~15

하나님이 이스라엘 리더들을 심판하신 이유는 그들이 직권을 남용했기 때문입니다. 권력은 리더가 따르는 자들에게 안전하고 풍성한 삶을 제공하기 위해서 사용하는 자원입니다. 하나님은 자신들의 이익을 위해 가난한 자들을 학대했던 이스라엘 리더들을 심판하셨습니다.

렘 38:5

시드기야 왕은 겁쟁이 리더였습니다. 그는 자신의 권력으로 하나님의 선지자인 예레미야를 보호하기보다 다른 사람들의 손에 내주었습니다. 그는 자신이 아무 힘도 없다고 이야기함으로써 리더의 책임을 완전히 저버렸습니다. 리더가 자신이 별로 처리하고 싶지 않은 불편한 일을, 악행을 저지를 것이 분명한 사람들에게 위임하는 것만큼 심각한 직권 남용도 없습니다.

단 2:1~13

느부갓네살은 무엇이든 할 수 있는 능력을 쥐고 있었습니다. 자신의 휘하에 있는 자들에게 불가능한 일을 명령하고 그 일에 실패하면 벌을 내리는 그의 행위는 엄연한 불의였습니다. 본문에 나타난 잔인하고 몰상식한 그의 태도에서 알 수 있는 것은, 리더가 권력을 사용(혹은 악용)하는 방식에 따라 그가 어떤 인물인지 예측할 수 있다는 점입니다.

2부 리더십 주제별 성구 스터디

암 5:7~17
하나님이 어떻게 불의를 심판하시고, 어떻게 모든 사람들을 공평하게 대우하셨는지 보십시오. 자신의 영향력 내에서 불의를 허용하거나 행한 리더는 하나님이 가장 중요하게 생각하시는 원리를 깨뜨린 것입니다. 본문을 꼼꼼히 읽어 보고 그것을 여러분의 리더십 상황에 적용시켜 보십시오.

마 2:13~20
성경에서 헤롯만큼 자신의 권력을 남용한 사람도 없습니다. 그는 메시아의 통치에 순복하지 않았고, 왕위에 위협이 될 수 있는 어린 아이들을 모조리 학살하는 데 자신의 권력을 사용했습니다. 이 잔인한 행위는 헤롯이 집권하는 동안 얼마나 흉악한 유산을 남겼는지 가장 잘 보여 주는 예입니다.

마 8:5~13
백부장은 자신에게 군사들의 통치권이 있는 것처럼, 예수님에게도 영적 세계의 통치권이 있음을 인정했습니다. 예수님은 그러한 백부장을 칭찬하셨습니다. 이 로마 장군은 자신의 믿음을 발휘했으며 하인을 위해 간청했습니다. 개인적인 문제로 혹은 직장 문제로 어려움을 겪고 있는 팀 구성원이 있습니까? 그를 위해 기도하고, 여러분의 직권을 사용해 도울 수 있는 방법을 생각해 보십시오.

마 26:57~68

종교 지도자들의 심문에 응했던 예수님만큼 자제심을 분명하게 보여 준 리더도 없을 것입니다. 예수님은 말씀 한마디로 이처럼 말도 안 되는 재판에 종지부를 찍으실 수도 있었습니다. 하지만 예수님은 거짓 고발과 비난을 감내하셨습니다. 왜냐하면 하나님이 이 상황을 통치하고 계심을 알고 계셨기 때문입니다(벧전 2:23). 예수님은 자신의 권력을 사용하여 즉각적으로 보복하지 않고 완벽한 계획으로 이 상황을 해결해 주실 하나님을 신뢰하셨습니다.

마 27:11~26

하나님의 뜻을 따르기 위해 자신의 권력을 축소했던 예수님과 달리, 빌라도는 권력과 영향력을 남용했습니다. 그는 예수님에게 죄가 없다는 것을 알고 있었지만(눅 23:4), 그분을 십자가에 못 박게 했습니다. 왜 그랬을까요? 그는 하나님보다 사람들의 인정을 더 의식했기 때문입니다. 거룩한 가치는 권력과 영향력을 행사하는 원동력과 같아서, 우리의 영향력을 통제하고 생산적인 방향으로 쓰일 수 있도록 조종합니다.

눅 22:1~6

지혜와 능력을 모두 갖추신 예수님께도 자신을 배반한 제자가 있었습니다. 아무리 훌륭한 리더라도 모든 따르는 자들이 성공적으로 성장할 것이라고 기대할 수는 없습니다.

요 4:39

본문은 예수님이 인종, 성, 생활방식, 지위의 경계를 초월하여 한 여인을 만나신 장면을 그립니다. 예수님은 모든 경계를 허무시고 여인에게 다가가 다른 사람과 동등하게 대하셨습니다. 그 순간, 여인은 하나님이 실제로 자신에게 관심을 가지고 계시다는 사실을 알게 되었습니다. 예수님은 의기소침해져 있는 여인을 일으켜 세우시는 데 자신의 권력을 사용하셨습니다. 이로 인해 여인은 동네 사람들에게 예수님을 알리는 최고의 대변자가 되었습니다.

요 18:36~37

예수님은 한마디 말씀만으로도 빌라도와 로마 군인 그리고 그를 반대하는 모든 사람들을 제압하실 수 있었습니다. 하지만 예수님은 이러한 불법적인 재판이 계속해서 흘러가도록 내버려 두셨습니다. 예수님은 십자가 처형의 순간까지 일어난 모든 사건들을 완벽히 통제하고 계셨습니다. 본문은 자제심이 때로는 권력을 행사하는 최고의 방법이라는 것을 보여 줍니다.

고전 8:9~13

예수님의 제자들에게는 자유가 있었지만, 그 자유에는 책임이 뒤따랐습니다. 모든 리더는 자신이 영향력을 미치는 사람들을 세우는 일에 자신의 자유를 행사해야 합니다.

갈 1:6~10
본문에 등장하는 바울의 권면은 효과적인 리더십의 중요한 단면을 보여 줍니다. 그것은 바로 감정적 권위입니다. 바울이 이처럼 편지를 시작한 데는 분명히 강력한 감정적 인력이 작용했을 것입니다. "이상하게 여기노라"고 했던 바울의 표현은 불순종하는 자식을 걱정하는 아버지의 무서운 눈빛과 유사합니다. 그것은 상처를 주지 않을 만큼 관대하면서도 올바른 방향으로 나아가게 하려는 의도가 분명한 표현이었습니다.

히 1:1~6
우리는 권력을 소유한 후에야 그것을 행사할 수 있습니다. 일찍이 히브리서 기자는 예수님이 지위와 권력과 권위 면에서 다른 모든 것들 위에 계시다는 것을 증명했습니다. 히브리서 기자는 마치 변호사처럼, 예수님이 구약의 모든 관습과 예언들을 성취하신 메시아라는 사실적 증거들을 제시했습니다.

섬김의 리더십

창 14:21~24
아브람은 섬기는 리더였습니다. 롯을 구하기 위해 직접 전투를 이끌었고, 개인의 이익을 추구하지 않고 다른 사람들을 관대하게 대했습니다.

룻 2:8~12
보아스는 시어머니에게 충실했던 룻을 섬기기 위해 자신의 지위와 부를 사용했습니다. 이러한 보아스가 개인적인 이득을 위해 룻을 섬겼다는 증거는 전무합니다. 훗날 그는 이러한 섬김으로 자신도 유익을 얻었음을 깨달았습니다(3:10, 4:11~13).

삼하 9:7
다윗은 요나단을 위해 므비보셋을 섬겼습니다. 므비보셋에게서 다윗 왕이 얻을 수 있는 것은 하나도 없었지만, 친구 요나단을 향한 사랑을 표현하고 하나님의 은혜에 감사하는 뜻으로 그를 섬겼던 것입니다.

왕하 4:1~5:19
과부와 수넴 여인 그리고 그녀의 아들에게 베풀었던 사역을 통해 엘리사는 긍휼과 섬김의 리더십을 분명히 보여 주었습니다. 큰 솥에 국을 끓여 100명을 먹인 것과 시리아 군대의 장군이었던 나병환자 나아만을 고친 것도 같은 맥락입니다. 엘리사의 기적과 예수님의 기적 사이에는 분명한 유사점이 있습니다.

에 9:20~10:3
하만과 달리, 모르드개는 다른 사람들을 섬기는 데 자신의 권력과 지위를 사용했습니다. 섬김의 리더였던 모르드개는 "그의 백성의 이익을 도모하며 그의 모든 종족을 안위하였[습니다]"(10:3).

전 8:9
본문의 진리를 경험해 보지 못한 사람이 어디 있겠습니까? 권력을 행사할 준비는 되어 있지만 섬기고자 하지 않는 리더는 자신뿐 아니라 조직에도 해를 입힙니다.

사 53:1~12
고난받는 메시아는 섬기는 리더의 궁극적인 모범입니다. 예수님은 제자들의 필요를 아셨고, 그것을 충족하기 위해 무엇이 필요한지 밝히시고, 그들이 생명을 얻도록 자신의 목숨을 내어 주셨습니다.

2부 리더십 주제별 성구 스터디

렘 5:26~29
따르는 자들을 희생시켜 자신의 이익을 챙기는 데 권력을 사용하는 리더에게는 화가 있을 것입니다.

겔 22:30
24~29절은 따르는 자들을 압제하고 멸망시키는 리더를 묘사합니다. 하지만 하나님은 리더에게 추종자들을 보호하고 더 나은 삶을 살 수 있도록 가르치라고 말씀하십니다. 하나님은 리더가 추종자들을 섬기기 원하십니다. 그분은 다른 사람들을 이용하는 리더를 경멸하십니다.

미 7:1~6
미가 선지자는 나라의 상황을 보며 참담함을 느꼈습니다. 신뢰할 수 있는 사람은 전혀 없었으며(5~6절), 매복하여 자신의 동포들을 해하려는 자들만이 넘쳐났습니다(2~3절). 악은 어디에서 시작되었을까요? 3~4절에서 미가 선지자는, 리더들을 믿을 수 없는 이유가 그들이 자신들의 유익을 위해 권력을 사용했기 때문이라고 이야기합니다. 리더가 따르는 자들을 섬기는 일에 실패할 때 조직은 위험한 곳이 됩니다.

마 18:1~6
가족 중 가장 약하고 상처를 잘 받는 구성원은 어린아이입니다. 하지만 하나님 나라에서 가장 큰 자들은 자신을 어린아이로 생각합니다. 그들은 하나님 앞에서 약하고 상처받기 쉬운 존재들입니다. 하나님 나라의 모든 리더들도 자신을 어린아이로 생각해야 합니다.

막 10:35~45
예수님은 하나님 나라의 리더가 종이 되어야 한다는 사실을 제자들이 반드시 이해하기를 바라셨습니다. 이를 위해 예수님은 자신이 "온 것은 섬김을 받으려 함이 아니라 도리어 섬기려 하[기]"(45절) 위함이라고 말씀하셨습니다.

요 13:14~15
여기서 예수님은 하나님 나라의 뒤바뀐 가치들을 보여 주십니다. 가장 높은 리더는 가장 낮은 종이 되어야 합니다. 예수님은 제자들의 발을 씻기고 난 뒤, 제자들도 방금 그분이 하신 일을 본받아 따라야 한다고 말씀하셨습니다. 섬김의 리더십은 이처럼 철저하고 급진적인 가르침을 따르는 것입니다.

고전 9:19~23
바울은 자신의 기호를 내려놓고 다른 사람들의 필요를 존중했습니다. 왜 그랬을까요? 그렇게 할 때에야 가능한 많은 이들이 예수님을 따르게 하는 사명을 완수할 수 있기 때문이었습니다. 노련한 리더는 메시지와 사명을 타협하지 않으면서도, 청중이 그 메시지를 더 잘 받아들일 수 있도록, 전달 방법을 조정합니다.

엡 5:21
남편이 섬김의 리더십을 발휘해야 한다는 내용을 다루고 있는 5장 나머지 부분에서는 상호복종이라는 개념이 잘 나타납니다. 최고의 리더는 사랑이 깃든 효과적인 관계를 세우기 위해, 예수님이 교회를 위해 모든 것을 내어 놓았듯이(25절) 모든 것을 포기합니다. 행복한 결혼생활의 특징은 조직에도 잘 적용됩니다.

살후 3:6~13
여기서 바울은 그가 실라와 디모데와 함께 데살로니가 교회에 있었을 때 데살로니가 교인들에게 본을 보여 주었던 사실을 상기시킵니다. 그들은 자신들의 메시지가 개인의 유익을 얻는 수단으로 비쳐지는 것을 원치 않았기 때문에 열심히 일했습니다. 그들은 아무에게도 폐를 끼치지 않고자 노력했고, 이러한 태도는 그들의 메시지에 더욱 힘을 실어 주었습니다. 자신이 이끄는 사람들만큼 열심히 일하는 리더는 헌신과 섬김의 태도를 확산시킵니다.

히 2:18
예수님은 우리가 시험을 당할 때, 우리를 도우실 수 있는 궁극적인 분입니다. 그분도 시험을 당하셨기 때문입니다. 유능한 리더는 자신이 이끌고 있는 사람들의 어려움을 경험하고 이해합니다.

벧전 4:10
베드로는 우리가 하나님께 은사를 받은 것이 다른 사람을 섬기기 위함이라고 상기시킵니다. 하나님이 보실 때 최고의 리더는 겸손한 리더입니다. 여러분을 따르는 사람들에게 하나님의 은혜의 통로가 되는 것을 여러분의 목표로 정하십시오.

3부

성경 인물별 리더십 스터디

아담과 하와

이 두 사람은 완벽한 리더십 실험장을 엿볼 수 있는 기회를 제공합니다. 인류의 첫 사람인 아담은 하나님의 형상으로 지음 받았으며, 땅을 다스릴 권세를 받았습니다. 하나님은 이 사람을 완벽한 환경 가운데 두시고 그곳의 모든 피조물을 다스릴 수 있도록 권한을 위임하셨습니다. 그는 자신의 과업을 감당하면서, 동물과 식물을 다스리는 데 뛰어난 지성과 창의력을 발휘했습니다. 또한 주님이 아담에게 하와를 주심으로 인간 공동체가 형성되어 상호 교제가 시작되었습니다. 그 남자와 여자는 서로를 완전하게 만들어 주었으며, 시너지를 형성하여 각 개인의 역량을 더한 것보다 더 큰 역량을 발휘했습니다. 그들은 완벽한 팀으로 완벽한 환경 가운데 완전한 주인을 위해 일했습니다.

그러나 아담과 하와는 하나님의 지시사항들을 왜곡하면서 그분의 진실한 말씀과 선하신 성품을 의심했습니다. 그들은 자유롭게 되고자 하는 유혹에 빠졌으며 스스로 최선의 것을 찾을 수 있다는 거짓말을 믿었습니다. 하나님의 권위에 반역했고 창조주와의 사귐을 상실했습니다. 그 결과, 아담과 하와는 원래 가지고 있던 충만한 인간성을 잃어버렸습니다. 죄는 그들의 생각과 의지와 감정을 오염시켰고, 그들은 평안하고 부끄러움이 없던 상태 대신 추방과 고통, 땀과 죽음의 저주를 받았습니다. (지상의) 첫 아담과 (하늘의) 마지막 아담이신 그리스도를 대조한 구절들(롬 6:12~19, 고전 15:21~22, 45~49)은 하나님이 깨어진 관계를 회복하기 위해 얼마나 철저한 대책을 세우셨는지 강조합니다.

이 이야기는 하나님이 일하시는 방법과 우리가 일하는 방법 사이의 엄청난 차이를 보여 줍니다. 하나님은 성경에 그분의 도덕적 기준을 드러내셨습니다. 성경은 우리가 지혜로운 결정을 내릴 수 있도록 풍부한 원칙과 지침을 제공합니다. 아담과 하와에 대한 기사만 보더라도 하나님의 말씀을 무시하고 성급한 결정을 내리는 것이 얼마나 위험한지 잘 알 수 있습니다.

이제 이런 완벽한 리더십 실험장은 더 이상 존재하지 않습니다. 그곳은 오래전 사라졌습니다. 그러나 아담과 하와의 예는, 분명하게 규정된 핵심 가치에 우리의 행위를 맞추는 것이 얼마나 중요한지 잘 보여 줍니다. 한순간의 선택이 리더와 그의 조직에 재앙을 몰고 올 수 있습니다.

노아

전 세계가 하나님께 대항했을 때, 노아는 하나님 편에 섰습니다. 노아의 가족 이외에는 아무도 인류의 창조주에게 관심이 없었습니다. 사실 노아가 아니었다면, 하나님은 모든 사람들을 멸망시키셨을 것입니다. 잠시 이 점을 생각해 보십시오. 인류가 존속하느냐, 멸절하느냐라는 중요한 문제가 단 한 사람의 의인과 그의 가족에게 달려 있었던 것입니다.

노아 시대에 하나님은 인류를 보시고 "마음으로 생각하는 모든 계획이 항상 악할 뿐임"을 아셨습니다(창 6:5). 우리는 우리의 행동에 하나님이 영향을 받으신다는 사실을 쉽게 망각합니다. 모세는 하나님이 사람들의 반역 때문에 "사람 지으셨음을 한탄하사 마음에 근심하[셨다]"고 기록합니다.

하나님의 고통과 인간의 반역이라는 검은 폭풍우에 대항해서 노아는 등대처럼 우뚝 섰습니다. 하나님은 믿음을 찾아 온 세상을 다 살피셨습니다. 하나님이 찾으신 사람은 말을 잘하거나 멋진 외모를 가졌거나 커다란 부를 소유한 사람이 아니었습니다. 하나님이 찾으셨던 것은 노아가 갖추었던 모습들, 즉 의로움과 헌신과 일관성이었습니다. 노아는 "하나님과 동행"했을 뿐만 아니라 "의인이요 당대에 완전한 자"였습니다(6:9). 이렇듯 노아가 하나님과 나눈 개인적이고 인격적인 사귐은 그가 다른 사람들과 맺는 관계에 반영되었습니다.

사람들이 자신에게 어떤 조롱을 퍼부어도, 그는 하늘을 향해 서서히 솟아오르는 커다란 배에서 눈을 떼지 않았습니다. 베드로는 노아가 그저 방주만을 짓고 있었던 것이 아님을 지적하며 노아를 '의의 전파자'라고 일컬었습니다(벧후 2:5). 방주를 건설하는 데는 수십 년의 세월이 필요했습니다. 사람들을 설득할 시간은 충분했습니다. 그러나 그의 노력에도 불구하고, 노아는 단 한 사람의 회심자도 얻지 못했습니다. 단 한 사람도 말입니다! 그래도 여전히 노아는 충성스럽고 한결같이 하나님께 순종했습니다. 비가 내리기 전에도, 내리는 동안에도, 내린 후에도 노아는 하나님께 순종했습니다.

하나님은 성실하고, 성품이 올바른 믿음의 자녀들을 사용하기 원하십니다. 멋져 보이지도 않고 인기가 없을 수도 있지만, 그것이 하나님이 존중하시는 인격의 특성들입니다. 노아는 그 당시 골칫거리였을 것입니다. 하나님을 높이면서 살았던 그의 삶은 다른 사람들의 눈에 유별나 보였을 것입니다. 여러분은 하나님을 위하여 일어서라는 부르심에 반응하고 있습니까?

롯

롯만큼 잘못된 조언을 해 주는 사람들과 어울리는 리더는 드물 것입니다. 처음에는 그들과 어울리는 것이 아무런 해가 되지 않을 것 같았습니다. 아브람과 롯은 곧 헤어져야 했습니다. 그들의 가축들을 모두 먹여 살릴 땅이 충분치 못했기 때문이었습니다. 마땅한 땅이 없었기에 아브람과 롯의 목동들 사이에서는 싸움이 일어났습니다. 아브람의 해결책은, "서로 떼를 나누자"는 것이었습니다. 아브람은 롯에게 오른편 땅과 왼편 땅 중에서 한 곳을 먼저 선택할 자유를 주었습니다.

아브람이 롯보다는 나이가 많았기 때문에 그저 롯에게 땅 한쪽을 할당해 줄 수도 있었습니다. 자신이 가장 좋은 땅을 취할 수도 있었습니다. 그리고 롯도 겸손하게 비옥한 땅을 거절할 수도 있었습니다.

그러나 롯은 아브람과 하나님과 동행하는 대신에 요단 평원을 바라보는 비극적인 선택을 했습니다. 창세기 13장 12절은 롯이 "그 장막을 옮겨 소돔까지 이르렀[다]"고 말합니다. 더 나가서 그는 이 부패한 도시에서 좋은 대접을 받는 사람이 되었습니다. 몇 년 후 하나님이 소돔과 고모라를 멸망시키실 때, 천사는 롯이 "소돔 성문에 앉아 있[는]" 것을 발견하였습니다(19:1). 소돔 성 가까이에 거처를 만들었던 롯은 결국 그 성 안에 들어가서 소돔의 주민이 되었고, 마침내는 그 도시의 문화에 동화되었습니다.

롯은 그렇게 소돔과 깊이 어울렸기 때문에 그 성을 떠나기가 그렇게 어려웠던 것입니다. 롯의 아내가 뒤를 돌아다보아 목숨을 잃게 된 것도(26절), 그리고 롯의 딸들이 그를 취하게 만들어서 유혹한 것도(33절) 이러한 원인 때문이었습니다.

롯은 단 한번의 선택으로 수많은 비극을 초래하는 굴레에 빠졌습니다. 여러분도 친구나 사업상의 동업자로 인해 비슷한 상황에 빠진 경험이 있습니까? 롯의 경우처럼 그러한 상황을 벗어나기란 지극히 어려울 수 있으며, 그 결과 역시 심각할 것입니다. 하지만 분명한 것은, 하나님의 뜻을 떠난 삶은 그보다 훨씬 심각한 결과를 초래한다는 것입니다.

∽ 멜기세덱 ∽

이 인물은 신비로 둘러싸여 있는 성경 인물 가운데 한 사람입니다. 멜기세덱은 아무런 소개 없이 성경의 전면에 등장했다가 재빨리 사라진 인물입니다. 그를 언급한 곳은 창세기의 겨우 일곱 절뿐이지만, 시편 110편 4절, 히브리서 7장 1~18절은 다시 그를 주목합니다. 히브리서의 저자는 멜기세덱을 예수님의 선구자로 확인합니다. 제사장이면서 동시에 왕으로 섬겼다는 점에서 멜기세덱은 예수 그리스도의 일면을 나타내고 있습니다.

멜기세덱은 전쟁에서 지친 아브람에게 떡과 포도주를 주었습니다. 그런 다음에 그는 "지극히 높으신 하나님"의 이름으로 아브람을 축복했습니다(창 14:19). 이렇게 아브람을 대접한 후 멜기세덱은 하나님께 드리는 감사의 제물을 받아들였습니다.

멜기세덱은 아브람의 육체적·정서적·영적인 곤핍함을 채워 주었습니다. 가장 기억에 남는 리더는 자기의 팀을 구성하고 있는 사람들을 자비롭게 섬기는 리더입니다. 멜기세덱은 제사장이자 왕이신 예수님의 모습뿐만 아니라 섬기는 리더의 모습도 드러내고 있습니다.

∞ 사라 ∞

모든 리더가 깃발을 들거나 돌격 명령을 내리는 것은 아닙니다. 아브람의 아내 사래(후에 사라로 불림)도 그러지 않았습니다. 그렇지만 하나님이 아브람을 불러내셨을 때, 그 부르심에는 사래도 포함되어 있었습니다. 하나님이 보여 주신 땅을 찾아서 고향 땅을 떠나게 되는 여정에 사래도 동행했습니다. 그리고 하나님이 아브람에게 아들을 약속해 주셨을 때, 그 약속에는 아브람의 평생 동반자였던 사래 역시 확실하게 포함되어 있었습니다.

여정이 장기화되고 비전이 쇠약해지면, 의심의 씨앗이 자라기 시작합니다. 수년간 약속의 성취를 기다리던 사라도 그랬습니다(창 12:2). 그리하여 주님이 아브라함에게 일 년 안에 사라가 아들을 수태할 것이라고 말씀하시는 것을 엿들은 사라는 하나님의 은총에 기뻐하기보다는 냉소적으로 숨죽여 웃었습니다(창 18:12). 말하자면, 사라는 합리적인 사람이었던 것입니다. 인간적인 관점에서 보았을 때, 자기 나이의 여인이 자식을 낳는 것은 불가능했기 때문입니다. 그리고 아브라함도 어떻게 아버지가 될 수 있겠습니까? 거의 백 살이나 되었는데 말입니다!

사라가 혼자 웃는 모습을 본 사람은 아무도 없었습니다. 그러나 하나님은 사라의 반응을 보셨으며, 그녀의 믿음 없음을 꾸짖으셨습니다(15절). 이 꾸짖음에는 두 가지 의미가 담겨 있습니다. 첫째, 하나님은 오직 하나님만이 지키실 수 있는 약속을 하셨습니다. 둘째, 하나님은 사라의 마음 가운데서 의심의 씨앗을 제거하고 그 자리에 믿음과 소망을 심으셨습니다.

사라처럼 모든 리더는 꿈이 성취될 기미가 보이지 않을 경우 믿음이 흔들리는 순간들을 맞이하곤 합니다. 의심의 씨앗들이 믿음과 소망을 질식시킬 때, 우리는 하나님이 우리의 의심을 이해하고 계시며 그 의심을 제거해 주는 신실하신 분임을 되새길 필요가 있습니다. 우리의 꿈이 희미해지기 시작할 때, 우리는 하나님으로부터 숨기보다는 오히려 하나님께로 달려나가서 그 꿈의 성취를 위하여 더욱 간절하게 기도해야 합니다.

이삭

이삭은 자기가 지니고 있는 가치들을 떨쳐 버리지 못한 사람이었습니다. 그의 아버지 아브라함은 하나님을 따라가는 삶의 확실한 모범을 보여 주었으며, 이삭은 그 점을 분명히 보았을 것입니다. 창세기 22장에는 다음의 이야기가 기록되어 있습니다. 아브라함이 독자 이삭을 결박하여 번제단 위에 올려 놓았습니다. 그리고 아들을 향해서 칼을 치켜들었습니다. 그때 하나님은 그 일을 멈추게 하셨습니다. 이삭은 그 사건에서 핵심적인 역할을 감당했지만, 점차 그는 그때 하나님께 철저히 복종함으로써 얻은 교훈을 잊어버린 것 같습니다.

이삭이 자녀들을 갖게 되었을 때, 그는 하나님의 명령을 거절했습니다. 에서와 야곱이 태어났을 때, 하나님은 "큰 자가 어린 자를 (형이 동생을) 섬기리라"고 말씀하셨습니다(창 25:23). 하나님은 이삭에게 에서 대신 그 동생인 야곱을 축복하라고 지시하셨던 것입니다. 그것은 당시의 관례와는 어긋나는 일이었습니다. 이삭은 이미 하나님이 인간의 규범에 얽매이지 않으시는 분이라는 사실을 알고 있었습니다. 다른 가문들에서는, 축복이 돈과 지위를 의미하고 있었지만, 이삭의 가문에서 축복은 그 이상의 것이었습니다. 그 축복은 창세기 12장 1~3절에서 하나님이 아브라함에게 주신 언약을 전달하는 것을 의미합니다. 이삭이 축복한 아들의 후손들은 나라를 이루게 될 것이며, 그 나라를 통하여 하나님이 세상에 복을 내리실 것이었습니다. 하나님은 야곱을 선택했다고 명백하게 가르쳐 주셨지만, 이삭은 에서를 더 좋아했습니다(28절). 그래서 야곱 대신 에서를 축복하려 했습니다.

이삭의 결정에는 세 가지 잘못이 있습니다. 첫째, 그 결정은 하나님의 구체적인 명령과는 반대되는 것이었습니다(23절). 둘째, 그의 아내 리브가도 그 결정에 반대했습니다. 이삭은 자기의 아내가 옳다는 것을 알고 있음에도 불구하고 아내의 바람을 무시했습니다. 셋째, 에서는 이미 팥죽 한 그릇에 자기의 장자권을 팔아 버림으로써 무책임함을 드러냈습니다(34절). 이런 사람이 어떻게 하나님이 아브라함에게 주신 위대한 언약을 이룰 수 있겠습니까?

이삭은 그 가족의 리더였습니다. 그러나 그는 형편없는 리더였습니다. 형편없는 리더의 큰 비극 가운데 하나는 그 따르는 자들에게 악영향을 미친다는 것입니다. 이삭의 기이한 고집 때문에 모든 가족은 소모적인 행동을 하게 되었습니다. 리브가는 자기가 옳다고 믿는 바를 달성하기 위하여 속임수를 쓰는 책략가가 되었습니다. 야곱은 자기가 원하는 것을 얻기 위해 거짓말을 했으며, 눈먼 부친을 속였습니다. 에서는 자신의 부주의는 아랑곳하지 않고 마땅한 '몫'을 받으려고 혈안이 되었습니다.

왜곡된 가치 체계를 가진 이삭 때문에 그 가정에는 책략을 꾸미고 거짓말하는 역기능이 생겼습니다. 이삭은 인간적인 가치를 고집할 수도 있었겠지만 자신의 가치를 조정할 수도 있었을 것입니다.

여러분은 한 사람의 리더로서 하나님이 요구하시는 것에 부합하도록 자신의 가치들을 조정하고 있습니까? 여러분이 이끌고 있는 조직이 어떤 조직이건 간에, 이삭이 저질렀던 것과 같은 실수를 저질러 여러분을 따르는 사람들이 여러분을 무시하면서 일을 하도록 만들지 마십시오.

에서

에서는 흔히 팥죽 한 그릇에 자기의 장자권을 팔아먹은 사람으로 기억됩니다. 이삭의 부를 생각해 볼 때, 그 장자권은 상당한 재산권을 의미했습니다. 그렇지만 짧은 순간에, 에서는 그 장자권을 야곱에게 팔아버렸습니다(창 25:29~34). 그러나 에서의 성격적 결함은 이 어리석은 거래에서 드러난 것보다 그 정도가 훨씬 심했습니다. 다음 몇 가지의 일화들은 에서의 행동과 성격을 더 잘 보여 줍니다.

그 첫 번째 일화가 창세기 25장 32절에 기록되어 있는 말씀입니다. 야곱이 에서에게 그 제의를 하자, 에서는 "내가 죽게 되었으니 이 장자의 명분이 내게 무엇이 유익하리요"라고 말합니다. 물론 에서는 배가 매우 고팠습니다. 그러나 '죽게 될 지경'이었습니까? 결코 그렇지 않았습니다. 에서는 그 순간 너머를 볼 수 없었던, 혹은 보고자 하지 않았던 우매한 자였습니다. 장자권은 훗날을 위한 것이었으나, 한 그릇의 죽은 지금 당장을 위한 것이었습니다. 그는 순간의 만족을 위하여 자신의 모든 장래를 다 팔아넘겼던 것입니다.

다음으로 언급된 내용은 왜 그렇게 에서가 어리석은 행동을 했는지 말해 줍니다. "에서가 장자의 명분을 가볍게 여김이었더라"(34절). 이 장자권은 하나님께서 아브라함에게 주신 복들을 함축하는 것으로, 이삭에게 전달되었으며 이삭의 아들에게 전달될 것이었습니다. 분명 에서는 그 이야기들을 들었으며, 이 장자권의 중요성을 이해하고 있었습니다. 문제는 그 장자권을 파는 행위 자체가 아니라 그 장자권의 의미를 멸시하였다는 데 있습니다.

두 번째 일화에서, 에서가 자기의 복을 가로챈 야곱을 대하는 태도를 검토해 보면, 에서의 성격의 또 다른 특징을 발견할 수 있습니다. 분명 야곱이 한 일은 잘못이었습니다. 에서가 응당 화를 낼 만했습니다. 그러나 에서는 자기의 친동생을 죽여 복수하려고 했습니다(27:41). 자기가 가볍게 여겨 팔아넘긴 것을 이제는 되찾고 싶어서 쌍둥이 동생조차도 기꺼이 죽이려고 합니다. 에서의 의도는 야곱의 속임보다 더 악했습니다.

마지막으로 에서의 전력에 대하여 간단히 언급한 창세기 28장 6~9

절에서도 상당한 시사점을 발견할 수 있습니다. 에서는 자기 부모에 대한 분풀이로 가나안 여인과 결혼했습니다. 결혼을 하나님이 의도하신 성스러운 결합으로 여기기보다는 음흉한 목적을 달성하기 위한 도구로 사용한 것입니다. 에서가 결혼했던 여인 마할랏은 한 명의 인간이지만, 에서는 그것이 반항의 표시라는 점을 드러내기 위하여 그녀를 자기의 소유물 중 하나로밖에 여기지 않았습니다(9절의 "그 본처들 외에"라는 구절은 단순한 탈선을 말하는 것이 아닙니다). 에서의 동생과 부모와 아내들—그리고 에서 자신—은 그가 자기의 인생을 두고 벌이는 어리석은 게임에 저당잡힌 대상들이었습니다.

수많은 결정들을 충동적으로 내리게 된 에서의 성격적 결함은 무엇을 시사하고 있습니까? 더 중요하게는, 우리 내면으로부터 정기적으로 들려오는 에서와 같은 목소리에 동요되지 않기 위해서 우리는 어떻게 우리 내면을 다스려야 할까요? 에서의 성격을 언급한 가장 간결하며 시사적인 촌평(히 12:16)을 읽고 생각해 보십시오. 한 사람의 리더로서 여러분은 그 말씀을 마음에 새길 필요가 있습니다.

∽ 야곱 ∽

야곱은 평생 음모를 꾸미고, 속이고, 공격하면서 곁길로 **빠졌습니다**. 일이 자기 마음대로 되지 않으면, 원하는 대로 하기 위하여 다른 길을 찾았습니다. 자신의 형(창 25, 33장), 아버지(27장), 그리고 삼촌(29~31장)을 대한 방식을 보면, 야곱의 약삭빠르고 능숙한 술책이 잘 드러납니다.

그러나 어떤 이유에선지, 야곱은 이 공격적인 에너지를 오직 자신의 가정 바깥의 외부 세계를 주무르는 데만 사용했습니다. 야곱은 집 밖에서는 공격적이었지만, 집안에서는 수동적이었습니다. 이 때문에 야곱의 가정에는 고통과 좌절과 경쟁과 분노와 증오가 둥지를 틀었습니다. 야곱의 가정에서 일어난 갈등을 통해서 우리는, 외부 세계에는 혼신의 노력을 집중하면서도 조직의 내적인 문제들에 대해서는 소홀한 리더의 모습을 발견할 수 있습니다.

야곱은 아주 어렵게 자기 가정을 꾸렸습니다. 라반은 야곱에게 자기의 둘째 딸에게 장가들도록 해 주겠다고 약속해 놓고서, 그를 속여서 첫째 딸과 결혼하도록 만들었습니다. 그러나 더 큰 문제는 결혼 후에 시작되었습니다. 가장 나이가 많으면서도 사랑을 받지 못했던 아내 레아는 아들을 낳은 뒤에 르우벤이라 이름을 지으면서, "여호와께서 나의 괴로움을 돌보셨으니, 이제는 내 남편이 나를 사랑하리로다"라고 생각했습니다(29:32). 레아는 자기의 두 번째 아들(33절)과 세 번째 아들(34절)을 낳았을 때도 마찬가지로 자신의 덧없는 소망을 표출했습니다. 레아는 고통과 실망을 지닌 비극적인 인물이 되었습니다.

라헬은 사랑 받는 아내였지만 수태하지 못하는 서러움을 호소하자, "야곱이 라헬에게 성을 내[었습니다]"(30:2). 라헬은 궁여지책으로 자기의 몸종을 야곱에게 주었고, 그 몸종이 야곱에게 아들을 낳아 주었습니다. 라헬은 그 아들의 이름을 단이라 짓고, "하나님이 내 억울함을 푸시려고 내 호소를 들으사 내게 아들을 주셨다"라고 말했습니다(6절). 빌하가 둘째 아들을 낳았을 때도 라헬의 반응은 신경질적이었습니다. 그러자 레아도 그 일에 끼어들어 자기의 몸종을 야곱에게 주었습니다. 그 싸움은 날로 심해져 결국에는 레아가 자기 남편과 하룻밤을 지내기 위해서는 라헬에게 값을 지불해야 할 지경에까지 이르렀습니다(16절). 야곱이 집안에서 돌아가고 있는 상황에 민감하게 대처하지 않았기 때문에, 그 네 여인들은 끔찍한 상황 가운데서 지낼 수밖에 없었습니다.

이 여인들의 비극은 열두 아들들에게로 이어지게 되었습니다. 야곱은 자기의 다른 아들들보다도 라헬의 첫 아들인 요셉을 공개적으로 편애함으로써 형제들 간에 경쟁과 질시를 부추겼습니다(37:3~4). 요셉의 형제들은 요셉을 증오했습니다(8, 11절). 그리고 어린 요셉의 행동들 때문에 그 증오심은 더 심해졌지만, 야곱은 그러한 요셉을 제대로 훈계하지 못했습니다(5, 11절). 형제들의 증오심은 점점 강해져서, 요셉을 교묘하게 골탕 먹였고 결국은 요셉을 노예로 팔아넘기는 지경에까지 이르게 되었습니다.

수동적인 리더는 조직 구성원들에게 그들의 일을 넘어서 그들 자체가 조직에 가치를 더한다는 확신을 주지 못합니다. 수동적인 리더는 일하고 싶은 마음이 달아나게 만드는 갈등을 해결하지 않습니다. 그리하여 진정한 일꾼들이 질투하는 상사나 동료들 때문에 그 기업에서 쫓겨나도 거의 신경을 쓰지 못합니다. 싸우고 다투는 소리를 들으면서도 '그것은 그들의 문제니까, 그 사람들이 알아서 할거야'라고 생각하는 리더는 조직의 기능을 마비시키고 재난을 불러오는 구실을 제공합니다.

요셉

요셉과 하나님은 요셉이 애굽에서 감옥살이를 하기 전부터 친밀한 관계를 맺고 있었습니다. 요셉은 여러 종들과 양·염소·소·낙타떼를 거느린 매우 부유한 가정에서 성장했습니다. 그 가정에는 많은 돈이 있었으나 함께 나누어야 했던 불행도 상당했습니다. 왜 그랬을까요? 그 까닭은 가장이자 영적 리더인 야곱이 다른 자식들보다 요셉을 더 사랑했기 때문이었습니다(창 37:3~4). "그의 형들이 아버지가 형들보다 그를 더 사랑함을 보고 그를 미워하여 그에게 편안하게 말할 수 없었더라"(37:4). 요셉의 형제들은 누가 가족의 유산을 상속받게 될지 알고 있었습니다. 야곱은 자기의 속마음을 전혀 감추지 않았습니다. 그래서 형들은 재산을 좀더 공평하게 분배받으려는 속셈으로 동생을 노예로 팔아 버렸습니다.

그러나 요셉은 그 난관을 홀로 헤쳐 나갔습니다. 하나님이 요셉과 함께하셨고 그가 성실하게 일했기 때문에 요셉은 보디발의 집에서 비교적 안락한 생활을 할 수 있었습니다. 요셉은 비록 노예의 신세였지만 자신의 상황에서 최선을 다했습니다. 그러나 요셉의 안락한 형편은 그리 오래가지 않았습니다. 보디발의 아내가 요셉을 유혹하기 시작했기 때문입니다. 하지만 곧고 순전한 사람인 요셉이 그 유혹을 받아들일 리가 만무했습니다. 요셉의 주인은 그를 신임했고, 요셉은 그 신임을 배반하지 않았습니다(39:8~9). 그러나 더 중요한 것은 요셉이 하나님을 거스르고 범죄하기를 거부했던 것입니다. 요셉은 강간 미수로 고소를 당해 감옥에 갇히게 되었습니다. 그러나 "여호와께서 요셉과 함께 하시므로"라는 2절의 놀라운 확언이 21절에도 반복하여 나타납니다.

이 말을 읽는 독자들은 이 역설적인 상황에 머리를 긁적이지 않을 수 없습니다. 아들에서 노예로, 다시 노예에서 죄수로 처량한 신세가 되었는데, 여호와께서 요셉과 함께하셨다니? 이 말은 요셉의 인생이 잘나가는 시절에나 적용될 수 있는 말로 들립니다. 그러나 성경은 언제나 진리를 이야기합니다. 그것이 비합리적인 것처럼 보일지라도 말입니다. 곧 간수는 요셉의 잠재 능력을 깨닫고 감옥 전체를 주관할 수 있는 자리에 앉힙니다. 그 자리는 탐낼 만한 자리는 아니었습니다. 그럼에도 불구하고 요셉은 그 자리에서 섬겼습니다.

요셉 인생의 다음 단계는 하나님이 그와 함께하셨다는 말이 옳음을 깨닫게 해 줍니다. 요셉은 바로에게 신임을 받은 후 애굽 총리의 자리에 올랐습니다. 세상을 제패한 애굽을 다스리게 된 요셉은 말 그대로 지상에서 가장 권력 있는 자가 되었습니다. 충성스러운 종이 오랜 고난 후에 마침내 자기의 몫을 받게 된 것입니다.

이 시점에서 성경은 놀랍게도, 이제는 친숙하기까지 한 '여호와께서 요셉과 함께하셨다'는 말씀을 전혀 언급하지 않습니다. 창세기의 저자인 모세가 이 시점에서 요셉의 삶에 하나님께서 개입하셨음을 강조하지 않았다는 사실은 놀라운 일입니다. 아들에서 노예가 되었을 때는 "여호와께서 요셉과 함께"하셨다고 기록했고, 노예에서 죄수가 되었을 때에도 "여호와께서 요셉과 함께"하셨다고 기록했습니다. 그러나 정작 죄수에서 총리가 되었을 때에는 아무 말도 없습니다!

대체 어떻게 된 일일까요? 고난의 시기 동안에는 하나님의 임재를 상기시킬 필요가 있지만, 평탄한 시절에는 하나님의 임재가 자명한 것처럼 보인다는 말일까요? 아니면 우리가 상처받아서 하나님의 임재가 필요한 때에 우리의 삶 가운데 하나님이 더 활발하게 활동하신다는 것일까요? 아니면 하나님의 체계 가운데서는 좋은 시절은 그냥 좋은 시절일 뿐이지만, 힘든 시절은 최고의 때라는 말일까요? 야고보서 1장에서는 이와 관련된 주장이 언급됩니다.

이렇게 보도록 합시다. 애굽의 총리가 성공하기 위하여 요셉에게는 집중적인 훈련이 필요했습니다. 요셉은 보디발의 종으로서, 감옥 간수장의 오른팔로서 그 훈련을 받았습니다. 이 힘든 상황들이 요셉의 영혼을 담금질했습니다. 아무도 스스로 그러한 경험을 선택하지는 않을 것입니다. 그러나 그러한 경험들이 없었다면, 요셉은 아마도 하나님이 그를 위하여 예비해 두신 그 큰 과업을 감당할 준비를 갖추지 못했을 것입니다. '여호와께서 요셉과 함께하셨다'는 이 구절은 요셉이 도무지 자기의 인생에서 그러한 일이 일어나는 이유를 이해할 수 없을 때조차 하나님께서 그 일들이 충분한 의미가 있었다는 사실을 가르쳐 줍니다.

언제 주님께서 우리와 함께하십니까? 항상 함께하십니다. 언제 우리가 그 사실을 알 필요가 있습니까? 언제나입니다. 그러나 우리도 요셉처럼 우리의 형편이 너무나 힘들어서 도저히 하나님이 함께하시는지 알 수 없을 때, 그분의 임재를 가장 절절하게 느낄 필요가 있습니다. 마치 누군가에 의하여 여러분이 노예로 팔려가거나 감옥에 던져진 것처럼 느껴질 때에, 모세로부터 조언을 받으십시오. 언제 '여호와께서 요셉과 함께하셨는지'를, 그리고 왜 함께하셨는지를 기억하십시오.

∽ 모세 ∽

모든 리더는 때때로 자신의 능력으로는 도무지 성취할 수 없을 것 같은 도전에 직면하게 됩니다. 하나님이 불타오르는 가시떨기 덤불 가운데서 모세에게 나타나셨을 때, 모세가 바로 그렇게 느꼈을 것입니다(3:10). 모세는 하나님의 약속에 대해 세 가지 질문과 한 가지 반론을 제시했습니다. 그러나 그것은 그의 불신앙과 자신감 결여의 증거일 뿐이었습니다.

첫째, 모세는 "내가 누구이기에?"라고 물었습니다(11절). 그 질문을 통해 우리는 모세의 급격한 변화를 눈치 챌 수 있습니다. 40여 년 전, 모세는 동료 히브리인이 애굽인에게 매 맞는 것을 목격하고 충동적으로 나선 적이 있습니다(2:11~12). 그러나 이제 그는 심지어 하나님이 직접 사명을 위임하시는데도 불구하고 자신이 그 과업에 부적합하다고 느꼈습니다. 그 질문에 대해 하나님은 정확히 모세에게 필요한 답변을 하십니다(3:12). 모세는 한 사람에게 하나님이 임하시면 절대다수의 사람들보다 강하다는 사실을 알게 되었습니다.

둘째, 모세는 "내가 무엇이라고 그들에게 말하리이까?"라고 물었습니다(13절). 250만 명의 노예들을 해방시키라는 것은 무리한 명령이었습니다. 바로를 설득하기 위해 모세는 자신보다 더 높은 권위가 필요했을 것입니다. 하나님은 모세에게 필요한 것을 주셨습니다(14절). 하나님은 자신을 "나는 스스로 있는 자"라고 지칭함으로써, 자기 백성을 위해 항상 존재하시는 영원하신 하나님으로 자신을 계시하셨습니다. 그분은 아브라함과 이삭의 하나님이셨습니다. 이 호칭은 애굽에 있는 히브리인들의 심금을 울릴 것입니다.

셋째, 모세는 "그래도 그들이 나를 믿지 않[을]"(4:1) 것이라고 질문합니다. 틀림없이 그는 40여 년 전 사건을 떠올렸을 것입니다. 모세가 두 히브리인 사이의 분쟁을 중재하려고 나섰을 때, 그들 가운데 한 사람이 냉소적으로 물었습니다. "누가 너를 우리를 다스리는 자와 재판관으로 삼았느냐?"(2:14). 그 말이 아직 모세의 귓가에 쟁쟁했기 때문에, 그가 배척을 두려워하는 것은 이해할 만한 일입니다. 그러나 하나님은 여러 가지 기적들을 통해 모세의 리더십을 입증해 주겠다고 말씀하셨습니다. 그 일들을 통해 모세는 애굽에서 가장 의심 많은 사람에게도 확신을 줄 수 있을 것입니다. 하나님이 모세 곁에 계시는 한, 모세는 두려워할 이유가 전혀 없었습니다.

모세의 마지막 반론은 자신이 말을 유창하게 할 수 없기 때문에 그 백성들을 인도할 자격이 없다는 것이었습니다(4:10). 남을 설득해 본 지 너무나 오랜 세월이 흘렀기 때문에, 모세는 다른 사람들을 설득할 수 있는 능력을 상실했다고 생각했습니다. 다시 한 번 하나님은 모세에게 자비롭게 대답하셨습니다. 하나님은 모세에게 할 말을 주실 것을 약속하시고 아론이 그 일을 대행하도록 하셨습니다.

의심할 여지없이, 모세는 세계사에서 가장 위대한 리더 가운데 한 사람이었습니다. 하나님이 모세에게 이스라엘 백성을 이끌라고 지시하셨을 때, 모세는 머뭇거렸지만 결국 순종했습니다. 하나님은 자신이 모세의 두려움과 염려를 진정으로 이해하신다는 사실을 보여 주셨습니다. 하나님은 모세의 말 한마디 한마디를 받아들이셨고 각각의 해결책을 제공하셨습니다. 염려들이 다 사라지면서, 비전에 대한 모세의 저항도 사라졌습니다.

모세처럼 리더들은 때때로 거친 도전과 극복하기 힘들어 보이는 상황에 직면하게 됩니다. 그럴 때 리더들은 모세의 모범을 따를 필요가 있습니다. 즉 상황을 파악하고, 하나님 앞에 자신의 두려움을 내어놓고, 하나님의 응답을 경청하고, 그 응답에 따라 순종하는 것입니다.

이드로

모세가 역사상 위대한 리더 가운데 한 사람이었음은 분명하지만, 혼자서 모든 문제를 해결할 수는 없었습니다. 다행히도 모세는 다른 사람들이 통찰력과 지도력을 발휘하여 자신을 돕도록 허용하는 지혜와 겸손을 보여 주었습니다.

모세의 경영 관리 스타일을 관찰한 이드로는 사람들이 길게 줄지어 기다리고 있고 모세의 이마에 땀이 송글송글 맺히게 된 원인이 심각한 조직상의 결함 때문이라고 결론 내렸습니다. 사람들은 오랫동안 기다리느라 지쳤으며, 사람들 사이의 분쟁이나 법률상의 분쟁을 다 해결해 주느라 모세의 에너지도 고갈되었습니다.

이드로의 계획은 조직이 자원을 최대한 활용하는 방법을 예리하게 보여 줍니다. 첫째, 이드로는 모세가 모든 사람들에게 하나님이 그들에게 기대하시는 행위(하나님의 율례와 법도)를 가르쳐야 한다고 권고했습니다. 그러한 폭넓은 교육을 받는다면, 사람들이 많은 문제에 대하여 하나님의 뜻이 무엇인지를 스스로 결정할 수 있을 것이 분명했습니다.

그다음으로, 이드로는 "천부장과 백부장과 오십부장과 십부장을 삼아" 재판장의 역할 일부를 위임하라고 모세에게 권했습니다(출 18:21). 모세는 여전히 어려운 소송건들을 맡게 되겠지만, 간단한 소송들 때문에 시간을 빼앗기지는 않게 되었습니다. 또한 이드로는 모세에게 자신의 장점들을 살리고, 이러한 분야에서는 자격 있고 능력 있는 사람들이 그들의 기량을 발휘할 수 있도록 허용하라고 충고했습니다. 직분에 맞는 사람을 찾아내어 임명하려면 시간과 자원이 들어가겠지만, 그 최종적인 결과는 모세에게나 민족 전체에게나 큰 '득'이 될 것이기 때문입니다. 모세는 이 지혜로운 사람의 충고를 받아들여서 즉시 실천에 옮겼습니다(24~26절).

이드로는 성경에 등장하는 첫 조직 관리 자문으로서, 우리에게도 교훈을 줍니다. 모든 리더는 각 개인의 잠재 능력을 최대한 활용할 수 있도록 조직상의 체계를 개발할 필요가 있으며, 일의 부담을 분산시키고 팀을 구성하는 사람들의 필요들을 더 잘 채워 줄 수 있어야 합니다.

발람

진실한 사람은 안과 밖이 똑같은 사람입니다. 한 사람의 말은 정확하게 그 사람의 성품을 표현해 줍니다. 발람은 정직하지 않은 선지자였습니다. 그는 길을 잘못 든 진정한 선지자였을까요, 아니면 하나님의 권능에 사로잡힌 거짓 선지자였을까요? 아무도 확실하게 알 수 없습니다. 마찬가지로 어떤 리더에게 진실성이 결여되어 있다면, 그 리더가 실제로 어떤 입장인지는 아무도 알 수 없습니다.

발람은 하나님께 헌신적인 사람처럼 보였습니다. 모압 왕 발락이 발람을 고용하여 이스라엘을 향해 저주를 내려 달라고 요청했을 때, 그 빗나간 선지자는 "발락이 그 집에 가득한 은금을 내게 줄지라도 내가 능히 여호와 내 하나님의 말씀을 어겨 덜하거나 더하지 못하겠노라"(민 22:17~18)고 단언하였습니다. 그러나 이 말은 발람의 속마음이 아니었습니다.

발락의 심부름꾼들이 발람에게 접근하여 이스라엘을 저주하는 대가를 주었을 때, 발람은 그것을 수용했습니다. 발람은 발락 왕의 신하들에게 답변을 얻으려면 다음날 아침까지 기다리라고 요청했습니다(7~8절). 그러나 주권적인 하나님이 그의 물질적인 욕망을 내리누르셨을 때, 발람은 하나님께 굴복했습니다. 하나님은 발람의 악한 마음을 들여다보실 수 있었습니다. 그리고 다른 사람들도 마찬가지였습니다.

성경의 여러 저자들은 일관되게 발람에 대하여 비난조로 말합니다(민 31:8, 16, 신 23:5~6, 수 13:22, 24:9, 느 13:2, 벧후 2:13~16, 유 11, 계 2:14). 심지어 발람의 나귀까지도 하나님의 뜻을 거역하지 않는 것이 더 낫다는 사실을 알고 있었습니다(21~31절).

우리가 리더로서 '하나님을 언급'한다고 해서 경건하게 되는 것은 아닙니다. 경건은 하나님을 향한 중심에서 흘러나오는 것입니다. 그리고 우리의 중심이 하나님께 속해 있을 때, 우리의 대화는 그 점을 드러내 줍니다. 결국에는 그것이 바로 참된 진실성의 표시입니다.

여호수아

여호수아는 이스라엘의 역사상 가장 힘든 시기에 리더가 되었습니다. 그는 임명받은 지 며칠 만에 적지에 들어가 그 땅을 정복하고, 분배하고, 민족을 그 땅에 정착시키기 위하여 요단 강을 건너야 했습니다. 그 일은 매우 부담스러운 일이었지만 여호수아는 이 막중한 사명을 잘 감당해 냈습니다. 여호수아가 그 과업을 완수할 수 있었던 비결을 살펴보면 리더들에게도 많은 유익이 될 것입니다. 먼저 주어진 성경 말씀을 묵상하고 나서 계속 읽으십시오.

- 하나님의 임재를 갈망(출 33:7~11)

여호수아는 모세를 따라서 만남의 장막에까지 동행하곤 했습니다. 그 만남의 장막은 하나님이 모세와 친히 대면하여 말씀하셨던 곳입니다. 모세는 그곳에서 하나님의 말씀을 들은 후 백성들에게 그것을 전달했습니다. 그러나 여호수아가 하나님의 임재 가운데 만남의 장막에 들어갔을 때, 그는 그 장막을 떠나지 않았습니다. 여호수아는 하나님의 임재 가운데 있겠다는 깊은 열망을 보여 주었습니다. 여호수아는 하나님과 친밀한 관계를 맺음으로써 막강한 리더십의 도전을 잘 감당할 수 있었습니다.

- 하나님을 향한 철저한 순종(민 13:26~14:9)

이스라엘이 공격을 시작하기 전, 그 땅을 살폈던 열두 명의 정탐꾼 가운데서 오직 여호수아와 갈렙만이 그 땅에 전진해 들어가라는 하나님의 명령을 따르자고 백성들을 격려했습니다. 열두 정탐꾼은 똑같이 장애물을 보았지만 그 가운데 열은 후퇴해야 한다는 결론을 내렸습니다. 이때 나타난 여호수아와 갈렙의 반응(14:5~9)은 사십 년 뒤에 여호수아가 백성의 지도자로 임명받았을 때에 이스라엘의 리더로서 성공할 수 있었던 이유를 설명해 줍니다.

- 여호수아의 임직식(신 31:1~8, 수 1:1~9)

하나님은(그리고 모세는) 이 임직식을 통하여 최소한 두 가지 중요한 일을 달성하셨습니다. 임직식은 여호수아를 민족의 명실상부한 리더로 세워 주고 그것을 정당화했습니다. 하나님은 모세 이후의 지도자에 대해 추호의 의심도 할 수 없도록 하셨습니다. 또한 하나님은 여호수아의 인품까지도 리더에 합당하게 만들어 주셨습니다. 이것은 단기적, 장기적으로 여호수아가 성공할 수 있었던 비결이었습니다. 그는 하나님이 지시하신 말씀을 알고 있었으며 그 말씀에 순종하였습니다(수 1:1~8). 지위상의 권력과 인격적인 힘은 그의 흠 없는 삶의 기반이 되었습니다. 여호수아의 진실성과 인품은 그가 리더로서 효과적인 리더십을 발휘하는 데 있어서 본질적인 요소였습니다.

- 멘토로서의 모세 (출 24:13, 33:11, 민 11:28, 수 1:1)

이 네 구절은 여호수아를 "모세의 시종(조수)"이라 소개하며 여호수아가 리더로서 성공할 수 있었던 비결을 가르쳐 주고 있습니다. 모세는 후계자 여호수아를 훈련시키는 데 여러 해를 투자했습니다. 이스라엘의 차기 리더에 대한 안목을 가지고 있었던 모세 덕분에 이스라엘은 여호수아라는 걸출한 리더를 얻을 수 있었던 것입니다.

"그날에 여호와께서 모든 이스라엘의 목전에서 여호수아를 크게 하시매 그가 생존한 날 동안에 백성이 그를 두려워하기를 모세를 두려워하던 것같이 하였더라"(수 4:14). 여호수아는 경건한 사람이었기 때문에 경건한 리더가 되었고, 보다 강력한 리더가 되었습니다.

갈렙

여러분이 옳다고 확신하는 일을 투표한 결과 십 대 이로 반대표가 더 많이 나와 부결되었을 때 여러분은 어떻게 하겠습니까? 여러분이 표결에서 져서 여러분의 온 가족과 민족이 정처없이 광야에서 사십 년간을 방황하게 된다면 여러분은 어떻게 하겠습니까? 이러한 문제에 봉착했을 때, 갈렙은 훌륭하게 처신했습니다. 그는 먼저 자기의 주장을 확실하게 논증했습니다. 그의 주장이 거절당한 후에도 그는 떠나지 않고 계속해서 그 공동체에 참여했습니다. 45년 후 그의 주장을 추진할 수 있는 두 번째 기회가 왔습니다. 갈렙은 처음과 똑같은 열정으로 그 기회를 활용했습니다. 그는 목적에 충실한 열정의 사람이었습니다.

갈렙은 이스라엘이 가나안 땅에 진입하기 전에 그 땅을 염탐한 정탐꾼 가운데 한 사람이었습니다. 정탐꾼들은 되돌아와서 모세에게 이렇게 보고했습니다. "그 땅 거주민은 강하고 성읍은 견고하고 심히 클 뿐 아니라 거기서 아낙 자손을 보았으며"(민 13:28). 그러자 갈렙이 이렇게 말했습니다. "우리가 곧 올라가서 그 땅을 취하자 능히 이기리라"(민 13:30).

갈렙이 그 다수의 보고를 부정한 것이 아님을 주목하기 바랍니다. 이 성읍들과 거인들에 대한 정보는 사실이었습니다. 그는 그 장애물들을 축소하지 않았습니다. 그러나 그 장애물들을 극복할 수 있는 자원들도 축소하지 않았습니다. 민수기 14장 8~9절에서 갈렙의 간단하지만 감동적인 변호를 들어 보십시오.

45년 후, 이스라엘이 가나안 땅에 들어가서 그 땅을 분배할 때 우리는 갈렙을 다시 만나게 됩니다. 하나님은 그의 충성에 대한 보답으로 그 땅에서 가장 먼저 재산을 선택하도록 하셨습니다. 갈렙은 이미 마음의 준비를 마치고 있었습니다. 여호수아 14장 10~12절을 읽고 이 노인이 어떤 선택을 했는지 살펴보십시오. 그는 아낙 자손들이 살고 있었던 산악 지역을 달라고 했습니다. 민수기 13장 28절에서 아낙 자손들이 언급되었던 것을 기억할 것입니다. 이들은 갈렙의 세대를 두려움에 떨게 만들었던 거인들이었습니다.

어리석은 짓이 아닐까요? 아니었습니다. 그 선택은 갈렙의 목적과 열정에서 나온 것이었습니다. 그것은 올바른 열정을 낳는 올바른 목적이었습니다. 형편없는 결정—갈렙이 반대했던 결정—때문에 정처없이 그와 자기 가족이 광야에서 방랑했던 45년의 긴 시간 동안 이 사람을 이토록 열렬하게 유지시켰던 것은 무엇일까요? 그것은 그가 전심으로 귀중하게 여겼던 가치를 향한 열정이었습니다.

그 45년 동안 갈렙은 하나님의 목적을 막을 수 있는 것은 아무것도 없다는 사실을 보여 주기 위하여 기다렸습니다. 갈렙의 열정은 과거에 하나님이 행하실 수 있었던 일, 이제 그분을 신뢰하는 이 여든다섯 살이나 먹은 노인을 통하여 하나님이 행하실 일, 그리고 만약 사람들이 자신과 하나님의 뜻 사이를 가로막는 장애물을 제거하기 위하여 하나님을 신뢰하고 의지할 때 하나님께서 행하실 일을 증명해 보이려는 것이었습니다.

갈렙은 위대한 열정을 가지고 있었기 때문에 위대한 리더가 되었습니다. 그는 위대한 목적을 가지고 있었기 때문에 위대한 열정을 가지게 되었습니다. 그리고 그에게 위대하신 하나님이 계셨기 때문에 그에게 위대한 목적이 생겼던 것입니다. 그는 위대하신 하나님을 잘 알고 있었습니다.

드보라

이스라엘은 위협적인 적을 맞이하였습니다. 가나안 군대의 사령관이었던 시스라는 이스라엘의 빈약한 무기들을 충분히 박살낼 수 있는 900기의 철병거와 다른 종류의 무기들을 갖추고 있었습니다.

시스라를 대항하여 이스라엘을 이끌 사람으로 자신이 선택되었다는 말을 들은 바락은, 아마도 그런 이유 때문에 주저했을 것입니다. 바락은 이스라엘 군대를 이끌라는 하나님의 명령을 들었으며, 하나님의 계획을 이해했습니다. 그는 하나님이 자신에게 승리를 약속하셨다는 사실을 알고 있었습니다. 그러나 바락은 자기의 두려움에 굴복했습니다. 바락은 두려움에 빠져서, 만일 드보라가 동행한다면 전쟁에 나서겠다고 대답했습니다. 드보라는 동의했지만, 그 승리의 공을 다른 누군가가 취할 것이라고 통보했습니다.

전쟁이 끝난 뒤에 드보라와 바락은 사사기 4장에 기록되어 있는 그 전투의 조감도를 담은 노래를 불렀습니다(삿 5:1~31). 두려움에 사로잡힌 민족을 묘사한 이 고전시는 사람들이 문밖에 나서기를 피하고 산속에 숨었다고 그리고 있습니다. 그리고 이 시는 두려움과 절망 가운데서도 "일어나 이스라엘의 어머니"가 된 드보라의 예외적인 리더십 기술을 부각시키고 있습니다(7절). 드보라는 마치 어머니처럼 하나님의 백성들을 품었습니다.

드보라는 어지러운 시기에 그 백성들을 이끄는 비상한 능력을 보여 주었습니다. 하나님을 향한 그녀의 신뢰는 그녀가 이끌었던 사람들에게 담대한 믿음을 심어 주었습니다. 그녀는 바락의 불안감을 잘 다독거려서 그가 군대를 이끌고 전투에 나갈 수 있도록 용기를 주었습니다. 그리고 마지막으로 드보라는 하나님의 신실하심을 알고 있었기 때문에 그 승리를 주신 하나님을 찬송할 수 있었습니다(31절).

기드온

기드온은 이스라엘의 사사 시대를 살았던 사람입니다(주전 1,300년경). 그 시대는 "이스라엘 자손이 또 여호와의 목전에 악을 행하였으므로 여호와께서 칠 년 동안 그들을 미디안의 손에 넘겨 주[셨던]" 때였습니다(삿 6:1). 미디안 사람들의 압제가 너무나 혹독하고 잔인해서 많은 이스라엘 사람들은 그 압제를 피하려고 산속의 동굴로 들어갔을 정도였습니다(2~6절).

하나님께서는 그분의 백성을 건져 낼 사람이 필요했습니다. 기드온을 알고 있었던 사람 어느 누구도 기드온이 바로 그 사람일 것이라고 생각하지 않았습니다. 사실 기드온 자신도 그 사실을 믿지 못했습니다!(15절). 하나님은 기드온이 확신을 갖도록 그의 소명에 몇 번이고 응답해 주셨습니다.

실제로 기드온에게는 확신이 필요했습니다. 기드온의 양털 뭉치 이야기는 하나님이 기드온에게 그분의 성실하심을 보증하는 과정을 묘사하고 있습니다. 기드온은 하나님이 약속하신 대로 준행하실 것을 입증하는 표시로 기적을 두 번씩이나 구했습니다. 그러나 아직도 기드온에게는 확증이 더 필요했습니다. 그래서 하나님은 두 번 더 기드온을 북돋워 주었습니다(7:7, 9). 하나님의 부르심을 확증해 주는 세 차례의 기적들, 여섯 차례의 직접적인 말씀에도 불구하고, 여전히 기드온은 회의적이었습니다. 마침내 하나님은 그를 미디안 진영으로 보내셨습니다. 기드온은 어둠 속에서 한 미디안 병사가 꿈을 꾼 얘기를 들었습니다(10~14절). 기드온은 아주 소심하게 자기에게 떨어진 사명을 받아들였지만, 강력하게 그 일을 끝맺었습니다. 그는 용감하게 미디안 사람들을 격퇴시켰으며, 반역적인 동족들을 제압했습니다(7:15~8:21).

어떤 면에서 기드온은 우리의 모습과 같습니다. 하나님은 기드온에게 하나님을 높이는 삶을 살라는 사명을 주셨습니다. 어떤 사람들은 기드온에게 재확신이 필요했던 것은 그의 믿음이 연약했기 때문이라고 봅니다. 그러나 한번 생각해 봅시다. 우리는 인생의 큰 결정들을 내릴 때 많은 경우 하나님을 의심합니다. 하나님의 도움을 간구하면서도 그분의 신실하심을 의심합니다. 하나님이 인도해 주시기를 기도하면서도 불안해 합니다. 그러나 기드온은 자기의 의심을 정직하게 드러냈습니다. 기드온은 의심나는 것을 묻고 자기를 괴롭히는 문제들과 씨름하면서 두려움을 물리쳤습니다. 기드온은 확신을 받았기 때문에 성공했습니다. 하나님으로부터 확신을 받은 사람은 하나님께 사로잡힌 사람이며 하나님께 쓰임 받는 사람입니다.

기드온은 우리가 하나님의 약속을 의심하게 될 때 어떻게 대처해야 할지 가르쳐 줍니다. 하나님을 시험대에 올려놓는 기드온의 행동이 옳다고 볼 수는 없습니다. 그렇지만, 우리에게는 하나님의 뜻을 알아보는 데 도움을 주는 많은 길들이 열려 있습니다. 성경을 읽는 일, 하나님의 방향을 보여 달라고 기도하는 일, 교회의 목회자들과 상담하는 일, 소그룹 성경공부에 참여하는 일, C. S. 루이스의 『순전한 기독교』나 필립 얀시의 『하나님, 당신께 실망했습니다』와 같은 좋은 책들을 읽는 일 등이 있습니다.

기드온은 의심했습니다. 그 점에 있어서 기드온과 우리는 차이점이 없습니다. 그렇지만 기드온은 자기의 믿음 없음을 솔직하게 고했으며, 리더가 되었습니다. 여러분은 왜 확신하지 못합니까? 하나님으로부터 확신을 받은 사람은 하나님께 쓰임 받는 데 열려 있는 사람입니다. 그리고 하나님의 쓰임을 받는 보통 사람은 하나님을 위하여 위대한 일들을 할 수 있는 사람입니다.

삼손

삼손은 특별한 사람이었습니다. 그 점은 확실합니다. 여호와의 사자는 삼손이 태어나기도 전에 이 사람의 인생을 위한 무대를 마련해 놓았습니다(삿 13:3~5). 삼손은 나실인이었습니다. 나실인은 하나님의 일을 위하여 따로 구별된 사람입니다. 하나님은 이스라엘을 이끌며 블레셋 인들에게 대항하도록 삼손을 선택하셨습니다. 블레셋의 부대들과 용감무쌍하게 싸운 일들을 살펴보면, 삼손이 하나님으로부터 용맹성과 타고난 복을 받았음을 알 수 있습니다.

삼손은 민족의 영웅이었습니다. 그러나 그의 초인적인 능력은 유전되어 내려온 것이 아니었습니다. 그것은 하나님으로부터 온 선물(은사)이었습니다. 그가 이 놀라운 과업들을 완수하기에 앞서서, 사사기의 기자는 "여호와의 영이 삼손에게 강하게(갑자기) 임하[셨다]"고 서술하고 있습니다(14:6, 14).

이런 삼손에게도 딱 한 가지 치명적인 결점이 있었습니다. 삼손이 한 말 가운데서 첫 번째로 기록된 말은 그가 자기 부모에게 한 말이었습니다. 그 말이 삼손의 문제점을 단적으로 보여 줍니다. "내가 딤나에서 블레셋 사람의 딸들 중에서 한 여자를 보았사오니 이제 그를 맞이하여 내 아내로 삼게 하소서"(14:2).

삼손의 부모는 그 말에 충격을 받고 그것을 허락하지 않았습니다. 그들은 삼손을 설득했지만 삼손은 거절했습니다. 이 일화와 더불어, 삼손이 맺은 관계들을 간략하게 기록한 다른 구절들을 볼 때, 그에게는 정욕의 문제가 있음을 알 수 있습니다. 여자에게 약했던 삼손은 마침내 하나님을 향한 헌신을 버리고 말았습니다. 성령의 임재와 권능이 사라졌을 때, 이 이스라엘의 지도자는 블레셋 사람들에게 쉽게 붙잡혔습니다(16:21). 이 위대한 전사는 적군의 웃음거리로 전락했습니다.

그러나 하나님은 너그러이 삼손을 용서해 주셨습니다. 삼손은 마지막으로 성령의 권능을 보여 주면서 적들의 머리 위로 그들의 신전을 몽땅 무너뜨렸습니다. 그렇게 해서 "삼손이 죽을 때에 죽인 자가 살았을 때에 죽인 자보다 더욱 많았[습니다]"(30절).

모든 리더는 삼손의 예를 통해, 자기의 약점을 확인하고 그 약점들로부터 자신을 보호하는 것이 중요하다는 사실을 배우게 됩니다. 개인적인 재능을 갖추고 전략적인 호기들을 얻고 하나님께 복을 받은 리더라 할지라도, 단 하나의 약점을 지키지 못하면 자신이 세워 놓은 모든 것이 무너져 내릴 수도 있습니다.

나오미

옛날 모압이나 이스라엘에서 여인이 남편 없이 홀로 살아가기란 참으로 어려웠습니다. 나오미가 바로 그러한 여인이었습니다. 가슴을 찢는 세 차례의 장례식을 치른 나오미에게는, 과부에게 닥쳐올 재난들을 막아 줄 사람이 하나도 없었습니다. 그녀는 고향 베들레헴이라고 딱히 좋지는 않겠지만, 그래도 고향으로 돌아가는 것이 모압 땅에 남는 것보다 낫겠다는 결단을 내렸습니다.

나오미는 모압을 떠나 고향으로 향했습니다. 과부가 된 두 며느리가 나오미를 따랐습니다. 그러나 나오미는 그들에게 되돌아갈 것을 권하면서, 베들레헴에서 남편 없이 살아가는 것이 얼마나 어려운 일인지 설명해 주었습니다. 아직 젊은 며느리들을 시어머니인 자신에게 묶어 둔다는 것은 어리석은 일이었습니다. 오르바는 그 말을 듣고 자기 고향으로 되돌아갔습니다. 그러나 룻은 그렇게 하지 않았습니다. '나오미'라는 이름이 '희락'을 뜻하고 '마라'는 '괴로움'을 뜻한다는 점을 염두에 두고 룻기 1장 19~21절을 읽으십시오.

이 이야기에서 두 가지 점을 주목하십시오. 첫째, 나오미는 현실적이었습니다. 그녀는 현실을 있는 그대로 바라보았습니다. 하나님은 그녀를 모질게 다루셨습니다. 만일 나오미가 자신의 형편을 있는 그대로 인정하지 않았다면, 하나님의 그 모진 손길을 이성적으로 판단하지 못했을 것입니다. 둘째, 비록 나오미가 자기의 어려운 형편을 인정했지만, 힘들다고 말하지는 않았습니다. 그녀의 태도는 룻의 대답에 나타나 있습니다. 현실에 대하여 솔직한 대화를 나눈 후에도, 룻은 시어머니와 함께 있기를 원했습니다. 룻은 나오미와 살 수 있다면 외국에서도 기꺼이 살 작정이었던 것입니다. 나오미는 몇 차례 큰 고난을 당했지만, 충격 속에 머물러 있지만은 않았습니다.

16~17절에서 나오미를 향한 룻의 충성을 표현한 부분을 읽어 보십시오. 신경질적이고 괴팍한 노파에게 그런 헌신적인 태도를 갖기란 쉽지 않습니다. 룻의 반응은 나오미가 자기의 쓰라린 상황에 어떻게 대처하고 있는지를 짐작할 수 있는 매우 시사적인 설명이라 할 수 있

습니다.

마지막으로 관찰할 수 있는 사실은, 하나님이 나오미의 남편과 두 아들들을 데려가셨다는 것입니다. 나오미의 소망은 산산조각이 났습니다. 이스라엘의 하나님에 대한 룻의 모든 지식은 나오미가 자기 남편과 두 아들의 죽음 이후에 하나님에게 반응했던 태도에서 배웠던 것입니다. 그러나 이 모습을 보는 것만으로도 룻은 "어머니의 하나님이 나의 하나님이 되시리니"라고 충분히 맹세할 수 있었습니다. 놀랍지 않습니까?(16절) 자신의 비극에 대한 나오미의 태도는 실제로 이 젊은 이방 여인이 하나님을 알고 싶어 하도록 이끌어 주었던 것입니다.

좀더 시간을 내어 이 이야기의 나머지 부분을 다 읽어 보십시오. 룻기는 나오미가 룻의 아기를 품에 안고 있는 모습으로 끝납니다. 하나님은 자신의 독생자의 혈통을 이을 사람들을 모으고 계셨습니다. 그리고 신실한 나오미는 하나님의 계획에 아주 중요한 역할을 했습니다. 나오미가 자신의 비극에 그처럼 반응했기 때문에 룻이라는 이름이 예수 그리스도의 계보에 등장하게 되었습니다.

삶이 힘들 때, 나오미는 한 가지 선택을 했습니다. 그녀는 가슴에 한을 품든지, 아니면 하나님을 신뢰하든지 둘 중 하나를 선택할 수 있었습니다. 나오미는 올바른 선택을 내렸습니다. 그리하여 그녀는 자신의 삶을 통해 다른 사람들을 하나님께로 인도했습니다.

룻

룻만큼 건강한 결연 관계가 절실했던 여인은 없었을 것입니다. 그녀는 남편을 잃고, 어떤 남자로부터도 도움을 받지 못하는 처지가 되었습니다(룻 1:4~5). 당시 문화에서는 이런 어려운 상황에 처한 여자들은 굉장히 가난했습니다. 룻은 모압에 남기보다는 새로운 진로를 선택함으로써, 첫 번째로 시어머니 나오미와 건강한 결연 관계를 형성합니다. 룻은 진심으로 나오미에게 이렇게 말했습니다. "어머니께서 가시는 곳에 나도 가고 어머니께서 머무시는 곳에서 나도 머물겠나이다 어머니의 백성이 나의 백성이 되고 어머니의 하나님이 나의 하나님이 되시리니"(16절).

이 두 여인은 함께 베들레헴에 도착했습니다. 그들에게는 옷 외에 아무것도 없었습니다. 룻은 보아스라는 남자가 소유한 밭에서 이삭 줍는 일을 하게 되었습니다. 나오미는 곧 보아스가 관대한 밭 주인 이상의 사람이라는 것을 알아챘습니다. 보아스는 '기업 무를 자'가 될 수 있는 친척이었던 것입니다. 고대 이스라엘에서는 죽은 남자의 형제가 그 과부와 결혼하여 고인의 이름으로 아들을 하나 양육해야 할 책임이 있었습니다(신 25:5~10). 룻의 전 남편에게는 살아 있는 형제들이 전혀 없었기 때문에, 보아스와 같은 먼 친척이 만일 그렇게 하겠다고 선택한다면, '기업 무를 자'가 되어 그 가계를 존속시킬 수 있었습니다. 그러나 보아스의 관심을 끌기 위해서 룻은 유대 풍습대로 청혼을 해야 했습니다.

룻은 나오미의 지시에 따라서 그 의식을 행했습니다. 그리고 보아스는 흔쾌히 그들의 '기업 무를 자'가 되어 주겠다고 동의했습니다. 보아스는 룻의 현숙함을 칭찬하며 "두려워하지 말라 내가 네 말대로 네게 다 행하리라"고 다짐을 주었습니다(3:11). 둘이 결혼한 후 룻은 자식을 낳아 오벳이라 이름하였는데, 이 오벳은 후일 이스라엘 다윗 왕의 할아버지가 되었습니다. 하나님은 유대인이 아닌, 적지에서 들어온 한 여인인 룻을 세워 예수 그리스도가 출생하게 될 가계에서 한 자리를 차지하도록 해 주셨습니다.

믿음의 발걸음을 내딛은 룻은 두 개의 핵심적인 결연 관계를 맺을 수 있었습니다. 한 사람의 리더로서 여러분은 조직 안과 밖에서 전략적인 결연 관계를 형성해야 합니다. 이 과정에서 무엇보다 중요한 것은, 최선의 동맹 관계는 하나님의 지휘 하에 이루어지는 관계라는 사실입니다.

엘리

엘리는 이스라엘에서 제사장으로, 사사(재판장)로 섬겼습니다. 사사로서 서로 다투는 자들 사이에서 정의를 가르쳤으며 제사장으로서 민족 전체가 하나님과 맺어야 할 관계를 감독했습니다. 엘리는 매년 한 번씩 제사장 외에는 다른 어떤 사람에게도 허용되지 않았던 일을 했습니다. 그것은 성막의 지성소에 들어가서 이스라엘의 죄악을 위해서 희생 제물을 드리는 것입니다. 이스라엘 역사상 어떤 왕이나 선지자도 엘리가 들어갔던 지성소에 들어가도록 허락 받은 적이 없었습니다. 엘리는 막대한 영향력을 지녔고, 모든 사람들이 사회적·정치적·종교적 복지 분야에서 엘리를 의지하고 있었습니다. 그리고 성경은 엘리가 그의 일을 진지하게 행하였다고 말합니다.

우리가 처음 만나는 엘리의 모습이 하나님의 성막에서 일을 하고 있는 모습이었듯이, 그는 사역자였습니다(삼상 1:1~20). 거기에서 그는 이스라엘 여인인 한나를 보게 되었는데, 그 여인은 술에 취한 것처럼 보였습니다. 술 마시는 버릇을 고치라고 권한 것은 그의 잘못된 판단에서 비롯되었지만, 어쨌든 엘리에게는 그녀를 도우려는 마음이 있었습니다. 한나가 자신의 심정을 말하자 엘리는 그녀와 대화를 나누었으며, 그다음에 (한나는) "가서 먹고 얼굴에 다시는 근심 빛이 없[었습니다]" (18절). 엘리는 자기의 직무를 형식적으로 행하지 않았습니다. 그는 자기 백성들을 대상으로 사역을 감당했습니다.

엘리는 좋은 사람이었습니다. 어쩌면 엘리는 자신의 사역을 잘 수행했다고 말하는 것이 정확할 것입니다. 그러나 엘리는 자신의 행동뿐만이 아니라 그 이상의 것에 책임을 지고 있었습니다. 엘리는 리더로서 다른 제사장들의 품행을 책임져야 했습니다. 이야기가 진행되면서 우리는 엘리가 한 사람의 제사장으로서는 성공했지만, 리더로서는 실패했음을 발견할 수 있습니다. 자기 아래에서 일하던 제사장들을 제대로 훈련시키지 못했기에 그는 효과적인 조직을 세우는 데 실패하고 말았습니다. 그리고 이것은 이중적인 비극이었습니다. 왜냐하면, 엘리 밑에서 일했던 제사장들이 바로 그의 아들들이었기 때문입니다. 엘리의 아들들은 사실 너무나 악해서 하나님이 엘리의 가계에 끔찍한 심판을 선포하셨을 정도였습니다(2:27~36).

이 중요한 차이점을 깊이 인식해야 합니다. 하나님은 엘리가 나쁜 제사장이었기 때문이 아니라 리더로서 다른 제사장들을 형편없이 지도했기 때문에 정죄하셨던 것입니다.

리더들은 궁극적으로 조직 내부에서 일어나는 문제에 책임을 져야 합니다. 엘리의 이야기는 훌륭한 일꾼이 되고자 하는 것이 고귀하고 칭찬할 만한 일임을 가르쳐 줍니다. 그러나 만약 훌륭한 리더가 되고자 한다면, 우리는 반드시 리더십에 초점을 맞추어야 합니다. 리더는 자신이 이끌고 있는 사람들을 잘 훈련하여 좋은 결과를 내야 합니다. 엘리는 이끌기보다 일하기를 더 좋아했기 때문에 정죄 받았습니다. 그는 일을 이해했지만, 리더십은 이해하지 못했던 것입니다.

∽ 사무엘 ∽

사무엘은 이스라엘 민족의 위대한 리더들 가운데 한 사람이었습니다. 그의 삶을 살펴보면 그는 하나님과 친밀한 관계를 맺었음을 알 수 있습니다. 사무엘의 모친 한나는 사무엘이 어린 소년이었을 때 그를 성막으로 데려갔고, 사무엘은 그곳에서 대제사장 엘리와 함께 살았습니다. 하나님께 예배드리러 오는 사람들을 수년 동안 관찰하면서, 사무엘은 이스라엘 민족이 하나님의 백성이라는 말의 의미를 철저하게 깨닫게 되었습니다.

사무엘의 삶에서 결정적인 순간은 그가 아직 어린 소년일 때 찾아왔습니다. 하나님은 어린 사무엘에게 엘리를 책망하는 메시지를 전달하게 하셨습니다. 사무엘은 "그 이상을 엘리에게 알게 하기를 두려워[하였습니다]"(삼상 3:15). 그렇지만 사무엘은 하나님께 전달받은 내용을 세세하게 모두 밝혔습니다. 비록 소년이었지만, 하나님은 장래 사사이자 선지자로서 그가 맡게 될 리더의 역할을 철저하게 준비시키셨습니다. 사무엘은 하나님을 사랑했으며, 그가 훗날 어려운 시기에 이스라엘을 섬길 때 필요한 용기와 확신을 키워 나가기 시작했습니다. 사무엘상 3장 19절~4장 1절은 사무엘이 이스라엘의 도덕적 지도자로서 발휘한 초기 영향력을 묘사합니다.

사무엘은 또한 이스라엘의 사사로 섬겼습니다(삼상 7:15~17). 그는 백성들 사이의 분쟁을 조정하고 해결하면서 이스라엘 전역을 순회했습니다. 그가 이 권력의 지위를 온전하게 수행했다는 사실은, 그의 인생 말년에 그토록 오랜 세월을 섬겼던 백성들에게 도전한 내용에 잘 나타나 있습니다(삼상 12:1~5). 사무엘은 자신에게 속았거나 잘못을 당한 사람을 찾으며 잘못된 점이 있으면 자신이 그 점을 바로잡겠노라고 말했습니다. 백성들은 "당신이 우리를 속이지 아니하였고 압제하지 아니하였고 누구의 손에서든지 아무것도 빼앗은 것이 없나이다"(삼상 12:4)라고 한결같이 답변했습니다. 이 말은 백성들이 스스로 고백한 대단한 증언이었습니다.

사무엘은 이스라엘의 왕을 세우고 폐한 자로 가장 잘 기억될 수 있을 것입니다. 사무엘은 하나님께 순종해 사울을 이스라엘의 첫 왕으로 임명했습니다. 그러나 후에 사울에게 이같이 말하기도 합니다. "지금은 왕의 나라가 길지 못할 것이라 여호와께서 왕에게 명령하신 바를 왕이 지키지 아니하였으므로"(삼상 13:14). 사울이 왕이었을 때도 사무엘은 여전히 이스라엘의 영적, 도덕적 지도자로서 훌륭하게 봉사했습니다.

리더십에 관한 사무엘의 견해는, 왕을 간구하는 이스라엘 백성들에게 반대한 그의 말에 잘 나타나 있습니다(삼상 8:11~17). 이 묘사와 이스라엘의 리더로서 헌신적으로 섬겼던 사무엘의 품행을 대조해 보십시오. 사무엘은 섬김의 리더십의 중요성을 깨달았고, 백성들의 수고를 통해 특권과 권력을 행사하는 리더십의 위험을 경고했습니다.

사무엘은 리더십을 백성들을 섬기고 그들의 삶을 높이는 기회로 이해한 위대한 리더였습니다. 그는 개인적인 이익과 지위를 얻으려고 아랫사람들을 수탈하는 리더십을 혐오했습니다.

사무엘이 생각하는 리더십은 청지기 의식, 책임감, 명예였습니다. 그는 온전함을 보였습니다. 그는 정직한 사람이었고, 명성을 얻기 위해 살지 않았습니다. 그는 하나님과 그의 백성을 섬기는 것만을 생각했습니다. 그것이 그에게 중요한 소명과 초점이었기 때문입니다.

더 깊은 연구를 위해서는 마태복음 6장 1~19절에 나타난 예수님의 말씀을 보십시오. 거기에서 예수님은 제자들에게, 사무엘을 온전한 삶으로 이끌어 주었던 핵심적인 원리를 가르쳐 주십니다.

사울

사울은 이스라엘의 첫 왕으로 산뜻한 출발을 했습니다. 그는 군사적 리더였습니다(삼상 9:2). 하나님의 선지자들과 심오한 체험을 하였으며, 그 체험은 그를 지혜롭고 경건한 사람으로 이름나게 해 주었습니다(10:9~13). 사울은 여러 차례의 전쟁을 인상적인 승리로 이끌었습니다. 그 승리 덕분에 이스라엘 백성들은 그의 리더십에 확신을 갖게 되었습니다(11~14장).

그러나 사울은 금세 어려움에 빠져들었습니다. 그는 두 번이나 노골적으로 하나님에게 불순종했고, 그 결과 사무엘로부터 그가 왕의 자격이 없기 때문에 하나님이 그를 배척하셨다는 말을 듣게 되었습니다(13:13~14, 15:26). 사울은 이 소식에 몹시 괴로워했습니다. 그리고 두 번째의 불순종 사건이 일어난 지 얼마 지나지 않아서 사울의 인생의 초점은 크게 바뀌었습니다.

그 변화는 다윗이 골리앗에게 승리한 직후에 일어났습니다. 사울의 군대는 여러 성들을 거치면서 전쟁터에서 돌아왔습니다. 많은 성의 여인들은 당시 풍습에 따라 군대를 칭찬하는 노래를 불렀습니다. 그러나 이때 그 여인들의 노랫말이 왕의 귀에 크게 거슬렸습니다(18:7~8). 그 순간 사울의 관심은 바뀌고 말았습니다. "그날 후로 사울이 다윗을 주목하였더라"(9절). 사울은 이스라엘을 이끄는 일을 멈추고 다윗으로부터 자기의 왕위를 지키기 시작했습니다. 사무엘상의 나머지 장들은 다윗을 찾아내어 죽이려는 사울의 비극적인 집착을 기록합니다.

어떤 조직에서든지 리더가 위협을 느끼고 조직 안에서 경쟁자와 소모전을 벌이는 데 힘을 집중하게 된다면 그 조직 전체는 고통을 당하게 됩니다. 10~16절에 사울의 의심이 기록되어 있습니다. 사울의 기이한 행동들은 그가 얼마나 비효과적인 리더십으로 부하들을 통솔하였는지 잘 보여 줍니다. 20~30절에서는 그가 다윗을 함정에 빠뜨리기 위하여 자기 딸을 미끼로 사용하는 것을 볼 수 있습니다. 심지어 그는 자기 아들 요나단에게도 다윗을 살해하라고 주문했습니다(19~20장). 요나단이 아버지에게 따지자, 사울은 그가 불충을 저지르고 있다고 비난하면서 그 아들을 죽이려고 했습니다(20:30~34). 마지막으로 사울은 제사장의 온 가족이 의도적이지는 않았지만 다윗을 도와주었다 해서 그 전 가족을 살육하라는 명령을 내렸습니다(21~22장). 사울은 통제불능 상태가 되었습니다.

사울은 지도자가 되는 대신, 그 자리를 원치도 않았던 대상과 엉뚱한 경쟁을 벌였습니다. 그로 인해 사울과 그의 가족들, 다윗과 그의 가족들, 나아가서 온 나라가 고통에 빠졌습니다. 유일한 승자는 이스라엘의 적들이었습니다. 위협을 느끼는 리더가 자기의 모든 자원을 오로지 자신의 지위를 보전하는 데만 쓰는 것은 얼마나 비극적입니까!

요나단

왕의 아들들은 대부분 자기 아버지의 왕위를 물려받으려고 온 힘을 다하게 마련입니다. 그러나 요나단은 달랐습니다. 그는 다른 누군가가 왕이 되기를 원했던 왕의 후계자였습니다. 그것이 하나님의 뜻임을 깨달았기 때문입니다.

리더에게는 하나님이 자기를 그 자리에서 내리고 다른 사람을 올리시려 한다는 것을 깨닫는 것보다 더한 헌신의 테스트는 없을 것입니다. 차기 왕이 될 사람이 숨어 있는 곳을 방문하는 동안, 요나단의 마음은 하나님과 다윗을 향한 헌신으로 가득 차 있었습니다(삼상 23:14).

지치고 낙심해 있었던 다윗은 십 광야에서 피난처를 찾았습니다. 어쩐 일인지 요나단은 다윗을 찾아왔습니다. 다윗을 마지막으로 만났을 때 요나단은 다윗에게 가장 필요한 것을 주었습니다(16~17절). 그것은 하나님의 능력을 찾으라는 조언이었습니다.

첫째, 요나단은 다윗에게 하나님의 계획을 상기시켜 주었습니다. 주님은 이전에 다윗에게 언젠가 그가 왕이 될 것이라고 말씀하셨습니다(16:12~13). 그 청년 목동은 자기가 그 권좌에 속히 오르게 되리라고 꿈꾸었는지도 모릅니다. 혹은 자기와 사울 왕이 동지가 되고 아주 가까운 친구가 되기를 바랐는지도 모릅니다. 하지만 다윗의 인생은 그 어느 쪽도 아니었습니다. 사울 왕은 맹렬한 질투심에 사로잡혀서 다윗의 목숨을 빼앗겠다는 일념으로 그를 추격하고 있었습니다. 광야에 몸을 숨기는 동안 그는 하나님의 약속을 향한 믿음이 흐려졌을지도 모릅니다. 그러나 요나단은 하나님의 계획은 실행될 것이라는 확신을 심어 주었습니다.

둘째, 요나단은 언약의 형태로 다윗을 향한 자신의 헌신을 새롭게 했습니다. 다윗이 골리앗을 죽인 다음에, 일찍이 그 두 사람은 서로 벗이 되면서 비슷한 언약을 맺은 적이 있었습니다(18:1~4). 요나단은 어떠한 역경이나 다윗에 대한 사울의 증오심도, 그들의 우정을 바꿀 수 없었음을 상기시켰습니다.

요나단이 자기의 벗을 떠나 어둠 속으로 사라져 갔을 때, 하나님을 향한 다윗의 믿음은 다시금 정결케 되었습니다. 요나단은 오직 참된 벗과 숙련된 리더들만이 할 수 있는 것을 행했습니다. 즉, 요나단은 다윗을 격려해 주면서 자기의 헌신을 드러냈습니다.

∽ 다윗 ∽

때로 겸손은 실패를 다루는 방식으로 증명되기도 합니다. 겸손한 사람들은 변명하지 않습니다. 겸손한 사람들은 다른 사람들을 탓하지 않습니다. 겸손한 사람들은 때때로 맹렬하게 노력해도 충분하지 못한 경우가 있음을 받아들입니다. 겸손을 측정할 수 있는 다른 방법으로는, 그 사람이 실질적인 혹은 잠재적인 승리에 대해 처신하는 방식에서 나타납니다. 겸손한 사람들은 하나님이 궁극적인 승리의 원천이심을 깨닫습니다. 겸손한 사람들은 대적을 조롱하거나 분쇄해 버리는 대신에 그들을 공대합니다.

승리를 쟁취하고 그것을 누릴 자격이 있는 사람이 있다면, 그는 다윗이었습니다. 다윗은 사울의 궁궐에서 쫓겨나고 사랑하는 친구 요나단과 헤어지게 됨으로써 엄청난 손실을 겪었습니다. 사울과 그의 부하들은 '불사르는 자'처럼, 산을 넘고 골을 건너 다윗과 그의 부하들을 추격했습니다(시 57:4). 다윗이 지은 유일한 죄라면, 하나님께 전적으로 헌신하고 용맹스럽게 골리앗을 무찌른 일뿐이었습니다. 사울의 문제점은 심한 질투심에 사로잡혀서, 하나님과 자신을 향한 다윗의 사랑과 충성을 보지 못하는 것이었습니다.

다윗이 어두운 동굴 속에 몸을 숨기고 있을 때, 예상치 못한 일을 만났습니다. 삼천 명의 군대가 바깥에서 기다리는 동안, 사울 왕은 다윗이 그 자리에 있음을 알지 못하고 동굴 속에 들어와서 용변을 보았습니다. 다윗의 전사들은 뛸 듯이 기뻐하면서 하나님이 마침내 다윗의 손에 사울 왕을 붙여 주셨으니 즉시로 사울을 죽이라고 재촉했습니다. 그러나 다윗은 사울의 목숨을 앗아가는 대신, 조용히 그의 겉옷 자락 한 귀

퉁이를 잘라 냈습니다. 몇 분이 지나고 사울 왕이 그 동굴을 떠난 후에, 다윗은 입구에 서서 사울에게 외쳤습니다. "어떤 사람이 나를 권하여 왕을 죽이라 하였으나 내가 왕을 아껴 말하기를 나는 내 손을 들어 내 주를 해하지 아니하리니 그는 여호와의 기름 부음을 받은 자이기 때문이라 하였나이다"(삼상 24:10).

위대한 리더들은 겸손합니다. 그리고 겸손한 리더들은 자기들의 적조차도 존중합니다.

나단

여러분이 아는 한 친구가 손가락질 받을 만한 짓을 저지르고 나서 그 일을 덮기 위해 거짓말을 할 경우, 그 친구에게 그 점을 어떻게 지적할 수 있겠습니까? 여러분은 그 친구가 위선자이자 사기꾼이며, 그가 그 죗값을 치러야 한다는 사실을 어떻게 말해 줄 수 있겠습니까? 이 친구에게 그가 저지른 일이 법적으로 사형에 해당하는 일이라고 어떻게 알려 줄 수 있겠습니까? 상당히 힘들 것입니다. 그런데 하나님은 바로 그 일을 나단에게 시키셨습니다.

나단은 다양한 방법으로 그 일을 진행했습니다. 지적하고, 상담해 주고, 바로잡아 주고, 권고했습니다. 나단은 자신의 오랜 벗이자 친밀한 친구인 다윗이 여러 번 그리고 다양하게 죄를 지었음을 알았습니다. 이스라엘의 법에 따르면, 다윗 왕이 저지른 두 가지 죄—간음죄와 살인죄—는 사형에 해당했습니다. 다윗은 자신의 죄를 은폐하려고 했지만 그 일을 완전히 숨길 수는 없었습니다. 나단은 그 사실을 알고 있었고, 그는 행동해야 했습니다.

나단은 한 사람의 백성으로서 혹은 한 사람의 친구로서 다윗을 만난 것이 아니었습니다. 나단은 이스라엘의 리더로서, 하나님의 대변인으로서 다윗에게 갔습니다. 다윗이 저지른 일 때문에 나단이 화가 났습니까? 그것이 문제가 아니었습니다. 다윗이 그 죄 때문에 치러야 할 대가도 전혀 문제가 되지 않았습니다. 하나님께는 다윗에게 도전하고 그를 다시금 하나님의 사랑과 섬김의 자리로 회복시켜 줄 수 있을 만큼 충분히 성숙한 사람이 필요했습니다. 하나님은 나단을 선택했습니다. 이 사람은 하나님의 법을 알았으며, 하나님의 마음을 알았습니다. 나단은 하나님이 다윗을 회복시키기 원하신다는 사실을 알았습니다.

사무엘하 12장은 나단이 이 상황을 어떻게 해결하고 있는지를 기록하고 있습니다. 이것은 한편의 드라마 같습니다. 이 이야기를 주의 깊게 읽어 보십시오. 나단이 다윗에게 "당신이 그 사람이라"(7절)라는 소름끼치는 말을 하기 전까지, 그 이야기는 꾸며 낸 것이라는 점에 주목하십시오. 다윗의 잘못을 정면으로 대면하는 일이 어렵기는 하지만, 피할 수는 없었습니다. 시편 35편과 51편은 이때 다윗의 영혼을 쓸고 지나간 고뇌를 표현하고 있습니다. 다윗은 충격에 빠졌지만 자신의 죄를 인정하고 회개했습니다. 그는 나단에게 그가 하나님께 죄를 범했음을 고백했습니다(13절). 나단은 다윗을 어떻게 대해야 할지 알았기 때문에 끔찍한 고백과 두려운 자각, 놀라운 용서와 회복이 일어났습니다. 한 사람의 리더는 죄에 빠진 사람들이 돌이키도록 도와주는 역할을 해야 합니다. 나단은 간단하게 말했습니다. "여호와께서도 당신의 죄를 사하셨나니 당신이 죽지 아니하려니와"(13절).

나단은 리더였습니다. 그리고 리더들은 올바른 일을 해야 할 책임이 있습니다. 나단이 다윗에게 무슨 말을 하고 싶었는지, 하나님이 다윗에게 무슨 말씀을 하셔야 한다고 생각했는지는 중요하지 않습니다. 하나님의 백성을 이끄는 한 사람의 리더로서 그리고 하나님의 종으로서, 나단은 하나님의 뜻을 따라 행했습니다. 하나님의 뜻은 나단이 다윗을 하나님 앞에 세워 다시금 온전하게 회복시켜 주는 것이었습니다. 나단은 재판장이나 형 집행인으로 서지 않았습니다. 나단은 영혼을 치료하는 의사로 봉사했습니다. 그리고 나단을 통해 다윗은 하나님의 자녀로 회복되었습니다.

∽ 솔로몬 ∾

하나님이 솔로몬에게 주셨던 선물(은사)은 모든 사람이 꿈꾸는 것이었습니다. 하나님은 솔로몬의 재위 초기에 나타나셔서 "내가 네게 무엇을 줄꼬 너는 구하라"고 말씀하셨습니다(왕상 3:5). 말만 하면 그는 당장에 부나 권력이나 쾌락, 혹은 명성을 소유할 수 있었습니다. 그러나 그는 그 어느 것도 구하지 않았습니다.

하나님이 이렇게 제안하시기 전에, 솔로몬은 제단에 일천 번제를 드려 하나님께 예배했습니다. 이 이스라엘의 청년 왕은 재위 초기에 하나님께 깊이 헌신했습니다. 그가 부나 권력이 아닌 하나님의 지혜를 달라고 구했던 까닭은 아마도 그러한 헌신적인 태도 때문일 것입니다. 솔로몬이 그러한 결단을 내린 또 다른 이유는 자신의 능력으로는 그가 왕이 되어서 대면하게 될 문제들을 해결할 수 없음을 잘 알고 있었기 때문이었습니다. 오직 하나님의 지혜를 부여받은 사람만이 나라를 지혜롭게 다스릴 수 있기 때문입니다.

솔로몬이 부나 권력이나 명성보다는 지혜를 선택했기 때문에, 하나님은 그에게 그 모든 것들까지도 주시겠다고 약속하셨습니다. 하나님은 솔로몬에게 그가 세상의 오고 가는 모든 사람들 가운데서 가장 지혜로운 사람이 될 것이라고 다짐해 주었습니다(12절).

솔로몬의 지혜에 관한 최초의 그리고 가장 극적인 테스트는 두 창녀가 해결할 수 없는 딜레마처럼 보이는 문제를 들고 왕에게 나온 사건입니다. 창녀들은 한 아이를 두고 자기가 그 아이의 어미라고 주장했던 것입니다. 생모를 확인할 수 있는 실질적인 증거가 전혀 없었던 솔로몬은 기지를 발휘했습니다. 그에 따른 솔로몬의 충격적인 선고(24절)와 그 최종 결과(27절)는 그가 진실로 하나님의 지혜를 받았음을 나타냅니다.

리더들에게는 다른 무엇보다도 충분한 정보에 근거해서 사리에 맞고 분별력 있는 결정을 내릴 수 있는 지혜가 필요합니다. 솔로몬의 발자취를 따르기 위해서는 다음 세 가지가 반드시 필요합니다. 첫째는 하나님을 열망하는 마음을 훈련하는 일, 둘째는 개인적인 한계들을 인식하는 일, 셋째는 좋은 결정을 내릴 수 있는 지혜를 구하는 일입니다.

야고보서는 다음과 같이 표현하고 있습니다. "너희 중에 누구든지 지혜가 부족하거든 모든 사람에게 후히 주시고 꾸짖지 아니하시는 하나님께 구하라 그리하면 주시리라"(약 1:5).

∞ 한 늙은 선지자 ∞

열왕기상 13장을 자세히 읽어 보기 바랍니다. 이 늙은 선지자는 오늘날의 많은 리더들이 공통적으로 걸려 있는 병에 감염되어 있었습니다. 당시 이스라엘은 이스라엘과 유다 두 나라로 나뉘어 있었습니다. 북이스라엘의 새로운 왕인 여로보암은 북쪽에 두 개의 제단을 세워 자기 백성들이 남쪽에 있는 예루살렘 성전에 가지 않고도 희생 제사를 드릴 수 있게 했습니다. 이 행위는 하나님의 법에 어긋나는 일이었기에 여로보암은 그 죄를 책망받아야 했습니다.

하나님은 그 왕을 견책하기 위하여 남쪽의 한 선지자를 보내셨습니다. 이 선지자는 하나님의 엄한 지시를 따라 여로보암 왕을 책망했습니다. 그 남쪽 출신의 선지자는 하나님으로부터 전해 받은 말씀을 전달하되, 그 왕과 먹지도 마시지도 않았습니다. 하나님이 그에게 곧장 유다로 되돌아가라고 지시하셨기 때문이었습니다. 위대한 이야기입니다. 한 늙은 선지자가 이 소식을 전해 듣기 전까지 말입니다.

그런데 한 늙은 선지자가 이 소식을 듣게 되었습니다. 최소한 그 늙은 선지자는 다음 세 가지 선택을 할 수 있었습니다. 그는 동료 선지자가 행한 훌륭한 일을 인정하고 그것을 본받아 선지자로서 자신의 직무를 개선할 수 있었습니다. 또 그는 하나님이 자기보다는 다른 선지자를 세워서 그에게 권능을 주셨다고 결론을 내릴 수 있었습니다. 혹은 자기의 명성을 지키기 위해 자기 나귀에 안장을 지우고 급히 좇아가서 자기보다 먼저 그 일을 행한 선지자를 멸할 수도 있었습니다.

그 늙은 선지자는 여로보암의 죄악을 무시하면서 지내고 있었습니다. 그가 그 상황에서 아무 일도 하지 않고 있었다는 점에 주목하기 바랍니다. 그 늙은 선지자를 움직인 것은 오로지 자기 동료이자 라이벌인 선지자의 영향력과 그를 멸하려는 마음이었습니다. 26절 상황에 대한 그 늙은 선지자의 설명은 분별력 있는 독자라면 화가 날 법합니다.

설상가상으로, 그 늙은 선지자는 남쪽 출신 선지자의 성공을 자신이 차지하기 위해 무슨 일이든 가리지 않았습니다(30~33절). 그는 그 선지자를 죽이고 그의 명성을 해쳤음에도 불구하고, 그 선지자의 명성을 어떻게 해서든지 자기가 가로채려고 했습니다.

이 비극적인 이야기는 순전한 리더십에 대한 값진 교훈으로 가득 차 있습니다. 이 이야기는 오늘날 대부분의 리더들에게 유혹에 굴복하지 말라고 경고합니다. 또한 많은 조직들이 쉽게 범하는 죄악을 지적합니다. 이 늙은 선지자와 그가 받은 보응은 리더십과 리더들 그리고 앞으로 리더가 될 사람들에 관한 핵심적인 진리들을 가르쳐 줍니다.

아합

아합은 북방 이스라엘 왕국의 유능하며 강력한 통치자였습니다. 아합은 그의 아버지 오므리와 마찬가지로 인상적인 군사적 수완을 발휘했습니다. 그는 특히 수도였던 사마리아를 포함하여 여러 개의 이스라엘 성읍들을 요새화했습니다. 아합은 다메섹에 근거지를 두고 강한 세력을 떨치던 아람 왕국과 끊임없이 싸웠음에도 불구하고 강력하며 안정된 정권을 유지했습니다. 역사적으로도 아합은 정치적으로 성공한 사례로 꼽히고 있습니다.

그러나 성경은 다른 관점으로 아합을 조망합니다. 아합이 내린 형편없고 개인적인 선택들에 더 초점을 맞춥니다. 아합은 두로 왕의 딸이었던 이세벨과 결혼함으로써 악명 높은 정치 동맹을 맺었습니다. 이 일로 인해서 이스라엘은 내리막길로 접어들기 시작했습니다. 아합은 이스라엘을 더욱 더 깊은 죄악으로 이끌었으며, 마침내 하나님은 엘리야를 통하여 그 나라에 심판을 선언하셨습니다. 자기의 아내가 신전을 건축하여 바알에게 봉헌하도록 허용할 정도로, 아합의 판단력은 흐려질 대로 흐려져 있었습니다. 이세벨은 거대한 무리의 거짓 선지자들을 불러들였으며, 그녀의 악한 영향력은 왕국 전역에 퍼져 나갔습니다. 어느새 아합 자신도 바알을 숭배하게 되었으며, 바알의 아내인 아세라 상들도 세우기에 이르렀습니다.

본문은 위대한 리더가 악한 영향력을 지닌 인물과 손을 잡게 될 때 일어나는 일을 충격적으로 묘사합니다(불건전한 동맹의 결과를 극명하게 묘사하는 왕상 21:25을 보십시오). 아합은 그 영향에 고스란히 노출되었으며 곧 자기 배우자의 포로가 되었습니다. 그리고 그 배우자는 아합의 이름으로 경건한 리더의 등골을 서늘하게 할 만한 일들을 저질렀습니다. 그는 정치적으로 성공했지만, 그가 세운 개인적이며 민족적인 악의 유산은, 오늘날에도 위대한 리더십의 자질은 있지만 잘못된 길을 간 사람에 대한 상징이 되었습니다.

엘리야

엘리야는 이스라엘의 위대한 선지자들 가운데 한 사람이었습니다. 그에 대한 놀라운 이야기는 열왕기상 17장 1절~열왕기하 2장 11절에 기록되어 있습니다. 성경을 보면, 엘리야는 매우 용감한 사람이었습니다. 성경에 제일 처음 기록된 그의 말은 대결의 메시지, 불경건한 임금과 경건한 선지자 사이에서 벌어지는 싸움의 메시지였습니다. "내가 섬기는 이스라엘의 하나님 여호와께서 살아 계심을 두고 맹세하노니 내 말이 없으면 수년 동안 비도 이슬도 있지 아니하리라"(왕상 17:1).

왕으로서 아합이 할 일은 이스라엘을 번영케 하고 그 안전을 지키는 것이었습니다. 엘리야는 아합의 왕국이 번영하는 데 핵심적 요소였던 비를 그치게 하겠다고 위협했습니다. 엘리야의 예언은 아합을 분노하게 했고, 하나님은 그를 삼 년 동안 숨기셨습니다(2~24절). 엘리야가 다시 모습을 드러내어 했던 첫 번째 일은 아합을 찾아가서 그의 불순종을 경고하시는 하나님의 말씀을 전달하는 일이었습니다. 그다음에 그는 아합의 신 바알과 이스라엘의 하나님의 대결을 제안했습니다(18:16~19). 아합은 그 도전을 받아들였습니다. 그리고 엘리야는 하나님의 도움으로 그 대결에서 이겼습니다(20~42절).

이 기록은 엘리야의 용기와 하나님을 향한 그의 신뢰를 잘 보여 줍니다. 그의 이야기는 놀라운 기적들로 가득 차 있습니다(17:1~6, 7~16, 17~24, 18:16~42, 왕하 1:1~18, 2:1~9). 그러나 열왕기상 19장 1~10절을 보면 그가 그 모든 기적들을 베풀고 용기와 믿음을 발휘한 후에, 심각한 탈진 상태에 빠져서 자신의 목숨을 부지하기 위해 이세벨 왕비로부터 도주하는 모습을 볼 수 있습니다.

두려움에 빠진 자기 종에게 하나님이 어떻게 반응하셨습니까? 하나님은 그를 먹여 주셨고(5~8절), 그가 쏟아내는 좌절과 불안을 인내하시며 다 들어 주셨습니다(9~10절). 겁에 질려 있고, 탈진해 있는 이 선지자를 하나님이 어루만지시는 방식을 살펴보기 바랍니다. 하나님이 그에게 말씀하셨습니다. 하나님은 전에 엘리야에게 물으셨던 것과 똑같은 질문을 반복하셨습니다(9, 13절). 하나님은 그의 대답이 필요해서 물으신 것이 아니었습니다. 엘리야가 그 상황을 평가하고 그 대답을 인정할 필요가 있었기 때문에 질문하셨던 것입니다.

하나님은 폭풍이나 지진이나 불 가운데서 엘리야를 위로하지 않으셨습니다. 하나님은 속삭이는 목소리로 자신을 계시하셨습니다. 엘리야는 이미 바알 선지자들과의 싸움에서 하나님의 권능을 목도했습니다. 엘리야는 하나님이 기적적으로 음식과 휴식과 피난처를 예비해 주시는 사건을 체험했습니다. 그러나 이 시점에서 엘리야에게 필요했던 것은 하나님의 임재였습니다. 그래서 하나님은 엘리야의 귓가에 속삭이시면서, 그가 알아야 할 사실을 말씀해 주셨습니다.

위대한 선지자 엘리야, 많은 기적을 일으키고 하나님의 권능을 체험했던 엘리야에게도 하나님과의 친밀한 사귐이 필요했던 것입니다. 위대한 기적의 사람이자 믿음의 사람이었던 엘리야도 우리와 그다지 다르지 않았습니다.

이세벨

좀 조심스럽게 말하자면, 이세벨은 결혼 상대자로 부모님께 마음 편하게 소개할 수 있는 여자가 아니었습니다. 성경에서 이세벨을 소개하는 내용은 음산한 분위기를 띠고 있습니다. 이 악한 여왕은 권력을 갈망하고, 때때로 노골적으로 상대방의 간담을 서늘하게 만드는 그런 여자였습니다. 이 여인에 대한 다른 성경의 언급들을 살펴보면 왜 하나님이 이스라엘의 아합 왕과 이세벨의 결합을 반대하셨는지를 알 수 있습니다. 이 여인의 성격을 충분히 이해하려면, '이세벨'이 나오는 모든 구절들을 다 읽은 다음에 시작해야 합니다(왕상 16~21장과 왕하 9장). 그러나 특별히 몇 구절만 살펴보아도 많은 정보를 얻을 수 있습니다.

첫 번째, 이세벨은 아합과 결혼한 후에 자기가 섬기는 바알 신의 선지자 450명을 불러들였으며, 이스라엘의 하나님 여호와의 선지자들을 악랄하게 죽였습니다. 하나님의 선지자들은 목숨을 부지하기 위하여 굴 속에 피하지 않을 수 없었습니다. 그동안 이세벨의 선지자들은 그 땅에 바알 숭배를 퍼뜨렸습니다(왕상 18:4).

두 번째, 이세벨이 실제로 얼마나 극악무도했는지 보여 줍니다. 하나님의 선지자 엘리야는 아합 왕을 만나 그가 이스라엘의 고통에 개인적인 책임을 져야 한다고 했습니다. 그런 다음, 엘리야는 하나님의 도우심을 힘입어 바알 선지자 450명을 상대로 싸움을 벌여서 극적으로 승리합니다. 마침내 엘리야는 이세벨이 들여온 선지자들에게 하나님의 백성을 타락하게 만든 죄악을 물어서 사형에 처하도록 명했습니다. 이세벨은 이 행동에 대하여 짧지만 효과적인 위협으로 맞섰습니다(왕상 19:2). 그 메시지를 들은 엘리야는 용기를 잃고 광야로 도주하여 굴 속에 숨었습니다.

세 번째, 한 비극적인 이야기를 통해 이세벨과 아합 사이에 흐르고 있는 역학 관계를 보여 줍니다. 나봇이 자기 조상에게 받은 유산인 포도원을 왕에게 팔기를 거절했기 때문에 '그 가련한' 아합 왕은 자기가 원했던 포도원을 가질 수가 없었습니다. 자기 손으로 그 문제를 해결해야겠다고 작심한 이세벨은 나봇에게 거짓 신성모독죄를 뒤집어씌워 무리들이 돌로 쳐 죽이도록 했습니다(왕상 21:1~16). 나봇은 목숨을 잃었습니다. 그의 가족들은 그들이 아끼던 가족의 유산과 사랑하는 남편, 아버지를 잃었습니다. 그리고 사람들은 이세벨이 원하는 것은 무엇이든지 차지하고야 만다는 사실을 알게 되었습니다.

이 이야기는 이 악한 피조물의 극명한 특징—권력 남용—을 생생하게 보여 줍니다. 그녀는 왕과 결혼한 다음, 자기의 지위에서 나오는 권력을 자기가 원하는 대로 사용했습니다. 엘리야는 이세벨이 무제한의 권력을 행사하고 있으며, 아무런 양심의 꺼리낌이 없다는 사실을 깨닫고 그녀로부터 도주했습니다. 그런 사람들은 위험천만한 사람들입니다! 우리는 간혹 그런 사람들이 부모로, 교사로, 상사로, 감독으로, 불량배로 혹은 독재자로 군림하는 것을 볼 수 있습니다.

이세벨과 아합에 대한 하나님의 결론적인 말씀은 다음과 같이 간략합니다. "예로부터 아합과 같이 그 자신을 팔아 여호와 앞에서 악을 행한 자가 없음은 그를 그의 아내 이세벨이 충동하였음이라"(21:25). 양심의 제약을 받지 않는 고삐 풀린 권력은 너무나도 무시무시한 것입니다. 바로 이세벨이 그랬습니다.

∽ 예후 ∾

언뜻 보기에 예후는 하나님에게 순종했던 종처럼 보입니다. 그는 왕으로 기름 부음 받자마자 자기 부대를 모아서 하나님의 명령에 순종하기 시작했습니다(왕하 9:7). 예후는 신속하고 효과적으로 요람과 아하시야와 이세벨을 죽였습니다(14~37절). 그다음에 그는 엘리야의 예언대로 아합의 나머지 가족들을 추적하여 죽였습니다(왕상 21:18~24).

예후의 출발은 좋았습니다. 그러나 그는 지나쳤습니다. 그는 아합의 집안을 전멸시켰을 뿐만 아니라 아합의 "귀족들과 신뢰 받는 자들과 제사장들을 죽이되 그에게 속한 자를 하나도 생존자를 남기지 아니하였[습니다]"(왕하 10:11). 하나님을 기쁘시게 하겠다는 욕망보다는 정치적인 이해타산을 고려하여 이 마지막 살인을 저질렀던 것입니다.

하나님은 예후의 리더십을 어떻게 보셨을까요? 하나님은 아합의 집에 대한 하나님의 심판을 순종하여 집행한 그의 행위는 칭찬하셨습니다. 그러나 여로보암의 죄악들로부터 벗어나기를 거절한 행동은 정죄하셨습니다(10:30~31). 하나님은 후에 선지자 호세아를 통해서 이 왕의 가차없는 살인 행위들을 정죄하셨습니다. "조금 후에 내가 이스르엘의 피를 예후의 집에 갚으며"(호 1:4).

리더가 시작을 잘 하고 책임 있게 이끄는 것도 중요합니다. 그러나 최고의 리더는 얼마나 끝맺음을 잘 하느냐로 결정됩니다.

아사랴[웃시야]

아사랴(역대하에서는 웃시야로 불림)가 왕위에 올랐을 때 그는 겨우 열여섯 살이었습니다(왕하 14:21~22). 그 나이면 오늘날의 십대들은 여드름 때문에 안달하고, 다음 수학 시험을 잘 보려고 애를 쓸 때입니다. 아사랴는 그 나이에 나라를 이끌었을 뿐 아니라 그 일을 훌륭하게 감당했습니다.

이 젊은이는 유능한 리더로 성장했습니다. 그는 특히 전투에 능숙했습니다. 아사랴는 블레셋 사람들과 아라비아 사람들과 마온 사람을 격퇴시켰으며, 암몬 사람들은 그에게 조공을 바쳤습니다. 그는 유다의 경계를 확장했으며 엘랏에 홍해의 포구를 세웠습니다. 그는 또한 조직 구성에도 능숙했습니다. 그는 나라의 비전을 세우고 그 비전을 실천에 옮겼습니다.

예루살렘을 요새화하고 예루살렘의 안전을 구축하였으며, 광야에 망대들과 물항아리[水槽]들을 건설하여 왕국의 안전을 지키고 물을 원활하게 공급했습니다. 그는 수도를 기술적으로 지키기 위하여 특수한 투석기들과 군사 병기들을 개발했습니다. 이와 더불어 훈련된 거대한 군대를 조직하였으며, 자기 부하들이 군장을 잘 갖추고 체계적으로 움직이도록 만들었습니다. 마지막으로 아사랴는 농경을 중시하는 사람이었습니다. 그는 백성들의 밭과 과수원에서 나오는 소출이 증가하도록 노력했습니다.

아사랴의 업적은 이 젊은이의 지혜와 성실함을 잘 대변해 줍니다. 그는 실로 여호와의 보시기에 정직히 행하였던 훌륭한 왕들 가운데 한 사람이었습니다.

그러나 그에게는 한 가지 약점이 있었습니다. 그는 사람들이 미신적인 제사를 드리는 데 사용했던 산당들을 제거하지 않았습니다(15:3~4). 이 부분을 타협함으로써 그는 이면에 숨어 있던 하나님의 뜻에 대한 반역을 드러냈습니다. 아사랴의 반역은 그의 멘토였던 스가랴의 죽음 이후에 확연하게 드러났습니다. 아사랴는 스가랴의 지도 아래서는 하나님을 찾았지만, 스가랴가 없어지자 하나님을 경외하지도, 찾지도 않았습니다.

아사랴는 52년의 재위 기간 동안 치적을 많이 남겼지만, 결국 형편없는 종국을 맞이하고 말았습니다. 그는 자신이 성공한 이유가 하나님을 추구했기 때문이었음을 깨닫지 못했습니다. 그 결과 그는 교만죄에 빠져 버렸습니다. 하나님은 그를 문둥병으로 치셨습니다(대하 26:16~21). 그는 강력해졌지만 자신의 교만 때문에 점차 몰락하게 되었습니다(16절). 여러분은 이런 평가를 듣지 않게 되길 바랍니다.

히스기야

히스기야는 영적으로 혼란스러운 시대에 왕위를 계승했습니다. 그의 아버지는 유다를 16년간 통치하면서 성전을 폐쇄하고 우상 숭배를 장려했습니다. 스물다섯 살의 경건한 청년이었던 히스기야는 아하스가 남긴 영적인 쓰레기 더미를 일소하겠다고 마음먹었습니다.

히스기야의 첫 번째 공적은 성전 문을 열고 보수함으로써 하나님을 향한 자신의 헌신을 널리 드러내는 것이었습니다. 노련한 리더들은 상징의 중요성을 잘 알고 있습니다. 이들은 사람들이 자신의 눈으로 보는 것에 깊은 인상을 받는다는 점을 잘 알고 있기 때문에, 자신의 비전을 공적으로 드러낼 기회를 포착합니다. 히스기야는 그 나라를 하나님께로 되돌리겠다고 작심하고 있었으며, 그의 첫 번째 행동은 자기의 의도를 신속 명확하게 전달하는 것이었습니다.

둘째, 그는 제사장들과 레위인들에게 스스로를 깨끗하게 하라고 요구했습니다. 종교 지도자들이 백성들을 예배하도록 이끌기 원한다면, 그들이 먼저 하나님과 연결되어야 한다는 것입니다. 히스기야는 이 리더들이 결코 자신들의 헌신한 것 이상으로는 다른 사람들을 이끌 수 없음을 잘 알고 있었습니다.

셋째, 그는 제사장들과 레위인들에게 성전을 청결케 하고 성전을 더럽혔던 모든 것을 제거하라고 지시했습니다. 하나님을 향한 헌신은 부정한 물건들과 습관들을 제거하는 일과 함께 시작됩니다. 우리가 우리 자신을 하나님께 바칠 때, 우리의 삶은 변화될 것입니다.

넷째, 히스기야는 제사장들과 레위인들에게 그들의 소명을 일깨워 주었습니다. 그 조상들의 불경건한 행습들 때문에 그 나라에 하나님의 진노가 있었음을 상기시키며 새 언약을 통하여 하나님의 진노를 돌이키고자 했습니다.

하나님을 향한 그리스도인 리더들의 헌신은 독특합니다. 그들은 다른 사람들이 자신의 리더십을 보면서 하나님의 부르심에 청종하고자 하는 마음이 생길 수 있도록, 삶과 리더십 스타일에 자신의 헌신을 드러내야 합니다.

∞ 요시야 ∞

"요시야와 같이 마음을 다하며 뜻을 다하며 힘을 다하여 모세의 모든 율법을 따라 여호와께로 돌이킨 왕은 요시야 전에도 없었고 후에도 그와 같은 자가 없었더라"(왕하 23:25). 요시야는 "여호와 보시기에 정직하게 행하여 그의 조상 다윗의 길로 걸으며 좌우로 치우치지 아니하[였습니다]"(대하 34:2). 경건한 리더십에 대한 헌사로 어떻습니까? 그것도 그 조상들로부터 경건에 대한 소망이라고는 거의 물려받은 것이 없는 젊은 왕에 대한 헌사로써 말입니다.

요시야의 할아버지 므낫세와 그의 아버지 아몬은 불경건하고, 우상

숭배하는 왕들이었습니다. 그러나 요시야는 세대별로 전해 내려왔던 악의 흐름을 끊어 버렸습니다. 그는 할아버지와 아버지의 악한 영향력을 극복하고 유다의 가장 탁월한 통치자로 성장했습니다. 요시야의 아버지가 암살당했을 때, 백성들은 이 어린 소년을 유다의 왕으로 선포했습니다. 그 당시 그는 겨우 여덟 살이었습니다. 열여섯 살이 되었을 때, 그는 이스라엘의 참 하나님을 찾기 시작했습니다. 사년 후 그는 의미심장한 종교 개혁을 시행하였으며 앗수르와 토속적 우상 숭배 행습에서 벗어나기 시작했습니다. 그는 여전히 앗수르의 통제 아래 있었던 북방 왕국을 포함하여 바깥 지경까지 이러한 종교 개혁을 확대했습니다.

요시야가 스물다섯 살이 되었을 때, 그는 여호와의 전을 보수하라는 명을 내렸습니다. 이 괄목할 만한 프로젝트는 잘 조직되어, 효과적으로 운영되었습니다. 그 작업을 하는 동안 보수 작업반은 오랫동안 사장되었던 율법서를 발견했습니다. 이 책이 요시야 앞에서 큰 소리로 낭독될 때, 요시야는 유다의 영적 곤경이 얼마나 깊은지를 깨닫고 그 상황에 대한 여호와의 말씀을 구했습니다. 그 결과 그는 더욱 더 하나님을 향해 열심을 내는 왕이 되었으며, 사람들에게 하나님과의 언약을 새롭게 갱신하라고 촉구했습니다.

얼마나 훌륭한 리더십 모델입니까? 요시야는 어렸을 때부터 비전을 바라보는 자였습니다. 그는 자기 나라에 대한 더 나은 장래를 바라보았으며, 그 비전에 따라서 행동했습니다. 그는 확신에 뿌리를 둔 용기를 보여 주었으며, 변화를 일구어 내는 데 필요한 결정들을 내렸습니다.

이렇게 적절한 수행 능력과 용기와 확신이 합쳐져서 요시야는 하나님의 뜻을 따르며 하나님이 주시는 복을 경험하는 리더가 될 수 있었습니다. 다음 구절에 기록된 요시야의 이야기를 읽고 그 가운데서 교훈을 얻기 바랍니다(왕하 22:1~23:30, 대하 33:25~35:27). 시간을 투자할 가치가 있을 것입니다.

에스라

에스라가 직면했던 도전은 아주 심각했습니다. 성전을 재건할 프로젝트도 세워야 했으며, 백성들 또한 다시금 마음을 가다듬을 필요가 있었습니다. 이 두 가지 과업을 달성하려면 상당한 리더십 기술과 하나님이 주시는 복이 필요했습니다. 에스라는 세 가지 핵심적인 관계에 초점을 맞춤으로써 그 일을 성취했습니다.

첫째, 에스라는 바사(페르시아)와 돈독한 관계를 맺었습니다. 에스라는 왕의 시간을 낭비하지 않는 법을 잘 알고 있었습니다. 그는 세심하게 자기가 제안할 내용을 미리 준비했습니다. 바벨론에서 예루살렘으로 갈 원정대에 필요한 모든 세목들을 점검한 후에 아닥사스다 왕에게 그 목록을 제출했습니다. 두 사람이 어떤 식으로 이야기했는지 자세히는 알 수 없지만, 그 결과를 살펴볼 때 에스라에게 왕의 승인을 얻어 낼 수 있는 정치적인 감각이 있었음을 알 수 있습니다.

둘째, 에스라는 자기와 더불어 예루살렘까지 지루한 여행을 떠나게 될 유대 지도자들 및 그들의 가족들과 강력한 유대 관계를 맺었습니다(스 7:28). 어떠한 사람도 다른 사람들의 도움 없이는 큰 성과를 이뤄 낼 수 없습니다. 바벨론에서부터 예루살렘에 이르는 동안, 에스라가 자기 팀에 속한 사람들을 강화시키고 예고된 과업을 준비시키는 데 많은 공을 들였음이 틀림없습니다.

셋째, 에스라는 하나님과 견고한 관계를 형성했습니다. 7장에는 세 번씩이나 에스라가 하나님의 말씀에 헌신했다고 언급되어 있습니다(6, 10~11절). 하나님의 말씀을 이해하고 그 말씀에 순종하려는 에스라의 헌신이 있었기에 그가 '하나님 여호와의 도우심'[선한 손]을 얻을 수 있었을 것입니다(6, 9, 28절). 에스라가 하나님과 맺은 긴밀한 관계는 그가 아닥사스 왕에게 접근하도록 이끌었으며 사람들을 조직화할 때도 도움을 주었습니다. 에스라는 날마다 하나님의 인도를 의지하면서, 리더가 경험하는 모든 성공은 결국 하나님의 자비하신 손길로부터 나온다는 사실을 깨달았을 것입니다.

느헤미야

느헤미야가 예루살렘 성벽을 다시 세우는 과정은 성경에 나와 있는 문제 해결 방식의 위대한 예 가운데 하나입니다.

첫째, 그는 그 문제를 이해했습니다(느 1:2~3). 느헤미야가 받은 보고는 이후에 이어지는 사건에 핵심적인 역할을 하였을 것입니다. 믿을 만한 정보를 습득하는 일은 효과적인 계획을 세우는 데 대단히 중요합니다. 그래서 느헤미야는 보고를 받기만 하는 대신에, 보고자들에게 질문도 했습니다.

둘째, 그는 고난 당하는 사람들의 아픔에 함께하였습니다(4절). 느헤미야는 유다 백성과 하나님의 이름을 생각하며 수없이 울고 슬퍼했습니다. 바로 그러한 마음에서 그의 계획이 시작되었습니다.

셋째, 그는 '하늘의 하나님'께 탄원을 올렸습니다(4~10절). 느헤미야는 그 일을 중심으로 삼았습니다. 그는 금식하며 기도했습니다. 얼마나 대단한 기도였습니까? 그 기도는 7일 동안 계속되었습니다. 그는 멋지고, 위대하고, 신실하신 하나님 앞에 절함으로써 하나님을 경배했습니다. 그는 하나님께 자기 백성들의 죄를 고백하면서 왕의 면전에서 은총을 베풀어 달라고 기도했습니다. 하나님의 개입이 없었다면, 아닥사스다 왕이 자신의 주요 관리들 가운데 한 사람에게 폐허가 된 도시의 성벽을 재건하도록 허락할 리 만무하였을 것입니다.

넷째, 그는 행동을 옮길 최상의 기회를 기다렸습니다(2:1~10). 느헤미야가 그 보고를 받고 왕이 "어찌하여 얼굴에 수색이 있느냐"(2:2)고 물을 때까지 넉 달이 걸렸습니다(1~2절). 이 넉 달 동안 느헤미야는 기도하면서 왕이 기회를 줄 때 상세한 지원 요청을 할 수 있도록 준비하고 있었습니다. 그러나 느헤미야가 왕에게 말하기 직전에도 "하늘의 하나님께 묵도"하였음을 주목하기 바랍니다(4절). 때가 왔음에도 불구하고, 느헤미야는 자기의 노력을 기도에 담았습니다.

다섯째, 그는 조용히 형편을 검토했습니다(11~16절). 느헤미야는 예루살렘에 도착해서 나팔을 불면서 전략을 이야기하고 부대를 모아 대규모 집회를 열지 않았습니다. 그 대신 그는 다음에 자신이 해야 할 일에 대하여 사흘 동안 숙고했습니다. 마치 환자의 부러진 뼈를 세심하게 조사하는 의사처럼, 느헤미야는 자기 계획을 밝히기 전에 성벽의 상태를 세세하게 살펴보았습니다.

마침내, 그는 선수들을 모집하였습니다(17~20절). 느헤미야는 계획을 수립하고 나자 그 문제점과 그에 대한 해결책이 공동체의 관심사라는 것을 확인했습니다. 느헤미야가 "자, 다 와서 성벽을 재건합시다"라고 외치자 다들 그를 지지했습니다. 그는 '하나님의 선한 손'이 그들 위에 있다고 확신시킴으로써 괴로움에 빠져 있었던 군중들을 격려했습니다(18절).

느헤미야가 아닥사스다 왕에게 다가갈 때 그와 함께하셨던 그 하나님이 이 성벽 재건팀들의 노력을 성공으로 인도해 주셨습니다. 바로 그 하나님이 느헤미야의 본을 따르는 다른 리더들에게도 성공을 안겨 주실 것입니다.

아하수에로

아하수에로라고 알려진 크세르크세스 1세는 주전 485~464년에 페르시아(바사) 제국(그 당시 인도에서부터 에티오피아까지 넓은 영토를 확보하고 있었음)을 다스렸습니다. 아하수에로는 성공적인 리더였을까요? 역사적 관점으로 본다면 그에 대한 답변은 긍정적입니다. 그는 자신이 신임하는 조언자들과 정기적으로 상의하였습니다(에 1:13). 힘든 결정을 내려야 할 때에 그는 피하지 않았습니다. 그가 통치했던 시기는 고대 역사에서 불안정한 시기였음에도 불구하고 이십 년 이상 권좌에서 막대한 권력을 쥐고 있었습니다. 그러나 에스더서는 아하수에로를 방종하고 허망하며 유약해서 그의 허영심을 잘 맞추기만 하면 얼마든지 조종할 수 있는 인물로 그리고 있습니다. 하나님은 아하수에로의 욕정과 변덕스러운 그의 감정을 사용하여 아하수에로의 오른팔인 하만의 손에서 유대 민족을 구해 내셨습니다.

이 짧은 책의 줄거리는 책임감 없이 무차별하게 자행되는 리더십의 위험을 잘 보여 줍니다. 아하수에로는 커다란 제국의 통치자로서 자기가 원하는 것이면 무슨 일이든지 다 행했습니다. 그는 양심이나 관습을 개의치 않고 행동했습니다. 이처럼 느슨한 규범을 가지고 있는 리더는 리더십의 자존심을 세울 수는 있겠지만, 결국 혼란과 공정치 못한 처신을 낳게 마련입니다. 정해진 가치 규범에 대한 책임감이 없으면, 그러한 리더십 아래에서 생활하는 사람들의 삶은 불안정하고 위험해집니다. 여왕 와스디나 모르드개나 그의 동료 히브리인들이나 에스더 혹은 하만의 경우를 생각해 보십시오.

하나님은 이 이야기 가운데에 직접 등장하시지는 않지만, 우리는 이 책 전체를 통해서 하나님이 그분의 계획 배후에 어떤 목적을 가지고 계신지 확실히 볼 수 있습니다. 아하수에로가 깨닫고 있었든지 그렇지 못하든지 간에, 그가 재위했던 기간 내내 하나님은 아하수에로에게 이 일에 책임을 지게 하셨습니다. 아하수에로가 자신을 최고의 통치자로 여겼는지는 모르겠지만, 그는 지금 우리가 그렇듯이, 창조 세계의 궁극적인 통치자의 뜻에 굴복해야 했습니다.

모르드개

에스더서는 부림절이라는 유대 절기의 기원과 더불어 크세르크세스 1세의 재위 기간 동안 페르시아에 있던 유대인들을 향한 하나님의 구속 사역을 기록하고 있습니다. 이 책에는 겉으로 드러나지 않는 하나님의 주권적인 개입이 충분히 녹아 있습니다.

에스더와 그녀의 나이 많은 사촌 모르드개는 유대인 유배객들이었습니다. 왕이 새로운 왕비감을 찾을 때, 에스더는 유력한 후보였습니다. 간택 과정 중 위기가 닥칠 때마다 모르드개는 계속해서 탁월한 리더십 기량을 보여 주었습니다.

처음 두 장을 주욱 읽어나가면, 모르드개에게 자기의 신념을 드러내는 강인함이 부족하다는 인상을 받을 수도 있을 것입니다. 모르드개는 에스더에게 자기가 어느 민족 출신인지를 고하지 말라고 했던 것입니다. 그러나 모르드개에게 있어서, 문제는 용기 있는 사람이 되는 것이 아니라 그 상황에서 옳은 일을 하는 것이었습니다. 후에 왕이 모든 백성들에게 하만에게 절하라는 명령을 내렸을 때, 모르드개는 불복했습니다. 그가 불복한 이유는 아마도 하나님을 향한 그의 헌신에서 비롯되었을 것입니다. 하만이 페르시아에 있는 모든 유대인들을 죽이려고 하였을 때, 모르드개는 다시금 굵은 베옷을 입고 기도함으로써 적절하게 대응하였습니다(에 4:1~5). 그의 행동은 에스더의 주목을 받았으며, 그 결과 하만이 죽고 유대인들이 구원을 받게 되었던 것입니다.

모르드개가 다양한 상황 가운데서 지혜를 발휘하는 동안, 하나님은 그의 배후에서 그분의 목적을 달성하기 위하여 일하고 계셨습니다. 리더들은 자신의 기술과 지혜를 사용하여 자기 주변의 세계를 변화시켜야 합니다. 또한 계획의 성패를 누가 결정하는지도 기억해야 합니다(잠 21:31).

에스더

에스더서는 손에 땀을 쥐게 하는 음모와 긴장으로 가득 찬 매력적인 이야기를 전해 줍니다. 그 이야기에는 악인들과 영웅들, 비열한 행동들과 놀라운 구원이 있습니다. 악인은 당연히 받아야 할 벌을 받고 선한 사람들이 이깁니다. 이런 경우에는 실제 이야기가 허구보다 훨씬 더 흥미롭습니다. 그리고 에스더서가 전하는 진실은, 한 젊은 처녀가 하나님의 세심한 계획대로 조용히 자기의 리더십을 행사하여 역사의 진로를 바꾸어 놓았다는 것입니다. 그녀는 하나님의 도움으로 자기 민족을 멸망으로부터 구해 냈습니다.

에스더는 고아였습니다. 그래서 나이 많은 사촌 모르드개의 손에서 양육되었습니다. 그녀는 "용모가 곱고 아리따운 처녀"였습니다. 그리고 그 외모에 맞게 몸가짐도 정숙하였던 것이 틀림없습니다(에 2:5~7). 에스더의 부모가 죽은 후에 모르드개는 그녀를 딸처럼 양육하였는데, 이는 그가 에스더를 모세의 율법대로 키웠음을 보여 줍니다(신 6장).

줄거리를 간략하게 정리하자면 다음과 같습니다. 페르시아의 왕 크세르크세스(아하수에로)는 에스더를 왕비로 간택했습니다. 일련의 부정한 사건들 이후에, 크세르크세스의 궁정의 사악한 관리였던 하만은 페르시아 제국 내의 모든 유대인들을 처형할 수 있는 포고문을 선포할 계획을 짰습니다. 그리하여 얼마 남지 않은 메시아의 계보가 끊어질 위험에 처하게 되었으며, 하나님의 백성들이 힘없이 죽게 될 처지가 되었습니다. 하나님의 섭리 가운데서, 단 한 사람만이 이 비극적인 대학살을 막기 위해 왕을 설득할 수 있습니다.

젊은 여인 에스더의 손에는 역사의 운명이 쥐어져 있었습니다. 그러나 그녀 역시 목숨을 잃을 수도 있었습니다(4:9~11). 에스더는 그 당시 지상에서 가장 강력했던 제국의 왕비였으며, 그 지위에 걸맞은 모든 특권을 누리고 있었습니다. 반포된 칙령을 바꾸자고 왕을 설득하여 자기의 목숨을 위태롭게 할 까닭이 무엇이겠습니까? 다른 사람들을 돕기 위하여 자신이 손해를 입거나 자기의 자리를 위태롭게 할 사람이 어디 있겠습니까?

성경의 유일한 리더십 모델은 청지기 리더십입니다. 리더들이 자신의 책임 아래 있는 사람들을 구하고 훈련하기 위하여 자신의 자원을 사용해야 한다는 것은 리더십의 근본적인 진리입니다. 4장 14절에서 모르드개가 에스더에게 충고하는 내용은 그러한 리더십의 핵심을 나타냅니다. 그리고 이것은, 가장 중요한 단 하나의 신조로서 모든 리더 각자의 마음에 굵은 글씨로 새겨져야 합니다. "네가 왕후의 자리를 얻은 것이 이때를 위함이 아닌지 누가 알겠느냐."

모르드개는 모든 것을 주관하시는 분이 하나님이심을 에스더에게 아주 간단하게 일깨워 주었습니다. 아하수에로도, 하만도, 모르드개도, 에스더도 아닌 하나님이 모든 사건의 통치자이십니다. 하나님의 뜻은 이루어질 것이며 에스더는 바로 하나님이 선택하신 종이었습니다. 그러나 하나님의 계획이 에스더에 의해 좌우되는 것은 아닙니다. 만약 에스더가 하나님의 일을 거절했다면, 그분은 다른 사람을 통하여 자신의 뜻을 이루셨을 것입니다. 모르드개는 4장 14절의 말을 통하여 하나님이 이 사건들을 지휘하셨음을 에스더에게 지적해 주었습니다. 에스더가 올랐던 권력의 자리는 하나님의 뜻이었으며, 하나님의 목적을 위한 것이었습니다.

에스더와 모든 리더들은 자기의 자원을 하나님의 목적을 달성하기 위한 하나님의 도구로 보아야 합니다. 하나님은 그분의 목적을 성취하기 위하여 권력과 지위를 우리에게 주십니다. 여러분이 이와 같은 때를 위하여 [여러분의] 자리를 얻은 것이라고 생각하지 못한다면, 성경적인 리더십에 관한 모든 것을 놓치는 것입니다. 리더십을 발휘하는 모든 그리스도인은 청지기 리더입니다. 에스더에게 모르드개가 충고한 내용은 하나님이 의도하시는 대로 살아가고자 하는 리더의 본질에 관한 진리입니다.

욥

이 놀라운 책은 그 사건이 일어난 시간과 장소를 명시하고 있지 않습니다. 다만, 우리가 알 수 있는 사실은 당대에 욥은 눈에 띄는 사람이었다는 점입니다. 이 사람은 재물이 상당히 많았으며, 생각과 행동에 있어서 매우 지혜로웠습니다. 이 책의 기록자는 욥이 "온전하고 정직하여 하나님을 경외하며 악에서 떠난 자"였다고 전합니다(욥 1:1). 그리고 그는 자신의 삶 속에서 하나님을 경외하여, 자기 집의 제사장이자 영적인 리더로서 정기적으로 가족들을 위하여 기도함으로 자기 가족을 섬겼습니다(4~5절).

이보다 더 훌륭한 리더십을 보기란 쉽지 않을 것입니다. 욥은 부지런했으며, 하나님과 가정에 헌신적이었으며, 성공하였으며, 자기 동료들 사이에서도 평판이 아주 좋았습니다. 그러나 갑자기 아무런 경고 없이 엄청난 재앙이 욥에게 닥쳤습니다(6~22절). 시간을 내어 본문을 읽으며 이 사람이 얼마나 신속하게 얼마나 많은 것을 잃어버렸는지 살펴봅시다.

이 재앙에 대한 욥의 첫 반응은 믿음과 신실함의 놀라운 모범을 보여 줍니다. 그와 같은 재난을 당하여 엄청난 개인적인 손실을 입었을 때, 우리 가운데 얼마나 많은 사람들이 "땅에 엎드려 예배"하겠습니까?(20절). 이 책의 나머지 부분에 기록되어 있는 욥의 이어지는 성찰도 이 첫 반응과 일치합니다. 고통이 계속되자 욥은 탄원을 하는데, 그것은 하나님을 향한 것이지 자기 운명을 불평하는 것이 아닙니다. 욥은 자기 운명에 닥칠 뻔한 불의에 관하여 하나님께 질문할 때 자기의 양심을 철저하게 살핍니다. 그리고 하나님과 열띤 쟁론을 가질 때도 하나님을 향한 헌신은 결코 버리지 않습니다.

처음 두 재난을 당했을 때 욥이 보여 준 그의 성품과 성실함은 의심할 나위가 전혀 없습니다. 그러나 아이러니하게도 욥에게 닥친 세 번째 재앙은 욥의 친구들을 통해서 임했습니다. 그들은 욥의 고난을 깊이 없이 단순하게 분석했습니다. 이 점이 욥을 당혹스럽고 좌절하게 만들었습니다. 세 번의 논쟁 후에, 하나님은 날카로운 질문들을 던지면서 그

토론을 종결시키십시오. 그리고 욥에게 그의 교만을 인정하고 겸손하게 회개하라고 촉구하셨습니다(38:1~42:6).

욥이 가지고 있었던 지혜와 윤리적 수준은 도무지 흠 잡을 데가 없는 것이었습니다. 사실 자기 친구를 딱하게 여겨서 그 먼 거리를 마다 않고 찾아온 이 친구들도 마찬가지였습니다(2:11). 불행하게도, 욥은 어려움에 빠져 있을 동안에 자신을 위로해 달라고 부탁할 수 있는 사람을 선택할 권리가 없었습니다. 그의 친구들이 먼저 찾아왔습니다. 그러나 지혜로운 리더라면, 부정적인 충고를 해 주는 집단이 얼마나 파괴적인가를 욥의 경험으로부터 배울 수 있을 것입니다. 심각한 압력을 받고 있는 리더에게는 지혜로운 벗들의 좋은 조언이 필요합니다. 다른 종류의 조언은 어떠한 것이라도 문제를 복잡하게 만들 뿐입니다.

이사야

이사야("여호와께서 구원하신다"라는 뜻임)는 히브리 성경 가운데서 가장 긴 선지서를 쓴 저자입니다. 그는 아모스와 호세아 시대 이후에 사역하였으며, 미가와 동시대 사람이었습니다. 시골에서 성장하였던 아모스나 예레미야와는 달리, 이사야는 예루살렘에서 자랐습니다. 이사야가 사용하는 광범위한 어휘들과 세련된 문체를 살펴보면 그가 지적이며 좋은 교육을 받았음을 알 수 있습니다. 그는 또한 예루살렘의 궁정에도 자주 들렀습니다. 유대 전통에 따르면, 그는 왕족의 피를 받았다고 합니다. 이것이 사실이든 그렇지 않든 간에 그는 분명 궁정에서 품위 있게 처신하면서 명료하고 유창하며 힘있게 메시지를 선포할 수 있는 사람이었습니다.

여호와 하나님이 그를 선지자로 임명하셨을 때(사 6:1~13), 이사야는 하나님의 거룩하심과 그 자신의 죄악 때문에 심히 놀랐습니다. "내가 여기 있나이다 나를 보내소서"(8절)라는 그의 외침은 수 세기 동안 수백만의 사람들의 외침이 되었으며, 하나님을 향한 그의 헌신과 흔들림 없는 섬김의 의지를 잘 보여 줍니다. 이사야는 60여 년 동안(대략 주전 740~680년까지) 웃시야, 요담, 아하스, 히스기야의 재위(1:1) 기간 내내 충성스럽게 봉사했습니다. 그리고 하나님께 보호와 구원을 구하지 않고 외국 군대와 동맹을 맺는 왕들의 어리석음을 호소력 있게 경고했습니다.

그러나 이렇게 당당하고, 좋은 교육을 받고, 좋은 인간관계를 맺고, 왕들과 당대의 지성인들에게 사역했던 이런 사람도 자신의 사역이 보잘것없음을 종종 깨달아야 했습니다. 물론 이사야가 한 사람의 선지자로서 대단히 특별하고 귀한 일을 하도록 소명을 받은 것은 사실입니다. 그렇지만 사역 초기에서부터 하나님은 이사야에게 실패로 점철될 미래를 예비해 두셨습니다(6:9~13). 이사야는 궁중에서 별로 달갑지 않은 사람이 되었습니다. 유대 전설에 따르면, 이 하나님의 사람은 불경건한 므낫세 왕 때에 최후를 맞이했는데, 므낫세는 이사야를 톱으로 켜서 두

토막을 내도록 명령했다고 합니다.

흠 잡을 수 없이 철저한 준비를 하고 고귀한 소명을 받은 사람일지라도, 그들의 리더십은 때때로 주변 환경 때문에 비참해질 수 있으며, 눈에 잘 띄지 않을 수도 있습니다. 위대한 리더들을 찾을 때, 간부들이나 최근에 잘 나가고 있는 사람들의 명단만을 찾아서는 안 될 것입니다. 그런 곳에서는 이사야와 같은 사람들을 찾기 힘들 것입니다.

예레미야

예레미야는 자신의 임무가 불러올 위험 때문에 번민하고 있었습니다. 이러한 위험은 유능한 리더라면 대부분 겪는 일입니다. 이스라엘의 행위가 멸망으로 치달음을 잘 알았던 예레미야는 계속해서 그들의 변화를 촉구해야 했습니다. 그는 자신을 따르는 사람들에게 죄에서 돌아서서 의를 실천하라고 설교하고, 충고하고, 권면했습니다. 그런 이유로, 그에게는 반대와 핍박이 끊이지 않았습니다.

여러분은 예레미야가 오늘날 많은 리더가 직면하는 다음 고민을 하지는 않았을지 궁금했을 것입니다. 변화를 추구하는 과정에서는 많은 반대가 일어나기 마련입니다. 그래서 뒤로 물러나서 있는 그대로 현상을 유지하고자 하는 태도를 취하는 것입니다. 이런 태도는 예레미야뿐 아니라 모든 리더에게 그리 좋은 선택이 아닙니다. 변화라는 것은 리더십의 본질 중 하나이기 때문입니다. 따라서 리더들은 두 번째 위험에 직면하게 됩니다. 이스라엘이 살아남으려면 변화가 꼭 필요했기 때문에, 예레미야는 변화를 촉구하는 하나님의 대리인으로서 심한 비판을 받으면서 살 수밖에 없었습니다.

무엇인가를 개선하고자 한다면, 거기에 어떤 식으로든 변화를 일으키지 않을 수 없습니다. 여기에서 두 번째 딜레마가 발생합니다. 즉, 변화를 추구하면 개인적인 반대가 일어나기 마련입니다. 그렇기 때문에 사람들의 시각과는 상관없이 리더 스스로 이러한 상황에 단련이 되어야 합니다. 그러나 사람들이 리더를 바라보는 시각을 리더가 전혀 신경 쓰지 않을 수는 없습니다. 그들의 시각을 무시한다면, 리더로서 이끌어야 할 대상을 적들로 만드는 경우가 생기기 때문입니다. 그러므로 리더십의 두 번째 위험은 리더가 반대에 너무나도 익숙해지고 무심해져 반대 이면에 깔려 있는 개인적인 우려를 더 이상 들으려고도, 신경 쓰려고도 하지 않게 되는 것입니다. 반대에 대한 분개는 오히려 따르는 사람들을 적으로 바꾸어 놓을 수도 있습니다.

예레미야는 자신이 하는 일이 옳고 또 필요하다는 것을 확신했습니다. 그래서 그는 비록 그 때문에 얻어맞는다 할지라도 계속해서 변화를 추구했습니다. 그는 왕들과 제사장들과 거짓 선지자들로부터, 그리고 가장 고통스럽게는 친구들(렘 20:14~15)과 가족(렘 12:6)으로부터 공격을 받았습니다.

예레미야는 하나님께 자신의 고통을 표현하고 자신을 박해하는 자들에게 진노를 내려 달라고 호소했습니다(렘 18:19~23). 그러나 이러한 와중에도 예레미야 선지자는 그들을 효과적으로 이끌기 위해 긍휼한 마음으로 그들을 돌봐야 했습니다. 그는 "만물보다 거짓되고 심히 부패한 것은 마음"(렘 17:9)임을 알았습니다. 그는 "누가 능히 이를 알리요"라고 탄식했습니다. 그 때문에 자신이 감정보다는 좀더 객관적인 진리에 이끌려야 한다는 사실을 알았습니다. 하나님께서는 "심장을 살피며 폐부를 시험하고 각각 그의 행위와 그의 행실대로 보응하나니"(17:10)라고 말씀하셨습니다. 예레미야가 계속해서 하나님의 말씀을 청종하며 자신의 가치 구조를 세워 나가지 않았다면, 그 역시 자신의 삶을 비참하게 만들었던 사람들이 그를 대하는 태도로 그들을 대하기 시작했을 것입니다. 예레미야의 태도가 그를 반대하는 자들의 태도와 마찬가지로 역효과를 낳고 말았을 것입니다.

예레미야는 끔찍한 대가를 치러야 했음에도 불구하고 하나님께 충성을 다했습니다. 그는 자기 백성들이 그들의 죄악 때문에 멸망당할 때까지 그리고 그후에도 그 백성들을 사랑했습니다. 예루살렘이 황폐하게 되어 아무것도 남지 않게 되었을 때, 예레미야는 그 폐허 가운데 앉아서 그 백성을 향한 그리고 그들의 무너진 성읍을 향한 애도문을 지었습니다. 예레미야애가 3장 19~26절은 이 위대한 선지자의 마음을 들여다볼 수 있는 창입니다. 상황을 개선해 보려는 노력 때문에 '엄청난 비난을 당하는' 사람이라면 누구나 읽어 보아야 하는 구절입니다.

그처럼 강한 확신을 지닌 리더를 갖는다면 얼마나 좋겠습니까! 그처럼 강한 확신을 지닌 리더가 된다면 얼마나 좋겠습니까! 그러나 그러한 강한 힘은 견실한 핵심적인 가치들에 확고하게 뿌리박고 있어야 합니다. 예레미야는 그러한 힘과 가치들이 오직 살아 계신 하나님과의 올바른 관계에서만 온다는 점을 확신했습니다. 하나님을 올바르게 사랑하는 것이 올바른 가치의 첫 단계입니다.

에스겔

대부분의 리더들은 자기가 직책을 맡은 동안 이러저러한 반대에 직면하게 마련입니다. 어떤 리더들은 너무나도 강한 반대를 여러 번 겪은 나머지 자기의 자리를 다시금 검토해 보게 되고 심지어는 자리를 옮기기도 합니다. 에스겔 역시 지속적인 비난을 받았지만, 자리에서 물러나는 것은 생각할 수 없는 일이었습니다. 지속적인 비난에도 불구하고 에스겔이 자신의 자리를 지킬 수 있었던 것은 그의 가치관과 소명 때문이었습니다.

하나님이 그를 선지자로 부르셨을 때 에스겔의 나이는 서른 살이었습니다. 이 책의 처음 몇 장을 읽어 보면, 에스겔이 사역을 시작한 초기에 하나님의 영광에 대한 강력한 비전에 압도되었음을 알 수 있습니다. 이 놀라운 비전들은 그의 사역 내내 지속되었으며, 하나님의 계시에 온전히 헌신할 수 있는 힘을 공급해 주었습니다. 사역을 감당하는 동안에 에스겔은 하나님의 지시에 곧바로 순종했습니다. 때때로 하나님이 명령하신 상징적인 행동들 가운데 많은 것들이 감당하기 어렵고 당혹스러운 것들이었지만, 에스겔은 즉시 순종했습니다. 에스겔은 사역 내내 순종함으로써 선지자 직책을 잘 감당하였으며, 하나님의 백성들이 지닌 뒤틀린 생각과 관습에 맞서는 커다란 용기를 보여 주었습니다.

에스겔의 역동적인 사역은 유다 장로들의 존경과 칭찬을 받았습니다(겔 8:1, 14:1, 20:1). 그러나 그들은 에스겔의 말을 들으면서도, 그의 메시지를 진지하게 받지 않았으며 실천에 옮기지도 않았습니다(33:30~33). 자신의 메시지에 무관심한 그들로 인해 에스겔 선지자는 고통스러웠지만(20:49) 그는 선지자로서의 자기 책무를 계속해서 감당했습니다. 에스겔은 도덕적인 리더들이 핵심적인 가치에 굳건히 뿌리박고 있는 비전을 가르쳐야 한다는 점을 교훈합니다. 외부의 환경이 아무리 어렵다 할지라도, 에스겔은 열정적으로 그리고 헌신적으로 자기의 사명을 수행했습니다.

변화하는 시장과 추세에 따라 우리의 생각들도 요동할 수 있으며, 요동하게 되어 있습니다. 그러나 에스겔은 이득이나 손실에 상관없이, 그리고 개인이 누리는 인기나 다른 어떤 요인에도 상관없이, 가치는 결코 토의나 표결에 부쳐져서는 안 된다는 점을 우리에게 일깨웁니다. 비록 어떤 결정 때문에 리더로서의 자리를 잃는다거나 권력을 상실하게 된다 할지라도, 리더는 성실하게 살고 사역해야 합니다.

느부갓네살

그처럼 많은 것을 소유했던 사람이 그처럼 빨리 몰락하는 경우도 드물 것입니다. 느부갓네살 왕의 업적은 굉장히 놀랍습니다. 그는 갈대아 왕조의 창건자인 나보폴라사르의 아들이었으며, 주전 605~562년까지 바벨론을 다스렸으며, 신바벨론 시대(주전 625~539년) 동안 가장 강력하게, 가장 오랫동안 재위한 바벨론의 왕이었습니다. 그 제국은 그의 재위 기간에 통일되었으며, 가장 번영했습니다.

느부갓네살은 왕의 후계자로서 앗수르, 애굽, 시리아와의 전쟁에서 승리했습니다. 그가 주전 605년에 팔레스타인을 점령하였을 때, 그는 다니엘을 비롯하여 여러 유다 지도자들을 바벨론으로 데리고 왔습니다. 바로 이 시점이 우리가 다니엘 선지자를 통해 느부갓네살에 대해 가장 많이 알 수 있는 시기입니다.

주전 605년에 왕위를 계승한 느부갓네살은 수도인 바벨론 성을 크게 재건하겠다는 계획을 시행했습니다. 그의 공학적인 업적으로는, 지구라트들과 두 개의 방어용 성벽들, 이스달 성문, 새로 판 운하들, 벨-마르둑과 다른 신들에게 봉헌된 많은 사당들과 사원들이 있습니다. 그는 또한 바벨론의 주요 도시에 건물과 사원들을 회복하고 건설했습니다. 그의 건축상 업적들 가운데 몇 가지는 고대 세계 칠대 불가사의 가운데 들 정도로 아주 대단한 것들입니다.

그렇습니다. 느부갓네살은 권력과 영향력에 있어서 절정을 누렸습니다. 세상적인 관점에서 볼 때, 그는 모든 것을 다 가지고 있었습니다. 그는 자기 궁궐의 지붕에 올라가서 교만함과 자부심에 가득 찬 채 거들먹거리면서 이리저리 활보하였습니다(단 4:30). 그러나 이 순간 세상적인 관점은 하늘의 관점에 가려집니다. 우리는 "이 말이 아직도 나 왕의 입에 있을 때에 하늘에서 소리가 내려[왔다]"(왕의 입에서 그 말이 채 떨어지기도 전에 하늘에서 한 소리가 들렸다)는 말을 듣게 됩니다(31절). 하나님이 이 권세 있는 통치자에게 임하여 천상천하 모든 권력의 원천이 그분 자신에게 있음을 보여 주셨습니다. 부디 시간을 내어 느부갓네살의 기이한 경험을 묘사하고 있는 장을 다 읽어 보기 바랍니다.

어떠한 리더든지 이 위대하고 권세 있었던 통치자로부터 핵심적인 교훈을 배울 수 있을 것입니다. 아무리 업적이 훌륭하고 성공적인 리더라 할지라도, 일순간에 파멸할 수 있습니다. 위대한 느부갓네살이 소처럼 풀을 먹는 모습은 모든 리더가 가슴에 확고하게 새겨야 할 모습입니다. 전능하신 하나님께 비교하면 이 리더는 들판의 짐승과 같음을 하나님께서는 생생하게 일깨워 주셨습니다.

다니엘

다니엘은 커뮤니케이션을 통해서 관계를 형성해 가는 탁월한 리더의 본을 보여 주었습니다. 다니엘 1~6장에는 바벨론 제국과 페르시아(바

사) 제국의 최고 자리까지 올랐던 이 위대한 리더가 사람들과 맺는 관계와 관련된 몇 가지 사건들이 기록되어 있습니다.

다니엘은 어렸을 적부터 하나님을 향한 자신의 헌신을 확고히 표시했습니다. 타협하라는 압력을 받았을 때, "자기를 더럽히지 아니하도록 환관장에게 구하[였습니다]"(단 1:8). 그러나 다니엘의 요청은 묵살되었습니다. 그러자 그는 항의와 대결보다는 다른 방향으로 행동을 취했습니다. 다니엘은 자신이 옳고 자기를 감독하는 윗사람들이 틀렸다고 생각했음이 틀림없습니다. 그렇지만 조직적인 항의를 하거나 단식 투쟁을 벌이기보다는, 외교적인 수완을 발휘하여 윗사람들을 부드럽게 대하였습니다(8~20절). 하나님은 다니엘과 함께하셨으며, 그가 제안하였던 시험은 하나님의 은혜로 성공했습니다. 다니엘은 비록 올바른 목표라 할지라도, 전략 없이 힘겨루기만 한다면 오히려 상황이 어려워질 수 있음을 알고 있었습니다.

다니엘은 느부갓네살 왕과 대화하던 중에도 탁월한 통찰력을 보였습니다(2:1~16). 왕이 이성을 잃고서 다니엘과 그의 세 친구들에게 사형선고를 내렸을 때(1~13절), 다니엘은 "명철하고 슬기로운 말로" 물었습니다(14절). 다니엘이 왕에게 전한 말은 단도직입적이면서 간단명료했습니다. "왕의 물으신 바 은밀한 것은 지혜자나 술객이나 박수나 점쟁이가 능히 왕께 보일 수 없으되 오직 은밀한 것을 나타내실 이는 하늘에 계신 하나님이시라"(27~28절). 느부갓네살의 꿈과 그 꿈을 해석한 후에, 다니엘은 그 영광을 분명하게 하나님께 돌렸습니다(44~47

절). 다니엘은 위험한 가운데서 하나님을 의지했고, 하나님을 높였으며, 동시에 다른 사람들이 그를 하나님의 종으로 확실하게 인식하고 신뢰할 수 있도록 만들었습니다(4:4~9, 5:10~12).

다니엘의 의사전달 능력은 그의 슬기로움과 온건함과 지혜와 진실함을 보여 주었습니다. 왕들은 다니엘의 자문을 듣고 따랐습니다. 그러나 몇백 년 후에 예수님이 말씀하신 것처럼, 그 입의 말은 그 사람의 마음을 드러내는 것입니다(눅 6:45). 다니엘은 효과적인 의사전달자였습니다. 그의 언변은 그가 리더십의 은사를 발휘할 수 있는 통로였습니다. 그러나 다니엘의 말은 그의 삶이 뒷받침되었기에 강력할 수 있었습니다. 그는 깊은 곳에서 길어올린 위대한 지혜를 발휘할 수 있었습니다.

탁월하고 경건한 리더였던 다니엘을 간단히 정리하려면, 다니엘 6장 1~5절을 세심하게 읽고 이 구절에서 다음과 같은 사실들을 찾으십시오. ① 새로운 제국의 통치자가 다니엘을 승진시키기로 한 이유 ② 다니엘의 대적들이 그의 승진을 방해하려고 했을 때 벌어진 일 ③ 다니엘의 대적들이 그를 끌어내리지 못한 이유(6:4 하반절) ④ 다니엘을 무너뜨릴 수 있는 유일한 방법이라고 그 대적들이 내린 결론(6:5).

스가랴

스가랴라는 이름은 "여호와께서는 기억하신다"라는 뜻입니다. 그는 유대 민족들에게 바로 그 사실을 선포하는 사역을 했습니다. 스가랴는 낙심에 빠져 있는 백성들에게 하나님의 말씀을 선포했던 제사장이자 선지자였습니다. 성읍을 재건하고 성전을 재건축하기 위하여 예루살렘으로 되돌아왔던 백성들이 처음 지녔던 열정은 점점 수그러들었습니다. 그들에게는 진실한 격려가 필요하였으며, 다시금 마음을 정비할 필요가 있었습니다. 스가랴는 성전 재건뿐만 아니라 그 백성들이 하나님과의 관계를 다시금 새롭게 세워 나갈 방법을 모색했습니다.

스가랴는 이 역할을 감당하기 위해 하나님으로부터 이스라엘의 장래에 대해 비전(환상)을 받았습니다. 놀랍고 다채로운 예언적 환상들을 통해 스가랴는 하나님이 어떻게 회개한 백성들과 그들의 수도인 예루살렘을 회복하실지 묘사했습니다(슥 1:7~6:8). 하나님으로부터 몇 가지 선언을 받은 후 스가랴는 약속된 메시아가 오실 사건에 자신의 관심을 전환했습니다(9~12장).

백성들에게 이 하나님의 비전들을 선포하고 그것을 설명해 준 다음, 스가랴가 해야 할 일은 그 백성이 여러 해 전에 시작했던 작업을 완성하도록 격려하는 일이었습니다. 하나님은 그 백성들을 분발시키고, 열정을 주고, 힘을 실어 주는 데 이 사람을 사용하셨습니다. 스가랴는 하나님이 그들을 위하여 마련해 두신 소망과 미래를 어렴풋이 보여 줌으로써 그 일을 감당했습니다. 그리고 스가랴가 백성들을 격려하는 작업을 시작한 지 두 해 만에 재건된 성전이 봉헌되었습니다.

사람들에게는 이러한 감화가 필요합니다. 과다한 업무량, 이기적인 관심사, 외부의 반대 등이 있으면 사람들의 관심이 조직의 전체적인 비전에서 멀어질 수 있습니다. 숙련된 리더는 스가랴처럼 자기가 이끌고 있는 사람들의 정신을 고양시킬 수 있는 비전을 제시해야 하며, 더 나은 내일을 위한 소망을 제공해 주고, 그들이 열정적으로 전진해 나가도록 감동을 주는 목표들을 전달해야 합니다.

백부장

성경은 권력을 이용하고 남용하는 이야기들로 가득합니다. 이 이야기는 로마 백부장과 예수님에게서 발견할 수 있는 건강한 권력 선용의 본을 명백히 제시합니다. 모든 리더들은 이 본을 따라야 할 것입니다.

예수님께 접근했던 백부장은 로마 군대의 중추를 이루고 있던 엘리트 장교 집단 중 한 사람이었습니다. 로마의 군대는 육천 개의 부대로 이루어졌으며, 이 부대는 다시 육십 개의 '백 인의 보병'으로 이루어져 있습니다. 이 백 인의 보병을 지휘하는 지휘관이 바로 백부장이었는데, 이들은 군대의 기율을 책임지고 있었던 핵심 중간 관리자들이었습니다. 간단히 말해서, 백부장들은 로마 군대를 하나로 묶어 주는 중간 다리 역할을 했던 것입니다.

마태복음은 이 백부장이 자기 권력을 예리하게 이해하고 사용하는 모습을 들어 그를 다른 이들과 구별하고 있습니다. 대부분 로마의 백부장들은 황제가 시키는 업무를 처리하기에도 너무나도 바빠서 노예들의 복지 같은 것에는 신경을 쓸 수 없었습니다. 노예들은 단지 소유물로 간주되었으며, 쉽게 사고팔 수 있는 소모품으로 여겨졌습니다.

그러나 이 백부장은 자기의 노예에게 깊은 관심이 있었습니다. 그는 이 점에서 다른 백부장들과는 달랐습니다. 그는 죽어 가는 이 노예를 구하기 위하여 할 수 있는 모든 힘을 다 동원했습니다. 이 노예는 분명 백부장의 집에서, 그리고 백부장의 마음 가운데서 한 자리를 차지하고 있는 노예였을 것입니다. 대부분의 백부장들이 그렇듯이 전쟁으로 다져진 강인한 이 백부장은, 자기 노예의 고통을 줄여 주기 위하여 노심초사했습니다.

이 백부장은 자신의 힘을 자신의 권위 아래 있는 사람을 돕는 데 사용했을 뿐만 아니라 그 종을 치료하는 권세를 발휘해 달라고 예수님께 부탁드렸습니다. 그는 한 사람의 군인으로서 명령을 내리는 것과 그 명령이 수행되는 것이 무슨 뜻인지를 잘 알고 있었습니다. 그는 예수님이 자기가 획득할 수 있는 것보다 훨씬 더 높은 지위를 지니고 계신 분이라는 믿음을 가지고 있었습니다. 이러한 신앙고백은 그의 겸손한 말에 잘 나타납니다. "주여… 다만 말씀으로만 하옵소서 그러면 내 하인이 낫겠사옵나이다"(마 8:8).

그러나 예수님이 가장 감동하셨던 부분은 백부장이 권력을 잘 이해했거나 권력을 적절하게 사용했기 때문이 아니었습니다. 예수님에게 깊은 인상을 주었던 것은 이 로마인 전사의 믿음이었습니다. 그 당시 유대 지도자들은 점차 예수님을 배척하고 있었지만, 이 이방인은 예수님이 말씀만으로 자기의 종을 고쳐 주실 수 있는 분이라고 믿었던 것입니다. 예수님은 이 백부장의 믿음을 보시고 즉시 자기의 초자연적인 능력으로 그 아픈 자를 고쳐 주셨습니다.

백부장과 예수님은 권력과 지위를 자비롭게 사용했습니다. 그리고 그러한 태도가 바로 하나님과 사람들 앞에서 인정받기 원하는 리더들의 일관된 습관들 가운데 하나가 되어야 할 것입니다.

부자 청년

예수님 앞에 서 있었던 그는, 리더라면 가지고 싶어 할 법한 모든 것을 소유했거나 적어도 소유한 것처럼 보이는 사람이었습니다. 그는 엄청난 돈(마 19:22)과 좋은 평판(20절), 그리고 권력(눅 18:18)을 지니고 있었습니다. 더 큰 장점은 그가 아직 상당히 젊다는 것이었습니다. 그처럼 젊은 나이에 많은 것을 얻게 된 사람이라면 삶의 우선순위가 바로 잡혀 있을 것이라고 여겨지기 쉽습니다. 그러나 예수님과의 만남을 통해, 이 사람의 우선순위는 뒤집혀 있음이 드러났습니다.

아마도 그는 예수님께 질문하면서 예수님이 돈을 요구하실 것이라고 예상했을 것입니다. 그러나 주님이 "계명들을 지키라"고 말씀하셨을 때, 그는 움찔했습니다(마 19:17). 20절에 나타난 이 젊은이의 결정적인 질문에서 알 수 있듯이, 하나님과 그의 관계는 불안정했습니다.

예수님은 이 부자 청년을 사랑하는 마음으로(막 10:21), 그가 자신이나 돈을 사랑하는 것만큼 이웃을 사랑하지 않고 있다는 사실을 일깨워 주셨습니다. 자신의 모습을 직면하기란 고통스러웠을 것입니다. 그가 낙심하면서 떠나간 것을 보면 잘 알 수 있습니다(마 19:21~22).

많은 리더들이 이 부자 청년처럼 어긋난 우선순위 때문에 고생하고 있습니다. 그렇지만 이 부자 청년의 우선순위에는 훨씬 더 깊은 문제가 있었습니다. 그는 자기의 돈을 너무나도 의지한 나머지 그 때문에 하나님과의 관계가 막혀 있었던 것입니다. 예수님이 이 족쇄를 과감히 내던져 버리라고 그에게 권하셨을 때, 그는 그 말씀을 거절했습니다. 예수님은 누구도 돈으로 구원을 얻을 수 없다는 사실을 명확하게 지적해 주셨습니다(23절). 그러나 물질적이며 영적인 족쇄를 기꺼이 내던져 버리고 온전하게 하나님을 신뢰하는 사람은 누구나 구원받을 수 있습니다.

모든 리더들은 뒤바뀐 우선순위의 위험을 의식할 필요가 있습니다. 돈과 권력과 명성은 훌륭한 명분이 될 수 있습니다. 그렇지만 이러한 것들로 영생을 살 수는 없습니다. 영생을 얻기 위해 이러한 것들을 의지해서는 안 됩니다. 그러므로 돈과 권력과 명성이 리더와 하나님의 관계를 방해하고 가로막을 때, 리더는 우선순위를 조절하여 영적인 것을 우선으로 삼아야 합니다. 예수님은 이 부자 청년에게 이러한 현실을 직시할 기회를 주셨습니다. 복음서 기자들은 예수님의 메시지를 더 많은 사람들에게 전달하기 위하여 이 사건을 확실하게 기록했습니다.

예수님

예수님의 모습은 역사상 어떤 인물보다 많이 기록되었습니다. 여기에서는 겸손한 리더로서의 예수님의 모습을 검토해 봅시다. 물론 완전한 인간이신 그분의 성품과는 어울리지 않는다는 점을 염두에 두면서 말입니다.

리더십과 예수님을 관련하여 생각할 때 떠오르는 한 가지는, 예수님은 그 당시의 관점으로는 아주 새로운―아마도 혼동스러운―강력한 리더십 철학을 가르치셨으며, 실천하셨다는 것입니다. 오늘날의 허다한 리더십 이론가들은, 비록 예수님을 믿지 않는 사람들이라 할지라도, 리더십에 접근하는 예수님의 접근 태도를 분석하고 검토하고 가르칩니다.

예수님이 제자들의 발을 씻겨 주신 일을 기록하고 있는 요한복음 13장 1~17절은 그분의 리더십 철학을 선명하게 묘사하고 있습니다. 그것을 간단히 요약하자면, 이것입니다. "내가 주와 또 선생이 되어 너희 발을 씻었으니 너희도 서로 발을 씻어 주는 것이 옳으니라 내가 너희에게 행한 것같이 너희도 행하게 하려 하여 본을 보였노라"(14~15절). 무한한 권력과 인격의 권위를 갖고 계셨던 위대하신 하나님의 아들이, 장래에 리더들이 될 사람들에게 너무나도 값진 리더십의 교훈을 가르쳐 주셨습니다. 그들의 더러운 발은 그들이 가지고 있었던 경쟁적인 교만이라는 더 큰 문제를 암시하는 것에 불과했습니다. 그들은 더러워져 있는 발처럼 겸손할 필요가 있음을 깨닫지 못하고 있었습니다.

예수님의 핵심적인 리더십 철학은 마태복음 20장 20~28절에 자세하게 표현되어 있습니다. 예수님의 말씀을 듣고 있었던 사람들은 나중에 교회에서 가장 높은 자리에 오르게 될 리더들이었다는 점에 주목하기 바랍니다. 이들은 성문화(成文化) 된 교회 운영 규칙이 생기기 전에 교회를 이끌 사람들이었습니다. 이들은 예수님의 가장 가까운 동지들이었으며, 어떻게 일이 처리되고 진행되어야 할지를 충분히 이해한 유일한 사람들이었습니다. 예수님은 전 세계로 자신의 교회를 전파하도록 이 사람들에게 그 사명을 위임할 예정이었습니다(마 28:18~20). 이들이 감당해야 할 사명은 그와 같은 엄청난 과제에 부수적으로 온갖 일들-새로운 가르침들, 새로운 사람들, 혼란, 논쟁, 변화-을 수반하고 있었습니다. 이 리더들에게는 막대한 권력과 영향력이 필요했습니다. 이들이 어떻게 이 사명을 감당하면서 전진해 나갈 수 있었을까요?

20장 25절과 26절에서 예수님이 그들에게 주신 말씀에 주목하기 바랍니다. 예수님은 당시 그들 주변에서 쉽게 볼 수 있었던 권력 활용, 말하자면, "임의로 주관하고" "권세를 부리는" 형태들이 악하다고 말씀하셨습니다. 예수님은 이렇게 말씀하셨습니다. "너희 중에 누구든지 크고자 하는 자는 너희를 섬기는 자가 되고, 너희 중에 누구든지 으뜸이 되고자 하는 자는 너희 종(노예)이 되어야 하리라." '으뜸'(첫째)은 '큰 것'보다 더 높으며, '종'(노예)은 '하인'보다 더 낮습니다. 그 점을 생각해 보기 바랍니다.

예수님은 제자들이 혼란스러워 할 것을 예상하시면서(실제로 그 말을 들었던 대부분의 사람들은 그러한 태도가 소용없을 것이라고 확신했을 것입니다) 간단하고 확실하게 끝을 맺으셨습니다. 함께 생활하고 함께 일했던 동반자들에게, 주님은 "인자가 온 것은 섬김을 받으려 함이 아니라 도리어 섬기려 하고 자기 목숨을 많은 사람의 대속물로 주려 함이니라"(28절)고 말씀하시며 그들도 그분처럼 살고 행해야 한다고 결론을 맺으셨습니다.

오늘날, 리더십에 관한 수많은 글들이 발표되고 있습니다. 흥미롭게도 연구가 지속될수록 리더십 전문가들의 이론은 예수님이 가르쳐 주셨던 내용과 일치하고 있습니다. "너희 중에 누구든지 크고자 하는 자는 너희를 섬기는 자가 되고 너희 중에 누구든지 으뜸이 되고자 하는 자는 너희 종이 되어야 하리라"(26~27절). 예수님은 그 리더십을 가르치셨고, 그렇게 실천하셨으며, 그 리더십대로 사셨습니다.

∽ 본디오 빌라도 ∽

본디오 빌라도의 삶은 정치적으로 좌우지되는 리더십은 위험하다고 교훈합니다. 빌라도는 예수님이 어떠한 잘못도 없는 분임을 잘 알고 있었습니다. 그리고 그는 도덕적으로 올바른 것이 무엇인지도 확실히 알고 있었습니다. 빌라도의 아내마저 이 사실을 알았고, 예수님의 무고함을 아는 빌라도만이 그분을 석방시켜 줄 권한이 있었다고 마태는 기록했습니다.

그러나 그에게는 자신의 경력과, 정치적인 입지가 있었습니다. 그는 이 문제를 자기의 통치 구역 안에 있는 사람들에게 반감을 사지 않고 온건하게 다룬다면 자신의 삶이 훨씬 편해질 것임을 알고 있었습니다. 빌라도에게는 선택할 수 있는 기회가 있었습니다. 그는 도덕적으로 올바른 것을 행할 수도 있었고, 자기의 경력과 편한 생활에 유리한 쪽을 선택할 수도 있었습니다. 그의 나약하고 비열한 행동은 결국 그의 선택이 초래한 슬픈 결과를 유산으로 남기고 있습니다.

리더들은 끊임없이 이와 같은 선택을 하면서 살아야 합니다. 장기적으로 보면, 도덕적인 일을 외면했을 때 자신이 바라던 결과를 얻는 예는 거의 없습니다. 잠시잠깐이라도 이 말의 진실성에 의심이 든다면, 빌라도의 경우를 자세히 검토해 보기 바랍니다.

∽ 세례 요한 ∽

세례 요한은 역사의 무대에 예고 없이 등장하여 역사상 가장 중요한 영적 각성을 불러 일으킨 강인한 인물이었습니다.

수천 명의 사람들이 그의 설교를 들으려고 변두리까지 몰려갔다는 점을 생각해 보면, 그의 영향력을 충분히 짐작할 수 있습니다. 세례 요한의 사역은 사회의 구석구석에 영향을 미쳤습니다. 정치가들, 극빈자들, 창녀들, 왕들, 평민들, 이단자들, 종교계의 지도자들이 모두 그의 말에 귀를 기울였습니다.

세례 요한이 전달하는 메시지는 대단히 극적이었으며, 그의 성품은 진실했기 때문에 사람들은 그에게 "네가 엘리야냐"라고 물을 정도였습니다(요 1:21). 혹자는 세례 요한이 "혹 그리스도신가" 알고 싶어 했습니다(눅 3:15).

놀랍게도 세례 요한은 흔히 위대한 리더라면 가질 법한 자격을 전혀 갖추지 못했습니다. 그는 공식적인 교육을 전혀 받지 못했습니다. 그에게는 돈도 전혀 없었습니다. 권력 있는 친구들도 없었습니다. 그는 전략적으로 강한 인상을 주지 않았으며, 출세 지향적이지도 않았습니다. 이러한 외적인 결함들에도 불구하고, 세례 요한은 그때까지 존재했던 사람들 중 가장 위대한 인물이 되었습니다. 예수님은 모세도, 아브라함도, 다윗도, 엘리야도, 다니엘도 세례 요한보다 더 크지 못하다고 하셨습니다(눅 7:28). 주님이 이 선지자를 칭찬하신 것을 감안하며 무엇이 세례 요한을 그토록 위대하게 만들었는지 생각해 봅시다.

첫째, 세례 요한은 희생의 의미를 알고 있었습니다. 마태는 세례 요한이 메뚜기와 석청을 먹었으며 그의 옷은 약대 털옷에 가죽띠 하나였다고 말합니다(마 3:4). 그리고 메시아에게 헌신하기 위해 외롭게 지내며 일생의 대부분을 광야에서 보냈습니다. 광야는 선인장과 도마뱀, 매 같은 것밖에 없는 외진 곳이었습니다. 어째서 세례 요한이 이런 식으로 살았을까요? 그는 순결한 삶을 위하여 모든 것을 희생했습니다. 온 민족에게 회개를 촉구하고 예수님의 길을 예비하기 위해 세례 요한의 삶은 하나님께 맞추어 있어야 했습니다. 그 광야에서 하나님은 그가 자신의 독특한 사역을 감당할 수 있도록 준비시키셨습니다.

둘째, 세례 요한의 인생에서 유일한 목적은 다른 누군가를 높이기 위한 것이었습니다. 수년 동안의 훈련을 마친 다음에 세례 요한의 공적인 사역이 시작되자, 하나님은 온 민족이 그의 메시지를 듣도록 예비해 놓으셨음이 명확해졌습니다. 마가는 이것을 "온 유대 지방과 예루살렘 사람이 다 나아가 자기 죄를 자복하고 요단 강에서 그에게 세례를 받더라"고 묘사하고 있습니다(막 1:5). 그는 백성들에게 회개하라고 촉구하였으며, 그들은 회개했습니다.

그러나 세례 요한은 그의 제자들이 이해하지 못했던 한 사실을 알고 있었습니다. 그는 수많은 사람들이 오랫동안 자신을 따르지는 않을 것이며 어느 날엔가 다른 분에게 옮겨갈 것임을 알고 있었습니다. 그리고 놀랍게도, 세례 요한은 그렇게 되기를 원했습니다. 사업이나 사역을 어렵게 일구어 놓고서 그것을 다른 누군가에게 쉽게 넘길 수 있는 사람은 아마 하나도 없을 것입니다. 그러나 세례 요한은 오직 그 한 가지 목적을 위해서 자기의 사역을 세워 나갔습니다(7절).

세례 요한의 사역이 기울기 시작하자 그의 제자들은 깜짝 놀랐습니다. 세례 요한을 따랐던 군중들이 갑자기 예수님에게 몰려들기 시작했던 것입니다. 혼란에 빠진 그들은 예수님이 세례 요한의 기반을 빼앗고 있다고 느끼고 예수님의 사역을 시샘하였습니다(요 3:26). 이러한 제자들의 태도에 대한 세례 요한의 대답은 모든 리더들에게 중요한 메시지를 던져 줍니다. 그는 이렇게 대답했습니다. "그는 흥하여야 하겠고 나는 쇠하여야 하리라"(요 3:30).

예수님이 가장 위대한 사람이라고 일컬었던 바로 그 사람, 세례 요한은 기꺼이 가장 작은 자가 되고자 했던 사람이었습니다. 세례 요한은 순전하고, 성경적이며, 하나님을 공경하는 섬김의 리더십에 관한 최고의 성경적 본보기입니다.

헤롯 안티파스

헤롯 안티파스는 자기 아버지 헤롯 대왕('유대인의 왕')으로부터 왕위를 물려받은 사람입니다. 헤롯 대왕은 예수님이 태어났을 당시의 왕입니다(마 2:1~12). 젊은 헤롯은 예수님의 지상 사역 기간 동안 갈릴리와 베레아 지방(이 베레아는 사도행전에 나오는 소아시아 지방의 베뢰아가 아님 – 옮긴이)을 다스리고 있었습니다. 그는 능력 있고 유능한 행정가였지만, 헤롯 안티파스는 개인의 도덕적인 비극을 핵심적으로 보여 주는 성경적 본보기가 되었습니다.

헤롯 안티파스는 갈릴리와 베레아 지방의 분봉왕으로서 권력을 휘둘렀습니다. 그는 이 자리를 개인의 이익과 쾌락을 위하여 사용했습니다. 우리는 그가 개인적 능력이 부족했던 점을 토대로 그의 권력 남용을 이해할 수 있습니다. 헤롯 안티파스는 권력을 휘둘러 자기 형제의 아내를 빼앗아 결혼했습니다. 세례 요한이 그의 이러한 행동을 질책하자, 그는 이 선지자를 부당하게 구속하고(막 6:17~20), 살해했습니다(27절). 누가는 헤롯 안티파스가 로마의 처형자로부터 예수님을 구할 수 있는 자기의 권력을 행사하지 않았다고 말합니다. 오히려 그는 예수를 업신여기며 희롱하고 빛난 옷을 입혀 도로 빌라도에게 돌려보냈습니다(눅 23:6~12). 예수님은 갈릴리 사람이었기 때문에 헤롯의 행정구역에 속해 있었습니다. 헤롯 안티파스는 예수님을 보호하는 대신 이 무고한 분을 정죄하는 데 자기의 권력을 사용했습니다.

어떤 사람이 자기 형제의 아내와 결혼하고 싶어서 안달이 나겠습니까? 어떤 사람이 단순히 자기 아내의 비위를 맞추기 위해서 다른 사람을 감옥에 보낼까요?(막 6:17~19). 어떤 사람이 그를 의롭고 거룩한 사람으로 알면서도 구속할 수 있을까요?(20절). 성경은 개인적인 나약함 때문에 자기의 지위에서 나오는 권력을 남용하였던 한 사람에 대하여 일일이 기록하고 있습니다.

리더십에는 훌륭한 인격, 좋은 품성이라는 자격들이 중요하다는 점을 의심하거나, 섬김의 리더십에 전적으로 헌신하라는 예수님의 주장(마 20:20~28)에 의문을 가지고 있는 리더가 있다면, 그 사람은 헤롯 안티파스를 기억해야 합니다. 헤롯 안티파스는 리더십에 있어서 절대적으로 중요한 원리를 우리에게 가르쳐 줍니다. 그것은 권력의 지위가 높으면 높을수록, 그 지위를 지닌 사람의 성격적·성품적 자질 역시 더 높아야 한다는 것입니다.

마가

대의에 기여한 사람들은 대부분 처음부터 주된 공헌자로 출발하는 것은 아닙니다. 그들은 어떤 것에 계속 매진하는 평범한 사람으로 시작하였습니다. 마가도 그런 사람들 중 한 명입니다. 우리는 그에 대해서 아는 바가 거의 없습니다. 그는 성경에 등장하는 영웅도, 유명 인사도 아니었습니다. 그가 복음을 기록하지 않았더라면, 두기고나 실라보다도 이목을 끌지 못했을 것입니다.

마가에 대해서 처음으로 소개할 내용은, 그가 예수님이 체포되실 때 발가벗고서 도망한 사람이었다는 것입니다. 물론 예수님을 저버린 것이 마가 한 사람뿐은 아니었지만, 이 일화는 그에게 깊은 회한을 남겼습니다. 그의 복음서는 사소하게 보이는 이 작은 사건을 기록하고 있는 유일한 복음서입니다(막 14:50~52). 그다음으로 우리는 마가(요한 마가로 알려져 있습니다)가 바울, 바나바의 첫 선교 여행의 동반자로 동행하는 것을 볼 수 있습니다. 그러나 그 여행 초기에 마가는 그 두 사람을 떠나 예루살렘으로 되돌아왔습니다(행 13:13). 왜 그가 되돌아왔는지는 정확하게 알 수 없습니다. 그러나 바울은 두 번째 여행을 출발하면서 그가 "자기들을 떠나 함께 일하러 가지 아니한 자"이기 때문에,

데리고 가기를 거절하였습니다(행 15:38). 마가를 처음 언급하는 두 번의 성경 구절들을 통해 우리는 그가 '상황이 어려워지면 다른 곳으로 빠지는 것이 현명하다'고 생각하는 사람임을 짐작할 수 있습니다. 마가는 상황이 힘들어졌을 때, 두 번이나 빠져나갔습니다.

마가의 초기 행동에 대한 기록은 그를 자신의 안전과 편안함을 추구하는 사람으로 그리고 있지만, 이후의 기록에서는 그를 신실하고 귀중한 팀 플레이어로 그리고 있습니다. 바울은 가택 연금 당한 중에, 로마에서 함께 지냈던 이 젊은이의 안부 인사를 전하면서 마가를 골로새 교인들에게 추천였습니다(골 4:10). 하지만 바울이 마가에게 최대의 찬사를 보낸 것은 디모데후서에서입니다.

바울은 자신이 곧 로마에서 처형당할 것이라고 믿었습니다. 그 일은 점점 진행되었고, 압력은 점점 강해졌으며, 그의 사역 팀은 그를 버렸습니다. 바울이 누구를 의지할 수 있었겠습니까? 가장 어려울 때, 바울은 누구와 함께 있기를 바랐습니까? "디모데야 어서 속히 내게로 오라"고 말하면서 바울이 이렇게 말했습니다. "네가 올 때에 마가를 데리고 오라 그가 나의 일에 유익하니라"(딤후 4:11). 바울이 두 번째 선교 여행을 떠나면서 마가를 데리고 가기를 거절한 후에, 마가는 바나바와 함께 사역했고, 그후에 베드로와 함께 사역했습니다(벧전 5:13). 이제 바울은 그의 마지막 날에, 마지막 사역에서, 마가를 원했습니다.

전 세계의 위대한 리더들 가운데 많은 사람들은 '마가와 같은' 출발을 하였습니다. 그들은 처음에 쓰라린 패배를 경험했습니다. 그러나 많은 위대한 리더들이 자신의 실패를 거울 삼아 그 실패를 딛고 일어섰습니다. 어떤 사람들은 수치와 패배 가운데서 헤어나지 못하고 있습니다. 그러나 또 다른 사람들은, 마가와 같이, 자신의 실수를 거울삼아 자신이 선택한 대의에 크게 기여하는 사람들이 되었습니다.

예수님의 모친 마리아

미리암(마리아의 히브리어 형태)이란 이름은 1세기 팔레스타인에서 흔했습니다. 신약 성경에서만 예닐곱 명의 마리아가 등장합니다. 평범한 이름을 가졌지만, 예수님의 어머니 마리아는 참으로 특별한 여인이었습니다. 우리는 마태복음 1~2장과 누가복음 1~2장에 있는 예수님의 탄생 기사를 통해 마리아를 짐작해 볼 수 있습니다. 마리아의 리더십은 하나님의 은총을 겸손하게 수용한 태도와 하나님의 약속들을 바라보는 흔들림 없는 믿음에서 잘 나타납니다. 그녀의 생애 가운데 다음의 작은 사건들은 이 믿음의 여인이 어떤 모습이었을지를 우리에게 알려 줍니다.

"때가 차매 하나님이 그 아들을 보내사 여자에게서 나게 하시고"(갈 4:4). 하나님은 1세기 로마의 한 작은 지방에 살고 있었던 가난한 농부의 딸에게 그 옛날 이사야에게 말씀해 주셨던 예언(사 7:14, 마 1:23 참조)을 성취하는 놀라운 특권과 책임을 주셨습니다. 이 선택은 예수님의 겸손한 성격을 미리 보여 주는 놀라운 선택입니다.

천사 가브리엘이 마리아에게 하나님의 뜻을 전했을 때, 마리아는 거부하지 않고 어떻게 처녀인 자신이 지극히 높으신 이의 아들을 잉태할 수 있는지 물었습니다(눅 1:30~34). 성령이 그녀에게 임하고 지극히 높으신 이의 권능이 그녀를 덮으실 것이라는 말을 듣자, 그녀가 보인 아름다운 반응은 하나님이 그녀를 선택하신 이유를 잘 보여 줍니다. "주의 여종이오니 말씀대로 내게 이루어지이다"(1:38절). 이 말은 하나님의 성품과 약속을 향한 조건 없는 즉각적인 신뢰를 나타냅니다.

마리아가 엘리사벳을 방문했을 때—당시 엘리사벳은 세례 요한을 출산할 때가 되었습니다—엘리사벳은 마리아를 여인들 가운데서 복 받은 자라고 일컬었습니다. 엘리사벳은 마리아가 주님의 어머니가 될 것임을 알고 있었습니다(39~44절). 그리고 이렇게 덧붙였습니다. "주께서 하신 말씀이 반드시 이루어지리라고 믿은 그 여자에게 복이 있도다"(45절). 마리아는 불가능해 보이는 하나님의 약속을 의심치 않고 믿었기 때문에 높임을 받게 된 것입니다.

마리아의 찬가는 삼상 2장 1~10절에 나오는 한나의 노래와 그 어조가 매우 비슷합니다. 그녀는 여호와 하나님이 비천한 자리에 있었던 자신을 택하신 일과, 하나님의 자비하심과 강력한 행하심들, 그리고 짓밟히고 있는 사람들을 돌보아 주심을 찬양합니다(눅 1:46~55).

목자들이 베들레헴에 와서 아기 예수를 경배하자 "마리아는 이 모든 말을 마음에 새기어 생각하[였습니다]"(2:19). 마리아는 사려 깊고 스스로를 절제하는 여인이었습니다.

마리아와 요셉은 하나님이 명하신 일에 순종하고 헌신하였습니다. 여덟째 날이 되어 아기가 할례를 받게 되었을 때, 마리아와 요셉은 천사 가브리엘의 지시에 순종하여 그 아기의 이름을 예수라 하였습니다(21절). 그리고 하나님의 율법에 순종하여 성전에서 아기 예수를 하나님께 드렸을 때, 시므온과 안나가 그 아기에 관하여 예언하였습니다(22~39절). 그후에 이 젊은 부부는 하나님의 지시에 순종하여 베들레헴에서 동방 박사들의 방문을 받은 후 애굽으로 피신하였습니다(마 2:1~12). 헤롯 왕이 죽자, 그들은 나사렛으로 돌아와서 사랑이 풍성한 가정에서 예수님을 신실하게 양육하였습니다(19~23, 눅 2:39~40).

그다음부터 성경은 마리아를 거의 언급하지 않습니다. 마리아가 예수님의 여행에 동행하지 않았던 것은 분명합니다. 그러나 마리아는 자기 아들의 삶과 사역과 재판과 십자가 사건이 일어나는 동안 여기저기에서 등장합니다. 이 사건들 가운데 마지막 사건은 마리아에게 있어서는 지극히 힘든 때였을 것입니다. 실로 "칼이 네 마음을 찌르듯 하리니"라는 시므온의 예언(눅 2:35)이 이 사건과 이전의 사건들에서 이루어졌습니다.

마리아가 신약 성경에서 마지막으로 등장한 것은 예수님이 부활하시고 승천하신 다음 예루살렘에서입니다. 예루살렘에서 믿는 자들과 한 무리를 이루어서 함께 기도하면서 예수님이 약속하신 성령을 기다리고 있었던 그녀의 기쁨을 한번 상상해 보십시오(행 1:12~14).

하나님은 자기 백성 이스라엘에게 하신 약속을 성취하기 위하여 마리아를 선택하셨습니다. 이 약속은 인류가 타락한 이후 에덴 동산에서 맨 처음 선포되었던 약속이었습니다(창 3:14~15). 마리아는 하나님이 의도하신 목적들이 성취되도록 자신을 내어드림으로써, 참된 섬김의 리더십을 보여 주었습니다. 그 결과 이 겸손한 농부의 딸은 인류 역사가 이어지는 동안 수백만 사람들에게 기억되고 존경받는 것입니다.

사탄

사탄 혹은 '대적자'는 "귀신의 왕 바알세불"(눅 11:15), "시험하는 자"(마 4:1, 3), "살인한 자", "거짓 아비"(요 8:44), "이 세상의 임금"(요 12:31, 14:30), "공중의 권세 잡은 자"(엡 2:2), "그 악한 자"(요일 2:14), 그리고 "우리 형제들을 참소하던 자"(계 12:10) 등을 포함하여 성경에서 여러 가지 이름으로 불립니다. 요한계시록 20장 2절은 사탄에게 두 개의 다른 이름을 붙여 줍니다. 그 이름은 "용"과 "옛뱀이요, 마귀요, 사탄"입니다.

성경은 일관되게 사탄을 하나님께 대적하고 하나님의 목적들에 적대적이며, 믿는 자들을 유혹하고 속이기 위하여 진리를 교묘하게 왜곡하는 자로 그리고 있습니다. 우리의 "대적 마귀가 우는 사자같이 두루 다니며 삼킬 자를 찾"고 있습니다(벧전 5:8). 사탄의 방법들은 교활합니다. 사탄은 자기의 종들을 의로움의 종들로 가장하면서, 자기를 "광명의 천사로 가장"하고 있습니다(고후 11:14~15). 그러므로 성경은 신자들에게 마귀의 궤계에 맞서 싸우고(엡 6:11), 마귀의 함정과 올무들을 피하라고 권고합니다(딤전 3:7).

분명 사탄은 이 세상에서 상당한 권력을 소유하고 있습니다. 사탄은 예수님을 시험할 때, 세계의 모든 나라들을 예수님께 줄 수 있는 권세를 가지고 있었습니다(눅 4:6). 사탄은 아담과 하와, 예수님, 과거와 현재의 신자들을 유혹하면서, "육신의 정욕과 안목의 정욕과 이생의 자랑"을 이용합니다(요일 2:16). 이 타락한 천사는 수많은 세대를 거쳐 오면서 인류 역사의 주된 고통의 요인이 되어 왔습니다. 사탄은 끊임없이 하나님의 목적에 저항하는 사역을 하고 있습니다. 사탄은 계속해서 하나님의 목적들을 성취하고자 애쓰는 리더들을 방해합니다. 간단히 말해서 만약 여러분이 경건한 리더라면, 여러분의 가장 악한 적은 사탄입니다.

많은 리더들은 자신의 권력과 지위가 하나님이 맡겨 주신 것이라고 믿고 있습니다. 그들은 자기들에게 맡겨진 일을 성취하고 자기 조직을 자랑하고 싶어 합니다. 그러나 사탄에 관해서 알게 되고, 하나님이 원하시는 일에 맹렬하게 반대하는 사탄의 성격과 사역을 알게 되면 알게 될수록, 점점 더 다음과 같은 냉철한 결론에 이르게 됩니다. 하나님을 높이고자 하는 리더에게는 누구를 막론하고 그 소원에 반대하는 강력하고 잔인한 대적이 있다는 것입니다.

그러나 하나님은 여전히 통제하고 계십니다. 힘든 상황이 여러분의 조직에 속한 사람들을 낙담시키고 여러분을 실망시킨다 할지라도 그 사실을 놓치지 마십시오. 하나님은 "너희 중에 누구든지 지혜가 부족하거든 모든 사람에게 후히 주시고 꾸짖지 아니하시는 하나님께 구하라 그리하면 주시리라"고 약속하셨습니다(약 1:5). 하나님이 '선'하다고 일컬으시는 것에 헌신하고 있는 리더들은, 하나님의 대적에게 대항하기 위해 그분을 의지하는 법을 배워야 합니다.

그 큰 권세에도 불구하고, 사탄은 결국에는 하나님께 정복당하여 "불과 유황 못에" 던져질 것이라고 성경은 명확하게 말합니다(계 20:10). 사탄이 강할 수는 있겠지만, 하나님은 우리에게 천하무적의 동맹군이 되십니다.

마르다와 마리아

우리는 모두 침대에서 일어나 밤늦게 침대로 다시 돌아갈 때까지, 마치 전속력으로 달리는 느낌이 들 정도로 빠듯한 나날을 보내고 있습니다. 마감일을 맞추고, 업무를 달성하고, 위원회도 주관해야 하며, 판매도 확정짓고, 기고문도 쓰고, 팀도 관리하고, 아이들을 차로 데려다주고, 요리들도 해야 합니다. 그렇지만 잠깐 멈추어서 이토록 허겁지겁 바쁘게 지내는 것이 사실 매우 위험한 일임을 생각해 본 적이 있습니까?

사실입니다. 분주한 것은 위험합니다. 왜냐하면, 분주해지면 우선순위에 따라서 일을 해결하기보다는 당장 급하게 닥치는 문제들에 집중하게 되기 때문입니다. 그러다 보면 전략적인 기회들, 평생에 단 한번밖에 없는 기회들을 놓칠 수 있습니다. 마르다는 그러한 기회를 놓칠 뻔했습니다. 그러나 마리아는 그렇지 않았습니다.

사실 그날 그들의 하루는 기대감과 더불어 시작되었습니다. 예수님과 제자들이 저녁 식사를 하려고 그들의 집에 오시기로 했던 것입니다. 마르다는 모든 것을 제대로 준비하고 싶었습니다. 예수님을 즐겁게 해 드리겠다는 일념으로, 집안을 청소하고 음식을 준비했습니다. 갑자기 손님들이 들이닥쳤습니다. 그러나 아직 준비가 끝나지 않았습니다. 마르다는 손님들을 편안하게 맞이해 주는 대신에, 더욱 열심히 일했습니다. 누가는 마르다가 "준비하는 일이 많아 마음이 분주한지라"고 지적합니다(눅 10:40). 급기야 마르다는 자기가 혼자서 일하고 있는데도 신경을 써 주시지 않는 예수님을 책망하는 지경에까지 이르렀습니다.

몹시 바쁜 와중에서, 예수님은 조용히 "마리아는 이 좋은 편을 택하였[다]"고 지적해 주셨습니다(42절). 마리아는 긴급한 일에 따라 행동하지 않았습니다. 분주함의 흐름에 끌려가지 않고 훨씬 더 중요한 일을 선택하였던 것입니다. 마리아는 예수님의 발 앞에 앉아서, 자기 앞에 펼쳐진 기회를 잡았습니다. 예수님의 말씀은 집안을 청소하고 다채로운 음식들을 준비하는 것보다 더 중요한 일들이 있음을 마르다에게 알려 주었습니다.

모든 리더들은 중요한 일보다는 긴급한 일에 집중하라는 압력을 받게 됩니다. 계획적인 활동보다는 너무나도 바쁜 일에 시간을 보내라는 유혹을 받습니다. 그러나 이 기록을 통해 예수님은 우리에게 더 나은 길을 제시해 주고 계십니다. 리더들은 바쁘고 긴급한, 그러나 덜 중요한 일들을 물리치고 더 나은 일을 선택할 수 있는 지혜를 달라고 하나님께 구해야 할 것입니다.

도마

사도 가운데 한 사람인 도마는 충분한 증거 없는 사실은 진리로 받아들이지 않는 사람으로 주로 기억됩니다. 성경에서는 제자들의 명단 이외에 네 차례 더 그의 이름이 언급됩니다. 이 가운데 처음 도마의 이름이 언급된 두 구절은 요한복음 20장의 내용을 이해하는 데 도움을 줍니다. 요한복음 11장에서 도마는 예수님을 따라 나사로의 무덤에 가는 일에 대해 비관적이고 냉소적인 발언을 합니다. "우리도 주와 함께 죽으러 가자"(11:16). 다른 경우는 예수님이 제자들에게 자신의 아버지의 집에 거처를 예비하러 갈 것이라고 설명하실 때였습니다. 그때 "도마가 이르되 주여 주께서 어디로 가시든지 우리가 알지 못하거늘 그 길을 어찌 알겠사옵나이까"라고 말했습니다(14:5).

그러나 도마라는 사람을 가장 잘 알려 주는 사건은 예수님의 부활 후에 일어났습니다. 부활하신 예수님이 제자들에게 나타나셨는데, 그 당시 도마는 그 자리에 없었습니다. 제자들이 도마에게 예수님을 뵈었다고 말하자, 도마는 제자들의 말을 믿지 않았습니다. 도마는 자신이 납득할 만한 충분한 증거가 있을 때만 믿었습니다. 요한복음 20장 19~28절 사건을 읽어 보십시오. 여드레가 지난 후에 예수님이 도마에게 충분한 증거를 제공하자, 그때서야 "나의 주님이시요 나의 하나님이시니이다"(20:28)라고 외쳤습니다. 증거가 없었다면 그는 믿지 않았을 것입니다. 증거가 제시되자, 그는 예수님을 자신의 주님이자 하나님으로 전폭적으로 받아들였습니다.

예수님은 이에 대해 보지 않고서도 믿는 자들이 복되다고 말씀하셨습니다(29절). 그리고 역사 전반에 걸쳐 그 점이 사실임이 입증되었습니다. 사람들은 부활하신 그리스도의 상처를 보지 않고도 성경의 기록을 믿어야 했습니다. 오늘날에는 모든 그리스도인이 복됩니다. 왜냐하면 "보지 못하고 믿는"(29절) 사람들 가운데 하나이기 때문입니다.

의심했던 사람은 비단 도마뿐만이 아니었습니다. 막달라 마리아가 예수님을 뵈었다고 말했을 때, 제자들은 아무도 그 말을 믿지 않았습니다. 요한은 예수님이 다른 제자들에게 나타나셨을 때에도, 그들에게 예수님의 양손과 옆구리를 보여 주셨다고 기록합니다. 번역상으로는 약간 모호하지만 요한은 예수님이 자신의 상처들을 보여 주신 후에야 제자들이 믿고 기뻐했다고 지적합니다.

회의를 품었던 자가 도마만은 아니었지만, 성경이 유독 그를 부각하는 까닭은 그가 동료 제자들의 말을 그대로 받아들이지 않았기 때문입니다. 도마가 들었던 내용은 믿기 어려운 것이었습니다. 그리고 그 내용은 중요했습니다. 실제로 그 내용은 생사를 가를 정도로 중요한 것이었습니다. 그래서 도마는 충분한 증거가 없다면 믿지 않으려고 했습니다. 믿을 만한 사람들의 말을 받아들이는 것은 중요합니다. 그러나 확고하고 증명할 수 있고 실증적인 증거가 필요한 시기를 아는 것도 중요합니다.

우리는 도마를 '의심 많은 도마'라고 부르며 그를 책망합니다. 의심이 생겼을 때, 그는 자신의 믿음과 씨름하며 증거를 구했습니다. 증거가 나타나자 그는 완전히 헌신했습니다. 도마의 생애 가운데 가장 중요한 이 순간, 예수님은 가장 강력하고 지속적으로 효과적인 영향력을 끼치셨습니다. 예수님은 도마에게 명확하고 확실한 정보를 적절하게 전달해 주셨습니다. 우리는 이러한 예수님의 모범을 통해, 사람들의 우려를 이해하고 인내심을 가지고 사람들의 의문을 해결해 주는 리더는 가장 효과적인 영향력을 끼칠 수 있음을 깨닫게 됩니다.

유다

그의 높은 악명에도 불구하고, 복음서는 가룟 유다에 대해 아주 간단하게 기록합니다. 유다는 여러 면에서 신비로운 인물입니다. 여러 문학 작품과 영화들은 그를 아주 대조적으로 묘사합니다. 유다는 사악하고 부정직한 반역자로 그려지는 반면, 한편으로는 순진한 이상주의자로도 그려집니다. 성경은 유다에 대하여 많이 이야기하지 않지만 몇 가지 점들만은 확실합니다. 복음서 기자들은 일관되게 유다를 "예수님을 배반한 자 유다"로 혹은 "배신자"로, 혹은 "반역자"로 언급하고 있습니다. 예수님은 유다를 "마귀"라고 부르셨습니다(요 6:70). 유다는 예수님을 은 삼십 냥에 팔아넘긴 자로 기억되기도 합니다.

복음서 기자들은 유다가 어떤 동기로 그런 일을 저질렀는지 설명하지 않습니다. 왜 유다가 예수님을 배신하였는지, 무슨 일 때문에 그랬는지 확실하게 아는 사람은 아무도 없습니다. 요한은 유다에게 사탄이 들어갔다고 말하지만(13:2, 27), 그 점에 대한 설명은 전혀 없습니다. 추측해 보고 싶은 유혹이 들겠지만, 복음서 기자들이 멈춘 곳에서 멈추는 것이 바람직합니다. 유다는 자기 행동이 불러올 끔찍한 대가를 잘못 계산했던 것 같습니다. 그는 예수님이 정죄당하는 것을 보고서 가책에 사로잡혔습니다("스스로 뉘우쳐"-마 27:3). 그리고 은을 돌려주면서, "내가 무죄한 피를 팔고 죄를 범하였도다"라고 말했습니다(4절). 그의 동기가 무엇이었든지 간에, 그가 자신이 본 일을 어떻게 해석했든지 간에, 그가 무슨 일을 이루려고 했든지 간에, 유다는 예수님을 때리고 살인하게 될 사람들에게 넘긴 사람이었습니다.

그러나 요한은 예수님의 제자들 가운데 두 사람이 그날 밤 예수님을 저버렸다고 기록합니다. 유다는 예수님을 배신하였으며, 베드로는 예수님을 부인했습니다. 유다는 예수님을 은 삼십 냥에 팔아 넘겼으며,

베드로는 자기의 목숨을 부지하기 위하여 예수님을 부인했습니다. 그 둘은 수치스럽게 스승을 저버렸습니다. 그러나 실패 이후에 나타난 그들 각각의 반응은 이 두 사람의 자질에 대한 아주 중요한 차이를 나타냅니다. 유다는 가책에 사로잡혔으며, 베드로는 가슴 아프게 울었습니다. 유다는 그 돈을 되돌려 줌으로써 원상태로 되돌리려고 시도했습니다. 하지만 베드로는 회개하고 다시 예수님께로 되돌아갔습니다. 유다는 자살을 했으며, 베드로는 자기의 실패를 거울 삼아 용서받고 회복되었습니다.

실패는 가혹한 시련입니다. 베드로는 그 시련을 딛고 올라서서 교회의 가장 위대한 리더들 가운데 한 사람이 되었습니다. 그러나 유다는 결코 그 시련을 딛고 일어서지 못했습니다(3~5절).

∽ 막달라 마리아 ∽

막달라 마리아는 대단한 영광을 누린 여인입니다. 그는 부활하신 예수님을 맨 처음 본 사람이었습니다. 당시 제자들은 모두 예수님의 죽음 때문에 낙담에 빠져 있었습니다. 그들의 인생과 영원한 소망을 다 바친 운동이 끝장났던 것입니다. 적어도 막달라 마리아가 그 일이 이제 시작일 뿐이라는 사실을 알리기 전까지는 그랬습니다. 막달라 마리아는 예수님을 뵙고 예수님과 대화를 나누었습니다. 예수님은 친히 그녀에게,

제자들에게 가서 그분이 살아 계심을 전하라고 말씀하셨습니다(요 20:11~18).

어째서 막달라 마리아였을까요? 우리는 의아하지 않을 수 없습니다. 그녀는 복음서에서 거의 언급된 일이 없는 인물입니다. 그리고 언급됐다 할지라도, 한 그룹의 일원으로만 묘사되고 있습니다. 그런데 왜 막달라 마리아였을까요? 왜냐하면 그녀가 그곳에 있었기 때문입니다!

그렇지만 예수님이 자신을 계시하고자 하실 그 순간에, '우연히' 막달라 마리아가 그곳에 있었다고 해서 예수님이 자기의 부활을 그녀에게 알리셨다고는 볼 수 없습니다. 중요한 것은, 막달라 마리아는 예수님의 죽음과 장례가 진행되는 동안 '계속해서' 그분 곁을 지켰다는 것입니다.

다음 구절들을 한번 훑어 보기 바랍니다. 막달라 마리아는 예수님이 십자가에 달리실 때에 그곳에 있었습니다(마 27:56, 막 15:40, 요 19:25). 그녀는 요셉이 예수님을 십자가에서 내릴 때에도 그곳에 있었습니다(막 15:47). 그리고 요셉이 예수님을 무덤 속에 안치할 때에도 그곳에 있었습니다(마 27:61). 마리아는 또한 부활하셨던 날 새벽에도 무덤에 가 있었습니다(마 28:1, 막 16:1~2, 눅 24:1~10, 요 20:11). 그리고 다른 모든 사람들이 집으로 되돌아간 후에 그 놀라운 순간, 즉 막달라 마리아가 부활하신 그리스도를 만나는 순간이 왔습니다!

막달라 마리아는 주님을 향한 헌신과 신실함이 있었기 때문에 그 자리를 지킬 수 있었던 것입니다. 그러한 태도는 예수님을 따랐던 사람들 가운데서도 아주 드문 것이었습니다. 막달라 마리아는 언제나 그곳에 있었기 때문에 예수님이 나타나신 바로 그 순간 그 자리에 있었던 것입니다. 충성스럽고, 헌신적이며 언제나 한결같은 사람들에게는 특별한 일이 일어나는 법입니다!

바나바

멘토링은 핵심적인 리더십 기능 가운데 하나입니다. 잠재력 있는 젊은이를 분별해 그 젊은이를 양육하는 것이야말로 탁월한 리더가 발휘하는 핵심적인 역할입니다. 바나바가 바로 그러한 리더였습니다. 그의 본명은 요셉이었습니다. 바나바라는 별명은 '위로의 아들'이라는 뜻입니다(4:36). 사도행전에 있는 몇 가지 일화는 요셉이 이러한 별명과 명성을 얻게 된 이유를 설명해 줍니다.

첫째, 바나바는 다른 모든 사람이 바울을 의심하고 배척했을 때 그를 후원했습니다. 바울은 회심하기 전에 교회를 무너뜨리기 위해 혼신의 힘을 기울였습니다(9:1~2). 그가 회심한 이후에도, 그리스도인들은 과거와 같이 바울을 전염병 환자처럼 피했습니다. 바울이 교회에 소개될 수 있었던 것은 그를 "바나바가 데리고 사도들에게 갔기" 때문입니다(9:27).

그후에 바나바는 안디옥으로 가게 되었습니다. 그곳에 도착해서 바나바는 "모든 사람에게 굳건한 마음으로 주와 함께 머물러 있으라" (11:23)고 권면했습니다. 그의 감화력 있는 증언으로 많은 사람이 믿음을 가지게 되었습니다. 한 사람이 감당하기에 일이 너무 많아지자, 바나바는 바울을 다시 안디옥으로 데려와 함께 일하게 되었습니다.

후에 성령은 이 역동적인 팀을 선택하셔서 새로운 곳으로 교회를 확장시키는 일에 파송했습니다(13:2). 선교 여행은 매우 힘들었지만, 성공적이었습니다. 그러나 그 여행 도중에서 바울과 바나바의 관계에 심각한 영향을 미친 한 작은 사건이 발생했습니다. 젊은 팀원이었던 마가가 예루살렘으로 돌아가 버린 것입니다.

바울과 바나바가 2차 여행을 계획할 때 또다시 마가가 거기에 합류하게 되었습니다. 그러나 바울은 마가를 데리고 가기를 거부했고, 바나바는 두 가지 중 하나를 선택해야만 했습니다. 자신이 지지한 능력 있는 유망주와 함께 가느냐, 다른 사람들이 단념해 버린 한 어린 친구를 도와주느냐. 바나바에게 있어서 그 선택은 간단했습니다. 그는 자신의 지원과 격려와 육성이 필요한 사람들을 저버리지 않았습니다. 바나바는 마가를 데리고 구브로로 향했습니다(13:39). 그리고 사람들에게 잊혀졌습니다. 누가는 바울과 함께 선교여행을 다녔으므로 바울의 이야기를 기록하고 있습니다. 바나바가 마가에게서 뛰어난 점을 보았을까요? 그의 투자는 성공적이었을까요? 베드로는 마가를 '내 아들'이라고 언급함으로써 그렇다고 생각했습니다(벧전 5:13). 그리고 놀랍게도, 바울 역시 그의 삶의 막바지에 "마가를 데리고 오라 그가 나의 일에 유익하니라"(딤후 4:11)고 요청하게 되었습니다. 가장 중요한 것은, 하나님께서 바나바의 투자가 성공적이라고 생각하신 것입니다.

바나바는 유망주를 선택한 것이 아니었습니다. 그는 일찍이 자신이 헌신해야 할 곳에서 도망친 한 젊은이를 돌아보고 도와주어 그를 유망주로 키워 낸 것입니다. 위대한 멘토는 승자와 함께함으로써 승리를 얻지 않습니다. 그는 패자를 승자로 키워 냅니다. 하나님은 항상 그러한 일에 비전과 헌신을 품고 있는 리더를 찾으십니다. 이 세상은 인간관계를 통해 멘토링할 수 있는 사람이 절실히 필요합니다. 밥 클린턴(Bob Clinton)과 폴 스탠리(Paul Stanley)의 『인도: 삶으로 전달되는 지혜』를 읽고 이 중요한 관계를 위한 실제적인 도움을 얻으십시오.

∽ 스데반 ∾

오늘날의 커뮤니케이션(의사전달) 전문가들이 스데반이 한 설교(행 7장)를 읽는다면, 스데반이 잘못된 대상에게 잘못된 메시지를 전했다고 결론 내릴 것입니다. 결국 스데반은 연설을 마치자마자 성난 군중들의 난폭한 돌팔매질에 맞아 죽고 말았습니다. 그렇지만 연설은 청중의 즉각적인 반응으로 평가될 수 없습니다. 인기 여론 조사는 청중들의 반응은 측정할 수 있겠지만, 그 메시지가 의도한 목적을 달성했는지는 확인할 수 없습니다.

스데반의 설교는 효과적인 커뮤니케이션의 탁월한 예를 보여 줍니다. 첫째, 스데반은 하나님을 의지했으며, "은혜와 권능이 충만"했습니다(행 6:8). 그는 말과 행동으로 하나님을 대변했습니다. 사나운 청중들을 대하는 것이 쉬운 일은 아니었지만, 하나님의 성령께서는 스데반에게 힘을 주셨습니다.

둘째, 그의 얼굴은 그의 성품을 반영했습니다. 누가는 "그 얼굴이 천사의 얼굴과 같더라"고 기록했습니다(15절). 한번은 링컨 대통령이 한 지원자를 탈락시키면서 "나는 그 사람의 얼굴이 싫습니다"라고 말했습니다. 그의 관료 가운데 한 사람이 링컨 대통령에게 좀더 납득할 만한 해명을 요구하자, 링컨은 이렇게 대답했습니다. "사람은 누구나 나이 사십이 지나면 자기의 얼굴에 책임을 져야 합니다." 여러분의 나이가 사십을 넘겼든 아니든 간에, 링컨의 말은 기억할 만한 가치가 있습니다. 여러분의 얼굴은 여러분의 성품을 드러낼 것입니다.

셋째, 스데반은 자기가 할 말을 단도직입적으로, 그리고 열정적으로 전했습니다. 스데반은 성경이 기록한 내용을 종합적으로 개관하며 자기의 요점을 입증했습니다. 그는 사람들이 이성적으로 반응할 수 없을 만큼 효과적으로 공박했습니다. 그들은 스데반의 지적을 "능히 당하지" 못했습니다. 스데반의 대적자들은 증오심에 가득 차서 스데반의 입을 영원히 막으려 했습니다.

대부분의 의사전달자들은 청중들이 듣고 싶은 것이 무엇인지 결정한 후에 그 메시지를 전달하려고 합니다. 사실 효과적인 연설자는 청중이 원하는 것에 메시지 초점을 잘 맞추는 사람입니다. 그렇지만 최고의 전달자는 청중들이 들어야 할 메시지라면 그것이 인기를 끌지 못할지라도 전달하는 사람입니다. 스데반의 연설이 보여 주다시피, 인기 없는 메시지는 진실에 기초해야 합니다. 만약 그렇지 않으면 그 메시지도, 전하는 사람도 신뢰를 잃게 됩니다. 그러나 리더가 인기 없는 메시지를 전달해야 할 경우, 그 리더는 하나님의 성령을 통하여 힘을 얻을 수 있습니다.

스데반은 설교를 통해 의도한 바를 제대로 전달했습니까? 스데반의 설교는 회중 중 적어도 한 사람에게는 깊은 영향을 미쳤다고 사도행전을 기록한 누가는 말합니다(행 8:1, 9:1~19, 22:14~21). 게다가 스데반의 설교는 그 옳고 그름에 대한 최종 판결을 내리실 이를 미쁘게 해 그가 하늘 문을 열어 스데반을 맞이해 주셨음을 알 수 있습니다(행 7:55~56).

고넬료

교회가 최대의 장애물들 가운데 하나—유대교를 에워싸고 있는 문화적 장벽—에 가까이 다가가게 되면서, 하나님은 전략적인 역할을 수행할 특별한 리더가 필요했습니다. 어떻게 하면 지금까지 유대인들 일색이었던 교회로 이방인들을 이끌 수 있을까요? 어떻게 하면 이방인들이 갈릴리 출신의 교육받지 못한 뜨내기가 시작한 유대 종파에 매력을 느낄 수 있을까요? 이렇게 깊은 고랑을 건너가도록 누가 교회를 이끌 수 있을까요?

(베드로와 더불어서) 고넬료는 그 일을 감당할 수 있는 하나님의 사람이었습니다. 고넬료는 그가 속해 있었던 지역 사회에서 이방인들에게도, 그리고 유대인들에게도 존경을 받고 있었습니다. 사도행전 10장 1~2절과 22절을 함께 읽어 보십시오. 이 구절들은 고넬료의 탁월한 성품을 잘 그려 줍니다. 그는 강하고 부드러웠으며, 존경받고 사랑받았으며, 강력하되 다정다감했으며, 상식이 있는 리더이자 보살필 줄 아는 벗이었습니다.

고넬료는 오늘날의 단체 문화, 조직 문화에 적합한 사람이었을까요? 불행하게도 전형적인 리더십 유형은, 리더란 자기 부하들의 개인적인 사정에는 눈감고 있어야 한다고 말합니다. 그리고 은연중에 지배하고 있는 이러한 '법칙'을 무시하는 리더는 존경을 잃어버릴 위험을 무릅써야 합니다. 이러한 태도에 깔려 있는 전제는, 리더란 이끄는 자리이며 감정적인 영역은 리더들이 접근해서는 안 될 구역으로 남아 있어야 한다는 것입니다.

고넬료의 처신은 그러한 법칙을 일축해 버립니다. 그는 로마 군대의 백부장이었습니다. 신병훈련소의 훈련 교관처럼 거친 사내였습니다. 누가는 이 사람을 묘사하면서 몇 가지 상충적인 이미지를 늘어놓습니다. 첫째, 누가는 고넬료가 "이달리야 부대라 하는 군대의 백부장"이었다고 기록합니다(행 10:1). 누가의 기록을 읽었던 1세기의 독자들은 그 묘사를 읽으면서 거칠고, 거세고, 명령조의 권위적인 이미지를 연상하였을 것입니다. 그런 다음에 누가는 2절에서 대조적인 이미지를 그립니다. 전투에서 다져지고 세계에서 가장 거센 군사들을 이끄는 이 리더는 자기 가족들과 더불어서 기도하고 자선 기금을 내놓는 사람이었습니다.

그런 다음에 누가는 독자들에게 그의 세 번째의 특징, 겸손을 말합니다. 고넬료는 예루살렘 교회의 리더이자 헌신적인 유대인이었던 베드로를 자기 집으로 초대하였습니다(9~23절). 고넬료가 볼 때 베드로는 자기보다 사회적으로나 문화적으로 열등한 쪽에 속하는 사람이었습니다. 그럼에도 불구하고, 이방인 군대 리더의 집에 이 유대 종교 지도자가 들어갔을 때, "고넬료가 맞아 발 앞에 엎드리어 절하[였습니다]"(25절). 고넬료와 베드로의 만남을 통해, 신생 교회는 도저히 넘기 어렵게 여겨지던 문화적 장벽을 훌쩍 뛰어넘게 되었으며, 그리하여 첫 이방인 교회가 개척되었습니다.

리더의 역할이 어려울수록 성공적인 리더 역할을 해낼 수 있는 사람은 많지 않습니다. 그런 점에서 고넬료는 훌륭한 리더였습니다. 기도 모임에서 그랬던 것처럼 전장에서도 효과적인 리더십을 발휘했으며, 이교도 병사와 유태인 시민 모두로부터 존경 받았고, 가족을 등한시 않으면서도 자신이 이끄는 군대를 잘 훈련하는 리더십을 보여 주었습니다.

현실적인 CEO가 따뜻한 아내이자 어머니가 될 수 있을까요? 적극적이며 효율을 따지는 경영자, 관리자가 동시에 가정에서 사랑이 많은 남편과 아버지가 될 수 있을까요? 고넬료와 같은 사람들은 "안 될 이유가 무엇입니까"라고 반문합니다. 이런 사람들은 강함과 부드러움의 균형을 유지하고 있습니다. 이런 사람들은 존경을 받고, 존경합니다. 섬김을 통하여 이끌어 가며, 모든 상황 가운데서도 자신의 성실함을 유지합니다. 그러한 리더들은 일터나 가정이나 교회에서와 마찬가지로 모든 상황에서 언제나 똑같이 헌신적이며, 인정 많은 사람입니다.

브리스길라와 아굴라

브리스길라와 아굴라는 어디를 가든지 다른 사람들을 충성스럽게 양육하고 훈련했습니다. 그들은 아마도 초대 교회에서 가장 잘 알려진 '평신도 지도자들'이었을 것입니다. 그들은 천막 짓는 일을 업으로 삼아서 고린도로 이사했습니다. "글라우디오가 모든 유대인을 명하여 로마에서 떠나라"고 포고령을 내렸기 때문이었습니다(행 18:2). 바울은 그들을 고린도에서 만났으며, 그곳에서 사역하는 동안 그들의 집에 머물면서 동역했습니다. 얼마 후에 바울은 브리스길라와 아굴라를 동반하고 고린도를 떠나 에베소에 도착하였습니다(18~19절). 바울은 그곳에 잠시 머물렀지만, 브리스길라와 아굴라는 에베소에 정착하였습니다(19~21절).

바울이 떠나간 후에, 또 다른 "언변이 좋고 성경에 능통한 자"가 에베소에 도착하였습니다(24절). 그들은 고린도에서 바울과 우정을 쌓

앉듯이, 에베소에서는 아볼로와 우정을 쌓았습니다. 그들은 아볼로와 그저 친하게 지내는 것 이상의 일을 했습니다. "브리스길라와 아굴라가… 데려다가 하나님의 도를 더 정확하게 풀어 이르더라"(26절). 이 부부가 아볼로의 지식과 신앙과 사역에 기여한 덕에 아볼로는 더 잘 준비되어 아가야로 갔습니다(27~28절).

바울은 그가 사역하는 동안 여러 번 공개적으로 이 부부를 인정했습니다. 그는 고린도에서 에베소에 편지를 쓰면서, 브리스길라와 아굴라와 "그들의 집에서 모임을 갖고 있는 교회"의 따스한 안부를 전하였습니다(고전 16:19). 이 부부는 섬김을 실천하였으며, 하나님 나라를 확장하는 사역에 깊은 열망을 가지고 있었습니다. 바울은 로마 교회에 편지를 쓰면서, 이 부부의 친절한 환대뿐만 아니라 그 이상의 일에 대하여 그들을 칭찬했습니다. "너희는 그리스도 예수 안에서 나의 동역자들인 브리스가와 아굴라에게 문안하라 그들은 내 목숨을 위하여 자기들의 목까지도 내놓았나니 나뿐 아니라 이방인의 모든 교회도 그들에게 감사하느니라"(롬 16:3~4).

조용하고 신실한 평신도 리더들, 자생적으로 풀뿌리 정치 조직을 일구어 내는 사람들, 청소년 리더들, 각 알코올중독치료소의 담당자들 등, 나열하자면 끝이 없습니다. 이러한 사람들이 바로 음지에서 세계를 위해 일하는 리더들입니다. 자원봉사 조직들과 비영리 단체들은 그러한 사람들이 없이는 운영될 수 없습니다. 게다가 예수님은 그와 같은 평신도 리더십의 겸손하고 숨은 노력이 있어야만 효과적으로 움직일 수 있도록 자기의 교회를 설계해 놓으셨습니다.

바울

전 세계에 복음을 전파하기 시작한 사람은 단연 바울입니다. 사도행전 13~21장에는 하나님의 택하심을 받은 바울의 활발한 사역이 기록되어 있습니다. 바울은 그의 많은 서신들을 통해 자신의 개성과 헌신, 가치를 보여 줍니다. 이 사람의 엄청난 전기를 요약하려는 시도조차도 무리일 것입니다.

우리의 초점을 좁혀서 리더로서의 바울에 집중한다 해도, 그 주제 역시 간단히 다루기에는 너무 거대합니다. 성품, 윤리, 비전, 의사전달, 멘토링, 영향력, 섬김 등 그가 거론하지 않거나 모범이 되지 않는 주제가 하나라도 있습니까? 그러므로, 여기에서는 초점을 더 좁혀서 바울이 그처럼 막대한 영향력을 행사할 수 있었던 이유를 찾아보도록 하겠습니다. 우리는 리더십을 공부하는 사람들로서, 우리가 이끄는 조직을 만들고 세우는 능력을 키우기 위해 바울로부터 무엇을 배울 수 있습니까?

바울이 효과적으로 리더십을 감당할 수 있었던 이유는 바울의 등 뒤에서 그를 밀고 있는 힘이 있었기 때문입니다. 겉으로 보기에 이 대답은 아주 위험한 답변입니다. 만약 그것이 대답의 전부라고 한다면, 우리는 그가 떠밀려서 일했다고 생각할 수 있습니다. 하지만 사실은 바울이 무엇에 의하여, 누구에 의하여 떠밀렸는가 하는 것을 살펴본다면 그의 열정과 초점의 핵심을 알 수 있습니다. 아주 많은 구절들이 바울의 성품을 언급하고 있지만, 그 가운데서도 빌립보서 3장은 그를 밀고 나가는 추진력에 대하여 말하고 있습니다. 이 장을 "바울의 삶의 초점이 무엇이었는가?"에 초점을 두어 읽기 바랍니다. 그다음에 바울의 삶에서 바울을 밀고 나갔던 열정을 2장 13~14절에서 검토하십시오.

자신의 길에 대해 기도하는 마음으로 이 말씀을 읽는 리더라면 열정적인 리더십에 대해 많은 것을 배울 수 있을 것입니다. 바울의 열심은 그가 바라보는 목적에서 비롯되었습니다. 그리고 그의 목적은 삶을 밀고 나가는 추진력이 될 정도로 거대했습니다. 빌립보서 3장은 자신의 삶을 열정적으로 가동시키기를 원하는 리더들을 위한 통찰과 원리들로 가득 차 있습니다. 열정이 없는 리더십은 비열정적일 뿐만 아니라 '반(反)열정적'이라는 사실을 기억하십시오!

그는 그리스도의 소명을 성취하겠다는 열정으로 교회들을 개척했습니다. 교회를 개척하여 사람들을 세워 주는 소명을 받은 리더든, 사무실이나 작은 공장, 혹 교실이나 가정을 관리하고 경영함으로써 사람들을 세우는 소명을 받은 리더든 간에, 그 부르심의 열정은 동일한 곳에서 나옵니다. 그것은 단순히 한 일자리에 대한 부르심이 아니라 한 사람의 삶에 대한 하나님의 청구권을 성취하라는 부르심입니다.

어떤 리더십이든지 가장 중요한 것은 그 사람을 밀고 나가는 핵심 가치들입니다. 바울의 핵심 가치들은 빌립보서 3장에 기술되어 있습니다. 바울이 밖으로 보여 주었던 그 모든 열정과 헌신과 희생(고후 6:3~10, 11:16~29)은 자신의 내면에 있었던 이 핵심 가치들에 의해 움직인 것입니다.

성공하고자 하는 리더라면 누구나 리더십 기술을 주목해야 합니다. 그러나 위대한 리더십 기술과 기량이 있다 할지라도 마음이 비어 있다면 위대하거나 효과적인 결과를 낼 수 없을 것입니다. 사실 바울의 비밀은 전혀 비밀이 아닙니다. 그는 자신의 리더십이 성공한 비결을 우리에게 들려줍니다. 빌립보서 3장을 다시 읽어 보십시오.

디모데

성경에서 디모데는 전형적인 리더십 위치에는 어울리지 않는 사람으로 나타납니다. 우리가 아는 바에 따르면, 그는 소심하였으며, 약간 약골에 아마도 자신의 소명에 소극적이었던 것으로 보입니다. 그러나 바울은 디모데의 천성적인 소심한 성향에도 불구하고 그의 리더로서의 잠재 능력을 간파하고 편지를 썼습니다(딤후 1:7).

디모데는 바울의 믿음과 제1차 선교 여행 기간의 고난에 대한 증인이었습니다. 아마도 그 시기에 디모데가 개종하였던 것으로 보입니다. 그후에 사도 바울은 디모데에게 개인적인 깊은 관심을 보였습니다. 제2차 선교 여행을 떠나면서, 바울은 디모데에게 특별한 임무를 맡기고 복음을 위하여 함께 일하는 동역자로 세웠습니다(딤전 1:18, 4:14, 딤후 1:6). 바울은 디모데에게 데살로니가 지방에서 박해를 당하고 있었던 그리스도인들을 격려하는 임무를 맡겼으며(살전 3:2, 6), 고린도에서 사역하면서 자기와 함께 일하도록 했습니다(고후 1:19). 또한 고린도에 여러 번 다녀오도록 했으며, 제3차 선교 여행 동안에도 함께 사역했습니다(행 20:4).

바울과 사역하는 내내 디모데는 자기의 진면모를 보여 주었습니다. 바울은 그를 "믿음 안에서 참 아들 된 디모데"(딤전 1:2)로, "주 안에서 내 사랑하고 신실한 아들 디모데"(고전 4:17)로 여겼습니다. 이 젊은이는 자기의 천성적인 제약을 극복하고 교회의 중요한 리더들 가운데 한 사람이 되었습니다. 그에게 있는 리더십의 자질(빌 2:19~22)은 그의 육체적인 약점들을 훨씬 능가했습니다.

디모데에게 적용된 진리는 오늘 우리에게도 해당됩니다. 품성과 성실한 노력은 리더라면 누구에게나 본질적으로 필요한 사항입니다. 하나님은 키가 훌쩍 크고 잘생기고 말 잘하고 혹은 카리스마가 넘치는 사람들을 리더로 찾으시는 것은 아닙니다. 그러므로, 디모데는 스스로를 리더가 될 수 없다고 생각하는 소심한 사람들과, 충분히 할 수 있다고 생각하는 카리스마를 지닌 사람들을 포함한 모든 리더에게 본보기가 됩니다.

디도

디도는 디모데와 마찬가지로 사도 바울의 동역자 가운데 한 사람이었습니다. 그리고 디도 역시 디모데처럼 바울에게 믿음 안에서 "나의 참 아들"이라는 말을 들었습니다(딛 1:4). 그러나 디모데와는 달리 디도는 수완가였으며, 열정적인 리더였고, 힘든 업무도 열심히 감당하는 사람이었습니다.

바울이 디도에게 보낸 간단한 편지에서 이 이방인 개종자가 바울을 위해서 한 일을 간단하게 볼 수 있습니다(5절). 디도는 바울이 이끄는 사역 팀에서 탁월한 멤버였습니다. 그는 마치 농구 팀에서 정확한 타이밍과 효과가 필요할 때 그 일을 해내는 의욕적인 적임자였습니다. 바로 그런 이유 때문에 바울은 디도를 자기의 대변인으로 삼아 고린도로 보내어 유대 지방에 있는 교회를 위한 모금을 감당하도록 했으며 후에 그 일을 끝마치도록 다시 파견하였던 것입니다(고후 8:6, 16). 이 모든 일에는 외교적인 수완과 확고한 의지가 있는 사람이 필요했습니다.

바울은 디도를 신뢰하였으며, 그를 "나의 동료요, 너희를 위한 나의 동역자"라고 했습니다(23절). 사도 바울은 디도의 품성이 믿을 만하며, 자신이 섬겨야 할 사람들을 이용할 사람이 아니라는 사실을 알고 있었습니다. 바울과 디도가 한 팀을 이루어서 일을 했기 때문에, 사도 바울은 고린도 교인들에게 자신 있게 "내가 디도를 권하고… 보내었으니 디도가 너희의 이득을 취하더냐 우리가 동일한 성령으로 행하지 아니하더냐 동일한 보조로 하지(동일한 코스를 따르지) 아니하더냐"라고 말할 수 있었던 것입니다(12:18).

바울에게 자기를 신실하게 대변해 줄 리더가 절실하게 필요했을 때, 그는 자기 사역 팀 가운데서 한 사람을 파송했습니다. 만약 그가 강한 팀을 훈련해 놓지 않았더라면, 자기가 직접 가야 했거나 그 일을 이루지 못했을 것입니다. 여러분은 리더로서 어려운 임무를 감당하도록 파송할 만한 사람들을 훈련하고 있습니까? 여러분에게는 디도와 같이 믿을 만한 사람이 있습니까? 오직 신임받는 멤버만이 힘든 상황을 이길 수 있을 것입니다. 팀이 없다면, 아무 일도 할 수 없습니다.

야고보

야고보는 예루살렘 교회의 중추적인 리더였습니다. 그의 명성과 서신을 살펴보면 그가 섬기는 마음과 성실함을 갖춘 리더였음을 알 수 있습니다. 그는 강직하되 공정하고 경건한 사람이었습니다. 사람들은 힘든 결정들을 내릴 때 야고보가 리더로서 결정을 내려 주기를 바랐습니다.

그렇기 때문에 예수님의 동생 야고보가 오랜 시간 동안 주님을 믿지 않았다는 점은 놀라운 사실입니다. 복음서의 마지막 대목에서도 그는 여전히 의심하고 있습니다(요 7:5). 예수님은 부활하신 다음에 야고보에게 나타나셨다는 말이 있지만, 그에 대한 야고보의 반응은 전혀 알 길이 없습니다(고전 15:7). 바울은 자신이 기독교로 개종한 지 삼 년이 지난 뒤에, 예루살렘에서 야고보를 방문하였습니다(갈 1:18~19). 그때 이미 야고보는 교회의 확고한 리더가 되어 있었습니다.

예루살렘 공의회에 야고보가 참여하였다는 것은 초대 교회 리더들에게 미친 그의 영향력을 보여 줍니다. 바울과 바나바 그리고 "바리새파 중에 어떤 믿는 사람들"(행 15:5) 사이에 열띤 논쟁이 벌어지자, "야고보가 대답하여"(13절) 해결책을 제시하였습니다. 그리고 모두 야고보의 제안에 따라 사람들을 인선했습니다. 논쟁이 끝났던 것입니다!

어떻게 해서 한 개인이 그러한 위치를 차지할 수 있었을까요? 야고보는 예수님의 사도가 아니었습니다. 그는 예수님의 형제였습니다. 물론 그 사실은 그의 명성에 영향을 미쳤을 것입니다. 그러나 예수님에게는 다른 세 동생들이 있었습니다. 야고보의 권위를 단지 예수님의 동생이었다는 지위상의 권위로 일축하는 것은 단견입니다. 그렇지 않았습니다. 야고보는 그의 개인적인 온전함 때문에 신임받았으며 존경받았습니다.

야고보의 리더십을 통찰하기 위해서는 그의 서신서를 살펴보아야 합니다. 첫째, 우리는 그가 현실주의자였음을 발견합니다. 그는 힘들고 어려운 시기에 어떻게 대처해야 하는지 제시하며 편지를 시작합니다. 하나님은 고난을 사용하셔서 자기 백성들을 성숙케 하시기 때문에, 시련 가운데서도 기뻐하라고 격려할 수 있는 사람은 오직 그러한 시련들을 통과해 낸 사람입니다. 그의 편지를 읽는 사람들은 그가 이미 그런 일을 겪었다는 사실을 알고 있었습니다.

야고보서의 각 대목을 읽으면서, "이런 내용을 쓰는 사람은 과연 어떤 사람인가?"를 자문해 보십시오.

진지한 리더라면 이런 식으로 야고보의 글을 검토하면서 읽어야 할 것입니다. 왜냐하면, 각 장의 각 대목은 그것을 쓴 이의 지혜와 관심과 온전함을 투명하게 보여 주고 있기 때문입니다.

야고보의 영혼을 들여다볼 수 있는 진짜 창문은 야고보서 2장 14~26절입니다. 거기에서 야고보는 자신이 언급하는 모든 이슈들에 관하여 자신의 기본적인 관점을 설명합니다. "행함이 없는 네 믿음을 내게 보이라 나는 행함으로 내 믿음을 네게 보이리라"(약 2:18)는 야고보의 말은 사려 깊은 리더라면 누구나 도전을 받을 것입니다.

야고보의 섬김이 바울에게 매우 중요했던 이유가 있었으며, 바울이 야고보를 교회의 '기둥'이라고 불렀던 이유가 있습니다. 야고보가 그처럼 신속하게 교회 리더십의 정상에 올랐던 까닭이 있었으며, 논란이 분분하였던 쟁점에 대한 그의 말이 논쟁을 종식시킬 수 있었던 까닭이 있습니다. 그것은 그의 성품입니다.

야고보는 아주 진실한 성품을 가지고 있었습니다. 사람들은 야고보의 그러한 자질을 흠모하였으며, 존경했습니다. 야고보는 흠 잡을 데 없이 성실한 사람이었기 때문에 리더의 역할을 감당할 수 있었던 것입니다.

베드로

복음서는 베드로에 대해 두 가지 인상을 남기고 있습니다. 첫째는 그가 때때로 우스꽝스러울 정도로 충동적인 인물이었다는 사실입니다. 그는 두 번이나 옷을 입은 채 배 위에서 바다로 뛰어내렸습니다. 그는 예수님께 따지기도 했으며, 차례를 무시하고 나서기도 했으며, 필요 이상의 에너지와 창의력을 발휘했습니다. 그러나 이러한 에너지와 창의력이 베드로의 두 번째 인상의 기반이 되었습니다.

베드로는 제자들의 비공식적 리더였습니다. 그는 종종 제자들의 대변자로 나섰으며, 예수님의 '측근'에 속하는 세 사람 중 하나였습니다. 예수님이 떠나가신 후 제자들은 베드로를 바라보며 그의 지시를 기다렸습니다. 초대 교회 시절을 기록한 누가에 따르면, 베드로의 지위는 의심할 여지가 없습니다.

젊은 리더에게는 흔히 상충되는 자질들이 혼재하는 것을 발견할 수 있습니다. 아마 이것을 '높은 정신적 에너지'라고 말할 수도 있을 것입니다. 베드로는 언제나 행동을 염두에 두고 생각했습니다. '질문'을 들었을 때는 즉시 '대답'을 떠올렸고, '문제'를 보면 '해답'을 강구했으며, '선택의 기로'에 섰을 때는 '결단'을 생각했습니다. 그러나 그의 성품이 부정적으로 작용할 때도 있었습니다. '침묵'하라는 말을 들었을 때는 '말'할 것을 생각했고, '의견 불일치'에 부딪혔을 때는 '싸움'을 생각했으며, '잘못'을 발견했을 때는(적어도, 자신이 잘못이라고 생각했을 때는) '시정'을 생각했습니다. 그러나 그 상황이 어떠했든, 그는 바로 그 순간에 생각했으며 그의 생각을 반드시 행동으로 옮겼습니다.

베드로는 젊었을 때 무절제하게 행동했습니다. 그래서 베드로의 대답과 해결책, 결단과 말들을 보며 때때로 실소를 금치 못하기도 합니다. 종종 그의 행동은 상황에 민감하지 못하고 미성숙해 보일 때도 있었습니다. 그러나 다른 위대한 리더들과 마찬가지로, 베드로는 자신을 뛰어넘었습니다. 예수님의 가르침을 통해, 베드로의 활동적인 성격은 성숙해 나갔으며, 그는 좀더 경건한 성품을 계발하게 되었습니다. 이러한 성숙함은 그의 사고 체계를 형성하기 시작했습니다. 그는 결단하는 것을 두려워하지 않았기 때문에 리더가 되었고, 그의 경건한 인격은 그가 내린 결정에 중대한 영향을 미쳤습니다.

너무나 신중해서 좀처럼 행동하지 않는 리더를 섬기고 있는 사람이라면, 베드로의 신속한 대응을 부러워할 것입니다. '우유부단함'을 미덕으로 여기는 조직에서 일하는 사람이라면 사람들이 베드로를 따르는 이유를 이해할 것입니다. 복음서를 따라 베드로의 삶을 추적하고 그의 서신서에서 흘러나오는 성숙한 음성을 듣다 보면, 낙관적이고, 열정적이며, 대단히 지적이지만, 실천을 중시하는 그의 자질을 인정하게 될 것입니다. 실제로 마가복음은 예수님을 행동의 사람으로, 즉각적인 사람으로 그리고 있습니다 (많은 학자는 마가복음이 베드로가 불러 주는 것을 마가가 받아 적은 글이라 추측합니다). 마가복음의 16개 장에는

'즉시로'라고 번역된 헬라어가 42회나 사용되었습니다.

교회가 움직이고 있을 때, 로마와 유대의 지도자들이 교회를 반대하고 있을 때, 그리스도인들이 믿음으로 말미암아 순교를 당하고 있을 때, 누군가는 성령님의 인도를 받아 신속하게 결정을 내려야만 했습니다. 교회가 헬라어권 유대인들을 받아들이고, 그다음으로 사마리아인들을, 그 지역의 이방인들을, 소아시아 사람들과 헬라인들과 로마인들을 받아들이기 위해 문화적인 장벽을 뛰어넘어야 할 때, 이 연약한 조직이 와해될 만한 온갖 문제가 발생했으리라는 것을 쉽게 추측할 수 있습니다. 베드로는 의견 충돌과 다툼, 심지어 잘못된 결정이 불러오는 위협도 견딜 수 있는 자질을 지녔기 때문에, 행동하기를 두려워하지 않았습니다. 부주의하지도 않았고, 전진하기를 주저하지도 않았습니다. 그의 리더십 아래에서 교회는 사명을 감당할 수 있었습니다. 베드로는 중대한 결단을 내리는 리더였습니다.

요한

예수님이 요한과 그의 형제 야고보에게 "우레의 아들"(보아너게)이라는 별명을 붙여 주신 것을 보면, 분명 그들은 쉽게 흥분하고 질투가 심하고 성급하며, 예측하기 어려운 사람들이었을 것입니다. 그리고 예수님의 나라에서 가장 높은 자리에 오르고 싶어 하는 욕심으로 보아, 특권에 대한 이기적인 야망과 동시에 예수님의 사역에 전적으로 동참하고 싶은 열정도 있었던 것으로 보입니다.

요한은 주님과 함께하였으며, 다른 어느 누구보다도 가까이에서 주님을 따랐습니다. 아마도 이 때문에 예수님이 세 제자들(야고보와 베드로 포함)을 측근에 두셨던 것이 아닐까 생각됩니다. 요한은 분명 예수님이 사랑하셨던 제자였습니다(요 13:23). 그는 마지막 만찬에서 예수님에게 기대고 있었으며, 예수님의 모친 마리아를 돌보라는 부탁을 받았으며, 부활의 아침에 무덤으로 달려 갔으며, 부활하신 예수님이 나타나셨던 여러 자리에 있었습니다.

예수님의 승천 후에도, 주님에 대한 요한의 헌신은 결코 흔들림이 없었습니다. 그는 초대 교회에서 결정적인 리더십을 보여 주었으며, 적대적인 유대 지도자들에게 용감하게 맞섰습니다(행 4:13). 그는 수년 동안 예루살렘 교회의 기둥들 중의 하나로 섬겼으며(갈 2:9), 소아시아의 여러 교회들을 관장했습니다. 그후에 그는 그리스도를 활발하게 증거했다는 죄목으로 밧모섬에 유배되었습니다. 그곳에서 그는 계시록에 있는 환상(비전)들을 받아 기록했습니다. 권위 있는 이야기에 따르면 후에 그는 에베소에서 계속해서 사역을 감당하다가 그곳에서 늙어서 죽었다고 합니다.

요한은 중요한 원칙 하나를 모범적으로 보여 주었습니다. 그는 아주 나이 들어서 세 편의 편지와 계시록을 썼습니다. 그는 자기 형제 야고보와 자기의 옛 동지들이 그리스도라는 대의를 위하여 순교 당하는 것을 목도했습니다. 그는 소아시아의 해변에 있는 거친 외딴 섬에 유배당하기도 했습니다. 그는 고통받고 박해받고 있었던 교회에게 편지를 썼습니다. 그는 교리적인 문제와 인간관계의 갈등에 개입하였습니다. 그러나 그는 결코 포기하지 않았습니다. 그는 신실하고 위엄 있게 그 경주에 참여하였으며, 멋지게 끝맺었습니다.

요한은 큰 회의를 주관할 때든지, 대의를 위하여 매맞을 때든지, 교리 문제로 편지를 쓰고 있을 때든지, 고군분투하는 교회에게 격려를 보낼 때든지, 혹은 유배지에서 홀로 바위 위에 앉아 있을 때든지, 한 사람의 리더였습니다. 이러한 도량을 지닌 리더들에게는, 직책이나 지위나 상황이 아무런 문제가 되지 않습니다. 그러한 리더들은 평생 지도자로서 살아갑니다. 그래서 그들은 평생 이끌어 갑니다. 그리스도를 친밀히 따르는 사람들은 위축되거나 타협될 수 없는 리더십을 소유합니다.

4부

성경 권별 리더십 스터디

창세기

창세기의 네 족장들(아브라함, 이삭, 야곱, 요셉)은, 참된 리더는 반드시 하나님의 부르심을 받고 하나님에 의해 준비되어야 함을 잘 보여 줍니다. 이 준비 과정은 매우 고통스럽지만, 하나님이 사용하시는 리더는 뛰어난 성품과 믿음을 지닌 사람입니다.

***

● 등장인물

아브라함은 용기 있는 믿음을 갖고 그 믿음을 기꺼이 실행함으로써 하나님께 신뢰를 얻은 리더였습니다. 비록 완벽한 사람은 아니었지만, 아브라함은 성경 안에서 "하나님의 벗"(약 2:23)이라 불렸던 극소수의 리더 가운데 한 사람이었습니다.

야곱은 속이기를 잘하고, 이기적인 술수의 명수로서 자기 형의 장자권을 빼앗은 사람이었습니다. 그런데 하나님이 그와 씨름하여 그를 바닥에 쓰러뜨리셨을 때, 비로소 야곱은 자기의 삶에 하나님의 통제가 필요함을 깨닫게 되었습니다.

요셉은 야곱이 가장 애지중지하는 아들이었으며, 응석받이로 자란

버릇없는 사춘기 청소년이었습니다. 요셉은 우쭐댐으로써 형제들의 반감을 샀고, 결국 애굽에 노예로 팔려나가게 되었습니다. 그러나 그는 겸손히 하나님의 손길에 자신을 내맡겼으며, 결국 애굽의 강력한 리더가 되었습니다.

◉ 리더십 핵심구절

6:22 하나님을 향한 우리의 순종은 무조건적이어야 한다.
14:21~24 아브라함은 섬기는 리더십의 참된 모델이 되었다.
25:29~34 에서의 우선순위에는 근본적으로 문제가 있었다.
39:1~40:23 요셉의 타협 없는 신실함은 모든 리더들의 모델이 되었다.
49:10~11 이 메시아에 관련된 구절은 궁극적인 섬김의 리더가 이르러야 할 길을 가리키고 있다.

출애굽기

하나님이 모세를 자기 백성의 구원자로 일으키시는 출애굽의 스토리를 통해, 효과적인 리더십을 발휘하기 위해서는 하나님을 향한 단호한 순종, 정확한 타이밍, 명확한 의사소통 및 기꺼이 리더십의 짐을 다른 이들과 함께 지려는 자세 등이 필요하다는 사실을 알 수 있습니다.

***

● **등장인물**

미리암은 여선지자, 시인 그리고 이스라엘의 리더로서 효과적인 의사전달자였습니다. 그러나 이러한 강점은 곧 약점이 되기도 했습니다. 미리암이 자기 동생 모세의 권위를 시기하여 비판했던 것입니다. 하나님은 그녀의 반항적인 태도를 즉시 징벌하셨습니다. 만약 모세가 그녀를 대신해 중재에 나서지 않았었다면 그녀는 죽음을 면치 못했을 것입니다.

이드로는 모세의 장인이었으며, 미디안에서 널리 존경받았던 리더였습니다. 그는 반감을 불러올 수 있는 상황을 감수하고 권한 위임과 책임감을 부여할 수 있는 지혜로운 계획을 조언함으로써, 모세의 스트레스를 경감시켜 주고 이스라엘 백성들을 위한 목적과 지침을 제공했습니다.

브살렐과 **오홀리압**(35:30~36:1)은 한 팀이 되어 일했으며, 장인의 솜씨를 하나님으로부터 부여받았습니다. 그들은 이스라엘의 여러 장인들을 지휘하여 회막과 부속품을 건축하였습니다.

◉ 리더십 핵심구절

6:9~13 훼방은 비전을 망친다. 그러나 성령의 권능을 받은 리더십은 훼방을 이겨 낸다.

18:13~27 이드로가 모세에게 조직을 짜고, 우선순위를 세우고, 리더십을 계발하고, 권한을 위임, 이양하고 자원을 관리하는 일에 관하여 시의적절하게 충고한다.

39:42~43 탁월함을 끊임없이 추구하는 것이 보상받는 최상의 길이다.

레위기

레위기는 리더십이 하나님 및 다른 사람들과 우리가 맺고 있는 모든 관계에 연결되어 있음을 가르쳐 줍니다.

***

● 등장인물

아론은 이스라엘의 첫 대제사장으로서, 모세가 바로에게 이스라엘 백성들을 애굽으로부터 내보내 달라고 요구했을 때 모세의 대변인 역할을 했던 사람입니다. 아론은 충성을 호소했지만, 부정적인 여론을 두려워하여 하나님의 법에 반역하는 이스라엘 백성들에게 우상을 만들어 주었습니다.

나답과 **아비후**는 불순종에 대한 하나님의 응징을 대수롭지 않게 여겨 자기들의 목숨을 잃게 되었습니다. 나답과 아비후는 아론의 장자들로서 이스라엘 백성들을 예배하도록 인도하는 데 필요한 기술을 배웠습니다. 그러나 결정적으로 그들의 리더십에는 경건한 성품의 토대가 없었기 때문에 하나님은 그들의 직책을 **빼앗으셨습니다**.

이다말은 아론의 막내 아들로서 충성이 성공적인 리더십의 본질적인 요소임을 보여 주었습니다. 하나님은 이다말의 충성을 보시고 그를 광야 생활 동안 모든 레위 족속의 리더로 삼으셨습니다. 하나님은 충성을 결코 간과하지 않으십니다.

◉ 리더십 핵심구절

10:1~3 순종하는 리더십에 대한 하나님의 요청을 가볍게 여겨서는 안 된다.
19:11~18 이 다양한 율법들은 언제 어디서나 하나님을 따라가는 사람들에게 적합하다.
26:3~17 이 구절들은 하나님이 순종에는 보상하시고, 불순종에는 징계하신다는 원리를 보여 준다.

민수기

하나님이 우리에게 명령하신 일을 신뢰하지 않는다면 결국 잠재력이 억제되는 결과가 생겨납니다.

***

● 등장인물

엘르아살은 아론의 아들로, 아버지 아론이 죽자 대제사장직을 맡게 되었습니다. 그 자리는 이스라엘 가운데서 가장 눈에 잘 띄며 힘든 자리 가운데 하나였습니다. 그렇지만 엘르아살의 곁에는 경건한 멘토들과 좋은 모범이 되는 이들이 많이 있었습니다. 그들은 이스라엘 백성들이 약속의 땅에 들어갈 때까지 엘르아살이 성공적으로 직분을 감당하도록 도와주었습니다.

발람은 자기의 이익을 위하여 고의적으로 원칙을 저버린 사람입니다. 모압 왕으로부터 이스라엘을 저주해 달라는 부탁과 함께 뇌물을 받은 발람은 어리석게도 하나님이 그 일에 반대하신다는 사실을 알면서도 그 계략을 시도했습니다.

고라는 존경받는 레위인이었지만, 하나님이 임명하신 리더에게 반역했습니다. 결국 고라는 죽음으로 처벌받았습니다.

슬로브핫의 딸들은 이스라엘 유업의 전통에 도전했던 사람들입니다. 그들은 용기를 내어 자신들의 형편을 이야기했고, 이 일을 아주 슬기롭게 처리했습니다(27장). 그래서 그들은 다른 모든 이스라엘 여성들의 선례가 되었습니다.

◉ 리더십 핵심구절

1:1~2:34　이 단락은 이 책의 나머지 아홉 개의 장들과 더불어서 질서정연한 조직적 기능에 대한 하나님의 관심을 반영한다.

14:1~30　여호수아와 갈렙의 믿음과 용기는, 성령의 권능을 받아 용감하며 비전 있는 리더십을 발휘한 본보기가 된다(특히 14:5~10).

20:1~13　모세까지도 인내심을 잃고 하나님을 의지하는 데 집중하지 못했다.

신명기

리더가 하나님이 주신 목적을 성취하려면, 그에 앞서 하나님의 진리에 사로잡히고 그 진리에 전적으로 헌신해야 합니다.

***

● **등장인물**

모세는 역사상 가장 위대한 리더 가운데 한 사람이었습니다. 애굽의 궁정에서 받은 훈련은 그가 리더십을 형성하는 데 많은 영향을 미쳤지만, 모세의 반항적인 본능들은 몇 가지 심각한 잘못을 초래했습니다. 세월에 깎이고 하나님께 순종하게 되면서 모세의 본성은 순화되었습니다. 그리하여 모세는 하나님이 임명하신 리더로서 이스라엘 백성들을 애굽에서 이끌어 내어 약속의 땅으로 인도하는 일을 성공적으로 감당하게 되었습니다.

여호수아는 모세에게 가장 신임받았던 조력자였으며, 마침내 모세의 계승자가 된 사람입니다. 그는 탁월한 군사 전략가로서 가나안에 침투했던 정탐꾼들 가운데 한 사람이었습니다. 오직 그와 갈렙만이 대다수의 보고에 반대 의견을 내고 하나님의 명령에 순종하여 가나안 땅을 점령하자고 말했습니다(민 13~14장). 모세가 죽자, 여호수아는 그 백성들을 권하여 하나님을 섬기자고 말하고 그들을 이끌어 요단강을 건너 약속의 땅으로 들어갔습니다.

◉ **리더십 핵심구절**

5:1~22 모세가 하나님의 계명을 선포하다.
16:18~20 이 구절들은 그 당시는 물론이고 지금도 정의를 세워 나가려는 리더들에게 시의적절한 권면이 되고 있다.
34:1~12 하나님이 아브라함과 이삭과 야곱에게 하신 약속들을 성취하기 위해 선택하신 리더인 모세의 경력을 정리한 내용이다.

여호수아

경건한 리더들은 역경을 통해 발전하며, 역경에 의해 연단을 받습니다. 그래서 경건한 리더들은 안락을 바라기보다는 용기를 가져야 하며, 성품을 다듬는 데 전념해야 합니다.

***

● **등장인물**

여호수아는 이스라엘의 새로운 리더가 되었습니다. 그는 리더가 되자마자 만만치 않은 임무를 맡았습니다. 하나님은 여호수아를 부르셔서 유목민 부대를 이끌어 가나안의 강력한 요새들을 무너뜨리라는 임무를 맡기셨습니다. 하나님은 여호수아를 격려하시면서(1장), 이스라엘 백성에게 대항하는 세력이 아무리 거세다 할지라도 승리를 주실 것이라고 약속하셨습니다.

아간은 한 지파의 리더로서 하나님의 명령을 거역하고, 여리고 승리에서 얻은 노획품들 가운데 몇 가지를 자기 몫으로 챙겨 두었습니다. 아간의 탐욕은 결국 그의 가문에 수치를 가져다 주었으며, 그로 인해 그 가문이 이스라엘 공동체의 손에 파멸당하게 되었습니다.

갈렙은 땅을 선택하라는 제의를 받고서, 사십여 년 전에 자기의 동료들에게 위압감을 주었던 거인들이 살고 있는 산악 지역을 선택했습니다. 하나님은 사람의 연령이나 능력의 수준을 불문하고 강력하게 역사하실 수 있음을, 우리는 갈렙의 사례를 통해 알 수 있습니다(14:6~15).

● 리더십 핵심구절

1:1~8 하나님은 여호수아를 격려하면서 그분의 율법을 따르고 묵상할 것을 권고하신다.

6:1~5 하나님은 여리고의 승리를 위하여 여호수아를 준비시키고, 누가 이스라엘의 승리를 주관하고 있는지 분명히 보여 주신다.

23:1~16 연로한 여호수아가 이스라엘의 리더들을 위하여 다시 한 번 비전을 제시한다. 이 비전은 그 리더들의 세대 동안 계속 유지되었다.

사사기

변치 않는 기준을 지키지 않는 리더십은 조직을 도덕적으로 부패시키고 오염시킵니다.

***

◉ **등장인물**

드보라는 이스라엘 역사의 흑암기를 지낸 여선지자이자 리더였습니다. 드보라의 격려와 하나님을 향한 충성스러운 순종과 완벽한 신뢰는 그 시대 사람들에게 소망의 등불이 되었습니다. 그녀의 용기 있는 선언과 결단 있는 행동으로 인해 이스라엘 백성들은 적들과 싸워 승리할 수 있었습니다.

아비멜렉은 스스로 이스라엘의 첫 왕의 자리에 오른 인물이었습니다. 야망에 사로잡힌 아비멜렉은 반역을 꾀하여 자기의 형제들을 살해하고, 자신을 지지했던 사람들을 공격했습니다. 가차 없이 권력을 추구하던 아비멜렉은 데베스 성을 정복하려던 중에 어처구니없는 사고를 당해 종말을 맞이하고 말았습니다.

입다는 적들과 전쟁을 벌이기에 앞서서 먼저 협상 벌이기를 좋아했던 사사였습니다. 한 차례의 급하고 무서운 전쟁이 닥쳤을 때, 입다는 이후의 결과들을 충분히 생각해 보지 않고 서원했습니다. 그리고 그 대가로 자기 딸의 목숨을 지불해야 했지만, 입다는 자기의 서원을 지켰습니다.

◉ 리더십 핵심구절

2:10~19 사사기의 전체적인 리더십 구조를 위한 무대이다.
  6:25 하나님께 선택된 리더로서 기드온의 첫 임무는 그가 하나님을 섬기는 데 방해가 되었던 장애물들을 제거하는 것이었다.
21:25 리더십이 없이는 어떠한 조직도 오래 버틸 수 없다.

룻기

나오미와 룻과 보아스의 이야기는 하나님이 헌신적이며 일관된 리더십 자질을 기뻐하신다는 사실을 가르쳐 줍니다.

***

◉ 등장인물

룻은 헌신을 가치 있게 여겼습니다. 일찍이 남편을 잃은 그녀는 과부된 시어머니를 버리느냐, 아니면 이국땅에서 살아가는 어려움을 감수하느냐 하는 결단에 직면했습니다. 그러나 룻은 훨씬 더 어려운 헌신의 길을 택했으며, 결국 잃어버렸던 모든 것을 되찾고 그 이상의 것을 얻게 되었습니다.

나오미는 모압 땅에서 잘살겠다는 장기적인 계획을 세웠지만, 그 계획은 남편과 아들들이 차례로 죽자 꺾이고 말았습니다. 나오미는 그 난관에 현실적이고 단호하게 대처해 유다 땅 하나님의 백성 가운데서 새로운 삶을 살겠다는 계획들을 세웠습니다. 나오미가 하나님께 확고하게 헌신하자, 남편을 잃은 며느리가 감동을 받아 그녀를 따라 이 새로운 땅에 오게 되었습니다.

◉ **리더십 핵심구절**

1:8~18 꺼질 줄 모르는 헌신의 능력을 보여 준다.
2:8~12 룻이 나오미를 헌신적으로 돌보는 모습에서 보아스는 룻의 성품을 알 수 있었을 것이다. 마침내 보아스는 룻의 인생 가운데서 복을 이루어 주는 핵심적인 역할을 하게 된다.
4:1~11 보아스의 인내심과 예의범절은 마음속에 특별하고 고결한 목표를 품고 있는 모든 리더들에게 교훈을 준다.

사무엘상

하나님은 주권적이며, 언제나 '무대 뒤에서' 일하고 계십니다. 아마도 성경의 다른 어떤 책보다도 사무엘상은, 사람들을 효과적으로 이끌기 위해서는 우리가 하나님을 겸손하게 따라가야 한다는 사실을 잘 가르쳐 줄 것입니다.

***

◉ 등장인물

엘리는 비극적인 맹점을 가지고 있었습니다. 그는 한나의 아들 사무엘이 하나님을 따르도록 양육하였지만, 자신의 아들들을 훈련시키는 데는 때를 놓치고 실패했습니다. 엘리의 보수적인 리더십은 결국 이스라엘 역사상 가장 어두운 암흑기를 불러오고 말았습니다.

사무엘은 흠 없고, 용기와 지혜를 가진 사람이었습니다. 그는 사사시대로부터 시작해서 이스라엘 왕국이 형성되기 시작하는 시점까지 계속해서 이스라엘을 이끌었습니다. 사무엘은 사울과 다윗을 이스라엘의 처음 두 왕으로 임명했으며, 하나님의 리더십보다 인간 왕을 선택하는 위험을 이스라엘 백성에게 경고했습니다.

● **리더십 핵심구절**

12:1~4 이스라엘의 리더로서 사무엘은 자신의 청렴결백함을 조사해 보라고 공적으로 요청한다.

16:1~23 우리가 보기에 다윗은 리더의 자격이 하나도 없는 것 같았으나, 하나님은 어린 다윗의 중심을 보시고 그가 이스라엘 백성을 이끌 자격이 있음을 아셨다.

18:6~9 사울은 다윗이 자기의 리더십에 방해가 되자 질투심에 사로잡혀 분노를 일으켰다.

사무엘하

리더의 영성과 도덕성은 그를 따르는 자들의 태도와 행동에 깊은 영향을 미칩니다.

***

● 등장인물

다윗은 이스라엘 역사상 가장 위대한 왕이었습니다. 그의 리더십 덕분에 이스라엘의 열두 지파는 하나의 강력한 왕국이 되었습니다. 비록 개탄할 만한 죄악의 유혹에 빠져 죄를 지었지만, 다윗은 하나님을 사랑하였으며, 기꺼이 자기의 죄악을 인정하고 회개했습니다.

요압은 다윗 군대의 사령관이었습니다. 탁월한 군사 지략가이자 두려움을 모르는 전사였지만, 그의 삶은 폭력과 복수와 자기 중심주의로 점철되어 있었습니다. 그리고 그 특성들이 마침내 그를 몰락시켰습니다.

나단은 하나님께 순복하여, 자신의 지위와 다윗 왕과의 깊은 우정에도 불구하고, 다윗이 밧세바와 저지른 죄를 깨닫도록 용감하게 진언했습니다.

◉ 리더십 핵심구절

7:8~16 하나님은 선지자 나단을 통하여 다윗에게 리더의 소명과 성공을 다짐해 주셨다.

10:1~5 이 이야기는 오해에 관한 성경의 선명한 예들 가운데 하나이다. 부정적으로 보이는 상황에 반응하기에 앞서 이야기 전체를 완전히 파악할 것을 리더들에게 일깨워 주고 있다.

15:1~6 압살롬은 부왕 다윗으로부터 왕위를 찬탈하려는 과정에서 관계를 형성하는 솜씨를 발휘하여 존경과 지지를 이끌어 냈다. 처신은 올바른 것이었지만, 동기가 잘못되어 있었다.

열왕기상

리더는 겸손과 하나님의 도우심에 대한 지속적인 의지가 없이는 자신과 자신을 따르는 사람들에게 바른 방향을 제시할 수 없습니다.

***

● **등장인물**

솔로몬은 세상에서 가장 지혜로운 사람이었습니다. 그는 전도서와 잠언을 통해 자기의 지혜를 다른 사람들과 나누었습니다. 그러나 하나님이 주신 그 지혜에도 불구하고, 형편없는 선택을 내리고 하나님께 불순종함으로써 이스라엘을 이끄는 솔로몬의 리더십은 약화되었습니다.

엘리야는 하나님의 선지자이자, 이스라엘의 리더였습니다. 엘리야는 강력한 성품과 비전을 보여 주었던 사람입니다. 비록 그는 죽음의 위협 앞에서 기진하고 두려움에 떨었지만, 하나님이 다시금 확신을 공급하여 주셔서 이스라엘 백성들을 향한 하나님의 대변인이라는 리더의 자리를 회복할 수 있었습니다.

아합은 이스라엘에서 가장 악한 왕이었습니다. 탁월한 군사 전략가였지만 리더로서 아합의 삶은 이기심과 시기와 술수로 점철되어 있었습니다. 아합은 실력 없는 모사들과 악한 왕비에게 둘러싸여 있었고, 이스라엘은 아합의 불순종과 우상 숭배 때문에 큰 고통을 겪었습니다.

◉ 리더십 핵심구절

2:2~4 솔로몬을 향한 다윗의 최후 당부를 자세히 읽어 보라. 그 안에 담겨 있는 지혜는 시간을 넘어서서 경건한 리더에게 시금석이 될 것이다.

3:7~9 솔로몬은 자신의 직책이 지닌 엄청난 책임을 깨닫고 지혜의 원천이신 하나님께로 향하고 있다.

19:19~21 선지자 엘리야는 엘리사를 후계자로 선택하고 전설적인 멘토링 관계를 시작한다.

열왕기하

하나님과 다른 사람들의 이익보다 자신의 이익을 추구하는 리더들은 영향력을 잃어버린 불충한 청지기가 됩니다.

***

● **등장인물**

엘리사는 하나님의 선지자였던 엘리야의 뒤를 계승했습니다. 엘리야가 자신의 평생을 이스라엘의 죄악 된 지배 계층과 맞서 싸우는 데 보냈던 반면, 엘리사는 여러 민족들의 평범한 사람들을 위해 사역했습니다. 엘리사의 생애는, 전적으로 하나님께 헌신하고 그분을 섬기는 리더의 놀라운 영향력을 잘 보여 줍니다.

나아만은 아람 군대의 사령관으로, 문둥병에 걸렸습니다. 그는 엘리사가 자기 병에 내린 특별한 처방을 거절하여 하마터면 복을 얻을 수 있는 기회를 놓칠 뻔했습니다.

아달랴는 아합과 이세벨의 딸이자 유다의 왕 여호람의 아내였습니다. 성경에 기록되어 있는 사악하고 우상 숭배에 앞장선 여인들 가운데 하나로 기억되는 아달랴는, 자기의 자식들과 손자들을 거의 모두 살해하고 유다 왕위를 손아귀에 넣고자 했습니다.

◉ **리더십 핵심구절**

15:23~31　악한 왕들에 관한 이 두 개의 간략한 기사를 통해 고대 이스라엘 고위층의 불경건과 부패를 짐작할 수 있다.

19:1~36　하나님은 경건한 리더들의 기도들을 들으시며 응답하신다.

22:8~20　하나님은 참으로 회개하는 자를 심판치 않으시고 기꺼이 돌보아 주신다.

역대상

다윗의 통치를 통해 알 수 있는 진리는 목적과 비전을 가진 청렴한 리더들이 오래도록 유산을 남긴다는 사실입니다.

***

● **등장인물**

야베스의 이름은 히브리어로 '괴로움, 고통'이라는 단어와 같은 음으로 되어 있습니다. 그렇지만 이 사람은 청렴하고 하나님을 의지함으로써 그의 가정, 그의 가문의 리더가 되었습니다. 비록 그의 어머니는 고통 가운데 그를 출산했지만, 야베스는 복으로 보상받았습니다(4:9~10).

암논은 다윗 왕의 장자였습니다(3:1). 그는 아버지를 계승할 첫 번째 위치에 있었지만, 자기 훈련이 부족하고 자기를 잘 다스리지 못해 이스라엘의 리더가 될 수 없었습니다. 암논은 지혜롭지 못한 책략에 휘둘리고, 정욕 때문에 자기의 이복 여동생을 겁탈했고 복수심에 가득 찬 다말의 오빠 압살롬에 의해 살해당했습니다.

◉ 리더십 핵심구절

10:1~12 이 구절은 이스라엘 첫 임금의 불명예스러운 결말을 재진술하고 있다. 나머지 이야기는 사무엘상 28장을 보라.

13:1~4 언약궤를 되찾아오는 상징적인 경축 행위를 통하여 다윗은 자기 백성들에게 단합을 촉구한다.

17:16~27 다윗의 기도를 통해, 그가 하나님께 깊이 의존하고 있음을 알 수 있다.

28:9~21 다윗은 자기 아들 솔로몬을 격려하면서 그에게 교훈을 준다. 솔로몬은 하나님의 성전을 세울 자였다.

역대하

인류 역사 무대의 뒤에서 하나님은 언제나 주권적으로 일하고 계십니다. 하나님의 목적에 반대하는 리더는 어떠한 사람이라도 종국에 번영할 수 없을 것입니다.

***

● 등장인물

아사는 하나님께 순종하여 우상 숭배를 폐지하였으며, 십 년 동안 성공적으로 그의 백성들을 이끌었습니다. 그러나 아람 왕과 거룩하지 못한 동맹을 맺어 비판을 받았을 때, 아사는 화를 내면서 자기의 결정을 합리화하고 하나님의 손길을 거부하여, 결국 자기의 왕국을 망쳐 놓았습니다.

웃시야는 군사 작전과 재건의 노력, 행정의 조직화에 크게 성공하자, 자신의 능력을 과신하여 제사장의 역할까지도 자임했습니다. 하나님의 처벌은 신속했습니다. 웃시야는 문둥병에 걸려 쫓겨나 말년을 혼자서 보내게 되었습니다.

여호사밧은 커다란 장벽에 부딪혔을 때 자신에게 하나님의 인도가 필요함을 깨달았습니다. 그렇지만 그는 모든 결정에 하나님의 지시가 필요함을 깨닫지는 못했습니다. 즉, 하찮게 보이는 결정들도 여러 번 반복하면 큰 문제가 될 수 있습니다.

◉ 리더십 핵심구절

1:7~12 솔로몬은 하나님의 백성을 이끌 지혜를 달라고 간구한다. 이것은 모든 리더들에게 필요한 출발점이다.

15:1~8 이 구절은 아사랴의 설교을 통해 전달된 하나님의 진리에 대한 한 왕의 반응을 묘사한다.

19:4~10 자신이 임명하는 재판장들을 향한 여호사밧의 당부를 읽으라. 이것은 당신의 리더십 역할을 일깨워 주는 시의적절한 조언이 될 것이다.

에스라

탁월한 리더십은 반대에 직면했을 때 용기와 결단을 발휘합니다.

***

◉ 등장인물

고레스(키루스)는 바벨론을 정복했던 바사(페르시아)의 첫 왕이었습니다. 그는 자기 앞 시대의 탄압 정책들을 많이 폐지하고 유대인들을 포함하여 많은 바벨론 포로들을 석방시켰습니다. 이와 같은 자비로운 리더십 때문에, 고레스는 정복한 많은 민족들을 묶어서 하나의 강력한 제국을 건설할 수 있었습니다.

스룹바벨은 다윗 자손의 한 사람으로서 유배되었던 유대인들을 이끌고 예루살렘으로 귀환하여 성전을 재건하였습니다. 그는 재건 프로젝트가 지지부진하게 되었을 때 크게 실망했지만, 결국 하나님의 도움을 힘입어 지혜롭게 유대인들을 격려하여 그 임무를 완수했습니다.

에스라는 바벨론으로부터 유배되었던 두 번째 귀환 행렬을 이끌고 예루살렘으로 돌아왔습니다. 하나님의 말씀을 배우고 실천하는 일에 헌신했던 에스라는 백성들의 영성에 직접적인 영향을 끼쳤으며, 구약 시대에서 마지막으로 기록되어 있는 영적 각성 운동을 이끌었습니다.

다리오(다리우스)는 또 다른 바사의 왕으로서 성전을 완성하는 데 하나님의 도구가 되었던 사람입니다.

◉ 리더십 핵심구절

3:1~11 아직 성전의 기초가 놓이지 않았지만 스룹바벨은 예배를 먼저 회복함으로써 자기의 임무를 시작한다.

6:3~12 다리오의 칙령은 다리오의 권위를 나타내지만, 에스라서는 이 칙령의 배후에 있는 참된 권위를 확실하게 가르쳐 준다.

8:21~23 왕궁의 경호원을 전혀 대동하지 않은 채 적대적인 지역을 살피면서 에스라는 자기의 믿음이 있었던 곳에 자기의 돈을 투자했다.

느헤미야

역경의 상황을 이기는 성경적 리더십을 발휘하기 위해서는 하나님을 철저히 의지함으로써 지혜와 용기를 얻어야 합니다.

***

◉ 등장인물

느헤미야는 기도와 인내의 힘을 믿었습니다. 이 경건한 정치가는 심각한 반대에 부딪혔음에도 불구하고 지속적인 기도와 판단력, 고무적인 설교와 탁월한 계획으로 이스라엘 백성들을 움직여 예루살렘 성벽 재건을 완수하였습니다. 느헤미야의 감동적인 리더십으로 그 백성들은 오십이일만에 성벽 재건 프로젝트를 완수할 수 있었습니다.

산발랏은 질투에 사로잡힌 사람이었습니다. 자신이 원하던 승진을 느헤미야가 했을 때, 그는 느헤미야를 무너뜨리려고 조롱과 위협과 비난을 퍼부었으나 성공하지 못했습니다.

도비야는 암몬의 총독으로서, 예루살렘 성벽이 재건되는 것을 자신의 권력과 영향력에 대한 직접적인 위협으로 보았습니다. 건축을 중단시키려는 그의 모든 노력은 수포로 돌아갔으며, 그 결과 그의 지위와 권위가 견고해지기보다는 오히려 현격히 약화되었습니다.

● 리더십 핵심구절

1:3~11 느헤미야는 가장 효과적인 자세로, 즉 기도로 자기가 추구하는 바를 시작한다.

3:1 느헤미야는 성벽 재건에 중요한 핵심적인 일꾼들에게 마땅한 대접을 해 준다. 보상과 동기부여는 함께 간다.

5:15~16 느헤미야의 통찰력은 그가 성공할 수 있었던 기본 요소이다.

7:2 이 말씀은 권한을 위임하는 느헤미야의 기술과 그가 생각하는 리더십 자격들을 잘 보여 준다.

에스더

경건한 리더들은 하나님이 우리의 형편들을 통제하시며, 자기 백성들에게 가장 좋은 것을 주신다는 사실을 잘 이해합니다.

***

◉ **등장인물**

아하수에로는 바사 최후의 왕 가운데 한 사람이었습니다. 그는 다리오 왕의 아들이었지만, 미덥지 못한 조언자들의 말을 의지함으로써 지혜롭지 못한 결정들을 내렸습니다. 그의 약한 리더십은 엄청난 군사적 패배를 자초했습니다. 아하수에로는 마침내 암살되었고, 그의 왕국은 알렉산더 대왕에게 정복당했습니다.

에스더는 아름다웠기 때문에 왕궁에 들어갈 수 있었습니다. 그러나 그녀가 성경의 역사 가운데 한 자리를 차지할 수 있게 된 것은 용기와 성품 때문이었습니다. 에스더는 충고를 기꺼이 받아들이고 그 충고대로 행동하여, 자기 목숨을 부지하기보다는 자기 백성의 안위를 더 귀중하게 여겼습니다.

하만은 일인지하 만인지상의 자리를 차지한 사람이었습니다. 그는 드러내놓고 다른 사람들을 통제하고 조종하는 데 자기 권력을 사용했습니다. 그는 교만과 자기 중심적인 마음에 사로잡혀서, 결국 자신의 증오심 때문에 몰락했습니다.

◉ 리더십 핵심구절

1:10~21   이 구절은 하나님이 자신의 뜻을 성취하기 위해 사용하셨던 충동적인 독재자와, 그가 권력을 남용하는 모습을 그리고 있다.

3:8~13   하만의 권력은 절대적이지는 않았지만, 아하수에로를 조종하는 능력은 탁월했던 것으로 보인다. 이 으스스한 법령은 역사 내내 반복되어 왔던 극악무도한 권력 남용의 한 예이다.

욥기

영적으로 성숙한 리더들은 지금 당장 하나님이 하시는 일을 이해하지 못한다 할지라도 그분을 신뢰해야 한다는 사실을 깨닫습니다.

***

◉ 등장인물

욥은 하나님 앞에 의롭고 전적으로 헌신된 삶을 살았습니다. 그럼에도 불구하고, 하나님은 사탄이 욥의 모든 삶을 산산히 부숴 버리도록 허락하셨습니다. 욥은 이러한 우주적인 배경을 깨달을 수 없었지만, 창조주 하나님께 계속해서 충성하였으며 하나님께 승리를 드림으로써 고난받고 있는 모든 사람들의 귀감이 되었습니다.

빌닷은 옛날부터 내려오는 지혜에 의지하여 충고하였지만, 욥의 인생을 향한 하나님 계획의 전체적인 그림을 이해하지 못했기 때문에 그에게 도움을 줄 수 없었습니다.

엘리바스는 욥의 숨겨진 죄악 때문에 하나님이 욥을 징계하신다고 믿었습니다. 그는 하나님께 환상을 받았다고 했지만, 그릇된 결론들을 이끌어 냈습니다.

엘리후는 욥에게 충고했던 친구 가운데서 가장 나이 어린 자였습니다. 고난과 환난을 훈련으로 보는 엘리후의 견해는 욥에게 주신 하나님의 대답에 가장 가깝습니다. 그렇지만, 엘리후의 빈약한 커뮤니케이션 기술 때문에 욥은 엘리후의 충고를 무시하게 되었습니다.

◉ 리더십 핵심구절

1:1~2:10 욥은 설명할 수 없는 극심한 고난 가운데서도 경건한 시각을 유지한 완벽한 본보기이다.

19:25~27 욥의 소망을 보여 준다. 이것은 또한 고난 중에 있는 모든 사람들의 소망이다.

34:21~30 하나님의 성품에 관한 이 간단한 묘사를 읽고 당신의 리더십의 교훈을 삼으라.

42:1~6 욥의 사고가 변하는 과정을 선명하게 보여 준다.

시편

시편은 경건한 리더들에게 살아 계신 하나님의 위격과 완전하심을 경외하고 경배(예배)하라고 격려합니다.

***

◉ 등장인물

구원에 대한 **다윗**의 찬송시와 기도시들은 다윗의 영적인 통찰력과 하나님의 성품에 관한 더 깊은 이해를 보여 줍니다.

아삽은 레위 지파의 존경받는 리더의 한 사람이었습니다. 그는 이전에 다윗이 언약궤를 예루살렘으로 가지고 올 때 음악을 맡은 리더로서 동료들에 의하여 선출되었던 사람입니다.

고라의 자손들은 광야에서 모세에게 반역을 주도했던 반항심 많던 레위인의 후손들입니다. 그러나 이 후손들은 경건하여 다윗이 예루살렘으로 언약궤를 옮겨 올 때, 가수와 악사와 작곡가들로 임명받았습니다.

◉ 리더십 핵심구절

15:1~5 다윗은 경건한 리더십의 자격 조건들을 간단하게 서술하고 있다.

82:1~8 아삽은 리더들에게 정의를 높이라고 감동적으로 호소한다.

92:12~15 악한 자와는 달리(90:7), 하나님을 신뢰하는 리더들은 번성하게 될 것이다.

133:1~3 조직적인 통일성은 긍정적인 결과들을 낳는다.

잠언

하나님은 꾸준한 기도와 끊임없는 노력 가운데 지혜를 추구하는 자들에게 지혜를 주십니다.

***

◉ 등장인물

지혜로운 자는 지식을 추구하며, 배운 것을 이해하며, 이 교훈들을 삶의 상황들과 형편들 가운데서 적용합니다. 이러한 사람은 언어를 세심하게 선택하여 사용하며, 다른 사람들에 대한 배려와 하나님께 대한 사랑을 드러냅니다.

미련한 자는 배우려는 욕망이 전혀 없으며, 변화하거나 하나님을 바라는 마음이 전혀 없는 사람입니다. 어리석은 리더는 문제를 해결하기보다는 문제를 일으킵니다. 그 사람은 지혜보다는 우매함으로 더 잘 알려지며, 윤리나 청렴에 대한 의식이나 감각이 전혀 없습니다.

현숙한 여인은 부지런하며, 재능이 있으며, 혁신적이며, 자기 훈련이 잘 되어 있는 사람입니다. 이러한 여인은 지혜로운 리더의 모든 특징들을 다 가지고 있습니다. 그리고 자신보다 하나님의 계획과 다른 사람들을 우선하기 때문에 칭찬을 얻습니다.

게으른 자: 성경이 말하는 게으른 자와 비슷한 업무 습관을 가지고 있는 리더는 가난, 굶주림, 수치와 같은 결과들을 당하게 됩니다.

◉ 리더십 핵심구절

3:11~12 역경을 회피하거나 역경으로 배우지 못하는 리더들은 성품을 세워 나갈 수 없다.
1:14, 27:17 리더십은 허공에서 실천되는 것이 아니다.
28:1~28 의인과 악인 사이의 뚜렷한 차이점을 비교한다.
30:32~33 잘못된 리더십과 이기적인 자만심은 이러한 결과들을 초래한다.

전도서

전도자는 "해 아래" 인생에서 진정으로 중요한 게 무엇인가에 대한 영원한 관점을 리더들에게 제공합니다. "일의 결국을 다 들었으니 하나님을 경외하고 그의 명령들을 지킬지어다 이것이 사람의 본분이니라"(전 12:13).

***

● **등장인물**

전도자는 인생의 의미를 발견하고자 하는 욕구와 자원을 모두 가지고 있었습니다. 그렇지만, 쾌락과 지혜와 노동과 부와 권력을 성취하려는 그의 추구는 공허했습니다.

전도자가 내린 결론은 이와 같은 덧없는 것들을 추구했지만 성취감을 얻지 못한 채 공허만을 갖게 된 이 세상의 리더들에게 도움을 줄 것입니다.

◉ 리더십 핵심구절

1:12~17 이 땅에서 지혜를 추구하는 것은 헛된 일이다.
2:24~25 리더들에게 하나님과 그의 나라를 위하여 '하루하루 최선을 다하라'고 권고한다.
4:4 질투에서 시작되는 리더십은 불만족과 실패로 끝나고 만다.
12:1~8 전도자는 늙기 전에 하나님 안에서 인생의 의미를 발견하라는 권고를 그림을 그리듯 생생하게 전달하고 있다.

아가

사람이 지니는 힘의 가장 본질적인 요소는 진심으로 깊이 사랑하는 능력입니다.

***

◉ 등장인물

아가서의 남편은 사랑하는 자에게 즉시 자기의 감정을 표현합니다. 이 남편은 친밀해지는 것을 두려워하지 않고, 배우자와의 낭만적인 관계를 지키면서 그녀를 자기 삶에서 우선으로 삼고 있습니다.

아가서의 아내는 자기 부모의 집을 떠나 연인과 결혼하여 사랑하는 자에게 헌신합니다. 그녀는 아주 세밀하게 자기의 감정과 느낌을 전달하고 남편의 아름다움을 칭찬합니다. 비록 그 둘은 떨어져 있다 할지라도, 조심스럽게 의사소통하고 우선 순위를 조정함으로써 그들의 사랑을 다시 키워 나갑니다.

아가서에서의 벗들은 분쟁을 해결해 주는 해결사 역할을 하고 있습니다. 결혼에 긴장과 갈등의 징후가 나타날 때, 벗들은 그 결혼의 긍정적인 측면들을 일깨워 주고, 사랑의 관계를 다시금 새롭게 세우라고 격려해 줌으로써, 남편과 아내 사이의 관계를 축복합니다.

◉ 리더십 핵심구절

2:14 참 사랑은 부끄럽지 않다. 사랑하는 자를 향한 왕의 사랑은 모든 사람이 다 볼 수 있는 펄럭이는 깃발과 같다.
4:8~9 결혼 관계는 상호 의존과 보호와 정열의 관계이다.
8:5~7 이 구절들은 사랑의 힘을 생생하게 묘사한다.

이사야

위대한 리더들은 정치적인 성공이나 인기를 얻기 위해 하나님을 향한 순종을 희생하지 않습니다.

***

● **등장인물**

이사야는 성경의 위대한 선지자 가운데 한 사람입니다. 하나님이 주신 환상을 본 이사야는 자신이 경험했던 용서의 메시지를 백성들에게 전했습니다. 그의 사역은 하나님의 말씀을 청종하지 않았던 민족에게 심판의 경고와 소망의 메시지를 전달하는 것이었습니다.

이사야서의 메시아는 성공적인 리더의 긍정적인 모든 자질을 구현하고 있습니다. 그 메시아는 하나님을 향한 순종을 첫 번째 우선순위로 삼고, 자기 백성을 다시금 새롭게 헌신하도록 이끌 것입니다. 그 메시아는 의로움에 대한 열정을 가지고 그들에게 평화를 가져다 줄 것입니다. 그리고 자신의 희생제물을 통해 그들에게 구원을 허락해 줄 것입니다.

히스기야는 유다의 왕으로서 이방의 우상 숭배를 철폐하고, 하나님의 성전을 청결케 하였으며, 하나님의 법을 인격적으로 순종하도록 격려했습니다. 그러나 히스기야의 영적인 개혁들은 단명했습니다. 미래에 관심이 없었던 히스기야는 자신의 개혁들이 계속해서 진행될 수 있는 계획을 세우지 못했습니다.

◉ 리더십 핵심구절

9:6~7 최고의 리더십에 해당하는 조건들은 메시아에게 속한다.

10:1~4 이 구절들은 개인적인 이익을 위해 다른 사람들을 압제하는 리더들을 향한 경고를 담고 있다.

53:1~12 이 놀라운 예언은 예수 그리스도를 궁극적으로 고난 받는 종으로 그리고 있다.

예레미야

위대한 도덕적 리더십을 발휘하기 위해서는 핵심 가치에 전폭적으로 헌신하는 사람들이 필요합니다.

***

● **등장인물**

예레미야는 열정적인 선지자로서 자기 민족의 죄악에 대한 비통함을 즉시 표현했던 사람이었습니다. 그는 유다의 마지막 왕들을 대상으로 사역하였지만, 하나님의 심판과 멸망의 메시지를 전달했기 때문에 이 땅에서 그가 받은 보답은 거친 대접과 죽음의 위협뿐이었습니다.

바스훌은 하나님 성전의 제사장이었지만, 악인들에 대한 예레미야의 판단을 지지하기보다는 오히려 예레미야를 곳간에 가두고 심하게 매질했습니다.

여호야김은 요시아 왕의 아들로서, 선왕의 지혜로운 길을 따르지 않고 악한 조언자들의 말을 청종했습니다. 그는 과중한 세금을 매기고, 일한 품삯을 주지 않고, 수탈하고 뇌물을 챙겼으며 하나님의 선지자들을 위협하고 심지어 자기의 악한 권좌와 영향력을 견고하게 하기 위해 살인도 서슴지 않았습니다.

하나냐는 거짓말쟁이로서, 그의 거짓말을 믿은 백성들은 거짓된 희망과 안정감에 도취되었습니다. 하나님은 하나냐의 거짓 리더십이 그 백성들을 그릇 인도했기 때문에 그를 처벌하여 때 이른 죽음을 맞이하게 하셨습니다.

● 리더십 핵심구절

9:23~24 경건한 리더들을 격려하는 강력한 메시지이다.
13:15~17 죄악된 자만심은 멸망의 씨앗을 담고 있다.
    23:1 자기를 추종하는 사람들을 교묘하게 오도하는 리더들을 향한 하나님의 말씀이다.
36:21~31 하나님의 법을 경멸하는 리더의 충격적인 모습이다.

예레미야애가

어렵고 힘든 상황 가운데서, 자신을 따르는 사람들을 불쌍히 여기는 리더가 가장 훌륭한 리더십을 발휘합니다.

***

◉ **등장인물**

시온의 딸은 예루살렘 성읍을 가리키는 말로서, 그 성읍 안에 거주하고 있는 사람들과 하나님의 거룩한 산에 자리잡은 예루살렘 성읍을 표현한 말입니다. 그러나 예루살렘이 함락될 당시에는 사악한 주민들의 수가 경건한 주민들의 수를 훨씬 넘었습니다. 그리하여 거룩이란 단어가 낯선 말이 될 정도였습니다.

시드기야는 예루살렘 최후의 시절에 바벨론이 유다를 다스리기 위하여 세워 놓은 허수아비 왕이었습니다. 자만과 교만에 가득 찼던 시드기야는 더욱 더 그 백성을 비도덕적이며 영적인 몰락으로 이끌었습니다. 어리석게도 그는 바벨론과 단절하려고 시도하다가 자기의 아들들이 다 처형되는 것을 목도하고 눈이 뽑힌 채 포로로 끌려갔습니다.

● **리더십 핵심구절**

3:19~26 절망에 직면했을 때, 우리는 예레미야의 위로를 통해 힘을 얻을 수 있다.

3:34~42 죄악의 결과와 회개의 필요성을 상식적으로 관찰한 내용이다.

5:19 예레미야의 확신은 그의 마지막 탄식 가운데서 찾아온다. 그러나 우리는 하나님이 완전히 선하시며, 우리의 형편들 가운데 우리가 볼 수 있는 것을 넘어서는 영원한 관점을 가지고 계심을 언제나 기억해야 할 것이다.

에스겔

인간의 시각은 제한되어 있기 때문에 리더들이나 따르는 자들 모두 하나님의 지혜에 전적으로 의지해야 합니다.

***

◉ 등장인물

에스겔은 이스라엘이 바벨론에 유배되어 지낼 때에 하나님의 선지자이자 제사장을 지냈던 사람이었습니다. 하나님은 그를 성벽을 지키는 파수꾼이라 부르셨습니다. 에스겔은 완고한 하나님의 백성들에게 이스라엘의 임박한 멸망을 경고했으며, 유배된 자들에게는 하나님이 그들의 순종과 예배를 기대하신다는 점을 일깨워 주었습니다.

야아사냐와 블라댜(11:1~4)는 이스라엘의 리더들로서, 자신들의 영향력과 탁월함 때문에 사로잡히지 않고 보호받았다는 그릇된 생각을 했습니다. 현실에 눈이 멀었던 이들 두 리더로 인해 이스라엘 백성들은 하나님의 경고에도 불구하고 편안하게 안주할 수 있을 것이라는 망상에 사로잡히게 되었습니다.

◉ 리더십 핵심구절

2:1~8   하나님은 에스겔에게 하나님을 위하여 어려운 사역을 하라고 부르신다. 때때로 우리도 그렇게 부르신다. 6절에 있는 격려의 말씀을 읽어 보라.

22:26~31   하나님은 권력을 앞세우는 힘센 압제자들에 대항하여 힘없는 사람들을 변호해 줄 사람을 찾으신다.

34:2~4   하나님이 이스라엘 리더들을 지적하신 내용은 장차 올 선한 목자와 커다란 대조를 이룬다(요 10:11~16).

다니엘

지혜로운 리더들은 지상을 다스리는 주권적인 통치자의 계획과 활동에 자신들의 계획과 활동을 포함시키고자 노력합니다.

***

◉ 등장인물

다니엘은 하나님을 향한 신앙과 꾸준한 기도에 힘입어 바벨론과 바사 왕들의 고문, 자문자의 지위에 올라 그들에게 가장 신임받는 정치가와 예언자가 되었습니다.

사드락과 **메삭**과 **아벳느고**는 음식에 대한 사소한 결정이나 생명을 위협하는 큰 문제에 직면해서도 자기들의 확신을 굽히지 않았습니다(3:1~30).

느부갓네살은 바벨론의 가장 위대한 왕으로서 하나님의 권능으로 인해 자신이 높아졌다는 사실을 망각하고 교만과 이기주의에 빠졌습니다. 그는 교만에 대한 형벌로 일시적인 실성을 경험했습니다(4:28~37). 그의 이야기는 모든 리더들에게 자만의 파괴적인 특성을 경고하고 있습니다.

◉ 리더십 핵심구절

2:45~47 자신의 성공이 하나님 덕분이라고 공개적으로 인정하는 리더는 그들의 상급자에게 큰 영향을 미칠 수 있다.

3:16~18 이 구절들은 하나님을 향한 단호하며 흔들리지 않는 헌신을 보여 준다.

10:12 다니엘은 처음부터 겸손하게 하나님의 지혜를 추구하였다고 칭찬받고 있다.

호세아

때때로 희생적인 리더십을 발휘하는 것은 스트레스와 부담이 되기도 합니다. 그러나 경건한 리더는 이러한 상황의 배후에서 역사하시는 하나님의 목적을 바라봅니다.

***

◉ 등장인물

호세아는 물질적인 풍요와 영적인 쇠퇴기를 겪고 있던 이스라엘에서 선지자로 활동했습니다. 호세아가 겪은 결혼 문제는 신실치 못한 백성을 향한 하나님의 슬픔을 특별하게 느낄 수 있는 상징이 되었습니다. 호세아는 하나님의 맹렬한 정의와 강력한 사랑을 전했지만 그의 권고는 백성들에게 아무런 영향을 끼치지 못했습니다. 그들의 마음이 죄악으로 굳어져 있었기 때문이었습니다.

고멜은 호세아의 아내였습니다. 그녀가 호세아를 저버리고 간음을 저지른 일은 하나님을 저버린 이스라엘의 영적 간음을 상징하고 있습니다.

고멜과 이스라엘은 자기들이 하나님의 법을 어기고 있다는 것을 의식하면서도, 더욱 완악한 마음으로 헌신의 언약을 깨뜨렸습니다.

그리고 자신들을 사랑했던 이들과 맺고 있던 관계를 단절해 버렸습니다.

◉ 리더십 핵심구절

4:5~6 이 구절에 나타나는 하나님의 고발은 그분의 지혜를 듣고 그 길을 따르기를 거절하는 리더들과 따르는 자들에게 모두 해당된다.

6:1~6 이스라엘 백성들은 그들이 회개하지 않는다 할지라도 하나님이 자신들에게 되돌아오실 것이라고 믿었다. 그러나 하나님은 그들의 대담함과 헛된 예배 행위들을 경고하셨다.

14:9 호세아의 마지막 말은 리더들과 따르는 자들에게 지혜와 분별을 촉구한다.

요엘

효과적인 리더십을 위해서는 현재의 사건과 영원의 실재를 예리하게 이해해야 합니다.

***

● **등장인물**

요엘은 미가와 예레미야와 이사야의 가르침을 잘 알고 있는 교양과 지식을 갖춘 선지자였습니다. 회개의 메시지를 강조하기 위하여 현재의 사건들을 부각시키면서, 백성들이 하나님께 지속적으로 불순종함으로써 초래된 영적인 무감각을 깨달으라고 촉구했습니다.

◉ 리더십 핵심구절

1:2~3 요엘은 당시 리더들에게 다음 세대를 향하여 회개의 경고를 전할 것을 촉구한다.

1:13~15 공동체의 회개는 자신들의 결점을 인정하고 하나님께 돌아오는 리더들과 함께 시작된다.

2:12~13 하나님은 회개하는 마음을 인정하시며 받아 주신다. 하나님은 보복의 하나님이 아니라 사랑의 하나님이시다.

2:28~29 이 예언은 오순절에 성령이 임하여서 초대 교회의 리더들에게 권능을 부여하셨을 때(행 2:1~4) 부분적으로 성취되었다.

아모스

하나님은 리더들이 자신을 따르는 사람들을 보호하고 공정하게 대접하도록 리더들에게 권력을 주십니다.

***

● 등장인물

아모스는 리더 같지 않은 사람이었습니다. 아모스는 하나님으로부터 말씀을 받았다는 사실 이외에는 아무것도 알려져 있지 않았던 유다 출신의 평범한 목자였습니다. 아모스는 북방 이스라엘에 올라와 사람들에게 정의를 무시하고 물질적인 추구에 빠진 일을 회개하라고 도전하고, 오직 하나님의 리더십을 청종한다면 그 백성들이 하나님의 심판을 모면할 수 있을 것이라고 선포했습니다.

아마샤는 벧엘의 제사장으로서, 아모스를 위협하고 아모스의 말을 부정적으로 보고하여 왕의 눈에 잘보이려고 애썼던 사람이었습니다. 그러나 아마샤의 태도는 하나님의 계획을 거스르는 것이었습니다. 그래서 그는 슬픔과 가난을 겪으며 이방 땅에 유배되는 신세가 되었습니다.

여로보암 2세는 아모스가 하나님의 말씀을 받아 전하는 선지 활동을 할 당시 이스라엘을 다스리고 있었습니다. 이스라엘은 여로보암의 리더십 아래 평안과 번영과 정치적인 명성을 누렸습니다. 그러나 이스라엘이 도덕적·영적으로 파산했기 때문에 이러한 번영의 시기는 길지 않았습니다.

◉ 리더십 핵심구절

3:1~15 불순종하는 이스라엘 리더들을 향한 하나님의 심판의 말씀이 아모스를 통해 전달된다.
5:1~6 땅 위에서 나오는 힘을 의지하는 자들은 오직 재앙과 슬픔만을 만날 것이다.
5:24 이와 같은 강물이 경건한 리더들로부터 흘러나올 때 하나님은 기뻐하시며, 그를 따르는 사람들은 풍요로움을 얻게 된다.

오바댜

권력과 지위는 리더들에게 주시는 하나님의 선물이며, 이 선물들을 남용한다면 하나님의 진노가 임합니다.

***

● 등장인물

오바댜는 구약의 선지자들 가운데 가장 모호한 인물일 것입니다. 그러나 에돔을 향한 그의 고발은 모든 리더들에게 시간을 초월한 교훈을 제공합니다. 오바댜는, 교만과 오만과 배반은 파멸을 그 보답으로 받게 될 것이지만, 겸손과 충성과 하나님을 향한 순종은 언제나 복을 보답으로 받게 될 것임을 분명하게 이야기합니다.

에돔의 리더들은 에서의 자손들이었습니다. 그들은 마음속으로 자기들의 사촌인 이스라엘 족속을 미워하고 있었습니다. 에돔의 리더들은 수백 년 동안 분노를 표출하고 복수심을 갈고 닦으면서 이스라엘 백성들을 괴롭혀 왔고 이스라엘의 불행을 고소해 했습니다. 그러나 하나님은 결국 이에 대한 보응으로 에돔 족속을 완전히 멸족시키셨습니다.

에서는 야곱의 쌍둥이 형이었습니다. 사냥 솜씨가 좋던 에서는 집 밖에서 지내는 것을 좋아했습니다. 또한 에서는 즉각적인 쾌감을 추구하는 삶을 살았습니다. 그래서 그는 한 그릇의 팥죽에 자기 가문의 리더십 지위를 동생에게 팔았습니다(창 25:27~34).

◉ 리더십 핵심구절

1:12 경건한 리더들은 동료들 사이에서 벌어지는 소모적인 대립을 피해야 한다.
1:15 오바댜는 에돔 사람들이 정확히 뿌린 대로 거둘 것이라고 경고한다.
1:18 이 솔직한 예언은 에돔의 배반이 초래할 결과에 대하여 일말의 여지도 남기지 않고 있다.

요나

하나님은 목적을 성취하기 위하여 그분의 명령을 따르기 주저하는 리더들까지도 사용하십니다.

***

◉ 등장인물

요나는 분냄과 편견에 사로잡혀서 자기의 비전을 흐트러뜨리고 하나님께 불순종했습니다. 그러나 하나님은 이 반항적인 선지자에게도 회개할 기회를 주셔서 커다란 물고기 뱃속에 집어넣으셨습니다. 이 책에서 요나를 제외한 모든 것(폭풍우, 제비뽑기, 선원들, 커다란 물고기, 니느웨 사람들, 박넝쿨, 벌레, 동풍)이 하나님의 명령에 순종하고 있음을 주목하기 바랍니다.

니느웨 왕은 자만했고 백성들을 학대했으며 우상 숭배하는 리더였습니다. 자신이 정복한 대상에게 아주 가혹한 처벌을 하기로 악명 높았던 니느웨 왕은 지혜롭게도 적국에서 온 한 선지자의 말을 청종하여, 그 백성들을 회개로 이끌어 파멸에서 건져 내었습니다.

◉ 리더십 핵심구절

1:3 하나님의 뜻을 알고 있으면서도 반대 방향으로 도주하기로 작심한 리더는 허망한 여정을 시작한다.

3:1~4 요나는 니느웨에 예언을 했지만, 그의 동기는 여전히 하나님의 뜻에서 벗어나 있었다.

4:10~11 하나님은 자신이 원하는 자에게는 반드시 은혜를 베푸신다. 그리고 모든 리더들은, 요나가 그렇듯이 자신의 권력과 지위가 순전히 삶 가운데서 역사하시는 하나님의 은혜임을 깨달을 필요가 있다.

미가

하나님과의 관계에서 나오는 참된 영성은 리더의 사회 윤리와 다른 사람들과의 관계에 긍정적인 영향을 끼칩니다.

***

● **등장인물**

미가는 시골 출신의 선지자로서 유다의 부하와 불경건한 리더들에게 하나님의 질책을 용감하게 선포했습니다. 미가는 가난한 이들과 압제 당하는 이들의 처지를 변호하면서 정의와 자비를 촉구하는 하나님의 메시지를 솔직하게 전달하였으며, 깊은 애정을 가지고 하나님의 백성들을 돌보았습니다.

요담은 유다의 경건한 왕이었습니다. 그는 외국의 존경을 얻고 암몬 족속을 정벌하기도 하였지만, 백성들을 격려하며 경건하게 순종하는 자신의 본을 따르도록 하지는 못했습니다.

◉ **리더십 핵심구절**

3:1~12 이스라엘의 타락한 리더들을 향한 미가의 책망은 그들의 사악함을 폭로하고 위선을 정죄한다. 겉으로는 바르게 행하는 척하면서도 속으로는 부패해 있는 사람들에게 하나님은 속지 않으신다.

4:1~5 이 구절은 종말의 때에 다가올 하나님의 완벽한 통치를 아름답게 묘사한다.

6:8 이 구절은 모든 신자들을, 특히 리더들을 위한 말씀이다.

7:18~19 미가는 하나님의 관대하고 자비하신 성품을 보여 준다.

나훔

하나님과의 관계에서 실패한다면, 세상의 어떤 권력과 성공으로도 결코 보상받을 수 없습니다.

***

● **등장인물**

나훔은 잘 알려져 있지 않은 선지자로서 유다 출신입니다. 하나님은 그에게 사악한 니느웨 성읍에 하나님의 심판을 선언하라고 명령하셨습니다. 니느웨의 조상들은 자기들이 체험한 하나님의 은혜를 그 이후의 세대들에게 전달하는 데 실패했습니다. 나훔은 이 때문에 그 강력한 성이 무너지게 되었다고 말합니다.

니느웨의 리더들은 잘난 체하며 자기 확신에 빠진, 영적으로 맹목적인 사람들이었습니다. 비록 그 조상들은 가슴속 깊은 회개로 하나님의 심판을 모면했지만(참고-요나서), 그 경건한 가치들이 슬그머니 퇴색하면서 그들은 과거의 사악한 행습들로 되돌아가게 되어 그들의 사악함을 깨닫지 못하는 영적인 무감각에 **빠졌습니다**.

● **리더십 핵심구절**

1:2~3 하나님의 때가 꼭 우리의 때와 같지는 않다. 만약 어려운 상황들로부터 하나님이 여러분을 건져 주시기를 기다리고 있다면, 기도하면서 인내로 기다리라. 만약 여러분이 하나님의 뜻에 어긋나는 행동을 알면서도 행하고 있다면, 이 구절은 여러분을 위한 말씀이기도 하다.

2:8~10 모든 권력을 쥐고 계시는 하나님께 지상의 권력은 아무것도 아니다.

3:18~19 사악한 리더들은 조만간 자기들이 뿌린 악의 결과들을 거두게 된다.

하박국

가장 지혜로운 리더들은 정직하며 솔직한 기도를 통하여 하나님의 지혜를 구합니다.

***

● **등장인물**

하박국은 정확한 이해를 위한 질문은 가치가 있음을 알았습니다. 에스겔, 예레미야와 동시대 사람인 하박국은 자기 백성의 무법함과 부도덕성을 알고 있었습니다. 그는 그들이 받을 처벌에 관한 하나님의 계획을 물었습니다. 그리고 하나님의 정의를 확인하자, 그의 탄원은 하나님을 향한 신뢰의 노래로 바뀌었습니다.

유다의 악한 리더들은 대담하게도 하나님을 거역하고, 정의를 왜곡하였으며 의인을 압제했습니다. 그들은 우상 숭배와 영아 인신제사에서부터 살인과 외국과의 불경건한 제휴에 이르기까지 하나님의 백성들을 불순종으로 이끌었으며, 하나님의 심판을 그들의 머리 위에 쌓아 놓았습니다.

여호아하스는 요시아 왕의 가장 어린 아들로서 백성들에 의해 추대되어 왕위를 계승하였습니다(대하 36:1). 그러나 여호아하스는 왕위에 오른 지 삼 개월 만에 애굽으로 유배되어 나머지 평생을 그곳에서 지냈습니다.

● **리더십 핵심구절**

1:2~4 하박국의 탄원은 역사를 통해 리더들과 그들을 따르는 사람들의 입에서 나오는 말이다.
2:18~20 오늘날 많은 리더들은 나무나 돌로 새긴 상들이 아니라 돈이나 권력과 같은 우상들에게 절하고 있다.
3:17~18 이러한 리더는 현재의 상황을 넘어 훨씬 더 깊은 원천에서 힘과 소망을 끌어낸다.

스바냐

정의와 의로움을 향한 열정은 도덕적인 리더십에 있어서 빼놓을 수 없는 기본 토대입니다.

***

● **등장인물**

스바냐는 유다의 존경받는 리더이자 선지자였습니다. 그는 자기의 권위 때문에 신념을 타협하지 않았고 오히려 왕에게 영향력을 미쳐 종교 개혁을 이끌어 내고자 했습니다.

요시야는 우상을 타파하고 하나님을 향한 순종을 부활시킨 경건한 임금이었습니다. 그러나 자기 백성들을 하나님께로 돌이키고자 했던 요시야의 강한 노력은 좋은 결과를 보지 못했습니다. 백성들은 요시야의 리더십을 존중했기에 요시야의 개혁에 응했지만, 자신들의 사악함은 결코 인정하지 않았습니다.

● **리더십 핵심구절**

2:3 하나님의 진노로부터 보호받을 수 있는 유일한 길은 하나님께 겸손히 복종하는 것이다.

3:1~4 옛날 예루살렘에 있었던 것과 같은 불경건한 리더십은 배반과 혼돈 상태를 낳으며 심판을 불러 온다.

3:12 이 구절과 이 장의 나머지 부분은 예루살렘의 유일한 소망을 제시한다. 하나님의 심판이 끝난 후 하나님이 어떤 사람들에게 복 주시기로 약속하셨는지 특히 주목하라.

학개

하나님의 법을 따르고자 하는 리더의 노력은 그 법을 위반하려는 리더의 노력보다 훨씬 더 큰 만족과 성취감을 줍니다.

***

● **등장인물**

학개는 뒤바뀐 우선순위를 되돌리라고 권고했습니다. 하나님의 성전은 여전히 폐허로 남아 있는데 백성들은 자기 집을 세우고 자기 사업을 하는 데 여념이 없었습니다. 학개는 시민 사회의 리더들과 종교계의 리더들을 향하여 포문을 열면서, 그 백성들이 하나님을 우선순위에서 제외하여 하나님이 주시는 복들을 거절했다고 지적했습니다.

여호수아는 대제사장의 아들이자 유배지에서 복귀한 유대인들의 종교계 리더였습니다. 여호수아는 학개의 말에 응하여, 그 백성들이 성전을 재건할 수 있도록 격려했습니다.

스알디엘은 유다의 마지막 왕의 장자였습니다. 그의 아들 스룹바벨은 유배된 자들을 다스리는 경건한 총독이었습니다. 그는 스룹바벨이 하나님을 청종하도록 영향을 주었습니다. 스알디엘의 드러나지 않는 리더십과 순종 때문에 궁극적으로 온 나라가 복을 받게 되었던 것입니다.

◉ **리더십 핵심구절**

1:5~9 하나님 백성들의 우선순위가 하나님의 뜻에서 벗어나 있으면 그들은 결코 만족을 얻을 수 없다.

2:6~8 하나님은 여전히 온 땅의 통치자시며, 만물의 소유주이시다.

스가랴

험난한 시기를 보내는 리더는 더 위대한 실재들을 향하여 꺼지지 않는 비전을 소유해야 합니다.

***

● **등장인물**

스가랴는 많은 환상(비전)을 경험한 사람이었지만, 그에게는 단 하나의 우선순위가 있었습니다. 사람들이 유배지에서 귀환하여도 성전을 재건하려는 열정을 보이지 않자 이것을 걱정한 스가랴는 성전 재건 프로젝트를 완수하도록 사람들을 격려하였습니다. 그리고 장차 오실 왕과 그의 영원하며 거룩한 나라를 향한 소망을 보여 주기 위하여 자기의 환상(비전)들을 이야기해 주었습니다.

스가랴의 환상 가운데 나타난 천사는 여호와의 종 혹은 사자(使者)였습니다. 이름이 밝혀지지 않은 이 천사의 역할은 여호와의 이름으로 행하거나 말하고, 스가랴에게 하나님의 인도하심을 가르쳐 주고 악한 자들을 하나님의 이름으로 심판하는 것이었습니다.

헬대와 도비야와 여다야(6:10, 14)는 바벨론에서부터 순금과 순은으로 된 성전 집기들을 가지고 돌아온 귀환자들이었습니다(스 6:5). 그들의 팀워크와 전폭적인 헌신 덕분에 대제사장에게 씌울 관이 만들어졌으며 예루살렘에서 올바르게 하나님께 예배드릴 수 있게 되었습니다.

◉ 리더십 핵심구절

4:6 스룹바벨에게 임한 하나님의 말씀은 오늘날에도 여전히 유효하다. 인간의 힘만으로는 결코 하나님의 목적들을 성취할 수 없다.

7:8~10 여기에서 하나님은 스가랴의 동시대인들에게 경건한 리더십을 위한 영구한 명령들을 내리신다.

8:16~17 하나님은 오늘날에도 여전히 거짓말과 그 거짓말이 낳은 불의를 증오하신다.

말라기

지위를 내세우는 리더십은 인격적인 리더십보다 결코 강력하지 못합니다.

***

◉ 등장인물

말라기는 구약의 마지막 선지자였습니다. 그는 유대 지도자들의 부패와 무사안일, 예배에 대한 무관심, 십일조를 소홀히 여기는 태도를 지적하며, 압제 당하는 자들을 위하여 정의를 추구하고, 믿음과 순종과 신실한 예배에 확고히 헌신하라고 권고했습니다.

말라기 시대의 제사장들과 종교계의 리더들은 불경하고 불순종적인 사람들이었습니다. 소명을 향한 헌신이 부족했던 그들은 맡은 일에 대해 신실하지도, 정직하지도 않았으며 매우 냉소적이었습니다. 그렇지만 그들의 지위와 영향력 때문에 백성들은 어리석게도 그들의 불경건한 모습을 따랐습니다.

◉ 리더십 핵심구절

1:6 말라기 시대의 제사장들처럼, 오늘날의 리더들은 종종 하나님이 우리의 아버지며 주인이고, 존경과 영광을 받아야 마땅한 분이며, 그러한 태도들을 요구하신다는 사실을 망각하고 있다.

2:1~9 부패한 리더십은 하나님의 심판을 받는다. 그러나 이 구절에서는 부패한 종교계의 리더들이 특별한 관심의 대상이 되고 있다.

2:13~16 개인의 삶이 황폐한 리더들은 왜 자기들이 하나님의 복을 경험하지 못하는지 되돌아볼 필요가 있다.

마태복음

예수 그리스도는 사람들이 오랫동안 기다린 메시아이자, 구약 예언을 성취한 분이십니다. 예수님의 리더십 철학은 유명한 산상수훈(5~7장)에 정리되어 있습니다. 마태복음 20장과 23장 또한 예수님의 리더십 접근 방법을 핵심적으로 가르치고 있습니다.

***

◉ 등장인물

마태는 헌신의 대가를 이해하고 있었습니다. 제자가 되라는 예수님의 부르심에 즉각적으로 응답하는 것은 곧, 직장을 버리고 자신의 생활 습관을 전적으로 바꾸는 것을 의미했습니다. 그러나 마태는 기꺼이 헌신함으로써 복음서 저자 가운데 한 사람이 되는 특별한 리더십 지위를 얻게 되었습니다.

요셉은 예수님의 법적 아버지로서 독특한 리더십 역할을 감당했습니다. 마리아가 임신하자, 요셉은 개인적이거나 사회적인 통념에 개의치 않고 자신이 올바르다고 믿는 바를 행했습니다. 하나님은 천사를 보내어 확언의 메시지를 주심으로써 요셉의 청렴함과 정의와 사랑에 응답해 주셨습니다.

● **리더십 핵심구절**

6:1~5 경건한 섬김의 리더십은 이력서 상의 성과가 아니다.
15:13~14 예수님은 하나님의 뜻에서 벗어나는 노력은 결국 모두 실패한다는 메시지를 생생하게 전하고 계신다.
18:15~17 예수님은 우리가 죄를 범한 동료를 대하는 방법을 실질적으로 조언하신다.

마가복음

완벽한 리더십의 궁극적인 모델인 예수 그리스도를 생생하게 묘사해 주는 이 기록은, 예수님을 행동과 목적의 사람으로 그리고 있습니다. 마가는 예수님을 하나님의 백성들을 섬기기 위해 최고의 대가를 지불한 하나님의 종으로 묘사합니다.

***

◉ 등장인물

마가는 본래 자기가 맡은 일에 성실하지 못한 사람이었습니다. 그래서 어려움이 닥치자 자신이 맡은 일을 중도에 포기했습니다. 그러나 시간이 지나고 격려를 받은 후 그는 젊은 시절의 잘못들을 덮을 만큼 성숙했으며, 교회에서 가치 있는 리더가 되어 베드로를 돕고, 마가복음의 저자가 되었습니다.

본디오 빌라도는 반역의 땅이었던 유대 지역의 로마 총독이었습니다. 여러 해 동안 당한 냉소와 반란으로 인해 그의 타협할 줄 모르던 정의로운 리더십이 약화되었습니다. 빌라도는 예수님의 무죄를 결코 의심치 않았지만, 정치적인 압력 때문에 이 진실을 묻어 버리고 무고한 사람의 처형을 허락했습니다.

야이로는 회당 예배를 정하고 그 예배를 주관했던 종교 지도자였습니다. 야이로는 예수님께 충만한 믿음으로 자기 딸을 치료해 달라고 구했습니다. 그는 자기 딸이 죽었다는 소식에도 불구하고 예수님의 권능을 신뢰했으며, 그 딸이 완벽히 회복되고 치유받는 보상을 받았습니다.

◉ 리더십 핵심구절

2:1~5 예수님은 물질 세계와 영적 세계를 다스리는 자신의 권위를 보여 주신다.

8:34~37 이 구절에 나오는 예수님의 말씀은 오늘날의 리더들을 흔들어 깨우는 말씀이다.

10:17~23 예수님을 향한 우리의 전적인 헌신을 가리는 모든 장애물을 제거하라고 촉구하신다.

누가복음

예수님의 생애에 관해 세심하게 조사하고 잘 정리한 이 기사는 예수님을 완벽한 섬김의 리더로 상세히 묘사합니다. 누가는 예수님의 가르침에 초점을 맞추면서 리더십 쟁점들에 관한 소중한 지혜를 이야기합니다.

***

● **등장인물**

누가는 동정심이 많고 사람들을 보살피는 의사이자, 초대 교회의 첫 역사가이기도 했습니다. 겸손하고 신실한 바울의 동역자인 그의 기록은 세심하고 정확하여 그가 모든 면에서 탁월했음을 증명합니다.

스가랴는 하나님의 계획을 의심했지만, 그 계획에 기꺼이 순종했습니다. 한 천사가 믿기 어려운 메시지를 그에게 전했을 때, 이 의로운 제사장은 순간적으로 기적을 일으키시는 하나님의 권능을 맹목적으로 신뢰했습니다. 후에 하나님은 그들이 오래도록 기다렸던 아들을 주심으로써 스가랴와 엘리사벳의 순종에 보상해 주셨습니다.

삭개오는 세리(세금징수원)로서 로마를 위해 징수한 로마 세금 대부분을 자기가 가로챘던 사람입니다. 그렇지만, 삶을 변화시키는 예수님의 말씀을 듣고, 삭개오는 돈 대신 영원한 생명의 부를 바라보았습니다.

◉ 리더십 핵심구절

6:12~38 이 구절을 자세하게 읽으면서 리더인 여러분의 삶에 예수님의 통찰력들을 어떻게 적용할 수 있을지 생각하라.

10:1~4 예수님은 자기를 따르는 사람들에게 담대하고 충성스럽게 그분이 주신 사명을 수행하라고 촉구하신다.

14:27~35 예수 그리스도께 헌신할 때는, 사업 계획을 평가하는 일과 마찬가지로 개인적으로 지불해야 할 대가를 계산해야 한다.

요한복음

예수님은 완벽한 리더이실 뿐만 아니라 우리가 구원을 얻을 수 있는 유일한 길이기도 하십니다. 예수님이 주시는 새로운 생명은 경건한 리더들에게 자신들의 삶과 일을 바라보는 영원한 관점을 제공합니다. 요한복음 13장은 섬김의 리더십에 대한 예수님의 모델과 말씀을 제시합니다.

***

● 등장인물

니고데모는 그 당시 가장 영향력 있는 종교계 리더 가운데 한 사람이었지만 영적으로 눈먼 사람이었습니다. 늦은 밤 예수님과 나눈 대화를 통하여 하나님의 은혜와 영적인 재탄생을 깨달은 후, 그는 비로소 영적인 안목을 얻게 되었습니다.

세례 요한은 예수님의 사촌이며 특이한 인물이었습니다. 세례 요한의 사역 기간은 일 년밖에 되지 않았지만, 그는 하나님이 주신 소명을 완수하는 일에 전적으로 헌신했습니다.

마르다는 소위 '실무형' 인재였습니다. 일에 대한 집중도와 추진력이 뛰어나며 일을 도맡아 하는 사람으로, 일이 어떻게 진행되어야 하는지 아는 사람이었습니다. 그러나 우선순위가 잘못되어 있었기 때문에 예수님으로부터 칭찬보다는 부드러운 꾸지람을 듣습니다.

◉ 리더십 핵심구절

3:30 세례 요한의 열망은 오늘날 수많은 리더들의 야망과는 정반대의 것이었다. 그것은 하나님의 뜻에 철저하게 순종하는 것이었다.

10:27~30 예수 그리스도에게 속한 자들은 결코 멸망하지 않는다는 하나님의 약속을 보여 준다.

15:5~8 경건한 리더들은 예수님께 속해 있으며, 예수님으로부터 그 힘을 얻는다.

사도행전

하나님은 하나님의 성령을 통해 평범한 사람들을 사용하셔서, 이 세상에서 자신의 일을 완수하도록 역사하십니다. 성령의 부르심을 받은 사람들은 리더로서 자기 삶의 새로운 방향(9장)과 새로운 목적을 발견합니다.

***

● **등장인물**

스데반은 헬라 지방 출신의 개종자로서, 초대 교회 사도들을 도와 헬라어를 사용하는 과부들을 섬기도록 선출된 사람이었습니다. 스데반은 비록 평신도였지만, 담대하게 자기의 신앙을 다른 이들에게 전했고 결국 자신의 신념을 지키다 죽음까지 당했습니다.

빌립은 구령에 대한 열심과 열정을 잃지 않고, 하나님의 인도하심에 항상 민감하여 기회가 있을 때마다 자신의 믿음을 전했습니다. 그의 단호하며, 부지런하며, 실천적인 태도는 비전을 전하고 가치를 전달하는 리더들에게 모델이 됩니다.

빌립보의 간수는 지진이 일어나 옥문이 열린 것을 보고 자신의 목숨을 끊으려고 시도했지만 바울은 그를 만류하고 그와 그의 가족에게 그리스도의 새로운 생명을 받아들이라고 권면했습니다.

● **리더십 핵심구절**

> 1:8 그리스도는 각 개인을 부르시어 이 세상에서 그분의 일을 감당하게 하시며, 거기에 필요한 권능을 주신다.
>
> 6:2~4 이 리더들은 자기 힘의 한계를 인정하여, 자신들이 모든 것을 다 하지 않고 다른 사람들이 힘을 계발할 기회를 주었다.
>
> 18:24~26 브리스길라와 아굴라는 유능하지만 방향을 잘못 잡고 있는 이 연사의 말을 듣고, 그를 자신들의 집에 청하여 예수 그리스도에 관한 진리를 설명해 주었다.

로마서

로마서는 인간의 모습과 자기 백성에게 구원의 길을 주시는 하나님의 은혜, 그 은혜에 대한 인간의 반응을 종합적으로 요약하고 있습니다. 이 책은 거룩하신 하나님 앞에서 우리가 어떤 존재이며, 우리의 삶에서 이루어지는 하나님의 역사에 어떻게 반응해야 하는지 깊이 생각할 수 있는, 성경에서도 매우 중요한 책입니다.

***

● **등장인물**

바울은 하나님을 전적으로 의지하고, 하나님을 따르는 일에 헌신하고, 그분을 용감하게 증거했던 열정적인 사람이었습니다. 바울은 자신의 모든 욕망과 계획을 하나님의 손에 맡겼으며, 그리하여 기독교 역사에서 위대한 리더 가운데 한 사람이 되었습니다.

더디오(16:22)는 바울의 로마서를 대필해 주었던 사람입니다. 더디오는 뒷자리에서 겸손하게 자기의 일을 감당함으로써, 구성원 각자가 맡은 일을 잘 감당하는 것이 전체 진행의 성공에 대단히 중요하다는 팀 리더십을 잘 보여 주었습니다.

에라스도(롬 16:23)는 고린도 지방의 공무원으로서 바울이 일하는 데 커다란 도움을 주었습니다.

◉ 리더십 핵심구절

7:24~25 용기를 가지라. 심지어 바울까지도 하나님이 맡겨 주신 일을 감당하기에 버겁다고 여러 번 느꼈다. 그러나 하나님은 언제나 길을 예비해 주신다.

12:1~5 바울은 매일의 삶을 전환시키는 영적인 패러다임 변화를 권한다.

15:1~7 바울은 동료들 간의 견해차를 다루는 가장 적절한 방법을 논의하고 있다.

고린도전서

이 편지에서 바울은 자신을 따르는 사람들의 품행 문제를 지적합니다. 그는 사랑과 훈계를 균형 있게 사용함으로써, 경건한 권면과 격려의 훌륭한 본보기를 보여 줍니다(특히 13장을 보라).

***

● **등장인물**

아볼로는 알렉산드리아 출신의 학식이 풍부한 유대인이었습니다. 그는 예수 그리스도에 관한 자신의 지식을 다른 사람들에게 열정적으로 전했습니다. 아볼로는 자기 메시지의 내용에 문제가 있다는 지적을 받았을 때, 기꺼이 더 많은 지도를 받고 고린도 교회의 핵심 리더 중 한 사람이 되었습니다.

그리스보(행 18:8)와 **소스데네**(고전 1:1)는 고린도 회당의 리더들이었습니다. 바울의 옆집에 살았던 그리스보는 바울의 설교를 듣고 결국 자신의 삶을 예수님께 드렸습니다. 그리스보의 계승자였던 소스데네 역시 예수님을 따르기로 선택했습니다.

스데바나와 그의 가족들은 바울에게 직접 세례 받은 사람이었습니다. 스데바나는 고린도 교회를 섬기는 리더가 되었으며, 어떠한 자리에서도 헌신적으로 용감하게 일했습니다.

◉ 리더십 핵심구절

2:6~10   바울은 잠언서에서 말하고 있는 하나님의 지혜를 언급하고 있다. 성령에 따라 살지 않는 리더들은 이 권능의 원천(지혜)에 다가갈 수 없다.

6:18~19   바울은 개인적인 순전함을 지켜야 할 최선의 이유를 제시한다.

10:12~13   유혹은 교묘하며 잔인한 것이다. 그러나 예수님은 언제나 피할 길을 제공하신다.

고린도후서

바울은 자신의 권위에 의문을 제기하는 거짓 사도들에게 강력하게 변증함으로써, 조직 안에서 반대하는 사람들 때문에 어려움을 겪고 있는 리더들에게 중요한 깨달음을 제공한다.

***

● **등장인물**

고린도 교회의 리더들은 고린도의 우상 숭배와 부도덕성을 극복하고자 애를 많이 썼습니다. 그들은 자신의 믿음을 실천하기 위하여 노력하기도 했지만, 그릇된 지도를 받아서 바울의 가르침과 하나님의 진리로부터 벗어나고 말았습니다.

거짓 사도들은 바울의 리더십 지위를 빼앗고자 그의 권위를 부인하고 그의 동기에 의문을 제기했습니다. 그들은 신자들의 마음속에 바울의 메시지를 의심하는 씨앗을 뿌렸습니다.

하나님의 동역자들은, 모든 신자들은 하나님을 함께 섬긴다는 점에 있어서는 동등하다는 자신의 견해를 강조하기 위하여 바울이 사용한 표현입니다.

◉ **리더십 핵심구절**

4:1~15 극도로 어려운 상황 중에서 경건한 리더가 갖는 소망을 공부하기 위하여 이 간단한 구절을 읽으라.

9:6~8 경건한 리더십은 모든 자원에 책임을 지는 청지기 정신과 하나님과 다른 이들을 향한 관대한 태도가 필요하다.

10:3~5 사도 바울은 특공대원처럼 맹렬하게 거짓을 질타한다. 그러한 과격한 말은 복음의 순수한 진리를 향한 그의 역동적인 열정을 드러낸다.

갈라디아서

이 책에서 바울은 믿음 이외의 다른 구원의 요구 조건들을 첨부해서 복음의 메시지를 왜곡하는 사람들을 비판합니다. 바울은 이미 교회에 자기의 비전을 전달했습니다. 그래서 교인들에게 이전에 그들이 받아들였던 순전한 복음으로 되돌아오라고 촉구하고 있습니다. 조직의 우선적인 사명에 계속 집중하고자 초점을 유지하고자 하는 리더라면 반드시 읽어야 할 책입니다.

***

● **등장인물**

갈라디아 지방의 신자들은 주로 유대인들로 이루어졌기 때문에 비유대인 신자들과 합류할 방법을 잘 몰랐습니다. 바울은 구원이 오직 예수님을 믿음으로써만 가능하며 외형적인 종교 활동들은 하나님의 구원 계획과 상관없다는 사실을 반복해 강조합니다.

아브라함, 사라, 하갈, 이스마엘 및 이삭은 믿음의 삶을 예시하기 위하여, 그리고 이 교회의 유대인 신자들에게 예수 그리스도 안에서 자유를 포용하라고 촉구하기 위하여 바울이 사용하고 있는 구약 성경의 인물들입니다.

◉ 리더십 핵심구절

2:6 바울은 하나님이 요구하시는 리더십의 자격 요건을 다시 강조하고 있다(삼상 16:7 참조).

2:20 경건한 리더는 다른 이들에게 그리스도의 성품들을 드러내는 자이다.

5:16~26 바울은 '성령의 열매'를 간단히 약술하고 있다. 이것은 신자 안에서 역사하시는 성령의 사역의 외적 증거들이다.

6:9 경건한 리더십은 다른 이들을 위하여 '선을 행하는' 훈련과 일관성이 필요하다.

에베소서

바울은 교회를 향한 하나님의 원대한 비전을 설명하고, 교회를 많은 지체로 이루어진 한 '몸'으로 의인화하여 각자가 전체에 기여해야 함을 강조합니다. 하나 됨과 순결함을 요청하는 바울의 메시지와, 다양성을 지닌 공동체 가운데서 모든 개인들이 자기의 달란트를 사용할 것을 촉구하는 내용은 팀 리더라면 누구에게나 시사하는 바가 많습니다.

***

● **등장인물**

에베소 지역에 살고 있었던 성도들은 에베소 교회의 신자들이었습니다. 이 신자들은 대다수 일반적인 직업과 일상적인 문제들을 지니고 있는 평범한 사람들이었습니다. 하지만 사도 바울은 그리스도 안에서 그들이 본질적인 가치를 지니고 있으며 각자의 사역은 동등하고, 신앙 안에서 다 형제 자매라는 점을 강조했습니다.

두기고는 소아시아 지방 출신의 개종자로서 바울 아래서 리더십 훈련을 받은 사람이었습니다. 바울의 연락을 담당하는 직분자로 권한을 부여받은 두기고는, 기꺼이 그리고 희생적으로 바울의 말을 소아시아 지역 전역의 성장하는 교회들에게 전달했습니다.

◉ 리더십 핵심구절

1:3~14 그리스도 안에서 우리의 새로운 정체성은 우리 행위의 기반이다.

3:16~19 바울의 기도는 도고(禱告)와 축복과 권면을 강력하게 결합하고 있다.

4:11~16 우리는 모두 독특한 달란트와 재능을 복으로 받았기 때문에 경건한 리더십은 사회의 모든 계층, 모든 수준에서 실현될 수 있다.

5:1~7 경건한 리더들은 그리스도께서 우리를 위하여 이미 성취하신 것들을 감사하며 그리스도를 닮아 가야 한다.

빌립보서

이 편지에서 사도 바울은 이 세상의 끝날까지 복음이 전파되는 일에 자기의 몫을 다하겠다는 단호한 결심을 보여 줌으로써(3:13~14) 인내하며 올바른 일에 관심을 집중하는 고무적인 리더의 본보기가 됩니다.

***

● **등장인물**

빌립보 교회의 신자인 **유오디아와 순두게**는 팀워크를 이루는 데 시간과 노력이 필요함을 가르쳐 줍니다. 이 두 여인은 효율적인 동역자로 일을 시작하였지만, 나중에는 서로의 사역과 우정을 파괴할 정도로 관계가 악화되었습니다.

에바브로디도는 빌립보 출신으로서 감옥에 갇힌 바울에게 자기 교회의 헌금을 가지고 가는 도중 과로로 병을 얻게 되었습니다. 일과 쉼 사이의 균형을 잘 유지해야 합니다.

빌립보의 신자들은 바울에게 격려가 되었습니다. 그리고 그들의 관심 덕분에 바울이 감옥에서 더 쉽게 견딜 수 있었습니다.

● **리더십 핵심구절**

1:27~29 신자들은 힘든 상황 가운데서도 기쁨과 만족을 누릴 수 있다.
2:1~5   불경건한 자만심은 신자의 삶에 들어설 자리가 없다.
4:11~13 경건한 한 사람의 리더로서 그리고 자신의 일생을 향한 하나님의 선하신 계획을 확고히 믿는 신자로서, 바울은 모든 상황에서 평안을 누렸다.

골로새서

이 편지에서 바울은 교회 안에서 발생한 이단 문제를 다루며 순전함과 경건한 삶을 추구하는 오늘날의 리더들에게도 도전을 줄 수 있는 거룩한 생활의 표준을 제시합니다.

***

◉ **등장인물**

바나바의 본명은 요셉이었습니다. 그러나 모든 사람들은 그를 '격려의 사람'이라는 별명으로 불렀습니다. 비판하기를 꺼렸던 이 온유한 격려자는 신자들이 외로움을 느낄 때 함께해 주고 충고하고 위로하여 초대 교회를 변화시켰습니다.

아리스다고는 에베소에서 일어난 폭동으로 인해 거의 죽을 뻔했던 사람입니다. 그는 자기 친구에 대한 의리를 지키기 위하여 죽음을 무릅쓰고 물질을 기꺼이 포기했습니다. 또한 예루살렘으로 가는 바울과 동행하였으며 로마에서는 함께 감옥에 가기도 했습니다.

유스도는 자신의 편견을 버리고 유대인이 아닌 사람들에게 복음을 전하기 위하여 바울과 동역했던 소수의 유대인 가운데 한 사람이었습니다.

◉ **리더십 핵심구절**

3:15 평화와 하나 됨은 조직이 힘을 발휘하기 위해서 반드시 필요한 특성이다.
3:23~24 이 구절을 읽고 여러분을 고용한 참 고용주가 누구인지 발견하라.
4:12 이 기도 용사에 대한 바울의 언급은 기도의 힘과 필요성을 드러내고 있다.

데살로니가전서

데살로니가는 교역이 활발한 항구도시였습니다. 바울은 이 곳에 살고 있는 독자들에게 경건하고 순결한 삶을 살라고 요청합니다. 그리고 각 장의 끝 부분에서 예수 그리스도의 재림을 일깨워 주면서 그들의 수고를 바라보는 한 가지 관점을 제공해 주었습니다. 오늘날의 리더는 그러한 교훈으로부터 어떤 유익을 얻을 수 있겠습니까?

***

◉ 등장인물

실라는 예루살렘 공의회 공식 대표의 지위에서 바울의 오른팔이라는 자리로 승격되었습니다. 그는 하나님을 섬기기 위해서라면 어떠한 기회라도 이용하고, 반대에 부딪히거나 옥에 갇힐 때도 인내하는 단호한 모습을 보여 주었습니다. 실라는 우리가 닮을 가치가 있는 리더였습니다.

빛의 자녀들이라는 말은 데살로니가에 살고 있었던 신자들을 가리키는 말입니다. 예수님이 자신을 "세상의 빛"(요 8:12)이라고 일컬으셨기 때문에, 예수님을 믿는 자들은 하나님 가족의 일부로서 영원한 생명의 빛에 동참하게 됩니다.

◉ **리더십 핵심구절**

3:11~13 바울은 편지의 수신자들이 지속적으로 영적 성장을 이루도록 잠깐 멈추어서 경건한 도고를 드리고 있다.

4:3~8 여러분이 속해 있는 조직의 성희롱 예방 정책들에 비추어서 이 구절을 묵상해 보라.

5:16~18 효율적인 리더십을 발휘하고 만족한 삶을 누리기 위한 세 단계.

데살로니가후서

바울은 데살로니가후서 2장 13절~3장 15절에서 신자들에게 예수 그리스도의 재림을 기다리면서 근면한 삶을 살라고 부탁합니다. 리더들은 이 말씀을 매일의 사역 속에서 올바른 것에 초점을 맞추라는 바울의 개인적인 권면으로 받아들여야 합니다.

***

◉ **등장인물**

불법의 사람은 이 세상 마지막 날에 악한 세력의 리더가 될 자를 가리킵니다. 사탄과는 분명히 구별된 자이지만, 이 불법의 사람은 여전히 강력한 리더이며, 아마도 요한이 묘사하고 있는 적그리스도 가운데서 가장 극악한 자일 것입니다(요일 2:18, 계 13장).

데살로니가의 신자들은 그리스도가 다시 오시는 때에 혼란스러워했습니다. 늘어나는 박해와 반대 때문에 많은 신자들이 그리스도의 재림이 가까웠다고 믿고 있었습니다. 그들은 이러한 가설을 용감한 믿음을 지키는 기회로 삼기보다는 게으르고 무질서하게 살아가는 구실로 삼았습니다.

◉ 리더십 핵심구절

1:3~4 근면하고 충성하면 리더에게 인정받을 수 있다. 그리고 때때로 리더가 다른 이들에게 자랑하는 요인이 될 수 있다.

2:15 바울은 자기가 함께 있었을 때 그들이 받아들였던 비전을 고수하라고 격려하고 있다.

3:4~10 바울은 교회에 속한 사람들 가운데서 게으르고 의존적인 사람들에게 생계를 위하여 일을 다시 하라고 훈계한다.

디모데전서

바울은 자신의 제자인 젊은 디모데에게 쓴 이 편지에서 리더가 멘토의 역할을 하는 것은 내일의 리더들을 세워 나가는 데 대단히 중요함을 몸소 보여 줍니다. 바울은 초대 교회에서와 마찬가지로 오늘날에도 적용될 수 있는 리더십의 자격 요건들을 말해 줍니다.

***

● **등장인물**

디모데는 바울을 위하여 특별한 일을 수행하도록 위임을 받은 바울의 대리인이었습니다. 그는 비록 소극적인 태도와 나이가 어리다는 이유로 힘들어 했지만, 결국 에베소 교회의 훌륭한 리더가 되었습니다. 바울은 그를 자신의 "믿음 안에서 참 아들"(1:2)이라 불렀습니다.

후메내오는 기독교 신앙을 잘못 지도하는 선생이었습니다. 도덕과 성도의 부활 교리에 대한 거짓된 가르침을 믿었던 후메내오는 그릇된 확신에서 비롯된 주장들을 가지고 자신뿐 아니라 다른 사람들을 잘못된 길로 인도했습니다.

◉ **리더십 핵심구절**

3:1~13 바울은 교회 리더십에 필요한 핵심적인 요구 사항들을 간단히 진술하고 있다.

4:1~6 바울은 디모데에게 거짓된 가르침을 밝히고 시정하라고 지시한다.

5:2~25 바울은 핵심적인 리더십의 양면을 묘사한다.

6:3~12, 17~19 이것은 오늘날의 리더들에게 중요한 구절이다. "나는 단지 몇 벌의 옷과 한 그릇의 음식으로 만족할 수 있겠는가?"라고 자문해 보라.

디모데후서

격려는 리더와 따르는 자의 관계에서 강력한 소모품입니다. 이 서신을 통해 바울은 권고와 격려 사이에 적절한 균형을 이룸으로써 경건한 리더들이 자기 따르는 자들에게 동기를 부여할 때 아주 훌륭한 본을 보여 줍니다.

***

● **등장인물**

데마는 리더의 강적—즉, 스스로를 중요하게 여기는 자만심—에 굴복했습니다. 이 충동을 못 이긴 데마는 성장하는 교회에서 더 이상 사역을 하지 못하게 되었습니다.

그레스게는 바울의 정죄를 받은 데마와는 달리, 바울의 축복을 받고 바울 일행을 떠난 것으로 보입니다. 그는 유대인이 아닌 다른 사람들에게 복음을 전하는 사역을 수행했습니다.

가보는 바울에게 드로아의 자기 집을 개방했습니다. 그는 바울에게 융숭한 대접을 아끼지 않았으며, 할 수 있는 한 모든 면에서 사도를 도와주었던 신실한 주인이었습니다.

◉ 리더십 핵심구절

1:6~7   바울은 디모데에게 은사를 활용하라고 조언하면서 하나님의 권능으로 그의 수줍음을 극복할 수 있을 것이라고 충고한다.

2:2   바울은 복음의 비전에 맞추어 리더십을 발전시키도록 격려한다.

2:14~16   경건한 리더는 초점 없는 말싸움을 피하기 때문에 낭패를 당하지 않게 된다.

3:14~17   오늘날의 리더들은 갈등과 싸움의 영적인 측면을 무시해서는 안 된다. 바울은 디모데에게 확실한 성경 지식을 갖고 이 지식을 영적인 싸움에서 효과적으로 사용하라고 일깨워 주고 있다.

디도서

디도에게는 모든 리더들이 바라는 따르는 자의 자질이 있었습니다. 그는 적극적이며, 능력 있으며, 힘든 과제를 마다하지 않으며, 신실했습니다. 리더는 이러한 에너지를 어떤 식으로 발전시켜야 할까요? 이 간단한 편지를 읽고 바울이 사용한 방법을 발견하십시오.

***

● 등장인물

디도는 바울의 연락책으로, 이방인 출신의 개종자였습니다. 갈등을 조정하는 데 능숙했던 디도는 사도 바울을 통하여 고린도 교회에서 쉴 새 없이 벌어지는 어려운 문제들을 해결하고 그레데(크레타 섬) 교회의 기강을 바로잡도록 권한을 위임받았습니다.

장로들은 강력한 리더십과 건강한 가르침을 다른 이들에게 주기 위하여 임명되었습니다. 장로들에게 특별한 교육이나 기술이 필요한 것은 아니었지만, 그들은 본이 되는 성품을 함양해야 했습니다.

세나는 그레데 섬에서 디도와 동역하였던 기독교 선교사였습니다. 세나는 유대 학자이자 법적인 권위를 지닌 인물로서, 특히 바울의 법률적 주장들을 준비하는 데 도움을 주었습니다.

◉ 리더십 핵심구절

1:5~9 리더십의 성품을 나열한 목록을 주의 깊게 읽으라. 그리고 그것들을 건전한 리더십에 적용하라.

2:1~10 권위를 지닌 자리에 있는 사람들은 남을 가르칠 뿐만 아니라 행동에 있어서도 모범이 되어야 한다.

3:1~2 바울은 디도에게 간결한 충고를 하고 있다.

빌레몬서

이 간단한 편지는 리더와 따르는 자의 관계와, 그것을 중재한 사례를 보여 줍니다. 조직 안에서 사람들 사이의 분쟁을 해결해야 할 위치에 있는 리더들에게 시사하는 바가 큽니다.

***

● **등장인물**

빌레몬은 자신의 집에서 점차 늘어나는 골로새 신자들의 회합을 열었던 성공적인 사업가였습니다. 바울은 빌레몬이 도망친 노예에게 은혜를 베풀어서 신자들과 비신자들에게 용서의 모범이 되기를 권하고 있습니다.

오네시모는 책임감에 대한 교훈을 어렵게 배웠습니다. 이 노예는 빌레몬에게서 도주했지만 바울을 만나 그리스도를 영접하고 자기의 잘못을 깨닫게 되었습니다. 그래서 주님 안에서는 모든 형제가 동등하다는 사실을 힘입어 용감하게 자기 주인의 용서를 구했습니다.

에바브라는 골로새 교회를 세운 창립자의 한 사람이자 초대 교회 리더의 한 사람이었습니다. 에바브라는 신자들을 향한 깊은 관심을 가지고 그들을 위하여 열심히 기도하였으며, 박해 및 거짓된 교훈과 싸우는 동안 신자들이 하나 되도록 여러 면에서 노력했습니다.

◉ 리더십 핵심구절

1:8~9, 17~18 바울은 오네시모의 입장을 대변하여 주인이 아닌 배려하는 친구이자 형제로서 빌레몬에게 말한다.

1:16 우리가 하나님과 화해할 때에, 그리스도 안에서 우리의 형제자매들과 화해할 수 있다.

히브리서

저자는 하나님과 사람 사이의 중보자이신 예수 그리스도의 으뜸 됨을 거듭 주장하면서, 복음을 구약 성경의 유대주의가 성취된 것으로 선포합니다. 저자는 유대인 개종자들이 의식을 바꿔서 하나님의 은혜로운 구원이 주는 자유 안에서 살라고 권면합니다.

***

● **등장인물**

멜기세덱은 성경에 언급되어 있는 첫 제사장이자 왕이며, 하나님을 향한 사랑이 그 성품에 반영되어 있는 통치자였습니다. 멜기세덱은 아브라함이 네 명의 왕과 싸워 승리한 것은 오직 하나님의 권능 때문임을 올바르게 일깨워 주었습니다(창 14:18~20).

예수 그리스도는 우리의 죄악을 덮기 위하여 십자가에서 자기의 피를 뿌림으로써 새로운 제사장직과 새로운 성소와 새로운 희생제물을 지닌 새로운 언약을 도입하셨습니다. 자신의 죽음으로 완성한 그분의 희생제사는 완전했으며, 율법의 요구사항들을 완벽하게 성취했습니다.

◉ 리더십 핵심구절

3:12~14 그리스도께 한번 나아오면 되돌이킬 수 없다. 우리가 어떠한 역경을 경험하고 있더라도 하나님의 은혜를 구하여 그리스도 안에서 성장해야 한다.

11:1~16 이 전설적인 성경의 리더들은 당대에 약속이 성취되는 것을 보지 못했다.

12:7~10 순전함과 인격의 고결함을 얻기 위해서는 경건한 훈련과 견책이 필요하다.

13:18~19 기도는 리더가 성공하기 위해 지녀야 할 중요한 부분이다.

야고보서

이 편지는 신약성경에서 가장 실천적인 리더십 교본입니다. 저자 야고보는, 경건한 사람이 해야 할 일과 하지 말아야 할 일에 대한 확고한 지침을 제시합니다. 독자들은 리더의 위치에서 하나님을 향한 개인적인 신실함을 추구하는 자세로 이 다섯 장을 읽어야 할 것입니다.

● 등장인물

야고보는 이 편지의 저자로서 예수님의 형제였습니다. 그는 한때 예수님의 사명을 오해하고 도전했지만(요 7:2~5) 그후 그는 초대교회 리더 중 한 사람이 되었습니다. 그의 모범은 지혜와 경건함의 훌륭한 본보기가 되었습니다.

부자들은 성경에서 부자라는 이유만으로는 정죄받지 않습니다. 다만 자기의 부를 쌓기 위하여 다른 사람들을 압제하는 부자 리더들이 정죄를 받을 뿐입니다. 이기심과 탐욕은 반드시 심판과 죄책감을 가져옵니다. 그러나 관대하고 지혜로운 청지기는 보답을 받을 것입니다.

◉ 리더십 핵심구절

2:5~7 여러분의 개인적인 그리고 사회적인 관계를 생각하면서 이 말씀을 묵상하라.

2:14~26 야고보는 신앙 고백과 신앙의 실증을 대조하면서 진정한 믿음은 행위를 통하여 나타난다고 주장한다.

3:1~2 하나님은 리더들에게 더 큰 책임을 물으신다.

3:13~18 지나치고 교만한 야망은 죄에 그 뿌리를 두고 있다(15절).

4:7~10 이 구절들은 즉각적인 행동을 요청하는 일련의 명령들이다.

베드로전서

박해에 직면하여 기록한 이 소망의 메시지는 교회의 리더들을 향한 권면을 담고 있습니다. 이 권면은 오늘날 모든 사회 영역에서 일하고 있는 리더들에게도 도전이 되는 말씀입니다.

***

● 등장인물

산 돌은 그리스도로부터 생명을 전해 받은 신자들을 가리킵니다. 신자들은 함께 살아 있으며 영적인 집을 세워 나가는 공동체인 교회를 형성합니다. 점점 개인화되는 오늘날의 사회에서, 리더들은 어떠한 돌도 그 자체만으로는 튼튼할 수 없다는 점을 기억해야 합니다. 우리는 다른 신자들과 상호 의존하여 함께 서야 지속적으로 튼튼한 믿음을 지킬 수 있습니다.

위정자와 주인들은 하나님의 허락 아래서 권력의 자리에 이른 것입니다. 따라서 그 지위는 하나님의 명령으로 쉽게 사라질 수 있습니다. 양심이 허락하는 한, 그리스도인 리더들은 권력의 자리에 있는 자들에게 순복해야 합니다.

목자장은 그리스도인 리더들(목자들)에게 명령이 아니라 모범을 보임으로 하나님의 양떼를 인도하라고 일깨웁니다. 즉, 의무감에 의해서가 아니라 기꺼이, 그리고 양떼가 자신들의 것이 아니라 하나님의 것임을 기억하면서 온유하게 하나님의 양떼를 이끌어야 합니다.

◉ 리더십 핵심구절

1:6~9 구원의 소망을 가진 사람들은 순종과 섬김의 삶을 살도록 부르심을 받았다. 그것은 곧 고난이 그리스도의 발걸음을 따르기 위한 필수 요건임을 인정하는 삶이다.

3:13~17 베드로는 신자들에게 그들을 헐뜯는 자들이 부끄러울 정도로 흠 없는 삶을 살라고 격려한다.

5:2~9 이 지침들은 모든 경건한 리더들에게 하나님의 관점을 알려 준다.

베드로후서

경건한 리더들은 기독교의 믿음과 소망을 건전하게 조화시키며, 언제나 예수 그리스도의 재림을 확신하며 살아갑니다.

***

◉ 등장인물

시몬 베드로는 믿음의 길을 걷다가 잠깐 넘어진 적이 있었습니다. 그러나 그는 결코 믿음의 행진을 멈추지 않았습니다. 베드로는 충동적이며 직선적이었지만, 제자들 가운데서 그리고 초대 교회 가운데서 인정받는 리더가 되었습니다. 그는 어떠한 인간의 실수보다 하나님의 신실하심이 훨씬 더 강력하다는 점을 잘 보여 주었습니다.

거짓 선생들은 흔히 자기의 유익을 위하여 기독교 신앙을 상업화합니다. 그들은 진리를 향한 갈망보다는 탐욕과 이기심 때문에 예수님의 가르침을 왜곡하며, 그의 신성을 부인하고, 그분의 인성을 중상하고, 그분의 부활을 비웃으며, 심지어 영적인 자유의 이름으로 부도덕을 부추기기도 합니다.

◉ 리더십 핵심구절

1:5~8   베드로는 효과적이며 생산적인 리더십의 비결을 요약하여 보여 준다.

1:12~21   베드로는 자신이 순교할 날이 임박했음을 알고 순수한 복음을 꼭 붙잡으라고 권면하고 있다.

2:1~4   다른 사람들을 의도적으로 속이는 리더들은 자신들이 신중하게 키워 온 파멸의 열매를 거두게 될 것이다.

요한일서

요한은 자기 결점에 대하여 솔직하라고 촉구하면서 살아 계신 하나님의 자녀들인 우리의 위치를 일깨워 줍니다(1:5~2:2). 이 주제는, 서로 사랑하라는 권고와 더불어(3:11~24), 오늘날의 리더들에게 꼭 필요한 것입니다.

***

● **등장인물**

요한은 예수님과 가까운 친구 중 한 사람이었습니다. 이기적이고 화를 잘 내는 청년이던 그는, 예수님을 만나서 삶이 변화되어 "예수님이 사랑하시는 제자"(요 13:23)가 되었습니다. 신약성경 가운데 다섯 권의 저자로서, 영적인 통찰들을 세심하면서도 간결하게 전달하는 능력을 지녔습니다.

◉ 리더십 핵심구절

2:3~6 경건한 리더는 말과 행동이 일치한다.

3:16~18 요한은 철저하게 섬기라고 촉구함으로써 그리스도인들의 양심을 일깨우고 있다.

4:8~11 다른 사람들을 섬기는 것은 우리를 향한 하나님의 사랑을 유통시키는 것이다.

4:20~21 다른 사람들을 사랑하라는 요청이 제안이 아니라 명령임에 주목하라.

5:18~20 이 구절에는 '우리가 안다'는 어구가 세 번이나 나온다. 우리가 '무엇을 알고 있는지' 찾아보라.

요한이서

오늘날의 리더들은 자신의 조직의 비전과 목적에 비추어서 공적, 개인적 관계들을 검토할 필요가 있습니다. 요한 역시 관계들을 분별하는 안목에 관하여 권면하고 있습니다.

***

● **등장인물**

택하심을 입은 부녀는 신비의 여인입니다. 어떤 학자들은 이 인사말이 어떤 한 교회와 그 교인들을 은유적으로 표현한다고 주장합니다. 그렇지만, 다른 학자들은 이 여인이 참된 신자들과 거짓으로 속이는 자들을 분별하기 위하여 영적으로 깨어 있을 필요가 있었던 어떤 특정한 어머니였을 것이라고 생각합니다.

미혹하는 자는 어떤 세대에나 있습니다. 그들은 쉽게 교회 속으로 들어와서 신자들의 믿음에 해를 끼칩니다. 기독교의 리더들은 자기 신앙을 확실하게 알고 있어야 하며, 성경의 진리에 반대되는 철학을 가진 사람들을 반대해야 합니다. 하나님의 계획에 관한 경건한 분별과 순종이 있어야 강한 믿음을 낳습니다.

● **리더십 핵심구절**

1:1~3 요한은 이 구절에서 복음의 진리 가운데 거하는 것이 중요함을 강조하기 위하여 진리라는 단어를 세 번이나 사용한다.

1:4~5 요한은 서로 사랑함으로써 그 진리를 삶으로 표출하는 것이 하나님의 명령임을 독자들에게 일깨워 준다.

1:8~11 경건한 삶에 필요한 견고함과 인내심을 강조하기 위해, 육상경기의 이미지를 차용하고 있다.

요한삼서

섬김은 오늘날의 리더들이 잘 계발하지 않는 덕목입니다. 요한은 따스한 접대가 긍정적인 관계를 형성하고 신실하게 비전을 전달하는 데 중요하다고 권면했습니다. 그와 같이 친절한 섬김을 베풀었을 때 여러분은 어떠한 유익을 얻을 수 있겠습니까?

***

● **등장인물**

디오드레베는 겸손을 배울 필요가 있었습니다. 그는 자기의 말과 행위를 진리를 향한 영적인 열정으로 교묘하게 가장함으로써 사도 요한을 배척하고 교회를 자기 식으로 운영해 갔습니다. 이 모든 일은 자기의 권력을 유지하고 신자들 가운데서 영향력을 유지하려는 욕심에서 나온 것이었습니다.

가이오는 사도 요한이 이 세 번째 편지를 썼던 교회의 리더였습니다. 요한은 가이오가 너그럽게 접대하는 태도와 관대한 성품을 칭찬하고, 여행하는 선교사들과 맺은 그의 우정을 인정하면서 충성되며 사심 없이 섬기는 종으로 꾸준히 일하라고 권고했습니다.

◉ **리더십 핵심구절**

1:3 경건하고 한결같은 성품은 좋은 소문을 낳는다.
1:5~8 그리스도 안에서 형제자매들과 나누는 교제는 진리 가운데서 성장하는 데 꼭 필요한 요소이다.

유다서

유다는 지위를 남용하고 "우리 하나님의 은혜를 도리어 방탕한 것으로 바꾸는"(4절) 경건치 못한 사람들에 관하여 쓰고 있습니다. 이 편지는 구원을 소유했다고 공언하지만 하나님을 모욕하는 생활을 하는 리더들과 모든 그리스도인들에게 날카로운 경고를 던집니다.

***

◉ **등장인물**

유다는 예수님의 형제로서 예수님의 주장에 대하여 수년 동안 회의적이었습니다. 그러나 예수님의 부활 이후에 신자가 되었고 신앙 가운데 굳게 서서 어떠한 대가를 지불한다 할지라도 하나님의 진리를 변호하게 되었습니다.

에녹은 구약성경에 따르면, "하나님과 동행"(창 5:22)하였으며 하나님을 기쁘시게 하였던 깊은 신앙의 소유자였습니다. 에녹은 모든 리더들이 따라가야 하는 삶— 즉, 하나님과 친밀하게 살았던 삶—을 살았습니다.

● 리더십 핵심구절

1:10, 12~13   효과적인 리더십에는 이해와 전략과 적절한 행동이 필요하다. 경건치 못한 자들을 생생하게 묘사하는 본문은 이와 관련한 부정적인 예를 보여 준다.

1:20~23   리더는 구원의 명령을 항상 마음속에 품으며 인내와 지혜를 가지고 그 명령을 실천에 옮겨야 한다.

요한계시록

하나님과 사탄 사이의 임박한 대결을 생생하게 묘사하는 이 책은, 궁극적인 리더인 하나님과 잠정적인 — 그리고 멸망할 — 세상의 리더인 사탄을 첨예하게 대조하고 있습니다. 아무리 사탄의 영향력이 강력하다 할지라도, 최후의 대결에는 어떠한 경합조차 없을 것입니다. 여러분은 어느 리더를 따르기로 선택하겠습니까?

***

● **등장인물**

하나님의 어린양은 하늘의 영화로운 통치자인 예수 그리스도입니다. 어린양은 유대인 가운데서 희생제물로 자주 드려지는 짐승 가운데 하나로, 순결하고 온유합니다. 예수 그리스도는 세상 죄를 도말하기 위하여 희생제물로 바쳐진 하나님의 어린양이셨습니다. 요한계시록에서 예수 그리스도는 영원무궁히 승리하실 것으로 나타납니다.

일곱 교회들의 천사들은 하나님으로부터 전갈을 받고 내려온 천상의 메신저들로, 혹은 일곱 교회들의 목회자들로, 혹은 일곱 교회 각각을 지배하고 있는 영을 상징하는 것으로 해석할 수 있습니다.

용은 사탄을 대변합니다. 그 용은 잠시 동안 권력과 영향력을 행사하겠지만, 궁극적으로 하나님은 그것을 불의 연못 가운데서 멸망시키실 것입니다.

◉ 리더십 핵심구절

1:9~17 사도 요한은 창조 세계의 궁극적인 리더를 묘사하는 이 비전을 보면서 두려움 가운데서 머리를 조아렸다.

5:6~10 주 예수 그리스도는 세상을 의로 재판하고, 인간의 역사를 종결지으며, 그분 자신의 영광을 드러낼 새로운 천지를 창조할 권세를 지니신다.

22:7 예수님의 이 말씀은 오늘날 그분을 따르는 모든 사람들을 향한 명쾌한 요청이다. 이 명령은 모든 경건한 리더들이 아직 때가 남아 있는 동안 하나님 나라의 의를 위하여 헌신하도록 동기를 부여한다.

저자 소개

케네스 보아 Kenneth Boa

관계 전도, 제자도, 교육, 작문, 설교 사역에 헌신하고 있다. 케이스 공과대학에서 학사학위, 달라스 신학교에서 석사학위, 뉴욕 대학교에서 박사학위, 영국의 옥스퍼드 대학교에서 철학박사학위를 취득했다.

현재 Reflection Ministries의 대표이다. Reflection Ministries는 그리스도를 알고 따르고 그의 형상에 점진적으로 일치해 나가며 그의 삶을 다른 이들 속에서 재현해 나가도록 격려하고 가르치고 지지하는 단체다. 또한 그는 Trinity House Publishers의 대표인데, Trinity House Publishers는 하나님과의 친밀함으로 이끌고 현재 우리가 살아가고 있는 현실을 보다 잘 이해함으로써, 사람들이 이 세상에서 영원한 가치를 증거할 수 있도록 돕는 수단을 창조하는 데 헌신하는 단체다.

최근 출간한 책으로는 *Conformed to His Image*, *20 Compelling Evidences that God Exists*, *Face to Face*, *Augustine to Freud*, *Faith Has its Reason*, and *God, I Don't Understand*가 있다. 또한, *The Opera Bible*, *The Leadership Bible*, *Zondervan NASB Study Bible*의 편집자로 참여했다. Reflection이라는 무료 월간 티칭레터도 쓰고 있다. 웹사이트 KenBoa.org 전화 8000-372-9632.

시드 버젤 Sid Buzzell

1964년부터 자넷(jeanette)과 결혼생활을 해 오고 있으며, 슬하에 두 명의 아들, 크리스와 존을 두고 있다. 시드는 필라델피아 성경대학을 졸업했으며 달라스 신학교에서 신학석사학위, 미시간 주립대학교에서 문학석사학위와 철학박사학위를 취득했다. 30년 동안 경영자, 신학교와 대학교의 교수, 부총장, 교회 개척자, 목회자로 사역하고 있다. 콘퍼런스, 워크숍, 세미나에서 강사로도 활동하는데, 성경과 성경을 매일의 삶 속에서 실천적으로 적용하는 방법을 강연한다. 그가 중점을 두고 있는 분야는 리더십과 조직 발전, 대인 관계 커뮤니케이션, 갈등 관리이다. *The Bible Knowledge Commentary*의 잠언 주석을 집필했으며, *Promise Keepers Bible*을 쓴 네 명의 공동저자 중 한 명이다. *The Leadership Bible*의 저자 중 한 명이자, 편집자이기도 하다.

현재 콜로라도 레이크우드에 위치한 콜로라도 기독대학교의 성경 주해 교수이다. 또한 많은 신학교와 대학교에서 객원교수로 활동하고 있으며, 국제적으로 리더십 계발에 관해 가르치고 있다.

빌 퍼킨스 Bill Perkins

Million Mighty Men의 설립자이자 대표이다. 텍사스 주립대와 달라스 신학교를 졸업했다. 베스트셀러 *When God Men are Tempted and Awaken the Leader Within*을 포함한 많은 책을 저술했다. 최근 출간된 책은 *Six Battles Every Man Must Win*과 *6 Rules Every Man Must Break*이며 경제 서적인 *Give'em the Pickle!*과 *Lessons from a Dream Maker*의 공동 집필에도 참여했다. 알래스카 항공, 도미노 피자, 맥도날드와 같은 기업을 대상으로 세계 각지에서 강연하며, 또한 The O'Reilly Factor를 포함한 TV와 라디오 프로그램에 출연했다. 아내 신디와 함께 세 명의 자녀와 오리건 주의 웨스트 린에 살고 있다. 그의 강연에 관한 정보는 www.billperkins.com에 있다.

역자 소개

김재영은 총신대학교 신학과와 미국 카버넌트 신학교를 졸업한 후, 애틀랜타 한마음장로교회에서 목회하였다. 『직업과 소명』을 편저하였고, 역서로는 『손에 잡히는 성경 이야기 1, 2, 3, 4』, 『밀레니엄 매트릭스』(이상 국제제자훈련원), 『현대인을 위한 교회사』, 『이 텍스트에 의미가 있는가』(이상 IVP), 『리더십 파워』(디모데) 등이 있다.

권영주는 대전침례신학대학교를 졸업한 뒤, 미국 사우스웨스턴 침례신학대학교에서 목회학 석사(M. Div) 과정을 이수했으며, 현재 미국 듀크대학교 신학부에서 신학석사(Th. M, 신약학 전공) 과정 중에 있다. 역서로는 『능력 있는 설교 이렇게 한다』, 『Catalyst: 우리 시대 리더십 문화와 쟁점』(이상 국제제자훈련원), 『우리가 예배하기까지』(예수전도단) 등이 있다.